KB020229

능력주의의 두 얼굴

능력주의, 공정한가 차선인가?

능력주의의 두 얼굴

The Aristocracy of Talent

에이드리언 울드리지 지음
이정민 옮김

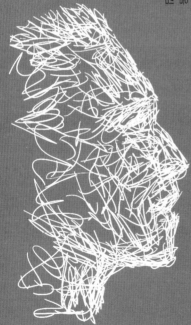

상상스퀘어

혁신적 사상

·

지난 250여 년간 서구 사회를 구축하고 지탱해온 여러 사상이 휘청대고 있다. 공공연한 사실이다. 민주주의는 쇠퇴하고 있고 자유주의는 고전 중이며 자본주의는 본연의 빛을 잃었다. 하지만 여전히 널리 지지받는 사상이 있으니 바로 개인의 사회적 지위가 그 사람의 실력과 노력에 따라 결정되어야 한다는 믿음이다. 영국 사회학자 마이클 영이 1958년 능력주의라고 명명한 사상이야말로 오늘날 우리 세계를 지배하는 이데올로기라고 해도 과언이 아니다. 능력주의

5

의 의미를 살펴보면 이렇게 많은 인기를 누리는 이유를 알 수 있다. 능력주의의 네 가지 구성요소는 그 자체로 훌륭하다. 첫째, 능력주의 사회는 타고난 재능만으로 어디까지 올라갈 수 있는지가 자부심의 척도다. 둘째, 모든 이에게 무상교육을 제공해 기회균등을 보장한다. 셋째, 인종, 성별, 능력과 무관한 특성에 기인한 차별을 금한다. 넷째, 채용은 청탁이나 인맥이 아닌 공개경쟁으로 이뤄진다. 계층 간 이동성과 능력주의는 현대 정치사상의 열매이자 꿀이며 부당한 특권을 비난하는 정치인은 늘 박수갈채를 받아왔다. 정치, 문화, 지리, 사상 등 다양한 경계를 초월해 거둔 능력주의의 성공은 놀라울 정도다.

최근 수십 년간 가장 성공한 정치인의 유일한 공통점은 능력주의 사상을 신봉한다는 것이다. 혁명적 능력주의자를 자처했던 마거릿 대처 전 영국 총리는 소속 정당의 이 빠진 기득권층, 폭력적인 좌익 집산주의(토지·공장·철도·광산 등 주요 생산 수단을 국유화해 정부 관리하의 집중·통제를 이상으로 하는 주의 - 편집자 주)와 전무후무한 투쟁을 벌였다. 로널드 레이건 전 미국 대통령은 '모든 미국인은 개인의 능력에 따라 평가받고 자신의 꿈과 노력이 이끄는 곳은 어디든지 도달할 권리가 있다.'라고 선언했다. 빌 클린턴 전 대통령은 '모든 미국인은 타고난 재능과 의지가 허용하는 가장 높은 곳까지 오를 권리뿐만 아니라 엄중한 책임도 있다.'라고 선언했는데 이는 버락 오바마 전 대통령도 거듭 강조한 바다.[1] 토니 블레어 전 영국 총리도 신노동당의 기반은 능력주의임을 지속적으로 확인했고[2] 데이비드 캐머런 전 총리는 영국이 열망의 국가Aspiration Nation이며 정부가 '열심히 노력해 성공하려는 모든 자의 편'이라고 선언했다.³ 보리스 존슨 전 총리는 능력주의야말로 '자격을 갖춘 콘플레이크(사회 구성원을 가리키는 단어로 계층 간 이동성에 관한 연설 도중 사회를 콘플레이크 상자에 비유한 데서 유래했다. - 역자 주)들이 최고의 지위에 오를 수 있게 해준다.'라고 칭송했다.⁴ 능력주의에 이 같은 찬사가 쏟아지는 건 새삼스러운 일도 아니다. 대부분 능력주 원칙이 훼손되는 데 강하게 반대한다는 사실이 여론조사에서 계속 확인되고 있다. 2019년 퓨 리서치 센터 여론조사에 따르면 흑인의 62퍼센트를 포함한 미국인의 73퍼센트가 대학 입학 여부를 결정할 때 인종이나 민족이 평가 요소가 되는 데 반대했다.⁵ 능력주의를 신봉하는 데는 동·서양 구분이 없다. 2017년 중국 공산당 전국인민대표대회에서 시진핑 국가주석은 사회적 배경과 상관없이 능력만으로 관리를 채용할 것을 촉구했다.⁶ 시 주석의 부하들도 중국이 서구 국가들보다 코로나 사태에 성공적으로 대처한 건 관료 선발의 탁월성을 보여주는 증거라고 강조했다. 싱가포르는 최고 공무원들에게 연봉과 성과급으로 백만 달러 이상을 지급하고 한국인은 미국 아이비리그 대학교를 미국인보다 더 열성적으로 추종한다.

공공부문과 민간부문도 마찬가지다. 세계의 잘나가는 공무원 조직을 살펴보면 엘리트만 선별해 채용하고 철저히 성과에 따라 승진시키는 제도가 확립되어 있다. 맥킨지 앤드 컴퍼니와 골드만삭스 등 성공한 기업들에도 명석한 두뇌의 인재는 최고 자산이다. 기술산업 전반에는 능력주의가 그대로 적용되어 있으며 테리사 메이 전 총리가 비방했던 무국적 시민은 사실 세계 능력주의 체제에 속한 시민을 의미한다. 우리 문화권에서는 능력주의의 가치가 담긴 문구를 어디서나 찾아볼 수 있다. 미국에서 'clever'에 해당하는 스마트라는 단어는 쓰임새가 사람(이 방에서 가장 스마트한 사람들)에서 기술(스마트폰) 심지어 정책(스마트한 정부, 스마트한 규제, 스마트한 외교정책)으로까지 확대되었다. 오바마 전 대통령이 재임 당시 정책을 논의하며 '스마트'라는 형용사를 사용한 횟수는 무려 900회 이상이다.[7] 기업명도 이코노미스트 인텔리전스 유닛Economist Intelligence Unit, IQ 캐피탈 파트너IQ Capital Partners, 인텔리전스 스퀘어드Intelligence Squared 등 능력주의 반영이 넘친다. 빌 게이츠는 얼간이들도 언젠가 나를 위해 일할 수 있으니 친절히 대해야 한다고 학생들에게 충고했고 스포츠계에서도 스포츠는 오직 역량만 중요한 능력주의에 속한다고 일상에서 강조하고 있다. 정치인은 자신의 IQ를 떠벌리고 옹호하느라 정신이 없다. 도널드 트럼프 미국 전 대통령은 자신을 상당히 안정적인 천재라고 선언하는가 하면 두뇌가 상당히 명석하고 IQ도 높다고 거듭 강조했다. 조 바이든 미국 대통령은 1987년 대선에 처음 출마했을 당시 학업 자질을 묻는 한 유권자에게 '제 IQ가 당신보단 높을 겁니다. 앉아서 IQ를 비교해봐도 돼요.'라고 일침을 놨다.[8] 보리스 존슨 영국 전 총리는 데이비드 캐머런 전 총리를 비하했다고 알려져 있다. 캐머런이 등록금을 다 내고 다닌 교외 기숙생이었던 반면, 자신은 이튼학교 왕실 장학생이었을 만큼 머리가 더 좋다는 이유에서였다. 이는 단순한 허세가 아니다. 능력주의 세계관이 온 사회를 통째로 재편성하고 있다. 남다른 두뇌의 소유자는 갈수록 더 천문학적인 부를 장악 중인데 마이크로소프트의 빌 게이츠와 페이스북의 마크 저커버 그 같은 컴퓨터 천재나 헤지펀드를 설립한 조지 소로스와 컴퓨터로 운용하는 〈퀀트 투자〉 창설을 도운 짐 사이먼스 등이 대표적이다.[9] 세계 최고 부자 제프 베이조스는 프린스턴 대학교 수석 졸업생이자 미국에서 가장 오래된 명예학술사회인 파이베타카파 회원으로 주변에 최고 엘리트만 포진시키기로 유명하다. IQ가 높은 이들은 자본주의 초기사회에서 더 큰 성공을 거뒀다. 1990년대 러시아에서 천연자원으로 크게 성공한 거물 7명 중 6명은 수학, 물리학, 재정학 전공자였다. 소득과 학업이 밀접한 연관이 있다는 빌 클린턴 전 대통령의 믿음은 반박할 여지가 갈수록 줄고 있다. 미국 정규직에서 대졸 소득은 고졸 소득보다 63퍼센트나 많고 정규직 비율도 대졸이 훨씬 높다.[10] 이 같은 대학교 프리미엄은 1980년보다 두 배 더 커졌고 계속 커지고 있다. 타고난 지능은 삶에서 성공을 보장하는 가장 확실한 지표 중 하나다. 사회 유동성 연구가 피터 손더스는 한 아이가 향후 속하게 될 사회 계층을, 부모의 계층보다 IQ 테스트로 예측할 때 세 배 더 정확하다고 추산했다.[11] 영국에서 1970년생 집단을 연구한 결과, 성인이 되어 엘리트 계층에 속한 비율은 열 살 때 IQ가 상위 25퍼센트인 아이들(28퍼센트)이 하위 25퍼센트(5.3퍼센트)보다 훨씬 높은 것으로 나타났다.[12] 교육과 IQ는 우리가 거주하는 지역까지 결정한다. 전후戰後 미국에서 학위 소지자는 도시와 시골, 지역 구분 없이 균일하게 분포했다. 오늘날 학위 소지자 비율은 디트로이트가 10퍼센트에 불과한 반면, 샌프란시스코, 보스턴, 뉴욕, 워싱턴 D.C.는 50 퍼센트를 훌쩍 넘는다. 한때 전국 각지에서 등장한 개천의 용이 이 제 국가 엘리트로 육성되어 해안 지역을 중심으로 분포한 것이다. 대영제국의 인재도 런던을 비롯해 옥스퍼드, 케임브리지 등 영재 마 을에 집중되어 있다. 영국 바이오뱅크에 자신의 DNA 기록을 남긴 영국인 50만 명을 추적 연구한 결과, 궁핍한 지역을 떠나온 이들이 그대로 남기를 선택한 이들보다 더 똑똑하고 건강했다.[13]

전 세계 부모들은 능력주의가 선사하는 희망과 불안의 쳇바퀴 속에서 매일 고군분투 중이다. 영국 부모들이 10대 자녀에게 매주 평균 10시간의 과외 수업을 시키는 반면, 중국은 12시간, 한국은 15 시간, 불가리아는 16시간으로 알려져 있다.[14] 특히 한국 부모들은 자녀의 대입 수능시험 100일 전부터 매일 기도하는 것으로도 모자 라 시험 당일에도 교문 밖에서 지극정성으로 기도를 올린다. 능력 주의 체제의 본거지 격인 싱가포르에서는 심지어 학생들이 직접 제 단을 설치해 '종형 곡선의 신'을 모신다. 정규분포를 의미하는 이 신 이 학생들의 삶을 지배하는 전지전능하고 불가해한 힘이기 때문이 다.[15] 대학 졸업 후에도 시험은 계속된다. 글로벌 통계에 따르면 기 업이 채용시 적성·인성검사를 거치는 비율은 중간급 관리직의 72퍼 센트, 고위 관리직의 80퍼센트에 달한다.[16]

능력주의를 타파하라!

．

지배 이데올로기는 최고 호황기에도 신랄한 비판에 휩싸이고 혼란스럽고 암울한 시기에는 증오의 대상으로 전락하기 일쑤다. 능력주의 사상도 내로라하는 비평가가 망상, 올가미, 압제, 백인의 억압 도구라고 부르며 대대적인 공격을 퍼붓고 있다. 물론 그렇다고 해서 능력주의 사상이라면 무조건 추종하는 대중의 여론이 바뀌는 건 아니다. 하지만 여러 대학교뿐만 아니라 권위 있는 공공정책 부문에서도 비판에 동조하는 분위기가 확산 중이다. 분노한 포퓰리스트에서 학계 엘리트에 이르기까지 광범위한 분야의 전문가가 비판을 쏟아낸다. 그 결과, 인종차별, 과잉경쟁으로 인한 스트레스 등 우리 사회를 가장 위태롭게 하는 요인이 세력을 키워가고 있다. '흑인의 생명은 소중하다The Black Lives Matter' 운동은 최근 몇 년간 일어난 시위 중 가장 거대한 반향을 일으켰다. 폭력성 특히 흑인시위 진압 시 경찰의 과도한 폭력성을 지탄한 이 운동은 2012년 한 자경단원이 트레이번 마틴이라는 흑인을 살해한 사건에서 촉발해 2020년 경찰관이 조지 플로이드를 살해하면서 훨씬 거대한 규모로 재점화되었다. 이는 비판적 인종이론을 대중에 알리는 계기가 되었는데 1960년대 말 이후 미국의 여러 캠퍼스에서 구상되어 온 이 이론은 레니 에드도-로지의《내가 백인들과 더 이상 인종을 논하지 않는 이유Why I'm No Longer Talking to White People about Race》(2017), 로빈 디인젤로의《백인의 취약성White Fragility》(2018), 이브람 X. 켄디의《반인종주의자가 되는 법How to be an

Antiracist》(2019) 등 여러 명저에 지적 토대를 제공했다. 비판적 인종이론가는 서구 사회 특히 미국 사회가 구조적으로 인종을 차별할 수밖에 없다는 전제에서 출발한다. 인종차별은 단순히 비도덕적 개인이 저지르는 의도적 행위에만 국한되지 않는다. 오히려 사회 DNA의 일부로 개인의 의도가 아닌 구조적 차별, 의식적 차별은 물론 무의식적 차별까지 자행된다. 비판적 인종이론가들은 능력주의 사상이 아무리 좋게 봐줘도 사회적 불평등을 자연적 불평등으로 정당화하는 수단에 불과하며 나쁘게 보면 우생학 이론의 분파로도 분류할 수 있다며 극도의 적대감을 보인다. 이들은 능력주의가 구축한 지적 토대도 부정해 '인간은 특정 민족집단의 구성원이 아닌 개인으로 평가받아야 한다.'라거나 '개인의 학업 자질을 피부색과 무관하게 평가할 수 있다.' 또는 '진보적 정책을 통해 역사의 굴레에서 벗어날 수 있다.'라는 등의 개념을 인정하지 않는다.[17] 그들의 관점에서 오늘날 우리의 모든 행위에 노예제와 식민주의의 유산이 잔존해 있고 인종 정체성은 어딜 가든 꼬리표처럼 따라다니며 피부색을 고려하지 않는 건 불가능할 뿐만 아니라 현실을 부정하는 행위인 만큼 그 자체로 인종주의의 한 형태에 불과하다.[18] 당연히 객관적으로 치러야 할 시험들이 사실 문화적 선입견, 따라서 인종적 편견에 좌우된다. 표준화된 시험으로 적성과 지능을 평가하는 건 흑인의 이성을 비하하고 흑인의 신체를 합법적으로 배제하기 위해 고안한 가장 효율적인 인종주의 정책이라고 이브람 X. 켄디는 주장한다.[19] 가장 진보적이라고 자부하는 대학교를 포함한 각 교육기관은 인종차별의 매개체다. 더 나은 미래를 만들어가는 유일한 방법은 집단의 목표 달성을 위한 집단투쟁뿐이다. 프랜시스 골턴 등 비판적 인종이론가는 지능을 측정하는 초기 방식이 누가 봐도 인종차별적이었다고 지적해 이론을 뒷받침하고 있다.[20] 보수 포퓰리스트는 사상적 관점에서 비판적 인종이론가와 대립하지만 능력주의를 향한 극도의 적대감만큼은 공유한다. 포퓰리스트는 능력주의자를 공부밖에 모르고 독선적이고 괴리감이 있다고 비아냥거린다. 심지어 더 중대한 반대 사유를 든다. 소위 인지적 엘리트가 세계를 망치고 있다는 것이다. 실제로 엄청난 스펙의 분석가가 언제 무너질지 모를 카드의 집을 쌓아 금융위기를 초래했고 이라크를 길들이는 건 '식은 죽 먹기'라고 단언했던 네오콘 지식인 때문에 현재의 대참사가 일어났다. 폭스뉴스의 가장 저명한 논객 중 한 명인 터커 칼슨은 능력주의가 사회 전체에 거머리처럼 들러붙어 성공한 사람을 자신밖에 모르고 일반 시민들에 공감하지 못하는 이기적 집단으로 만든다고 주장했다.

50년 전, 미국 전역의 똑똑한 인재들은 미국의 대입 수능시험인 SAT로 소수 엘리트 기관에 진출해 거기서 배우자를 찾아 결혼과 출산을 한 후 심지어 더 소수인 엘리트 마을로 이사했다. 우리는 역사상 가장 효율적인 능력주의를 창조했다. 하지만 모든 사회 구성원의 공감 능력을 빼앗는 게 이 능력주의의 문제점이다. 당신의 경제적 풍요를 순전히 유능한 덕분이라고 믿는 순간 당신은 평가만 중시하고 공감 능력은 떨어지고 자기 인식은 제대로 못해 거만하고 어리

석은 사람으로 전락한다. 즉, 우리 지배층처럼 된다는 말이다.[21]

　능력주의를 가장 신랄히 비판하는 일부 세력은 능력주의 체제의 핵심부에서 배출되었다. 대니얼 마코비츠는 예일 법학대학원의 귀도 칼라브레시 법학 교수인데 예일 법학대학원은 지원자의 1퍼센트에게만 입학을 허가해 미국의 새로운 엘리트로 등극할 골든 티켓을 제공하는 기관이다. 《엘리트 세습The Meritocracy Trap》(2019)에서 자칭 최고의 엘리트인 저자는 능력은 사기일 뿐이라고 주장했다.[22] 능력주의는 이제 애초 의도와 정반대의 결과만 낳을 뿐이다. 엘리트 교육이라는 메커니즘을 통해 후손에게 특권을 물려주는 수단이 되었기 때문이다. 엘리트 계층은 수백만 달러를 투자해 자녀의 교육적 우위를 확보한다. 수많은 과외활동을 시키는 건 기본이고 우수한 학군으로 이사하거나 명문 사립학교에 입학시킨다. 반면, 빈곤층 자녀는 태어나자마자 열악한 돌봄 환경, 수준 미달의 학교, 전반적인 기회 부족에 시달리며 계급 사다리의 맨 아래 칸에서 벗어나지 못한다. 한편, 능력주의라는 환상의 궁전은 고통과 고난의 지뢰밭이다. 매일 확인해야 할 문서가 산더미이고 시도 때도 없이 오는 이메일에 답해야 하고 전화기까지 계속 울리는 등 과로가 일상화되면서 체제의 성공이 무색해졌다.

　마이클 샌델은 미국 내 최고 엘리트 제조기 지위를 두고 예일 대학교와 1, 2위를 다투는 하버드 대학교에서 통치론 교수로 재직 중이다. 자신도 저서 《공정하다는 착각The Tyranny of Merit》(2020)에서 비숫하게 단호한 메시지를 전했다. 그가 볼 때 능력주의는 해악을 일으킨다고 해도 과언이 아니다. 능력주의 사상에 내재된 특유의 성질 때문인데 그에 관해 60년 전 마이클 영이 설명했다. 즉, 능력주의 사회에서 하위 계층이 밑바닥 인생을 사는 데는 그만한 이유가 있어 인간으로서의 가치가 떨어진다고 여긴다. 심지어 최근에는 계층간 이동성이 정체되고 기술 발전과 세계화로 제조업 일자리가 파괴되고 일반인과의 공감대라곤 전혀 없는 기술권력 엘리트가 부상하면서 이 같은 경향은 더 극단적으로 치닫고 있다. 샌델은 우리가 더 이상 능력에 집착하지 않고 민주주의와 공동체를 중시해 더 균형적인 미래를 일궈나가길 고대한다. 마코비츠와 샌델의 협공은 엘리트들 자신이 가진 지위의 근간인 사상을 공격하는 최신판 '엘리트의 반란'에 해당한다. 그들이 가장 선호하는 일간지 《뉴욕 타임즈》와 《워싱턴 포스트》에는 '우리의 엘리트들은 부패했다'(데이비드 브룩스)[23]라거나 '능력주의의 잔혹성을 저버릴 때'(스티븐 펄스타인)[24]라고 주장하는 사설이 주기적으로 실린다. 발행인들은 엘리트가 주인공인 새로운 형태의 회고록을 개발했는데 지적·도덕적 공허감에 빠져 삶의 고통과 환멸을 느끼는 엘리트의 모습을 볼 수 있다. 로스 다우다트의 《특권Privilege》(2005), 데이비드 새뮤얼즈의 《달리는 자The Runner》(2008), 월터 컨의 《능력주의의 방황Lost in the Meritocracy》을 읽으면 안쓰러움에 눈물이 저절로 날 것이다.

위에 열거한 여러 비판에는 모두 일리가 있다. 능력주의 이론이 계층적 특권을 정당화하는 명분이 될 수 있다는 비평가들의 의견은 옳다. 아낌없이 지원해주는 부모 밑에 태어나 엄청난 학비를 내야 하는 명문학교만 나온 아이들은 그렇지 못한 아이들보다 잠재력을 개발할 가능성이 훨씬 크다. 옥스퍼드와 케임브리지 대학교의 경우, 여덟 개 엘리트 학교에서 진학하는 학생 수는 3천여 개 국·공립학교에서 진학한 학생 수를 모두 합친 것보다 많다.[25] 아이비리그 대학교들도 소득 상위 1퍼센트 가구 학생들이 하위 50퍼센트 가구 출신을 모두 합친 것보다 많다.[26] 흑인이야말로 '뿌린 대로 거둔다.'라는 안일한 가정의 최대 피해계층이라는 비판적 인종이론가의 지적도 옳다. 흑인이 경제적으로 상당히 불리한 여건에서 시작한다는 사실은 일반적인 흑인가구 자산이 백인가구 평균의 ⅛에 불과한 것만 봐도 알 수 있다.[27] 심지어 흑인은 평생 끊임없는 불이익에 시달린다. 대기질이 나쁜 지역에 거주하면서 여러모로 열악한 학교에 다니고 툭하면 뿌리 깊은 선입견에 맞닥뜨려 체포당할 확률까지 높다. 이 정도 되면 능력주의는 해방이 아니라 '빛 좋은 개살구'에 불과한 게 확실하다. 승자와 패자 간 격차가 훨씬 크게 벌어질 수 있다는 비평가들의 지적도 일리가 있다. 1992년 영화 〈글렌게리 글렌 로스 Glengarry Glen Ross〉 속 세상에 사는 것처럼 가끔 느껴진다. "올해의 판매왕 경진대회에 한 가지 더 추가하겠습니다. 모두 아시다시피 1등 상품은 캐딜락 엘도라도입니다. 2등 상품도 궁금하시죠? 2등 상품은 스테이크 칼 세트! 그리고 3등 상품은 해고입니다."[28] 능력주의가 지독한 고용주라는 지적도 맞다. 프로페셔널은 대부분 능력주의가 지배하는 쳇바퀴 속에서 일생을 보내는 만큼 제레미 벤담의 원형 교도

소에 수감된 죄수와 별로 다르지 않다. 실제로 그들은 출생해 25세에서 30세까지는 각종 시험에서 수석을 차지하고 명문대학교에 입학한 후 대기업 취업에 성공한다. 이후 50세에서 60세까지는 상관의 눈에 들어 승승장구하며 출세하려고 안간힘을 쓴다. 그리고 나이가 들수록 자신의 능력이 아닌 자녀의 능력에 집착하기 시작한다.

오늘날 부모들이 옥스퍼드, 케임브리지, 하버드 대학교에 쏟는 헌신은 옛 선조들이 하느님과 선지자에게 바친 헌신에 견줄 만하다. 그럼에도 우리는 현대성의 핵심을 차지하는 능력주의 사상을 함부로 거부할 수 없다. 자유주의 또는 민주주의를 비판한 이들은 설사 부분적으로 맞았더라도 우리를 어둠 속으로 밀어넣었다. 능력주의를 비판하는 목소리도 그렇게 거르지 않고 들으면 같은 상황이 벌어질 수 있다. 특히 명분없는 정실인사를 남발하고 정치적 편향성을 여실히 드러내며 전문성을 체계적으로 훼손해 정부 내 능력주의 원칙을 철저히 짓밟은 트럼프 전 대통령이 겨우 물러난 이 시점에서는 더 유의해야 한다. 적어도 몇 가지 질문은 확실히 짚고 넘어가야 한다. 능력주의 사상에서 정확히 어떤 점이 문제인가? 좌파가 비난하는 대로 현상유지를 지지한다는 점? 또는 사회주의자들이 비난하는 대로 모두를 항상 불안에 떨게 만든다는 점? 능력주의의 문제점은 사상 자체에 내재된 것인가 아니면 능력주의를 건강하게 실현하는 데 실패해 생긴 부산물인가? 3등에 머문 사람을 해고하는 방안과 모두에게 상을 주는 방안 사이에 합당한 협상안은 존재하는가? 마코비츠와 샌델 교수는 능력주의로 인한 성공에의 압박이 견딜 수 없는 수준에 이르렀다고 우려한다. 하지만 이 부분은 다른 설명도 가능하지 않은가? 경제성장이 둔화하면서 양질의 일자리를 둘러싼 경쟁이 치열해졌다거나 습득해야 할 지식 양이 기하급수적으로 늘면서 미래의 전문가는 어느 때보다 노력할 수밖에 없어 그렇다면 어떤가? 그리고 무엇보다 세상을 지배할 더 나은 체제는 존재하는가? 여기서 중요한 건 능력주의에 결함이 있는지 여부가 아니다. 대안 체제와 비교해 결함이 더 많은지 적은지에 초점을 맞춰야 한다. 옹호론자들도 능력주의가 완벽하다고 주장하지 않는다. 대립이 불가피한 다양한 가치들, 예를 들어 사회정의와 경제효율성 또는 개인적 열망과 제한된 기회 등을 화합시키는 데는 능력주의가 가장 낫다고 주장할 뿐이다. 비판적 인종이론가는 뭔가를 결정할 때 항상 인종을 고려해야 한다고 주장한다. 하지만 그러면 인종 간 분열이 심해지고 모든 민족집단이 정치적 이익단체로 변질될 위험이 있지 않은가? 진보주의자들은 SAT를 비롯한 일련의 시험을 없애고 더 신성한 형태의 평가를 도입하자고 주장했다. 하지만 그렇게 되면 정실인사 또는 정치적 의도에서 비롯된 조작이 가능해진다. 마이클 샌델은 추첨제로 각 대학교에 인재를 고르게 배치하자고 주장한다.[29] 하지만 그러면 미국 대학교들은 학생 개인의 특성을 현재보다 더 고려할 수 없게 될 것이다. 학생들이 관심있는 강의와 교수를 직접 선택하는 대신 숫자 몇 개만 잘 찍으면 모든 게 저절로 분류될 테니 말이다. 게다가 그런 식으로는 학문으로 인간 지성 수준을 섬세히 구분한다는 고등교육의 핵심 기조를 훼손시키고 만다. 종신위원회와 학계 관계자들이 밤낮없이 일에 매진하는 건 결국 이 기조를 실현하기 위해서다. 아니면 명망 높은 의장직이나 종신교수직도 추첨제로 분배해야 하는가? 능력주의를 둘러싼 현재의 논란이 이토록 절망적인 이유는 역사적 관점이 결여되었기 때문이다. 능력주의는 제우스의 머리에서 툭 튀어나온 미네르바처럼 추상적이기만 한 사상이 아니다. 세상을 바라보고 실제로 지배하는 사고방식으로서 다양한 경제적 압박과 정치적 소요를 겪으며 진화해온 것이다. 그런데 이 같은 역사적 맥락도 들여다보지 않는다면 능력주의가 과연 세상을 억압할지 해방시킬지 어떻게 판단할 수 있겠는가? 그리고 그 발생 과정도 알지 못한다면 세상을 지배하는 합리적 방식인지 올가미에 불과한지 어떻게 구분하겠는가? 능력주의가 현대 세계를 구축한 위대한 주춧돌 중 하나로 갈수록 많은 논란의 대상이 된다는 사실을 감안하면 그 역사가 한 번도 제대로 정리되지 않았다는 사실이 놀랍기만 하다. 민주주의, 자유주의, 자본주의 등 다른 주춧돌 사상의 역사라면 이미 수없이 제시되었고 그중 다수는 완벽하기까지 하다. 그런데 능력주의 관련 연구는 놀라울 만큼 찾아보기 힘들고 그나마 나와 있는 것 중 최고라고 할 마이클 영의 《능력주의의 부상 The Rise of the Meritocracy》은 역사와 공상과학이 이상하게 결합되어 있어 기발한 만큼 낯설기도 하다. 결국 능력주의를 이해하고 싶은 사람은 교육의 역사나 공공근로의 역사, 심지어 IQ 테스트의 역사 등 애매한 샛길을 탐사해야 한다.[30] 따라서 이 책의 목표는 그 같은 공간을 메우는 것이다. 능력주의 사상이 어디서 등장했는지 수 세기 동안 어떻게 진화했고 결국 세계를 이끄는 지배 사상으로 어떻게 자리 잡았는지 설명하는 것이다. 그 과정에서 능력주의가 과연 거부해야 할 실수에 불과한지 여전히 세상에 선한 영향력을 발휘할 수 있는 현재진행형 사상인지 계속되는 논란에 어느 정도 통찰을 제시할 수 있길 바란다.

역사의 교훈

능력주의 역사를 들여다보면 현재 우리가 처한 상황을 이해하는 데 필요한 세 가지 사실을 알 수 있다. 첫째, 능력주의는 혁신적 사상이다. 지성의 폭탄을 투척해 구세계를 날려버리고 신세계 건설을 위한 밑바탕을 창조했다. 대부분의 사회는 수 세기 동안 능력주의와 상반되는 원칙에 따라 구축되었다. 질서가 고정된 사회에서 사람들은 부모의 지위를 그대로 물려받았다. 세계는 왕가의 통치를 받았고 양질의 일자리는 가구처럼 매매되었다. 정실인사는 삶의 방식이었으며 신분 상승은 지양될 뿐만 아니라 법으로 금지되었다. 능력주의 사상은 현대 세계를 창조한 네 가지 위대한 혁명의 심장이다. 프랑스 혁명은 재능에 따라 직업을 선택할 자유 원칙을 위해 일어났다. 미국 독립혁명은 인간은 모름지기 봉건제도의 제약에서 벗어나 삶, 자유, 행복을 추구할 수 있어야 한다는 원칙을 추구했다. 산업혁명으로 자본주의 경제를 움직이게 하는 '보이지 않는 손'을 의미하는 야성적 충동의 빗장이 활짝 열렸고 영국이 주도해 유럽의 모든 중산층에 영향을 미친 자유주의 혁명으로 정부행정과 교육체계의 핵심부에 공개경쟁이 도입되었다.

능력주의 사상은 서구 사회를 발칵 뒤집어놨다. 최고위직 분배 방식을 바꿔 엘리트의 의미를 변화시키고 타고난 지적 능력의 중요성을 강조해 교육의 본질까지 혁신했다. 이는 사회 구조를 결정짓는 여러 요소가 재정의되어 가능한 일이었다. 능력주의가 등장한 초기, 알렉시스 드 토크빌은 당시 상황을 '물려받은 자산 또는 계층이나 태생으로 인한 특권이 더 이상 유효하지 않을 때 자산 격차의 주요 원인은 이성이라는 사실이 분명해진다.'[31]라고 설명했다. 이같이 격차의 주요 원인인 이성이 사회의 중심축이 되자 중대한 지적 혁명이 뒤따랐다. 귀족주의 윤리가 퇴출되고 그 자리를 능력주의 윤리가 차지한 것이다. 개인주의, 지능, 근면, 가족, 계층 간 이동성 등에 관한 능력주의 세계관의 기본 전제를 살펴보면 종전 사회를 지배한 관점과는 상이하다는 것을 알 수 있다. 능력주의가 부상하면서 사람들이 세상을 바라보는 방식에도 포괄적인 혁신이 일어났다. 능력주의 사회에서 사람들은 다른 무엇이기 이전에 개인, 자기 운명의 주인공이자 영혼의 선장으로 존재한다.[32] 이 같은 경향은 특히 엘리트에게 더 강하게 나타난다. 스콧 터로는 새로운 엘리트 계층을 일주일 중 나흘 밤은 집 밖에서 보내는 걸 지위의 훈장으로 여기는 날아다니는 계층이나 자본의 고아라고 불렀다. 성공한 투자가 니콜라스 베르그루엔은 이를 극단적으로 실천해 수년간 전용기를 타고 이 호텔에서 저 호텔로 옮겨 다니며 집없는 대부호로 살았다. 전통 귀족사회에서 중요한 건 사람들이 가족, 땅과 맺는 관계였다. 귀족들은 보통 사람을 만나면 맨 먼저 누가 그의 사람인지부터 물었다. 영국 귀족은 다스리는 지역명도 이름 옆에 늘 함께 썼는데 지위가 높을수록 더 넓은 지역을 다스렸다. 독일어 von은 영주Herr와 일가Herrschaft의 관계를 나타낸다. 능력주의 사회에서 사람들은 자신의 재능에 따라 평가받는다. 평가할 때 출신 배경까지 고려한다면 그의 타고난 재능을 더 정확히 평가하기 위해서다. 반면, 귀족주의 사회에서 사람들은 인맥에 따라 평가받았다. 1837년 미래의 제10대 웜즈 백작이 옥스퍼드에 위치한 크라이스트처치 대학교 입학 면접을 볼 때 주어진 질문은 단 하나였다. '아버지는 어떻게 지내시는가?'[33] 능력주의 사회에서 사람들은 노골적인 영향력 행사를 꺼릴 수밖에 없다. 반면, 귀족주의 사회에서 영향력 행사는 사교생활의 일부였다.

합스부르크 왕가에 관한 유명 일화를 소개하겠다. 매력적인 한 젊은 남성이 부친과 가족끼리 잘 아는 고위층 지인과 저녁식사를 함께 했는데 간부 후보 신분으로 수프, 대위 신분으로 메인 코스, 대장 신분으로 디저트를 먹었다고 한다.[34] 능력주의 사회에서는 흙수저 출신이라는 사실이 곧 명예훈장인 반면, 워런 버핏이 엘리트 계층 자녀를 의미하는 '행운의 정자클럽 회원'이라고 부른 이들은 오히려 자신의 결함을 해명해야 할 처지다. 하지만 역사를 되돌아보면 대부분 기성 엘리트층은 벼락출세한 이들을 자연적 질서를 거스른 범죄자로 취급했다. 새뮤얼 존슨은 정작 자신이 소시민 출신이라는 사실을 잊은 채 인류는 불평등과 예속 상태에 있을 때 더 행복하다고 주

장했고[35] 한나 모어는 하노버 가문이 지배하는 잉글랜드에서 전통
에 빠져 사는 대지주를 풍자했다.

> 그는 별것 아닌 일도 마치 변화처럼 두려워했고 개선조차 개혁으로
> 받아들였다.[36]

빅토리아 집권기 잉글랜드에서 가장 많이 사랑받은 찬가에 이
같은 인식이 완벽히 요약되어 있다.

> 부유한 자는 성 안에, 가난한 자는 부유한 자의 성문에, 신은 그들
> 을 높고 낮게 만들었고 그들의 재산을 책정했다.

능력주의 사회에서 타고난 지능은 인간의 결정적 재능이다. 한
때《뉴욕 타임즈》는 결혼 소식란에 신랑·신부 가계 족보를 실었지만
지금은 출신 대학교와 학위 내역을 공개한다. 조 바이든 대통령의
아내 질 여사는 자신을 부를 때 반드시 박사 호칭을 사용해 남편의
그늘 없이도 충분히 유능한 존재임을 강조하고 독일에서 학위를 위
조한 정치인들은 직위를 박탈당한다. 반면, 귀족주의 사회에서는 똑
똑한 사람에 대한 인식이 모호했다.
1867년 월터 배젓은 대부분의 가장 우수한 영국인은 보기 좋을
정도의 아둔함을 유지하는데 영리한 걸 이상한 거라고 여겨 조금이
라도 영리해 보이는 것을 쓸데없이 계속 두려워한다고 관찰했다.[37]

1961년 5대 후작 '바베티' 솔즈베리 경은 이안 맥레오드를 절반만 쳐줘도 지나치게 똑똑하다고 묘사해 총리가 될 기회를 놓쳤다. 생각은 이제 국제 엘리트의 자산으로 자리 잡았다. 빌더버그 회의와 다보스 포럼에서는 생각의 리더들을 초청해 유수 기업가를 교육하고 TED 회의는 생각에 지나치게 열광해 종교축제처럼 느껴질 정도다. 팝테크라는 아이디어 포럼을 기획한 앤드류 졸리는 우리 사회에는 성城도 귀족 호칭도 없는데 생각이 아니면 당신이 엘리트임을 어떻게 입증할 거냐고 물었다. 반면, 귀족주의 사회는 생각은 그 자체로 위험하며 받아들여야 한다면 고급 음식에 곁들이는 와인처럼 정해진 양만 수용해야 한다고 여겼다. 고튼에서 가장 유명한 교장 엔디코트 피바디는 생각을 너무 많이 하는 아이들을 내가 좋아하는지 모르겠다며 아무 필요도 없는 것을 고민하는 이들이 너무 많다고 비아냥거렸다.[38] 이 같은 가치의 전복은 성실함을 고찰할 때 특히 극명히 드러난다. 귀족주의 사회는 성실한 태도를 하급 출신이라는 증거로, 화려한 여가생활은 우월함의 증거로 여겼다. 반면, 오늘날의 부유층은 화려한 여가를 화려한 업무로, 타고난 우월함을 노력으로 일군 우월함으로 대체했다. 대니얼 마르코비츠의 추산에 따르면 상위 1퍼센트 초부유층 중 절반 이상 가구에서 누군가는 주 50시간도 넘게 일하는데 이는 나머지 99퍼센트 가구에서 확인되는 것보다 훨씬 높은 수치다.[39] 유명 기업가 인터뷰에서 펩시코 인드라 누이 회장은 매일 새벽 4시에 일어나자마자 실내 자전거를 타고 애플사 팀 쿡 회장은 피트니스센터에서 격렬하게 운동한 후 온갖 활동으로 눈코 뜰

새 없이 하루를 보낸다고 자랑한다.[40] 세계를 장악하기 전 능력주의는 억압받고 소외된 삶을 사는 모든 이들의 구호였다. 페미니스트들은 여성도 취업·교육의 기회를 남성과 똑같이 누리고 평가도 동일한 기준으로 받게 해달라고 요구했다. 메리 울스턴크래프트는 《여성의 권리 옹호A Vindication of the Rights of Woman》(1792)에서 남자아이와 여자아이가 함께 학교에 다니고 같은 걸 배워야 한다고 주장했다. 존 스튜어트 밀의 《여성의 종속The Subjection of Women》(1896)에서는 도덕과 정치에 관한 현대 운동의 원칙을 들어 출신 가문이 아닌 재능만 권력과 권위를 지닐 수 있는 정당한 명분이라고 선언하고 여성은 빅토리아 시대의 속박에서 해방되어야 한다고 설파했다.[41] 초기 페미니즘 역사상 중대한 사건 중 하나는 1890년 케임브리지 대학교의 필리파 포셋이라는 여성이 수석 장학생을 뜻하는 시니어 랭글러에 등극한 것이다. 당시 여성의 학위 취득이 공식적으로 금지되어 있었음에도 최고 성적을 받았기 때문이다. 노동자 계층은 능력주의 원칙을 활용해 자신들이 사회적으로 우월하다는 사람들보다 못할 게 없음을 입증했다. 노동 계급에서 혼자 힘으로 수학한 이들은 적대적 환경 속에서도 놀라운 학습 역량을 발휘했고 학자들도 뛰어난 지능과 노력으로 엘리트 대학교에 진출했다. 정치인들도 비상한 노력으로 기득권층 못지않게 훌륭한 교육을 받았음을 입증했다.

스코틀랜드 농부의 혼외자 신분으로 1924년, 1929년~1935년 총리를 지낸 램지 맥도널드는 자신이 어릴 때 알던 노동 계급의 독학생들이 하나같이 대학 교수보다 훨씬 많이 배웠다는 사실을 수시로 강조했다. 결핵을 앓던 한 시계 장인이 셰익스피어, 로버트 번스와 찰스 디킨스를 알려줬고 한 고물상은 어린 맥도널드가 관심을 보인 책을 수레에 펼쳐줬는데 바로 《투키디데스》의 번역본이었다.[42] 이 모든 지적 노력의 결과는 혁신적이었다. 출신 계급을 이유로 특출한 인재에게서 기회를 빼앗는 것은 비효율적이고 비도덕적임을 인정하는 힘이 축적된 것이다. 능력주의 원칙을 활용해 고대의 선입견이 틀렸음을 입증한 건 노동자 계층뿐만이 아니었다. 앨버트 아인슈타인과 같이 위대한 지성을 자랑하는 유대인들은 나치의 우수 인종 사상을 조롱하기에 충분했다. 프레데릭 더글러스와 W. E. B. 듀보이스 등 훌륭한 흑인 지성인들도 흑인도 내로라하는 지식인과 어깨를 나란히 할 수 있음을 입증했다. 마틴 루터 킹 목사는 피부색이 아닌 사람 됨됨이가 평가 기준이 되는 날이 올 거라는 희망을 고취시켜 도덕적으로 상당한 영향력을 발휘했다. 소외된 집단은 보편적 기준과 집단의 희망을 이야기할 때 가장 큰 영향을 미칠 수 있으며 지배층은 공격하기보다 부끄러움을 알게 해 권좌에서 내려오도록 하는 데 훨씬 효과적일 수 있다. 사회학자들은 능력주의 사상을 활용해 더 나은 사회를 열망하는 모호한 희망에 가능성을 더했다. 영국 노동당의 지적 아버지와 어머니라고 할 수 있는 시드니 웹과 베아트리스 웹은 둘 다 타고난 능력에 걸맞은 직업을 갖도록 하는 게 사회주의의 임무라고 주장했다. 그리고 영국이 전통적으로 왕가에서 통치자를 배출해온 걸 생각하면 이는 사회혁명이나 다름없었다. 미국 사회주의 정당의 길잡이라고 할 수 있는 존 스파고는 1906년 출간한 고전 《사회주의Socialism》에서 책의 대부분을 할애해 사회주의의 정수는 특권으로 인한 인위적 불평등을 인간 평등이 아닌 기회의 평등으로 차단하는 것임을 보여줬다.[43] 프랑스의 위대한 좌파 사회학자 중 한 명인 에밀 뒤르켐은 개인의 재능을 적절히 활용해 사회적 연대를 이룰 수 있다고 주장했다.

반면, 보수주의자들은 능력주의를 사회질서의 위협 요인으로 간주했다. 1872년 극우 토리당원 조지 버드우드는 공무원 개혁을 단행하면 중국식 퍼즐로 공무원을 선발하는 세상이 도래하고 영국 전역의 학생들이 이 퍼즐을 푸는 훈련을 받게 될 거라고 목소리 높였다.[44] 인기 소설가이자 보수 논객 W. H. 맬록은 1898년 모든 이들이 교육 기회를 균등하게 누리면 자기 분수를 뛰어넘는 사상을 즐겨 사회 부조화가 제도화될 거라고 비판했다.[45] 런던 경제학교의 독일 태생 사회학자 카를 만하임은 1953년 보수주의자들이 개인보다 국가나 연합 등의 집단을 옹호해야 한다고 주장했다. 집단이야말로 차별적 정체성을 지녀 현대판 봉건 자산으로 기능할 수 있기 때문이다.[46]

역사에서 알 수 있는 두 번째 사실은 능력주의가 변화무쌍한 사상이라는 점이다. 우리는 재능과 노력이 허용하는 곳은 어디든 갈 수 있다는 능력주의의 보편적 의미에 모두 동의할 수 있다. 하지만 이것이 실질적으로 의미하는 바는 무엇인가? 재능의 개념은 시간이 흐르면서 변화해왔다. 20세기 초반까지 재능에는 지적 가치뿐만 아니라 도덕적 가치도 담겨 있었다. 플라톤은 자신의 유토피아인 칼리폴리스의 지배자인 철인왕에게는 지성만큼 인성도 중요하다고 믿었다. 계몽주의 사상가들은 단순한 실력뿐만 아니라 미덕과 실력도 강조했다. 측정 가능한 지능으로 능력을 확인하는 IQ 테스트가 20세기에 개발되면서 재능은 점점 쇠퇴했고 도덕적 결과보다 전문 기술에 집착하는 테크노크라시가 부상했다. 능력주의의 정의 중 '허용하는'과 '어디든' 등의 단어도 늘 논란의 대상이었다. 19세기 정책입안자들은 '허용하는'이라는 단어를 진입 장벽을 제거해야 한다는 뜻으로 해석했다. 하지만 누구는 최고 교육을 받는데 누구는 열 살에 학교를 떠나야 하는 현실이라면 장벽을 제거하는 것만으로 충분할까? 대중 중등교육, 대중 고등교육과 적극적 우대조치라는 여러 급진 정책이 실행된 건 바로 이 때문이었다. 일부 능력주의자들은 '어디든'이라는 단어가 역량에 걸맞은 곳까지 오르는 걸로 해석했지만 일각에서는 대부분의 지식인에게 정치권력을 선사해야 한다는 주장으로 해석했다. 사실 능력주의의 유형은 상당히 다양하다. 정치적 능력주의는 정계 핵심부에도 능력주의 원칙이 적용되어야 한다고 주장한다. 플라톤은 가장 유능한 이들이 나라를 다스리는 용감한 신세계를 꿈꿨다. 미국 건국의 아버지들은 대법원 판사들이 민주주의의 압박에 굴복하지 않도록 종신직으로 임명했다. 존 스튜어트 밀과 프리드리히 하이에크는 유능한 사람들에게 더 많은 투표권을 주거나 고등교육을 받은 사람만으로 하원을 구성해야 한다고 주장했다. 기술능력주의는 성격이나 인성 또는 구시대의 판단 기준이던 자질들을 배제하고 전문 기술만 중시한다.[47] 기업가의 능력주의는 시장경쟁의 중요성을 강조하고 학문능력주의는 학업적 결과에 중점을 둔다. 이같이 시대에 따라 서로 다른 유형의 능력주의 사상이 전면에 부상했다. 세 번째로 알 수 있는 사실은 능력주의가 혁신적이고 변화무쌍해 얼마든지 스스로 자정할 수 있다는 것이다. 한때 능력주의가 현상유지를 위한 방어책으로 전락한 듯 보였던 때가 있다. 19세기 중반 미국에서 독립혁명을 이끈 능력자들이 자신의 지도자 지위를 자녀들에게 그대로 물려준 것이다. 하지만 이후 제퍼슨 민주주의를 계승해 실천한 앤드류 잭슨 전 대통령과 그의 지지자들을 의미하는 잭슨 민주주의자들과 아일랜드인과 이탈리아인 등의 새로운 이민자 집단이 공개경쟁이라는 명분으로 그들을 내쫓았다. 19세기 후반에는 과점 등의 불공정한 사업 관행으로 각각의 산업을 지배해 막대한 재산을 축적한 사업가와 은행가를 일컫는 '강도 남작'이라는 신규 엘리트층이 미국을 귀족주의 사회로 회귀시키는 듯했지만 능력주의 정신이 사회를 다시 한 번 혁신했다. 테디 루즈벨트는 대부호 악당과의 전쟁을 선언했고 공무원 개혁가들은 능력주의 원칙을 수용했으며 학습 선장은 대학교에 새로운 활기를 불어넣었다. 오늘날 능력주의를 맹비난하는 이들은 개혁으로 바로잡을 수 있는 단계를 지났다고 말한다. 사회정의를 부르짖는 좌파 인사 중에는 이제 인종 평등이나 수입 균등과 같은 비능력주의 원칙에 적극적으로 의존해야 한다고 주장하는 이들도 늘고 있다. 실제로 역사는 능력주의가 탁월한 형태로 개선되어 왔음을 입증한다. 소외된 집단은 능력주의 원칙을 어긴 엘리트 기득권층이 있다면 수치심을 안겨 공정한 경쟁에 임하도록 하고 제도 개혁론자들은 소위 엘리트 기관이 능력주의 원칙을 제대로 실현하도록 채찍질할 수 있다. 그럼에도 오늘날 능력주의 사상을 겨냥한 온갖 비판 중 부인할 수 없는 한 가지 사실이 존재한다. 능력주의 엘리트가 자녀 교육에 대규모 투자함으로써 성공의 대물림을 지속해 다른 사회 구성원을 무시하는 귀족주의에 빠질 위험에 처했다는 사실이다. 실제로 지난 40년간 능력주의 역사에서 가장 암울한 전개가 펼쳐졌으니 바로 능력과 돈의 결합이다. 글로벌 시장이 확대되고 자산가격이 급등하면서 배출된 신규 부유층은 자녀를 위한 교육적 특권을 매입해 자신들의 지위를 공고히 다졌다. 기존 부유층도 오랫동안 철통처럼 지켜온 자신들의 자산에 교육 또는 허울뿐인 학위라도 더해 능력주의의 가치를 가미했다. 사회 계층 간 이동성이 갈수록 줄어드는 가운데 본래 이동성을 늘리고자 고안된 능력주의 사상이 오히려 폐쇄성을 부추기고 카스트제도 부활을 촉진 중이다.

이 책 제목을 《능력주의의 두 얼굴》(이 책의 원제는 'The Aristocracy Of Talent'로, 직역하면 '능력 귀족주의'이다 - 편집자 주)이라고 붙인 데는 두 가지 이유가 있다. 첫째, 상당수 능력주의자가 스스로 그 같은 용어를 사용하기 때문이다. 플라톤의 화두는 철인왕이요 프랑스 혁명과 미국 독립혁명의 화두는 타고난 귀족이었다. 19세기 후반의 혁명적 분위기를 집약적으로 묘사한 토머스 만의 《부덴브루크가 사람들 Buddenbrooks》에서 한 등장인물은 제3신분이라는 호칭대로 우리 부르주아는 능력을 갖춘 귀족만 인정한다고 선언했다.[48] 그 후 사람들은 최고의 인재, 선한 영향력, 지도자 계층을 이야기하기 시작했다. 둘째, 경각심을 주기 위해서다. 능력 귀족주의는 반드시 양립할 수 없는 어휘로 존재해야 한다. 귀족 이외 계층에서 끊임없이 새로운 인재를 고용하고 무능한 엘리트가 있으면 가차없이 자격을 박탈할 때 지속 가능한 게 능력 귀족주의다. 능력 귀족주의는 현상유지를 전복할 때만 박수받을 수 있으며 능력주의 원칙이 사회 최고 지위를 공고화하는 방편으로 왜곡되어 사용되면 반드시 심판대에 올라야 한다.

이 책의 계획

·

1부에서는 능력주의 이전 세계, 즉 전통적으로 개인의 지위가 고정되고 일자리도 청탁이나 인맥, 상속이나 매입으로 분배되던 세계를 소개한다. 당시 시인들은 자아실현을 추구하는 개인을 신이 내린 질서의 적이라고 매도했다. 임명권자들은 고위직을 입맛대로 나눠줬고 돈만 내면 공무원이나 군인을 시켜주는 정부도 흔했다. 옥스퍼드와 케임브리지 대학교에서는 설립자들과 잘 아는 사이라는 이유만으로 형편없는 학생들에게 장학금을 수여했다. 구세계가 이렇게 희희낙락하는 사이에도 새로운 세계는 태동했다. 바로 지식인 귀족, 학자 관료, 극빈층 출신 관료 등 신분에 얽매이지 않는 지식인과 기업가의 세계. 2부에서는 근대성이 나타나기 전 능력주의 역사를 살펴본다. 플라톤은《국가Republic》에서 엄격한 기준으로 선발되고 혹독한 훈련을 거친 관리자가 이끄는 세계의 청사진을 제시했다. 중국은 제국 전역에서 최고 학자 선발시험 제도를 도입했다. 유대인은 두 가지 이유로 항상 지적 성공을 중시했는데 학자 사제라는 율법 엘리트 덕분에 선택받은 민족이 되었다고 여기는 신학적 이유가 첫 번째이고 사업가나 중간상, 해결사가 직업인 이들이 많다는 현실적 이유가 두 번째다. 중세 사회의 중추였던 교회와 왕실은 제한적이나마 후견을 통한 이동성이 보장되는 메커니즘을 고안했다. 능력주의 역사가 비교적 짧다고 하더라도 수면 위로 드러나기 전까지의 단계는 결코 짧다고 할 수 없다. 3부에서는 근대 세계를 창조한 세 가지 위대한 자유혁명을 중점적으로 살펴본다. 프랑스 혁명과 미국 독립 혁명의 경우, 후자가 조금 덜할지언정 수많은 사상자가 발생했고 나머지 영국 자유주의 혁명은 지주 상류층이 단 한 발의 총성도 없이 독점해온 권력을 지식인 귀족에게 물려주면서 평화적으로 이뤄졌다. 이 세 가지 혁명을 촉발한 근본적 힘을 알렉시스 드 토크빌은 명쾌하게 이렇게 정리했다. '이성이 성공 요소로 등극했다. 지식은 정부의 도구가 되었고 지식인은 사회 세력이 되었고 교육받은 사람은 국정에 기여했다.'[49] 미국 혁명가들은 땅이 계급의 기준이던 인위적 귀족주의를 미덕과 재능이 기준인 자연적 귀족주의로 대체하길 원했다. 사우스캐롤라이나의 역사학자 데이비드 램지는 미국의 두 번째 독립기념일을 축하하면서 미국은 모든 일자리가 지위나 배경과 상관없이 능력 있는 모든 이에게 열려 있는 인류 역사상 유일무이한 나라라고 주장했다.[50] 능력주의 철학자라는 새로운 부류에 가장 모순될지언정 가장 충실했던 토머스 제퍼슨은 빈곤층 영재를 발굴해 무상교육을 제공하길 원했다. 이후 미국인들은 뭐든지 위에서 아래로 내려오는 방식의 사회를 거부하고 열린 기회로 얼마든지 위로 올라갈 수 있는 사회를 추구했다. 하지만 미국의 실험도 결국 똑같은 알맹이를 드러냈으니 기회의 평등을 아무리 보장해도 사람들이 능력과 에너지에 따라 스스로 계층을 분류함으로써 상당히 불평등한 결과가 나타났기 때문이다. 프랑스 혁명은 더 많은 피를 흘렸을 뿐만 아니라 훨씬 혼란스러운 사건이었다. 당시 혁명가들은 인위적 귀족주의에 반기를 든 비슷한 혁명에서 영감을 받아 모든 인간이 법 앞에 평등한 대우를 받아야 하며 인재들에게는 모든 일자리 기회가 열려 있어야 한다고 선언했다. 봉건적 특권은 철폐되었고 일자리 매입은 금지되었으며 엘리트 학교는 강력한 힘을 발휘했다. 하지만 이 같은 에너지가 순식간에 폭발한 결과는 혼돈 그 자체였다. 나폴레옹은 왕정 원칙과 능력주의 원칙을 무분별하게 뒤섞었고 복고주의는 옛 정권에서 가장 미심쩍은 특징들을 일부 되살려놨다. 혁명의 폐허를 딛고 일어선 프랑스는 극단적 능력주의와 향수에 찬 귀족주의가 절반씩 뒤섞인 이상한 혼합체가 되어 있었다. 무엇보다 특이한 건 영국에서 일어난 혁명으로 광활한 토지가 아닌 명석한 두뇌로 성공한 엘리트 귀족, 즉 헉슬리, 다윈, 케인스 등 서로 혼인을 맺은 가문이 주도했다. 이들은 처음에는 공공부처나 대학교 등 주요 기관에 공개경쟁을 도입한 후 장학생에게도 기회의 사다리를 조금씩 제공해줬다. 11장에서는 IQ 테스트의 부상을 살펴본다. IQ 테스트가 등장하면서 두뇌 능력을 테스트하고 결과를 편리하게 숫자로 나타내게 되었다. 실제로 편의성이 워낙 뛰어나 미 육군은 발명한 지 얼마되지도 않은 IQ 테스트를 기준으로 제1차 세계대전에 참전한 신병 수백만 명을 분류했다. IQ 테스트는 능력주의 사상을 진지하게 받아들이는 사람이라면 고민할 수밖에 없는 세 가지 질문도 해결해줬다. 지능은 유전되는가, 습득되는가? 만약 둘 다라면 어떤 비율로 영향을 미치는가? 선천적 능력과 단순 학습을 어떻게 구분할 수 있는가? 능력주의가 제대로 구현된 사회에서는 계층 간 이동성을 얼마나 기대할 수 있는가? 12장에서는 제2차 세계대전 이후 능력주의가 승승장구하던 시절을 살펴본다. 이 시기는 능력주의 역사상 찬란한 영광의 시대였다. 타고난 능력을 개발할 기회가 모두에게 주어져야 한다는 사실에 좌우가 동의하는 시대, 대학교에 입학하고 사무직으로 일할 기회가 확대된 시대, 과학자, 공학자, 심지어 전문가로 대변되는 지능의 힘을 사회 전체가 추앙하던 시대였다. 13장에서는 능력주의를 성性의 관점에서 재검토한다. 여성의 지위 상승 스토리는 대부분 집단의 권리를 지키기 위한 집단투쟁의 역사로 기록되어 왔다. 하지만 13장에서는 존 스튜어트 밀과 아내 테일러와 같은 자유주의 지식인의 역할을 인정하는 게 중요하다는 의견을 제시한다. 밀이 여성도 공정한 기회를 보장받을 때만 능력주의 혁명이 완성된다고 주장했기 때문이다. 주요 돈벌이 수단이 체력에서 두뇌로 옮겨가면서 여성도 자연스럽게 남성 못지않은 성과를 낼 수 있게 되었다. 따라서 페미니스트 혁명도 19세기 공개경쟁 도입에 따른 사회 변화의 연장선

상에 있다고 보는 게 논리적으로 맞다. 5부에서는 더 어두운 이야기를 풀어본다. 14장은 능력주의에 반기를 든 좌파 진영의 봉기를 구체적으로 다룬다. 이 봉기는 학계 여러 전문가가 IQ 테스트의 정확성과 테스트를 뒷받침하는 근본 이론에 의문을 제기하면서 시작되었다. 그리고 영국과 북아일랜드의 일부 학생이 초등교육 마지막 해에 치르는 시험으로 문법학교 등 일부 중등학교 입학 기준인 11+가 아이들을 금수저와 흙수저로 나누는 역할을 하면서 특히 치열하게 전개되었다. 학계 저변의 흐름도 IQ 테스트를 바라보는 회의적 시각을 부채질했다. 평등주의자들은 능력주의 원칙으로 인해 엘리트주의가 사회주의 프로젝트의 핵심으로 자리 잡았다고 주장했다. 좌파의 목표는 엄밀히 말해 결과의 평등이 아닌 성과의 평등이었다. 공산주의자들은 능력주의 원칙 때문에 공동체가 교육적으로 구원받은 자와 저주받은 자로 갈리고 있다고 주장했다. 미셸 푸코와 같은 급진적 지식인은 범인과 광인, 선인과 악인, 준법자와 살인자, 당연히 뛰어난 자와 평범한 자 등 떠올릴 수 있는 모든 경계가 부르주아 권력의 산물이라고 분석했다. 그리고 모든 이가 상을 받아야 한다고 믿는 평등주의자, 상이란 자본주의의 골칫거리 중 하나일 뿐이라는 슈퍼 평등주의자 사이에서 논쟁은 갈수록 치열해졌다. 15장에서는 최근 진행되는 능력주의와 금권정치의 결합을 논의한다. 공공부문에서의 평등주의 혁명은 실패로 돌아갔는데 노동자 계층 자녀가 계층 간 이동성의 통로를 박탈당했을 뿐만 아니라 사회 최고위층 내 능력주의 혁명과 동시에 일어났기 때문이다. 이제 특권층도 지적 성공의 중요성에 눈을 떴다. 영국의 공립·사립학교와 미국 아이비리그 대학교들도 학교 성적을 더 중시하게 되었다. 그 결과, 1950년대 ~1960년대 성공적인 삶을 구가한 엘리트 계층 자녀는 자신의 특권을 자녀에게 물려주기 위해 엄청난 재원을 쏟아부었다. 찰스 비어드와 메리 비어드가 《미국 문명의 부상The Rise of American Civilization》(1930)에서 주장했듯 가난이 인간 본성을 파괴할 만큼 처참하고 끈질겼던 대공황 때까지만 해도 미국인들은 어디서든 자기 하기 나름이라는 믿음을 버리지 않았다.[51] 하지만 오늘날 능력주의로 인한 격차가 갈수록 커지면서 다른 선진국 시민 특히 영국인과 미국인은 그 같은 삶의 주도권을 박탈당했다고 믿게 되었다. 너무 슬프고 위험한 상황이다. 16장에서는 능력주의에 반대해 더 최근에 일어난 포퓰리스트 봉기를 살펴본다. 이는 엘리트의 특권은 노력과 실력이 아닌 부패한 체계에서 나온다는 1960년대 봉기 당시의 기조를 상당 부분 공유하고 있다. 포퓰리스트 봉기의 시작은 시험 낙제생들이 합격생들을 상대로 일으킨 반란이었다. 영국에서 브렉시트Brexit 국민투표 당시 찬반을 예측하는 가장 강력한 지표 중 하나는 교육 수준이었다.[52] 미국에서는 학위 소지자 비율을 기준으로 교육 수준이 가장 높은 100군데 지역에서 공화당 후보를 대통령으로 뽑은 비율이 1980년 76퍼센트였지만 2020년 16퍼센트로 대폭 줄었다.[53] 육체노동자의 지지를 끌어내는 데 특히 탁월했던 트럼프는 제대로 교육받지 못한 사람을 사랑한다고 선언하기도 했다. 17장에서는 책의 앞부분에서 다룬 주제 중 하나인 극동지역을 다시 살펴본다. 전 세계인이 플라톤의 국가 또는 공자의 고관 국가에 가장 견줄 만하다고 인정한 곳이 바로 싱가포르다. 이 사실은 그 자체로 중요하다. 늪 천지의 후진국에 불과했던 싱가포르가 세계 최고 부유국 중 하나로 도약한 사실은 물질적 풍요를 일구는 데 능력주의 사상이 얼마나 강력한 힘을 발휘하는지 잘 보여준다. 하지만 이보다 더 중요한 건 미국을 맹추격하는 경제대국 중국이 싱가포르를 벤치마킹하기로 결정했다는 사실이다. 중국인이 수용한 건 교육 능력주의뿐만이 아니다. 정치 능력주의도 받아들이면서 중국 학생들은 유교 경전이 아닌 공학을 공부한다는 점만 빼면 선조와 같은 길을 가는 중이라고도 할 수 있다. 이들은 정계와 행정직의 구분을 없애고 갈수록 어려워지는 시험으로 정치관료를 양성하는 데 자부심을 느낀다. 따라서 고위직 승진을 꿈꾸는 중년 관료조차 필기시험을 치러야 한다. 서구 세계가 자유주의적 능력주의 대신 정원 제한을 받는 금권정치를 택한다면 미래를 중국에 양보해야 할 것이다. 그런데 금권정치로 전락 중인 능력주의를 어떻게 소생시킬 수 있을까? 그리고 끊임없이 일하게 만드는 능력주의와 공존하는 방법은 결론에서 다룬다.

우선권, 서열, 지위

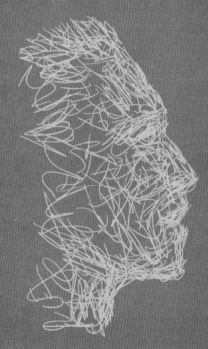

1.

호모 하이어아키쿠스

《트로일러스와 크레시다Troilus and Cressida》(1609)에서 셰익스피어는 율리시즈를 통해 능력주의 세계관에 이보다 더 배치될 수 없는 사회상을 제시했다. 사회는 계급과 서열로 나뉘고 사람들은 출생과 동시에 정해진 지위에 귀속된다. 사회질서는 신성한 질서의 반영인 만큼 우선권, 서열, 지위에 순응하지 않으면 사회질서뿐만 아니라 자연질서까지 모조리 붕괴해 폐허만 남을 것이다.

역병이 번지고 흉조와 폭동이 일어나고 바다는 미쳐 날뛰고 땅은 진동하고 폭풍이 휘몰아치고 경악, 변화, 공포심 등이 생기며 국가의 통일과 참다운 평화가 뿌리째 빗나가고 깨지고 찢어지고 완전히 끊깁니다! 오, 고상한 계획으로 가느다란 사다리와 같이 이 위계질서가 흔들리면 사업도 병들고 맙니다. 사회생활이나 학교에서의 학위나 도시의 동업조합이나 바다를 건너 교환되는 평화로운 통상, 장자 상속권, 연장자 특권, 왕관, 지휘봉, 월계관의 대권도 위계질서가 없다면 모두 참다운 위치를 어떻게 지키겠습니까? 위계질서가 사라져 악기 현 조율이 잘못되면 불협화음이 귀에 거슬릴 겁니다.*

이 같은 계급적 세계관은 비교적 최근까지 유럽 사회를 지배하고 있었다. 브라만과 달리트를 나눈 카스트제도의 인도, 엄격한 계급사회였던 일본 등 다른 전·근대 사회도 놀랍도록 동일한 세계관을 공유했다. 저자는 유럽을 중점적으로 살펴볼 예정인데 연장자, 왕관, 지휘봉, 월계관의 특권에 총체적으로 반기를 든 최초의 지역이 바로 유럽이기 때문이다.

불평등 이론

•

전·근대 세계는 계급, 교단, 조합과 같은 사회집단의 위계체계로

---

* 셰익스피어, 《트로일러스와 크레시다》, 신정옥 옮김, 전예원, 1989, 44쪽

여겨졌다. 이때 위계체계는 두 가지 위대한 진리, 즉 기도하는 자, 싸우는 자, 일하는 자로 분류되는 사회적 기능과 하늘에서 수직으로 뻗은 서열 기준으로 분류되었다. 그중 어디에 속하는지는 하느님이 결정했다. 800년대 초 샤를마뉴는 '각자 위치한 계층에서 하느님을 충실히 섬기라.'라고 백성에게 설파했다. 카롤링거 제국을 샤를마뉴의 세 아들이 분할한 843년 베르됭 조약은 '모든 백성에게는 영주가 있어야 한다.'라는 원칙을 1948년 UN의 보편적 인권선언만큼 확고히 천명했다. 1079년 교황 그레고리오 7세는 '신성한 섭리의 경륜에 따라 계급과 계층이 존재해야 한다.'라고 선언했다. 1302년 교황 보니파시오 8세는 각 사회 계층의 구성원은 사회적 지위가 더 높은 이들의 특권과 명예를 탐내면 안 된다고 거듭 강조했다.[1] 물론 이 같은 계급고정론은 현실의 실제 이미지를 왜곡했다. 상인, 방앗간 주인, 배회하는 백수처럼 겨우 세 개 계층만으로는 분류할 수 없는 직업이 넘쳐났다. 그리고 사회가 부유해질수록 미분류자 수도 늘어났다. 그럼에도 사람들은 모든 것을 육체노동 여부에 따라 규정하는 서열에 계속 집착했다. 그래서 목사와 비슷한 형태로 살아가는 지식인, 변호사, 교사 등은 위계체계에서 높은 지위를 점했다. 손에 흙을 묻혀가며 육체노동을 하는 사람들은 나중에 꽤 부자가 되더라도 낮은 지위에서 벗어나지 못했다. 육체노동으로 지저분해진 손을 돈으로는 결코 깨끗이 씻을 수 없었다.[2] 위계체계는 법적 권리와 의무에 의해 더 공고해졌다. 영국의 사회학 창시자 중 한 명인 T. H. 마셜은 계급사회에서는 '공적 권한에 의해 집행되는 일련의 권리, 특권, 의무와 법적 능력이 각자의 지위에 추가된다.'라고 주장했다.[3] 귀족의 경우, 동료가 판결을 내리는 특별 법정에서 재판을 받고 심지어 자신의 지위에 걸맞은 맞춤형 처벌을 받기도 했다. 프랑스에서는 귀족이 중죄를 저지른 것이 밝혀지더라도 참수형을 받을 수 있었는데 참수형은 죽음에 이를 때까지 온갖 고통에 시달리는 고문에 비하면 엄연히 특권이라고 할 수 있었다. 귀족은 막강한 군사적 기량을 통해 이미 국가에 봉사하고 있다는 이유로 다양한 세금을 면제받기도 했다. 귀족은 국왕이나 다른 봉건 영주를 위해 싸우거나 가족을 비롯해 딸린 식구를 부양하는 등 각종 의무에도 매여 있었다. 이같이 특정 집단에만 허용되던 법적 권리를 개인의 권리로 대체한 것이 18세기 계몽운동의 핵심이었다. 위계체계는 명예체제로 가중되기도 했다. 명예는 당신을 대하는 사람들의 태도를 결정해 명예가 드높을수록 더 큰 추앙을 받았다. 명예는 타인을 대하는 당신의 태도도 결정했는데 당신에게 명예가 있다면 타인을 정중히 대해야 했기 때문이다. 명예는 까다로운 주인이었다. 누군가 당신의 명예를 더럽혔는데 가만두는 건 결코 용납되지 않았다. 말을 타고 창 겨루기 등의 결투에서 수많은 젊은 귀족이 목숨을 잃은 이유가 여기에 있다. '150년 전에는 결투 신청을 받으면 싸울 수밖에 없었을 겁니다.' 에블린 위의《사관과 신사》에서 결정적 약점을 지닌 귀족 영웅 이보르 클레어가 말했다. '지금은 웃고 말죠. 명예가 꽤 곤혹스러운 문제였던 시절이 분명히 있었어요.' 특권과 특혜의 세계는 단체로까지 확장되었다. 귀족 의회, 대학교와 같은 일부 단체는 엘리트의 전유물이었다. 시의회, 지역위원회, 직업 길드 등의 단체에는 보통사람 심지어 그보다 하위층까지 소속되었다. 전·근대 사회에서는 각종 권리나 면제 형태로 특혜를 누리는 인구 비율이 상상을 초월했는데 '특정 계층, 단체나 길드의 구성원이어서' 또는 '특정 지역에서 태어나서' 등 명분도 다양했다. 이는 전·근대 제도가 상당히 복잡하고 규정하기도 무척 어려웠음을 의미한다. 예를 들어 러들로 출신인 누군가가 러들로 출신이며 까마득한 옛날 한 양모 상인과 특별한 인연을 맺었다는 이유만으로 보조금을 받고 옥스퍼드 대학교에 다니는 경우까지 볼 수 있었다. 중요한 것은 능력주의 사회에서 균등한 기회를 보장하는 보편적 규칙이 아니라 당신을 여러 상관과 연결해주는 인연과 관습이었다. 사회를 이렇게 유기적으로 바라보는 견해는 고대와 성서라는 두 가지 권위에서 기인했다. 아리스토텔레스는 '타고난 통치자'와 '타고난 노예'를 이야기했다. 통치하도록 타고난 사람이 있는 반면, 복종하도록 타고난 사람도 있으며 그것이 자연의 이치라는 것이다. 성경에는 순종의 중요성을 강조하는 구절이 가득하다. 히브리 성서 13장 17절에는 '너희를 다스리는 자에게 순종하라.'라고 나와 있고 로마서 13장 1절에서 성 바울은 '하느님의 임명을 받은 권력자들'이라고 지칭한다. 마태복음 22장 21절에서 예수는 '카이사르의 소유는 카이사르에게 줘라.'라고 말씀하신다. 유럽 전역에서는 검은 외투를 입은 지식인들이 일요 미사는 물론 출생과 결혼, 사망 등의 기념일 행사, 수확과 명절에 이르기까지 기회만 있으면 나타나 이 같은 구절을 거듭 강조하고 호소했다. 이 메시지는 19세기 영국의 짧은 시에 잘 나

47

타나 있다.

> 하느님 대지주와 그의 친족을 축복하시고 저희가 본분에 맞는 자
> 리를 지킬 수 있도록 하소서.

타고난 위계체계에 대한 이 같은 믿음은 위로는 하느님 왕좌의
발치부터 아래로는 가장 중요한 무생물에 이르는 존재의 위대한 사
슬이라는 개념에 가장 구체적으로 드러나 있다.**4** 중세 시대의 사회
인식을 지배한 이 개념은 16세기와 17세기 상응주의가 등장하면서
더 큰 구체성을 띠게 되었다. 셰익스피어와 동시대를 산 사람들은
어딜 가든 서로 상응하는 형상을 목격했다. 하느님 세계의 위계와
인간사회의 위계가 상응하고 심지어 인간의 신체와 정치체政治體를
비교했을 때도 머리가 군주 역할을 하고 손이 노동자에 해당한다는
점에서 상응주의가 적용되었다. 월터 롤리의《세계의 역사History of the
World》(1614)에서는 사회적 위계질서가 자연적 위계질서의 연장인 이
유를 그럴듯하게 설명하고 있다.

> 그렇다고 해서 부와 명예에 아무 가치도 부여하지 않고 오히려 불
> 필요하고 헛된 것으로 치부해야 하는가? 분명히 그렇지 않다. 하느
> 님께서는 비할 데 없이 높은 곳에서 내려다보시는 지혜로 천체에
> 서로 다른 빛과 아름다움을 선사하셨고 짐승과 새를 구분하셨으며
> 독수리와 파리, 향나무와 관목을 창조하셨다. 돌 중에서 가장 아름

다운 색을 루비에, 가장 빠른 빛을 다이아몬드에 부여하셨듯 사람들에게는 왕, 공작, 지도자, 치안판사, 판사와 여러 다른 계급을 지정하셨다.[5]

위의 견해에 따르면 악기의 여러 줄 중 하나만 본래 음에서 벗어나도 화음은 깨진다. 이는 우주적 차원의 불화, 즉 하느님께서 창조한 우주가 법의 순리를 따르지 않아 온 사방에 무질서가 판치는 무정부 상태를 의미한다. 그래서 오셀로는 '다시 혼돈이 펼쳐진다.'라고 우려했고 율리시스는 계급이 질식해버린 이 혼돈을 논했으며 리어왕은 자녀가 부친에 반기를 들 때 벌어지는 무정부 상태를 광기로 보여줬다. 이 모든 게 일상생활의 지침이라기보다 문학적 비유 정도로 들릴 수 있지만 그럼에도 우선권, 서열과 지위 이론이 사회에 촘촘히 엮여 있었던 게 사실이다. 이제 특정 시기의 특정 사회, 즉 튜더가와 스튜어트가가 지배하던 영국을 살펴봄으로써 이 같은 불평등 이론이 현실에서 어떻게 작용했는지 확인해보자. 셰익스피어의 시대라고 할 수 있는 이 시기의 영국은 특히 흥미로웠다. 위계사회의 오랜 전제 중 상당수가 새로 부상한 상업사회와 르네상스 인문주의 철학의 도전에 직면해 있었기 때문이다. 구질서를 옹호하는 이들로서는 난생처음 자신을 설명해야 할 처지에 놓인 것이다. 셰익스피어 사후 25년여 후인 1642년~1651년 영국에서는 내전이 발발해 능력주의 사회의 새로운 질서가 온 나라를 장악했다.

위계질서는 어떻게 작용했는가

•

머릿속 두뇌가 아닌 발밑의 토지가 가장 중요한 경제적 자원이던 사회에서 최고 권력자는 그 토지를 소유한 이들이었다. 중세 영주는 군대를 국왕에 제공하는 대신 봉지封地나 수수료 명목으로 토지를 받았다. 직접 전사로 나서기도 했던 만큼 재정은 물론 심리적으로도 상당한 투자를 했다. 젊은 시절의 대부분을 전술을 배우며 보내고 여가시간에는 사냥과 수렵기술을 연마하거나 잉여 재원은 말과 갑옷으로 무장하는 데 썼다.[6] 스스로 성전 기사단, 성 요한 기사단, 튜턴 기사단 등의 단체를 결성해 사기를 높였고 명예와 모험을 찾아 떠나거나 종교적 구원을 위해 십자군 전쟁에 나선 기사들에 관해 낭만적인 이야기를 들려주기도 했다.[7] 이들은 이렇게 고귀한 가문 출신으로 같은 위험을 감수하고 비슷한 신화까지 공유함으로써 확고한 유대를 나눴다. 그럼에도 전쟁은 인명과 재산 모두에 상당한 손실을 입혔다.

13세기~14세기 기사는 말 그대로 인간 장갑차 노릇을 했다. 비싸게 고용한 부하 병사나 방패병 등의 엄호 속에 무거운 갑옷을 두른 몸으로 말을 타고 다니며 창과 검으로 공격했다. 한 연구에 따르면 1330년~1479년 사이에 태어난 영국 공작 가문 남성 중 절반가량이 전투 도중 사망했다.[8] 따라서 튜더 가문이 중앙집권체계를 확립하던 당시 귀족이 전투에 참여하는 대신 영지를 경작하거나 법정에서 정치활동을 하는 데 더 주력한 건 별로 놀랄 일이 아니다. 위계질서 원칙은 사회의 모든 관계를 장악했다. 영주는 농노를 다스렸고 남편은 아내와 자녀 위에 군림했다. 실제로 17세기 시인 존 테일러는 순종하는 남편과 명령하는 아내 중 어느 쪽이 더 부자연스럽게 사는 건지 모르겠다고 빈정거리기도 했다.[9] 인간은 동물을 지배했으며 사회는 국빈 만찬처럼 화려한 행사부터 소박하기 짝이없는 의식에 이르기까지 모든 일에 위계체계를 도입했다. 당시 사회는 모자와 채찍이라는 두 가지 위대한 상징물로 압축되었다. 사람들이 자신보다 높은 계급의 사람 앞에서는 모자를 벗어 경의를 표하고 모자 벗기를 거부하는 이들은 채찍질 당하거나 족쇄에 결박되었기 때문이다.[10] 사회질서는 직함에 따라 구축되었다. 성과가 아닌 타고난 신분 덕분에 특별대우를 받는 이들도 있었다. 귀족은 수 세대 동안 혈통을 세심히 관리해온 덕분에 자신이 일반 대중보다 우월하다고 여겼다. 마르그라프 칼 프리드리히 본 바덴은 동물에게 일족이 있다면 인간에게는 혈통이 있다고 썼다. 따라서 가장 우월한 사람은 타인보다 자신을 귀하게 여기고 같은 혈통끼리 결혼해 순수 혈통의 자손을 낳아야 한다. 그것이 귀족이다.[11] 하지만 지배층은 특권과 더불어 의무도 물려받았다. 소유한 마을의 주지사 역할을 하는 등의 방식으로 정부기구를 운영하고 바람직한 처신의 본보기를 보여야 했다. 리처드 브래스웨이트는 저서 《영국 신사English Gentleman》(1630)에서 최고의 자산에는 최소한의 자유가 따른다고 설명했다.

그는 두 번 죄악을 저질렀고 그 죄악은 선례를 남겼다. 그 같은 게

급의 사람은 경계, 섭리와 근면의 본보기가 되어야 하며 안정처럼 무익한 그늘 아래 잠들면 안 된다는 뜻이다. 위대한 지위를 가진 이들은 세 가지 종의 기능을 한다. 군주나 국가의 종, 명예의 종, 비즈니스의 종이다. 따라서 그들에게는 자신의 사람이나 행동, 시간을 뜻대로 할 자유가 없다.[12]

사회를 구성하는 기본 단위는 개인이 아닌 가족이었고 가문의 계급은 어느 시대, 어느 지역에 존재하느냐에 따라 설정되었다. 우리 소유가 우리에게 귀속되는 게 아니라 우리가 우리 소유에 귀속된다. 별로 오래되지 않은 1974년 보리유의 지주 몬터규 경은 대대로 전해져 내려온 자신의 계급을 옹호하며 이렇게 말했다. '우리에게 그것은 단순한 재산이 아니라 우리의 신성한 믿음이 담긴 가보다.'[13] 토지만큼 중요한 것으로는 혈통이 유일했다. 지주 한 명 한 명은 어느 역사가의 표현을 빌리면 가족의 운명이 달린 릴레이 경주에서 바통을 쥐고 달리는 조상이었다.[14] 권리, 지위, 법률, 자산에 이르는 모든 것이 효용보다 상속, 명분보다 전통에 의해 정당화되었다. 존 골즈워디는 1906년 저서 《시골집The Country House》에서 이 같은 현상을 명료하게 제시했다. 그의 소설은 1891년이 배경이지만 그 내용은 시대를 초월해 유의미하다. 책에서 대지주는 '저는 제 자산을 형성하고 지켜주신 내 아버지와 아버지의 아버지, 그리고 그 아버지의 아버지를 믿습니다.'라고 선언한다. '저는 저 자신과 제 아들, 그리고 그 아들의 아들을 신뢰하며 우리가 이 나라를 구축한 만큼 이 모습 그대로 지켜나갈 거라고 믿습니다.… 그리고 저는 현재 같은 지위에 있는 사람들과 시골집, 그리고 모든 것이 지금 모습 그대로 영원할 거라고 믿습니다. 아멘.'[15] 이 같은 내용은 커즌가의 가훈에 더 명료하게 담겨 있다. '커즌가가 가진 것은 커즌가에서 지키자.'[16] 변화를 정당화하는 가장 좋은 방법은 전통으로의 회귀라고 포장하는 것이었다. 근대 사회가 유동적이길 자처하는 것과 마찬가지로 전·근대 사회는 스스로 안정적이라고 자부했다. 이를 위해 가능한 모든 곳에서 전통을 인용하되 그럴 만한 전통이 없으면 직접 만들어내는 행위도 서슴지 않았다. 돈을 많이 벌어 새로 높은 지위를 획득한 이들은 명문가와 혼인을 맺거나 문장을 사들여 고대 귀족 가문임을 증명했다.[17] 이 같은 경향은 대니얼 디포의 《완전한 영국 상인The Complete English Tradesman》(1726)에 잘 드러나 있다.

> 우리는 영국 상인이 부유해지면서 매일 문장관 사무실에 찾아와 조상의 문장을 찾는 모습을 봤다. 그들은 문장을 자신의 마차에 그려 넣거나 접시, 가구와 새 집 현관 위에 새기고 싶어했다.……[18]

전통과 혈통을 중시하는 문화에는 변화와 신규를 적대시하는 부작용이 뒤따랐다. 엘리자베스 1세와 제임스 1세 시대의 변호사이자 관습법의 아버지 중 한 명인 에드워드 코크 경은 모든 혁신과 새로운 방식을 의심할 것을 충고했다.[19] 빅토리아 시대 후기에 총리를 세 번이나 역임한 솔즈베리 경은 새로 일어나는 일은 하나같이 상황을 악화시킬 뿐이니 최대한 일어나지 않는 게 이득이라고 단언했다. 앤서니 트롤럽의 저서 《총리The Prime Minister》(1876)에서 왕실 고문인 아벨 와튼은 페르디난드 로페즈와 결혼하겠다는 딸을 결사 만류했다. 로페즈가 어느 지역의 무슨 가문 출신인지 모른다는 이유에서였다. 알고 보면 현명하고 훌륭한 인물일지 모르지만 뿌리도 역사도 없고 그에 관해 아는 사람이 아무도 없다는 것만큼은 도저히 납득할 수 없다.[20] 그는 달에서 뚝 떨어진 사람과 같다. 중세와 근대 초기 사회는 오늘날 사회에서 사람들이 자기계발로 계층 간 이동성을 높이는 것과 같은 자유를 형식적으로나마 제한하고자 애썼다. 정부에서 계급별로 매입 가능한 토지 양과 입을 수 있는 옷의 종류, 심지어 즐길 수 있는 스포츠 종류까지 규정한 것이다. 활쏘기는 서민 스포츠, 크리켓과 테니스는 상류층 스포츠였다.[21] 또한 당시는 보고 배우는 정교한 체계에 사람들을 묶어 놓으려고 안간힘을 썼다. 16세기 한 법학자는 '아무 일도 하지 않는 미혼 남성이 있다면 당장 섬길 수 있는 주인을 구해야 한다. 그러지 않으면 나태한 부랑자로 낙인찍혀 족쇄와 채찍으로 엄벌 받을 것이다.'라고 호통쳤다.[22] 교육 유동성은 그중에서도 특히 골칫거리였다. 16세기 초 제임스 1세는 신사의 혈통이 아닌 이들의 법학원 입학을 금지했다.[23] 17세기 케임브리지와 옥스퍼드 대학교에서는 펠로우 커머너와 젠틀맨 커머너라는 지위를 각각 도입해 명문가 학생은 평민 출신 학부생이 아닌 연구원과 함께 수업을 듣도록 했다. 그리고 자연스럽게 두 배의 등록금을 받았다. 16세기 유럽 대륙의 여러 대학교에서는 빈곤층 학생을 기숙사에서 내쫓거나 부유층 학생의 심부름 등 허드렛일을 맡겼다. 프랑스 파리, 이탈리아 볼로냐와 페루자에서는 가난한 학생의 투표권과 학회 가입 권리를 박탈했고 벨기에 루뱅 지역의 극빈층 학생은 졸업식 날 전통적인 검은색 어깨 장식 대신 흰색 장식을 착용해야 했다.[24] 1720년대 자유주의 질서 옹호론자로 알려진 버나드 맨더빌은 자선학교 때문에 빈곤층이 자신의 운명에 불만을 품는다고 비판했다. "빈곤층의 상당수는 가난할 뿐만 아니라 반드시 무지해야 한다."[25] 얼마 전까지만 해도 고위층은 오늘날의 능력주의자가 고수하는 세 가지 위대한 신념인 근면, 욕망, 교육에 투자할 시간이 없었다. 고귀하게 산다는 건 교역을 포함해 모든 형태의 육체노동을 멀리하는 것을 의미했다. 기독교에서는 인간이 일하게 된 건 타락했기 때문이라고 가르쳤다. 타락하기 전에는 아담과 이브가 노동하지 않아도 자연에서 열매를 구할 수 있었다. 한편, 고상한 척하는 귀족은 노동 자체를 불명예스러운 것이라고 설파했다. 나폴리 왕국 등 일부 지역에서는 귀족의 근로소득을 법으로 금지했고 잉글랜드 등에서는 사회적 관습에 의존했다. 진정한 귀족은 자신이 노동에 오염되지 않았을 뿐만 아니라 그런 일은 애당초 불가능하다는 사실을 분명히 했다. 중국 관료들은 길게 기른 손톱을 은으로 감싸 자신은 손가락 하나 까딱할 수 없는 몸이라는 사실을 만천하에 공표했고 유럽 귀족의 경우, 남성은 최고급 실크 반바지, 여성은 긴 드레스처럼 노동이 아예 불가능한 옷을 입었다. 요란한 여가활동은 요란한 소비의 일면이었고 고귀하게 산다는 건 낭비할 시간과 허비할 돈이 있음을 과시하는 것이었다. 귀족은 어딜 가든 마차를 모는 마부, 시중을 들 하인, 경호할 수행원, 그들을 소개할 안내원, 주위를 에워쌀 바람잡이 등 한 무리의 신하를 대동했다. 그들은 관리하려면 부대 규모의 하인이 필요했고 존재를 정당화하려면 군단 규모의 방문객이 와야 하는, 커다랗고 거대한 집을 지어야 했다. 옛 귀족 중 일부는 이 같은 금지조항을 교육 부문에까지 확대해야 한다고 믿었다. 그러지 않으면 아이들이 쓸데없는 망상에 사로잡힐 뿐만 아니라 그로 인해 신체까지 쇠약해진다는 이유에서였다. 헨리 8세의 국무장관이자 윈체스터, 파도바와 옥스퍼드에서 공부한 리처드 페이스는 동료 한 명이 이렇게 선언하는 것을 들었다. '성체聖體에 맹세컨대 나는 내 아들이 글자를 배우게 하느니 차라리 목을 매도록 하겠다.' 토머스 엘리엇 경은 학식이 풍부하다거나 위대한 학자라고 회자되는 것은 위대한 신사에게 엄연한 치욕이라고 토로했다. 에드먼드 스펜서는 귀족은 학습을 천박한 것으로 여긴다고 말했다.[26] 광범위한 당국이 동의한 바에 따르면 욕망에는 두 가지 혐오 지점이 존재한다. 욕망은 개인이 타락했다는 증거인 동시에 사회결속을 위협하는 속성이 있는 것이다. 성아우구스티누스는 욕망을 선善의 주적으로 규정했다. 마키아벨리는 욕망과 탐욕이야말로 평화를 빼앗고 우리를 전쟁으로 몰아넣기 위해 고안된 복수의 여신으로 규정했다.[27] 칼뱅파의 성경 번역본에는 욕망에 관한 77가지 경고가 있는데 '하느님은 욕망을 혐오하신다.'라는 구절과 아담이 파멸한 건 자존심이 아닌 욕망 때문이었다는 구절 등이다.[28] 셰익스피어의 비극에는 태어날 때 주어진 한계를 뛰어넘어 높은 곳까지 오르고 싶어하는 욕망에 사로잡힌 인물들이 등장한다. 리처드 3세는 외면과 내면 모두 욕망으로 뒤틀린 인물이고 맥베스는 욕망 자체를 뛰어넘는 욕망의 희생양이다. 《우울함의 해부학 Anatomy of Melancholy》(1628)에서 로버트 버튼은 욕망을 영혼의 병폐, 숨은 역병… 은밀한 독약, 부러움의 아버지, 위선의 어머니, 신성함을 좀 먹는 벌레, 광기의 원인, 그리고 장악하는 건 뭐든지 십자가에 못 박히고 불안하게 만드는 원흉으로 규정했다.[29] 이 같은 지위와 계급사회는 현실에서 어떻게 굴러갔는가? 특권은 이번 세대에서 다음 세대로 어떻게 전달되었는가? 일자리는 어떻게 할당되고 기회는 어떻게 분배되었는가? 이 같은 질문에 답하려면 전·근대 사회에서 가족이 단순히 사회적 기본 단위에 그치지 않았음을 알아야 한다. 가족은 정치적 기본 단위이기도 했다.

2.

가문의
힘

《공산당 선언The Communist Manifesto》(1848)에서 카를 마르크스와 프리드리히 엥겔스는 지금까지 존재해온 모든 사회의 역사는 계급투쟁의 역사라고 선언했다. 하지만 당시까지 존재한 모든 사회의 역사는 가문투쟁의 역사라고 해도 틀린 말은 아니었을 것이다. 19세기 중반 이전에는 지금까지 존재한 모든 사회의 대부분이 귀족 가문의 지배를 받았으며 국내 정치의 핵심 사안은 모두 가문과 관련된 문제였다. 지배 가문에서 건강한 자녀를 출산할 수 있을 것인가? 왕좌를 차지하려는 라이벌 가문의 위협에 맞설 수 있을 것인가? 외교정책도 가문에 좌우되기는 마찬가지였다. 왕족 간 결혼은 후계자 생산으로 미래 세대에서도 사회적 지위를 보장할 기회로 작용한 반면, 후계 실패는 곧 피비린내나는 내전이나 국제분쟁으로 이어지기 일쑤였다. 오늘날 우리는 진정한 정치권력은 승계되어야 한다는 발상에 황당함 대신 본능적으로 혐오를 느낀다. 영국인은 자국의 왕족을 일종의 연예인으로 탈바꿈시켰다. 왕가의 일원은 자신의 삶을 의례적 기능에 헌신한다는 전제하에 화려한 새장 속 삶을 허락받았다. 다문화적 색채를 가미하기 위해 할리우드 출신 여배우를 영입한 것은 도가 지나친 혁신이었음이 입증되었다. 찰스 왕세자가 건축, 유전자 조작 식품이나 변두리 지역에 관한 캠페인을 벌이며 진짜 권력을 발휘하려고 할 때마다 영국인은 짜증스럽다는 듯 닥치라고 경고한다. 반면, 이미 수 세기 전부터 왕가의 원칙을 비웃어온 이들에게는 자연스럽게 호감을 품게 된다. 그중 그리스 현자였던 히포크라테스는 왕이 있는 곳에 반드시 최고의 겁쟁이가 있다고 경고했다. 영혼이 노예화된 인간은 타인의 권력을 높이기 위해 기꺼이 무모하게 위험을 감수하기를 거부하기 때문이다. 또한 아랍의 위대한 역사가 이븐 할둔은 왕족이 타락할 수밖에 없다고 주장했는데 호화로운 유년기를 보내면 인간의 영혼은 부패하기 마련이기 때문이다.[1] 오늘날 200여 개 주권 국가를 자랑하는 세계에서 군주 국가는 20여 개에 불과하다. 하지만 왕가의 통치는 역사적으로 예외가 아닌 대세였다. 오늘날의 능력주의적 확신은 사실 대부분 지역에서 대부분의 사람이 이해하지 못했을 현상으로 최근에야 일어난 혁신이다. 아즈텍과 중국과 같이 광범위한 지역에 분포한 사람들이 왕가의 통치를 받아들였고 일본의 야마토 왕조도 기원전 660년 이래 왕좌를 지키고 있다. 가문은 정치뿐만 아니라 비즈니스도 지배해왔다. 안티노리 가문은 1385년부터 토스카나에서 와인을 생산했고 베레타 가문은 1526년부터 인근에서 총을 생산했으며 로스차일드 가문은 18세기부터 금융계에서 주요 역할을 담당해왔다. '은행가의 소명은 세습된다.' 아버지의 뒤를 이어 금융계에 발을 들였다가 누구보다 뛰어난 재능을 지닌 데다 잡지 창간인의 딸과 결혼까지 해《이코노미스트》편집자가 된 월터 배젓은 이렇게 적었다. '은행의 신용은 아버지에게서 아들로 전해지며 이런 식으로 부富가 상속되면 발전도 대를 이어 계속된다.' 왕가의 통치 형태는 세계 각지에서 서로 다르게 나타났다. 서구 세계는 종교와 경제가 뒤섞인 이유로 일부일처제와 장자 상속제를 무조건 선호해왔다. 기독교는 아무리 강력한 통치자라도 한 번에 한 명 이상의 부인을 맞이하는 건 금지했고 장자 상속제가 확립되어 있던 덕분에 거대 자산의 분할이나 왕좌를 둘러싼 내분을 막을 수 있었다. 반면, 서구 이외 지역에서는 일부다처제가 지배적이었다. 권력자는 일부다처제 내의 합법적 아내 또는 일부일처제 내의 첩의 형태로 수많은 부인을 거느렸는데 이는 그들의 능력 덕분이기도 했지만 최대한 많은 자녀를 생산함으로써 건강한 아들 후계자를 볼 확률을 높이기 위해서이기도 했다. 세계 각국의 왕가는 이렇게 극명한 차이를 보였지만 활용하는 명분이나 자원은 동일했다. 자신이야말로 하늘과 땅을 연결하는 존재로서 사회적 지위의 수호자임을 내세운 것이다. 또한 유전자를 물려받은 이들이 권력을 계승하는 귀족 가문 네트워크에서 중심축 역할을 담당했으며 곁에는 늘 다른 왕족을 뒀다. 루이 16세는 1,400년부터 귀족 가문 출신만 왕궁에 출입할 수 있다고 선포했는데 이에 해당하는 가문은 1천여 개에 불과했다.[2] 당시 귀족에게 출신 가문이란 오늘날의 인재에 교육적 스펙이 의미하는 정도로 중요했다. 한편, 왕족과 다른 귀족 가문의 관계는 복잡했다. 왕족이 왕궁에 살게 해줄 테니 소유한 공국을 넘기도록 꼬드기는 방법으로 다른 가문을 종속시켰다면 왕족을 뜻대로 주무르는 귀족 가문도 존재했는데 이 같은 경향은 귀족에게 국왕 선출권이 있던 폴란드에서 특히 강했다. 귀족사회에서는 각 가문 사이의 세력 다툼이 흔히 벌어졌다. 왕족들은 하나같이 비슷한 주기를 통과했다. 무력이나 비열한 방법으로 왕족 지위를 획득한 그들은 결국 탐욕스러운 권력에 문명이라는 허울을 덧씌웠다. 공자는 성공한 황제는 스스로 도덕적 본보기가 되는 방법으로 통치한다고 주장했다. 논어에서는 공자의 말씀을 빌려 도덕적 탁월함으로 통치하는 자는 다른 모든 별의 추앙을 받는 가운데 굳건히 자기 자리를 지키는 북극성에 비교될 수 있다고 말했다. 아우구스티누스와 아퀴나스, 에라스무스는 살아남길 원하는 왕은 독실하고 정직하며 공정하고 자비로운 덕의 본보기가 되어야 한다고 주장했다. 물론 백성은 의심의 여지없이 복종할 테지만 왕 입장에서도 은총과 자비를 베풀어 제 역할을 다해야 한다. 또한 왕족은 동일한 행동 패턴으로 움직였는데 후견과 경의, 아첨과 음모 등은 능력주의 원칙 내 시험 성적과 직업 서열만큼 중요하게 작용했다. 왕궁은 늘 음모의 중심지였다. 터키의 술탄이나 중국 황제, 유럽의 국왕 등을 살펴보면 신하들이 늘 숙적을 제거할 이야기를 꾸며 왕이나 그 후계자의 귀에 흘러 들어가게 했음을 알 수 있다. 프랑스 주재 영국 대사는 루이 16세에 관해 적으면서 음모를 피할 수 없었다고 밝혔다.

> 폐하께서는 모든 음모의 그늘에서 벗어나고 싶어하십니다. 하지만 이는 아직 어리고 경험도 부족한 데서 비롯된 이룰 수 없는 소망에 불과합니다. 폐하께서 왕좌를 지키시는 한 음모에서 벗어나기는커녕 그 한가운데 계실 수밖에 없습니다. 사실 단연 위대하고 독보적인 재능을 지닌 분이라면 이 모든 음모를 타파하실 테지만 폐하가 그 같은 우월성을 지녔다고 여길 만한 근거가 없으므로 제 생각에 폐하께서는 음모에 기생충처럼 의지하면서 날마다 더 깊숙이 얽혀 들어가실 것입니다.[3]

왕족에게는 공통점이 한 가지 더 존재한다. 공과 사, 정치적 사안과 개인적 사안을 제대로 구분하지 않아 결국 모든 정치가 가족에 의해 좌우되었다는 사실이다. 프레데릭 폴록과 F. W. 메이틀랜드는 명저 《영국 법사History of English Law》(1895)에서 이 같은 사안의 본질을 꿰뚫어봤다. '봉건제도의 이상이 완벽히 실현되는 한 우리가 공법이라고 부르는 모든 것은 사법으로 병합된다. 사법권은 자산이고 관직도 자산이며 왕권 자체도 자산이다.'[4] 국가는 기본적으로 가문의 자산이었다. 영주가 영토를 물려주듯 국왕도 국가를 물려줬고 운영도 비슷한 방식으로 해나갔다. 즉, 특정 영토의 소유권이 이 가문에서 저 가문으로 넘어가듯 국경도 끊임없이 변화했고 이웃한 영주와의 관계가 틀어지거나 다른 이웃과 사돈을 맺듯 동맹국도 언제든지 바뀔 수 있었다. 살 곳을 제공하는 영주에게 소작농이 감히 뭐라고 말할 수 없었듯 각국의 백성도 나랏일에 별다른 발언권을 갖지 못했다.

시간이 흐르면서 폴록과 메이틀랜드의 완벽한 봉건제도는 약화되었다. 1419년 한 프랑스 변호사는 왕국의 국왕이 갖는 왕권은 가문을 통해 상속되는 자산인 영주권과 차원이 다르다고 주장했다. 심지어 루이 14세가 '짐이 곧 국가다.'라고 선언했을 때조차 다른 변호사들은 물리적 인간으로서의 왕과 국가의 구현으로서의 왕을 구분했다. 하지만 그럼에도 왕족은 적어도 19세기까지 공과 사를 명확히 구분하지 않았다. 영국 여왕이 여전히 그렇듯 대규모 영토를 개인 명의로 소유했고 관직을 개인적인 선물처럼 나눠줬다.

생물학으로서의 정치

•

왕가의 원칙에 따르면 권력의 핵심은 군주라는 한 인간이었다. 적어도 18세기 중반까지 군주는 전투가 벌어지면 자국 군대를 이끌고 참전했고 왕가를 통해 국가의 중심축 역할을 했다. 물리적으로 왕과 가까울수록 권력의 중심과도 가까웠다. 군주의 말이나 매를 돌보고 침실을 지키는 등 군주에게 물리적으로 필요한 것을 돌보는 여러 관직이야말로 최고의 역사를 자랑했다. 물론 왕가나 가장 고귀한 귀족 가문만을 위해 일했다. 영국에서는 본래 군주의 배변활동을 관리하던 신하가 왕가에서 가장 영향력 있는 인물로 등극하기도 했다. 프랑스에서는 만찬에 참석한 이들 중 최고 가문 출신만 국왕에게 냅킨을 건넬 수 있었다. 중세 이후의 왕들은 관료의 전문성을 강화하는 한편, 자신과 상류층 사이의 연결고리를 다지는 데도 힘썼다. 루이 14세는 라틴어와 춤, 기마술을 가르칠 목적으로 베르사유 궁전에 파견한 고귀한 혈통의 젊은 귀족 명단을 80쪽 분량에서 160쪽 분량으로 늘렸다.[5] 유럽의 화려한 군주 중 단연 화려했던 루이 14세는 자신의 주요 백성 앞에서 군주의 모습을 과시하기를 상당히 중시했다. 아침에 의복을 입고 밤에 의복을 벗는 행위조차 기상levée과 취침coucher이라고 알려진 정교한 의식으로 설정해 나라의 최정예 인원으로 구성된 대규모 관객 앞에서 한 시간 반씩 진행했다. 일주일에 며칠씩 계속된 사냥도 늘 수백 명이 지켜봤고 만찬도 공개석상에서 진행해 고위 귀족은 편안한 자리에 앉아 구경하고 지위가 낮은 이들은 지나가면서 구경했는데 그중에는 선처를 호소하는 이들도 가끔 있었다. 이 같은 전시용 행사는 신하들이 뭔가를 요청할 기회가 되었고 실제로 그들은 매일 아침, 정오, 밤마다 여러 가지 부탁을 했다. 또한 신하들은 이 자리에서 왕족을 몇 시간 동안이나 바라보며 왕의 본 모습을 가늠하거나 가까이서 왕을 봤다고 친구들에게 자랑할 수 있었다. 왕은 모든 결정을 내리는 통치자였던 만큼 백성의 추앙을 받는 인기 스타였다.[6] 물리적으로 왕과 가까운 게 얼마나 중요했는지는 왕족의 죽음에서 여실히 드러난다. 마리 앙투아네트의 한 시녀는 루이 15세의 서거 소식이 전해진 당시 벌어진 소동을 소개하고 있다. '폐하의 처소 외부 객실에 위치한 방에서 정확히 천둥소리와 같은 끔찍한 소음이 들려왔다. 한 무리의 신하들이 서거한 군주의 집무실을 버리고 새 군주 루이 16세에게 인사를 드리러 온 것이다.' 새 국왕에게 이보다 더 신속히 굽신거릴 수는 없을 것이다. 왕궁에는 귀족뿐만 아니라 신체적·심리적으로 왕에게 필요한 것을 충족시켜 주기 위해 어슬렁거리는 이들도 많았다. 왕을 즐겁게 해줄 광대와 악사, 왕에게 위로와 자극을 선사할 여성과 소년들, 즐거움과 도움을 줄 가까운 친구들, 왕의 미덕을 칭송할 작가들, 왕의 모습을 그리고 조각할 예술가들, 사냥과 사격을 준비해줄 사냥대장 등이다. 일부 군주는 주위에 현자가 유독 없었다. 루이 14세는 보방, 라신, 몰리에르, 드 맹트농 등 뛰어난 부르주아를 궁으로 불러들였다. 반면, 난쟁이, 유배자, 아무 쓸모도 없는 한량 등을 일부러 곁에 둔 군주도 있었다. 헨리 7세는 '자연인', '순수인'이라는 정신질환자를 가까이 두며 전국 순회 때 동행하기도 했다.[7] 엘리자베스 1세는 난쟁이었던 토마시나를 애지중지해 가운, 장갑, 상아빗 등 선물 공세를 퍼부었다.[8] 그녀의 아들인 부르봉 공작은 가장 작은 난쟁이보다 훨씬 작고 피부는 칙칙한 황톳빛에 스스로 개라는 망상에 사로잡히는 등 여러 특이사항을 지녔지만 모친이 난쟁이를 친구로 뒀다는 사실에 묻혀 별로 부각되지 않았다.[9] 중국과 터키 왕궁에서는 내시를 선호했다. 내시는 왕의 첩을 임신시켜 통치자의 혈통을 더럽히거나 스스로 왕족이 되고 싶은 욕망에 왕좌를 위협할 위험이 없었기 때문이다. 터키의 술탄도 정복한 여러 나라에서 취한 노예를 곁에 뒀다가 훗날 요직으로 승진시켰다. 공무원 조직과 군대 내 고위직의 대다수가 결박당한 채 임기를 시작한 것이다. 특정 가문에서 군주 자리를 계승하는 왕족정치의 핵심은 생물학이었다. 지지자에게 군주란 하늘의 질서와 땅의 질서를 잇는 실체적 연결고리로 신에 버금가는 존재였지만 생물학적 존재이기도 했다. 이 같은 군주 상속제는 유럽 군주들에게 특히 버거웠는데 정통한 후계자가 몇 안 되고 당시 유아 사망률도 높아 여자아이나 먼 친척이 왕위를 계승해야 할 경우도 흔했기 때문이다. 건강한 아들의 탄생은 왕족뿐만 아니라 온 나라의 관심사였다.

1392년 2월 6일 프랑스 샤를 6세가 아들 후계자의 탄생을 알렸을 당시 파리 전체가 기쁨에 들썩였다고 한다. 교회 종을 울려대고 거리에는 횃불을 든 축하 인파가 가득했으며 여성들은 가판대에서 와인과 향신료를 조금씩 나눠줬다.[10] 한편, 아들을 출산하지 못한 왕비는 자연스럽게 트라우마에 시달렸다. 카타리나 드 브라간사는 연이은 유산으로 찰스 2세에게 후계자를 안겨주지 못하게 되면서 평생을 고통 속에 지내야 했다. 이 같은 상황은 모든 관계자에게 우려를 안겼는데 왕위를 계승할 혈통이 명확해야 정치가 안정될 수 있었음을 생각하면 충분히 이해가 간다. 왕족 내 분쟁이 생기면 장기 내전이 발발하거나 심지어 제국이 붕괴하기도 했다. 실제로 부르고뉴 공국은 1032년 루돌프 3세가 후사없이 서거한 후 멸망했다. 그로부터 34년 후인 1066년 에드워드 참회왕이 또 다시 후사없이 사망하면서 잉글랜드 역사상 가장 처참히 짓밟힌 노르만 정복이 일어났다.[11] 아들 탄생이 워낙 중요하다 보니 군주의 생물학적 구성 중 가장 은밀한 요소가 대중의 화두로 자리 잡았다. 헨리 8세는 아들 후계자 생산을 위해 필사적으로 노력했지만 유산, 태아 사망, 사산, 유아 사망을 연달아 겪었고 이후 두 아들은 처형까지 시켰다. 힐러리 맨틀은 이 같은 튜더 왕가의 정치를 지나치게 산부인과적이라고 묘사했다.[12] 혁명 이전의 프랑스 정치도 마찬가지였다. 루이 16세가 마리 앙투아네트와 결혼하고 7년이 지나도록 후사를 보지 못하자 유럽 각국의 왕실은 물론 파리 거리에까지 온갖 소문이 난무했다. 루이 국왕이 성불구라느니 마리 앙투아네트가 불감증 또는 매춘부라는 식의 유언비어가 나돈 것이다. 앙투아네트의 어머니인 마리아 테레지아 여왕은 베르사유 주재 오스트리아 대사를 불러들여 루이 국왕의 성기가 제 기능을 하도록 수술을 권유하라고 지시했다. 앙투아네트의 오빠 요제프 2세는 동생 레오폴드에게 보낸 편지에서 루이 국왕은 발기력도 강하고 지속력도 좋아 발기 후 2분 동안 수그러지거나 사정하지 않고 동일한 상태를 유지하고 여전히 곧추선 모습으로 아내에게 잠자리 인사를 전했다고 적나라하게 적었다. 그렇다면 앙투아네트의 오빠는 이 부부가 겪는 난제에 어떤 해결책을 제시했을까? '당나귀를 패듯 루이 국왕을 채찍으로 때려 분노로 폭발시켜야 한다.'[13]

근대 역사학자들은 이 같은 산부인과적 추측에 살을 덧붙였다.

일각에서는 루이 국왕의 포피가 극도로 팽팽해 성관계 자체가 괴로 웠을 수 있다고 주장했다. 또 다른 이들은 국왕의 성기는 유난히 컸던 반면, 마리 앙투아네트의 질은 너무 작아 부부관계가 고통스러 웠으리라 추측했다. 하지만 원인이 뭐든 이 부부는 결국 극복해 필 요한 후계자 생산에 성공했다.[14] 이같이 왕족에게 불임이 중차대한 문제였다면 다산多産은 훌륭한 기회가 될 수 있었다. 오스트리아 마리아 테레지아는 출산한 16명 자녀 중 일곱 명을 유럽의 다른 왕족과 결혼시켜 오스트리아-헝가리 제국의 안정적 생존을 확보했다. 작센 코부르크 고타 가문은 별 볼 일 없는 독일 왕족이었지만 그중 앨버트 왕자가 세계 최고의 제국을 통치하던 영국 여왕과 결혼해 아홉 명의 자녀를 두면서 세계에서 가장 성공한 왕족으로 발돋움했다. 수많은 자녀를 둔 빅토리아 여왕은 유럽의 위대한 가문들과 줄줄이 사돈을 맺어 급기야 유럽의 조모로 불렸는데 실제로 엘리자베스 2세와 남편인 에든버러 공작은 둘 다 빅토리아 여왕의 직계 후손이자 2촌들이 덴마크 국왕 크리스티안 9세의 직계 후손이라는 이유로 제거됨에 따라 3촌지간이 되었다. 하지만 호사다마好事多魔라는 말처럼 아들이 너무 많아 영토분할에 직면한 경우도 있었다. 실제로 샤를마뉴 대제는 세력을 키운 세 아들에게 자신의 왕국을 쪼개 물려줘야 했다. 연로한 국왕이 젊은 아내를 맞아 아들을 한 명 더 얻어도 가문은 혼란에 빠졌다. 카롤링거 왕족인 루도비쿠스 경건왕은 823년 새 아들 카롤루스 대머리왕을 얻었는데 기존 세 아들에게 당시 왕국을 일부씩 나눠주기로 이미 약속한 상태였다. 민주주의 국가에서 통치권을 손에 넣으려면 보통 건강에 문제가 없어야 한다. 프랭클린 루즈벨트가 예외였던 이유는 언론이 그의 소아마비를 대수롭지 않게 여겼기 때문이지만 오늘날이라면 분명히 달랐을 것이다. 반면, 왕조국가에서는 어린 아기 때부터 왕위에 오르거나 심지어 노망이 들어도 지속이 가능했다. 요람왕으로 불린 스코틀랜드 제임스 6세는 첫 번째 생일 직후 모친인 메리 여왕이 쫓겨나면서 곧 왕이 되었다. 프랑스에서는 1610년 루이 8세, 1643년 루이 14세, 1715년 루이 15세가 열 살도 안 되는 나이에 왕위를 계승했고 중국의 마지막 황제 푸이는 불과 두 살 때 지존이 되었다. 이렇게 미성년자에게 통치권이 넘어가면 불가피하게 여러 문제가 뒤따랐다. 여왕이나 세력이 강한 삼촌, 야망을 품은 신하들이 섭정했고 왕궁 내에 파벌을 형성해 분쟁이 일었으며 어린 통치자의 부인 자리를 노린 포섭도 끊이지 않았다. 종교개혁 이후로는 구교였던 스페인 필립 2세가 헨리 8세의 장녀 메리와 결혼했을 때와 마찬가지로 유럽 대륙 전체가 종교분쟁에 휩싸일 위험이 있었다. 늙은 왕에게도 나름대로 어려움이 있었다. 요람왕은 스코틀랜드 제임스 6세뿐만 아니라 잉글랜드 제임스 1세로도 세월을 보내면서 '나는 백성의 왕이지만 시간의 왕은 아니어서 이렇게 왕 노릇을 하다가 늙어간다.'라고 읊조렸다. 노망이 든 왕들은 고문의 계략에 빠지는 경우도 많았다. 1612년 서거한 합스부르크가 황제 루돌프 2세는 말년에 어느 왕실 하인의 꼭두각시로 전락했는데 그 하인은 자신 이외에 아무도 황제와 소통하지 못하게 하고 가장 비싼 값을 부르는 이의 뜻대로 황제를 조종했다. 결국 루돌프 황제는 동생에게 실권을 모두 빼앗기고 말았다. 너무 어린 나이와 너무 늙은 나이 두 시기 모두 왕으로 살면서 두 가지 유형의 문제를 모두 일으킨 왕도 가끔 있었다. 루이 14세는 불과 네 살 때 왕좌를 계승해 무려 72년간 통치한 후 그의 증손자에게 왕위를 물려줬다. 후계자는 성인이 되면 부친의 사망을 기다리다가 지친 나머지 '죽음보다 확실한 것은 없다. 하지만 죽음의 시간만큼 불확실한 것도 없다.'라는 중세의 명언에 판단력을 잃기도 했다.[15] 실제로 부친의 폐위를 꾀한 이들도 있다. 1173년 봄 헨리 2세의 아들들은 프랑스로 달아나 루이 7세와 함께 전쟁을 일으켰고 전쟁은 18개월간 계속되었다.[16] 신성로마제국 황제 헨리 4세는 아들 헨리 5세의 손에 투옥되어 왕위에서 강제로 물러났다.[17] 그 밖에 레오폴트 1세의 장남 요제프, 조지 1세의 장남, 어머니의 장기집권으로 악몽을 살았던 빅토리아 여왕의 장남 에드워드 등은 누구 못지않게 야망이 큰 젊은 신하들을 모아 왕궁에 대적할 세력을 구축한 데 만족했다. 왕족의 통치는 여성에게 유난히 복잡하고 불쾌하기까지 했다. 몇몇 국가는 여성 군주를 완전히 배제했는데 프랑스는 987년부터 마지막 왕이 폐위된 1848년까지 남성만 군주로 세웠다.[18] 남성이 지배하는 세계에서 고독할 수밖에 없었던 여성 군주들은 권위를 확립하는 데 큰 애를 먹었다. 잉글랜드 엘리자베스나 스웨덴 크리스티나와 같이 결혼하지 않으면 후계자를 생산하지 못해 사후 나라를 왕위분쟁에 빠뜨렸고 그렇다고 대부분의 다른 왕족처럼 결혼하면 독립성을 잃기 일쑤였다. 예카테리나 2세와 같이 사실무근이거나 과장된 불륜 의

혹에 시달리고 자녀가 있으면 정치적 음모를 의심받을 때가 많았다. 물론 그게 사실인 경우도 있었다. 딸들도 너무 어릴 때부터 왕좌게 임에서 소모될 준비를 해야 했다. 프랑스 이사벨은 리처드 2세와 결혼할 당시 여섯 살에 불과했다.[19] 딸은 평화협정의 일환으로 주고받는 경우가 많았는데 심지어 옵세스 파시스obses pacis 또는 평화의 맹세라고 지칭되기도 했다.[20] 왕은 딸을 엄청난 세력가에게 시집보내 자신의 권력을 강화하거나 외국의 왕자와 혼인동맹을 맺어 해외 세력을 확장했다. 물론 그렇게 함으로써 다른 세력가의 심기를 건드릴 우려도 있었다. 동맹을 위한 결혼은 신부 당사자에게 상당한 고역이었다. 전혀 본 적도 없는 남성과 결혼하는 것도 억울한데 말도 안 통하는 곳에 가 살아야 했으니 말이다. 에드워드 3세의 막내딸 조안은 불과 11살 때 카스티야로 건너가 국왕의 젊은 후계자이자 향후 잔혹왕 페드로로 불릴 남성과 결혼해야 한다는 소식을 들었을 때 분명히 기뻐 날뛰지 않았을 것이다.[21] 19세기까지 외교는 기본적으로 왕족의 기반을 다지는 수단이었다. 그래서 존 로버츠는 외교를 오직 혼인 성사를 위한 협상과 협약체결 절차이자 계승 내역을 섬세하고 분명히 밝히는 작업이라고 묘사했다.[22] 일부일처제는 왕족의 드라마에서 아픔을 지닌 두 캐릭터를 탄생시켰는데 바로 정부와 서자였다. 왕들은 대부분 한 명 이상의 정부를 거느렸다. 물론 그중에는 강건왕으로 불리고 자녀가 무려 354명에 이른다는 폴란드 아우구스투스 2세와 같이 훨씬 많은 정부를 둔 이들도 있었다. 정부와 서자는 비록 혼자 힘으로는 강한 권력을 갖지 못했지만 왕을 반대하는 세력의 관심을 한몸에 받고 중요한 사회 구성원으로 자리 잡았다. 적어도 유럽 내에서 왕족정치가 가장 극단적인 형태로 나타난 곳은 합스부르크 제국이었다. 12세기 독일의 일개 중산층 가문이던 합스부르크는 순전히 혼인과 승계로만 16세기 세계 최고 제국의 통치자로 등극했다. 심지어 그중 한 분파는 다뉴브강 유역을 제1차 세계대전 때까지 계속 지배했다. 보통 왕족의 운명은 국가의 운명과 함께하기 마련이다. 영국의 여러 왕과 여왕이 제아무리 프랑스 영토의 광범위한 지역을 정복해도 결국 영국 섬들의 왕이요 여왕인 것이다. 하지만 동유럽을 장악한 합스부르크 가문은 특정 국가로 영향력을 한정하기가 불가능해 합스부르크 혈통으로 얽힌 거대한 영토의 왕과 여왕이라고 봐야 한다. 합스부르크 제국은 근간이 되는 영토와 수도도 있었지만 공통 국적은 존재하지 않았다. 루이스 네이미어에 따르면 합스부르크가 사람들은 영토를 본능적으로 사유지로 받아들였다. 오스트리아라는 국가를 일반인은 존재한다고 인식했다면 그들은 소유한다고 인식한 것이다.[23] R. J. W. 에반스는 합스부르크가로서는 바로크 양식 선택이 현명한 결정일 수밖에 없다고 말했다. 상반되는 여러 양식을 아름답고 조화롭게 화합시킨 게 바로크 양식이기 때문이다.[24] 독일식 대화와 스페인식 의례, 이탈리아식 음악 등이 세계에서 가장 다양한 국적을 자랑하는 제국의 왕궁에서 일상으로 펼쳐졌다. 왕족의 힘이 국가정체성 논리를 누르고 승리한 것이다. 왕족을 보면 사회적 지위와 개인적 능력이 아무 연관도 없음을 알 수 있다. 능력은 선천적으로 타고나기보다 후천적으로 키워지는 거라고 생각하는 이가 있다면 반드시 유럽 왕족사를 연구해야 한다. 우연히 유능한 통치자를 만나면 다행이지만 사실 혈통도 좋고 능력도 뛰어난 이는 거의 없었고 심지어 능력이 전혀 없는 이도 아무 제재없이 왕위를 물려받았다. 맏이에 가능하면 아들이면 그만이었다. 왕족은 국정을 함께 운영할 인재를 선발할 때 자격 요건을 왕족 출신으로 한정해 갈수록 민심이 등을 돌리게 만들었다. 빅토리아 여왕 재임 기간 유럽 국왕 대부분이 어떤 식으로든 관계를 맺고 있었다. 월터 배젓은 능력이라면 왕족이 다른 가문에 비해 떨어지기 마련이라고 주장했다. 그리고 심지어 1802년에는 유럽의 모든 세습 군주가 제정신이 아니었을 거라고 추정했다.[25] 실제로 왕족 중에는 정신이 극단적으로 취약한 이들이 있었다. 잉글랜드 헨리 6세는 정신장애, 조지 3세는 오랫동안 정신병을 앓았다. 합스부르크 가문에서는 근친상간이 너무 빈번해 사람들은 그들이 사촌끼리 결혼하고 남매끼리 잔다고 농담할 정도였다. 황제 카를 5세는 '합스부르크식 턱'을 가진 극단적인 사례로 치아 아래위가 전혀 맞물리지 않았고 마차사고로 앞니까지 잃었다. 지적 능력에도 늘 한계를 보였는데 데이비드 흄에 따르면 별로 흥미롭지 않을 정도였지만 나이가 들면서 악화되어 결국 모든 시계를 일제히 분해한 후 하인을 시켜 동시에 째깍거리게 다시 맞추는 일로 시간을 보내는 지경에 이르렀다.[26] 펠리페 2세의 장남이자 후계자 카를로스 왕자는 망상과 치매에 시달렸는데 치료한답시고 성인聖人 미라와 강제로 한 침대에서 자도록 했지만 아무 효과도 보지 못했다.[27] 스페인 카를로스 2세는 심각한 유전질환을 잃었다. 몸에 비해 머리가 너무 크고 입을 다물지 못할 만큼 혀가 커 말하는 데 애를 먹고 침도 계속 흘렸다. 첫 번째 부인은 그를 조루라고 불평했고 두 번째 부인은 발기부전이라고 성을 냈는데 그걸로도 모자라 그는 경기까지 일으켰다.[28] 합스부르크 가문에서 잘 알려진 다른 인물들은 '미치광이 창녀' 후아나와 같은 도발적인 별명을 갖고 있었다. 합스부르크 사람들이 겪어야 했던 고통을 오늘날 지극히 낭만적인 대가로 생각하기 쉽다. 상속만 받으면 한 나라의 통치자가 될 수 있다고 어떻게 감히 단정한다는 말인가? 그리고 다른 귀족과 혼인할 수 있다면 그저 황송하지 않은가? 합스부르크 가문을 보면 능력주의야말로 자연스럽고 불가피하다는 결론에 이른다. 하지만 우리는 혈통으로부터 원하는 만큼 과연 자유로울 수 있을까? 대대로 비즈니스에 종사해온 언론계 머독 가문과 설즈베거 가문 등을 보라. 미국과 유럽에서 여전히 번창하고 개발도상국에서도 세력을 확장 중이다. 인도 간디 가문과 캐나다 트뤼도 가문과 같은 정계 명문가도 끊임없이 등장한다. 혈통주의가 강력한 이유는 가장 기본적인 본능을 자극해 인간을 움직이기 때문이다. 좋은 것만 자녀에게 주고 싶고 자신의 이익을 실현해줄 명문가에 기꺼이 무릎을 꿇고 싶은 본능 말이다. 능력주의 혁명에 가장 큰 위협이 된 권력을 다지기 위해 능력주의 원칙을 빌려 쓰는 것도 불사했던 성공적인 가문의 수완을 15장에서 살펴본다. 한편, 왕족사회가 통치라는 비즈니스를 매일 어떻게 수행했는지도 살펴본다.

3.

친족 등용, 후견 및
매관 제도

Nepotism, Patronage, Venality

    우선권과 서열, 지위가 사회의 중심이었던 구세계는 직업을 어떻게 분배했는가? 당시 사람들은 대부분 자신의 조상이나 부친이 하던 일을 물려받았다. 그러다가 유망한 일자리가 생기면 친족 등용, 대가성 채용, 매도 세 가지 메커니즘으로 누구에게 맡길지 결정했는데 매도는 근대적 감수성으로 받아들이기에는 더 충격적이다. 이탈리아 용어 네포티스모nepotismo는 14세기~15세기 고위 성직자가 자신의 친·인척, 보통 조카로 위장한 자신의 숨긴 자녀에게 일자리를 알선하던 행위를 말한다.[1] 본명이 알폰소 데 보르자이인 교황 갈리스토 3세는 1455년~1458년 3년 임기를 보내며 조카 두 명을 추기경에 서임했다. 이후 2세기 반이 흐르는 동안 보르자이 가문은 두 번째 교황, 11명의 추기경, 수많은 왕자와 세력가를 배출했다. 교황 비오 2세가 서임한 성직자 중 1/6은 친·인척으로 그중 한 명은 얼마 가지 않아 교황으로 추대되었다. 바오로 3세는 14살, 16살 조카 두 명을 추기경에 서임했다. 식스토 4세는 조카 중 여섯 명을 추기경으로 임명하고 탐욕에 눈이 멀어 가톨릭 교황이 머리에 쓰는 높다란 모자인 미트라에서 보석을 빼내기까지 했다.[2] 따라서 친족 등용을 뜻하는 '네포티즘'에는 충격과 거부감이 동시에 담겨 있다. 고위 성직자가 규정을 어기고 자녀를 본 것도 모자라 특혜까지 베푸니 말이다. 자녀나 친·인척 등용은 인류 역사에서 가장 오래된 관습 중 하나이자 수많은 사회에서 지양되기보다 오히려 동경받는 행위였다. 사회적 동물은 대부분 자신을 희생하며 자녀의 안위를 보장하려고 애쓰고 그 결과, 자신의 유전자가 살아남기를 바란다. 생물학자 메리 맥스웰은 '친족 등용은 사회적 동물의 표준 행동이다. 한발 더 나아가 친족 등용 관행이 사회적 동물을 규정한다고 말할 수도 있다.'라고 주장했다.[3] 맨 초기 단계부터 시작하는 건강한 사회는 모두 결혼, 출산과 상속 원칙에 따라 구성되기 마련이다. 부족사회는 집단 내에서 또는 집단끼리 딸을 주고받아 확대된 형태의 친족이었다. 로마공화국의 역사는 사실 제국의 전리품을 손에 넣기 위해 서로 다투다가 아우구스투스라는 최강 가문에 권력을 결국 양보할 수밖에 없었던 20~30여 가구의 역사라고 할 수 있다. 아우구스투스는 초반에는 입지가 위태로웠지만 거리와 상관없이 모든 친·인척에게 보직을 제공하고 다른 유력 가문과 혼인동맹을 맺음으로써 권력을 공고히 다졌다.[4] 친족 등용은 '~와 아들'이라는 뜻의 '& son' 간판을 단 수많은 소기업과 푸거 앤 로스차일드 은행과 같은 거대 다국적 기업 등 초기 가족기업의 특징이었다.[5] 실제로 친족 등용이던 정실인사 관행은 오늘날까지도 살아 남았다. 각국 대통령과 총리는 습관적으로 주위에 믿을 만한 사람을 포진시키고 퇴임할 때 탐나는 직책을 상으로 내린다. 데이비드 캐머런은 취임 당시 이튼 칼리지와 옥스퍼드 대학교에서 함께 공부한 친구들을 대거 끌어들였고 승리는 따놓은 당상이던 국민투표에서 패배했음에도 퇴임할 때 상당한 특혜를 베풀었다. 도널드 트럼프는 딸 이방카와 사위 재러드 쿠슈너를 비롯한 친·인척뿐만 아니라 트럼프 조직의 일원으로 주위를 메웠다. 존 F. 케네디는 동생 바비를 법무장관에 임명했고 빌 클린턴은 미국 건강보험 개혁 임무를 아내에게 맡겼다. 하지만 오늘날의 정실인사 사례는 전·근대 세계에서 횡행한 사례에 비하면 아무것도 아니다. 현재는 보통 대통령이나 총리가 직접 관리하는 정치관료 내에서만 정실인사가 이뤄지고 심지어 그 안에서도 경쟁력이라는 기준이 적용되기 때문이다. 트럼프가 이 같은 관행까지 왜곡해 〈어프렌티스The Apprentice〉에 출연했던 오마로사 매니골트 뉴먼을 백악관 참모로 임명했지만 말이다. 전·근대 사회에서 정실인사는 만연했고 불가피하게 이뤄졌다. 군주는 평생 동안 다양한 크기와 무게의 직책을 배분했고 신하는 군주에게 노골적으로 특혜를 간청했다. 그리고 1830년대 총리를 두 번 지낸 멜버른 자작이 최고 기사 작위인 가터 훈장에 대해 말했듯, '능력과 같은 헛소리'는 전혀 고려되

3. 친족 등용, 후견 및 매관 제도

지 않는다는 사실을 모두 알고 있었다. 사회 전체는 우리가 앞 장에서 마주친 것과 동일한 자산이라는 개념에 의존해 운영되었다. 국왕은 왕실이 소유한 사슴 수만큼 많은 관직을 임명할 수 있어 신하에게 특혜로 나눠줬다. 지주도 의원직을 포함한 관직 임명권을 넉넉히 확보하고 있었다. 그리고 일단 정실인사로 지위를 차지하면 얼마든지 원하는 대로 할 수 있었다. 되팔거나 귀찮은 일을 대신 처리해줄 사람을 고용한 후 자신은 집에서 빈둥대도 아무도 참견하지 않았다. 루이 14세는 평생 짹짹대는 새끼들 입에 벌레를 넣어주는 어미 새와 같았다. 그의 왕궁은 거대 고용시장처럼 기능했다. 신하는 왕의 곁에서 엄청난 시간과 돈을 투자해야 했는데 운때만 잘 맞으면 상당한 보상을 거둬들이기도 했다. 왕궁은 자원을 신세계에서 구세계로 보내는 거대 분배기 역할도 했는데 왕실 관료가 거둬들인 세금을 급여, 연금, 선물 형태로 신하에게 재분배한 것이다. 관직을 손에 넣기 위한 분투는 잠시도 끊이지 않았다. 왕궁에서는 '틈날 때마다 앉아 있어라. 틈날 때마다 용변을 봐라. 그리고 어떤 직위든 달라고 요청하라.'라는 조언이 나돌 정도였다. 사람들은 루이 14세가 잠에서 깰 때든 잠자리에 들 때든 가리지 않고 관직을 내려줄 것을 청했고 산책에 나설 때마다 청원서를 제출했으며 저녁식사를 하는 모습을 보면서도 큰소리로 호소했다. 손글씨로 글을 적는 것이 직업인 수많은 필경사가 이런 식으로 그가 온종일 나눠준 관직이라고 적은 것만 족히 100여 개가 넘는다. 누군가가 죽어가는 출납원을 대신하게 해달라고 청하면 그는 아직 죽지도 않은 사람의 자리를 청한 이들만 16명이나 된다고 답했다. 상당히 무례한 태도로 청원을 제기한 이들도 많았다. 한 남성은 기다리라는 말에 잘려나간 한쪽 팔을 가리키며 시키는 대로 가만히 기다렸다면 이렇게 한쪽 팔을 잃지는 않았을 거라고 말했다. 하지만 왕의 비위를 맞추며 때를 기다리는 이들도 많았다. 한 신하는 어린 조카에게 편지를 써보내 '왕궁에서는 적당한 때가 올 때까지 인내심을 발휘해 기다려야 한다. 그리고 청한 모든 것을 한 번에 얻지 못하더라도 낙심하면 안 된다.'라고 조언했다.[6] 일부 신하는 관직 중개인으로서 강한 권력을 휘둘렀다. 특히 여성 신하가 더 심했는데 전쟁이나 결투에 참여할 필요가 없고 성적 매력으로 국왕을 주무를 수도 있었기 때문이다. 마레샬 드 노아이유는 중개인으로 상당한 명성을 날려 네 딸 모두 공작에게 시집보냈고 그녀의 이름을 딴 거리가 생겼을 정도였다. 심지어 멀리 스페인과 이탈리아에 있는 사람들까지 그녀에게 편지를 보내 추천이나 특혜, 연금을 받게 해달라거나 원하는 곳은 어디든지 취업할 수 있는 가십gossip거리를 나눠달라고 부탁했다. 마담 몽테스팡도 수많은 이들의 취업을 도운 노련한 중개인으로서 루이 14세를 설득해 라신을 역사편찬관 자리에 앉힘으로써 그가 6,000리브르의 연봉은 물론 왕궁 내 거처까지 배정받게 해줬다.[7] 루이 14세는 사력을 다해 중앙집권을 추구하고 프랑스 귀족을 고분고분한 애완견으로 길들였다는 점에서 극단적 인물로 볼 수 있다. 하지만 옛 체제에서 위대한 남녀에게 일자리를 구걸한 행위는 오늘날 학위 내역이 기재된 이력서를 보내는 것만큼 기본적이고 필수적인 절차였다. 레오 톨스토이의 《전쟁과 평화War and Peace》(1869)

에서 처음 등장하는 인물 중 한 명인 드루베스까야 공작 부인은 바실리 왕자에게 아들 보리스가 왕실호위대에 들어갈 수 있는지 알아봐 달라고 부탁하곤 전전긍긍했다. 왕자는 공작 부인의 요청을 신중히 저울질했다. '세상에서 영향력은… 지속되려면 경제적으로 사용되어야 하는 자본과 같다.'라는 사실을 알고 있고 다른 이들을 위해 재차 부탁하다가 정작 자신을 위해서는 아무것도 요구할 수 없을까 봐 걱정된 것이다. 하지만 결국 공작 부인의 요구를 들어줬는데 그에게 삶의 중요한 기회를 준 이가 바로 그녀의 부친이었기 때문이다. 하지만 요청에 응하기 무섭게 그녀는 보리스를 장군의 부관으로 만들어 달라는 새로운 요구를 했다![8]

절대주의 시대의 정실인사 체계는 영국이 프랑스보다 훨씬 복잡했다. 영국은 권력이 한군데 집중된 게 아니라 왕실과 의회 두 곳으로 분산되어 있었기 때문이다. 하지만 권력자에게 끊임없이 굽실대고 오늘날 우리가 '공공의 선'이라고 부르는 것에는 관심조차 없었다는 점에서 원칙은 동일했다고 볼 수 있다. 하노버 가문 집권기 동안 국왕은 거대 정실인사 체계의 고삐를 쥐고 앉아 최고위 관료직뿐만 아니라 이국적인 여러 지역의 관리직까지 통제했다. 웨일스 공국, 랭커스터와 콘월의 공작 영지, 체스터의 백작 영지 등 이전 시대의 잔재로 남아 왕은 나오지만 할 일은 별로 없는 곳 말이다. 정실인사도 기술이라고 보면 제1대 영국 총리 로버트 월폴 경을 능가할 총리는 지금까지 없었다. 월폴의 위대한 제자이자 국무장관이었던 뉴캐슬 공작은 대부분의 시간을 관직을 나눠주는 데 썼다. 루이스 네이미어 경은 명저 《미국 혁명기의 잉글랜드England in the Age of the American Revolution》 (1930)에서 공작의 문서를 읽은 경험을 다음과 같이 묘사했다.

영국 박물관에 소장된 300권 분량의 그의 문서와 서신은 일자리와 일자리 사냥꾼, 그리고 자리와 연금이 청탁되고 약속되고 배정되고 획득되는 방식을 두서없이 철저히 다룬 기념비적 사전이다. 공작은 세관 검사관, 선박 승무원, 전등 밝기 조사관, 우체국장, 교구 목사가 될 사람에게 내각과 왕궁, 교구 및 부서위원회 고위직을 채울 이들 못지않게 비상한 관심을 쏟았다. 공작의 정치체계에서 그들은 모래와 모르타르, 기둥과 지지대처럼 서로에게 반드시 필요한 존재였다.[9]

18세기 유명 정당들은 본질적으로 뜻대로 움직일 고객을 찾는 권력자와 탐나는 일자리를 찾는 고객의 집합체였다. 누구보다 확실히 이득을 본 건 정실인사 체제를 주도한 이들이었다. '재무부 명단을 살펴보면 월폴가, 펠햄가, 타운센드가의 후손으로 채워져 있음을 알 수 있다. 이 나라가 자유를 빚지고 이 나라의 국왕이 왕관을 빚진 이들 말이다.'[10]라고 에드먼드 버크가 씁쓸히 밝혔다. 그래도 월폴은 자신의 도둑놈 성향을 솔직히 인정했다. 총리 자리에 있을 때 그는 친구와 친척의 청탁을 들어주느라 부단히 애썼는데 자신의 기준에서는 가장 합리적이고 공정한 처사였다.[11] 그의 세 아들 모두 재무부에서 연봉이 총 13,400파운드에 이르는 한직에 배정되었다. 영국의 대

지주도 하나같이 정실인사 덕을 톡톡히 봤다. 18세기 귀족 중 최소 여덟 개 이상 관직을 맡은 이는 49명이고 심지어 40개 이상 맡은 이들도 있었다. 게다가 각 지역의 영주가 교회 살림부터 구빈원(스스로 부양할 수 없는 이에게 거처와 일자리를 제공한, 잉글랜드와 웨일즈에 있던 시설 - 편집자 주) 관리, 요금소 운영에 이르는 온갖 관직을 통제함에 따라 중산층과 그 이하 계급도 혜택을 누릴 수 있었다. 가장 매력적인 자리는 어떤 형태의 일이든 아무것도 할 게 없는 한직이었다. 그런 자리는 한때 담당했던 업무가 완전히 사라졌거나 업무는 다른 사람 책임으로 넘어갔는데 급여는 그대로 들어왔다. 1783년 마가릿 스콧 여사는 당시 21살로 장성한 웨일즈 왕자의 유모 역할을 하며 200파운드 연봉을 받았다.[12] 햇불 감시관, 출납기록관, 그리고 첫 열매 수확을 감사하는 절기인 초실절 행사 관계자 등도 업무가 증발한 대표적인 일자리였다. 이렇게 완벽한 한직을 얻지 못한 이들은 높은 급여로 일꾼을 따로 고용해 힘든 일은 넘겨버릴 수 있는 준準 한직을 선호했다. 재무부 관료를 대변하는 변호사 둘 중 한 명은 1744년부터 1784년까지 40년간 출근하지 않았는데 그제야 오지랖 넓은 사람이 불량한 출결 상태에 문제를 제기했다.[13] 찰스 2세는 우체국 금고에서 나온 4,700파운드를 자신의 정부인 클리블랜드 공작 부인에게 직접 지급했고 제임스 2세도 우체국에서 조달한 거액을 가족과 장관들에게 연금 형태로 지급했는데 이들의 나이나 이전 직장에서 연관성을 전혀 찾아볼 수 없다는 것이 이상하다.[14]

일자리 시장

·

정실인사를 통해 분배할 수 있는 관직은 매도도 가능했다. 시장 경제 이전 사회의 여러 특이점 중 하나는 일자리 시장이 번창할 때가 많았다는 것이다. 일자리 시장은 매도자와 매수자 모두에게 이롭게 작용했다. 대부분 정부였던 매도자가 현금을 즉시 손에 넣었다면 매수자는 급여, 수수료, 퇴직금 형태로 꾸준히 수입을 올리고 고위직의 여러 특권을 누리며 특정 세금 면제 등의 보상을 장기적으로 받았다. 매수자는 매도자와 같이 현금을 직접 만질 수 있는 경우도 많았는데 선불로 고위 관직을 매수하면 납세 대상 권리가 생겨 세금 횡령도 할 수 있었기 때문이다. 새뮤얼 피프스의 일기를 보면 직무를 다하는 과정에서 은 쟁반, 다이아몬드, 소 혀 등 뇌물을 받았다는 언급이 대수롭지 않게 수없이 등장한다. 프랑스 혁명 이전 절대군주 체제를 뜻하는 프랑스의 앙시앵 레짐Ancien Régime은 정실인사 남발 못지않게 관직 매도에도 앞장섰다. 관직 매도는 16세기 국왕의 개인 비용 충당을 위한 임시방편으로 시작되었다. 17세기 국가의 정식 재원으로 자리 잡아 매도용 직위가 따로 관리되기도 했다. 한 번 비용을 납입하고 관직을 사면 평생, 아니 그보다 오랜 기간 무위도식하며 지낼 수 있었다. 관료가 자신의 직위를 자녀에게 물려주거나 현금이 급히 필요하면 매도할 수 있었기 때문이다. 루이 16세 치하 프랑스에서 매수 가능한 관직 수는 무려 5만여 개로 거래금액으로는 10억 리브르에 달했다. 프랑스 정부의 모든 부처에는 관직 매수자가 포진해 있었는데 특히 사법부에 가장 많았다. 귀족 중에는 관직과 함께 귀족 직함까지 매수한 이들이 수두룩했고 부임과 동시에 귀족으로 승급되는 관직도 3천 7백여 개나 되었다. 부패연대기를 기록한 위대한 역사가 윌리엄 도일은 이 같은 방법으로 귀족이 된 부르주아가 17세기~18세기에만 5,500~7,500명에 이르며 가족까지 합치면 열 배로 추정했다. 18세기 중반부터 통용되기 시작한 관료체제라는 용어를 개혁가가 처음 받아들인 이유 중 하나는 정부를 사람보다 관직의 집합으로 인식하게 만들어 친족 등용이나 정실인사의 그림자를 걷어내기 위해서였다. 영국은 대륙국가들처럼 도를 넘지는 않았지만 관직 매수가 만연하기는 마찬가지였다. 윈스턴 처칠은 선조인 말버러 공작의 평전에서 1871년 개혁이 일어나기 전 육군 상황을 다음과 같이 요약했다.

연차나 실적으로 획득하는 육군 내 모든 계급이 매수 대상이었다. 대위, 소령, 대령, 연대장, 친위대장에 이르는 모든 직위가 왕족이 선호하는 새로운 인물에게 시가로 매도되었는데 시가는 뉴욕 증권 거래소의 주식처럼 공급과 수요에 따라 결정되었다.[15]

국왕은 마치 부동산중개인이 주택에 값을 매기듯 각 계급에 정확한 가격을 책정해뒀다. 그리고 주택시장에서 그렇듯 빈번히 퇴짜를 놨다. 1832년 브루데넬 백작은 호가가 6,715파운드였던 중령직을 35,000파운드 넘게 주고 샀다.[16]

부패의 미덕

•

현대 사회를 살아가는 우리가 왕족 세계보다 더 이해하기 힘든 건 친족 등용과 정실인사, 매관 제도다. 최고 금액을 제시한 이에게 관직을 팔아넘기는 정부라면 어떻게 소임을 다할 수 있겠는가? 또한 도대체 어느 군인이 전사할 특권을 매입한다는 말인가? 이럴 때 우리는 체제가 깡그리 부패했다고 싸잡아 매도한 후 구세계가 혁명이나 개혁에 휩쓸려가길 숨죽여 기다리는 경향이 있다. 하지만 그렇게 오랫동안 유지된 메커니즘이라면 단순히 부패 이상의 뭔가가 있었던 게 분명하다. 1660년~1832년 지속된 낡은 부패체계old corruption 덕분에 영국은 세계에서 가장 성공한 국가에 등극했다. 18세기에는 세계 최고의 해군을 보유했고 육군은 심한 수적 열세에도 반도 전쟁과 워털루 전투에서 승리를 거뒀다. 개혁 성향이 더 강했던 빅토리아 시대는 낡은 부패체계로 다진 기반 위에서 여러모로 발전했다. 부패와 관련해 가장 흥미로운 질문은 왕족주의에 대한 의문과 마찬가지로 왜 몰락했는가가 아니라 어떻게 그렇게 오랫동안 지속되었는가다. 후견은 재능을 타고난 이들을 성장시킬 뿐만 아니라 그 같은 재능을 발견할 수도 있는 메커니즘을 제공했다. 영국의 위대한 제독 재키 피셔는 편애가 효율성의 비결이라고 말했는데 전·근대 행정체제 역사를 보면 어느 정도 맞는 말이다. 토머스 크롬웰도 편애에 힘입어 성장한 인물로 처음에는 토머스 울지, 뒤이어 헨리 8세의 편애를 받아 최고 한직인 장신구 보호관 자리를 꿰찼지만 그에 안

주하지 않고 결국 근대 국가의 위대한 설계자로 성장했다.[17] 전·근대 시대에는 어린 시절부터 자신을 알아보고 기회를 준 위대한 후견인 덕분에 경력을 쌓을 수 있었던 지식인이 차고 넘쳤다. 루이 14세는 위대한 공학자 세바스티앙 드 보방과 훌륭한 극작가 장 라신 등 하층 출신 인재를 육성했다.[18] 스코틀랜드 영주 존 스튜어트는 구두 수선공의 아들 제임스 밀에 반해 자신의 딸을 가르쳐준 대가로 교육받게 해줬다. 그리고 밀은 이후 장남의 이름을 스튜어트로 지어 그에게 경의를 표했다. 애덤 스미스가 《국부론The Wealth of Nations》을 집필하는 호사를 누린 것도 버클루 공작이 그의 천재성을 알아본 덕분이다. 후견인들은 입장이 곤란해지지 않도록 유능한 인재를 추천해야한다는 의무감이 있었고 인재들도 후견인의 호의에 보답해야 한다는 압박을 느낄 때가 많았다. 윈스턴 처칠은 말버러 공작의 평전에서 '국왕과 고위 관료는 후견 제도가 신의와 성과를 보장한다는 사실을 깨달았고 출신 배경과 상관없이 능력만 있으면 얼마든지 승승장구할 수 있는 체제가 불만인 이는 아무도 없었다.'라고 적었다.[19] 사촌 몬터규 경의 후견 덕분에 경력을 쌓을 수 있었던 새뮤얼 피프스는 후견 제도로 가장 큰 혜택을 본 인물이다. 사실 능력주의가 조금만 더 자리 잡았다면 해군이나 행정을 전혀 몰랐던 그가 일자리를 얻는 건 꿈도 못 꿨을 일이다. 그런데 그는 천재 일기작가가 되었을 뿐만 아니라 우연찮게 의원과 왕립학회장 자리에 오르고 심지어 해군 내 수석장관직까지 꿰찼다.[20] 자신도 실력보다 호의 덕분에 직업을 얻었다는 사실을 잘 알아 남들보다 두 배 더 노력하며 일기에 이렇게 적었다. '세상에 능력의 힘이 이렇게 하찮으니 승리하는 건 오직 호의뿐이다. 나도 능력이 아닌 순전히 우연으로 이 자리에 올 수 있었고 그 같은 우연을 가져다준 건 근면이었다.'[21] 참고로 몬터규 경이 직위를 얻을 수 있었던 것도 왕정복고 이후 찰스 2세가 후견인을 자처하며 왕실 근무를 제안한 덕분이었다. 새뮤얼 피프스는 어쩌면 해군 행정이 본래 어떻게 돌아가는지 공부하지 않아 더 성실하고 혁신적인 행정관이 될 수 있었는지도 모른다. 영국 학계와 정계 역사상 가장 위대한 인물로 손꼽히는 이들 중 다수는 자신의 재능을 알아보고 세상에 알리며 직업으로 발전시키도록 도와준 후견인에게 빚을 지고 있다. 한 천재 경제역사학자는 후견·매관 제도야말로 정보와 동기부여 두 가지 효율성 요소를 합리적으로 해결할 방법이라고 주장했다.[22] 전·근대 사회에서 각 정부는 소속 관리 특히 멀리서 근무하는 이들의 정보 부족으로 애먹었다. 삶은 한 치 앞을 알 수 없고 교통은 제대로 연결도 안 되어 있으며 인구는 지나치게 분산되어 면밀히 살필 수 없었다. 이때 후견·매관제도야말로 이 같은 정보 부족을 해결할 최고 수단이었다. 몬터규 경과 같은 후견인은 직접 추천하는 인재보증인으로 나섰던 만큼 정직하고 충성스러운 이들만 선택할 수밖에 없었고 징세권을 매입한 관료들도 투자 대비 최고의 수익을 올리려고 최선을 다했다. 이 같은 논리에 따르면 심지어 장교직을 사고파는 이유도 설명할 수 있었다. 재력가가 군대 보직을 매입하는 건 처칠의 선조 말버러 공작과 같이 전리품을 확보하기 위해서였다.[23] 매관 제도로 겁쟁이나 나태한 이들의 입대를 방지하고

3. 친족 등용, 후견 및 매관 제도

기타 군인에게는 악착같이 싸워 적군의 자산까지 확보하도록 동기 부여를 할 수 있었다. 또한 국가와 직업군인에게 가장 골치 아픈 문제 중 하나였던 연금문제까지 해결할 수 있었다. 장관들이 은퇴할 때 자신의 직위를 차기 군인에게 팔아 퇴직자금을 마련해 정부로서는 지원비용을 아낄 수 있었기 때문이다.[24] 그럼에도 후견·매관 제도는 엉성하기 짝이 없었다. 기득권층의 대다수는 자신의 능력이 맡은 직위에 과분하다고 여겨 대대로 호의를 베풀어온 후견인에게 의무를 다해야 한다고 생각하지 않았다. 피프스의 일기에도 회의에서 영주가 더 분발해야 한다는 말을 들었다는 내용이 넘친다. 1666년 11월 28일 일기에는 다음과 같이 적혀 있다. '윌리엄 펜 경은 화이트홀 궁전으로 갔는데…… 요크 백작은 사냥하러 나가고 없다. 따라서 우리의 노력은 물거품이 되었고 또 한 번……' 그리고 관직을 매수한 이들은 전 세계에 분포한 자산에서 가능한 최고의 임대료를 뽑아내느라 혈안이었다. 피프스의 글에는 '우리의 노력은 물거품이 되었다.'라는 표현이 자주 등장한다. 1665년 5월 피프스는 '매수인들은 하나같이 수수료를 챙기느라 정신이 없었고 실제로 취할 수 있는 모든 것을 취했다.'라고 적었는데[25] 신흥국을 방문한 이들 사이에 소소한 뇌물을 챙기는 관행이 만연했음을 잘 보여준다. 이같이 후견·매관 제도가 광범위하게 퍼져 있어 누군가는 세금, 수수료, 뇌물, 야자 기름 형태로 대가를 지불해야만 했다. 하지만 낡은 부패체제는 결국 그 쓰임새를 잃었다. 최고의 혜택을 본 일부 인사를 포함해 점점 많은 이들이 부작용을 지적하기 시작했다. 버크는 '국왕의 육류요리를 담당했던 이가 의원이 되면서 왕실 주방업무가 완전히 엉망이 되었다.'라고 불평했다.[26] 존슨 박사는 조국을 배신하고 온 하수인에게 국가가 주는 임금이라며 공적연금을 비난했다.[27] 세계의 오류를 비판하면서 능력이야말로 더 나은 사회를 창조할 대안이라고 제시하는 혁명가와 개혁가에 의해 구사회는 마침내 파탄 지경이 되었다. 이렇게 혁명적인 사상은 도대체 어디서 오는가? 그리고 이 사상이 처음 사람의 마음을 얻은 계기는 무엇인가? 이후 네 개 장에서는 플라톤의 국가부터 시험국가 중국과 유대인 디아스포라에 이르는 세 개 장소, 그리고 중세와 전·근대 사회의 후견을 통한 이동성 발상 등 능력주의 사상의 원천을 파헤친다. 아울러 이 사상이 유럽대륙, 영국과 미국에서 돌파구로 작용한 연대기를 차례대로 따라가본다.

2부

The Aristocracy of Talent

근대 이전의 능력주의

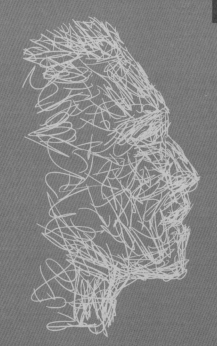

4.

플라톤과
철인왕

Plato and the Philosopher Kings

능력주의에 관한 모든 개념은 플라톤에서 시작되었다.[1]《국가》
에서 플라톤은 지식 엘리트가 지배하고 교육으로 서열화된 사회의
비전을 대담하게 펼쳐보였다. 그리고 이 비전은 후손 세대의 사상가
를 갈라났다. 플라톤의 제자로 수학했던 아리스토텔레스부터 필립
왕자와 찰스 왕자를 교육한 커트 한에 이르기까지 세대를 막론한 교
육가가 이 비전에서 영감을 받아 플라톤의 까다로운 이상에 부응하
는 지배층을 구축하려고 애썼다. 반면, 오히려 혐오스러운 비전으로
여기는 이들도 있었다. 칼 포퍼는 플라톤을 '전체주의의 아버지'라고
비난했고 올더스 헉슬리는 그를 신세계의 용감한 창시자라고 조롱

93

4. 플라톤과 철인왕

했으며 앨런 블룸은 특히 폴리스polis에서 예술가를 추방하는 문제와 관련해 플라톤의 입장이 너무 극단적이어서 결국 모두 쫓겨날 판이라고 주장했다. 하지만 루소가 《국가》를 역사상 가장 아름다운 교육 조약이라고 선언한 데는 아무도 반박하지 않았다.[2]

국가

．

플라톤은 국가를 최고들의 통치라는 귀족주의 체제로 규정했지만 전통적 의미의 귀족주의와는 엄연히 달랐다. 부와 지위의 상속체계가 아니라 당시까지 들어보지 못한 기회의 평등에 기반했기 때문이다. 플라톤은 인간이라는 종을 객관적으로 연구해보면 타고난 능력에 따라 금, 은, 동 세 가지 유형으로 나뉜다고 믿었다. 금의 인간은 국가의 정당한 수호자로서 재능을 타고난 데다 치열한 훈련까지 수행해 깊이있게 사고하고 현상을 분명히 파악하며 누구보다 공정하게 통치할 수 있다. 은의 인간은 부의 창조자로서 생산 절차를 감독한다. 동의 인간은 살아가는 데 필요한 온갖 궂은 일을 도맡아 손에 굳은살이 가득하다. 하지만 동의 인간이 반드시 동인 부모 밑에서 태어나는 것도, 금의 인간이 반드시 금인 부모 밑에서 태어나는 것도 아니다. 기회의 평등이라는 혁신적 개념이 등장할 수 있었던 건 바로 이 때문이다. 소위 유전자 뽑기가 이뤄지는 만큼 아이들이 부모의 야심이 아닌 타고난 재능에 맞는 제 역할을 할 수 있도록 사회가 재편되어야 했던 것이다. 플라톤에 따르면 위대한 부모 밑에서 태어났지만 결국 평범한 데 그치고 평범한 부모 밑에서 태어났지만 위대한 인물로 성장한 이들이 그리스 사회에 넘쳤다.

신께서 인간을 창조하실 때 통치 역량을 지닌 이들에게 금을 넣어 주셨다. 따라서 대부분의 숭배를 누리는 건 그들이다. 신께서는 조력자에게는 은을, 농부를 비롯한 장인에게는 철과 구리를 넣어주셨다. 자녀들은 부모와 동일한 성질을 갖는 경우가 대부분이지만 기본적으로 인간은 모두 비슷해 금에서 은의 자녀가 나오거나 은에서 금의 자녀가 나오는 경우의 수는 다양하다. 따라서 신께서 통치자에게 내리는 명령 중 가장 중요한 건 자녀의 훌륭한 수호자가 됨과 동시에 열정적으로 지켜봐 자녀의 영혼에 금, 은, 동 중 무엇이 섞여 있는지 판별하는 것이다. 자녀 중에 구리나 철이 있더라도 안쓰럽게 여기지 말고 장인이나 농부의 길로 잘 이끌어주는 등 재능에 걸맞은 명예를 선사해야 한다. 반면, 장인이나 농부 계급에서 금과 은인 아이가 태어나면 부모는 더 큰 경의를 표하고 전자는 수호자로, 후자는 조력자로 임명해야 한다. 신의 전령은 금과 은 중 하나이므로 철이나 구리가 수호하는 도시는 멸망에 이르게 된다.[3]

플라톤의 비전에서 가장 놀라운 점 중 하나는 그가 남성은 물론 여성도 통치 능력을 갖췄다고 믿었다는 사실이다. 그는 모든 이가 당연시했던 당대 통념을 일절 거부하면서 성별 격차보다 중요한 게 개인 격차라고 주장했다. '여러 훌륭한 분야에서 여러 훌륭한 여성이 여러 훌륭한 남성보다 낫다.'라는 것이다. 여성이 출산한다는 이유로 타고난 능력을 무시한 채 종속적 역할에 국한한다면 사회는 손해를 본다. 여성을 수호자 계층으로 영입하는 데 플라톤은 오히려 다소 엉뚱한 지점에서 우려를 표했다. 수호자가 모두 함께 임해야 할 신체훈련은 벌거벗은 상태로 했을 때 최고의 효과가 있는데 남녀를 섞어두면 곤란해질 수 있다는 것이다. 플라톤에게 국정운영의 핵심은 모두 타고난 재능에 걸맞은 직업을 갖도록 보장하는 것이었다. 그리고 이는 세대별로 인구를 재분류하고 각자의 능력에 맞는 역할을 섬세히 조절하는 과정을 의미했다. 이같이 계층 간 이동성을 가장 중시하는 발상이 《국가》에서 최고의 논란을 일으킨 주장의 시작이었다. 장차 수호자가 될 가능성이 있는 아이는 태어나자마자 부모에게서 데려와 사회공동체에서 키워야 한다는 주장으로 이렇게 하면 세 가지 이점까지 누릴 수 있다. 무엇보다 금의 여성이 자녀양육 부담에서 해방될 수 있다. 아기 젖을 먹이고 밑을 닦아주는 등 외국인 노예도 얼마든지 할 수 있는 허드렛일에서 벗어나 더 가치있고 재능을 살릴 일에 매진할 수 있다. 또한 금의 아이가 부모의 경제적 능력과 상관없이 균등한 기회를 누리기 쉽다. 마지막으로 금을 타고난 인간이 자신의 가족보다 공동체를 우선시할 수 있게 된다. 플라톤은 가족 간 유대야말로 국가에 치명적 위협을 가한다고 여겼는데 부모가 사회 전체의 이익보다 자녀의 이익을 우선시해 개인의 부를 축적하고 가족 특혜를 위한 로비활동에까지 나서도록 부추기기 때문이다. 플라톤이 꿈꾼 능력주의 체계에는 '나'나 '내 것'은 없고 '우리'와 '우리 것'만 존재한다. 플라톤은 자라나는 수호자를 위한 특별 훈련 프로그램을 설계했다. 어린 시절 듣는 이야기부터 운동 방법에 이르기까지 살아가는 동안 영향을 미치는 모든 것이 온실 속 성인 육성이라는 비즈니스에 부합해야 했다.[4] 이들은 태어나 첫 18년은 정신훈련뿐만 아니라 신체훈련까지 엄격히 수행하며 온종일 교육받는 데 전념한다. 그중 2년은 군 복무로 나라를 지키는 방법을 배우고 이후 10년은 수학, 5년은 철학을 배운다. 철학을 배우는 기간이 특히 까다로운데 신중하지 않으면 자신만의 세계에 갇혀 논리적 비약을 일으키기 쉽기 때문이다.[5] 수호자는 30세는 되어야 그나마 가벼운 의무를 이행할 준비가 되지만 가장 어려운 의무는 50세가 되어도 준비되었다고 단언하기 어렵다. 이 장기간 교육에서는 도덕적 내용도 지적 내용 못지않게 중요하다. 플라톤은 영혼이 이성과 열정 두 부분으로 나뉘며 열정은 명성을 욕망하는 차가운 열정, 그리고 성적 욕구와 공격성을 포함하는 뜨거운 열정으로 또 한 번 나뉜다고 믿었다. 그래서 이성을 서로 다른 방향으로 가려는 힘센 두 마리 말을 조련하는 마부에 비유하며 교육의 목적은 그런 말들을 잘 다루도록 가르치는 것이라고 적었다. 수호자에게 자기통제력은 필수 덕목이다. 개인을 다스리는 이성의 역할을 사회 전체로 확대해 하위층이 자신의 동물적 본능에 굴하는 걸 방지해야 하기 때문이다. 수호자가 감정이라는 종마를 길들이는 방법을 가르치는 게 도덕적 훈련이라면 지적 훈련으로는 빛을 향해 나아가는 방법을 가르친다. 교육이란

빈 컵에 물을 채우듯 아이의 마음을 온갖 사실로 채우는 게 아니다. 지혜를 있는 그대로 사랑하도록 설득하는 것이다. 플라톤은 가르침의 이상을 '노련한 교사의 지도하에 오랫동안 공부하고 토론하다 보면 순간적으로 불꽃이 마음에서 마음으로 넘어가 이해의 빛으로 성장하고 결국 스스로 활활 타오른다.'라고 규정했다. 이를 통해 잘 교육된 공무원 조직을 배출하는 것도 중요하지만 그것이 유일한 목표는 아니다. 국가를 빛으로 이끌 수 있는 철인왕이나 엘리트 귀족을 배출하는 것도 중요한 목표다. 《국가》는 '정의란 무엇인가?'라는 질문으로 시작되는데 플라톤은 모든 이가 진실과 거짓, 아름다움과 추함의 차이를 아는 철인왕의 지배를 받으며 자신에게 걸맞은 위치에서 살아가는 게 정의로운 사회라고 답했다. 이는 상당히 엄격한 비전이다. 하층민은 순순히 종속된 삶을 받아들이고 상류층의 결정에 절대로 의문을 품으면 안 된다. 지배층도 가족과 함께하거나 재산을 소유하는 데서 오는 쾌락 따위를 꿈꿀 수 없다. 그렇지 않으면 부패에 빠질 것이다.

> 자산공동체와 가족공동체는…… 그들을 더 진정한 의미의 수호자로 거듭나게 만든다. '내 것'과 '내 것이 아닌 것'을 구분하기 위해 도시를 반으로 가를 일은 없기 때문이다. 물론 모두 각자 아내와 자녀, 은밀한 기쁨과 고통을 지닌 가정에 소속되어 있다. 하지만 무엇이 시급하고 중요한 일인지 의견이 같은 만큼 동일한 기쁨과 고통을 느낄 수밖에 없다. 따라서 모두 공통된 결과를 지향한다.[6]

재능있는 사람이 왜 그 같은 결핍을 감내해야 하는가? 또한 일반인이 자치의 존엄을 포기해야 하는 이유는 무엇인가? 이 같은 질문에 플라톤은 또 한 번 독특한 답변을 내놨다. 국가권력은 고귀한 거짓말에 의존해야 한다는 것이다. 진실이 최고 권력인 국가는 속임수 위에 세워져야 한다. 아이가 손톱을 물어뜯거나 남의 물건을 훔치지 않도록 교육받듯 자라나는 수호자는 개인의 이익보다 공공의 선을 중시하는 교육을 받아야 한다. 자신을 친부모가 아닌 지구의 자녀로 인식해야 하며 사회적 지위도 인간의 계략이 아닌 신의 뜻에 따라 주어졌다고 생각해야 한다. 반드시 신탁의 이야기를 풍성하게 접해 선을 넘으면 신성한 복수의 대상이 된다는 사실을 똑똑히 기억해야 한다. 이 같은 식으로 국가를 건설한다는 게 이상하게 들릴 수 있지만 다른 방법들은 이보다 못하다고 플라톤은 주장했다. 과두제는 부유한 지배층이 정치를 수익사업화할 수밖에 없는 체제라는 의견은 그나마 보편적이고 정확했다. 반면, 민주주의에 관해서는 훨씬 놀라운 의견을 내놨다. 민주주의는 일반 시민에게 최대한의 자유를 주고 그 결과, 최대한의 기회까지 보장하는 만큼 사회 모든 형태 중 가장 매력적일 수밖에 없다. 하지만 사실 이런 건 다 겉치레에 불과하다. 민주주의는 다양한 색상의 코트와 같아 시장에서는 좋아보여도 몇 번 입고 나면 질리고 만다. 민주주의도 다를 게 없는 이유는 세 가지다. 첫째, 일반인은 특히 경제나 외교 분야에서 합리적 판단을 내릴 만한 지식이 없다. 이들은 하나같이 멀리 보지 못하고 눈앞의 이익만 좇으며 지혜보다 재미를 선호한다.

잠시 즐겁다가 결국 난관에 부딪히기를 반복한다는 뜻이다. 플라톤은 이 같은 논지를 선장에 비유해 설명했다. 노련한 선장이 아닌 목적지도 모른 채 늘 다투는 선원들에게 선박을 맡기는 건 바보짓이다. 둘째, 민주주의는 나쁜 지도자를 배출하기 때문이다. 보통 민주주의 체제에서 표를 가장 많이 얻는 건 입만 열면 거짓말에 남의 돈으로 유권자를 매수까지 해가며 국가의 미래를 누구보다 환상적으로 엮어내는 사기꾼들이다.7 플라톤은 좋은 교육의 혜택을 모두 누리고도 군중을 빛으로 인도하는 대신 이용만 하는 귀족정치가를 특히 신랄히 비판했다. 민주주의의 가장 큰 문제점은 자유를 지나치게 강조한다는 것이다. 덕분에 다양성이 보장되어 적어도 잠시는 매력적으로 다가올 수 있지만 무정부 상태를 방치하는 사회체제는 곧 와해되고 만다. 아버지는 아들의 이익을, 교사는 제자의 이익을, 인간은 동물의 이익을 좇다 보면 시민들이 상당히 민감해져 지극히 사소한 통제조차 건디지 못하고 폭발할 수밖에 없다. 이 같은 무정부 상태는 빈곤층이 부유층을 공격하고 부유층은 다시 보복을 가하는 계급투쟁을 낳아 사람들은 결국 질서를 회복할 독재자를 원하게 된다. 따라서 독재자는 민주주의의 필연적 결과인 동시에 철인왕의 정반대 존재로 이들에게 권력이란 목표를 이루는 수단이 아닌 목표 그 자체다. 게다가 독재자는 이성이 아닌 열정의 지배를 받는다. 그 결과, 독재자의 역설이 탄생하는데 절대권력으로 타인을 다스리면서 정작 자신은 다스리지 못한다는 것이다. 열정의 노예인 이들은 사회적 지위를 이용해 국민 전체에 자신의 열정을 강요한다. 독재

정치는 흥분해 날뛰는 독재자의 자아에 모두 포로가 되어 벌어지는 사이코 드라마와 같다.

걸작의 탄생

•

《국가》는 모순적인 책이다. 회의에 가득 찬 한 귀족이 당시 아테네 사회를 신랄히 비판한 책이면서 위대한 철학자가 정의의 본질을 기록한 멋진 명상록이기 때문이다. 플라톤은 기원전 428년~427년 전성기를 지나 쇠락의 길을 걷던 아테네에서 계층적 특권을 도둑맞았다고 확신하는 귀족 집안에서 태어났다. 그의 부친은 존재하지 않는 것과 같았던 아테네의 마지막 왕이 조상이라고 떠벌리기를 좋아했다. 플라톤이 태어나기 4년여 전 시작된 펠로폰네소스 전쟁은 아테네에 경제적·심리적으로 엄청난 피해를 안기고 27년이 지나 수치스러운 참패로 끝났다. 플라톤이 한두 살 때 페리클레스가 사망하면서 아테네는 가장 위대한 국가 지도자를 잃었다. 아테네에서는 극단적 형태의 직접민주주의가 시행되고 있었다. 물론 잔혹한 노예제가 여전히 도시를 지탱하고 선거권은 자유시민에 한정되어 있었지만 말이다. 이를 감안하면 여성 수호자를 옹호하는 플라톤의 사상이 더 극단적인 발상으로 여겨진다. 하지만 소수의 자유시민들은 몇 년마다 투표하는 걸 제외하고도 의사결정 과정에 적극적으로 참여할 수 있었다. 의사결정권은 모든 유권자의 대규모 모임인 의회에 있었다. 아테네는 배심원과 정치관료를 선발할 때도 제비뽑기라는 가장 민주적인 메커니즘을 활용했다. 플라톤은 의회를 차지하고 앉아 온갖 결정을 내리는 과격 민주주의자에게 무능하다고 분통을 터뜨리는 귀족을 보며 성장했다. 거기서 그가 내린 결론은 두 가지였다. 첫째, 민주주의란 관중 스포츠와 뇌물 훈련이 합쳐진 혐오스러운 사기에 불과하고 둘째, 아테네 정치 위기의 유일한 해결책은 철학이라는 것이다. 그는 진정한 철학만 사회나 개인을 위한 정의를 실현할 유일한 희망이며 따라서 진정한 철학자가 정치권력을 손에 넣거나 정치인이 어떤 기적으로 진정한 철학자가 되기 전까지 인류는 끊임없이 문제에 직면할 거라고 적었다. 하지만 플라톤의 분노에 찬 호소는 정의의 본질에 관한 냉철한 통찰이기도 했다. 플라톤은 일상적 형태와 이상적 형태 두 가지 세계가 존재한다고 믿었다. 그에 따르면 일반인은 햇빛이 비치는 바깥세상이 존재한다는 사실은 모른 채 벽에 일렁이는 그림자만 보며 살아가는 동굴 거주자와 같다. 그림자 바깥의 현실을 볼 능력은 철학자만 갖고 있다. 따라서 《국가》는 인식론적 문제의 집단적 해결책이다. 집단이 망상이 아닌 지혜에 근거해 의사결정을 하려면 사회가 그림자를 벗어나 햇빛의 세계로 나아갈 수 있는 통치자 계층을 창조해야 한다. 철인왕의 탄생은 그래서 집단이 깨어나기 위한 전제조건이다. 《국가》의 특이점은 신랄한 비판과 차분한 통찰이 혼재하는 모순에 국한되지 않는다. 플라톤의 걸작은 어쩌면 정치서 역사상 정치에 가장 무관심한 작품 중 하나였다. 플라톤은 권력의 실질적 역할에 철저히 무관심했다. 《국가》에서도 엘리트의 권력이나 경쟁을 제한할 방안은 전혀 다루지 않았다. 최고 책임자 자리에 적임자, 즉 철학자를 앉혀두기만 하면 다양한 가치를 둘러싼 갈등이 저절로 해결되어 법적 규제 따위는 불필요하다고 믿었기 때문이다.[8] 따라서 이는 다른 관점에서 보면 지배층을 창조하는 방법이 담긴 최고 실용서 중 하나라고 할 수 있다. 《국가》에서는 공부와 운동의 적정 비율과 같은 실질적 질문을 수없이 다루는데 이는 플라톤이 교육업에 종사했다는 단순한 이유 때문이었다. 기원전 386년 그는 장기간 해외여행을 마치고 돌아와 그리스 신화 속 영웅 아카데무스의 이름을 따 아카데미라는 정치인 육성학교를 설립해 학생들을 가르치며 여생을 보냈다. 물론 그곳이 아테네 최초의 지도자 학교는 아니지만 수사학을 강조한 기존 학교와 달리 변증법, 논리와 수학 등 이성을 중시함으로써 차별화를 꾀했다. 플라톤은 생각하는 법을 가르치기도 전에 생각을 표현하는 법을 가르치고 언어의 아름다움을 이용해 청중을 설득하는 것은 무의미하다고 여겼다. 정치예술은 늘 그랬듯 철학의 부속품일 뿐이었다.

플라톤의 유산

·

플라톤의 《국가》가 놀라운 이유는 시적 아름다움과 극단성 때문이다. 부모에게서 자녀를 강제로 빼앗는 게 허용되고 수호자는 결혼

대신 국가가 주최한 파티에서 지성과 미모를 겸비한 여성들과 밤을 보낸다. 버젓이 거짓말이 국정운영 수단으로 활용되고 시인들은 망상을 퍼뜨린다는 이유로 국가에서 추방당한다. 아리스토텔레스는 플라톤이 통합과 획일성을 구분하지 못한다며 이는 조화를 단음으로, 리듬을 단박으로 축소하는 것과 같다고 지적했다.[9] 다른 비평가들도 그가 천국과 지옥을 구분하지 못한다고 주장했지만 그럼에도 그의 작품은 오늘날까지 엄청난 영향력을 미치고 있다. 거장의 위대한 작품에는 결코 해가 지지 않는다. 매 순간 어디선가 누군가는 《국가》를 읽고 있다.[10]

토머스 모어는 《국가》를 본보기로 《유토피아Utopia》(1516)를 집필했다. H. G. 웰스는 《현대 유토피아A Modern Utopia》(1905)를 포함해 유토피아를 다룬 다섯 소설 작품에서 플라톤의 수호자를 등장시켰지만 그의 사생활을 감안하면 절제하는 엘리트 지배층의 미덕을 이상한 방식으로 옹호했다고 볼 수 있다. 올더스 헉슬리는 《멋진 신세계Brave New World》(1932)에서 최첨단 기술로 무장한 《국가》를 창조했는데 그 정점은 우생학적으로 배양된 알파와 플라톤의 고귀한 거짓말처럼 기능하는 산전産前 체계다. 베타 어린이용 보육원에 설치된 고성능 스피커는 아이들이 자는 동안 이런 생각을 머릿속에 심어준다. '알파 어린이는 회색을 입어요. 우리보다 훨씬 힘들게 일하고요. 저는 베타인 게 너무 기뻐요. 그렇게 열심히 일할 필요가 없으니까요.'[11] 《국가》는 이론은 물론 실질적으로도 상당한 영향력을 미쳤다. 플라톤의 아카데미는 결국 정치인을 육성하는 실제 학교였고 플라톤이 살아있는 동안 이곳 출신 인재가 작성한 신법만 네 개가 넘었다. 하지만 플라톤은 단순히 헌법기술자를 훈련시키는 것보다 훨씬 큰 야망을 품고 있었다. 이를 실현하는 두 가지 방법이 있다고 믿었는데 바로 군주를 철학자로 교육시키거나 철학자를 군주로 육성하는 것이었다. 이후 사람들은 두 가지 방법 다 시도해왔다. 플라톤은 군주를 철학자로 육성하고자 했다. 시러큐스 디오니시우스 1세가 사망하자 플라톤의 제자이자 시러큐스의 총리였던 디온은 플라톤을 초청해 당시 28세이던 디오니시우스 2세를 철인왕으로 키워달라고 부탁했다. 하지만 그 실험은 절반의 성공에 그쳤다. 디오니시우스는 다루기 힘든 제자였다. 플라톤의 사상을 전반적으로 좋아했지만 제대로 이해하는 데 애를 먹어 플라톤이 강요하는 수학에 진저리치더니 급기야 스승을 추방하기에 이르렀다. 디오니시우스는 스승의 사상을 실현하려고 노력했지만 철학과 고집불통의 차이를 구분하지 못하고 종용만 계속해 결국 분노한 백성의 손에 죽고 말았다. 몇몇 국왕은 통치에 스스로 플라톤의 수호자를 본보기로 삼았다. 161년~180년 로마 황제였던 마르쿠스 아우렐리우스는 철인왕을 자처하고 심지어 스토아학파의 백과사전인 《명상록Meditations》까지 집필했다. 미쳐가는 세상에서 평정심을 유지하는 방법이 담긴 이 책은 오늘날에도 많은 독자가 몇 번이고 다시 읽고 있다. 1458년~1490년 헝가리와 크로아티아 국왕이던 마차시 1세도 플라톤에 집착해 부더 지역을 르네상스 중심지로 만들고 플라톤의 수호자와 같은 국왕이 되려고 노력했다. 18세기 계몽시대 군주들은 자신을 이

105

4. 플라톤과 철인왕

성의 시대에 걸맞은 철인왕으로 여겨졌다. 짐작했듯 철인왕이라는 발상에 가장 환호한 이는 철학자와 동료 지식인이었다. 르네상스 인문주의자들은 지배층을 고대 지혜에 따라 육성하는 데 몰두했다. 중세 엘리트 전사들이 폭력으로 권력을 잡고 성직자는 신앙으로 폭력에 맞섰다면 인문주의자들은 고전 문명교육으로 철학적 지혜를 전수한 것이다. 18세기 철학자들은 통치자에게 이성의 예술을 열정적으로 가르쳤다. 빅토리아 시대 사람들은 그리스에 한 차원 높은 찬사를 보냈다. 존 스튜어트 밀은 마라톤 전투는 심지어 영국 역사 관점에서 봐도 헤이스팅스 전투보다 훨씬 중요하다고 말했다.[12] 윌리엄 글래드스턴은 고대 그리스어를 꽤 유창하게 구사해 1858년 영국 보호령이던 이오니아 제도 주민들 앞에서 그리스어로 연설했다. 정작 청중이 이탈리아어를 쓴다는 사실도 모른 채.[13] 플라톤은 그리스 신전에서 가장 영예로운 자리를 차지했고 매콜리는 학자를 '난간 위에 서서도 플라톤을 읽을 수 있는 자'로 규정했다. 작품활동이 가장 활발했던 1870년대 존 러스킨은 일출 감상으로 하루를 시작해 매일 한 시간씩 플라톤을 번역하며 그날의 기반을 다졌다.[14] 교육계 권위자들은 플라톤이야말로 당장 편의를 누리는 것보다 장기적으로 사회 전체에 득이 되는 걸 선택할 만큼 책임감있는 지배층을 구축할 열쇠를 쥐었다고 확신했다. 럭비스쿨 교장이던 토머스 아널드는 플라톤의 대표적 사상 여러 개를 채택했는데 '교육에서는 인성 구축이 지식 함양 못지않게 중요하다.', '집단의 결속이 개인의 자기표현보다 중시되어야 한다.', '신체교육도 도서학습만큼 중요하다.' 등이다.

하지만 이들은 한 가지 지점에서 플라톤의 가르침을 실천하지 못했다. 플라톤의 작품을 포함한 고전을 가르치는 데 지나치게 몰두한 나머지 플라톤이 실제 교육에 가장 중시했던 수학과 과학을 무시한 것이다. 옥스퍼드와 케임브리지 대학교는 이 같은 교육 과정에 철학을 가미했다. 1870년부터 1893년 사망할 때까지 발리올 대학교 학장으로 재직한 벤자민 조웻은 위대한 두 가지 프로젝트를 진행하는 데 일생을 바쳤다. 플라톤 작품을 집대성하는 것과 발리올 대학교를 빅토리아 시대 지배층 배출기관으로 육성하는 것이었다. 첫 번째는 직접 편집한 《국가》를 그의 사후 친구이자 자서전 작가 루이스 캠벨이 발간하면서 실패로 돌아갔지만 두 번째 프로젝트는 레슬리 스티븐이 '조웻이 발리올이요 발리올이 조웻'이라고 적었을 만큼 대성공을 거뒀다.[15] 조웻의 제자 중에는 훗날 인도 총독이 된 커즌 경, 외교부 장관이 된 허버트 애스퀴스, 캔터베리 대주교가 된 코스모 고든 랭, 주교가 된 찰스 고어 등이 있는데 상당수가 플라톤을 끝까지 추종했다. 조웻의 절친 중 한 명이던 플로렌스 나이팅게일은 손편지에서 크림반도에서 젊은 군인을 만났는데 혹시 그의 제자인지 물었다. '부하들에 대고 플라톤이 꼽은 군인의 이상적 역할을 수행하기는커녕 그냥 지시했을 일도 하지 않는다고 꾸짖었다.'라는 것이다.[16] 조웻은 영국의 위대한 공립학교 출신을 발 빠르게 영입한 것으로 유명했지만 사회 모든 계층의 최고 인재에게 최고의 교육을 제공해야 한다는 플라톤의 지령도 충실히 따랐다.[17] 실제로 영리한 11살 고아 프랭크 플레처를 발굴해 자비로 전 과정 교육을 시키고 발리올 대학교에까지 입학시켰다. 덕분에 프랭크는 그리스 운문 부문에서 게이 스퍼드상을 받고 옥스퍼드셔의 크리켓팀과 축구팀 두 군데서 모두 활약할 수 있었다.[18]

20세기 들어 플라톤 추종 경향은 더 뚜렷해졌다. 좌파의 점진적 사회주의자와 우파의 제국건설론자 모두에게 어필하는 매력이 있었기 때문이다. 점진적 사회주의자들은 무정부를 옹호하는 개인주의자들보다 국가에 더 많은 권력이 주어져야 한다는 플라톤의 열정에 심취했다. 심지어 그의 책 제목만 보고 공화주의자로 전향한 이들도 다수 있었다. 반면, 제국주의자들은 훌륭한 엘리트가 세계의 미개 지역으로 서구 문명을 전파한다는 발상에 열광했다. 이에 세실 로즈는 제국주의 수호자 강의를 개설하고 로즈 장학금을 신설했다. 밀너 경은 교육 수준이 높은 영국인으로 구성된 킨더가튼Kindergarten 을 만들었는데 대다수가 남아프리카에서 공무를 수행하며 보어 전쟁 이후 영국의 지배체계를 재건하는 데 주도적 역할을 한 올소울스All Souls 출신이었다.[19] 미국 동부 해안의 기득권 사회에서도 동일한 흐름이 나타났다. 엔디코트 피바디 등 19세기 후반부터 20세기 초반의 학교장들은 영국 공립학교처럼 신과 고전을 활용해 학생을 공직자로 교육하는 데 주력했고 예일 대학교를 필두로 아이비리그 대학교들은 미국판 옥스브리지로 거듭났다. 미국 내 엘리트들도 제국주의의 물결을 이끄는 게 더 이상 영국이 아닌 자신들이라는 사실에 눈뜰수록 플라톤에 의지해 나아갈 방향을 탐색했다. 베트남전 여파로 뿔뿔이 흩어지기 전 미국의 전형적 기득권층이던 맥조지 번디는 하버드 대학교 3학년 재학 시절《국가》를 공부하며 자신이 선택받은 엘리트인 수호자 계층 중 한 명임을 확신했다.[20] 플라톤주의는 민주주의와 평등주의라는 들이치는 파도에 맞서 용감히 싸웠다. 1924년~1949년 발리올 대학교 총장이자 노동당의 든든한 지지자였던 A. D. 린제이는 조윗의 정신을 일부 계승해《국가》를 누구나 쉽게 읽을 수 있는 버전으로 편집해 출간하고 노동자교육연합에서 플라톤 강의를 했다. 하지만 이 같은 전통은 결국 시들해졌다. 지식인층이《멋진 신세계》와 같은 소설뿐만 아니라 정치이론에서 다루는 철인왕 개념에 등을 돌리기 시작한 것이다. 옥스퍼드 대학교에서 고전을 가르치는 젊은 교수이자 노동당에서 가장 영향력 있는 인물 중 한 명이던 리처드 크로스먼은《오늘날의 플라톤Plato Today》(1937)에서 플라톤 철학을 역사적으로 자유주의 사상을 상대로 한 가장 야만적이고 치명적인 공격이라고 비난했다. 그리고 이후 노동당을 반능력주의 정당으로 정착시키는 데 주도적 노력을 기울였다. 칼 포퍼는 저서《열린 사회와 그 적들The Open Society and Its Enemies》(1945) 두 권 중 한 권을 통째로 할애해 플라톤을 파시즘과 공산주의의 지적 대부代父라고 비하했다. 공산주의자들도 플라톤에 나름대로 불만이 있었는데 스탈린주의자들이 유물론을 모욕한 죄를 물었다면 문화혁명 물결 속의 모택동주의자들은 플라톤주의를 서구판 유교라고 비난했다. 1980년대 이래 공립학교는 고전을 중시하고 엘리트 자녀를 찬물로 샤워시키는 오랜 전통을 저버렸다. 대신 오늘날에는 고대 문명보다 과학을 중시하고 다 쓰러져가는 건물이 아닌 최신 리조트 시설을 자랑한다. 엘리트 지배층이라면 사적 욕구는 무시하고 공적 의무만 좇아야 한다는 신념에 더 이상 종속되지 않는 것이다. 야망에 찬 청년들은 정치 대신 돈벌이를 선택하고 은퇴한 정치인은 공무를 수행하며 습득한 전문지식을 민간부문에 판매해 아무렇지 않게 수익을 올린다. 모든 극단성에도 불구하고 플라톤은 오늘날 어느 때보다 많은 걸 시사한다. 그는 능력주의가 지닌 가장 거대한 문제점을 정확히 짚어냈다. 바로 자녀를 돌보고 싶은 부모의 본능과 기회 균등이라는 능력주의의 기본적인 요소가 충돌한다는 사실이다. 물론 이를 해결하기 위해 플라톤이 제시한 방법, 즉 국가가 지원하는 난교 파티와 집단 아동 양육은 어불성설이 분명하다. 하지만 최근 의원들이 채택한 정책들도 논란이 되기는 마찬가지였다. 부모가 자녀의 학교로 인근 지역과 원거리 중 어디를 선택하든 아이들을 버스로 실어 나르게 했으니 말이다. 정치인들도 자녀가 최고만 누리길 바라는 욕심과 정치인으로서 지켜야 할 원칙 사이에서 어떻게 균형을 맞춰야 할지 고민에 빠졌다. 한편, 플라톤은 능력주의의 가장 혁신적인 두 가지 측면을 밝혀냈는데 첫 번째는 타고난 능력이 허락하는 한 계층 간 이동성을 무제한 보장받아야 한다는 전제이고 두 번째는 여성의 부상으로 인한 엘리트 계층으로의 편입이다. 플라톤은 가장 순수한 형태의 민주주의를 실현한다는 명분으로 능력주의를 거부하면 어떤 문제가 발생하는지 지적했다. 《국가》는 지금도 포퓰리즘의 폐해를 가장 잘 설명한 작품으로 플라톤은 정치의 오락화, 트위터 군중, 전문성을 향한 분노 등 이 시대의 가장 큰 부조리를 당시 이미 예상했다.

또한 민주주의의 실패가 정신질환을 가진 폭군의 등장으로 어떻게 이어지는지도 누구보다 구체적으로 설명했다. 실제로 도널드 트럼프와 그의 무리가 물러난 후 세계는 현명한 수호자의 중요성을 다시 깨닫고 있다. 현재 플라톤주의의 전통은 서양보다 동양에서 더 큰 지지를 받고 있다. 중국인들은 수호자 담론을 이야기하고 싱가포르에서는 통치자가 될 이들을 일찌감치 채택해 열정적으로 훈련시킨다. 하지만 동양의 지배층은 참고할 만한 고유의 전통을 갖고 있다. 플라톤만큼 오랜 역사를 거슬러 올라가지만 공공정책은 플라톤보다 훨씬 강력하고 직접적인 영향을 미친 유교 전통이 그것이다.

중국과
시험국가

1601년 중국 베이징에서 황제와 신하가 거주하는 궁과 사원이 밀집해있던 자금성에 유럽인 최고 학자 중 한 명이 최초로 입성했다. 마테오 리치(1552년~1610년)는 오직 그 순간을 위해 20년간 만반의 준비를 했다. 포르투갈령 마카오에서 1년을 보내고 중국 본토로 넘어와 한문을 배운 후 중국 남부 자오칭시에서 6년째 머물다가 신임 총독에게서 추방당하고 이후 10년간 이 성에서 저 성으로 옮겨 다니다가 마침내 베이징에 정착한 것이다. 그는 중국에 기독교 신앙을 전파하는 최고의 방법은 유교 가르침에 버금가는 종교철학으로 포장하는 것뿐이라고 확신해 오랫동안 학문적 소양을 쌓고 중국의 귀족문화를 습득하며 세계 최초로 중국어-라틴어 사전까지 편찬했다. 유교 고전을 라틴어로 번역하고 자금성 지도를 제작하고 서구 과학과 기계기술 발견을 표준 중국어로 이야기하며 다녔다. 심지어 복장도 유학자가 입던 전통 심의深衣였다. 이 모든 노력은 보상을 받았지만 끝내 결실을 거두진 못했다. 명나라 제14대 황제 완리는 과학의 대가라는 리치의 명성, 특히 일식이 일어나는 날을 정확히 예측한 데 깊은 감명을 받고 황실 고문이 되어 줄 것을 청했다. 리치는 궁의 심장부에 숨어 모습을 드러내지 않던 이 은둔형 황제를 직접 만나보지는 못했다. 그래도 중국 황실의 고위층 중 많은 이들을 친구로 두면서 '듣기 좋은 목소리의 파란 눈'이나 '서구에서 온 위대한 박사'와 같은 별명을 얻었다. 결과적으로 고위층과의 인연을 이용해 대규모 개종을 이루겠다는 꿈은 이루지 못했지만 어쨌든 동·서양 양측에서 탐험가, 학자, 박식가, 종교계 거물 등 특별한 인물로 마땅히 칭송받고 있다. 로마 가톨릭교회는 그를 성인으로 추대하는 방안을 적극 검토 중이며 중국 당국은 최근 공산당 중앙학교로 바뀐 베이징 행정대학 구내에 그의 시신을 안치했다.[1] 리치는 중국 고관과 플라톤의 수호자가 무척 비슷하다는 사실에 놀랐다. 1615년 라틴어 출간 저서 《기독교 도입의 중국 역사History of the Introduction of Christianity to China》에서 그는 다른 나라 지배층이 부와 정치적 특권을 물려받은 덕분에 현재의 지위에 올랐다면 중국 엘리트는 순전히 지적 능력과 학문의 힘에만 의존했다고 밝혔다. 이 지역에서는 철학자가 곧 왕이라고 말하는 게 허용되지 않더라도 철학자가 왕을 다스린다는 진실을 적어도 누군가는 말할 수 있을 거라는 게 그의 결론이었다.[2] 오늘날 고위 공무원을 뜻하는 만다린mandarin이 유럽에서 통용되는 것도 리치의 공이었다. 그는 이렇게 모범적인 학자들이 중국을 통치하는 자체가 조만간 기독교로의 대개종이 일어날 것임을 예고한다는 기발한 주장을 폈다. 로마제국에 그리스 철학이 확산되면서 기독교가 자리 잡았듯 중국에서도 유교로 자신과 같은 전도사를 받아들일 기반이 다져진다는 것이다.[3] 그가 보기에 유교는 초월적 존재인 샹디shangdi와 천국인 티안tian 등 원시 신학이 가미되었다는 점에서 플라톤주의와 비슷한 일종의 원시 기독교였다.[4] 중국은 세계에서 가장 복잡한 시험 체계를 통해, 심지어 밑바닥 출신도 자금성에 입성시켜주는 성공 사다리로 고위 관료를 선발했다. 시험의 첫 번째 관문인 과거제는 2년마다 전국 모든 행정구역에서 시행되었다. 인구의 10퍼센트인 중국인 250만 명이 1,350개 시험장에서 시험을 치렀지만 통과할 확률은 희박했다. 하지만 운 좋게 합격한 소수 인원은 고급 의복 수령, 특정 세금 및 처벌 면제, 특정 직위 및 급여 특전 등의 엄청난 혜택을 누렸다. 자신을 초보 학자인 생원이라고 칭하고 합격자에게만 주어지는 사회적 특권을 누리고 다음 단계 시험에도 도전할 수 있었다. 2차 시험은 3년마다 17개 주도에서 열렸는데 경쟁률은 25:1 또는 100:1로 시기와 지역별 모집 정원에 따라 달랐다. '선택받은 자' 또는 '거인juren'이라고 불린 합격자들은 상류층에 편입되면서 고관 후보가 되었지만 2차 시험을 통과하지 못하면 좋은 자리에 부임할 확률도 줄어들었다. 3차 시험은 2차 시험 이듬해에 황실에서 열렸다. 여기에 통과한 자는 마침내 자신을 학자라는 뜻의 진사라고 칭할 수 있게 되고 이름도 성적순으로 석판에 새겨지는 영광을 누렸다. 진사야말로 진정한 국가 엘리트로 제국의 위대한 관직을 섭렵하다시피 했다.[5] 리치는 중국 전역에 분포한 시험장을 구체적으로 묘사했다. 높은 벽에 둘러싸여 성 같고 감옥 같은 이 경쟁 기념관은 응시생 간의 소통과 부정행위를 막기 위해 고안된 4천 개의 작은 방으로 구성되었다. 각 건물 끝의 망루에는 경비병이 서 있고 감독관은 응시생이 문서를 밀반입하지 못하도록 옷 속까지 검사했다. 하지만 응시생들은 감시망을 피해 자그마한 책들을 손바닥에 숨겨 들어오거나 고전의 일부 내용을 깨알 같은 글씨로 옷에 바느질해 넣는 등 온갖 수법을 동원했다. 이렇게 붓, 종이, 먹 등 기본적인 필기도구만 갖춘 채 마라톤과 같은 시험이 시작되었다. 시험은 첫 시간이 9시, 두 번째가 12시, 세 번째가 3시에 시작해 사흘 연속 진행되었다. 응시생들은 독방에서 자고 요강에 볼일을 봤으며 준비해온 음식으로 끼니를 때웠다.[6] 정실인사를 방지하려는 노력도 엄청났다. 전문 필사들은 제출된 답안을 한 단어씩 베껴 쓰고 응시생 이름 대신 번호를 적어 누구의 답안인지 시험관이 알아볼 수 없게 했다. 혹시 고위직 시험관과 개인적·지역적 친분이 있는 응시생은 별도로 시험을 치러야 했다.[7] 성공 사다리는 올라가려면 고달팠다. 시험 범위는 고전에 한정되었는데 최하위 관리 선발시험에서조차 유교 경전 가르침을 설명해야 했고 도덕적 질문을 다양하고 정교한 형식적 규칙으로 논의하는 '팔고문八股文'도 써야 했다. 고관 선발시험, 특히 궁에서 치르는 시험에서는 과거 중국에서 발생한 실제 문제를 고전 지식을 이용해 해결하는 능력을 보여줘야 했다. 한문은 습득하기 가장 어려운 언어 중 하나로 제국 전역에서 사용되는 수십 가지 토착어와는 전혀 달랐다. 예비 고관들은 수천 개 낯선 문자를 모두 암기하고 고대 문법 형태에도 통달해야 했다. 이를 위해서는 조기학습과 끊임없는 노력이 필수여서 아이들은 불과 여섯 살 때부터 공부를 시작했고 놀이가 아닌 낭송과 암기에 전념하며 유년기를 보냈다. 대부분 20대 후반이나 30대 초반에 처음 응시했는데 으레 낙방하기 일쑤였다. 그중에는 계속 떨어지는 50대와 60대 심지어 80대 응시생도 있었다. 낙제생은 자신의 시험 답안지에 채점자가 적어둔 조언을 보며 심기일전해 얼마든지 재도전할 수 있었다. 반면, 합격생 앞에는 이전과는 전혀 다른 세상이 펼쳐졌다. 장원급제생은 베이징으로 가 세계 최대 제국을 이끄는 황제의 고문역을 맡았고 2등생은 주州나 도道 운영을 맡았다. 행정관들은 수도와 지방 어디서 근무하든 급여부터 노골적인 뇌물에 이르기까지 다양한 특전을 누렸다. 그밖에 치안판사, 변호사, 필사 등 하위 관직도 수천 개였는데 인재 수급을 위한 대규모 시험체계를 운영하는 시험관도 그중 하나였다. 리치는 이 같은 체계에 경악할 뿐이었다. 대다수 고관이 '농부와 장인의 자손으로 글공부로 타고난 지위에서 벗어난 이들이었다.'라고 그는 적었다. 하지만 그렇게 출신이 천한 이들도 우주의 진정한 주인 대접을 받았다. 교황과 함께 가마에 올라 거리를 누볐고 일반인은 숭배의 표시로 그들 앞에 무릎을 꿇었다. 리치는 중국을 검과 부의 규칙 대신 지혜와 문화의 규칙

이 군림하는 사회로 여겼다.[8]

최초의 엘리트 귀족

16세기 영국 철학자 프랜시스 베이컨은 세계의 위대한 4대 발명품인 화약, 종이, 나침반, 인쇄기 모두 중국의 업적이라고 칭송했다. 사실 중국 문명에서는 이 같은 발명품도 시시하게 취급되었다. 화약은 주로 불꽃놀이에 사용되었고 1425년 명나라가 해외 탐사를 금하면서 나침반도 무용지물로 전락했다. 종이와 인쇄기는 세계 각지에서 사용하는 기술을 살짝 변형시켰을 뿐이다. 따라서 20세기까지만 해도 대규모 시험체계가 중국에서 일어난 가장 중요하고 야심 찬혁신이자 세계에서 가장 긴 수명을 자랑하는 제도로 평가받았다. 이 시험체계에 간접적인 영향을 미친 인물이 바로 기원전 551년부터 479년까지 생존한 공자다. 그는 뜻깊은 삶을 살 수 있는 광범위한 원칙을 정립하고 이 원칙에 기반해 통치할 방법을 정치가에게 조언했다. 평생 수많은 추종자를 제자로 맞아 자신의 통찰을 《사서오경 Five Classics》, 《격언Aphorisms》, 《논어Analects》 등으로 남겼는데 이는 중국 교육의 근간이 되었다. 사후 공자는 성인에 버금가는 숭배를 받아 마을마다 그의 신전을 모시고 주기적으로 제물을 바쳤다. 공자는 인간에게 허용된 모든 완벽성을 빠짐없이 체화하고 사회적 미덕과 정치적 지혜에서 비롯되는 교훈을 모두 습득한 유일한 인물이라고 19

세기 영국 범죄학자 제임스 레게는 말했다.[9] 공자의 유교 서적에는 능력주의의 복잡한 이론이 담겨 있었다. 이 이론은 사회를 제대로 이끌기 위해 학자·통치자 계급이 필요한 이유는 물론 이 엘리트 계층이 날짜별·시간별로 어떻게 처신해야 하는지도 설명했다. 공자는 학자들에게 속세를 떠나 삶의 의미를 고민할 시간 따위는 없으며 오히려 권력의 중개인이 될 의무가 있다고 믿었다. 이때 방법은 스스로 관료가 되어 권력을 직접 행사하거나 권력자의 스승이 되어 간접적으로 행사하는 두 가지 중 하나였다. 그리고 공자는 전체 중국인의 사상에 자신의 비전을 뚜렷이 각인시키는 놀라운 성공을 거뒀다. 역사적으로 중국 제국은 권력을 세습받는 황제와 유교 교리에 통달한 지식으로 영향력까지 획득한 학자 관료가 공동으로 다스려왔기 때문이다. 공자는 세 가지를 중시했는데 첫 번째는 권력의 정수가 군대가 아닌 지식에 있다는 신념이었다. 기원전 195년 고황제가 '짐은 제국을 말 등에 태웠다. 그런데 내가 왜 군이 《시경》이나 《사서오경》을 읽어야 하는가?'라고 묻자 한 유학자가 이렇게 답했다. '폐하께서는 제국을 말 등에 태우셨습니다. 그런데 말 등에서 통치도 하실 수 있으십니까?' 두 번째는 황실의 의무다. 공자는 하늘의 아들이 계급의 최정상을 차지하고 귀족이 다음 칸을 차지하고 한참 밑에 농부와 소작농이 존재하는 사회적 위계를 굳게 믿었지만 통치자는 자기 마음대로 행동하면 안 된다고 가르치기도 했다. 왕은 온종일 빈둥거리거나 밤새 무희들과 즐겨도 안 된다. 자고로 왕은 백성의 이익을 위해 헌신해야 하기 때문이다.

어느 날 공자가 말했다. "사람들이 열심히 일하도록 유도하고 싶다면 스스로 모범을 보이십시오. 폐하께서 올바른 선례를 남기신다면 누가 감히 따르지 않겠습니까?" 이처럼 유교는 권위를 떠받드는 게 아니라 제약하는 교리다. 세 번째는 자기수양이다. 통치자들은 고전 문화에 심취함으로써 인성을 갈고 닦아야 한다. 자기수양을 하면 먹고 마시는 대신 읽고 생각해 권력을 어떻게 써야 하는지 스스로 가늠해 결과적으로 권력 때문에 파멸하는 사태를 피할 수 있다. 시험체계에 더 직접적인 영향을 미친 건 황제와 중국 영주 가문의 세력 다툼이었다. 7세기 수나라(581년~618년)는 공직에 대한 중앙통제를 강화하기 위해 면접시험을 도입했다. 중국 전역의 지방 행정구역에서 후보 서너 명을 황궁으로 보내면 고위 관료가 심사하는 방식이었다. 관료들은 재능과 인성을 기준으로 후보 순위를 매겼는데 1등을 차지한 후보는 즉시 공직에 임명되었고 후순위 후보는 더 훈련받았다.

당나라는 시험체계에 친족 등용 방식을 가미했다. 황실 업무 상당수 특히 가장 중요한 직위는 영주 귀족이나 전 관료 친척 손에 들어갔지만 약 10퍼센트는 경쟁시험으로 배정되었다. 18년간의 막후 통치 후 직접 권력을 잡고 중국의 유일한 황후가 된 측천무후는 655년 최고 관직을 일제히 시험 합격자들에게 맡겨 황실을 발칵 뒤집어 놨다. 그리고 당나라 말기로 갈수록 합격자에게 주어지는 특권이 커져 가만히 있어도 관직을 물려받는 이들까지 응시할 정도였다.[10] 에이리크 1세가 노섬브리아 왕국의 군주가 되기 위해 혈통과 군사력에 의존하는 대신 직접 시험을 치렀다고 상상하면 이게 얼마나 특이한 상황인지 짐작이 갈 것이다. 이렇게 시험체계가 자리 잡아갔다고 계급과 성공의 연결고리가 깨진 건 아니었다. 농부와 장인의 영리한 자녀가 지배하는 사회가 올 거라는 리치의 예상은 현실과 완전히 동떨어져 있었다. 당대 응시생의 ⅓ 이상 그리고 결국 최고위직을 차지한 인물의 절반 이상이 10대 명문가 출신이었다. 반면, 몇 년씩 고전 공부에 매달리기는커녕 종이와 붓 등 학업에 필요한 기본적인 도구도 갖추기 힘들 만큼 형편이 어려운 사람들도 넘쳐났다. 명문학교는 하나같이 베이징에 있었고 설사 다른 지역에서 간신히 교육을 받았더라도 시험을 보려면 또 베이징까지 먼 길을 떠나야 했다. 이 때문에 당나라 초기 시험에는 일종의 짝짓기 의식이 포함되어 있었다. 응시생이 시험관에게 자신의 최선을 보여주면 시험관이 가장 마음에 드는 응시생 대신 전장에 나선 것이다. 이 같은 체계가 완벽하다고 할 수는 없지만 통치자와 고위 관료의 관계를 변화시킨 것만은 분명하다. 고위 관료 학자들은 출신 계급과 무관하게 우주의 진정한 주인으로 대접받았다. 심지어 최고 부호들도 고위 관료가 되기 위해 경쟁했다. 시간이 흐르면서 중국은 중앙집권 국가로 변해갔고 권위의 명분도 세습에서 경쟁시험 성적으로 바뀌었다.[11] 당대 시험이 황실 입성의 필수 코스로 당당히 뿌리내리면서 응시생이 공부하던 국가자손교육위원회, 그리고 자신의 운명에 맞서야 했던 시험장 인근에는 베이징 최고 기생들이 포진한 홍등가가 우후죽순 생겨났다. 이곳 기생들은 성적性的으로 노련하고 문화적으로도 뛰어난 재주가 있었다. 시를 낭송하고 일부는 직접 지었고 노래를 부르며 정교한 의식도 수행한 것이다. 응시생 중에는 이들 밤의 요정과 사랑에 빠져 합격 후 첩으로 들이는 이들도 있었고 심지어 결혼하는 이들도 있었다. 당대 고전 중 하나인 《이왜전The Tale of Li Wa》에서는 한 응시생이 나쁜 무리와 어울리다가 아버지로부터 구타까지 당하자 명기名妓 이왜가 지극정성으로 돌봐 건강을 회복시켜주고 시험공부까지 도와줬다. 마침내 합격한 그는 아비지와 화해하고 기생 노릇을 그만둔 이왜와 결혼하기에 이르렀다.[12] 중국에서 20세기까지 이어진 시험체계를 처음 갖춘 건 송나라(960년~1279년) 황제들이었다. 시험에서 이들은 응시생의 도덕적 자질보다 지적 능력을 우선시해 평가했다. 똑똑하다는 사실 자체가 도덕적으로도 훌륭한 증거라고 믿었기 때문인데 훗날 매콜리도 똑같은 주장을 했다. 송대에는 3단계 시험이 3년 주기로 치러졌다. 1280년 몽골에서 원이 침략해오고 불만에 가득찬 귀족이 여러 번 반란을 일으키는 등 크고 작은 사건으로 시험이 잠시 중단되었지만 1313년 원나라가 부활시키고 명나라와 청나라가 계속 보존·발전시켰다. 과목은 사서오경, 공자와 제자의 공동저서, 일부 참고문헌으로 놀랄 만큼 이전과 동일하게 지속되었다. 중국 최초의 시험 지침서도 엘리자베스 1세가 왕좌에 있던 1587년 개정된 이후 1905년까지 꾸준히 이용된 것으로 보인다. 시험체계는 중국의 대표적인 소프트파워로 자리매김했다. 한국과 베트남은 중국의 엘리트 선발체계를 모방했으며 그로 인해 유교 문명 위성국이 되었다. 서울에서는 과거에 합격해 이름을 날린 위대한 유학자들의 동상을 지금도 볼 수 있다.

지역과 계급을 넘어

시험제도가 이렇게 오랫동안 살아남을 수 있었던 건 사회의 핵심 기능을 수행했기 때문이다. 국가는 시험제도로 전국 각지의 엘리트를 끌어모으고 학자관료 계급에 권위를 부여할 수 있었다. 960년 ~976년 재위한 송나라 태조가 이 같은 시험제도의 특성을 잘 요약했다. '나라가 시험을 정비해 관료가 될 학자를 선발했다. 관료는 공개경쟁으로 선발하는 게 특혜를 주고 사례를 받는 것보다 선호되는 만큼 그동안의 그릇된 관습을 바로잡는 역할을 할 것이다.' 이를 위해 당시 송나라에서 도입한 여러 장치가 지금도 여전히 활용 중인데 시험관이 응시생의 손글씨를 알아보는 걸 방지하기 위해 필사본을 활용하는 블라인드 채점도 그중 하나다. 물론 모든 게 계획대로 진행될 수는 없었다. 최선을 다했음에도 황제는 중앙집권체제를 유지하는 데 실패했고 각지의 엘리트가 세력을 과시했다. 하지만 전성기의 시험제도는 방대한 영토, 수십여 개의 토착 민족, 강력한 지역 전통이라는 분열적 요인에도 불구하고 국가를 하나로 아우르는 데 크게 기여했다. 출신 지역과 무관하게 전국 각지에서 학자가 선발되고 균등한 교육이 이뤄졌다. 전국의 엘리트들은 자신의 지적 재능을 일개 부호나 영주가 아닌 황제에게 입증하기 위해 사력을 다했고 궁으로서는 때마다 전국 각지의 총명한 인재들을 공급받을 수 있었다. 왕조는 흥하고 망할지언정 지속성 확립을 위해 동일한 훈련을 받고 동일한 의지를 가진 일군의 학자들은 늘 그 자리에 있었다. 시험은 천출인 사람들도 엘리트로 거듭날 최소한의 기회를 줬다. 일찍이 10세기경 평론가 왕리는 빈민층에게 공정한 기회를 보장하는 최고의 방법은 시험을 최대한 객관적으로 실시하는 것이라고 주장했다. '시험이 공정하게 진행되지 않으면 권력자들이 특혜를 받기 위해 아우성치고 고아와 빈민층은 위로 올라갈 기회를 얻지 못할 것이다.' 홍콩 대학교 학자들이 1371년~1904년 중국의 계층 간 이동성을 포괄적으로 조사한 연구에 따르면 진사 계급의 ⅓은 이전 3대를 내려오는 동안 고위 관직을 지내기는커녕 학위 하나 따지 못한 가문에서 배출되었고 11.7퍼센트는 고학력자 없이 저학력자만 있는 가문 출신이었다. 시험제도는 모든 사회 계층뿐만 아니라 전국 각지의 인재를 선발하기 위해 온갖 장치를 동원했다. 학위 소지자 명단에는 가장 먼 지역에 거주하는 학자들의 이름도 포함되어 있었다. 합격만 하면 순식간에 사회적 지위가 바뀌었다. 연배는 있지만 1차나 2차 시험에만 합격한 이들이 3차까지 합격한 젊은 학자들 앞에 엎드려 예를 갖추는 경우가 비일비재했다. 합격한 학자들은 집 앞에 깃대나 현판을 세워 자신의 성과를 세상에 알렸다. 시험제도가 위세를 떨치면서 중국인들은 교육에 집단적으로 엄청난 투자를 했다. 덕분에 수백만 명의 낙제생도 배운 걸 활용해 교사, 변호사, 공증인 등 새로운 길을 찾을 수 있었다. 시험에서는 효행이나 사회결속과 같은 보수적

5. 중국과 시험국가

가치가 강조되었는데 가족 간 신의를 중시하는 유교 경전에서 출제되었기 때문이다. 또한 향후 자녀의 보살핌을 바라는 부모의 투자를 유도하려는 이유도 있었다. 시험제도 덕분에 2,500년간 풍요롭고 엄격한 삶의 철학이 중국 교육의 중심에 단단히 뿌리내려왔다. 이 철학은 자기수양을 통한 자기절제라는, 지배층이라면 누구나 알아야 할 가장 중요한 교훈을 설파했다. 공자와 추종자의 관점에 따라 중국 고전 문학과 역사를 치열하게 공부하지 않았다면 자신이 교육받은 사람이라거나 문화인이라고 주장할 수 없었다. 그리고 교육받은 문화인이라는 사실을 입증하지 못하면 절대로 정부관료 후보가 될 수 없었다. 중국인은 가난하든 부유하든, 도시에 살든 지방에 살든, 무엇보다 민간인이든 군인이든 고전 지식이야말로 인간의 도덕적·사회적 가치를 평가하는 최적의 수단이라고 여겼다. 그래서 고전을 습득한 사람들은 중국의 이익을 대변할 자격이 있지만 습득하지 못한 사람들은 그럴 수 없었다. 이만큼 명료했다. 유교 서적에는 정교한 능력주의 이론이 담겨 있었다. 교육받은 엘리트가 사회가 나아갈 길을 제시해야 하는 이유뿐만 아니라 엘리트로서 그 같은 임무를 어떻게 수행해야 하는지도 설명했다. 결국 시험제도는 두 가지 기능이 있었는데 바로 일정 수준 이상의 시험으로 인재를 걸러내고 그렇게 걸러진 인재들에게 향후 처신하는 방법을 교육하는 것이다.

고관의 신비

•

중국 시험제도는 해외에서도 큰 명성을 얻어 그 운용 방식을 설명한 책과 글이 1570년~1870년 유럽에서만 70건 이상 발간되었다.[13] 리치 이외에 수많은 현자가 중국의 고관을 타락한 서구 사회의 대안으로 제시했는데 그중 로버트 버튼은 명저《우울의 해부 Anatomy of Melancholy》에서 중국의 관행을 칭송했다.

> 그들은 치안판사를 철학자와 박사 중에서 선택한다. 그들의 정치귀족은 옛 이스라엘처럼 도덕적 귀족, 고결한 귀족에서 선발되고 나라를 방어하고 통치하는 임무를 진다. 나라를 팔아먹고 사냥하고 먹고 마시고 자기들끼리 경쟁하는 다른 귀족과는 다르다. 그들의 고관, 지식인, 학위 소지자, 그리고 스스로 자신의 역량을 키워온 자들은 고귀한 자들로 나라를 통치하는 데 적합하다고 볼 수밖에 없다.[14]

볼테르는 중국을 계몽이 완료된 절대주의의 본보기로 봤다. '모든 게 대규모 재판장에서 결정되고 서로 종속되어 있고 수차례 엄격한 시험을 통과한 이들만 관료로 받아들이는 곳, 그곳보다 훌륭한 정부를 인간의 이성으로는 분명히 상상할 수 없다.' 수많은 사안에서 볼테르와 이견을 보인 루소도 중국의 명예로운 지식인이야말로 국가의 최고 품격이라고 칭송했다.[15] 의사 출신 경제학자 프랑수아 케네는 문명화되었거나 잔혹한 열정과 노력으로 40세기 동안 보존된 이 거대하고 장엄한 제국은 도덕과 정치지식의 힘과 효력을 잘 보여준다고 주장했다.[16] 중국을 향한 동경은 고대 그리스를 향한 열정과 마찬가지로 개혁가들이 낡은 제도에 공개경쟁 원칙의 도입을 시도한 빅토리아 시대에 절정에 이르렀다. 루터교 최초의 동아시아 지역 선교사 카를 귀츨라프는 저서 《열린 중국China Opened》(1838)에서 당시 중국을 바라보는 공통된 견해를 요약했다. '중국에서는 사람에 대한 고려는 전혀 없고 오직 능력만 우대받는다.…… 이 같은 원칙은 고귀해 다른 나라도 충분히 채택할 만하다. 물론 어떻게 적용할지는 이 같은 실험을 진행하는 국가의 상황에 따라 다를 수 있다.'[17] 그리고 이렇게 고귀한 원칙을 영국으로 들여오는 데 핵심 역할을 한 곳이 바로 동인도회사였다. 동아시아 지역과 지속적인 연락을 취하고 홀로 떨어진 상업제국을 관리할 유능한 직원을 선발하느라 계속 골머리를 앓았기 때문이다. 결국 동인도회사는 시험제도를 도입해 오늘날의 헤일리버리 스쿨인 잉글랜드 헤일리버리의 동인도 대학교와 인도의 포트윌리엄 대학교와 같은 연계대학에서 고용할 만한 청년들을 선발해 분류했다. 중국을 향한 열기는 이내 기업을 넘어 공직체계에까지 확산되었다. 동인도회사와 영국 공직체계에 공개경쟁을 도입한 개혁가들은 고대 아테네와 중국을 떠올리며 역사와 고전을 전공한 신사들에게 유리한 체계를 고안했다. 이 같은 개혁안을 둘러싼 논쟁이 진행된 의회는 영광의 왕국에 대한 언급으로 넘쳐났다. 1853년 얼 그랜빌은 영국 상원에서 등사우의 표현을 빌려

작은 타타르 왕족이 거대한 중국 제국을 그렇게 성공적으로 통치할 수 있었던 이유 중 하나는 왕족이 모든 공직을 공개경쟁에 부쳐 전체 중국인을 대상으로 인재를 선발했기 때문이라고 말했다.[18] 새로운 제도로 선발된 엘리트 공무원을 고관대작이라고 불렀다.

과유불급

하지만 이 같은 성공에는 가혹한 대가가 따랐다. 시험추종 문화는 시험에 운명을 건 이들에게 끔찍한 부담을 안겼다. 응시생 중에는 청년뿐만 아니라 앞만 보고 전진하는 중년 심지어 노년의 사람들도 있었다. 전국 방방곡곡의 시험장은 시험 감옥으로 통했고 폭동과 방화가 일어나기도 했다. 최고 명작으로 손꼽히는 중국의 여러 문학 작품은 시험제도를 사정없이 난도질했다. 조설근은 18세기 중반 공직에 몸담으려던 꿈이 물거품이 된 후 《홍루몽The Dream of the Red Chamber》을 썼는데 등장하는 남성들은 3년마다 시험 공포에 시달리는 삶을 살아간다. 가난한 상인 집안에서 태어나 작가이자 가정교사로 활동한 포송령(1640년~1715년)은 무려 40년간 향시에 도전했다가 실패한 후 응시생들이 자신의 모든 노력이 결국 헛수고였음을 깨닫기까지 겪는 7단계 변천사를 신랄히 풍자했다.

향시에 응시하는 학위 소지자는 일곱 가지에 비유될 수 있다. 맨발

127

로 바구니를 든 채 시험장에 들어설 때는 거지와 같다. 관리들이 이름을 부르고 부하들이 모욕을 주는 출석 확인시간에는 죄수와 같다. 칸막이 밖으로 머리와 발만 튀어나온 채 답안을 쓸 때는 늦가을 꿀벌과 같다. 멍한 상태로 달라진 우주를 바라보며 시험장을 빠져나올 때는 새장에서 갓 풀려난 병든 새와 같다. 결과 발표를 기다리는 시간은 그야말로 가시방석이다. 어느 순간 성공을 꿈꾸며 기세등등 일어서다가도 실패의 두려움에 휩싸이면 시체와 같이 축 처진다. 이때는 감금된 침팬지와 같다. 마침내 전령이 말을 타고 달려와 합격자 명단에 그의 이름이 없음을 확인시켜 준다. 그 순간 안색은 창백해지고 몸은 뻣뻣해지고 독극물을 먹은 파리처럼 꼼짝도 하지 못한다.

　추종문화로 인해 시험이 추구하는 가치가 훼손될 때도 있었다. 그 자체로 목표가 되어야 할 유교가 취업이라는 목표의 수단으로 전락한 것이다. 17세기 낙방을 거듭한 학자 장대는 최고 학자들조차 순종적 태도, 제한된 범위, 고루한 언어, 초라한 의상의 제약을 받아야 하고 속은 썩어 문드러지는 집단에 들어가지 않으면 재능과 지식이라는 자신의 무기를 쓸 데가 없어진다고 토로했다. 공자를 재미 삼아 읽는 응시생은 거의 없다. 고전 지식을 채찍 삼아 자신의 창의력을 계발하는 고위 관료도 찾아보기 힘들다. 관료들은 궁에서 어울리는 환관들만큼 무익한 존재일 뿐이다. 심지어 시험제도가 반란에 불을 지필 때도 있었다. 1850년~1864년 무렵 2천만 명~3천만 명의 목숨을 앗아간 태평천국의 난은 공직시험에 대한 좌절감에서 비롯되었다고 할 수 있다. 반란군 지도자 홍호슈가 네 번이나 낙방하고 신경쇠약증에 시달린 것이다. 예수의 동생을 자처하며 정권 타도를 다짐한 그를 초창기에 추종한 이들도 그처럼 2차 시험에 떨어지고 밝은 미래의 꿈이 산산조각난 시골 학교 교사들이었다. 가장 강도 높은 비난은 시험 때문에 중국이 금으로 된 새장에 갇혔다는 비판이었다. 한때 세계 최고 경제대국이던 중국이 미국과 유럽에 주도권을 빼앗긴 것도 이 때문이다. 따라서 서구의 일부 지식인이 고관을 철인왕이라고 칭송하는 동안에도 다른 이들은 엘리트 수감자에 지나지 않는다고 비아냥거렸다. 새뮤얼 테일러 콜리지에게 중국이라는 거대 제국은 30세기에 걸친 퇴보였고 요한 헤르더에 따르면 중국 제국은 상형문자로 도색하고 실크로 감싸 방부 처리한 미라였다.[19] 유교는 고대의 현자가 우주의 신비 또는 적어도 문명의 수수께끼를 풀었으며 지혜로 향하는 유일한 길은 그의 통찰을 다시 획득하는 것뿐이라는 전제에 기반한 퇴보하는 철학에 불과했다. 17세기 유럽은 과학혁명으로 지식이 폭발하고 18세기 계몽주의가 확산되고 19세기 사회과학과 생물과학이 부상할 때도 중국 고위 관료들은 여전히 고만고만한 내용의 문서만 들여다보고 있었다. 새로운 지식에 대한 중국인의 무관심은 1793년 영국 외교관 매카트니 경이 청나라 황제를 예방했을 때 여실히 드러났다. 당시 매카트니 경은 시계, 망원경, 소형 증기기관 등 기술이 낳은 기적의 산물을 줄줄이 선보였지만 청나라 황제는 '짐은 이상하고 비싼 물건들에는 전혀 관심이 없소. 그런 건 우리도 다 있고 중요한 것도 아니니 전혀 필요 없소.'[20]라고 말했다. 이웃국가들이 모두 신문명에 눈뜰 때도 중국 고위 관료들은 깊은 잠에서 깨어날 생각조차 하지 않았다. 1853년 7월 8일 미국 매튜 페리 제독이 네 척의 군함을 이끌고 도쿄만에 들어온 직후 일본은 적극적인 근대화에 나서 20세기 초 세계 최강의 해군 국가 대열에 합류했다. 중국은 일본보다 훨씬 앞서 서구와 인연을 맺었지만 20세기 초 고위 관료체제가 무너질 때까지도 근대화를 진지하게 받아들이지 않았다. 1905년 칙령의 여파로 시험제도가 폐지된 이후에야 중국은 정치개혁과 경제 근대화의 첫발을 내디뎠다.

초정체에서 초연결로

•

지금까지 살펴본 두 가지 유형의 능력주의는 안정성을 추구한다. 특히 중국 능력주의의 목표는 거대 제국을 통치할 확고한 규정 마련이었다. 역동성과 능력주의가 근본적으로 상충되는 지점이 바로 여기다. 이제 세 번째로 역동성과 유동성이 원동력인 전통 능력주의를 살펴보자.

6

선택받은
사람들

지식 분야에서 유대인이 성취한 업적은 괄목할 만하다. 전 세계 인구의 1퍼센트, 그 1퍼센트의 ⅓에 불과한 이 민족 종교집단은 그야말로 천재를 대량생산한다. 현대 세계를 규정한 3대 지성인 마르크스, 프로이트, 아인슈타인 모두 유대인이라는 사실만으로 충분히 놀랍다. 하지만 이게 허울만 그럴듯하게 들린다면 지적 성공을 더 객관적으로 가늠할 지표를 살펴보자. 20세기 전반기 유대인은 노벨 문학상, 화학상, 물리학상, 의학상의 14퍼센트를 휩쓸었다. 그것도 홀로코스트라는 끔찍한 인종말살이 자행되던 와중에 말이다. 게다가 하반기 그 비율은 29퍼센트까지 급등했다.[1] 울프재단 물리학상의 51

퍼센트, 막스 플랑크 메달의 28퍼센트, 엔리코 페르미상의 53퍼센트가 유대인에게 돌아갔다. 1880년 이후 체스 그랜드 마스터의 절반가량이 유대인이었다. 유대인은 다양한 사회 분야에서 지식노동 직업군의 과반 이상을 차지한다. 2010년 전문직 종사자 비율은 비유대계백인이 20퍼센트인 반면, 유대계 미국인은 53퍼센트에 달했다. 같은해 미국 전체 인구의 2퍼센트에 불과했던 유대인이 아이비리그 대학교 재학생의 21퍼센트를 차지했고 퓰리처상 논픽션 부문의 51퍼센트를 수상했다.[2] 미국의 숙적이던 공산주의 러시아에서도 비슷한 격차를 발견할 수 있다. 1929년 마르크스주의의 올바른 해석을 도모하기 위해 창설된 급진 변증법적 유물론 사회는 구성원의 54퍼센트가유대인이었다. 1년 후 공산주의 아카데미 총회가 열렸을 때도 정회원과 통신회원의 절반가량이 유대인이었다.[3] 유대인을 선호하든 혐오하든 체감할 수밖에 없는 주제를 다뤄보자. 인종이론의 대가 중 한명인 휴스턴 스튜어트 체임벌린은 유대인이 과도한 성공을 거두는데 우려를 금치 못했다. 소중한 튜턴족이야말로 지배층으로 군림하는 게 마땅한데 유대인이 타고난 명석함과 영악함으로 그 자리를 위협한다는 것이다.[4] 저명한 유대인 역사가 조셉 제이콥스는 유대인을독수리의 시야를 가진 사상가이자 현자이며 엘리트와 일반 대중 사이의 간극을 메울 진정한 귀족이라고 칭송했다.[5] 대부분의 인종주의가 특정 집단의 확연한 실패에 대한 경멸에서 비롯되는 것과 달리 반유대주의는 감히 넘보지 못할 성공을 향한 두려움에 뿌리를 두고 있었다. 스탈린 치하 공산당은 친유대주의에서 반유대주의로 방향을

튼 후 유대인 문제를 극단적인 성공의 문제로 규정하고 그들을 막노동 현장에 투입하거나 교육기관 입학 정원을 제한하는 등 정교한 정상화 프로그램을 도입했다. 이같이 유대인이 거대한 지적 성공을 거두는 현상을 설명하려고 들면 온갖 종류의 난처한 질문에 부딪힌다. 민족 간 혼인 성사를 고려할 때 유대인은 정확히 무엇인가? 그리고 뉴욕 어퍼웨스트사이드에 거주하는 유대인과 바그다드에 거주하는 유대인이 확연히 다른 삶을 산다고 가정할 때 유대인의 민족성을 논하는 건 합리적 행위인가? 그럼에도 유대인이 시대와 장소를 막론하고 뛰어난 지성을 자랑해온 걸 보면 지적 성취를 추구하는 뭔가가 그들의 문화에 뿌리박혀 있음을 알 수 있다. 유목민의 운명을 타고난 유대인은 토지보다 자신의 지식에 투자할 수밖에 없었다. 동시에 신과 독자적 관계를 맺은 특별한 민족이라는 자기인식이 수 세기 동안의 박해로 더 강화되면서 자신감으로 무장하게 되었다. 그 결과, 강력한 집단정체성이 생겼고 그들의 다양한 소명을 성공적으로 수행할 수 있었다. 유대인이라는 정체성에서 비롯된 두 가지 특성 덕분에 민족적 돌파구를 지식 분야에서 찾은 것이다. 소스타인 베블런은 전형적 유대 지식인을 '지식의 무인도에서 쉴 만한 곳을 찾아 지평선 너머로 나아가는 방랑자나 여행자가 되는 대신 지적 평화의 훼방꾼이 되는 걸 선택했다.'라고 주장했다.[6]

　이번 장에서는 능력주의 사상을 구축하는 데 유대인이 중요한 역할을 했다는 주장을 편다. 그들은 플라톤이 이론에서, 중국인들이 현실에서 그랬듯 지적 능력에 기반해 인재를 선발하는 협의의 능력주의를 발전시키지는 않았다. 하지만 여러 간접적인 방식으로 기여했다. 민족의 생존 보장을 위해 지적 성공을 일궈야 한다는 주장으로 세계를 선도했고 랍비(Rabbi: '나의 선생님', '나의 주인님'(요한 9:2)이라는 뜻의 히브리어로 1세기에 보편화되었고 이후 유대교의 지도자 제도로 정착되었다. 랍비가 될 사람은 구약성서와 탈무드 연구 과정을 거쳐야 한다 - 편집자 주)부터 학자에 이르기까지 까다로운 지적 업적을 이룬 이들의 명예를 드높여준 것이다. 반유대 선입견을 타파하고 신뢰를 쌓기 위해 시험 등의 객관적 측정 수단을 도입하기도 했다. 결국 IQ 테스트 개발과 차별철폐 조치 반대에 주도적 역할을 한 게 유대인이었는데 전자에서는 한스 아이젱크, 후자에서는 어빙 크리스톨과 네이선 글레이저를 떠올리면 이해가 될 것이다.[7] 게다가 유대인은 세계화 시대를 맞아 전면에 부상한 일종의 유동적 능력주의를 수용했다. 플라톤과 공자는 상상 속 소도시, 그리고 대륙 크기의 실제 국가라는 특정 지역을 통치할 지도자를 선발하는 데 초점을 맞췄다. 왕실은 외딴 지방에서 장학생을 선발해 각자의 본거지를 통치할 수 있는 인물로 육성했다. 하지만 역사적으로 유대인은 학문적 탁월성 개념과 지역통치 논리를 전혀 별개로 여겼다. 국가 행정 분야에서 뛰어난 기량을 발휘할 수도 있었지만 늘 고통이 따른다는 것도 잘 알고 있었다. 캘리포니아 버클리 대학교 역사학자 유리 슬레즈킨은 유대인이 먼저 미래로 나아가야 한다고 주장했다. '근대화란 모든 이가 도시에 살고 유동적이며 문해력을 갖추고 명료하게 말하는 것이다. 지적으로 복잡하고 물리적으로 꼼꼼하며 직업적으로 유연한 것이다.…… 즉, 근대화란 모든 이가 유대인이 되는 것이다.'**8** 슬레즈킨은 여기에 국제적으로 유능하다는 조건을 추가했어야 했다.

까다로운 신념

유대인이 일찌감치 지적 성공을 일군 데는 그럴 만한 두 가지 원인이 있었다. 첫째, 유대교는 본질적으로 신자에게 높은 수준의 지적 헌신을 요구하기 때문이다. 무함마드는 유대인을 책의 사람들이라고 불렀다. 사실 유대교는 가장 중요한 신학적 질문부터 가장 사소한 예절 문제에 이르기까지 모든 사안에 해답을 제공하는 종합 성서로 불린다. 히브리어로 가르침이라는 뜻으로 구약성서의 첫 다섯 편인 토라에서는 세상이 창조되던 때부터 시련에 지친 가나안 형제들이 약속의 땅에 도착하는 순간까지 아브라함의 후손이 운명을 어떻게 개척해왔는지를 설명한다. 다른 성서에서는 가나안의 정복, 성전의 파괴와 재건, 여러 성스러운 예언 등이 묘사된다. 예절서는 유대인이 어떤 동물을 먹을 수 있고 먹을 수 없는지, 누구와 성관계를 가질 수 있는지, 특정한 날 무엇을 해야 하는지, 푸딩 그릇과 같은 헤어스타일이 엄격히 금지된다면 어떤 스타일을 할 수 있는지 등을 알려줬다. 다양한 찬송가도 영감을 주고 지켜야 할 규칙을 제공했다. 오늘날까지도 정통 유대인들은 상당한 시간, 하레디파는 최대 12시간까지 성서 공부만 하며 하루를 보낸다. 예루살렘 서쪽 벽

옆 지하 묘지에는 성서가 빽빽이 진열되어 있고 수염을 기른 랍비들이 이를 큰소리로 읽어 내려가거나 그중 몇몇은 하느님의 지혜를 더 잘 흡수하겠다는 명목으로 성서를 몸에 두르기도 한다. 히브리어 성경은 위대한 시, 난해한 이야기, 놀랄 만큼 복잡한 가계도 모음집으로 인간의 이성이 만들어낸 가장 정교한 작품 중 하나다. 유대교 율법과 전통도 역사상 가장 어려운 논리적 사고의 집합체 중 하나라고 할 수 있다. 유대인은 율법에 귀 기울여야 한다는 하느님의 주장은 유대인 스스로 율법을 공부해야 할 뿐만 아니라 아버지도 자녀에게 율법을 가르쳐야 한다는 의미였다. 율법이 너무 난해해 평생을 바쳐도 끝까지 배우지 못할 수도 있지만 신자들은 진실을 계속 탐구하는 것 외에는 방법이 없었다. 하느님께서 세계의 다른 모든 민족을 제쳐두고 유대인을 선택하셨기 때문이다. '네가 하느님의 성민이라. 하느님께서 지상 만민 중 너를 택해 당신의 백성으로 삼으셨느니라.' 또한 하느님께서는 십계명을 비롯한 세부 율법 형태로 구체적인 지시사항을 전달하심으로써 유대인과 계약을 맺으셨다. 그럼에도 현실에서는 이들의 역사가 비극과 재앙으로 점철되었으니 유대인으로서는 이 계약에 등장하는 여러 용어의 정확한 의미를 밝혀내 무엇을 잘못했는지 밝혀내고 그들을 선택한 하느님을 기쁘게 해드리는 방법을 배울 수밖에 없다. 유대교에서는 현자들이 신앙을 해석하고 다음 세대를 가르쳐야 하는 이중의 중요한 임무가 있었다. 탈무드(Talmud: 유대인 율법학자의 구전과 해설을 집대성한 책으로 사회 전반의 사상을 다룬다. 오늘날까지 유대인 정신문화의 원천으로서 높이 평가받고 있다 - 편집자 주)에서는 현자가 왕보다 우월한 건 물론 아무리 되먹지 못한 학자라도 무식한 대사제보다 낫다고 규정한다. 어떤 남성이 자신의 딸을 학자와 결혼시키려고 하거나 스스로 학자의 딸과 결혼하려고 한다면 가진 걸 모두 팔아야 한다고도 조언한다. 이같이 유대 사회는 현자를 배출해 품어주는 데 최적화되어 있었다. 랍비도 성전의 영주로 임명되어 모든 유대인의 사회적 본보기로 활동하는 등 종교생활의 중심축을 담당했다. 각지의 권력자들은 랍비들이 까다로운 문서를 숙지하고 공표하는 힘든 작업에 몰두하도록 지원을 아끼지 않았다. 또한 전통 종교문서 연구에 중점을 둔 유대인 교육기관인 예시바 학교에서 가장 우수한 학생은 출신 계급과 상관없이 자신의 딸과 결혼하게 해줬다. 개신교가 등장하기 전까지 유대교는 어떤 종교보다 집단 문해력을 중시했다. 아버지는 자녀에게 읽기를 가르칠 의무가 있었다. 각 공동체는 학교와 학자를 지원하고 심지어 대규모 도서관을 제공하기도 했다. 실제로 오펜하이머 가문은 함부르크 유대인 거주 지역에서 7천 권의 히브리어 도서와 1천 부의 히브리어 필사본을 수집했는데 이들은 오늘날 보드레이안 히브리어 컬렉션의 근간이 되었다.[9] 폴 존슨은 유대인의 역사를 다룬 저서에서 중세 초기를 이야기하며 이렇게 적었다. '독실한 유대인들은 천국을 대천사 메타트론이 사서로 근무하는 대규모 도서관으로 여겼다. 이곳에서는 선반의 책들이 스스로 두께를 줄여 새 책이 자리할 공간을 만든다.'[10] 유대인 속담은 '책을 살 때는 가진 걸 모두 팔아야 한다. 현자의 말씀대로 책이 늘어날수록 지혜도 늘기 때문이다.'라고 가르쳤다. '한 남성에게 두 아들이 있는데 한 명은 자신의 책을 빌려주길 싫어하고 다른 한 명은 너무 좋아한다면 그는 다른 한 명에게 도서관 전체를 물려줘야 한다. 설사 동생이라도 말이다.' 이처럼 지식은 쌓아두는 게 아니라 퍼뜨려야 하는 것이다. 문해력은 인지 능력의 광범위한 발달을 촉진했다. 탈무드의 랍비들은 다양한 언어에 몰입해 일상적으로 아람어(Aram어: 셈어족 서북 셈어파에 속한 언어로 기원전 8세기 이후 국제통상 및 외교 용어로 고대 페르시아에서 아프가니스탄까지 쓰였다 - 편집자 주)를 사용하고 안식일에 히브리어를 쓰는 것 외에도 그리스어, 페르시아어, 아카디아어, 시리아어, 심지어 라틴어까지[11] 어느 정도 구사한다. 게다가 깨어있는 매 순간 치열하게 공부한다. 히브리어에는 사고의 결이 다른 활동을 의미하는 표현이 풍부해 찾거나 연구하는 의미의 단어가 11개, 구분하거나 분리하는 의미의 단어가 34개, 합치는 의미의 단어도 15개나 된다.[12] 토라(Torah: 유대교에서 율법을 이르는 말로 구약성경에 나온다 - 편집자 주)는 의식 등의 주요 종교행사를 치러야 하는 때를 결정하는 온갖 복잡한 셈을 신자들이 직접 하도록 의무를 부과하고 있다. 이렇게 배움을 추구하는 태도는 부다페스트와 빈 등의 여러 도시부터 헝가리와 폴란드 교외 지역에 이르기까지 다양한 장소에서 시대를 막론하고 나타났다. 동유럽에서는 유대교 회당이 슐레 또는 학교를 뜻하는 슐로 여전히 불린다. 폴란드 유대인들 사이에 '하느님은 비유대인의 손과 유대인의 두뇌로 인간을 돕는다.'라는 말이 있다. 베르너 좀바르트는 제1차 세계대전 발발 직전 독일과 동유럽의 유대인 문화를 목격한 후 '가장 가치 있는 개인은 지적인 개인이다. 인류의 전성기는 지성이 절정에 다다랐을 때다.'라고 소회를 전했다. 다비드 벤구리온(1886년~1973년)은 러시아령 폴란드에서 살던 열 살 때 메시아(Messiah: 신약 성경에서 예수 그리스도를 이르는 말 - 편집자 주)가 강림했다는 소문을 들었던 순간을 이렇게 회상했다. '키가 크고 잘생겼다. 빈에서 온 배운 사람으로 박사가 분명해 보였다.'**13** 유대인은 어디서든 거듭되는 망명생활에서 깨달은 통찰을 표현했다. '견고하고 가치 있어 보이는 모든 건 결국 사라지지만 지식을 포함해 손에 잡히지 않는 모든 건 영원히 지속될 확률이 높다.'**14** 배움을 신봉하는 태도는 시험 합격을 향한 집착으로 변질되었다. 시험은 유대인 특히 소외된 유대인에게 큰 의미가 있었다. 지적으로 성공했다는 증표일 뿐만 아니라 공직세계에 편입될 수 있다는 보증으로서 혹시 공직사회가 채용 의무를 위반하더라도 자신의 경쟁력을 간편히 입증할 수 있는 증거였다. 이는 1905년 오데사에서 발생한 집단학살을 다룬 이사크 바벨의 단편소설 〈나의 비둘기장 이야기The Story of My Dovecot〉에 잘 나타나 있다. 일부 유럽 국가의 중등 교육기관인 김나지움(Gymnasium: 독일의 전통적인 중등교육기관으로 수업 연한은 9년이며 16세기 초 고전적 교양 함양이 목적이었지만 19세기 초 대학 진학준비 교육기관이 되었다 - 편집자 주) 입학시험에 화자가 합격하자 그의 토라 교사인 리버만 선생님은 성공한 학자의 운명에 유대인의 운명을 대입해 축사를 읊었다.

그 노인은 내 부모님과 축배를 들며 시험에서 내가 내 모든 적, 볼

이 통통한 러시아 남자아이들과 거만한 부호의 아들들을 물리쳤다고 말했다. 따라서 고대 유다의 국왕 다윗이 골리앗을 무찌르고 나도 골리앗을 상대로 승리를 거뒀듯 우리 민족도 우리를 둘러싸고 우리의 피를 빨아먹는 적을 지성의 힘으로 물리칠 것이다. 그건 그렇고 리버만 선생님이 갑자기 흐느끼기 시작했는데 그 와중에도 와인 한 모금을 더 들이키더니 이렇게 외쳤다. '만세!'[15]

지적 성공을 향한 열망 뒤에는 가족에 대한 불굴의 헌신이 있었다. 홍수가 난 후 하느님은 노아에게 '열매를 맺고 증식시키라.'라고 말씀하셨다. 또한 가족 간 끈끈한 유대를 구축하는 게 얼마나 중요한지 강조하시며 부모님 공경을 위한 5계명 등 온갖 지시를 내리셨다. 유대인 가정에서는 막장 드라마를 보는 듯한 상황이 연출되는 경우가 많다. 부모는 자녀에게 자신의 야망을 강요하고 자녀는 이를 실현하려고 노력하다가 압박감 속에 실패하거나 당당히 성공하기도 한다. 그래서 프로이트와 같은 위대한 유대인 사상가와 필립 로스와 같은 유대인 작가의 가정에서 자녀를 보려고 밤낮없이 노력하는 게 선정적으로 묘사되거나 자녀를 혹사시키는 부모 특히 엄마들을 소재로 한 유대인 농담도 넘쳐난다. 실제로 유대인들은 출산 소식을 으레 이렇게 전하는 것으로 알려져 있다. '마빈 로젠블룸 부부가 아들 조나단 로젠블룸 박사의 탄생 소식을 기쁜 마음으로 전합니다.' 이렇게 남다른 가정에서 자란 유대인들은 에너지도 남달랐는데 멘델스존은 불과 며칠 만에 교향곡을 작곡하고 디즈라엘리는 몇 주 만에 소설 한

편을 완성했다고 한다. 이같이 유대인 가족은 부모와 자녀가 서로를 향한 의무에 귀속되는 관계이자 성취지향적 어린이를 배출하는 양성소로 자리매김했다. 유대인들이 지적 성공을 그토록 중시한 두 번째 이유는 종교적 배타주의와 사회적 선입견의 희생양으로서 저자가 이 책 첫 장에서 설명한 우선권, 서열, 지위로부터 체계적으로 배제되었기 때문이다. 이들은 토지소유조차 금지여서 봉건귀족이 되는 건 꿈도 꿀 수 없었다. 당시 기독교 사제를 육성한 대학교에도 다닐 수 없을 만큼 신학 연구와 과학 등 관례적이지 않은 배움에 더 열중할 수밖에 없었다. 유대인은 길드(Guild: 유럽 중세도시가 성립해 발전하는 과정에서 중요한 역할을 한 상공업자의 동업자조직 - 편집자 주)와 공직 내 고위직에 오를 수 없었던 만큼 대금업 등 기독교도에 금지된 업종에 종사하며 생계를 이어가야 했다. 이같이 소외 수단은 명백하고 단순한 배제부터 노골적 박해에 이르기까지 다양했다. 하지만 이 때문에 유대인들은 오히려 자산운용이나 전쟁참모 등 다양한 업무 수행에 필요한 여러 기술을 습득할 수 있었다. 멀리 떨어진 지역의 교역 상대방과 관계를 쌓는 기술, 신뢰를 구축하는 심리기술을 갖췄고 무엇보다 숫자로 작업하고 의무를 기록하며 논쟁에서 상대방을 설득하는 등의 인지적 능력에서 탁월성을 자랑했다.[16] 결국 유대인은 자력으로 살아남는 것 외에는 방법이 없어 구스타프 밀러는 '유대인은 팔이 짧은 사람에 비유할 수 있다. 해안에 도착하려면 더 열심히 수영해야 하기 때문이다.'라고 입버릇처럼 말했다.[17] 사회적 배제가 강화될수록 유대인은 인지력 향상에 힘썼다. 국가나 국토가 없는 상황에서 유대인들이 정체성을 지키는 유일한 방법은 그들만의 독특한 의식을 거행하는 것뿐이었다. 랍비들에 지도적 역할을 부여하고 자신의 정체성을 규정하는 문서를 소중히 여기는 등 정착지가 없는 설움을 정신적 가치를 추구하는 삶으로 달랬다. 하지만 지능과 배제의 관계를 한마디로 정의하기는 어렵다. 또한 토지소유와 정복활동에 기반한 봉건사회에서 박해받던 유대인으로서는 소외된 직업을 받아들이는 것 외에는 대안이 없었다는 식으로 단순화할 수도 없다. 유대인들은 기독교인, 소작농, 상인, 기사, 신하, 심지어 수도사에게까지 금지된 업종인 대금 서비스를 제공해 번창한 경우가 많았다.

1270년 프랑스 페르피냥에 거주하는 유대인 남성 228명 중 80퍼센트는 기독교도 이웃에게 돈을 빌려주며 생계를 꾸린 것으로 나타났다.[18] 게다가 유럽 엘리트들은 남다른 기술을 자랑하는 유대인을 직접 영입하기도 했다. 9세기 초 이탈리아 북부 루카 지역에 살던 한 유대인 가문은 샤를마뉴 황제의 초청을 받아 높은 보수의 직업, 법적 분쟁 시 직접 판결할 권한, 신변보호 제공을 조건으로 라인란트 지방과 프랑스 북부로 이주했다. 1090년경에 기록된 헨리 4세 헌장에는 '유대인에게 경미한 상처를 낸 자는 누구든 금 1파운드를 지급해야 한다.…… 만약 할당된 양을 지급하지 못하면 눈이 뽑히고 오른손이 잘리는 처벌을 받는다.'라고 명시되어 있다. 유럽인들은 반유대주의라는 악마에 굴복해 유대인을 추방할 때마다 엄청난 경제적 대가를 치러야 했다. 1492년 스페인과 1496년~1497년 포르투갈도 유대인을 추방한 후 단기적 활력과 장기적 발전 면에서 큰 손실을 입었다. 반면, 박해받는 유대인에게 피난처를 제공한 나라와 지역은 결과적으로 번창했다. 이탈리아 레그혼, 독일 함부르크와 프랑크푸르트, 프랑스 마르세유, 보르도와 루앙, 저지대 안트베르펜, 그리고 유대인이 직접 신예루살렘이라고 명명한 암스테르담은 유대인 이민자가 도착한 후 하나같이 경제적 운명이 뒤바뀌는 경험을 했다. 영국도 마찬가지였지만 이 같은 경향은 제2차 세계대전 이후 미국에서 더 강하게 나타났다.

선택받은 소수

•

《선택받은 소수The Chosen Few》(2012)에서 마리스텔라 보티치니와 즈비 에크스타인 박사는 배제와 전문화의 관계가 위에서 제시한 내용보다 훨씬 미묘하다고 주장했다.[19] 그리고 유대인이 오랫동안 교육에 헌신해온 이유를 박해가 아닌 종교에서 찾는 게 더 합리적이라고 말했다. 사실 유대인들이 농사를 그만두고 일자리를 찾아 도시로 몰려든 건 토지소유 제한조치가 널리 도입되기 전부터였다. 게다가 집시를 비롯해 박해에 시달린 민족이 수없이 많지만 정작 이 때문에 교육에 투자한 민족은 찾아보기 어렵다.[20] 두 학자에 따르면 유대인이 교육열을 불태우기 시작한 건 기원후 70년 두 번째 성전이 파괴되면서부터다. 바빌론 유수(BC 597년~BC 538년 이스라엘의 유다왕국 사람들이 포로가 되어 신바빌로니아의 바빌론으로 이주한 사건 - 편집자 주)가 있었던 기원전 6세기 이후 유대교를 지탱해온 건 예루살렘 성전에서 진행되는 의식과 토라 읽기였다. 소수 엘리트 사제가 두 가지 모두 담당했다. 그런데 로마가 예루살렘을 정복하고 성전까지 파괴하면서 유대교의 무게 중심이 예루살렘의 사제에서 랍비와 학자들에게, 즉 성전에서 종교학교로 옮겨갔다. 중추기관이 파괴된 이후 유대교가 살아남으려면 특정 지역에 기반한 종교에서 문서에 근간한 종교로 탈바꿈할 수밖에 없었던 것이다. 성전에서 도망친 사제들은 유대교 의식에 대해 알고 있는 모든 걸 기록했고 신자들은 이 문서를 비롯해 유대교의 핵심 문서를 섭렵하기 위해 두 배 노력했다. 무엇보다 교육을 중시하는 종교가 이렇게 탄생했다. 성전 파괴 이후 유대교 관련 문서에서는 교사의 급여, 교사의 의무, 제자들, 수업일수, 학교, 책들, 교육세 등의 단어가 넘쳐났다고 보티치니와 에크스타인은 지적했다.[21] 게다가 이제 신앙을 지키고 공동체를 이끄는 역할도 랍비와 학자들이 맡았다. 하느님을 숭배하는 행위에는 기도뿐만 아니라 공부도 포함되었고 조용히 혼자 하는 건 물론 남들 앞에서 큰소리로 읽는 사회적 의식도 공부였다. 기원후 63년~64년 여호수아 벤 감라 대사제가 유대인의 모든 아버지는 어린 아들을 초등학교에 보내야 한다고 가르친 지 100년이 채 지나지 않아 유대인은 남성의 보편적 문해력과 수리력을 확립한 유일한 민족이 되었다. 문해력을 갖추라는 요구에 사람들은 자연스럽게 취사선택했다. 소작농 중에는 유대교에서 기독교로 개종하는 이들도 많았는데 농경이 주요 생계수단이던 사회에서 그렇게 많은 시간과 에너지를 들여 글을 배우는 건

수지타산이 맞지 않았기 때문이다. 반면, 유대교를 고수한 이들은 공예, 교역, 대금업과 같이 수익성 높고 도시에 살 수 있고 열심히 갈고닦은 지성을 활용하는 일에 매력을 느꼈다. 대부분 문맹이었던 만큼 계약서, 사업명세서와 회계장부를 읽고 쓸 줄 아는 사람은 고급인력으로 분류되었다.

8세기~12세기 지중해와 중동지역 경제가 개방되자 유대인들은 전문성을 살릴 기회가 늘었고 그 결과, 교육에 쏟은 투자도 상당히 회수할 수 있었다. 초기 유대인들은 이슬람 세계로 눈을 돌려 예멘, 시리아, 이집트, 마그레브 등에 정착했다. 750년~900년 메소포타미아와 페르시아 지역의 거의 모든 유대인이 농촌을 떠나 아바스 칼리파국의 대도시로 이주했고 높은 교육 수준을 요구하는 직업에서 두각을 나타내기 시작했다. 이같이 소작농에서 교육을 받은 중개인으로 대규모로 전환된 건 유대인은 토지를 소유할 수 없다는 종교적·법적 금지안이 도입되기 전부터였다. 이후 이들은 대거 유럽으로 이주해 유대교 관행에 대한 엄청난 선입견을 뒤로하고 선택받은 업종에서 계속 번창해 나갔다.

위대한 해방

•

유대인의 지적 성공을 둘러싼 수수께끼의 해답은 18세기 이래 이들이 지속적으로 해방된 데서 찾을 수 있다. 두 번째 성전 파괴 이후 유대인 사회는 모든 게 오직 지식인 양성을 목표로 재편되어 갔지만 당시 지식인은 한 가지 유형에 한정되어 있었다. 바로 폐쇄적 사회에 갇혀 더 넓은 세상은 보란 듯 단절시키는 종교 사상가들이다. 이들은 치열하게 생각하고 토론했지만 그 범위가 종교적 정통성이라는 좁은 범위에 제한되어 있었다. 그런데 지식에만 집중하던 유대인 사회는 해방과 동시에 더 많은 사람과 아이디어가 살아 숨쉬는 세계의 한복판에 내던져졌다.[22] 그 결과, 지식에 기반한 창의력은 마치 용해된 나트륨을 물에 떨어뜨리는 순간처럼 대폭발을 일으켰다. 박학다식한 모제스 멘델스존이나 시인 하인리히 하이네, 철학자 모제스 헤스를 떠올려보라. 정통파 부모를 둔 상당수 유대인이 새롭고 흥미로운 발상 특히 이성의 우월성에 눈뜨게 해주는 아이디어를 접하자 주저 없이 정통파를 저버렸다. 하지만 종교와 가장 멀어 보이는 반체제 인사들조차 선조의 종교에서 깊은 영향을 받았으며 이는 근대의 가장 중요한 사상가들도 마찬가지였다. 카를 마르크스는 부모 양가 모두 저명한 랍비를 배출한 가문으로 그의 새로운 철학에서도 유대교의 사상적 관례를 찾아볼 수 있다. 유대인 대신 프롤레타리아(Proletariat: 무산계급 또는 노동계급 - 편집자 주)가 선택받은 민족으로, 하느님의 의지가 진보의 원동력으로 등장하는 것이다. 지그문트 프로이트도 종교를 집단적 망상으로 치부하고 자신의 분석적 접근법을 확립할 때조차 탈무드 주해 규칙을 상당수 차용했다.[23] 유대인의 해방으로 세계는 고뇌하는 지식인뿐만 아니라 뛰어난 인재가 많이 생겨났다. 혹시 모를 감염을 피하기 위해 자신보다 앞장서 문손

잡이를 닦고 다니는 사람까지 고용할 만큼 신중했던 마이어 암셸 로스차일드는 근대 유럽에서 가장 위대한 비즈니스 제국을 건설했다. 독실한 유대교도의 아들임에도 기독교로 개종한 벤자민 디스라엘리는 소설가이자 사교계 명사로 영국 사회의 동경을 받았고 결국 여당인 보수당 대표와 당시 세계 최강대국이던 영국의 총리직에까지 올랐다. 해방된 유대인들은 겉보기에는 상반되는 두 가지 전략을 추구했다. 보편적 권리와 종교적 선택을 강조하며 자유주의를 지지한 것이다. 유대인들은 합리주의자들, 그리고 특정 국교에 대한 충성심과 시민정신을 분리하길 원하는 프리메이슨 등의 과격집단에 매력을 느꼈다. 또한 국가의 종교적 전통을 대신할 명분으로 문화 아이콘을 수용했다. 영국 유대인은 셰익스피어, 독일 유대인은 괴테, 프랑스 유대인은 빅토르 위고의 추종자가 되었고 유대인으로서의 소속감 강화를 위해 거행되던 국가 규율인 세례식은 국교 세례식으로 대체되었다. 팔레스타인 지역에의 유대인 국가 건설을 목표로 한 민족주의 운동인 시온주의의 아버지 테오도어 헤르츨은 명저 《유대국가The Jewish State》(1896) 집필 당시 바그너, 특히 〈탄호이저Tannhäuser〉를 들으며 휴식하는 걸 좋아했다.

떠돌이 천재

•

비단 유대인뿐만이 아니었다. 베르너 좀바르트가 명저 《유대인과 자본주의The Jews and Capitalism》에서 강조한 내용과 같은 이유로 능력주의 사상의 발전에 지대하게 기여한 떠돌이 민족은 수없이 많다. 자고로 뿌리가 없으면 지적 능력 함양에 몰두할 수밖에 없고 안정되지 않으면 남다른 야망 속에서 자신을 철저히 관리하게 되어 있다. 유대인은 외부자로 존재하던 과거를 뒤로하고 수용국 사회의 심장부인 금융계, 비즈니스, 지식 분야에 성공적으로 안착했으며 한때 반체제 인사였음에도 사회 전반의 분위기를 주도하는 데 성공했다. 동남아에서 유대인과 색이 가장 비슷한 민족은 파르시인(Parsi: 인도에 거주하는 페르시아 계통의 조로아스터교도로 7세기~8세기 아랍 이슬람교도로부터 추방당해 이주해와 인구는 적지만 활동적이고 교육열도 높아 인도에서 상당한 영향력을 행사한다 - 편집자 주)이다. 이들은 마하트마 간디의 표현대로 수적으로는 변변치 않지만 기여 측면에서는 대적할 상대가 없었다. 이란 예언자 조로아스터(자라투스트라)를 추종하는 파르시인은 8세기 페르시아에서 무섭게 일던 아랍의 물결을 피해 오늘날의 인도에 터를 잡았고 이후 포르투갈과 영국 등 유럽 식민주의 국가들과 인도 국민 사이에서 중개인 역할을 하며 급성장했다. 이 민족의 강점은 희소성이었다. 지배권 쟁탈전을 벌이는 여러 거대 민족 중 어디에도 속하지 않고 결혼도 같은 파르시인끼리만 했으며 엄격한 종교의식을 보존하는 동시에 최대한 많은 곳에 연결고리를 구축하는 등 안간힘을 다해 민족정체성을 보존했다. 이들은 내부자인 동시에 외부자였다. 국적은 인도이지만 능숙한 언어나 습관으로 보면 영국인에 가까웠고 유전자 풀pool 관점에서는 독자적인 정체성도 보였다. 사상 최초로 전원 인도인으로 구성된 크리켓팀과 영국 의회의 인도인 세 명도 모두 파르시인이었다. 2002년 파르시인은 유전적으로 인도인보다 이란인에 가깝다는 연구 결과가 나왔다.[24] 파르시인은 인도에 정착한 지 얼마 지나지 않아 비즈니스에서 가장 큰 성공을 거뒀다. 19세기 말 뭄바이 대표 은행과 사업체의 대부분을 소유했는데 그중 가장 성공한 인물은 타타그룹을 설립한 잠세치 타타였다. 또한 이들은 능력주의의 최고 신봉자가 되었다. 여성을 포함해 모든 이들에 대한 교육의 중요성을 강조했고 타타 등 파르시인이 설립한 여러 기업체에서는 능력주의 관습을 자랑스럽게 여겼다. 타타는 공개경쟁으로 인재를 선발하고 기업의 미래를 이끌어갈 엘리트를 육성하는 경영방식으로 유명하다. 하지만 다른 민족과 거리를 두는 관례 때문에 대가도 치러야 했다. 근친결혼이 흔한 만큼 파킨슨병을 비롯한 유전질환에 취약하고 교육, 특히 여성교육을 중시하는 문화 때문에 출생률도 상당히 낮다. 실제로 1941년 115,000명이던 신생아 수는 급격히 줄어 오늘날 인도 인구 10억 명 중 파르시인은 65,000명에 불과하다. 세계 전역 특히 옛 식민 제국에서 성공한 여러 민족과 종교적 소수집단에서 이들과 비슷한 양상을 찾아볼 수 있다. 자이나교 (Jainism: 인도에 현존하는 유서깊은 종교로 자이나교라고도 한다. 상호부조적 성격이 강하고 상인이나 금융업자가 태반을 차지해 경제적 영향력이 막강하다. 실천생활상 특징으로 승려를 통한 불살생이 엄격히 지켜지며 교의로는 정신과 물질 이원론을 주창한다 - 편집자 주)는 심지어 파르시인보다 훨씬 독자적인 문화를 구축했다. 곤충을 포함해 살아있는 모든 생명체의 살육을 금하는 만큼

6. 선택받은 사람들

농경을 지양하는 대신 대금업, 보석공예, 종국에는 금융업에서 장기를 발휘했다. 동남아 지역에 거주하는 중국인도 비슷하게 중개인 역할을 했다. 2000년경 필리핀, 말레이시아, 태국에서는 전체 인구의 2퍼센트가 채 안 되는 중국인이 민간경제 분야의 절반 이상을 차지했다. 이같이 지식을 기반으로 해외에서 번창하는 이들은 갈수록 막강한 영향력을 발휘할 것이다. 계속되는 세계화로 현대 경제와 권력의 중심이 각국 정부에서 국제 기업으로 옮겨가면서 유대인과 파르시인과 같이 정착지 없이 떠돌던 민족이 점점 중요해질 수밖에 없기 때문이다. 하지만 불평등으로 인한 분노가 커지고 역사상 가장 뿌리 깊은 증오가 세계화에 대한 반감으로 나타나면서 이들의 입지가 위협받을 위험도 있다.

7

황금
사다리

능력주의의 위대한 도약은 동양이 아닌 서양에서 일어났다. 중국의 고위 관료체제는 시대에 너무 뒤떨어져 엘리트 관료로 구성된 정부가 경제적 역동성까지 추구하기에는 역부족이었다. 반면, 서구 사회는 능력주의를 수용함과 동시에 과학, 자본주의, 개인주의도 받아들였다. 이번 장에서는 우선권, 서열, 지위가 지배한 구유럽 사회를 병폐로 물들게 해 능력주의가 도약할 길을 열어준 세 가지 요인을 살펴보자.

후견을 통한 계층 간 이동체계

.

후견을 통한 계층 간 이동은 기본적으로 빈민층에서 유능한 인재를 발굴해 엘리트로 육성하는 관행을 의미한다.[1] 필연적으로 극소수만 누릴 수 있는 제도이지만 그로 인한 혜택은 선택받은 이뿐만 아니라 더 넓은 범위의 사회로까지 퍼져나갈 수 있다. 전자는 이전과 전혀 다른 삶을 살게 되고 후자는 행정적·지적으로 발군의 일꾼을 공급받을 수 있기 때문이다. 후견을 통한 계층 간 이동은 본래 특정 문제를 해결하기 위해 임시방편으로 시작되었다. 봉건지주들이 운영과 계산에 밝은 유능한 하인들을 선발해 쓸 만한 인재로 키운 것이다. 그리고 이는 향후 후견인이 재능 있는 아이들을 발굴하고 영재학교나 대학교에서 실시하는 특권 교육을 제공한 후 사회 엘리트로서 기능하게 하는 정식 메커니즘으로 발전했다.

중세 초반 계층 간 이동의 첫 번째 통로는 귀족 가문이었다. 명문가에는 처리할 행정작업이 산더미처럼 쌓여 있었다. 밭을 일구고 하인을 관리하며 회계장부를 작성하고 가신家臣들에 보수를 지급해야 했다. 이 모든 일을 고귀한 지주가 직접 한다는 건 상상할 수 없었고 소유지가 전국 각지에 퍼져 있으면 더더욱 그랬다. 그래서 이 같은 일을 처리해줄 감독관과 관리인을 고용했는데 이들 중 상당수는 시간이 흐르면서 자연스럽게 엘리트 지배층의 명예회원으로 자리 잡았다. 늘 자신보다 계급이 높은 사람과 함께 생활했고 중요한 결정에도 대부분 깊이 관여했기 때문이다. 중세의 계층 간 이동성을 연구한 한 역사가는 '중세 초기 문헌에 명백히 나타난 현상은 직함의 변화, 호칭의 상승 추세로 처음에는 노예나 하인을 뜻하던 용어가 귀족 계층의 고위인사를 뜻하는 용어로 점점 변해간다.'라고 적었다. 실제로 기사라는 단어는 앵글로 색슨어의 테인과 같이 녀석, 하인을 뜻하는 단어에서 유래했다. 남작은 촌놈을 뜻하는 단어에서 파생되었고 최고사령관은 본래 말 관리를 책임지는 하인을 가리키는 단어였다. 이같이 특정 호칭이 지칭하는 지위가 상승한 것은 당사자의 사회적 지위가 올라가면서 나타난 결과였다.[2] 귀족 가문 중 가장 규모가 크고 중요한 곳은 바로 왕실로 본래 세 개 부서로 나뉘어 있었다. 간사는 위층을 담당했고 시종은 아래층을 책임졌으며 말 주인은 실외를 관리했다. 하지만 왕실이 국왕뿐만 아니라 나라 전체를 보살피면서 고용인 수도 덩달아 늘어갔다. 국왕에게는 돈을 모을 똑똑한 행정가, 왕국을 지킬 직업군인과 왕의 뜻을 실행할 지방관이 필요해 이전의 국왕수행단은 근대 국가의 집약체로 변모해갔다. 이동성의 두 번째 통로는 교회였다. 우선권, 서열, 지위가 지배하던 옛 사회에서 교회는 마치 시멘트도 되고 용매제도 되는 것과 같은 양면적 기능을 수행했다. 한편에서는 마땅히 권력에 무조건 복종해야 한다고 설파하면서 다른 한편에서는 혁명을 가르친 것이다. 예수는 하느님 아래 모든 영혼이 평등하다고 설교했다. 갈라디아서(Galatians: 구원이 율법의 행위로써가 아니라 믿음으로써 비롯된다는 '이신득의(신뢰로써 의를 얻는다)' 사상을 여실히 보여주는 교리 서신 - 편집자 주)에서 사도 바울도 '너희는 유대인이든 헬라인이든, 노예이든 자유인이든, 남자든 여자든 모두 그리스도 예수 안에서 하나이니라.'(3:28)라고 설파했다. 하느님의 부성애는 곧 인간의 형제애를 의미한다. 빈민층의 존엄성을 중시한 하느님은 따돌림받고 빌어먹는 이들에게 일생을 헌신하며 부자가 천국의 왕국에 들어가는 게 낙타가 바늘구멍을 통과하는 것보다 힘들다고 가르쳤다(마태복음 19:24). 예수는 사회적 위계질서 못지않게 가족 간 유대를 경멸해 '나를 찾아오는 이가 아버지, 어머니, 아내, 자녀, 형제, 자매, 그리고 자신의 목숨도 미워하지 않는다면 내 제자가 될 수 없다.'(누가복음 14:26)라고 말했다. '나는 평화가 아닌 무기를 전파하러 왔고 남성은 그의 아버지와, 여성은 그의 어머니와, 며느리는 그의 시어머니와 반목하도록 만들기 위해 왔다.…… 나보다 자신의 아버지나 어머니를 사랑하는 인간은 내게 무가치하다.……'(마태복음 10:34-5, 37) 우리가 모두 당신의 자식임을 입증하기 위해 하느님이 기꺼이 유일한 아들을 희생시켰듯 진정한 신자라면 자신의 혈육을 내쫓고 다른 신자의 가족을 받아들여야 한다. '누구든 하늘에 계신 내 아버지의 뜻을 행할 것이니 내 형제, 자매, 어머니도 그러하리라.'(마태복음 12:50) 교회는 중세 사회를 떠받친 두 개의 위대한 기둥인 계층 간 유대와 가족의 결속에 노골적으로 반기를 들었다. 니사의 그레고리우스(335년경~395년경)는 가난하고 억압받는 자들에 대해 '비천한 이들을 경멸하지 말라. 이들이 존중받을 가치가 없다고 생각하지 말라.…… 이들도 구세주를 섬겨왔다.'라고 말했다.[3] 성 도미니코(1170년~1221년)가 그의 수사들에게 부자뿐만 아니라 가난한 자에게도 설교와 자선활동을 함께하라고 지시한 것과 달리 성 베네딕토(480년~547년경)는 수도사들이 같은 옷을 입고 같은 음식을 먹으며 같은 일을 수행함으로써 서로에게 귀 기울여 결정할 것을 요구했다. 교회 변호사들은 속세의 여러 당국에 굽신거리다가도 자연법이 속세의 법을 앞질렀다고 주장했다. 구사회에 대한 이 모든 도전은 기독교의 개인주의 논리에서 비롯되었다. 기독교는 개인의 도덕적 평등을 가르쳤다는 점에서 이전 여러 종교, 특히 고대 그리스의 애니미즘(Animism: 무생물계에도 영혼이 있다고 믿는 세계관으로 물신숭배, 영혼신앙, 만유정령설로 번역된다 - 편집자 주)과 확연한 차별성을 보였다. 개인이 공동체의 유대를 깨뜨리는 행위도 도덕적으로 허용해 결속력이 가장 강하다고 할 수 있는 가족을 뿌리치고 자신의 개인적 운명을 개척하는 것도 가능했다.[4] 교회 지배층을 구성하는 지식인은 결혼하지 않는 본질적 특성상 충원은 외부에서 이뤄져야 했다. 물론 독신 의무는 지켜지기보다 위반되는 경우가 많았고 교회는 성직자 가문을 구축하는 형태로 자신의 신념에 정면으로 반박했다. 하지만 11세기 개혁론자들은 잠시나마 성직자의 결혼을 금하고 성직자 가문을 폐지함으로써 성과를 거뒀다. 따라서 당시 학문에 적성이 맞고 신체도 기꺼이 포기할 만큼 독실한 이는 누구나 중세 유럽에서 가장 인기 있는 성직자에 지원할 수 있었다. 교회는 하층민 출신이지만 재능 많은 이들을 선발해 귀족 출신과의 균형을 맞췄다. 11세기 개혁운동에 불을 지핀 교황 그레고리오 7세는 노동자 계층의 아들로 로마 수도원에서 스승들에게 깊은 인상을 남기면서 초고속 승진했고 1073년 드물게 투표 절차 없이 교황에 추대되었다. 프랑스 국왕 루이 6세와 7세의 고문직을 역임하고 유럽 최초의 고딕양식 건물을 건축한 생드니 대수도원장은 무명 집안에서 태어나 생-브누와-슈흐-르와흐 수도원으로 넘겨진 후 성직자 교육을 받았다. 처음에는 생드니 수도원장 비서, 수도원장 두 명의 서기관, 교황궁 사절단 노릇을 하며 교회 권력의 사다리에 올라타 결국 수도원장, 왕실 측근, 예술 후견인으로 직접 등극했다. 1170년 헨리 2세에 맞섰다가 자신의 영웅적 행위의 대가를 치러야 했던 캔터베리 대주교 토머스 베켓은 몰락해가던 런던 칩사이드의 귀족 가문에서 태어났다.[5] 베켓은 문법학교에 다녔지만 아버지가 잇따라 재정적 파산을 겪으면서 교회법과 민법은 고사하고 라틴어도 끝까지 배우지 못한 채 성직자로 일하게 되었다. 하지만 당시 캔터베리 대주교였던 베크의 테오발드 집에서 일하며 인생의 대전환기를 맞았다. 일찌감치 베켓의 재능을 알아본 테오발드는 베켓을 로마로 보내 여러 임무를 수행하게 하고 볼로냐와 오세르로 보내 교회법을 공부시켰다. 이후 캔터베리 부주교 등 교회의 여러 주요 직책을 맡겼으며 1155년 헨리 2세를 설득해 대법관에 임명했다. 헨리 2세가 장남을 그의 집에서 살도록 할 만큼 명실상부한 엘리트가 된 베켓은 1162년 테오발드의 뒤를 이어 캔터베리 대주교에 임명되었다. 이같이 후견을 통한 계층 간 이동체계는 학교와 대학교에서 정식 제도로 자리 잡았다. 잉글랜드 최고의 공립학교는 장래가 유망하지만 형편이 어려운 아이들에게 무상교육을 제공하기 위해 설립되었는데 이제는 혼란스러운 공립학교라는 이름도 그런 취지에서 나왔다. 윈체스터 주교였던 위컴의 윌리엄은 가난한 학자

70명에게 중등교육을 제공하기 위해 1382년 윈체스터 칼리지를 설립하고 옥스퍼드에 자매학교인 뉴칼리지를 설립해 고등교육을 실시했다. 윌리엄은 도움의 손길을 뻗어 자선을 베푸는 것이야말로 학교의 목적이라고 발표했다.

> 가난하고 도움이 필요한 현재와 미래의 학자와 성직자가 학교에서 열심히 수학할 수 있도록 하느님의 은총으로 문법 능력이나 과학에서 더 다재다능해져 과학, 기술과 교양 수업을 듣는 학생 수가 늘고 공부로 성장하는 이들이 최대한 많아지게 해야 한다……

헨리 6세는 이 같은 목표를 위해 1440년 이튼 칼리지, 1441년 캠브리지 킹스 칼리지를 설립하고 두 기관의 헌장에서 학생 대다수가 빈민층이라고 발표했다. 운 좋게 선발된 소수 학생들은 보통 국가나 교회를 위해 일하는 방식으로 교육비를 갚았다. 1438년 옥스퍼드에 올소울스 대학교를 설립한 헨리 치첼레는 후견을 통한 계층 간 이동 전통을 완벽히 실현한 인물이었다. 그는 노샘프턴셔의 비교적 무명 가문에서 태어났지만 눈에 띄는 명석함으로 위컴의 윌리엄을 사로잡았다. 옥스퍼드 뉴칼리지를 졸업한 후 법과 외교에 능통한 성직자로 일을 시작했고 1414년~1443년 캔터베리 대주교로 근무했다. 위인 반열에 오른 후에도 자신의 출신 배경을 잊지 않고 출생지 히검 페러즈에 학교를 지었는데 오늘날의 헨리 치첼레 초등학교다. 그의 묘비에는 조금 과장해 '나는 가난하게 태어나 영장류의 손에서 자랐다. 이제 죽어 기생충의 먹이가 될 것이다. 내 무덤을 지켜보라.'라고 적혀 있다. 유럽 전역의 대학교들은 가난한 학자들이 더 쉽게 진학하도록 유연학비제를 도입했다. 귀족과 부유층은 법정 금액보다 많은 학비를 내지만 빈곤층 출신은 가난한 자의 특권이라는 제도하에 오히려 장학금을 받을 수 있다. 당국에서는 가족 중 사망자가 있는 등 특수한 가정 여건이나 교수나 영주의 자녀라는 식의 인맥을 명분으로 등록금을 면제해주기도 했다.[6] 근대 초반 국가가 성장하면서 후견을 통한 계층 간 이동체계도 확대되었다. 정부 체계에 능통할 수 있는 유능한 관료의 수요가 급증해 영주의 공급 능력이 따라잡지 못할 정도였다. 토머스 울시와 토머스 크롬웰은 모직판매상의 아들과 대장장이의 아들이었지만 25년간 잉글랜드를 통치했다. 한편, 빛나는 갑옷을 입은 기사의 수요는 급감했다. 귀족들은 갈수록 왕궁 주변에 머물면서 예법을 익히는 데만 골몰했다. 힐러리 맨틀은 크롬웰의 인생을 적은 3부작 《울프 홀Wolf Hall》,《몸을 세워라Bring up the Bodies》,《거울과 빛The Mirror and the Light》에서 이 같은 현상을 살짝 보여준다. 맨틀의 귀족들은 헨리 8세가 사냥이나 마상 창 시합에 나갈 때마다 동행하며 토머스 크롬웰에 멸시를 보냈지만 정작 크롬웰은 그들이 놀러나간 틈을 타 국정을 운영하며 근대 국가의 초석을 다졌다. 튜더가와 스튜어트가 집권기에는 학교 건축과 재건이 폭발적으로 진행되었다. 군주들은 공무원, 사업가, 회계사를 더 많이 배출하려고 노력했고 교회에서는 더 많은 전도사가 필요했으며 지역주민들도 더 많은 직원을 원했다. 에드워드 6세는 짧은 재임 기간(1547년~1553년)에 영국 최고의 지역 문법 학교 중 다수를 설립했는데 버밍엄의 에드워드 6세 문법학교는 중부지역 내 능력주의의 산실로 자리 잡았다. 1560년 엘리자베스 1세는 웨스트민스터 학교를 재건하며 최소한 입학생의 ⅓ 이상을 학생의 자질, 선한 인성, 학습성, 도덕적 행동을 기준으로 선발하고 빈곤층에서 뽑을 것을 주장했다. 상인 계층도 인재 발굴에 여념이 없었다. 인문주의 학자이자 상인의 손자였던 존 콜렛은 학자 153명을 무상으로 돌보기 위해 1509년 세인트 폴 대성당을 재건했다. 여러 제복기업이 가난한 자의 자녀를 위해 1561년 머천트 테일러스 스쿨, 1611년 차터하우스 스쿨을 설립했고 슈루즈베리 스쿨, 럭비 스쿨과 해로 스쿨도 지역 청소년들에게 무상교육을 제공한다는 분명한 명분하에 16세기 후반 설립되었다.[7]

폴리스의 부활

도시국가들은 왕조 통치 속에서 그들만의 정치 논리에 휘둘리던 유럽에 새로운 원칙을 도입했다. 바로 자치정부 또는 과도정부다. 당대 최강의 도시국가는 베네치아로 이탈리아 북부의 여러 세력이 하나로 통일되면서 해상무역을 장악할 수 있었다. 오랫동안 비잔틴 제국의 일부였던 만큼 프랑크인들이 침략을 시도할 때마다 황제가 함대를 파견해 도시를 보호했고 비잔틴 제국을 대표하는 정치체제가 공작을 뜻하는 듀크스라는 제국적 명칭으로 알려져 있었다. 하지만 12세기~13세기 들어 비잔틴 제국과 거리를 두면서 듀크스는 총독이 되었고 베네치아는 보호를 받던 국가에서 탈피해 이탈리아에서 가장 부유한 도시이자 무역강국으로 거듭났다. 세계에서 가장 아름다운 도시, 상업의 활력과 혁신의 중심지로 등극했다. 14세기 베네치아 선원 36,000명이 멀리 중국에까지 진출했고 베네치아 상인은 오늘날 주식회사의 원형인 코멘다commenda를 발명했다.[8] 베네치아는 새로운 형태의 자치정부도 개척해 총독 지위의 세습을 방지하고 서로 연계된 고위직위원회연합에 권력을 이양했다. 이는 전형적인 민주주의와는 거리가 멀었다. 상인 가족의 과도 세력이 통치했지만 도시국가의 장기적 이익을 도모하고 새로운 인물이 의사결정에 참여하는 두 가지 방식 다 시도했다.[9] 12세기 말 이후 매년 의원 100명이 공작평의회에 새로 가입해 총독을 철저히 감시했다. 강력한 방어시설만 봐도 알 수 있듯 11세기~12세기 이탈리아 북부의 다른 도시국가들도 자치권을 확립했다. 이들은 시에나의 9인 위원회 등 각종 도시위원회를 설립하고 주교와 귀족의 권력을 제한하며 왕족이 서로 경쟁하게 하는 한편, 스스로 롬바르드 연맹이라는 연합을 구성해 집단의 독립유지를 꾀했다. 그 결과, 세계에서 가장 복잡하고 회의적인 정치체제가 탄생하고 르네상스의 토대도 완벽히 다질 수 있었다. 북부 유럽의 여러 도시는 국왕과의 협상으로 자신들에 유리한 헌장을 마련함으로써 번창했다. 이 헌장들에는 세 가지 급진적 사상이 도입되었는데 첫째, 도시집단의 권한으로 왕족의 권한을 제한하고 둘째, 시민으로서 특정 권리를 갖는 시민권을 확립하며 셋째, 선발되거나 임명된 도시위원회가 도시운영권을 갖는 것이었다. 이 같은 헌장은 겐트와 같이 크고 부유해 통치자에 저항할 자원이 풍부한 도시들에서 특히 잘 실현되었지만 잉글랜드, 프랑스, 독일 북부, 스웨덴의 중소 도시도 예외는 아니었다.[10] 북부 도시 중 일부는 결국 한자동맹(Hanseatic League: 12세기~13세기 유럽에는 한자Hansa라는 편력상인들의 단체가 많았는데 이 도시동맹이 성장해 중세 상업사상 큰 역할을 했다. 독일 본국 도시 간 자치확보, 치안 유지 등의 필요성에서 도시상호간 정치적·군사적 동맹을 체결하는 기운이 높아지자 14세기 전반 플랑드르에서 압박을 받은 독일 상인이 대항책으로 본국 도시에 연합 지원을 요구한 것이 계기가 되어 성립되었다. 지극히 탄력적인 정치적·경제적 연합체가 그 실체였다 - 편집자 주)을 결성해 국가나 지역 정치의 한계를 극복하고 국제무역 제국을 창출했다.

성과 기반 귀족제도

·

귀족주의 개념은 옛 사회에서 기생충 역할도 수행했다. 앞 장에서 우리는 봉건 귀족주의는 능력주의의 정반대 이론임을 확인했다. 봉건 귀족사회에서 지위는 성취가 아닌 세습으로 획득되고 권력은 두뇌가 아닌 토지에 따라 분배되었다. 하지만 귀족주의라는 용어에는 또 다른 의미도 내포되어 있었다. 그리스인들은 최고직들의 정부, 즉 귀족주의를 가장 부유하고 가장 연대가 잘 된 과두체제 정부의 대조적인 개념으로 봤다. 엘리트 계층의 자녀는 주어진 지위에 걸맞은 높은 수준의 교육을 받아야 한다는 게 플라톤과 아리스토텔레스의 주장이었다. 태어날 때부터 높은 지위를 물려받은 사람도 자신의 성과로 입증해야 한다는 것이었다. 로마의 현자들 특히 키케로는 탐욕스러운 폭군의 손에 사회가 파괴되는 비극을 막는 게 귀족의 책임이라고 주장했다. 따라서 '잘 태어난다'라는 것은 국가의 선을 위해 일할 의무가 있다는 뜻을 내포했다. 이 같은 태도는 '네가 상속받은 것을 진정으로 소유하려면 먼저 네 능력으로 획득해야 한다.'라는 괴테의 2행시 문구에 온전히 담겨 있다. 르네상스 시대에는 이 같은 고전적 이상이 다시 열렬한 지지를 받았다. 이탈리아 여러 도시국가의 학자들이 로마제국의 유물뿐만 아니라 아테네인의 자치 사례에서 영감을 받아 추종하기 시작한 게 북부에까지 확산된 것이다. 인문주의자들은 귀족 계급이 그 사람의 처신과 무관하게 세습되는 게 아니라고 믿었다. 그보다 교육과 노력으로 이룰 수 있는 행동양식으로서 그 뿌리는 자산과 혈통이라는 실질적 세계가 아니라 덕성이라는 천상의 세계에 있다. 인문주의자들은 이 같은 믿음을 반영해 모든 계급의 엘리트 교육을 재편했는데 당시 가장 중점을 둔 건 고전 문명이었다. 첫째, 고대 세계가 근대 세계에 본보기를 제공했고 둘째, 고대 철학자, 시인, 연설가에 대한 연구야말로 통치에 필요한 도덕적 자질을 훈련하는 최고의 방법이었기 때문이다. 단테는 이 같은 새로운 강령을 미완의 저서 《향연Banquet》(1304년~1307년) 네 권에서 처음 선보였다. 고귀함은 오랜 자산의 산물일 수 없다. 모든 종류의 부는 세습되기 때문이다. 또한 고귀함은 세습의 산물이 될 수도 없는데 특출난 아버지에게서 특출난 아들이 나온다는 보장이 없기 때문이다. 진실한 고귀함은 덕성뿐이다. 가족과 무관하게 학업적 성공 등 개인적 성공을 일구는 개인의 자질이 결정짓는 것이다. 다른 르네상스 사상가들도 진정한 귀족성의 본질을 설명했다. 그들은 진정한 귀족과 종래 귀족을 급진적으로 구분하고 공직을 행정과 투쟁을 포함하는 범위로까지 확대했다. 파도바와 제노바에서 가르쳤던 그리스 도미니크회 학자 키오스의 레오나르도(1395년경~1458년경)는 귀족성이 두 가지 형태로 나타난다고 설명했다. 그중 하나는 자기과시와 자기만족을 중시하고 재산, 오랜 혈통, 거만한 태도, 세습된 권리라는 특성을 띤다. 반면, 다른 하나는 고요하고 겸허하다. 진정한 귀족성은 덕성이라는 뿌리에서 자라며 사회적 관습보다 자연에 내재된 원칙이 힘의 원천이다. 그리고 국가를 다스리는 데는 관습의 귀족보다 자연의 귀족이 더 적합하다.[11] 조반니 부오나코르소 다 몬테마뇨(1391년경~1429년)는 순전히 출신 가문 때문에 귀족이 된 이들에게는 국가가 아무것도 빚진 게 없다고 주장했다. 학식, 지혜, 덕망을 갖춘 자만 통치할 자격이 있다. 이 같은 논쟁은 최상위부터 최하위에 이르는 국가의 모든 지위가 개인의 능력에 따라 분배되어야 한다는 논리적 결론으로 귀결된다. 《데카메론The Decameron》의 저자 지오반니 보카치오(1313년~1375년)는 농부와 장인부터 부유층과 재능을 타고난 이들까지 모든 계급에서 타고난 귀족성을 발견할 수 있다고 주장했다. 피렌체의 역사학자이자 역사를 고대, 중세, 근대로 나눈 최초의 인물 중 한 명인 플라비오 비온도(1392년~1463년)는 고대 로마의 위대함은 종래의 지배층이나 이탈리아인이 아니라 해도 유능한 인물이라면 기꺼이 채용하려는 태도에 있었다고 주장했다. 플로렌스의 철학자이자 플라톤 추종자 지오반니 네시(1456년~1506년)는 공정한 사회라면 직위와 계층이 개별 시민의 능력과 덕성에 따라 결정되어야 한다고 주장했다.[12] 이 같은 주장을 편 이 중 가장 흥미로우면서 가장 큰 오해를 받는 인물은 마키아벨리(1469년~1527년)로 회계장부 담당자의 아들이던 그는 탁월한 지성, 재치와 학식 덕분에 신하이자 외교관으로 피렌체에서 성공 가도를 달렸지만 결국 신망을 잃으면서 말년을 정치 비평이나 끄적거리며 보내게 되었고 그중 가장 유명한 작품 《군주론The Prince》을 탄생시켰다. 마키아벨리는 덕성을 가장 중요한 정치적 자질로 여겼다. 기독교적 덕성이 아닌 정직하고 너그러우며 훌륭한 인성을 갖춤과 동시에 정치에는 개입하지 않는 미덕 말이다. 공적인 삶과 사적인 삶은 서로 다른 규칙의 지배를 받는다.[13] 따라서 그가 의미하는 덕성이란 용기, 기술, 의연함 등 남자다운 재능을 결연히 발휘하는 걸 의미했다. 덕성을 뜻하는 비르투Virtù는 남성을 뜻하는 라틴어 vir에서 파생되었다. 마키아벨리에게 역사는 여성과 남성, 즉 길들여지고 유혹되어야 하는 포르투나와 강하고 능수능란해야 하는 비르투가 함께 추는 춤이었다. 남자다운 자질 중 가장 중요한 건 철인왕의 머리에 담긴 지혜가 아니라 타고난 귀족 청년들의 음부에 놓인 희망이었다.[14] 마키아벨리는 비르투가 개인 지도자들의 가슴뿐만 아니라 정치조직 전체에 스며 있다고 믿었다. 위대한 정치조직은 위대한 지도자와 마찬가지로 공공의 선을 수행함과 동시에 포르투나를 길들이기 위해서는 뭐든지 기꺼이 한다. 실제로 마키아벨리의 세계를 지배한 이탈리아 도시국가 간의 경쟁은 시 정부와 전장 모두에서 비르투를 구축하려는 경쟁으로 볼 수 있었다. 여기서 마키아벨리는 이탈리아 지배층 가문의 신하 출신으로는 위험할 수도 있다는 입장을 취했다. 비르투를 갖춘 지도자를 배출할 확률은 왕조국가보다 열린 국가가 훨씬 높다고 주장한 것이다. 이는 강력한 아버지의 뒤를 볼품없는 아들이 이을 수밖에 없는 등 왕조국가가 부패했기 때문만은 아니다. 그보다 포르투나가 변덕스러운 내연녀이기 때문이다. 그녀를 길들이는 데 필요한 자질은 시대에 따라 변한다. 열린 국가에서는 시민이 시대에 뒤처진 지도자를 내쫓는 대신 적합한 지도자를 다시 세울 수 있다. 반면, 세습국가에서는 지도자가 시대의 흐름에 걸맞은지 여부와 상관없이 세습된 지도자에서 벗어날 수 없다.[15] 이에 관해 마키아벨리는 로마공화국이 한니발에 맞서 싸울 때 지도자를 신중한 성격을 타고난 파비우스 대신 훨씬 공격적인 스키피오로 교체한 과정을 예로 들어 설명했다.

만약 파비우스가 로마의 왕이었다면 그 전쟁에서 쉽게 패했을 것이다. 그는 시대 변화에 유연하게 대처하는 방식을 몰랐기 때문이다. 대신 그는 다양한 재능과 접근 방식을 가진 다양한 시민들의 국가에서 태어났고 따라서 장기전에 대처해야 했던 시대에는 최고의 지도자였겠지만 승리를 쟁취하는 게 더 중요한 시대에는 스키피오

로 교체하는 게 당연했다.[16]

마키아벨리는 열린 공화국의 지속 가능성이 왕조국가보다 훨씬 높다고 여겼다. 인재의 자유시장이 존재하는 만큼 정치인은 변화하는 시대에 따라 정책을 조절할 수밖에 없고 위기가 닥쳤을 때도 지도자와 전략을 모두 바꿀 수 있기 때문이다. 여기서 두 가지 현실적인 문제에 직면한다. 왕조문화가 뿌리 깊은 유럽에서, 권력을 세습 원칙에서 어떻게 분리해낼 것인가? 그리고 이 지도자에서 저 지도자로 권력이 이양되는 걸 일상적으로 가볍게 받아들이려면 어떻게 해야 하는가? 마키아벨리는 근대 입헌국가의 특징을 구상함으로써 이 질문에 답했다. 이를 위해 출신 배경을 이유로 사람을 차별하지 않는 보편적 법체계가 필요하다. 아이디어를 자유롭게 교환할 수 있는 정치포럼이 설치되고 출신 계급과 상관없이 인재들에게 열린 기관도 마련되어야 한다. 그래야 더 많은 인재가 공급되고 일반 시민의 자녀들도 올바른 자질만 갖췄다면 도시의 지도자가 될 수 있다고 설득할 수 있기 때문이다. 로마공화국에서 마키아벨리는 독자에게 역사적 사실의 전달이 아닌 설득을 위해 '어떤 직위나 명예를 갖는 데 가난이 걸림돌이 될 수 없으며 남다른 재능은 계급과 상관없이 어디서든 찾을 수 있다.'라고 말했다. 근대 법치국가는 시민에게 좋은 의미의 명예를 선사할 거라고 그는 주장했다. 반면, 왕조국가는 아무리 부패한 관료더라도 순전히 그의 신분 때문에 상을 내린다. 심지어 정작 훌륭하고 용맹한 공무원에게는 적절한 보상을 해주지 못하는데 괜한 시기를 일으킬까 봐 두렵기 때문이다.[17] 마키아벨리는 이렇게 급진적인 의견을 가진 한편, 이탈리아의 여러 왕조를 격하게 찬양했다. 로렌초 데 메디치에《군주론》을 헌정했을 뿐만 아니라 체사레 보르자의 비위를 맞추는 데도 열심이었다. 사실 인문주의자도 대부분 어느 정도 분별력이 있어 계급체계를 일괄적으로 재편하기보다 능력과 인맥이 뛰어난 이들을 교육하는 데 몰두했다. 세 영국 관료의 발언에서 새로운 철학 내용을 가늠할 수 있다. 외교관 토머스 엘리어 경(1490년경~1546년)은 말과 글이 칼과 창보다 효과적인 무기가 될 수 있다고 토로했다. 학자 행정관 토머스 스미스 경(1513년~1577년)은 왕국을 손에 넣고 유지하는 데 필요한 것은 남성의 힘과 남성성이 아니라 주로 배워 얻을 수 있는 지혜와 정치조직이라고 주장했다. 대법관으로 잠시 일한 프랜시스 베이컨 경(1561년~1626년)은 제2대 에식스 백작에게 그의 경력을 발전시키는 것은 잘 싸우는 능력이 아니라 많은 책과 사색을 즐기는 습관이라고 말했다.[18] 이 같은 인문주의 혁명에서 가장 위대한 인물은 단연 로테르담의 현자였다. 에라스무스는 대적할 자 없는 자신의 고전 지식을 활용해 신약성경을 라틴어와 그리스어로 번역함으로써 기독교 신앙을 부활시키고 교육의 고전적 개념을 엘리트 교육현장에 확산시켰다. 이후 합스부르크 황제 카를 5세가 될 스페인의 젊은 왕 카를에게 조언하기 위해 쓴《기독교 왕자 교육The Education of a Christian Prince》(1516)에서는 왕을 명예와 성실의 원칙에 따라 통치해야 하는 국민의 종으로 묘사했다. 그리고 왕이 이렇게 고귀한 원칙을 잘 받들게 하는 방법은 고전과 기독교라는 두 가지 원칙에 뿌리를 둔 교육을 적극적으로 실시함으로써 내면의 야수를 길들이고('배움과 철학이 어떤 영향을 미치는지 경험하지 못하면 야수보다 못한 충동에 놀아날 것이요') 온화한 태도로 공무를 수행하는 습관을 길러주는 것이다. 이보다 3년 전에 쓴《군주론》에서 마키아벨리는 군주가 백성의 사랑보다 두려움을 사는 대상이어야 한다고 주장했다. 반면, 에라스무스는 두려움보다 사랑을 받는 대상이 되어야 한다며 다방면의 인문교육이야말로 그 유일한 방법이라고 지적했다. 이렇게 배움이 새로 강조되면서 네 가지 혁명이 일어났다. 우선 진정한 엘리트란 광의의 문명을 지식 기반, 감성 유형, 행동 양식, 일련의 사회적 의무로 수용할 수 있는 사람이라는 사상이 퍼졌다. 그 결과, 혈통이 아닌 능력과 성격, 토지자산이 아닌 공무기여도가 기준이 되는 자연적 귀족주의로 나아갈 길이 활짝 열렸다. 둘째, 옛 엘리트의 행동을 규율할 길 심지어 형편없이 행동하는 사람을 추방함으로써 귀족 계급을 정화할 방법이 생겼다. 셋째, 귀족의 행동강령을 구축하는 데 성공한 새로운 인물이 각광받는 현상을 정당화할 명분이 생겼다. 마지막으로 국적을 초월해 비슷한 가치와 훈련을 공유하고 유럽 전역을 여행함으로써 일상적으로 유대를 강화하는 인문학 엘리트가 탄생했다.[19] 그중 한 명인 에라스무스는 자랑스러운 듯 세계시민을 자처했다.[20]

보름스 의회

종교개혁은 전통으로 얽힌 관습을 타파한 또 하나의 위대한 사건이었다. 마틴 루터는 로마와 결별하고 모든 사람이 성직자라는 획기적인 발상에 착안해 종교개혁의 신호탄을 쐈다. 누구나 자신의 판단을 신뢰할 수 있다면 하느님 말씀을 해석할 중개인이 왜 필요하겠는가? 더구나 중개인이 부패해 턱없이 높은 중개료를 갈취해가는 마당에 말이다. 이 같은 시각은 지극히 엘리트주의적이고 평등주의적이다. 엘리트주의적이란 영적으로 선택받은 자는 미리 정해진 천상의 지위를 받아들이기 전 지상에서 지도자로 활약할 의무가 있다고 주장하기 때문이다. 그리고 평등주의적이란 사회적 유대를 신앙의 부작용으로 치부하기 때문이다. 마틴 루터는 기독교인은 아무에게도 종속되지 않는 완벽히 자유로운 군주라고 말했다. 특히 더 엄격한 형태의 기독교를 창시한 장 칼뱅은 한 발 더 나아가 선택된 자와 버려진 자의 영적 위계는 지상에서의 위계와 전혀 무관하다고 주장했다.[21]

종교개혁은 교육개혁이기도 했다. 이제 성직자가 라틴어로 중얼대며 제단 앞에서 기적을 행하는 광경에 입을 다물지 못하는 것만으로는 부족했다. 다행히 인쇄기가 발명되면서 제작이 한결 쉬워진 성경을 직접 공부해야 했다. 전통을 명분으로 제도를 합리화하는 행위도 용납되지 않았다. 대신 신앙에 비춰 검증하는 단계가 필수였다. 여러 개신교 국가는 영적 지도자로 선출된 이들을 위한 엘리트 기관을 설립했다. 헤세의 필립 1세는 루터가 95개 조항을 교회 문에 못 박은 10년 후인 1527년 최초의 개신교 대학교인 마르부르크 대학교를 설립했다. 청교도들이 신세계에 도착하자마자 한 일 중 하나는 1636년 하버드대 설립이었다. 개신교도들은 대중학교 체계도 세웠는데 신교 국가였던 네덜란드는 한때 점령국이던 가톨릭 스페인보다 훨씬 앞서 대중학교 체계를 확립했다. 노력의 중요성은 종교개혁, 특히 칼뱅파의 개혁으로도 강조되었다. 막스 베버는 개신교 직업윤리 이면에 깔린 심리역학을 설명했다. 영원한 은총의 기회를 제시하지만 정작 자신의 궁극적 구원은 확신하지 못하게 만들어 신자들이 이미 영적으로 선발된 자처럼 성실히 행동하도록 유도하는 한편, 불안에 떨게 한다는 것이다. 베버는 이 같은 불안이 사람들을 결국 사업 성공으로 이끈다고 강조했지만 덕분에 지적 성공도 거둘 수 있는 게 사실이었다. 승자의 삶을 향해가는 데 위대한 주인님의 감시 속에서 영원히 일해야 하는 사람처럼 세심히 시간을 쪼개 노력해야 한다는 발상보다 더 큰 자극이 어디 있겠는가? 베버는 개신교의 독점적 권력을 주장했다는 점에서 오류를 범했다. 마틴 루터가 근대 세계 창조에 가장 큰 공헌을 한 요소는 개신교가 아닌 경쟁창출이었다. 종교개혁으로 가톨릭의 독점 신앙체제가 무너지면서 모든 종파의 사제가 성과를 내지 않으면 시장점유율이 떨어지는 지경에 몰렸다. 종교개혁에서 비롯된 충격에 대응하는 역할을 했던 예수회는 교육을 받은 개신교도를 진압할 최고의 무기는 교육을 받은 구교도라는 사실을 깨달았다. 그래서 제대로 교육받지 못한 사람은 위대한 교사가 될 수 없다는 전제하에 가장 효율적인 교사훈련 체계를 고안했다. 철저한 자기교육은 물론 장기 견습의 각 단계에서 부적격자를 체계적으로 걸러내는 제도까지 도입한 것이다.[22] 예수회는 부유층이 지적 재능을 독점하는 것이 아니라는 근거에 바탕해 사회 각지에서 영특한 아동들을 발굴하기 위해 최선을 다했다. 또한 하느님의 지혜는 하나의 텍스트에 담겨 있기보다 온 우주에 흩어져 있다는 믿음으로 신학과 속세를 골고루 다룬 교육 과정을 개발했다. 학생들은 라틴어와 그리스어 문법으로 학습을 시작해 2~3년간 시, 역사, 가장 중요한 연설의 고전 작품을 배웠고 이후 3년간 철학을 배웠는데 논리에서 시작해 아리스토텔레스, 수학과 철학을 차례대로 배우는 방식이었다. 그리고 마지막 4년 동안 신학을 배우게 되는 것이다. 근대 초기 상당수 엘리트가 이 같은 교육 과정으로 배출되었는데 데카르트와 볼테르와 같은 교회의 극렬 비평가, 마테오 리치와 같은 뛰어난 변호사가 대표적이다. 예수회 사람들은 시험을 누구보다 열렬히 신봉해 예수회의 교육 수단뿐만 아니라 입학 기준으로도 채택했다. 따라서 시험에 통과하지 못한 이들은 덕성과 상관없이 임시직 조수 등 미천한 직업만 가질 뿐이었다. 폐쇄된 공간에서 혼자 시험을 치르는 방식의 중국과 달리 예수회 사람들은 구두시험, 시험관과 응시생 간 변증법적 경쟁을 선호했다. 예수회 교육의 공식 지침서《공부 계획Ratio Studiorum》(1599)에 따르면 철학 시험은 특히 공개적으로 진행되어야 하며 '얼마나 엄격히 시행되든 예수회는 물론 가능하면 주간·기숙학교 학생들도 면제받으면 안 된다.'[23]

신세계

•

후견을 통한 계층 간 이동성은 유럽이 중국보다 한참 뒤져 있었다. 학교와 대학교는 대륙 전역에 확립된 시험체계의 결과가 아닌 지역적 압박에 따른 임시방편으로 세운 것에 불과했다. 에라스무스와 동료 인문학자가 이제 막 구축하기 시작한 대중문화는 종교개혁과 반종교개혁으로 박살났고 퍼블릭스쿨과 대학교는 상류층의 마무리 학교 기능만 할 뿐이었다. 하지만 유럽이 중국에 결코 밀리지 않는 한 가지 강점이 있었으니 바로 역동성이다. 17세기경 유럽은 균등한 기회 보장으로 계층 간 이동성을 확립함으로써 사회 변화를 꾀했다. 또한 성장지향적 문명 요소까지 골고루 배치해 중국을 훨씬 앞서 나갔다. 기독교에는 하느님 앞에 모두 평등하며 누구나 자신의 능력이 허용하는 삶을 자유롭게 만들어갈 수 있다는 자유주의적 신념의 씨앗이 내재되어 있었다. 청교도들은 근면과 자기인식을 특히 더 강조했고 국왕의 권력을 변호사들은 법에 의거한다고 말했다면 여러 의회, 특히 잉글랜드 의회는 제한해야 한다고 봤다. 도시헌장은 시민권리를 규정함으로써 사회계약 이론의 초석을 놨고 홉스와 로크 등 정치이론가들은 이를 한층 더 발전시켜 권력은 시민의 이익을 관철하는 능력에서 나온다고 주장했다. 여기서 이익이란 홉스에게는 안정, 로크에게는 생명, 자유, 자산을 의미했다. 이같이 새로운 사상의 흐름과 함께 강력한 기관이 출현하면서 상업개혁과 과학개혁으로 일어난 변화가 안정적인 제도로 자리 잡아갔다. 영국과 네덜란드의 동인도회사 등 새로운 교역기관은 중국에서는 금지한 해외 여행을 주도하며 전 세계 탐험에 나섰다. 그리고 중국이 여전히 유교 고전에 얽매여 있는 동안 유럽에는 왕립학회가 우후죽순 생겨나 과학과 예술 발달을 도모했다. 유럽, 특히 북유럽에서는 미래 능력주의 사회에서 흔히 볼 수 있는 두 가지 현상이 나타났다. 우선 상업 사회가 확대되었고 전통에 대한 예우와 분명한 자기 주장을 동시에 수용하는 태도가 생긴 것이다.

3부

The Aristocracy of Talent

능력주의의 부상

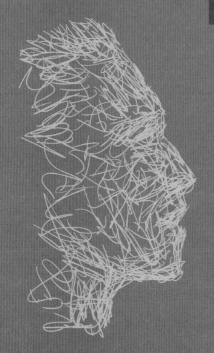

8

유럽, 그리고
재능에 따른 채용

프랑스 혁명으로 능력주의라는 의제가 아드레날린처럼 유럽 정치의 심장부에 주입되었다. 인간과 시민의 권리선언(1789) 제6조에는 떠오르는 능력주의 사상이 가장 명료하게 설명되어 있다.

> 법은 보편적 의지의 표현이다. 모든 시민은 법의 형성에 개인적으로 또는 대리인을 통해 동의할 권리가 있다. 법은 보호조항이든 처벌조항이든 모든 이에게 동일하게 적용되어야 한다. 모든 시민은 법 앞에 평등한 만큼 덕성과 재능 이외 기준은 전혀 상관없이 오직 자신의 능력에 따라 모든 공직, 지위, 일자리에 지원할 권리를 갖는다.

이 조항에는 엘리트 고위 관료가 인구 전체를 샅샅이 뒤져 미래의 고위 관료를 찾아야 한다는 중국의 발상이나 타고난 수호자는 어느 계층에서든 나올 수 있다는 플라톤 사상이 담겨 있다. 하지만 그게 전부가 아니다. 모든 시민은 국가 앞에 평등하며 향후 노력하면 얼마든지 정책입안자가 될 수 있다고 설명한다. 정치적 직위 경쟁은 개인이 재능과 덕성에 따라 할 일이지 국가가 모든 걸 세세히 관리해야 하는 게 아니다. 개혁가들은 옛 사회의 핵심이던 두 가지 대원칙, 즉 토지소유권에 근거해 주인과 소작농을 규정하는 봉건주의 원칙과 가족을 권력의 원천으로 보는 왕조의 원칙을 모두 폐기했다. 개인을 특정 계급이나 집단, 지위의 구성원이 아닌 보편적 인간성에서 분리할 수 없는 권리를 지닌 존재로 봤다. 왕족이 국가의 핵심이라는 믿음은 무너졌다. 이렇게 혁명적인 철학이 대두되면서 프랑스인들은 근대성의 핵심을 꿰뚫는 위대한 질문들을 만났다. 평등의 실제 의미는 무엇인가? 모든 서열과 질서를 하나로 묶는 것인가 아니면 능력과 적성에 걸맞은 지위를 수여하는 것인가? 만약 후자라면 능력과 적성의 정확한 의미는 무엇인가? 이들은 타고나는가 아니면 길러지는가? 그리고 옛 사회의 인위적 귀족주의를 대체할 자연적 귀족주의는 존재하는가? 개혁가 중에는 가장 극단적인 의미의 평등을 선호하는 이들도 분명히 존재했다. 막시밀리앙 로베스피에르와 상퀼로트('퀼로트를 입지 않은 사람'이라는 뜻으로 프랑스 혁명을 주도한 사회 계층을 의미한다 - 역자 주) 내 그의 동료들은 지식을 포함한 모든 분야에서 서열을 파괴하고 싶어했다. 1789년~1791년 제헌의회는 시험을 통한 장교군단 선발을 거부했는데 새로운 귀족 계층이 생길 수 있다는 이유에서였다.[1] 하지만 대부분 재능과 덕망에 의한 통치라는 발상에 매력을 느꼈다. 법 제정 직전까지 갔던 아이디어 중에 프랑스가 천재의 축제일을 제정해 가장 바람직한 인간의 사례를 축하해야 한다는 내용도 있었다. 그 축제에서는 인류를 다른 창조물과 구분하는 가장 소중하고 고귀한 특징인 지능을 기리게 될 거라고 작가 겸 배우 출신 정치인 파브르 데글랑틴이 주장했고[2] 조셉 라카날은 천재의 권리 선언을 선포했다. 혁명의 소용돌이 속에서 왕과 여왕 대신 천재가 사회의 최고 권좌를 차지한 것이다. 프랑스 혁명의 기원만큼 광범위하게 저술되고 격렬한 논쟁을 일으킨 주제는 없다. 하지만 이 책의 목적에 한정했을 때 유독 눈길을 끄는 두 가지가 있으니 바로 인간의 본성을 둘러싼 계몽철학자의 논쟁과 절대주의 국가의 논리적 모순이다. 전자를 통해 혈통이 아닌 능력이 통치하는 사회가 열렸고 후자를 통해 절대주의 정부가 무너질 수 있었다.

계몽주의와 인간 본성

·

계몽사상가들은 구질서가 이성과 진보뿐만 아니라 인간 본성 자체와도 양립할 수 없다고 주장하는 데 지적 에너지를 쏟았다. 이 같은 움직임을 이끈 인물은 볼테르로 젊은 시절 그는 함께 논쟁하던 저명한 귀족에게 치욕을 안겼다. 결국 그 신하들에게서 채찍질을 당하고 잉글랜드로 도피할 수밖에 없었다. 이후 그는 채찍질 앙갚음으로 앙시엥 레짐의 주요 제도를 공격하며 여생을 보냈다. 귀족은 가식적 바보에 불과했다. 볼테르의 위대한 풍자소설에서 남작의 누이였던 캉디드의 어머니는 본래 아버지와의 혼인을 거부했다. 귀족이지만 그의 방패에 문장이 71개뿐이었기 때문이다. 습관은 냉동된 어리석음이었고 가톨릭교는 미신l'infâme이었다. 하지만 구질서를 배척한다고 반드시 평등을 지지하는 건 아니었다. 볼테르는 '우리는 신발공이나 하녀를 계몽하겠다고 선언한 적이 없다.'라고 선언했고 대중을 언급할 때마다 훨씬 가혹한 언어를 사용했다. 계몽사상가들이 원한 건 부자로 태어난 사람보다 똑똑하게 태어난 사람에게 사회를 맡기는 것이었다. 젊은 볼테르를 폭행했던 귀족이 아니라 바로 자신과 같은 사람들 말이다. 계몽주의 사상의 핵심은 재능이 기준이 되는 타고난 귀족과 출생이 기준이 되는 인위적 귀족을 명확히 구분하는 것이었다. 심지어 니콜라 드 콩도르세와 같이 귀족으로 태어난 계몽사상가들도 이 같은 구분을 반겼다. 거기에 따르면 자신은 두뇌와 집안이라는 두 가지 축복을 다 받은 셈이니 말이다. 그밖에 집안이 변변치 못했던 이들도 물론 열정적으로 반겼다. 이 주제와 관련해 가장 오래 회자된 고찰 중 하나는 보르도 근처에 살았던 피에르 조베르에게서 나왔다. 조베르는 타고난 재능이 낭비되는 현실에 신랄한 비난을 퍼부었다. 상류층에는 게으름뱅이가 가득했다. 그는 아무 능력도 없으면서 자리를 꿰찬 이들이야말로 이 지구가 견뎌야 하는 가장 무거운 부담 중 하나라고 말했다. 더욱이 이 사회에는 유능한 이들에게 돌아가야 할 기회조차 부족한 실정이다. 이 나라에 부족한 건 인재가 아니라 인재에게 돌아갈 지위와 일자리다. 고위직 귀족들은 타고난 능력자에 비해 쓸모없다는 인식이 고위층 사이에 확산되면서 조롱 대상이던 귀족들이 기꺼이 조롱에 동참하는 사태가 벌어졌다. 18세기 프랑스에서 성공한 코미디이자 가장 위대한 오페라 반열에 오른 작품에서 하인들의 영웅 피가로는 재능에 폐쇄적인 채용제도를 비난하며 귀족인 그의 주인도 태어나는 수고를 감내한 것 외에는 특권을 누릴 만한 노력을 전혀 하지 않았다고 비난했다. 보마르카이즈의 〈피가로의 결혼The Marriage of Figaro〉(1784)에는 온갖 악행을 저지르는 귀족이 등장한다.

> 당신은 위대한 귀족이라는 이유만으로 대단한 천재라도 되는 줄 착각하고 계십니다!…… 귀족, 부, 계급, 지위 모든 것을 너무나 자랑스러워해요! 그런데 정작 당신이 한 게 뭔가요? 기껏해야 태어나는 수고만 감내했을 뿐이에요. 그것조차 없었으면 지극히 평범한 인간에 불과하죠.

이 작품은 단 하루 만에 6천 부가 팔려나갈 만큼 당대 최고의 인기를 누렸다. 독일 여행을 마치고 파리로 돌아온 알자스의 한 귀족 여성은 '모두 그 작품을 혹평하지만 모두 보고 싶어한다.'라고 적었다. '하지만 나는 귀족들이 그렇게 환호하는 게 어이없을 뿐이다. 자기 손으로 자신의 뺨을 때리고 자기 모습을 보며 비웃고 심지어 다른 이들까지 비웃게 만들고 있으니 말이다. 나중에 후회할 게 분명하다.…… 이건 보마르셰가 귀족들에게 그들의 캐리커처를 보여줬는데 그들이 '맞아, 우리가 딱 저렇지!'라고 맞장구치며 좋아하는 형국이다.'3 쓸모없는 귀족을 규정하기는 식은 죽 먹기였다. 그런데 타고난 진짜 귀족의 요건은 무엇인가? 계몽사상가들은 타고난 귀족을 만드는 걸 환경(양육)이라는 무리와 출생(유전)이라는 무리로 나눴다. 양육파는 늦어도 존 로크 이후 주류 학파로 자리 잡았다고 할 수 있는데 그는 갓 태어난 인간의 마음을 타불라 라사tabula rasa 또는 백지 상태에 비유했다. 그리고 저서《미래를 위한 자녀교육Some Thoughts Concerning Education》(1693) 도입부에 '선악, 유·무용과 상관없이 타고난 귀족 열 명 중 아홉 명은 교육으로 탄생한다. 인류의 위대한 차별성을 만드는 게 교육이다.'라고 적었다. 이 같은 입장은 계몽사상가들의 전폭적인 지지를 받았다. 에티엔 보노 드 콩디야크는 그릇에 액체가 채워지듯 두뇌는 경험으로 채워질 수 있다고 말했다. 모든 그릇의 크기는 거의 같지만 운이 좋은 일부 그릇은 더 많은 액체(경험)를 담을 수 있다.4 클로드 아드리앵 엘베시우스는 마음이 감각, 그리고 감각의 연합으로 구성되며 개인차 중 경험 차이로 모든 것을 설명할 수 있다고 주장했다.5 또한 국가가 올바른 정책을 펴기만 하면 국민 전체가 동일한 지적 수준에 도달한다고 믿었다. '현재는 순전히 우연으로 이뤄지는 위대한 인물의 배출을 앞으로는 의회가 맡아야 한다는 건 주지의 사실이다. 운의 힘이 작용할 수 없는 완벽한 교육을 실현한다면 위대한 제국 내 시민들의 능력과 덕망은 무한히 성장할

것이다.'[6]

백지 이론은 엄청난 논란을 일으켰다. 디드로는 엘베시우스의 주장에 분노를 터뜨렸다. '어째서 엘베시우스는 모든 사람이 모든 것에 동일한 자격 요건을 갖추고 그의 어리석은 관리인도 자신에 못지않은 지능을 가졌다고 생각하는가? 내게 그런 주장은 단연코 가장 불합리하게 들린다.'[7] 볼테르는 '모든 이성은 과학을 똑같이 수용할 수 있으며 오직 교육만 차이를 만든다는 주장을 내게 납득시킬 사람은 아무도 없다. 이보다 더 큰 오류는 없다. 경험상 이는 가장 큰 오류로 입증되었다.'라고 주장했다.[8] 영국의 존 애덤스도 분노하기는 마찬가지였다. '나는 아타나시우스 신경, 또는 성변화(기독교 신학 용어 중 하나로 성찬에서 밀빵과 포도주가 예수의 몸과 피로 바뀌는 것 또는 그렇다는 믿음 - 역자 주)를 입증하는 과정에서 엘베시우스와 루소가 인류의 타고난 평등을 보여주기 위해 사용한 근거나 궤변보다 더 터무니없고 역겨운 건 보지 못했다.'[9] 하지만 루소에게는 애덤스의 의견이 오히려 부당했다. 백지 이론과 관련해 루소는 당시 수많은 이들처럼 양가감정이 있어 타고난 평등이라는 그의 주장이 도가 지나치지도 않은지 늘 검열했다. 《인간 불평등 기원론Discourse on the Origin and Foundations of Inequality among Men》에서 그는 자연 상태의 인간은 본래 자유롭고 독립적이며 동등하다는 놀라운 주장으로 시작의 문을 열었지만 그중에는 선천적으로 더 강하고 빠르고 똑똑한 사람도 있음을 인정했다. 인위적 불평등을 해소하면 곧 자연적 불평등이 모습을 드러낼 것이며 이는 시간이 흐르면서 사회 계층으로 분열될 것이다. 그는 농업, 통치, 사고 등 적성 차이가 드러날 만한 목록을 열거했다. 교육에 관한 저서 《에밀Émile》(1762)에서 루소는 교육이 개별 학생의 타고난 능력에 걸맞게 조정되어야 한다고 주장했다. '각 학생은 지능, 취향, 필요, 재능, 열정, 모든 걸 쏟아부어야 하는 여러 상황에 따라 발전한다.' 몇몇 천재는 선견지명을 가진 지도자로 타고나며 합리적 사회의 대중은 재능을 타고난 이들의 우월성을 알아보고 그들의 지도에 의존한다는 게 그의 신념이었다.[10] 사실 천재성이라는 주제 가운데 재능의 기원을 둘러싼 논쟁이야말로 가장 활발히 진행되었다. 콩도르세는 저서 《인간 정신의 진보에 관한 역사적 스케치 Sketch for a Historical Picture of the Progress of the Human Mind》(1795)에서 천재는 인류의 진보를 이끄는 원동력으로 인류의 영원한 은인이라고 주장했다. 뉴턴이 없었다면 과학이, 데카르트가 없었다면 철학이 어떻게 발전했겠는가? 마르몽텔은 천재는 시·공간의 일반적인 제약을 초월해 작용한다고 주장했다. '천재는 자신만의 독자적인 방식으로 보고 느끼고 생각한다.' 계몽사상가들도 천재의 범위를 확장했다. 처음에는 천재라는 용어를 위대한 예술가에 한정해 사용했지만 이후 국가관료, 종국에는 세계를 구축하는 데 기여한 누구나 포함했다. 귀족이 기껏해야 지역사회를 대변한다면 천재는 계몽사회를 대변했다.[11] 천재는 도대체 어디서 왔는가? 고대·중세에 천재는 신의 선물로 여겨졌다. 천국에서 개별 인간에게 내려와 그를 점령하고 흔들고 그를 통해 말한다는 것이다. 계몽사상가들은 이를 책임 회피로 여겼다. 토머스 홉스의 말대로 인간의 가장 위대한 사례를 변덕스러운 신이 연주하는 악기에 불과하다고 주장하는 셈이라는 것이다. 그래서 이들은 천재를 남다르게 만드는 요소를 알아보기 위해 이미 사망한 천재와 생존한 천재를 대상으로 힘든 연구에 착수했다. 그리고 천재는 이마누엘 칸트가 자연의 손이라고 부른 현상에 의해서만 설명될 수 있다고 결론 내렸다.[12] 모차르트와 같은 음악 천재, 셰익스피어와 같은 문학 천재는 단순히 훈련으로는 얻을 수 없는 재능을 가진 게 분명했다.[13] 국가도 재능 논쟁을 주도했는데 이는 정책입안자와 계몽사상가들이 국민의 신체뿐만 아닌 타고난 재능도 국가 자원에 포함된다는 결론에 이른 데 따른 현상이었다. 프랑스의 한 군사개혁가는 1749년 지위가 가장 낮은 장인이나 가장 거친 시골 주민에 이르기까지 소중한 재능을 타고나지 않은 이는 단 한 명도 없다고 주장했다. 이상적 사회에서는 국왕이 그들을 잘 알고 있을 것이다. '군주와 관료가 모든 백성의 성향과 재능을 꿰뚫어볼 수 있다면 사회의 모든 직업이 얼마나 위대한 발전을 이룰 것인가!'[14] 이 같은 주장은 독일어권 사회에서 특히 큰 인기를 누렸다. 오스트리아에서는 관방주의자로 알려진 정치사상가들이 국가를 하나의 기계로 간주하고 기능의 수행 여부에 따라 부품 성능을 평가했다.[15] 독일 지배하의 국가들에서 계몽사상가들은 재능을 타고난 자원으로 규정했다. 라이프니츠 이후와 칸트 이전 시기에 독일을 대표하는 철학자였던 크리스티안 볼프는 사회자산을 늘리는 데 상업을 장려하고 신기술을 도입하는 것만이 능사는 아니라고 주장했다. 사회의 지적·도덕적 에너지를 창의적이고 생산적인 활동에 쏟아붓는 것도 중요하다는 것이다. 독일 계몽기 당시 대표적인 정기간행물 중 하나였던 〈독일 메르쿠어Der Deutsche Merkur〉의 한 기고가는 계몽기에 걸맞은 의식을 가진 나라라면 시민의 사회적 지위가 집안이 아닌 개인별로, 우연이 아닌 능력에 따라 주어져야 한다고 주장했다. '지위와 신분의 전체 서열은 업무 내용과 상대적 업무량에 따라 나뉘어야 하고 그에 따라 달성된 가치의 전체 서열이야말로 모든 시민의 명예를 결정하는 진실하고 실제적인 기준이 되어야 한다.' 계몽사상가들의 영향력이 커질수록 사상은 위대한 정치적 변화로 이어졌다. 절대주의 국가의 권력을 이용해 재능이 기회로, 지식이 권력으로 이어지는 새로운 질서의 사회를 구축한 것이다. 이 같은 변화를 뒷받침한 건 정치적 타당성이라는 혁신적 이론이었다. 기존 기독교적 세계관에서 하느님은 모든 것을 존재의 위대한 사슬 안에 적절히 배치했다. 하지만 새로운 계몽주의 이론에서 하느님은 자연으로 대체되었고 사회는 타고난 재능을 적절히 분배하는지, 각 재능에 걸맞은 보상을 하는지에 따라 타당성을 인정받았다.[16] 사회가 잦은 실수를 저질러 계몽된 지식인들이 계몽된 군주들과 함께 자연의 질서를 재건해야 할 때가 많았기 때문이다. 그럼에도 이렇게 원대한 비전에는 항상 지저분한 정치 논리가 뒤따랐다. 계몽사상가들은 뻔뻔하게도 괴테가 지상의 영주들이라고 부른 이들과 관계를 구축했다. 볼테르는 포츠담에 위치한 프리드리히 프로이센 대제의 궁정에 머물며 대제라는 별명을 널리 홍보하는 등 열심히 비위를 맞췄다. 또한 러시아 예카테리나 2세와 오랫동안 서신을 주고받고 표토르 1세를 찬양하는 전기를 집필했다. 디데로는 1773년~1774년 겨울 러시아를 방문해 매주 3회씩 예카테리나와 비공식 간담회를 가졌는데 당시 디데로는 늘 의자에 앉았고 여왕은 소파에 앉았다. 그러자 예카테리나는 디데로에게 도서관을 사주고 그를 자신의 사서로 임명하는 등 재정적 지원으로 보상했다.[17] 계몽사상가들은 역시 뻔뻔하게 교회, 길드, 지역위원회와 같은 기존 기구가 아무리 미개한 대중의 사랑을 받더라도 사라져야 한다고 주장했다. 바덴의 찰스 프레데릭 대공은 자신의 백성을 그들이 좋아하든 않든 자유롭고 부유하고 법을 준수하는 시민으로 만들겠다고 맹세했고 프랑스의 대표적 정치인이자 철학자 튀르고는 '5년간의 전제정치로 국민을 자유롭게 놔주길 갈망했다.'[18]라고 말했다. 타고난 재능에 기반한 세계로 재편하는 데 필요한 요건이 지나치게 많다 보니 전통적인 관습과 미천한 소작농과 같은 불편한 장벽을 허물기 위해서는 계몽된 폭군이라는 불도저가 필요했다.

절대주의 국가의 모순

절대주의 국가는 모순을 안고 있었다. 국가 토대 자체가 생물학적 유전으로서 절대 군주가 통치할 수 있는 이유는 운 좋게 왕가에 태어났기 때문이며 역시 운 좋게 명문가에 태어난 여러 인물과 엮여 있었기 때문이다. 이 같은 행운의 정자클럽 회원이 유럽의 왕좌는 물론 온 나라를 제집처럼 장악했다. 하지만 절대주의 국가도 이성에 굴복할 수밖에 없었다. 적군의 위협과 부채에 직면하면서 전쟁을 일으키고 세수를 확보하고 인력을 충원하려면 더 과학적인 방법을 활용해야 했던 것이다. 이 같은 모순의 기원은 귀족의 발달 과정에서 찾을 수 있다. 18세기 유럽대륙에서는 절대주의 국가가 세력을 키워감에 따라 유능한 관료와 군사지휘관 수요가 급증했다. 궁정이 화려해질수록 품위 유지에 필요한 재정도 늘어만 갔고 전술이 복잡해질수록 체력은 물론 두뇌 의존도도 높아졌다.[19] 국가는 법, 재정, 행정의 수수께끼를 이해하는 공무원, 요새 폭발, 공격대열 편성, 공급망 관리 등 까다로운 업무를 수행할 군인 등 새 얼굴을 적극적으로 고용했다. 하지만 당시 국가의 최종 목표, 실제 존재 이유는 세습된 특권이라는 구질서를 수호하는 것이었다. 뛰어난 행정 능력 덕분에 직위에 오른 새 얼굴들은 캉디드의 어머니가 꼽은 고대 혈통의 요건을 충족시켰던 옛 귀족의 다양한 자질을 흉내 내느라 바빴다. 그 결과, 신구통합이 이뤄졌는데 옛 귀족은 근대 행정과 군사기술에 더 익숙해졌고 새 귀족은 자산을 축적해 고대 혈통을 직접 구축했다. 이 같은 모순의 대표적인 예가 프랑스였다. 프랑스는 생물학적 우연 덕분에 왕좌를 차지한 인물 중심으로 모든 게 돌아갔다. 실제로 루이 14세는 '짐이 곧 국가다.'라는 어록으로 유명하다. 베르사유 왕들은 귀족 동료들과 파티, 만찬, 무도회, 심지어 난교 등을 벌이는 데 대부분의 시간을 할애했다. 하지만 부르봉 왕가는 합리화에도 힘썼다. 숱한 전쟁을 치르고도 손님을 접대할 유일한 방법은 국가행정·세금제도 합리화뿐이었기 때문이다. 왕들은 인맥보다 재능을 기준으로 리슐리외 추기경이나 장바티스트 콜베르 등 강력한 행정관을 줄줄이 임명했다. 1620년대 이후 군주들은 유능한 관료군단을 파리에서 지방으로 파견해 현지의 관습을 무너뜨리기도 했다. 이 관료들이 외부인인 데다 지역 귀족이 아닌 왕의 입맛에 맞게 직무를 수행해 높은 효율성을 기록했던 것이다. 군주들은 강력한 기술교육 체계도 확립했는데 프랑스에서 가장 오래된 그랑제콜(프랑스 특유의 소수정예 고등교육기관 체계 - 역자 주)이라고 할 파리 기술대학이 1747년 세워졌고 1776년에는 프랑스의 엘리트 군사학교 12곳이 세워졌다. 절대주의 이론가들은 이 같은 모순을 해결하기 위해 중세 사상을 부활시키려고 애썼다. 왕에게는 물리적 신체와 인위적 신체 두 가지 신체가 있다는 것이다. 물리적 왕은 귀족과 어울리며 순간적인 기분에 따라 호의를 베푼다. 반면, 인위적 왕은 이성에 따라 통치하며 호의를 베풀 때도 기계와 같은 냉정을 유지해 귀족친구뿐만 아니라 전체 국민을 대상으로 인재를 찾는다. 루이 13세의 최고 고문이던 리슐리외 추기경은 시간이 흐를수록 왕들이 자신의 물리적 자아를 인위적 자아에 종속시켜 판단력을 흐리는 온갖 흥미, 동정, 연민, 편애, 집요함을 내려놓고 합리적인 원칙과 공공선에 따라 통치해야 한다고 믿었다. 사실 앞 장에서 봤듯 정반대 상황도 변함없이 펼쳐졌는데 루이 14세가 즉흥적인 기분이나 로비 상황에 따라 신하에게 퍼주는 세수가 갈수록 늘어났던 것이다. 누구보다 합리화에 앞장선 콜베르도 세 딸을 모두 공작 가문에 시집보내고 아들 중 한 명은 으레 최고담당관 자리에 앉힌 후 '내 자녀에게 나를 넘어서는 진정한 아버지는 바로 국왕이시다.'[20]라고 떠벌렸다. 이 같은 모순 때문에 능력이라는 주제를 둘러싸고 극심한 논쟁이 벌어졌다. 일련의 사상가들은 심지어 계몽사상이 퍼지기 전부터 귀족이 고귀한 혈통을 자랑하는 것만으로는 더 이상 능력을 입증할 수 없다고 주장해왔다. 그밖에 관료의 열정과 능력을 보여주거나 행정가로서 효율성을 증명하는 방식으로 자신을 입증할 필요가 있다는 것이었다. 하지만 여기서 말하는 능력은 두 가지로 나뉘었다. 귀족은 친위대에서 복무하려면 능력이 가장 중요하다고 강조하면서 자신들이 벼락부자보다 더 뛰어나다고 피력했다. 《귀족 상인La Noblesse Commerçante》에서 아베 코예는 프랑스의 위대한 군사력이 부유한 바람둥이들 때문에 망가지고 있다고 주장했다. 이들이 최고사령관 지위를 매입한 이유는 가문 대대로 군사적 영광을 중시했기 때문이 아니라 아름다운 유니폼을 입고 으스대기를 좋아했기 때문이다. 1751년 정부는 새로운 군사학교인 육군사관학교를 설립해 이 문제를 해결했다. 이곳은 부친 측이 4세대 이상 귀족 가문으로 존재해왔음을 입증해야 입학할 수 있었고 승진도 철저히 능력에 따라 시켜줬다.[21] 코르시카의 가난한 귀족 가문의 후손 나폴레옹 보나파르트를 포함해 촉망받는 엘리트 군인들은 두 가지 테스트를 통과해야 했는데 족보 검사로 귀족 출신임을 증명하는 것과 때마다 시험을 봐 교육을 받은 효과를 입증하는 것이었다.[22] 다른 절대주의 국가들도 똑같은 모순에 시달리고 있었다. 프로이센에서는 프리드리히 빌헬름(1640년~1688년 재위), 프리드리히 빌헬름 1세(1713년~1740

년 재위), 프리드리히 2세(1740년~1786년 재위) 등 강인한 통치자들이 국가 전반, 특히 군사력 양성에 집중적으로 힘을 쏟았다. 호엔촐레른가는 불안한 지역에서 안전을 지킬 유일한 방법이 군대를 영구적으로 전시 편성하고 완벽히 훈련시켜 언제든 공격 가능하도록 만드는 거라고 결론 내렸다. 하지만 상비군을 유지하는 데 많은 비용이 들었다. 프로이센 통치자들은 세수를 효율적으로 걷는 체계가 필요했다. 1770년 공직체계 개혁은 유럽에서 가장 야심 찬 프로젝트 중 하나였다. 호엔촐레른가의 궁극적인 목표는 자신의 가문, 그리고 가문이 속한 엘리트 귀족의 권력 유지였다. 독일어권 국가들은 잘난 척했지만 사실 2류에 불과한 귀족이 넘쳐난 것으로 유명했다. 칼라일은 시대에 뒤떨어지고 관심받고 싶어 안달인 우둔한 3류 남작이야말로 전형적인 독일 귀족이라고 묘사했다. 또 다른 외부인은 독일 내 왕자와 공작 무리의 ¾은 지능이 좀 떨어진다거나 닭들이나 통치할 수 있다고 비아냥거렸다.[23] 그럼에도 호엔촐레른가는 영주 귀족이야말로 자신의 이익보다 명예를 중시하고 도둑놈 무리를 채찍질해 인간으로 만들 수 있는 프로이센의 유일한 집단이라고 최종 결론 내렸다. 《정치적 증언Political Testament》(1752)에서 프리드리히 2세는 '군주는 귀족 보호를 자신의 의무로 여겨야 한다. 왕관도 친위대도 가장 빛나게 하는 건 바로 귀족이기 때문이다.'[24]라고 적고 강경한 방법으로 자신의 철학을 실현시키고자 했다. 귀족에게 직접 돈을 빌려줘 교역에 종사하는 걸 막고 군대에서 평민을 최대한 몰아낸 것이다. 그 결과, 집권 말기 장교직의 90퍼센트가 귀족 출신이었다.[25] 귀족도 아닌 기생충이 장교직을 맡는 걸 지켜볼 수 없었던 것이다. 프리드리히 2세는 귀족을 대상으로 온갖 훈련과 시험을 실시했고 일부는 직접 주관하기도 했다. 또한 자신의 허락 없이 일체 결혼도 못하게 만들었다.[26] 이 같은 귀족 주도의 개혁 프로그램은 처음에는 효과를 보는 듯했다. 특히 프로이센 영주 엘리트들은 유럽의 다른 귀족보다 많은 수가 엘리트 관료, 즉 전제정치의 파트너가 되어 공직과 국가건설에 강력한 기운을 불어넣었다.[27] 하지만 프로이센 정부도 인재 공급망을 확대해나갈 수밖에 없었다. 프로이센 대학교들은 폰 훔볼트 형제 덕분에 유럽 최고 대학교로 우뚝 섰고 지루한 시골 학교로 전락해가던 김나지움은 학업훈련 캠프로 거듭났다. 세습 엘리트의 권력 유지에 앞장섰던 체제가 스스로 새 생명을 얻은 것이다.

합스부르크 제국에서는 절대주의의 모순이 더 극명히 나타났다. 마리아 테레지아(1745년~1765년 재위)와 아들 요제프 2세(1765년~1790년 재위)는 둘 다 계몽된 군주를 자처하며 상속받은 기이한 체제에 이성의 법칙을 적용했다. 마리아 테레지아는 학교 건설이라는 야심 찬 프로젝트에 착수했다. 요제프 2세는 농노제를 폐지하고 공직 매입과 세습을 금하며 형사사건 판결 시 계급을 고려하지 않도록 지시하는 등 기존 관습에 혁신을 일으켰다. 이제 농노 출신인 시민도 자신의 직업과 배우자를 선택할 수 있게 되었다. 학교는 최소한 형식상으로는 출신 배경과 무관하게 일정 자격만 갖추면 대부분 지원할 수 있었다. 고위 공무원은 10년 근속 후 연금을 보장받았고 모든 공무원은 직급과 상관없이 근무평가 대상이 되었다. 6개월마다 15개 항목의 설문지를 작성하며 자신의 자격, 근속연수, 성과 등을 기재해야 했다.[28] 또한 요제프 2세는 수도원을 폐쇄하고 그곳 자산을 사회로 모두 환원한 후 그중 일부로 교육·자선재단을 설립했다. 하지만 합스부르크 왕조는 제국을 하나로 묶어주는 유일한 끈이었다. 황제나 여왕을 빼면 제국이라는 복합체가 성립할 수 없었다. 마리아 테레지아는 재임 초기 자신의 왕위계승권을 부정하는 라이벌 가문과 승계전쟁을 벌여야 했다. 그리고 이후 '장화를 신고 태어난 이는 신발 신는 걸 갈망하면 안 된다.'라고 말해 계층과 상관없이 재능을 발굴하려는 열정에 한계를 드러냈다. 이 같은 모순을 시정하는 데 합스부르크 제국만도 못했던 나라가 바로 러시아다. 1697년~1698년 순방에 나섰던 표토르 1세는 러시아가 다른 유럽 국가들보다 얼마나 크게 뒤처졌는지 확인하고 큰 충격을 받아 백성을 발로 차서라도 근대 세계로 편입하겠다고 결의를 다졌다. 신하들에게 야만성을 가장 노골적으로 드러내는 긴 수염을 즉시 자를 것을 강요하고 심지어 가장 극악한 범죄자들은 직접 칼로 면도해주기도 했다. 더불어 제도 개혁이라는 더 힘든 작업에 착수했다. 군사 분야에서 러시아 최초의 해군을 만든 후 교육·관료체제로 옮겨가 모스크바 수학·항해학교를 설립하고 귀족 자녀 중 10~15세 남자아이들은 모두 수학을 배울 것을 명했다. 1722년에는 공식 계급표를 발표했는데 군사, 민간, 사법 세 분야가 독일과 일본에서 이름을 차용한 14개 계급으로 구성되어 있었다. 따라서 공직은 사회적 차별의 기반이었다. 귀족은 직위의 대가로 국가에 봉사했고 성실한 관료와 군인은 근무하는 보상으로 직위를 받았다.[29] 보야르boyar와 같은 러시아 전통 계급은 서서히 사라져갔다. 그럼에도 근대화는 제한적일 수밖에 없었다. 영토는 물론 국가와 국민은 이론상 여전히 차르의 소유여서 시민사회가 제대로 성숙할 수 없었고 개혁에 대한 차르의 열망도 곧 시들해졌다.[30] '러시아인을 할퀴면 타타르인이 다친다.' 요제프 드 마이스터 백작의 이 같은 발언에는 러시아가 유럽의 주류 문명으로 편입하려던 시도를 중단한 데 대한 안타까움이 담겨 있다.[31] 상류 귀족 계층은 계급표 내 상위층에 여전히 상당한 영향력을 발휘했고 심지어 에카테리나 대제(1762년~1796년 재위)는 세습을 특히 더 중시해 그들의 입지를 강화시켰다.[32] 한 역사가는 에카테리나 대제의 러시아가 봉건적 구속 원칙으로 인해 개혁을 위한 모든 시도가 조롱거리로 전락했다고 평했다.

> 개인은 정부관료에 봉사할 의무가 있었다. 관료는 특정 공동체에 소속되어 당국의 허가가 없으면 떠날 수 없었고 소속된 공동체의 다른 구성원에 대한 집단 책임에 귀속되었다…… 따라서 러시아는 모든 활동이 개인의 자유의지가 아닌 정부의 허가에 의존하는 사회가 되었다. 모든 이가 법적으로 특정 항목이나 지위에 배속되었고…… 그 자산에 걸맞은 활동이나 특권만 누릴 수 있었다…… 신체 구속 법칙이 적용되지 않는 한 가지 예외 항목은 드보리아네dvoriane나 귀족의 자산뿐이었다.[33]

혁명부터 나폴레옹까지

•

프랑스 혁명은 무엇보다 절대주의 국가를 점령한 모순을 해결하려는 시도였다. 혁명가들은 절대 군주들이 구질서 자체를 뒤엎지 않고서는 해결할 수 없는 특권과 특별 면제권, 관행적 권리에 반기를 들었다. 부르봉가에서 시작했지만 그들 스스로 지위를 버려야만 완성할 수 있는 국가건설 작업에 박차를 가한 것이다. 그들은 위엄과 경외를 중시하는 기조를 버리고 이성과 질서가 핵심인 기조를 내세웠다. 1:20:12 비율에 기반한 카롤링거 왕조의 화폐 단위 대신 십진법을 사용하고 무게 등 각종 측량에 사용하던 혼란스러운 방식은 계량형으로 대체하고 옛 기독교식 달력은 더 합리적인 질서로 대체했다. 프랑스 혁명은 인간의 본성을 둘러싼 위대한 논쟁에 새로운 종류의 긴박성을 더했다. 인위적 불평등이 자연적 불평등으로 완전히 교체되었는지 알아보거나 재능을 최대한 계발할 수 있는 학교 체계를 고안 중이라면 유전과 양육 중 어느 것이 더 강한가의 문제가 훨씬 다급히 다가오는 것이다. 이번 장 서두에서 봤듯 혁명가들은 대부분 능력보다 덕망과 재능을 더 많이 이야기하는 경향이 있었다. 또한 재능보다 오래 분석해왔고 고대 당국과 계몽주의 권위자들이 인용했던 덕망을 이야기할 때 훨씬 행복해하기도 했다. 하지만 시간이 흐르면서 재능을 더 근대적 개념인 능력과 연결하기 시작했다. 루소는 자기개선 능력을 이야기했다. 《프랑스어 아카데미 사전 Dictionnaire de l'Académie Française》 1786년 판본에는 재능이 자연의 선물, 특정한 것에 대해 타고난 기질이나 적성, 능력이라고 규정되어 있다. 콘도르케는 정신적 능력을 이야기하고 일부 선견지명이 있는 이들은 지능을 이야기했다. 《방법적 백과사전Eclopédie Methodique》(1795)에서 샤를 조르주 르로이는 이 같은 정보처리 능력이 종별이나 개인별로 드러나는 지능의 차이를 만든다고 설명했다.[34] 타고난 인재를 선발하는 것(지배적 입장)과 주입식 교육을 실시하는 것(엘베시우스의 입장) 중 어느 것이 국가의 임무라고 믿었든 혁명가들은 학교와 대학교부터 시작해야 새로운 세상을 건설할 수 있다고 확신하며 교육에 열정을 쏟았다. 그 결과, 1794년 정부는 군사기술자 양성을 위해 에콜 폴리테크니크를 설립하고 교사훈련을 위해 에콜 노르말 쉬페리외르를 설립했다. 프랑스 교육계의 최정상에서 수수께끼와 같은 카리스마를 내뿜는 이 엘리트 기관은 교육계 전반에 지속적인 영향을 미쳐 오늘날까지 프랑스 최고의 관료와 사업가를 배출하고 있다. 세습주의 원칙에 반대하는 불길은 프랑스 혁명을 시작으로 순식간에 전 세계로 퍼져나갔고 토머스 페인, 윌리엄 워즈워스와 같은 동조자 덕분에 더 거세게 불타올랐다.[35] 1792년 혁명가들은 보헤미아와 헝가리 왕을 대표적인 폭군으로 지목하며 세습독재와의 전쟁을 선포했다. 이후 20년간 멀리 이집트, 러시아, 카리브해까지 진출해 왕국과 제국은 물론 공화국과도 맞서 싸웠는데 그 과정에서 혁명의 열기가 제국 확장의 열망으로 변질되기도 했다. 이 같은 혁명과 제국주의 에너지가 집약적으로 구현된 인물이 바로 나폴레옹으로 헤겔은 그를 '말을 탄 세계사'라고 부르기도 했다. 나폴레옹은 옛 체제에서처럼 시민을 계급, 지역, 기능으로 규정되는 특정 집단의 일원으로 여기는 게 아니라 하나의 개인으로 대하는 법체계를 만들었다. 프랑스 교육에서는 시험과 선발이 중심이 되는 능력주의의 비중을 강화했다. 또한 능력주의 원칙을 활용해 혁명의 소용돌이 속에서 자칫 무정부주의로 흐를 수 있는 분위기를 다스리며 구정권과의 평화로운 관계를 모색하기도 했다. 그의 유명한 격언은 지도자의 자질을 가진 모든 상병에게 이동성을 향한 희망과 동시에 계급은 영원하다는 확신도 선사했다. 나폴레옹의 제국 구상의 핵심 사상은 새로운 봉사 귀족주의로 이는 프랑스적이기보다 도시적, 퇴폐성보다 건전성을 자랑했다. 또한 세습보다 능력, 또는 둘 다 중시했고 프랑스를 위한 봉사를 강조했다. 나폴레옹이 계급과 상관없이 참모를 고용했던 만큼 루이 니콜라 다부, 에마뉘엘 드 그루쉬와 같은 구체제 귀족은 가정부의 아들 피에르 오주로, 가스코뉴 소작농의 아들 장 란 등 평민과 동등한 자격으로 근무했다.[36] 공무원 인재를 발굴하고 정확한 능력 테스트를 위해 대학교 입학 자격시험을 부활시켰다. 유능한 지배층 양성을 위해 그랑제콜 설립에도 힘썼다. '나는 공동체를 만들고 싶다. 로마 국적의 예수회원이 아니라 스스로 유용한 인재가 되어 공공의 이익만 추구하는 예수회원으로 구성된 공동체 말이다.'[37] 능력주의와 군주제를 융합하는 계기가 된 가장 중요한 사건 중 하나는 1802년 레지옹 도뇌르 훈장의 탄생으로 이는 특정 활동으로 국가에 지대한 공헌을 한 6,000명에게만 주는 엄청난 명예였다. 이 훈장이 구체제를 부활시킨다는 말이 나오자 나폴레옹은 출생이 아닌 개인의 능력, 지위가 아닌 기여 활동을 기준으로 수여하는 훈장이라며 반대 의견을 일축했다.

> 기사도 훈장과 그에 따른 특별 보상은 워낙 다양해 계층을 더 신성한 개념으로 만들었다. 반면, 명예훈장은 모두에게 열려 있는 유일한 보상이라는 점에서 평등을 전제로 한다. 전자가 계층 간 일정 거리를 지속시킨다면 후자는 시민의 결집을 일으킨다.

본래 입대를 희망하는 지원자들은 봉건질서 재건을 도모하는 움직임이나 봉건적 지위나 속성을 부활하려는 시도가 있다면 수단과 방법을 가리지 않고 무조건 싸울 것을 맹세해야 했다. 하지만 시간이 흐르면서 나폴레옹은 사람들이 자산을 자녀에게 물려주도록 허용하는 것만이 사회질서를 유지하는 유일한 방법이라고 결론 내리고 능력주의와 귀족사회를 결합한 세 가지 새로운 정책을 도입했다. 망명을 떠난 옛 지배층 가문이 귀환하도록 하고 프랑스에 머물러온 가문에는 본래 지위로 복귀할 기회를 준 것이다. 또한 세습귀족과 공로귀족 구분을 없앴다. 당시 그의 최고 목표는 구체제와 신체제의 최고 장점만 융합해 혁명의 열기를 혁명 이후의 안정 속에 녹여내는 것이었다. 이를 위해 영주 귀족이 국가에 기여하도록 활용하는 한편, 공로귀족 고위 관료로 임명해 권력 기반을 다지도록 애썼다. 앙시엥 레짐에서 혁명가이자 재앙이었던 나폴레옹은 엘바에서 유배생활을 하며 귀족제 원칙을 더 일찍 수용하지 않은 것을 자책했다. 나폴레옹은 귀족제는 물론 왕조에 대한 생각을 완전히 바꿨다. 18세기, 19세기를 통틀어 최고의 자수성가형 인물로 꼽히는 나폴레옹은 결국 유럽 최고의 왕조인 합스부르크가와 손을 잡았다. 아들을 로마 왕위에 앉히고 습관적으로 '작은 왕'이라고 불렀다. 형인 요제프는 나폴리 왕으로, 동생인 루이는 홀란트 왕으로, 천덕꾸러기였던 동생 제롬은 베스트팔렌 왕으로 만드는 등 온 가족에 왕관을 수여했다. 나폴레옹은 주변에서 자수성가한 이들을 발굴해 세습귀족으로 만들었다. 그 결과, 새로운 황제의 수행단은 꽤 독특한 구성을 자랑했는데 자신의 가족 구성원과 자수성가한 추종자가 이제 왕가나 귀족의 일원이 되어 한 축을 이뤘다면 프랑스와 다른 유럽 국가의 명문가 출신이 또 다른 축을 형성했다. 왕조와 귀족의 권력을 활용해 왕위를 공고화하려던 나폴레옹의 계획은 실패로 돌아갔다. 나폴레옹 실각 후 왕정복고 체제가 들어섰고 프랑스 혁명의 혼란은 오히려 정통성을 옹호하는 움직임으로 이어졌다.

1815년 빈 조약은 국제 정치의 기반이 정통성임을 선포했다. 유럽대륙 내 힘의 균형이 깨질까 봐 늘 전전긍긍하던 자유주의 영국은 보수파인 오스트리아, 러시아와 손을 잡았다. 게다가 계몽주의 유산이 서서히 퇴색하면서 정통성 있는 권력도 보수 성향이 더 짙어져갔다. 요제프 2세의 후계자와 그의 동생 레오폴 2세가 허울만 요란한 형식주의를 채택했고 러시아 차르(Czar: 제정 러시아 당시 황제의 칭호 - 편집자 주)들은 시대에 역행하는 정치를 받아들인 것이다.[38] 왕조주의 정신은 19세기를 거치며 단연 강화되었다. 유럽 군주들은 이제 지역

8. 유럽, 그리고 재능에 따른 채용

귀족과의 결혼을 거부하고 같은 왕족만 배우자로 선택해 유럽 왕실을 거대한 사촌 가족으로 만들었다. 그럼에도 프랑스 혁명은 전 세계에 중요한 전환점이 되었다. 아무리 유럽 최고의 엘리트더라도 언제 폭동이 일어나 단두대에 설지 알 수 없던 만큼 누구도 안위를 장담할 수 없었다. 귀족들은 하나같이 통치자 뒤에 숨어 군주가 무장한 시민들을 무찔러주기만 바랐다. 하지만 동시에 자신들이 살아남으려면 시대정신을 배워야 한다는 사실도 깨달았다. 이렇게 자신이 더 이상 불멸의 존재가 아니라는 사실을 깨달은 귀족들은 훨씬 교활해졌다. 새로운 물결 속에서 세계를 이끈 건 부활한 부르봉 정권이었다. 당시 새 물결이란 구체제의 실질적인 복원이라기보다 공로귀족과 영주귀족의 융합이라는 나폴레옹의 성숙한 비전이 활짝 꽃핀 데 더 가까웠다. 1814년 헌법 초안에는 종래 귀족은 자신의 지위에 복귀하고 새로운 귀족은 상속받은 지위를 유지하며 명예훈장에는 특권이 뒤따른다고 명시했다. 나폴레옹의 그랑제콜은 프랑스 사회의 핵심 기관으로 자리 잡아 좌·우파 모두의 마음을 사로잡았다. 좌파는 국가에 믿을 만한 인재를 제공한다는 점에서, 우파는 민주적이고 수시로 요동치는 사회에서 자신의 특권을 보호해준다는 점에서 호감을 가졌던 것이다. 이는 왕정복고 시기에 한 위원회가 발간한 공식 보고서에 잘 나타나 있다.

우리가 살아가는 이 시대에 국가의 투명성을 보장하는 유일한 방법은 고위층 교육뿐이다. 그래야만 그들이 우월한 덕성과 지능을 활용해 모두의 평화를 위해 발휘해야 할 영향력을 습득할 수 있다. 고귀한 영혼을 가진 누군가가 상상해본다면 이는 능력에 따른 서열, 재능과 덕성에 따른 부를 당연하게 만드는 행복한 필요조건이다.……**39**

프랑스에서는 나폴레옹 이후에도 교육을 국정운영의 위대한 네 가지 목표를 달성할 수단으로 바라봤다. 국가건설을 도모하고 이전의 가톨릭교가 그랬듯 사회를 하나로 결속시키고 사회를 통제하고 물질적 풍요를 추구하는 것이다. 나폴레옹 3세는 이 모든 목표를 가장 자애로운 언어로 표현했다. 학교가 가장 많은 나라야말로 물질적 풍요, 질서와 자유를 세계 최초로 누릴 거라고 주장한 것이다.**40** 반면, 다른 이들은 다소 거칠었다. 1848년 혁명이 일어나기 전 프랑스 정계를 주도했던 프랑수아 기조는 1833년 모든 마을에 초등학교가 있어야 한다는 법안을 통과시켰는데 무지는 대중을 변덕스럽고 포악하게 만들고 파벌 싸움의 도구로 전락시킨다는 이유에서였다. 그는 마을 교사들이 이전 사제처럼 복종의 미덕을 설파하기를 바랐다.**41** 교육을 향한 국가의 열정에 다른 많은 이들이 힘을 보탰다. 졸라는 '초등학교 교사의 성과가 결국 프랑스가 된다.'라고 주장했고 콩트와 뒤르켐은 학교에 유토피아 꿈을 투영했으며 1860년 설립된 교육연맹은 평범한 사람은 누구나 교육을 받을 권리가 있다는 믿음에 힘입어 가장 영향력 있는 압력단체 중 하나로 거듭났다. 19세기를 거치며 시험체계는 훨씬 까다로워졌다. 1820년 에콜 노르말

8. 유럽, 그리고 재능에 따른 채용

쉬페리외르(프랑스 최고의 그랑제콜 중 하나 - 역자 주)에서는 학생을 가문에 따라 등수를 매기기 시작해 1등에게는 평생 지속될 우월감을 심어줬다. 곧 전국의 중등학교들도 비슷한 순위체계를 도입했다. 1865년 국가는 전국 각지의 최우수 학생을 데려와 전국 대회에서 경쟁하게 만들어 압박 수위를 높였다. 1879년 한 장학사는 젊은 시절을 회상하며 교장, 교사, 학생 등 모든 교육 관련자의 유일한 관심사는 나라에서 최고로 시험을 잘보는 학생을 배출하는 것이었다고 적었다. 시험 결과는 신문에도 게재되었고 우승자의 에세이가 실리기도 했다.[42] 이렇게 우승자를 축하하는 분위기는 오늘날까지 이어지고 있으며 에마뉘엘 마크롱은 1994년 프랑스어 과목에서 1등을 차지했다. 그 결과, 프랑스 교육체계는 유럽 어느 국가보다 국정 과목 중심으로 구성되었고 치열한 경쟁이 뒤따랐다. 중학생은 하나같이 똑같은 과목을 배웠는데 수학, 고전, 철학은 필수 과목이었다. 모든 학교는 학생을 경쟁과 평가라는 가혹한 체제에 종속시켜 학업적 성과뿐만 아니라 꼼꼼함과 같은 개인적 특성도 측정했다. 가장 야심 찬 교사는 학업과 성격을 종합측정한 지표로 매일 학생을 평가했고 매주 '만족의 편지'라는 상을 내렸으며 연말에는 학생들의 정확한 등수를 발표했다. 이 체계의 핵심에는 나폴레옹이 근대적으로 혁신한 대학교 입학 자격시험이 있었다. 나폴레옹 집권 당시만 해도 구두로 치렀던 이 시험의 응시생은 1년에 100명도 되지 않았다. 하지만 세계에서 가장 악명높은 필기시험으로 자리매김한 후 응시생은 수천 명에 달했다. 복원된 군주제 내에서는 공직이든 전문직이든 이 시험

성적이 있어야 지원할 수 있었다. 1830년 모든 구두시험이 필기시험으로 바뀌었고 그에 따라 벼락치기 공부하는 학생도 늘었다. 학생들은 시험의 굴레에서 신음해야 했다. 엘리트 학교, 그랑제콜, 에콜 디 애플리케이션은 프랑스 최고 교육기관으로서 신이 내린 직장 입사자를 독점 배출했다. 입학하려면 프랑스에서 가장 어려운 시험에 합격해야 했다. 사실 프랑수아 기조의 말에 비춰보면 프랑스가 시험에 얼마나 집착하는지 알 수 있다. '심지어 교수직을 얻기 위해서도 경쟁이 치열한 시험에 합격해야 한다. 이때 지원자는 가장 신선하고 탁월한 지식을 보여줘야 한다. 시험은 누구나 응시할 수 있고 발표할 이론에도 제한이 없다. 대중은 지원자의 재능을 평가하는 심사위원이자 진정한 독립성을 보장하는 보증인이다.'[43]

에콜 노르말 쉬페리외르와 에콜 폴리테크니크는 엘리트 교육계에 입성한 지 얼마 되지 않았을 때부터 상당한 특권을 누리기 시작했다. 전자는 문학, 철학, 과학 분야의 수준급 교사를 배출하는 훈련소 역할을 했고 후자는 근대 국가를 건설할 기술자를 양성했다. 두 곳 모두 기숙학교여서 학생들의 사기를 고취할 수 있었고 혁신적 교육법 시도도 대학교 보다 훨씬 적극적이었다. 에콜 노르말 쉬페리외르는 세미나를 강의로 대체하고 학생들이 몇 가지 정해진 교재만 암기하는 게 아니라 해당 주제의 자료를 광범위하게 읽어볼 수 있게 했다.[44] 에콜 폴리테크니크는 학생을 여덟 팀으로 나눠 대부분의 시간을 함께 보내는 방법으로 사기를 고취시켰다. 그래서 기숙사 방마다 침대 여덟 개, 스터디룸마다 책상 여덟 개, 화장실마다 세면대 여덟 개가 갖춰져 있었다. 학교 시간표에는 학생들이 매일 해야 할 공부가 1분, 1초 단위로 세세히 적혀 있었다.[45] 학생들은 깜짝 테스트를 포함해 수시로 시험을 치르고 입학 때와 졸업 때는 좌석도 석차대로 배정받았다. 이같이 철저히 엘리트주의에 입각한 교육체계는 많은 문제점이 있었다.[46] 교육학자들은 채점 신뢰성에 의문을 제기했다. 사회학자들은 불균형적인 지역학교 수준을 문제 삼았다. 위인 자서전은 대학교 입학 자격시험 때문에 공포에 시달렸다는 이야기로 넘쳐났다.[47] 빅토르 라프레이드는 저서 《살인으로서의 교육 Education as Homicide》(1867)에서 학교는 수도원, 병영, 교도소가 합쳐진 곳으로 시험을 잘봤다는 이유로 어린 제자들까지 시험체제에 밀어넣으려고 혈안인 교사들이 주인인 곳이라고 설명했다.[48] 그럼에도 프랑스의 엘리트주의와 경쟁체제는 상당한 성공을 거뒀다. 최고의 교육으로 누구보다 명석해진 인재를 국가에 공급했다는 점에서 실용적 성공을 거뒀고 국가의 정통성 관점에서도 성공했다고 볼 수 있었다. 군주제와 공화정 사이에서 방황하고 혁명적 좌파와 반작용으로 일어난 우파의 상충하는 요구에 시달려야 했던 프랑스로서는 능력주의 체제야말로 무정부주의와 평준화를 막을 최고의 방패였다. 유명 교육학자들은 수십 년간 리세lycées(국립고등학교 - 역자 주) 덕분에 똑똑한 학생들이 지속적으로 교육받은 결과, 엘리트주의가 민주주의와 화해할 수 있었다고 설파해왔다. 정치학의 개척자이자 파리과학대학교 설립자인 에밀 부트미는 1871년 능력주의는 평준화에 대항하는 최후의 방어책이라고 주장했다.

특권은 사라졌고 민주주의는 계속된다. 고위층을 자처하는 자들은 다수의 권리를 받아들일 의무가 있으며 가장 유능한 자들의 권리를 인정하는 것만이 정치적 우위를 유지하는 유일한 방법이다. 민주주의의 물결은 이제 특권과 전통의 무너진 성벽 대신 명백하고 유용한 능력, 자연스럽게 그에 따르는 특권으로 구축된 2차 방어선을 맞닥뜨려야 한다......**49**

1895년 에콜 노르말 쉬페리외르 책임자였던 조르주 페로는 이렇게 주장했다. '민주주의는 엘리트가 필요하다. 엘리트야말로 민주주의가 유일하게 인정하는 이성의 우월성을 의미하기 때문이다. 이 엘리트를 고용하는 일, 더 부드럽게 말해 엘리트를 구성할 요소를 양성하는 게 우리 책임이다.'**50** 대학교 입학 자격시험을 담당하던 대학 관리 J. B. 피오베타는 1943년 '시험과 경쟁은 우리 삶의 일부다. 가장 오래된 제도를 구성하는 필수 요소이기도 하다. 이 모든 게 우리의 사회적 위계를 지탱하는 구심점으로 자리 잡았다. 공공부문이든 민간부문이든 학위를 요구하지 않는 일자리는 갈수록 찾아보기 어렵다. 공식 인증을 받은 직함과 성적은 고귀함을 입증하므로 온갖 권리와 특권을 정당화한다.'라고 선언했다.**51** 사범학교 출신으로 훗날 프랑스 대통령이 된 조르주 퐁피두에 따르면 누군가는 왕자로 타고나듯 누군가는 사범학교 학생으로 타고난다.**52** 한 저명 사회이론가 집단에서 능력주의를 자신들 사상의 핵심으로 받아들였다. 이들 중 귀족인 앙리 드 생시몽은 프랑스 혁명기 동안 사회를 발

205

8. 유럽, 그리고 재능에 따른 채용

전시킬 과학학교를 설립하기 위해 애썼다. 이를 위해 다양한 자금 조달 전략을 세웠는데 노트르담 대성당을 매입해 철제 지붕을 벗겨 낸 후 조각으로 나눠 판매한다는 전략은 터무니없었다. 1794년 에콜 폴리테크니크가 설립되던 당시에도 그는 깊이 관여했다. 생시몽은 사회가 제대로 기능하려면 개인 능력이 토대가 되어야 하며 이때 개인 능력이란 사회의 전반적인 생산성에 기여하는 실력이라고 믿었다.[53] 그는 프랑스 혁명이 구체제를 파멸로 몰아넣었다고 주장했는데 기존 계급구조로는 생산을 위한 사회기반시설을 지원할 수 없었기 때문이다. 과학적 지식과 기술적 역량이 요구되는 시대에 혈통과 군사력에 기반하는 세습통치는 더 이상 유지될 수 없었다. 새로운 사회가 번영하려면 사람들이 천차만별인 타고난 능력, 오랜 학습으로 습득한 전문지식에 따라 직업을 가질 수 있어야 한다. 생시몽은 초기 지식인처럼 철학자만 동경하는 대신 상업사회를 이끄는 과학자, 관리인, 은행가 등 새로운 지식노동자 계층을 신봉했다. 계급구조와 생산 수단의 갈등 측면에서 보면 마르크스주의적 요소도 분명히 찾아볼 수 있지만 생시몽은 마르크스보다 더 깊이 있게 들여다봤다. 근대 사회에도 세습주의는 계속되겠지만 그 방식이 봉건사회와 다를 수밖에 없다는 걸 깨달은 것이다. 그는 생산성이 가장 높은 노동자는 육체노동자가 아니라 과학과 조직이 생산성을 크게 향상시킨다는 사실을 이해한 지식노동자라는 사실도 깨달았다. 또한 국가 교리문답 시험으로 시민권 자격자를 가리는 한편, 귀족과 형이상학자와 같은 게으른 기생충은 지도자 지위를 박탈할 것을 주장했다. 불행히도 생시몽은 새로운 유형의 기독교를 창시해 자신의 권위에 흠집을 냈다. 그 기독교 틀 안에서 아이작 뉴턴과 같은 수호성인과 지식인 사제 계층을 새로 만들어 봉건 시대 당시 로마 가톨릭교회가 했던 역할, 즉 미리 정해진 지위를 받아들이도록 설득하는 임무를 능력주의 시대에 걸맞게 수행하도록 한 것이다. 대중은 대부분 자신보다 자격 요건이 나은 이들의 통치를 받아들였다고 그는 주장했다. 바보가 아니고서야 최고 실력자가 아닌 최고 유명인사가 교각을 디자인해야 한다고 생각할 리 없기 때문이다. 하지만 사람들이 조금이라도 불만을 표시하면 이 기독교를 이용해 시적 상상력에 호소하려고 했다. 프랑스의 가장 위대한 사회학자 에밀 뒤르켐은 재능의 본질, 기회의 공정한 분배, 이 두 가지가 사회적 연대를 달성할 가능성에 생시몽 못지않게 빠져 있었다.[54] 그는 타고난 재능 분포에 따라 사회 기능을 분배하는 것이야말로 개인의 행복과 사회적 결속을 모두 달성하는 최고의 방법이라고 믿었다. 즉, 개인의 이해관계에 따라 사회 기능을 분배하면 개인은 불행해지고 사회는 오류를 일으킬 수밖에 없다는 것이다.[55] 뒤르켐은 인간의 능력은 불평등하다는 굳은 신념을 갖고 있었다. 세습되는 것 중 항상 존재할 수밖에 없는 유일한 것은 타고난 재능이다. 지능과 취향, 과학적, 예술적, 문학적 능력, 근면성, 용기와 손재주는 우리가 태어날 때 모두 받는 선물이다. 타고난 불평등이라는 엄연한 사실에는 두 가지 중대한 사회적 함의가 있다. 첫째, 사람마다 수행할 수 있는 사회적 기능은 모두 다르다. 문명 진보에 독보적으로 기여할 수 있는 사람이 있는가 하면 쉽게 대체 가능한 이들도 있다. 둘째, 사람들이 성취감을 느낄 수 있는 사회적 역할도 다르다. 재능 있는 화가가 그림을 그릴 때만 진정한 성취감을 느낀다면 제빵사는 빵을 만들 때만 성취감을 느끼는 식이다. 따라서 노동분화가 제대로 이뤄지면 각자 최고의 역량을 발휘할 자리에 배치해 경제적 생산성뿐만 아니라 인간의 만족도도 극대화할 수 있다.[56]

독일 사상

프랑스 혁명은 프랑스에 이웃한 강대국 독일에 지대한 영향을 미쳤다. 카를 폰 클라우제비츠는 1806년 10월 14일 나폴레옹이 예나 아우어슈테트 전투에서 승리함으로써 프로이센 군대를 다른 어느 전투보다 처참히 짓밟았을[57] 뿐만 아니라 재능 부상에 저항하는 세력도 꺾었다고 선언했다. 가장 현명한 프로이센인들은 조국이 혁명의 시대에 살아남는 유일한 방법은 혁명의 원동력을 간파해 현실에서 이행하는 것뿐이라는 사실을 깨달았다. 이 원칙의 힘이 너무 강력하고 보편적으로 받아들여진 데다 널리 확산되어 원칙을 수용하지 않는 국가는 강제로 받아들이거나 스스로 소멸하는 둘 중 하나였다.'[58] 프로이센 초대 교육부 장관이자 남다른 지능을 자랑한 카를 폼 슈타인 남작은 살아남기 위해 광범위한 개혁을 단행했다. 1807년 10월 칙령을 포고해 귀족의 사법적 특권을 폐지하고 농노를 금지하고 일반인도 얼마든지 공직에 지원할 수 있게 했다. 재능 이외 자격은 불필요하다는 직업 원칙을 군대에도 도입하고 실제 적용을 위해 새로운 훈련기관도 설립했는데 그 과정에서 귀족들은 프리드리히 2세 집권기보다 훨씬 치열한 경쟁에 직면해야 했다.[59] 프로이센은 유럽 국가 중 최초로 공무원 입사시험과 학교 졸업시험을 도입했다. 폰 훔볼트 형제는 예나 전투 이전부터 시작된 개혁에 박차를 가해 독일의 여러 대학교를 세계 최고 명문 대열에 올려놨다. 교수들은 장학사 역할까지 자처해 교습 능력을 개발하고 학교별로 천차만별이던 수준을 일정하게 끌어올렸다. 그 결과, 한때 낙후해 유명해진 독일 김나지움도 탁월성의 대명사로 거듭날 수 있었다. 1810년대 슈타인은 '월급 받는 책벌레'라는 새로운 계층의 탄생을 알렸고 19세기 후반 막스 베버는 저명인사의 통치가 고관이라는 새로운 계급의 통치로 대체된 것을 우려했다.[60] 독일인들은 프랑스 혁명과 관련해 가장 중요한 철학적 통찰을 내놓기도 했다. 임마누엘 칸트는 1793년 '정치 권리상 이론과 현실의 관계에 대해'라는 짧은 글에서 위대한 두 가지 원칙이 근대 사회의 토대를 이룬다고 주장했다. 인간은 국가에 종속된 존재라는 관점에서 동일하게 평등하며 자신의 재능, 성실, 행운으로 어느 지위에든 도달할 수 있는 보편적 권리를 갖는다는 것이다. 세습된 특권이나 지위에 따른 특혜로 다른 시민의 발목을 잡을 권리는 아무도 없다. 칸트는 특히 주목할 지적 행보로 지적 자산을 비세습적 자산 형태로 분류하고 정부가 물리적 자산의 소유권을 보호하듯 사람들의 재능도 보호할 의무가 있다고 주장했다. 자신의 재능을 소유하고 행사하는 능력은 단순히 국가에 종속된 시민과 정치적 권리를 가진 시민을 구분하는 기준 중 하나였다.[61] 18세기 중반부터 19세기에 걸쳐 자신감이 커진 독일인들은 빌둥Bildung의 중요성을 강조했다. 빌둥이란 단순히 책을 통한 배움을 넘어 가능한 모든 범위에서의 자기계발을 의미한다. 실천하는 자들에게는 구질서에 대한 도전이자 지적 엘리트에 대한 신념을 나타내는 명예의 훈장이기도 했다. 그들은 구체제의 튜턴 기사단이 아닌 헤르데르, 괴테와 피히테의 철학을 신념으로 내걸고 행동했다. 또한 빌둥은 독일 사회의 모든 부문을 규정짓는 가치가 되었다. 중산층은 자신이 덕성의 본보기라고 믿으며 정부·교육 분야에서 일했고 소득보다 자기계발로 더 큰 자부심을 느끼기까지 했다. 괴테의 빌헬름 마이스터는 보편적·개인적 자기계발을 이룰 수 있는 건 오직 귀족뿐이라고 주장했는데 빌둥 자기계발로 지식인이 된 자만 진정한 귀족 지위를 획득할 수 있다고 반박했다.

낭만주의와 재능에 따른 채용

◆

프랑스 혁명으로 19세기 지성사의 가장 강력한 물결 중 하나인 낭만주의 운동의 물꼬가 터졌다. 낭만주의자들은 이성보다 감정, 변화보다 전통, 심지어 개인보다 집단이 중요하다고 주장하며 계몽기 합리주의의 대부분의 기조에 의문을 제기했다. 단, 그중 개인적 차이, 특히 창의력 차이가 중요하다는 것만은 인정했다. 루소는 18세기 중반 이미 '나는 내가 만난 모든 이와 다르다.…… 온 세상에 나와 비슷한 사람은 존재하지 않는다.'라고 선언하며 낭만주의 운동의 핵심 기조를 규정했다. 낭만주의자들은 19세기 상당 기간 이 같은 통찰을 구체화했다. 낭만주의자들은 천재야말로 궁극적인 입법자로 정치인에게 할 일을 알려준다고 주장했다. 그들은 단 한 번의 통찰로 우주의 정수를 꿰뚫어보기 때문이다. 셸리는 시인을 '공감받지 못한 영감의 신봉자, 미래가 현재에 드리우는 거대한 그림자의 반영…… 인류의 인정받지 못한 입법자'로 묘사했다.[62] 프리드리히 슐레겔도 천재를 정치인의 운용 범위를 결정하는 도덕적 입법가라고 칭송했다. 1799년 그는 예술가는 과거와 미래를 현재로 함께 불러들여 인류가 개인으로 존재하게 만든다. 그들은 더 높은 차원의 영혼으로서 대중의 공적 영혼은 여기서 만나 비로소 사적 영혼으로 기능한다고 주장했다. 토머스 칼라일은 고대 세계의 예언자, 사제 또는 신성神聖이 했던 기능을 그대로 수행하는 게 근대 세계의 작가라고 말했다. 베토벤은 새로 등장한 천재 귀족의 권리가 지위와 신분에 기반한 구체제 귀족의 권리보다 중요하다고 공공연히 주장하며 다녔다. 심지어 자신의 후견인이던 리히노프스키 공작을 상대로도 건방진 발언을 서슴지 않았다. "공작! 그래봤자 당신은 잘 태어난 덕분에 지금 이 자리에 있는 거요. 그에 비해 나는 내 힘으로 여기까지 왔지. 당신 같은 공작은 지금도 앞으로도 차고 넘치겠지만 베토벤은 오직 나 하나뿐이라오." 낭만주의 운동이 급물살을 타고 확산되면서 지식인들은 천재 예술가뿐만 아니라 천재 정치가에게도 관심을 보이기 시작했다. 그중 나폴레옹은 당연히 발군의 인물로 떠올랐다. 괴테는 그를 세상에서 이전에도 보지 못했고 이후에도 보지 못할 만큼 탁월한 운명을 가진 천재로 생각했다. 바이런은 이 영국 최고 숙적의 흉상을 간직했다가 급우들의 분노를 샀다.[63] 베토벤은 자신의 〈교향곡 3번〉을 나폴레옹에게 바쳤는데 천재 예술가가 자신의 작품을 천재 정치가에게 선물한 셈이다. 스탕달은 나폴레옹을 종교처럼 떠받들었고[64] 빅토르 위고는 전쟁의 미켈란젤로로 여겼다. 《역사철학 강의Lectures on the Philosophy of History》에서 헤겔은 나폴레옹이야말로 당대의 의지를 몸소 구현함으로써 자신의 시대를 실현한 세계 역사에 길이 남을 인물이라고 표현했다.[65] 낭만주의로 회귀하고자 했던 니체는 천재들이 폭발물과 같다고 발언함으로써 나폴레옹을 창조적 파괴가 특기인, 위험하지만 경외감을 부르는 인물로 여기고 있음을 내비쳤다.[66] 프랑스 혁명 이후 재능에 따른 채용이라는 새로운 원칙이 유럽 사회의 핵심 가치로 자리 잡았다. 파리는 유럽에서 재능에 가장 열린 도시 중 하나가 되었고 언론계와 공연계처럼 재능이 중시되는 직종이 크게 성장했다.[67] 한때 귀족을 모셨던 요리사들이 카페 드 파리와 같은 식당을 차리면서 스타 요리사로 자리매김하기도 했다. 유대인은 물론 개신교도 등의 소수파도 자기계발의 신념을 새로운 종교로 받아들였다.[68] 프랑스 문학은 자수성가한 인물을 선보이기에 바빴는데 발자크의 《인간 희극La Comédie Humaine》 속 주인공 유진 드 라스티냐크는 속편이 나올 때마다 끝없는 신분 상승을 이어갔다.

스탕달의 줄리앙 소렐은 비극적이게도 재능을 이용해 사회적 성공을 꾀하지만 결국 열정에 굴복하고 만다. 유럽의 다른 여러 도시에서도 자기발전과 자기재창조와 같은 비슷한 가치를 수용했다.

산업혁명은 유럽 전역에서 중산층의 경제적 도약을 견인하는 방식으로 프랑스 혁명을 완성했다. 사업가들이 세계를 거침없이 재창조하는 가운데 중산층 출신 기업가들은 맨체스터, 리옹 등 도시의 부상을 이끄는 주역이 되었다. 자유주의라는 강력한 철학 덕분에 공개경쟁과 신분 상승의 중요성이 강조되면서 토머스 만도 명저《부덴브루크가 사람들Buddenbrooks》(1901)에서 자유주의 정신을 표현했다. 항만관리소장의 유능한 아들은 사회적 지위가 높은 부덴브루크가의 일원에 푹 빠져 있으면서도 결국 이렇게 설교하기에 이른다.

소위 제3계급으로 불리는 우리 부르주아는 능력으로 일어선 귀족만 인정합니다. 나태한 귀족의 권리는 더 이상 인정하지 않고 현존하는 계급 구분을 거부하며 모두 자유롭고 평등한 인간으로 존재하길 소망합니다. 모두 타인의 구속이 아닌 법의 구속만 받길 기원합니다. 이제 고위층의 특권과 제멋대로인 통치는 사라질 겁니다. 우리 모두는 국가의 자주적 자손입니다. 인간과 전지전능한 신 사이에 더 이상 중개자가 존재하지 않듯 시민도 국가와 직접적인 관계를 맺을 겁니다. 그래서 우리는 언론, 교역, 산업의 자유를 가지며 그 결과, 모든 인간은 아무 구분 없이 함께 번영하고 각자 능력에 따라 보상받을 겁니다.[69]

8. 유럽, 그리고 재능에 따른 채용

다음 두 장에서 자유주의 운동이 최고의 성공을 거둔 영국과 미국을 구체적으로 살펴보자.

9

영국과
지식귀족

프랑스 혁명보다 한 세기 이상 앞선 1640년~1660년 영국에서는 청교도 혁명이 일어나 군주제와 상원 형태로 실현되던 세습주의 원칙이 추방되고 능력주의의 기본 요소가 도입되었다. 올리버 크롬웰은 노련한 왕당파 군대를 몰아내고 혁신적 영연방을 건설해야 한다는 사상 유례가 없는 두 가지 과제를 해결하기 위해 자신과 뜻을 함께하는 이들을 임명하고 능력에 따라 승진시키기 시작했다. 처음에는 언변이 화려한 존 밀턴을 영연방 외교부 대변인으로 임명하는 등급한 대로 자리를 채우는 식이었지만 시간이 지나면서 뚜렷한 성과가 입증되어 공식 제도로 자리 잡았다. 제럴드 아일머는 크롬웰의 공직의 역사를 다룬 저서에서 이렇게 적었다.

> 영연방은 혁명정권이었다. 내전을 겪으며 군사력으로 권력을 잡은 만큼 국내에서 합법성을 고루 인정받지 못했다. 따라서 정치적·사상적 신뢰성이 무엇보다 중시되었고 후견인들도 정부에 대한 충성을 강조했으며 자기 마음에 드는 기구를 임명했다. 수많은 시험과 맹세가 행해졌음은 물론이다⋯⋯ 우리는 충정과 도덕성을 넘어 맡은 업무를 제대로 수행할 적성이 중요함을 깨달았다. 이를 위해서는 작문, 회계, 외국어, 훨씬 다양한 분야의 특출한 능력이 필요할 수도 있다.[1]

영연방은 불과 11년 만에 역사 속으로 사라졌다. 우울했던 올리버 크롬웰의 자리를 발랄했던 찰스 2세가 물려받으면서 왕과 여왕, 영주와 숙녀, 귀족과 주교로 대표되는 구질서가 다시 날개를 달았다. 고위층은 또 다시 막강한 권력을 휘두르며 밀턴의 표현대로 비참한 이들이 끊임없이 절하고 아첨하는 가운데 온갖 화려함을 뽐냈다.[2] 후견 제도와 친족 등용 관례는 셰익스피어 시대보다 제인 오스틴 시대에 오히려 더 번성했다. 능력주의 이전 세계가 실제로 막을 내린 건 18세기 후반~19세기였다.

사자 대신 당나귀

영국에서 되살아난 구체제는 18세기 후반 들어 한층 강력한 공격에 직면했다. 산업혁명으로 새로운 부유층이 탄생한 것이다. 스코틀랜드에서는 일반인만의 문화가 생겼고 자유주의 철학자 집단을 포함한 지식인들은 완전히 새로운 방식으로 세계를 바라봤다. 세계 최초로 산업혁명을 이끈 주역 중에는 전통 사회, 정부, 교회, 고대 대학교 등 막강한 기관의 도움 없이 자수성가한 인물이 대부분이었다. '나스보로의 맹인 잭'으로 알려진 존 메트카프는 가난한 부모 밑에서 태어나 여섯 살 때 천연두로 시력을 잃고 수년간 레슬링 선수로 활동하며 연명했지만 결국 당대 최고의 도로건설업자로 거듭났다. 제임스 브린들리는 까막눈이나 다름없는 중부의 한 자작농 아들로 그가 건설한 수많은 운하 덕분에 맨체스터와 리버풀이 번창할 수 있었다. 리처드 아크라이트는 재단사의 아들이었는데 회전식 방적기를 개발해 면화산업 발전에 크게 기여했다.[3] 새로 등장한 이들은 살아온 삶만큼 급진적으로 사고했다. 무엇보다 사람의 가치는 물려받은 게 아니라 직접 수확한 것으로 결정된다고 믿었다. 스스로 밑바닥부터 시작해 성공을 일궜기에 세상에 냉정할 수밖에 없었고 자격이 없다고 여겼기에 귀족에 가혹했으며 오직 자신의 힘으로 가난에서 벗어났기에 일꾼에게도 엄격했다. 이들에게 중요한 건 감정과 애착이 아닌 이윤과 손실 세계뿐이었다. 무엇보다 영국은 새로운 세계에 걸맞은 새로운 철학을 창조했다. 영국 자유주의에는 여러 가지가 혼재했다. 우선 토머스 홉스와 존 로크의 사상에 기반한 정치철학은 사회를 신성한 의지의 산물이나 집단영혼의 구현이 아닌 권리를 가진 개인 간 계약으로 봤다. 이는 엘리트 지배층, 특히 법적 특권을 누리는 영주의 권력에 대항하는 저항운동이자 재화뿐만 아니라 사람의 다양한 재능도 자유롭게 교류해야 한다고 주장하는 구호이자 인간 지능의 힘을 찬양하는 사랑 노래이기도 했다. 좋은 사회 구현 가능성이 보수주의자는 위계가 확실했던 과거에, 사회학자들은 연대할 수 있는 미래에 있다고 봤다면 자유주의자들은 문명화된 개인, 즉 지적 훈련으로 명석해진 두뇌와 교육으로 훌륭한 인성까지 갖춘 이들에 있다고 봤다.

자유주의에서 뻗어 나온 가장 중요한 두 분파는 공리주의와 경제학이었다. 공리주의자들은 특정 계급이 다른 계급을 지배하는 게 자연스러운 일이라는 발상을 거부했다. 인간 사회는 각 개인이 타고난 역할을 수행하는 유기체가 아니라 각자의 효용성을 극대화하고자 노력하는 개인의 집합체다. 전통과 감정 따위는 지옥에나 떨어져라! 공리주의자들은 최대 다수의 최대 행복이야말로 도덕성의 근간이며 행복도 사람들의 기쁨과 고통을 조사해 수학적으로도 거의 정확히 산출할 수 있다고 주장했다. 애덤 스미스는 사회의 행복을 추구하는 가장 좋은 방법은 개인이익 추구라는 주장으로 전통적 사고를 뒤집었다. 그는 뷔클레흐 공작의 가정교사로 일한 경력이 있음에도 영주 귀족을 노골적으로 멸시했다. 귀족으로 태어난 이들은 지식, 근면, 인내, 자기부정, 덕성을 갖출 필요를 느끼지 못하는데 심지어 사회에서 화려함을 뽐내야 하는 관례 때문에 상황은 더 악화된 다고 불평했다. '귀족에게는 무도회에서 돋보이는 것이 최고의 승리 요 타인의 관심을 일으키는 것이 가장 위대한 업적이다.' 귀족사회 는 화려한 치장을 위한 끝없는 소비를 권장했고 사냥이나 결투와 같 은 위험한 취미는 지양했다. 이 같은 제도 속에서 재능이 제대로 분 배될 리 만무했다. 귀족들은 대부분 세상에 실질적으로 기여할 능력 이 부족했으며 가끔 뭔가에 매력을 느끼더라도 군이 성과로 연결할 만한 동기부여를 받지 못했다. 당신이 그저 당신이라는 이유로 주 변 모든 이가 우러러보고 타고난 재력 덕분에 얼마든지 물질적 풍 요를 누릴 수 있는데 군이 수고할 필요가 있는가? 일련의 급진적 정 치학자들은 위계와 존엄의 원칙에 공격을 가했다. 토머스 페인(1737 년~1809년)은 세습이야말로 인간이 겪는 모든 불행의 주요 원인이라 고 주장했다. 세습의 근간은 범죄요 원동력은 맹목적 복종으로서 혐 오스러운 윌리엄 1세를 비롯한 초대 국왕들도 폭력조직 두목에 불 과하다는 것이다.[4] 귀족은 자산을 장남에게 고스란히 물려주고 다 른 자녀들은 고아처럼 교구로 넘겨 한직을 맡김으로써 인간 존엄성 을 무시했다.[5] 자연도 세습 원칙의 관점을 표명이라도 하듯 끊임없 이 웃지 못할 상황을 만들었다. 세습 원칙으로 인해 인류가 사자 대 신 당나귀를 왕으로 모시거나 왕들이 정신 나간 늙은이가 되고도 계 속 왕좌를 지키는 상황이 벌어졌다.[6] 페인은 세습 원칙이 능력 분배 라는 터무니없는 이론에 기초한다고 주장했다. 세습 수학자나 세 습 시인은 존재하지 않는데 세습 통치자는 도대체 왜 존재한다는 말인가?[7] 또한 세습 원칙에 따르면 사회적 구분이라는 보상으로 노력을 독려하고 진정한 성취를 인정해줘야 한다는 정당화 논리는 웃음거리가 되고 만다. 페인이 보기에 군주제 덕분에 왕들이 어릴 때부터 통치를 배울 수 있다는 에드먼드 버크의 발언은 어불성설이었다. 군주제는 오히려 왕들이 능력이 뒷받침되지 않은 오만으로 가득 차게 만들고 백성 형편에는 관심조차 두지 않도록 유도한다.[8] 심지어 배우자 선택까지 제한함으로써 통치 가문을 퇴행의 악순환에 들여놓는다. 세계의 가장 위대한 인물들은 민주주의 토대 위에서 부상했다. 귀족제는 민주주의와 보폭을 맞출 수 없었다. 인위적 귀족은 타고난 귀족으로 거듭나기도 전에 난쟁이로 전락했다.'[9] 노동자의 아들로 당대 가장 영향력 있는 언론인에 등극한 윌리엄 코벳(1763년~1835년)은 스스로 영국 기득권층을 일컫는 용어로 사용했던 그것에 똑같이 회의적이었다. 기득권층이 세금을 먹어치워 부를 창출하는 자들이 피해를 입어야 했고 공직까지 장악해 시민은 오갈 데가 없어졌다. 한마디로 부패하고 타락하기 그지없었다. 곡물법은 귀족의 방탕한 생활을 지원하기 위해 식료품값을 비싸게 유지했고 후견 제도로 인해 행정부에는 기생충들만 가득했다. 코벳은 〈고위직의 나쁜 놈들〉이라는 적나라한 제목으로 희곡을 집필할 계획이었지만 안타깝게도 펜을 들기도 전에 사망하고 말았다. 지금이라도 누군가가 코벳이 못다한 임무를 대신 수행해주길 기원하자.[10] 양털깎이 출신으로 언론인이 된 존 웨이드(1788년~1875년)는 토머스 페인과 조지프 프리스틀리의 영향을 받고 제러미 벤담의 자금지원을 받아 〈고위직의 나쁜 놈들〉을 완벽히 해부했다. 《블랙북 또는 까발린 부패!The Black Book or Corruption Unmasked!》는 교회의 다원주의부터 고위 부처의 한직, 의회의 부패한 자치구에 이르기까지 옛 영국의 민낯을 낱낱이 밝혀 수년간 5만 부 이상 팔려나갔다. 웨이드는 영국 정부가 매년 연금과 한직 급여로 지출하는 비용만 100만 파운드가 넘을 것으로 추산했다. 낡은 부패체제의 핵심은 왕족으로 웨이드의 표현에 따르면 '나태, 기생충, 아첨꾼의 위대한 보육원'이라고 할 수 있었다. 왕족은 정계라는 신체에 독극물을 내뿜는 심장과 같았다. 전체 정치체계는 귀족 정부의 모든 악덕, 변덕, 부정을 보여줬다. 국가의 최고 의례가 공지도 없이 진행되었고 왕은 낭비하고 아첨하며 친밀한 자들에게 최고의 선물을 선사했다. 필수 업무는 방탕한 이들에게 배당되어 그대로 방치되기 일쑤였다고 그는 주장했다. 나태와 사치로 대변되는 귀족은 빈곤층이 그토록 갈망했던 빵을 모두 집어삼켰다.[11] 1830년대 익명으로 발표된 어느 시에는 낡은 부패체계를 신랄히 비판하는 당시 분위기가 고스란히 담겨 있다.

귀족이란? 쓸모없는 것
왕을 기쁘게 할 값비싼 장난감
왕좌를 지키는 싸구려 장신구
살아 움직이는 한 덩이 점토
그날의 화려한 구경거리
파렴치한 게으름뱅이!

귀족이란? 국가의 저주!

국고를 좀먹는 비렁뱅이

부패의 앞잡이

군림하려는 오만한 칼날

가장무도회의 바람둥이

무도회의 멋쟁이.

왕이 만들어낸 나비

국가의 애벌레들

네 시대가 얼마 남지 않았음을 알라!

도덕은 자연의 계획에서 배운다.

신은 인간을 창조하셨지만

귀족은 결코 만드신 적이 없다.[12]

    당대 문학작품에는 비슷한 주제가 넘쳐났다. 특히 저지대 영국 제도 중에는 문해력이 가장 높고 대학교가 가장 발달했으며 빈곤 지역 내 최초의 도서관도 있었던 스코틀랜드에서 이 같은 경향이 두드러졌다.[13] 로버트 번스는 1795년 발표한 위대한 시 〈사람은 사람 그 자체로 사람이다A Man's a Man for That〉에서 보통사람의 미덕을 찬양했다. '하지만 우리는 아늑한 식사를 즐긴다. 거친 직물의 회색 옷을 입어라. 비단은 바보들에게, 와인은 사기꾼에게나 줘버려라. 사람은 사람 그 자체로 사람이다.' 번스의 시에는 스코틀랜드 교회와 시장의 평등주의 문화가 잘 나타나 있다. 평범한 서민도 군주라고 불리는 명백한 바보 못지않게 품위 있는 언어를 사용하고 상류층만큼 부유했다. 영국 소설가들은 더 유익한 삶을 만드는 데는 아랑곳하지 않고 음주와 사냥만 탐닉한 상류층을 마음껏 조롱했다. 대표적 작가인 헨리 필딩의《톰 존스Tom Jones》(1749)로 그는 여우사냥에 혈안이던 웨스턴 경을 통해 오지인을 사냥하는 빅토리아 시대 중반 사람들을 비판했다. 새커리의《허영의 도시Vanity Fair》에 등장하는 천박한 피트 크롤리 경도 같은 맥락에서 볼 수 있고 심지어 트롤로페와 같은 보수 작가조차 정치소설에 칠턴 경과 같은 인물을 설정해 유행에 편승했다. 이 엘리트 귀족이나 전통을 고수하는 계층은 사회 전체의 기조를 설정하기는커녕 과거에 갇혀 문명을 발전시키지 못하는 우스운 인물로 전락해갔다. 하지만 옛 기득권층의 정통성을 박탈하기에는 아직 충분하지 않았다. 그들을 대신할 유능한 인재를 발굴할 장치부터 고안해야 했다. 옛 체제의 대표적인 비평가들은 시험을 옹호하면서도 구체적인 방법론은 언급하지 않았다. 애덤 스미스는《국부론 The Wealth of Nations》에서 모든 사람은 특정 시험이나 관찰 기간을 반드시 거쳐야 어떤 기관에서든 사업을 구축할 자유를 얻는다며 모호한 의견을 제시했다.[14] 제러미 벤담도 기막힌 제목의《공직 적성 최대화; 비용 최소화Official Aptitude Maximized; Expense Minimized》(1830)에서 애매하게 표현하기는 마찬가지였다. 돌파구를 마련한 건 케임브리지 대학교였다. 기존 구두시험을 필기시험으로 대체하고 시험 성적 우수자는 상과 장학금 형태로 보상해준 것이다. 최대 규모와 최고 재정을 자랑하던 트리니티 칼리지는 1744년 입학시험을 도입했고[15] 인근

세인트존스 대학교는 1765년부터 연 2회 시험을 실시했다. 트리니티 칼리지는 1786년 시험 성적에 따라 장학금을 수여하기 시작했고 1800년 들어 의회는 전국 대학교마다 수학 시험을 치를 것을 권고했다. 급기야 19세기 초 트리포스라는 졸업시험이 중국을 제외한 세계에서 최고 경쟁력을 자랑하는 시험으로 자리 잡았다.[16] 옥스퍼드 등 영국의 다른 대학교들과 1826년 설립된 유니버시티 칼리지 런던도 이 제도를 그대로 따라 성적순으로 합격생의 절반을 나눈 건 물론 명단도 작성했다. 케임브리지 대학교는 입학 지원자들을 의회에 모아 일주일간 수학(산술, 기하학, 대수학, 삼각법, 역학, 광학, 천문학, 뉴턴의 프린키피아Principia) 또는 1824년부터는 고전 중 한 과목을 치르도록 했다. 고전 전공을 희망한 지원자는 수학 시험부터 합격해야 했다. 단, 귀족 출신 지원자는 예외였다. 시험은 감독관이 시험지를 나눠주거나 문제를 소리내 읽어주는 방식으로 진행했는데 모든 것이 경쟁을 유도하는 장치였다. 지원자는 시험 기간이 시작되는 월요일에 이전 성적 결과에 따라 소그룹으로 편성되었다. 감독관은 지원자의 답안에 즉시 성적을 매기고 그에 따라 새로운 문제의 난이도를 조정했다. 뛰어난 성적을 기록한 학생에게는 더 어려운 문제를 출제한 것이다. 또한 시험이 끝나면 성적을 합산하고 학생들을 각 명칭에 걸맞은 그룹으로 재분류했다. 최고 성적을 기록한 합격생은 1급을 뜻하는 랭글러스, 2등 우수자는 시니어 앱티미스, 3등 학생들은 주니어 앱티미스로 나눴다. 이 중 수석 합격생은 시니어 랭글러에 등극했고 꼴찌 학생은 상으로 나무 수저를 받았다.

영국인의 관심을 끌려면 뭐든지 스포츠 행사로 만들어야 한다는 원칙에 따라 연간 경진대회는 경마대회처럼 진행되었다. 이때 경주마 훈련 담당자는 대학 교수가 아닌 개인 과외교사로 사실 교수는 학부생과 만나거나 대학에 출근하는 경우가 거의 없었다. 학생들은 최종 모의고사 결과가 발표되면 그에 따라 진로를 변경하기도 했다. 최종 우승자 명단은 런던의 여러 지역 신문에 게재되었고 우승자들은 노력의 보상으로 소정의 상금을 받았다. 대학교 장학금은 평생 매년 최대 250파운드(오늘날 가치로 29,500달러나 41,000파운드)씩 주어졌는데 이는 세전 금액이다. 새로운 시험체계는 이같이 떠들썩하게 시행되었지만 정작 대학교 전반의 지적 수준 향상에는 별로 기여하지 못했다. 출전 선수는 두 부류로 나뉘었는데 그중 하나는 대학교 시절 대부분을 방에 틀어박혀 그렇지 않아도 과부하인 두뇌에 온갖 지식을 집어넣기만 했다. 반면, 대다수 학생은 학위를 딸 수 있고 대학교에서 주류에 속할 거라고 자신한 채 인근 뉴마켓에서 경마 도박을 하거나 잔뜩 취해 촌뜨기들과 싸우거나 앤서니 트롤럽의《공작의 아이들The Duke's Children》(1880)에 등장한 것과 같은 짓궂은 장난에 심취했다. 국가는 여전히 고위 관료의 손아귀에 있었다. 아일랜드 언론인 매튜 히긴스는 〈행정개혁에 관한 편지Letter on Administrative Reform〉(1855)에서 상위 10,000명이 독식하는 영국 세계를 묘사했다.

그들은 지금까지 명예, 신뢰, 고소득이 뒤따르는 공직이라면 최고위부터 최하위에 이르기까지 모두 독점해왔다. 원하는 것은 직접 손에 넣었고 원하지 않는 것은 친척, 지인, 피부양자에게 나눠졌다. 그 결과, 우정이나 은혜 형태로 진 빚을 모두 갚았고 장남 이외 아들들은 물론 더 이상 쓸모가 없어진 하인들에게도 공직을 제공했다.**17**

지식귀족

•

능력주의 사상이 눈부신 도약을 할 수 있었던 건 유럽이 배출한 가장 뛰어난 혁명가집단 중 하나의 공로 덕분이었다. 대표적 인물인 존 메이너드 케인스는 이들을 교육받은 부르주아로 명명했고 가장 근면한 역사학자 노엘 아난은 지식귀족이라고 불렀다.**18** 이들이 얼마나 굵직한 역사를 써내려갔는지는 헉슬리, 다윈, 버틀러, 시즈윅, 트레블리안, 포셋, 그리고 당연히 케인스까지 일부 엘리트의 성만 봐도 알 수 있다. 이들은 친구와 지인이 아닌 자신의 두뇌와 성격만으로 각자의 지위에 도달했다. 물론 자신의 두뇌 덕분에 생긴 친구와 지인을 십분 활용했지만 말이다. 게다가 자신과 같은 사람들도 통치할 수 있는 사회를 만들기 위해 개혁을 시도했다. 그러려면 능력주의의 핵심을 관통하는 수수께끼의 답을 찾아야 했는데 바로 능력이란 무엇이며 이를 어떻게 측정할지의 문제였다. 또한 토지가 수단인 옛 귀족으로부터 두뇌를 무기로 탄생한 새 귀족으로 권력이 평화롭게 이양되는 걸 정당화할 수 있어야 했다. 지식귀족은 토머스 페인과 같이 옛 귀족 계층에 전면 공격을 가하는 방식은 대체로 선호하지 않았다. 대신 페이비언Favian 회원들이 향후 침투주의 또는 점진적 사회주의라고 지칭한 방식을 채택했다. 기존 제도를 일순간 철폐하기보다 점진적으로 개혁해 명예귀족 사상을 근대 능력주의로 전환해가는 것이다. 이 지식귀족 집단의 기원은 세 종교집단과 하나의 세속 분파에서 찾을 수 있다. 종교집단인 클래펌 종파와 퀘이커, 유니테리언은 하나님 은혜의 결실인 박애주의에 공통 신념을 갖고 교도소 개혁, 성인 문맹 퇴치, 무엇보다 노예제 폐지와 같은 사회 개혁운동에 함께 헌신했다. 한편, 공리주의자나 급진파 철학자를 포함하는 세속 분파는 이성의 힘과 측정의 효능을 신봉했다. 지식귀족 최초의 대변인은 빅토리아 시대 역사학자 중 단연 위대한 토머스 배빙턴 매콜리였다. 매콜리의 부모님은 런던 남부 클래펌 커먼 인근에 거주하던 복음주의 기독교인으로 영혼 구원과 이성계발 두 가지 소명에 헌신했다. 부친 재커리는 윌리엄 윌버포스와 함께 노예제 폐지 운동을 벌이며 그 일환으로 1823년 반노예제 사회를 설립하고 기관지 〈반노예제 리포터The Anti-Slavery Reporter〉의 편집인이 되었다. 또한 런던 대학교와 사회악 탄압협회 설립에 일조한 위원회에서도 활동했다. 별명이 '영리한 톰'이었던 매콜리는 지능 측면에서 부모의 기대에 부응해 겨우 두 살 때 이미 글을 쓸 줄 알았고 일곱 살 때는 세계사에 통달했다.[19] 하지만 도덕적으로 들어가면 문제가 복잡해진다. 사실 뼛속 깊이 개혁가였지만 복음주의 기독교를 저버리고 세속적 공리주의를 받아들인 건 물론 휘그당 상류 사회의 클래펌이라는 좁은 세계에 가입해 케임브리지 트리니티 대학교 장학금을 받고 다녔다. 덕분에 별다른 압박 없이 대학교에서 지내고 학위 논문도 완성할 수 있었다. 매콜리는 빅토리아 시대의 전형적인 인물로 보통사람이라면 자기 의심에 빠질 만한 부분에서 자신감이 넘쳤고 모두 한 가지도 제대로 하기 힘든 전문 분야를 여러 개나 섭렵했다. 그가 위대한 역사학자라는 사실은 자기소개서의 한 칸을 차지하는 내용에 불과했다. 사실 그 같은 명성을 자랑할 수 있었던 것도 단순한 역사 기술 이외에 수많은 일을 한 덕분이었다. 〈에딘버러 리뷰〉에 그의 새로운 논문이 발표되었다는 소문만 돌아도 런던 사회가 들썩일 만큼 훌륭한 공공 지식인이었고 위대한 정치가이자 행정가여서 〈에딘버러 리뷰〉에 실린 초창기 논문에서 노예제 폐지를 옹호하기도 했다. 칼른 지역 랜스다우니 경의 독점선거구 의원으로 의회개혁을 주도했고 훗날 전쟁장관과 경리총감을 겸임했다. 개혁을 원한다면 그 체제 안에 들어가야 한다는 사실을 그는 이해했다.

인도는 매콜리가 엘리트 교육 및 공개경쟁과 관련된 여러 아이디어를 실현할 수 있는 실험장이었다. 1835년 2월 그는 〈인도 교육의 순간〉이라는 기고문에서 인도 교육체계의 틀을 제공했고 20여 년 후인 1854년 11월 〈인도 공직체계 보고서〉의 주요 저자로 참여했다. 그의 목표는 인도 엘리트 계층의 구축으로 이들은 무엇보다 우리와 우리가 통치하는 수백만 명 사이에서 통역사 역할을 하고 혈통과 피부색은 인도인이지만 취향, 의견, 도덕, 지능 면에서는 영국인인 사람들의 계급이 되어야 했다. 여기에는 두 가지 대대적인 개혁이 뒤따랐다. 첫 번째는 후견과 인맥 중심으로 채용이 이뤄지던 구체제를 능력이 기준인 새 체제로 교체하는 혁명으로 여기서는 유능한 인도인도 유능한 영국인과 똑같이 지원할 수 있었다. 두 번째 혁명은 엘리트 지배층 교육에 쓰이던 산스크리트어(Sanskrit어: 인도·유럽어족 중 인도·이란어파에 속한 인도·아리아어 계통으로 고대 인도의 표준 문장어 - 편집자 주)를 영어로 대체한 것으로 인도인 엘리트가 앵글로 색슨족의 엘리트보다 더 광활한 지역에서 활약하게 하기 위해서였다. 매콜리의 확신에 찬 태도는 특히 인도인 사이에 분노를 일으켰다.[20] 1834년~1838년 4년간 그는 인도에 머물렀지만 당시 다른 영국인과 마찬가지로 산스크리트어나 인도 고전 문화는 배울 생각이 전혀 없었다. 그에게 중요한 건 오직 유럽 문명이었다. 〈인도 교육의 순간〉에서 그가 인도 교육의 핵심이던 산스크리트어 대신 영어를 도입하면서 들었던 근거는 유럽 서적으로 가득 찬 책장 단 한 칸의 가치가 인도와 아라비아의 모든 현지 문학을 합친 가치와 맞먹는다는 사실을 부정하는 인도 학자를 지금까지 만나보지 못했다는 사실이었다. '매콜리의 아이들'은 수많은 인도 민족주의자가 영국화된 인도인을 경멸하듯 부르는 호칭이었다. 그럼에도 매콜리의 수많은 저서, 특히 인도 교육에 관한 글을 읽어보면 그가 능력주의의 정교한 이론을 발전시켜 인도 전통사회는 물론 영국의 영주 엘리트에까지 도전장을 내밀었음을 알 수 있다. 매콜리는 모든 이가 서로 다른 재능과 근면성을 타고난다는 전제에서 출발했다. 사회 발전 여부를 평가하는 좋은 방법은 인재를 어떻게 선발하는지, 공공선 실현이라는 목표를 위해 이들을 어떤 식으로 배치하는지 알아보는 것이다.[21] 이를 위해서는 실력과 단순 학습을 구분할 수 있어야 한다. 매콜리에 따르면 잘 고안된 시험이라면 단순히 형이상학적 읽기 수준을 알아내는 데 그치지 않고 응시생의 이성의 힘을 시험할 수 있어야 했다.[22] 만약 우리가 그리스어 대신 체로키어(북아메리카 체로키족이 쓰는 언어로 소멸 위기에 처해 있다 - 편집자 주)를 배웠다면 체로키어를 가장 잘 이해하고 체로키어 구문을 가장 올바로 리듬감 있게 활용하며 체로키어 조항의 효력을 가장 정확히 이해하는 사람이 그 같은 성과에 목마른 이들보다 우월하다는 평가를 받을 거라고 그는 생각했다.[23] 당대 가장 유능하고 가장 야심 찬 인물들이 너도나도 잘하려고 노력하는 분야에서 최고 실력을 발휘하는 이는 누구나 성공을 보장받는다. 그의 이성의 힘은 처음에는 좀 독특하더라도 적절한 훈련과 방향 제시로 국가에 상당한 공헌을 할 것이다.[24] 결국 그는 사람들이 삶에서 증명하려는 것을 찾아가는 데 시험이 좋은 지침이 될 거라고 믿었다.[25] 직업적 성공에 요구되는 자질은 시험장에서 검증받는 자질과 정확히 일치하기 때문이다. 추종자로서 그는 시험이 전반적인 지적 능력뿐만 아니라 도덕성도 믿을 만하게 검증해준다고 덧붙였다. 과학과 문학에서 일찌감치 두각을 나타낸다는 건 악을 바로잡아주는 자질인 근면, 자기부정, 감각 이외의 기쁨을 추구하는 능력, 명예로운 남다름을 향한 바람직한 욕구, 친구와 지인의 인정을 받고 싶은 더 바람직한 욕구 등을 이미 갖고 있음을 의미한다.[26] 매콜리가 인도를 능력주의 사상의 거대한 실험실로 만들었다면 처남 찰스 트레블리언 경은 영국 심장부에서 동일한 실험을 진행했다. 트레블리언 경은 매콜리에 비하면 범상찮은 인물이었다. 매콜리가 처남과 함께 인도에 머물 때 그의 머릿속에는 도덕적·정치적 발전 전략이 가득했고 상대방의 환심을 사야 할 순간조차 증기 항해, 원주민 교육, 설탕 관세 균등화를 이야기한다고 적었다. 하지만 매콜리는 자신의 영향력을 총동원해 1840년 처남을 재무부 차관 자리에 앉히는 데 성공했다. 이는 매콜리가 몸소 의회에 입성한 사례와 더불어 능력주의 원칙을 실현하는 데 후견 제도가 활용된 수많은 사례 중 하나다. 1853년 재무부 장관이던 윌리엄 글래드스턴은 트레블리언을 개인비서였던 스테퍼드 노스코트 경과 함께 공직체계조사협회 공동의장에 임명했다. 그 결과로 탄생한 노스코트-트레블리언 보고서(1854)는 능력주의 역사상 가장 중요한 문서 중 하나로 불과 23페이지 분량에 구질서가 초래한 절망적인 현실은 물론 새 질서의 청사진까지 담아냈다. 이 보고서에 따르면 후견 제도와 직업안정성으로 요약되던 구체계는 소위 곪은 상처로 인한 후유증을 영국 정부가 더 많이 떠안으면서 하루가 다르게 위험해지고 있었다. 영국은 국가조직을 근대화하지 않으면 국내적 번영은 물론 해외 확장도 도모할 수 없었다. 구체계는 어리석고 게으르고 나약한 이들을 공직체계에 끌어들였고 일단 이들을 채용하면 내보낼 수도 없었다. 공개채용으로 동시대인과 경쟁해도 얼마든지 승리할 거라는 기대에 부응하지 못하는 이들, 그리고 게으르거나 신체적 결함 때문에 활동적인 업무에 부적합한 이들이 결국 공직에 배치되어 별다른 위험에 노출되지도 않고 노동할 필요도 없이 명예로운 삶을 살아간다고 보고서는 주장했다.[27] 이를 민간부문과 비교해보면 상반된 내용에 당황스럽다. 공개채용하는 직업은 유능하고 에너지가 넘치는 인재가 최고위직까지 올라간다면 아둔하고 비효율적인 노동자는 밑바닥에 머문다. 반면, 공직체계에서는 다함께 올라가는 게 일반적인 법칙이다.[28] 이 같은 문제점에 보고서는 간단한 해결책을 제시했다. 공직에도 민간부문의 공개경쟁 원칙을 도입해 새로운 활기를 불어넣는 것이다. 즉, 능력을 기준으로 공직자를 선발하고 성과를 기준으로 승진시킨다.[29] 도대체 경쟁을 어떻게 도입할 것인가? 그리고 경쟁으로 가장 유능한 후보를 선발할 수 있다고 어떻게 확신하는가? 물론 이 질문의 답은 시험이다. 시험은 최대한 공개적·객관적으로 실시해야 한다. 그리고 후보들의 단순한 성과뿐만 아니라 지능도 검증할 수 있어야 한다.[30] 노스코트와 트레블리언은 시험에 기대하는 최고의 이점은 청년의 보편적인 능력을 끌어내는 거라고 주장했다.[31] 여기에 등장하는 보편적 능력이라는 구문이 향후 능력주의 사상의 핵심을 차지한다. 노스코트와 트레블리언은 공개경쟁 원칙으로 새 시대의 국가가 열릴 거라고 믿었다. 지금까지 기생충에 불과했던 국가가 드디어 공공업무 수행기관으로 거듭나는 것이다. 후견 제도로 인해 귀족은 가족 구성원 중 신체허약자나 정신쇠약자를 맡기는 요양원 정도로 공직을 활용해왔다. 게으르고 쓸모없는 자, 바보, 폐결핵 환자, 건강염려증 환자, 정신이상 경향자, 문제아는 무조건 공직에 채용시킨 것이다. 반면, 경쟁체제에서는 플라톤의 재능귀족 원칙에 따라 진정한 의미의 귀족, 신사의 자손, 노력이나 적절한 훈련과 좋은 사회의 힘으로 신사의 분위기와 습관을 고루 습득한 인물을 확보할 수 있었다.[32] 이들 타고난 신사는 두 종류의 우월한 시민으로 분류된다. 자신의 부나 인맥에 전혀 의존하지 않고 노력만으로 신분 상승을 이룬, 잘 교육받은 청년과 극도의 에너지와 인내심으로 악명이 날 만큼 맡은 바에 헌신하는 잘 교육받은 빈곤층이다.[33] 공개경쟁은 관료체제의 효율성을 높일 뿐만 아니라 도덕성을 향상시키는 도구였다.[34] 후견 제도는 도덕성 측면에서 보면 사람들의 의존도를 높이는 부작용을 낳았다.[35] 반면, 공개경쟁은 자립성을 강화하는 긍정적인 역할을 했다. 경쟁은 그동안 후견 제도 덕분에 무상으로 주어졌던 행정직을 능력으로 획득해야 하는 자리로 전환함으로써 정부와 통치 계층이 더 이상 부정부패에 물들 수 없게 만들었다.[36] 이는 사회 여러 분야에도 강력한 신호를 보냈다. 존 스튜어트 밀은 정부가 이제 호의가 아닌 능력에 따라 공직을 분배한다는 사실이 알려지면서 위대하고 유익한 도덕적 혁명이 최하위 계급의 이성에까지 침투할 거라고 말했다.[37] 이 보고서의 발표 시기는 더할 나위 없이 적절했다. 크림전쟁 당시 경기병 여단의 돌격이 물거품으로 돌아가고 병참작전이 거듭 실패하면서 영국 정부가 직면한 새로운 도전에 제대로 대응하지 못하고 있음이 입증되었고 심지어 이듬해 인도인의 반란이 일어나 영국의 제국 통치가 통째로 흔들린 것이다. 그럼에도 보고서에 대한 저항은 극렬했다. 수많은 전통주의자는 교실 등 삶의 일개 영역에나 어울리는 원칙을 아무 연관도 없는 영역에 적용하려고 한다며 반발했다. 현시대 관점에서 보면 춤 경연대회 성적으로 영국 은행의 새 총재를 뽑는 식이다. 앤서니 트롤럽은 저서 《세 점원The Three Clerks》(1857)에 등장하는 그레고리 하드라인 경을 통해 찰스 트레블리언을 풍자했다. 훗날 솔즈베리 경이 된 로버트 세실은 공개경쟁으로 선발된 공무원은 콧대가 높아져 말싸움이나 하려고 들고 받들어야 시민을 오히려 업신여길 거라고 우려했다. 월터 배젓은 똑똑한 사람일수록 정부에서는 정작 별로 할 일이 없어 오히려 맥을 못 추고 불만을 늘어놓거나 신성모독이나 하며 시간을 보낼 거라고 우려했다. 이렇게 반대 의견이 들끓으면서 노스코트와 트레블리언의 개혁은 지체되었다. 1855년 최초로 도입된 경쟁시험은 재능 있는 모든 이에게 기회를 제공하는 대신 내정된 후보를 선발하는 기능만 했다. 공직은 여전히 나태함의 대명사로 불려 보고서가 발표된 지 3년 후 찰스 디킨스는 저서 《작은 도릿Little Dorrit》에 관료주의적 관청을 등장시켜 공직을 풍자했다. 그 관청 직원들은 서로 잘 아는 가문 출신으로 빈자리가 나자마자 가족을 고용해 지속적으로 관청을 장악하거나 영국 시민들이 아무 일도 해낼 수 없도록 방해하는 데 골몰했다. 하지만 개혁가들은 일련의 전개 상황을 지켜보며 중요한 이치를 깨달았다. 개혁적 사상은 일단 어느 정도 알려지기만 하면 새로운 상식으로 자리 잡는 경향이 있다는 것이다. 따라서 노스코트-트레블리언 보고서는 조직적인 면뿐만 아니라 지능적인 면에서도 위업을 달성했다. 후견 제도라는 구체제를 방어하는 게 더 이상 불가능해진 것이다. 또한 개혁가들은 공개경쟁으로 인해 최고 명문 옥스퍼드와 케임브리지 대학교부터 가장 낙후된 사립학교까지 영국 교육체계가 그동안 왜곡된 후

건 제도와 부패 문화에서 벗어나 새로운 활기를 띨 거라고 믿었다. 교직원들은 자신의 직업을 한직으로 여겼다. 교사직은 대물림되었고 학생들은 방치되었으며 장학금은 출신 가문을 기준으로 분배되었다. 대학교에서는 일련의 종교시험을 치러 39개 조에 서명하길 거부하는 학생들은 졸업도 못 하게 만들었다. 비국교도, 유대인, 무신론자 등 영국에서 지적으로 가장 왕성하게 활동하는 이들을 대학교 교육에서 배제한 것이다. 개혁적 성향의 일부 교육학자는 이미 1830년대부터 영국 학교들을 개선해나가기 시작했다. 토머스 아널드는 특유의 매력으로 고학년 학생 스스로 질서를 지키게 만들고 영리한 제도개혁까지 단행해 럭비스쿨의 교습 수준을 한층 업그레이드시켰다. 벤자민 조웻이나 프레데릭 템플과 같은 대학개혁가 집단은 공개경쟁 원칙을 도입해 대학교를 되살리고 대학교과 국가 간 연계를 강화하고자 했다. 그들은 후견 제도 대신 공개경쟁 체제를 확립해야만 대학교에서 나태한 인력을 축출하고 앞서 나가려면 노력할 수밖에 없다는 메시지를 청년과 부모들에게 강력히 전달할 수 있다고 주장했다. 매콜리는 명예로운 사회적 지위뿐만 아니라 안락하고 독립적인 삶까지 누릴 수 있는 인도 공직체계 내 40개 직위를 정기 경쟁시험으로 채용하면 영국 대학교들이 급성장할 수 있다고 주장했다.[38] 대학개혁가들은 옥스퍼드와 케임브리지 대학교 출신 대부호들도 공개경쟁에 응시하도록 하면 파급력이 훨씬 강할 거라고 믿었다.[39] 총리를 지낸 존 러셀 경이 1850년 설립한 옥스퍼드와 케임브리지의 왕립위원회는 공개경쟁 도입을 주장하는 이들 개혁가의 논리가 널리 공표될 기회를 줬다. 공개청문회를 열어 세간의 이목을 끌고 기조를 설정하는 보고서를 발표한 것이다. 옥스퍼드위원회는 대학 내 542개 평의원직 중 실제 경쟁으로 채용하는 자리는 22개에 불과하다고 한탄했다. 나머지는 특정 지역, 학교, 가족 출신으로 지원 자격이 제한되어 있었다.[40] 위원회는 이 같은 규제조항이 학습과 교습의 질을 떨어뜨려 노력 의지를 훼손하고 결국 창립자의 아둔한 친척만 대학교에 들끓게 만든다고 주장했다. 당시 사람들은 창립자의 친척, 일종의 창립자와 같은 용어를 바보라는 의미로 널리 사용했다.[41] 헤이워드 콕스는 위원회에 제출한 증거에서 이 같은 불만을 표출했다.

> 그들은 교육의 순기능을 실현할 힘이나 의향이 전혀 없는 열등생만 대학교에 넘치도록 만들었다. 자신에게 걸맞은 분야에서 유용한 역할을 할 수 있는 인물은 대부분 배제한 반면, 나태하고 이기적이고 제멋대로 구는 이들에게 특혜를 제공했다. 그리고 추구할 열정조차 없는 이들에게 가르침 임무를 맡겼다.[42]

위와 같은 지원자격 제한조항은 결국 교육의 기회가 월등한 지능과 남다른 근면성으로 자신을 잘 활용할 수 있음을 입증한 이들에게 보상의 일환으로 제공되는 게 아니라 출생 가문에 따라 지급되는 선물처럼 여겨지게 만들어 재앙으로 판명되었다.[43] 하지만 해결책은 간단했다. 규제조항을 철폐하고 평의원직을 능력 기준만으로 채용하는 것이다.[44] 반면, 케임브리지위원회는 불만을 제기할 만한 관례가 비교적 적었다. 이미 평의원직의 대다수를 공개경쟁으로 채용했던 것이다. 아무리 친구도 없고 알려지지 않은 학생이라도 인성과 실력 면에서 자격 요건이 충족된다면 다른 명문가나 부유층 출신과 같이 확실히 채용되었다.[45] 위원회는 이렇게 잘 뿌리내린 원칙이 이제 보편화되어 모든 평의원직과 장학생이…… 공개경쟁 이외에 아무 제한도 없는 원칙에 따라 선정되어야 한다고 주장했다.[46] 또한 정부는 대학교 내 종교에 따른 제약을 전면폐지함으로서 혁명을 완성했다. 1854년과 1856년 옥스퍼드와 케임브리지의 대학교법에 따라 대학교에 입학하거나 학위를 따려면 39개 조에 서명해야 한다는 조항을 삭제했지만 서명을 거부하는 학생들은 석사 학위, 평의원직, 수상 등 능력주의의 혜택을 여전히 누릴 수 없었다. 1869년 케임브리지 대학교 수학 학부 수석 학생은 유대인이라는 이유로 수상을 금지당했다. 영국 역사상 가장 독실한 총리였던 글래드스톤은 1871년 오랜 전통의 대학교들에서의 종교적 규제조항 철폐법안을 통과시킴으로써 세속적 능력주의에 기반한 새로운 지배층의 탄생을 알렸다.[47]

크림전쟁 패배로 국가 내 또 다른 기관인 군대에도 공개경쟁 원칙이 적용되었다. 영국 군인들은 1854년~1856년 2년간 놀라운 패기로 결사적으로 싸웠지만 정작 그들을 이끄는 상관들은 직위를 돈으로 매수하고 군사과학의 변화를 숙지하기는커녕 와인잔 돌리는 데만 관심 있는 어리석고 고집 센 노인들이었다. 이 전쟁의 사망자만

21,000명이 넘었는데 그중 2,755명이 전사하고 2,019명이 부상당하고 16,323명이 질병으로 사망했다. 1857년 왕립위원회는 직위를 매도하는 관행이 오늘날 국민 정서에 해악을 끼치고 군인의 명예에도 부합하지 않는다고 선언했다. 이 같은 매매체계는 부당한 특권을 부유층에 선사해 사기를 떨어뜨리고 능력을 억압하며 군인이 전사하면 직위까지 사라져 유가족을 경제적 파탄에 몰아넣을 수도 있었다. 개혁은 또 다시 절망적일 만큼 느리게 진행되었다. 관청은 군대유지비를 줄일 수 있어 직위를 가진 자들은 젊은 장교들에게 직위를 팔아 퇴직금을 마련할 수 있어 매매체계를 선호했다. 이는 육군 참모총장 겸 케임브리지 공작이자 괴팍하고 늙은 속물인 조지 왕자도 마찬가지였는데 그래야만 하층민의 입대를 막을 수 있었기 때문이다. 하지만 공작의 완강한 저항은 에드워드 카드웰과 조지 트레블리언 경이 합심함으로써 물리치는 데 성공했다. 카드웰이 하원에서 기나긴 논쟁을 벌여 이 법안을 통과시키면 유능한 자와 전문가를 군에 유치해 진정한 의미의 귀족주의를 완성할 수 있다는 확신을 심어준 것이다.[48] 결국 정부는 군의 포괄적 개혁안을 통과시켜 직위 매매제도를 폐지하고 장교 지원 자격을 샌드허스트 군사학교 졸업생으로 제한했고 학교 입학 여부는 경쟁시험으로 결정한다고 발표했다. 공개경쟁 비중이 커지면서 영국인의 삶에서 시험의 중요성도 덩달아 커졌다. 《세 점원》에서 앤서니 트롤럽은 벤자민 조윗을 본 따 한 명의 인물을 창조했는데 그는 모든 영국인이 합격할 수 있도록 기회가 주어지길 기원했다. 자신이 채소가게 아들임에도 양배추를 운반할

체력이 확인되지 않으면 양배추를 운반할 수 없었다.**49** 길버트와 설리번의 〈전함 피나포어HMS Pinafore〉(1878)에서 조셉 포터 경은 해군 입대시험에 나가기 전 노래를 흥얼대며 깨끗한 셔츠와 새로 산 양복을 차려입고 〈아이오란테Iolanthe〉(1882)에서 여왕 요정은 공작이 공개경쟁 시험으로 승급했다고 말했다. 새로운 활기를 띤 옥스퍼드와 케임브리지 대학교는 영국 중등학교에 공개경쟁 시험을 도입하는 데도 주도적 역할을 했다. 1857년 7월 옥스퍼드 대학교는 지역 시험사절단을 구성해 학생들에게 현대의 졸업장과 같은 증서를 제공했는데 그로부터 1년 후 케임브리지 대학교도 지역 시험협회를 만들었다. 지역이라는 단어는 후보자들이 굳이 대학교가 있는 지역까지 가지 않더라도 집 근처에서 시험을 치를 수 있다는 뜻을 내포했다. 사절단은 학자 복장에 소중한 시험지가 담긴 밀봉 상자를 들고 기차에 올랐다. 시험은 6~7일간 진행되었는데 매일 아침, 오후, 저녁 새 시험지가 배포되었고 엄청난 암기력을 요구하는 문제가 많이 출제되었다. 응시생들은 순전히 기억력에 의존해 구체적인 해안선, 강, 등선을 그리거나 왕과 왕비의 이름을 열거하거나 영국 역사상 주요 사건을 기술해야 했다. 이 때문에 타고난 능력을 검증하는 것과 극단적인 암기 천재를 발굴하는 것 중 시험의 진정한 목표를 두고 치열한 공방이 벌어질 수밖에 없었다. 일부 역사학자는 공개경쟁 시험을 추종하는 신념이 과연 급진적인지 의문을 제기했다. 공개경쟁 체계도 결국 값비싼 교육을 받을 여력이 있는 사람에게 더 많은 권력을 주는 것이었다. 이들은 윌리엄 글래드스톤의 권위를 빌려 근거를 제시했는데 그는 1845년 1월 존 러셀 경에게 보낸 편지에서 공개경쟁 시험이 고전과 수학의 중요성을 강조하는 만큼 귀족에게 유리할 수밖에 없다고 내다봤다.

> 나는 타고난 재능도 이 나라의 귀족이 일반 대중보다 평균적으로 우월하다는 인상을 강하게 받아왔네. 거기에 그들이 누리는 혜택, 철저한 교육과 포괄적인 교재 학습까지 감안하면 더 유리할 수밖에 없는 게 당연하네.**50**

이때 글래드스톤은 물론 훗날 같은 주장을 반복하는 이들도 정작 핵심은 놓치고 말았다. 바로 새로운 체계의 가장 중요한 기능은 계층 간 이동성 확대가 아닌 국가의 본질을 바꾸는 것이었다. 구체제는 본래 잠시 빌리는 데 만족하는 정권이었다. 사람들은 엄중한 의무를 수행해야 하는 직위가 아니라 잠시 빌려 누릴 만큼 누리다가 다른 사람에게 주면 그만인 자리로 공직을 바라봤다. 반면, 새로운 체제는 문제 해결을 중시했다. 사람들은 공직에 있는 동안 주머니를 채우기보다 국익을 증진해야 한다고 믿었다. 시험으로 인해 구체제의 상류 계층은 안으로부터의 개혁을 단행할 수밖에 없었다. 이전에는 떡고물이라도 얻어먹으려고 정치인 로비에 열을 올렸다면 이제 학교와 대학교를 포섭해 자신의 실력을 키우고 자녀가 계속 노력하게 만드는 데 열중하게 된 것이다. 이와 동시에 교육 분야에서 상류층과 꾸준히 경쟁해왔지만 후견 제도로 인해 영향력 있는 직위에서는 지속적으로 배제당한 영국 지식귀족도 드디어 기회를 누리게 되었다. 또한 영국 정부가 가장 가난한 학교와 엘리트 대학교를 잇는 기회의 사다리를 마련하면서 재능은 있지만 가난한 학생에게도 조금씩 기회가 열리기 시작했다. 극우 보수파였던 솔즈베리 경은 공개경쟁을 교사의 계략일 뿐이라고 묘사함으로써 글래드스톤보다 현실을 예리하게 파악하고 있음을 보여줬다. 아무리 그래도 학업적 성공은 후견 제도나 정실인사만큼 권력을 결코 확실히 보장해줄 수는 없었다.

자유주의의 딜레마

그럼에도 공개경쟁이 사회정의를 어디까지 보장할 수 있는가의 문제는 중요하다. 자유주의 실험의 첫 단계는 비교적 단순했다. 어떤 종류든 재능을 가졌다면 무조건 경쟁에 참여할 기회를 줘야 한다는 데 모든 자유주의자가 동의했다. 그런데 공개경쟁 체제가 확립되자 자유주의자는 더 까다로운 문제에 부딪혔다. 굴뚝 청소부의 영리한 자녀가 불과 11살에 학교를 그만두는데 공작의 우둔한 자녀는 이튼스쿨에 진학한다면 능력주의를 어떻게 추구할 수 있겠는가? 제한된 정부와 낮은 과세율이라는 자유주의의 또 다른 원칙을 깨뜨리지 않고도 굴뚝 청소부의 자녀에게 기회를 줄 방법은 무엇인가? 그리고 전체 국민 중 미처 발굴하지 못한 인재가 얼마나 되는지 어떻게 알 수 있는가? 이 같은 질문을 둘러싼 논쟁으로 자유주의자도 여러 진영으로 쪼개졌다. 일부 자유주의자는 영국이 인재를 이미 충분히 활용하고 있다고 주장했다.

1900년경 25만 부 이상 판매되고 유럽 주요국과 아시아 국가 내 여러 언어로 번역·출간되어 당대 최고의 베스트셀러 중 하나로 손꼽히는 《자조론Self-Help》(1859)에서 새뮤얼 스마일즈는 열심히 노력만 하면 기회는 자연스럽게 따라온다고 주장했다. 산업화로 인해 타락한 세습귀족의 자리를 노력형 귀족이 차지하면서 산업 영웅도 거의 예외 없이 해당 계층에서 배출되었다. 이제 젊은 세대는 열심히 노력하고 기회만 잡으면 산업 영웅으로 거듭날 수 있고 설사 그렇게까지 안 되더라도 좋은 직장과 성공적인 삶을 보장받았다. 사람들이 실패한 유일한 이유는 게으르고 방탕하게 살아왔기 때문이다. 'E. B.'라는 이니셜 이외에 역사적으로 알려진 바가 없는 한 시인은 〈영국 노동자가 부르는 노래Songs for English Workmen to Sing〉(1867)에서 스마일즈의 철학이 얼마나 전폭적인 지지를 받았는지 보여줬다.

일하라, 소년들이여, 일하고 만족하라.

네게 끼니를 해결할 자금이 있는 한,

네가 의지하는 그 남성은 곧 풍족해질 것이다.

그가 계속 열심히 노력만 한다면.

월터 배젓은 군주와 귀족이 군림하던 사회에서 실제로 진짜 통치자는 유능한 전문가 계층이라고 주장했다. 장관, 정치인, 정부 고위 관료는 선거를 거치거나 치열한 성과평가로 선발되었기 때문이다. 사회진화론 창시자이자 배젓의 잡지사 〈이코노미스트〉에서 한때 일했던 허버트 스펜서는 최고의 인재는 이미 최고의 지위에 올랐다고 믿으며 우월한 자는 우월성이 선사하는 혜택을 누릴 테고 열등한 자는 열등함으로 인한 불이익을 경험할 거라고 단호히 주장했다.[51] 그럼에도 인재를 놓치는 문제는 고전적 자유주의자까지 우려하게 만들었다. 리처드 코브덴은 정통 자유방임주의의 금본위제 사회에서 교역에 정부의 비개입이 필수이듯 교육에는 정부 개입이 필수임을 인정하며 프로이센의 절대주의야말로 유럽 최고의 정부라고 칭송했다.[52] 배젓은 빅토리아 시대 중기 영국이 추구해야 할 위대한 명분은 오직 교육뿐이라고 주장했다. '이를 위해 정부는 이제 계층은 혼합되고 교육은 광범위하게 이뤄지게 되었다고 오해받기 전에 훨씬 광범위하게 개입해야 한다.'[53]라고 주장했다. 벤자민 조웻은 대학교가 지배층 이외 계급에서 인재를 찾는 노력을 더 많이 기울여야 한다고 주장했다. '해로, 윈체스터, 이튼스쿨 등의 재학생보다 더 많은 학생에게 자유주의 교육이 필요하다는 인식을 확산시키는 것만큼 유용한 건 없다. 현재 쓸데없이 낭비되는 문법학교나 여러 기부재단만 활용해도 수단은 충분하다.' 시대가 발전하면서 공공교육의 필요성을 제기하는 목소리도 압도적으로 커졌다.

존 스튜어트 밀은 야경국가 지지를 철회했다. 천재는 방치되어 스러져 가는데 이튼스쿨의 지진아는 결국 각료 자리를 꿰차는 현실을 더 이상 참을 수 없었기 때문이다. 매튜 아놀드는 집합적이고 집단적인 특성만 대변하는 국가는 중산층에 양질의 교육을 제공함으로써 효율성과 문화라는 두 마리 토끼를 잡을 의무가 있다고 주장했다. 만약 주저한다면 영국은 프랑스, 독일과 같이 교육수준이 훨씬 높은 국가들에 패하고 사회는 속물근성과 이기주의로 썩어들어갈 것이다. 그러자 신자유주의자는 인재 확보라는 명목으로 더 큰 정부를 수용하기에 이르렀다. 옥스퍼드 발리올 대학교를 한층 더 적극적으로 개입하는 자유주의 본부로 탈바꿈시킨 T. H. 그린은 자유주의가 권력과 특권 제거라는 임무는 대체로 완수했다고 주장했다. 유능한 자유주의자는 이제 국가와 사회에 '나를 가만히 내버려 두는가?'가 아니라 '내가 잠재력을 실현하도록 충분히 도와주고 있는가?'라는 질문을 던졌다. 자유주의자는 민주주의가 걱정되기는 마찬가지였다. 개인의 자유와 사상의 자유와 같이 그들에게는 가장 소중한 가치가 민주주의로 위협받는 건 아닌지 우려했다. 자유주의 확산을 주장한 초기 사상가 존 라이트는 가난해 남들에 의존할 수밖에 없는 사람들이 똑똑하고 정직한 근로자에게 짐이 될 거라고 적었다.[54] 존 스튜어트 밀은 결국 개인의 희생을 담보로 대중이 번창하고 일반인이 진짜 천재를 밟고 올라서며 순응하는 자는 온갖 명예로 보상받는 반면, 반대하는 자는 공공의 삶에서 쫓겨날 거라고 우려했다. 또한 교육을 받은 자에게 더 많은 투표권이 주어져야 한다고도 주장했다. 위대한 법률사학자 헨리 섬너 메인은 민주주의가 역逆군주제가 될 거라고 우려했다. 하지만 대부분의 자유주의자는 민주주의에 저항하는 게 역효과까지 일으키지는 않을지언정 헛된 행위라는 사실을 알았다. 이 딜레마에서 벗어날 가장 편리한 방법은 민주주의에 능력주의 요소를 가미하는 것으로 교육을 받은 자에게 더 많은 권력을 주는 정치능력주의나 상류 문화를 최대한 퍼뜨리는 문화능력주의를 시도해볼 수 있다. 글래드스톤의 핵심 부관 중 한 명인 로버트 로우는 1867년 개혁안으로 민주주의가 확산된 이후 동료 의원에게 미래의 주인이 민주주의 언어를 배우도록 설득해야 한다고 말했고 이는 곧 우리 주인들을 교육시켜야 한다는 문구로 확산되었다. 매튜 아놀드는 국가교육 체계가 공공이익을 도모할 능력주의자를 발굴·육성해야 한다고 주장했다. 이 같은 부류를 그는 외계 생명체라고 불렀는데 이들은 주로 '집단정신이 아닌 인간의 완벽성을 사랑하는 보편적 인간정신에 따라 움직인다.'[55] 이들이야말로 근대에 걸맞은 진정한 평등의 창시자인 것이다.

빅토리아와 에드워드 시대 후기, 능력주의 개혁을 옹호하는 목소리가 어느 때보다 높아졌는데 바로 효율성과 연민 때문이었다. 지식인은 영국이 교육체계를 정비하지 않으면 독일 등 새로 부상하는 여러 강국과의 경쟁에서 뒤처질 거라고 주장했다. 대표적인 우생학자 칼 피어슨은 국민 대다수가 잘 먹지 못하고 교육도 제대로 받지 못하면 강하고 효율적인 나라를 만들 수 없다고 주장했다.[56] 더 마음 약한 사람들은 교육이 불평등하게 이뤄져 정당한 기회를 박탈당한 모든 천재를 걱정했다. 당대 대표적인 소설 중 하나였던 토머스 하디의 《비운의 주드Jude the Obscure》(1895)는 농장의 한 영리한 일꾼이 혼자 힘으로 고대 언어까지 습득하지만 거듭되는 악연과 우연으로 결국 절망의 늪에 빠진다는 이야기다. 20세기 들어 교육위원회에서 최고의 영향력을 발휘한 데다 당대 최고 공무원으로 손꼽힌 로버트 모란트 경은 다양한 논리로 능력에 따른 이동성 보장을 옹호했다.

> 공직의 모든 분야에서 지식인의 가이드라는 섬세한 안전장치 없이 민주주의라는 대의만 좇아 사회를 발전시켜 나간다면 그 결과로 형성된 민주주의 국가는 생존투쟁에서 경쟁국의 지식인이 결집해 발휘하는 힘에 정복당하고 국내의 방치된 개인주의에서 비롯되는 원심력에 파괴되며 머릿수만 많은 부류의 맹목적인 충동에 완전히 와해될 것이다.[57]

기회의 사다리

이같이 인재를 놓치는 데 대한 우려가 커지자 영국 정부는 변두리 학교의 재능 있는 아이를 발굴해 최고 지위에 오르게 해줄 기회의 사다리를 느리게나마 구축하기 시작했다. 톤턴위원회(1864년~1867년)는 보기 드문 재능을 가진 아이가 국가가 제공하는 최고의 교육을 받지 못한다면 완성된 교육체계라고 할 수 없으며[58] 문법학교가 전통적으로 이 같은 기능을 수행해왔다고 지적했다.

> 문법학교는 아주 최근까지 위대한 국가적 임무를 수행해왔으니 비
> 범한 능력을 가진 수많은 아이를 발굴하고 그들이 다른 데서는 좀
> 처럼 찾기 힘든 기회, 즉 모든 직업, 특히 학문 분야에서 독보적 지
> 위에 오를 수단을 제공한 것이다.[59]

위원회는 선발 기준은 오직 능력뿐이고 인재가 어디에 있든 무
조건 발굴하고 재능계발에 필요한 건 뭐든지 제공하도록 고안된 장
학금 제도를 도입할 것을 제안했다.[60] 이를 통해 전 학년 교육을 아
우르는 연결고리를 구축하고 진정한 인재가 자신을 선보일 적절한
기회도 제공할 수 있다.[61] 장학금 기회는 빈부 구분 없이 모든 학생
에게 줘야 하며 자선 혜택이 아닌 상 형태로 수여해야 한다. 또한 위
원회는 경쟁이 자유롭게 이뤄질수록 좋다고 지적했다. '특정 규제조
항이 존재하면 상으로 특권을 줄 때마다 누군가는 울분이 쌓인다.
그러면 상의 가치가 훼손되어 수상자도 상을 받지 않은 것만 못하게
된다.'[62] 부유한 학생에게도 장학금을 주는 부담을 감수해가며 이렇
게 하는 이유는 '공개경쟁이 개인, 사회, 정치 모든 범위에서 편파성
을 띠면 안 되기 때문이다. 그래야만 교육을 많이 받을수록 많은 이
득을 보는 자를 가려낼 수 있고 장학생 신분이 치욕이 아닌 명예가
될 수 있으며 교육체계는 물론 그 안의 대중까지 변화시키고 부모,
교사, 학자에게 자극을 줄 수 있다.'[63] 그로부터 30년 후 브라이스 위
원회(1893년~1895년)는 가정환경은 열악하지만 재능은 타고난 아이
가 장기적으로 교육을 누리도록 추가 조치를 취할 것을 주장했다.[64]

보기 드문 잠재력을 가진 아이들이 초등학교부터 대학교까지 안정적으로 다닐 사다리를 구축하려면 장학금을 더 후하게 지급해야 한다고도 설파했다.[65] 이들은 기존 장학금 제도가 '잠재력보다 성과에 더 큰 비중을 두고 보상해왔는데 초창기 성과는 돈이 들 수밖에 없는 기회와 혜택에 따라 다르게 나타나는 만큼 장래가 무척 촉망받는 학생도 집안이 가난하면 마땅히 누려야 할 기회를 놓칠 수 있다.'[66]라는 문제 제기를 진지하게 받아들였다. 그리고 장학생을 특정 성과 수준이 아닌 전반적인 능력의 가능성을 기준으로 선발할 것을 제안했다.[67] 따라서 시험체계는 학생의 전반적인 지능을 검증하도록 설계되어야 한다.[68] 그 결과, 급진적이고 새로운 원칙이 교육계의 중심축으로 자리 잡았다. 아이가 교육을 받을 기회는 돈을 지급할 능력이 아닌 전반적인 지적 능력, 즉 부모의 통장잔고가 아닌 아이의 두뇌 역량에 따라 주어져야 한다는 것이다. 1918년 교육법은 아이들이 비용을 감당할 수 없다는 이유로 역량에 걸맞은 교육 기회를 박탈당하면 안 된다고 명시했다. 재능만 있으면 국가로부터 기회와 교육을 제공받을 자격은 충분하다. 1920년 장학금과 무상교육에 관한 부처위원회는 장학금 시험의 목적이 성과가 아닌 역량과 잠재력 검증이 되어야 한다고 주장했다.[69] 이 나라는 총명한 아이들을 놓칠 여유가 없다고도 경고했다.[70] 새로운 원칙이 수립된 후 귀족과 성직자의 특권만 가득하던 폐쇄적 정부에 신선한 인재가 대거 등장하기 시작했다. 그중 어니스트 바커(1874년~1960년)는 특히 더 경이로운 인물이었다. 바커는 가난한 가정에서 일곱 자녀 중 장남으로 태어났다. 어머니는 면화공장에서 일했고 아버지는 광부에서 농장 노동자로 전직해 1년에 50파운드가 채 안 되는 소득을 올렸다. 어니스트는 맨체스터 문법학교까지 매일 기차를 타고 다니며 선생님의 주목을 한몸에 받았고 그중 한 선생님은 방학을 이용해 그에게 그리스어를 무료로 가르쳐주기도 했다. 어니스트는 장학금 이외 필요한 돈은 경연대회 상금으로 충당했고 1893년 문법학교와 대학교에서 제공하는 장학금과 어머니가 근무하던 채소가게에서 빌린 돈으로 마침내 조웻의 대학교인 발리올 대학교에 입학했다. 그 후에도 생활비에 쪼들리기는 마찬가지였지만 일주일에 두세 번은 저녁식사까지 거를 만큼 극도로 절약하고 크레이븐 등의 장학금을 따내는 식으로 하루하루 버텼다.[71] 그 와중에 고전과 근대사 두 과목에서 수석을 차지했는데 그야말로 전례를 찾아보기 힘든 기록이었다. 바커는 누구보다 승승장구했던 만큼 대가도 치러야 했다. 가족·친지와 멀리 떨어져 지내다 보니 의지할 곳을 찾을 수밖에 없었던 것이다. 결국 집에 돌아왔을 때 그는 다른 관심사, 다른 친구들, 전혀 다른 삶의 방식을 가진 다른 사람이 되어 있었다.[72] 하지만 태어나면서부터 그리스어와 라틴어를 배운 이튼이나 위컴학교 출신보다 훨씬 위대한 업적을 남기면서 당대 최고 학자로 등극한 것만은 분명하다. 옥스퍼드 대학교 교수, 런던 킹스 칼리지 교장, 케임브리지 대학교 정치학 교수직을 역임하고 기사 작위까지 받았으니 말이다. 그의 처녀작은 모두 예상하듯 플라톤에 관한 내용이었다. 바커는 진정한 자유주의자로서 자유주의에 헌신했고 저서 《영국과 영국인Britain and the British People》

(1942)에서 영국 역사에 독자적으로 기여한 능력주의 원칙을 칭송했다. 하지만 차기 능력주의 개혁을 주도한 건 국가 전체를 아우르는 데 주저한 자유주의자가 아닌 어쩌면 왜곡된 열정으로 국가를 수용한 사회주의자들이었다.

사회주의 사상 속 능력주의의 전통

노동당 출신으로 총리직을 두 번 역임한 해럴드 윌슨은 영국 사회주의의 기반에는 마르크스주의보다 감리교 지분이 더 많다고 농담처럼 말했다. 마찬가지로 그의 자서전이 지금과 같은 내용으로 채워진 데는 감리교보다 능력주의 지분이 더 많다고 할 수 있을 것이다. 능력주의 사상은 사회주의의 반박 논리로 가장 많이 제기되는 '국가는 본질적으로 비효율적이다.'라는 의견의 답을 제시했다.[73] 사회주의적 능력주의자에 따르면 정부의 비효율성은 국가권력의 본질에서 비롯되는 게 아니라 상류층이 국가를 점령한 결과다. 조지 버나드 쇼는 '적절한 시험에 합격한 사람만 고위직에 오를 수 있는 체계를 구축하라. 고위직은 정부에 책임감을 갖고 정부는 국민에 책임감을 가져라. 그러면 그동안 부정축재만 일삼은 이들이 흉내만 낸 신뢰성과 효율성을 온전히 보장받을 것이다.'라고 주장했다.[74] 능력이라는 개념 덕분에 점진적 사회주의자도 마음속으로나마 자본주의의 단점은 버릴지언정 장점은 받아들이게 되었다. 능력주의 사상으로 노동자 계층과 중산층이 연대할 명분이 생기면서 언제 갈라설지 모를 이 동맹이 노동당의 핵심 세력으로 떠올랐다. 이들은 게으르고 무능한 자는 적극적이고 유능한 자로 교체되어야 한다는 의견이 확산되면서 버려진 자의 감정을 비중 있게 다루는 한편, 현실적인 문제의 실질적인 해결책도 제공했다. 석탄위원회와 런던 카운티의회 등 런던 사회주의 프로젝트의 주축인 거대 기관이 권력을 분배할 방법 문제 말이다.

영국 좌파 중에서 능력주의에서 가장 진일보한 사상가는 시드니(1859년~1947년)와 베아트리스 웹(1858년~1943년) 부부였다. 이들은 점진적 사회주의를 창시하고 런던 경제학 스쿨을 설립하고 노동당을 설득해 생산, 분배, 거래 수단을 국유화하는 내용의 네 개 항을 채택했다. 시드니와 베아트리스는 자신들이 성장한 계급중심 사회와는 전혀 달라 매료될 수밖에 없는 세계관에 빠져 있었다. 이들이 추구한 건 국가가 보살피고 관료가 통치하며 과학이 주도하고 효율성에 집중하는 사회였다. 여기서 권력의 주인은 대중이 아닌 유능한 엘리트, 전문가, 경영인, 즉 웹 부부나 그들과 비슷한 부류였다. 시드니는 하층민 출신에 올챙이처럼 작은 체구와 문제성 피부를 가졌고 예의가 부족한 데다 말투도 상당히 거만했지만 고위 공직에 올랐다. 베아트리스는 자신을 세상에서 가장 영리한 국가의 가장 영리한 계층의 가장 영리한 가문에서 태어난 가장 영리한 구성원이라고 생각했다. 베아트리스 웹은 1894년 12월에 쓴 일기 도입부에서 그들의 철학을 언급했다.

우리는 평범하고 감각적인 인간을 신뢰하지 않는다. 그가 불만을 표출하는 것 이외에 더 많은 일을 하거나 스스로 뭔가를 해결할 수 있다고 믿지 않는다…… 우리는 노련한 전문가를 정계에 영입하고 싶다. 일괄 경영과 의무 경영이라는 엄청난 이점에 가장 숙련된 기업가의 능력을 결합해 정부의 영역을 확장하길 원한다.[75]

점진적 사회주의자가 가장 강력히 반발한 자본주의의 특징은 자본주의 사회에서는 자신의 능력이 아닌 부모의 능력에 따라 보상이 돌아간다는 점이었다. 게으르고 경솔한 자가 번영하는 반면, 유능하고 근면한 자는 굶주렸다. 부유층은 세습된 부에 의존해 생활하면서 능력이 아무리 뛰어나더라도 보상을 못 받는 끔찍한 사회상을 정립했다. 하지만 웹 부부는 시간이 갈수록 능력이 계층 간 이동성의 가장 중요한 기준으로 자리 잡길 바랐다. 유능한 자는 사다리를 올라가고 아둔한 자는 몰락하며 유능한 엘리트가 옛 지배층을 대체할 것이다. 부부는 다른 많은 이들과 같이 효율성을 우려하면서 자본주의 국가가 점점 쇠퇴하다가 결국 파멸할 거라고 주장했다. 정부는 실수를 거듭해 끊임없이 혼란을 초래하고 공직체계는 번복을 계속해 운영을 나락에 빠뜨리고 기업가는 시장을 잃고 제국은 와해되거나 독일인 수중으로 넘어갈 것이다. 결국 국민은 가난과 술에 찌들어 악취를 풍기는 노숙자 신세로 전락할 수 있다. 웹 부부는 국가의 가장 중요한 기능은 재능을 발굴해 훈련시켜 발전을 도모하는 것이며 이것이 경제적 번영의 궁극적 원동력이라는 플라톤의 주장에 동의했다. 또한 가난하지만 재능 있는 자를 노동현장에서 구조하고 장학금이라는 사다리로 대학교까지 인도한 후 국가 엘리트 지위에 올려놓길 바랐다. 국가는 멍청하든 영리하든 부유하든 가난하든 모든 아이가 타고난 능력을 최대한 계발하는 데 꼭 필요한 만큼의 교육을 제공해야 한다. 그 후는 아이가 다른 능력과 다양한 취향을 살릴 수 있는 교육도 제공해야 한다.[76] 웹 부부는 훗날 종합학교라고 불리는 교육기관은 고려하지 않았다. 이는 다양화된 시장에서 내량생산 상품을 판매하는 것과 같다고 여겼기 때문이다. 시드니는 우리의 개별성은 끝없이 다양해 대량생산 방식을 택하는 건 수많은 불량품을 생산하는 것에 불과하다고 말했다.[77] 대신 시험으로 아이들을 걸러내고 각자의 능력에 걸맞은 학교에 배정할 수 있어야 한다고 믿었다. 시드니는 자신의 비전을 런던의 여러 학교에서 실현하기 위해 애썼다. 런던에 사상 유례없는 최고의 인재 육성기관을 설립함으로써 하위층의 유능한 아이를 선발하고 각자의 능력에 걸맞은 사회적 지위까지 올라가게 해주고 싶었다. 그는 교육위원회에서 노동자 계층의 자녀를 위해 내놓은 장학금 제도를 특히 격찬했다.

2천 건의 장학금은 런던 임금소득자의 가장 똑똑한 자녀가 미국, 프랑스, 독일의 같은 계층보다 더 쉽게 이동성을 누리게 해준다……
장학금은 런던 청소년들을 기술대학과 대학교에 진학하게 해준다.[78]

또한 부부는 런던 대학교가 런던 교육체계의 정상을 지키면서 성공한 자에게는 보상하고 노력하는 자에게는 동기부여가 되길 바랐다. 새로운 능력주의 체제에 걸맞은 근대적이고 과학적인 교육을 옥스퍼드와 케임브리지 대학교가 실현하지 못했을망정 런던 대학교 특히 경제대학은 해줄 것이다.[79] 그래서 런던 시민의 최하층에까지 기회의 사다리를 내려줄 게 분명하다.

> 현명하고 적절히 구성된 기회의 사다리가 700만 명 시민의 모든 계층에 주어져 야망과 인내, 재능과 투지를 기준으로 선발된 인재를 런던이 육성한 모든 지식노동 직종에 공급해야 한다. 따라서 이 사다리는 1년에 수백 명이 아닌 수천 명을 받아들일 준비가 되어 있어야 한다.[80]

웹 부부가 사회주의자로서는 가장 열렬히 능력주의를 신봉했지만 교육으로 전문성을 습득하고 상류층으로 이동할 수 있어야 한다는 신념은 좌파 내에서도 널리 받아들여졌다. 허버트 조지 웰스도 능력주의를 지속적으로 다뤘는데 《현대 유토피아A Modern Utopia》(1905)에서 일본풍 의상의 플라톤주의적 엘리트라고 할 수 있는 사무라이가 지배하는 세계의 정부를 그렸다. 또한 《새로운 마키아벨리The New Machiavelli》(1911)에서는 지적 엘리트를 선발·훈련하는 게 교육의 핵심 임무라고 주장했다.

발달된 문명의 가장 중요한 요소는 고등교육의 특권과 최고 교육의 기회를 누릴 자격이 있는 이를 더 효율적으로 선발할 절차를 수립하는 것이다. 장학금으로는 충분한 보상이 안 된다는 듯 장학생을 지나치게 후원하는 경향이 있었는데 장학금은 보상이 아니다. 능력을 더 계발하도록 동기부여 차원에서 제공하는 것이다.[81]

같은 의견도 극단적으로 표현하는 경향이 있는 조지 버나드 쇼는 이번에도 귀족을 쫓아내자 슈퍼맨이 필요해졌다고 주장했다. 반면, 젊은 좌파 지식인은 더 절제된 어조를 사용했다. 윈체스터 대학교, 뉴칼리지, 올소울스 대학교까지 졸업한 더글러스 제이는 《사회주의 사례The Socialist Case》에서 교육도 그렇지만 영양과 건강에 무엇이 좋은지는 자신보다 정부관료가 더 잘 안다고 적었다.[82] 하지만 일부는 생각이 달랐다. 노동자 중에는 출신 배경 때문에 대학 진학 기회는 얻지 못했지만 독학으로 성공한 사람도 상당수 포함되어 있었다. 그들은 야간학교, 대학교, 노동자교육연합 등의 수업을 들었고 덴트 앤 컴퍼니가 대중적으로 편집·출간한 고전 문학을 섭렵했다. 특히 노동자 계층 독자는 셰익스피어, 밀튼, 매콜리, 칼라일과 같은 고전에 상류층보다 더 오랫동안 심취했는데 신간 서적이 정가를 받는 반면, 고전이 더 저렴하다는 이유도 있었다. 실제로 1906년 노동당 의원 대상으로 가장 좋아하는 작가를 조사한 결과, 고전의 세계가 그대로 소환되었다. 러스킨이 1위, 그 뒤를 디킨스, 성경과 칼라일이 이었지만 존 스튜어트 밀, 토머스 매콜리, 애덤 스미스도 포함되어 있었다. 마르크스는 후보군에 들지도 못했다.[83] 자기교육이 집단 프로젝트의 일환으로 이뤄질 때도 있었다. 다양한 노동자협회가 읽기·쓰기상을 후원하고 광업지역을 중심으로 대규모 도서관도 설립했다. 트레데가르협회는 제2차 세계대전 발발 전까지 연간 10만 권을 유통했다.[84] 자기계발단체도 다양하게 결성되어 책과 잡지, 나중에는 축음기 음반을 배포하기도 했다. 하지만 술집 대신 도서관에 가도록 한 건 결국 이 같은 집단이 아닌 개인 의지 영역일 때가 더 많았다. 어느 쪽이든 자기교육이 활발히 이뤄지면서 학업성취도가 놀랄 만큼 높아졌다. 램지 맥도널드는 지적 수준으로 말하면 독학한 노동자 대다수가 수많은 대학생 집단보다 높은데 심지어 부유한 사업가 집안 사람과는 비교도 되지 않는다고 지적했다. 이들 독학 노동자가 지적 엘리트로 성장하면서 다른 동료 노동자와의 관계가 애매해질 때가 많았다. 남는 시간에 술집에 가기보다 혼자 책 읽고 글쓰는 걸 선호하다 보니 결국 공동체에서 소외되기 일쑤였다. 하지만 그만큼 말도 잘하고 지식도 풍부해 협상이 필요한 순간에는 자연스럽게 대변인 역할을 도맡았다. 이를 감안하면 칼라일이 그렇게 영웅만 추종하고 대중을 경멸했음에도 노동자 계층 독자들 사이에서 높은 인기를 누린 이유를 알 수 있다. 노동당을 창당한 키어 하디는 16~17살 무렵 칼라일의 《의상철학Sartor Resartus》을 발견한 순간이야말로 인생의 진정한 전환점이라고 말했다.[85] 공산당 고위 위원이던 헬렌 크로퍼드도 칼라일의 작품이라면 닥치는 대로 읽었다. 노동자 계급의 유명 정치인 중에는 자의식이 강한 실력파가 많았다. 허버트 모리슨은 새로 부상한 중산층과 오랜 노동자 계층이 의기투합해 출생이나 직업이 아닌 사회 전체에 대한 기여도에 따라 개인의 지위가 결정되는 사회를 창조하길 고대했다.[86] 어니스트 베빈은 유능한 자, 즉 자신과 같은 사람은 계층 사다리를 얼마든지 올라갈 수 있다고 확신했다. '사회주의 발달이 자유의 완전한 파괴를 의미한다고 믿었다면 나는 온몸을 바쳐 자유를 수호했을 것이다. 생각하고 말하고 이성을 활용할 권리를 보장하고 밑바닥에서 최고위층까지 급상승하는 걸 허용해야만 인류가 발전할 수 있기 때문이다.'[87] 베빈의 최대 라이벌이던 아뉴린 베번은 트레데가르노동자협회 도서관에서 F. H. 브래들리와 니체를 포함해 최대한 많은 책을 섭렵하며 유년기를 보냈다. 중앙노동 대학교 재학 시절에는 칸트의 정언명령(Categorical Imperative: 하나의 행위를 그 자체로서 다른 목적과 관계없이 객관적·필연적인 것으로 표상하는 명령으로 그 자체로 윤리성의 법칙이다 - 편집자 주)을 비판해 지도교수 중 한 명인 옥스퍼드 대학교 교수를 놀라게 했다.[88] 그는 늘 거만한 태도로 자신이 타고난 귀족이며 지성과 상상력이라는 고유한 선물을 받았다고 떠벌리길 좋아했다. 어느 날 리처드 크로스만에게 '나는 노동자나 지식인이 아니오. 나는 귀족이오.'라고 말했고[89] 저녁식사 후 편안하게 대화를 나누는 자리에서는 불평등의 불가피성을 늘어놓는 것도 좋아했다.

국가의 의무는 모든 국민이 아무 특혜 없이 최선을 다하고 어디서든 각자의 우월성을 선보일 여건을 만드는 것이다. 이것이 보장되면 평등했던 초창기에 뒤따르는 불평등은 정당화될 수 있다. 자연의 신비한 힘이나 자유의지로 실현한 능력이 허용할 수밖에 없는 명분으로 작용하기 때문이다.[90]

1950년대 후반과 1960년대를 거치면서 영국 노동당은 능력주의에 대한 입장을 180° 바꾸고 최초의 종합학교를 수용한 후 능력 혼합교육도 받아들였다. 그러자 향후 마가릿 대처 수상은 사회주의에서 말하는 능력의 개념을 국가가 아닌 시장에까지 도입했다. 하지만 전성기가 막을 내린 1945년까지만 해도 노동당은 방어보다 공세적 태도, 평준화보다 능력, 평등보다 기회를 대변하는 정당이었다.

10

미국과
능력 공화국

1818년 존 애덤스는 친애하는 국민에게 미국 독립혁명이 과연 무슨 의미일지 자문해봤다. 단순한 독립전쟁을 넘어 훨씬 큰 의미가 담겨 있다고 확신했기 때문이다. '혁명은 전쟁 발발 전부터 진행 중이었다. 사람들의 마음과 열정에 일어난 혁명, 그들의 임무와 의무에 대한 종교적 감정의 변화…… 이같이 사람들의 원칙, 의견, 감정, 애정에 급격한 변화를 일으킨 게 바로 미국 독립혁명이었다.'[1] 진정한 혁명은 1775년 4월 19일 렉싱턴과 콩코드에서 한 발의 총성이 울리기 전 이미 시작되었다. 미국인들은 사회의 새로운 이론을 조금씩 구축해갔다. 우선권, 서열, 지위라는 낡은 원칙을 거부하고 개인의 능력에 기반한 사회를 수용한 것이다. 이 혁명은 모두에게 똑같은 파급력을 미치지는 않았다. 존 애덤스를 비롯해 수많은 미국인이 구체제의 낡은 관습에 여전히 얽매여 있었고 남부는 노예제를 고수했으며 그 밖의 지역에서도 흑인은 열등하다는 인식이 팽배해 있었다. 하지만 독립혁명은 미국은 유럽과 전혀 다르다고 사람들이 인식하도록 만들기에 충분했다. 미국인들은 남들보다 우월하다고 여기는 사람을 만날 때마다 귀족사회는 끝났다는 경고음을 지속적으로 울려 줬다.[2] 반면, 혼자 힘으로 부를 이뤄 패기를 증명한 사람을 본능적으로 칭송했다. 허클베리 핀은 이 같은 시대정신을 한마디로 표현했다. '모든 왕은 건달에 불과해.'[3] 미국은 이민자가 세운 나라라는 정체성으로 인해 자기창조에 강한 신념이 있을 수밖에 없었다. 16세기 이후 신세계에 도착한 정착민은 유럽의 앙시앵 레짐을 피해 도망온 난민이었다. 기성 교회 손아귀에서 벗어나고 싶은 청교도, 장자 상속제를 거부하는 차남, 폐쇄적 사회를 견딜 수 없었던 다양한 모험가가 약속의 땅을 찾아온 것이다. 프랑스 이민자 J. 헥터 세인트 존 드 크레브쾨르에 의하면 부자는 유럽에 머물렀고 중간층과 빈민층만 떠나왔다. 게다가 미국의 거대한 땅덩이 덕분에 사람들은 끊임없이 이동했다. 영국인들은 이 같은 현상을 지켜보며 식민지 주민이 탐욕과 불안이 이끄는 대로 이동한다고 여겼다. 한 영국인은 '그들은 어느 곳에도 애착을 갖지 못한다. 끊임없이 배회하는 게 타고난 본성처럼 보일 정도다. 하지만 저 멀리 있는 땅이 이미 정착한 땅보다 나을 거라고 상상하는 건 순전히 나약하기 때문이다.'라고 말했다.[4] 상당한 문명 발달이 이뤄진 미국의 상황은 자립을 부추겼다. 미국은 유럽과 같이 대규모 관료 계층을 구축하기에는 관료직 수가 너무 적었고 아첨과 의존 문화가 생길 게 뻔했다. 게다가 식민지 교회와 행정부 관리를 위해 끌려온 관료는 후건 제도가 지배적인 영국에서는 직업을 구할 수 없을 만큼 게으르거나 멍청하거나 특이한 인물들이어서 그들에게 나라를 맡겼다간 망할 게 뻔했다. 이같이 런던의 후건체제 내에서는 상류층에 편입될 수 없는 데다 고국의 관료직은 버림받은 영국인에 점령당한 상황에서 식민지 주민에게 남은 건 경멸뿐이었다.[5] 결국 미국인들은 살아남기 위해 자신의 재능에 의존할 수밖에 없었다. 영국인 방문객들은 도무지 경의를 표할 줄 모르는 미국인의 태도에 큰 충격을 받았다. 누군가는 평준화 정신이 온 나라를 장악한 듯하다고 지적했고 또 다른 이는 대체로 평등사상이 자리 잡아 열등한 지위의 사람이 우월한 지위를 차지한 이에게 기껏해야 인사치레만 할 뿐이라고 말했다.[6] 게다가 퀘이커교도가 장악한 필라델피아를 두고 세계의 모든 문명 도시 중 시민 간에 이렇게 구분이 없는 곳은 찾아보기 힘들다. 부유층은 아무것도 내놓지 않는다. 모두 언젠가는 최고 자산을 자랑하는 이웃과 대등해질 거라고 믿기 때문이라고 말한 이도 있었다.[7] 미국에서 자수성가의 대명사로 통하는 벤자민 프랭클린은 선조의 업적을 떠벌리는 자는 그만큼 하찮음을 광고하는 셈이라고 단언하면서 이제 아버지와 할아버지는 당신들의 업적으로 평가받고 우리는 우리의 성과로 평가받을 것을 제안했다.[8] 이 같은 태도는 청교도 정신에서 비롯되었다고 할 수 있는데 미국만큼 청교도의 영향을 많이 받은 나라도 찾아보기 힘들다. 사실 종교개혁이 일어나지 않았다면 미국은 존재하지도 않았을 것이다.[9] 미국인은 청교도의 노동윤리뿐만 아니라 자립을 향한 신념까지 직접 실현해보았다. 사실 그토록 광활한 대륙을 정복하려면 계속 바쁘게 지낼 수밖에 없었다. 에드먼드 버크는 영국인이 권위에 대한 두려움과 경외감의 지배를 받는다면 미국인은 치열한 자유정신에 사로잡혀 있다고 주장했다. 미국인은 마음과 의견의 복종을 가장 혐오하는 유형의 신교도다. 그리고 모든 개신교, 심지어 가장 냉정하고 소극적인 형태의 개신교도 사실 반역에 해당한다. 하지만 북아메리카의 우리 식민지에 가장 널리 확산된 종교는 정제된 형태의 저항 원칙이다. 반역 중의 반역이자 개신교 중의 개신교다.[10] 영적으로 선발된 미국인은 청교도 신념과 더불어 이성의 역할을 중시하는 계몽주의 신념도 갖고 있었다. 프랑스 철학자들이 귀족제도와 교회에 반기를 들었다면 영국, 특히 스코틀랜드 철학자들은 지위보다 계약의 중요성을 강조했다. 한편, 미국 개혁가들은 이 같은 계몽주의적 흐름 위에 자신만의 철학, 즉 인간의 본능적 평등주의를 쌓아올렸다. 이에 따라 미국은 다소 혼란스러운 입지를 차지했다. 유럽 계몽주의뿐만 아니라 개혁 신념까지 구현한 국가이기 때문이다. 역사학자 루이스 하츠는 미국은 타고난 자유주의 국가라고 주장했다.[11] 하지만 미국은 타고난 능력주의 국가라고 말하는 게 더 정확할 것이다.

폭압에 민감한 나라

·

미국 독립혁명은 능력주의적 사고방식을 더 강화하는 계기가 되었다. 이 같은 현상은 전투와 거의 동시에 시작되었다. 영국 장교들이 하나같이 부유층 신사였던 반면, 식민지 주민에게 서열 따위는 무의미했다.[12] 능력주의는 헌법 작성에도 영향을 미쳤다. 뉴햄프셔 헌법은 정부 관직이나 지위 중 그 어떤 것도 세습될 수 없다고 선언했다. 마을에서도 나이와 지위에 따라 교회 관리직을 배분하던 관행을 중단하고 상업 공화국이라는 별명에 걸맞게 경매로 최고 입찰자에게 넘기기 시작했다. 세습을 혐오하는 경향이 너무 강해 심지어 당시 사람들이 하느님처럼 떠받든 조지 워싱턴에게도 세습만큼은 허용되지 않았다. 전직 장교들이 결성하고 회원 자격이 세습되는 민간단체 신시내티협회에 1783년 그가 가입하려고 하자 새뮤얼 애덤스가 군사귀족 세습제도를 향해 가는 물결이 어느 때보다 거세다고 비난하는 등 반대 여론이 너무 심해 즉시 취소할 수밖에 없었다. 미국의 주요 인사들은 자국을 능력 공화국이라고 공공연히 규정하고 다녔다. 사우스캐롤라이나의 역사학자 데이비드 램지는 미국 독립 2주년 기념일을 축하하며 이 신생국이 특별하다고 생각하는 이유를 꼽았다. 미국은 역사적으로 유일무이한 국가인데 서열이나 조건과 상관없이 유능한 모든 이에게 관직 기회가 열려 있고 지위에 걸맞은 능력만 갖췄다면 빈곤층 아들도 국가통치권을 가질 수 있기 때문이다.[13] '군주제에서는 개인적 호감이 정치권력의 원천이지만 새로운 형태의 우리 정부에서는 우월한 능력을 갖추지 못한 자가 국민의 정치적 권리를 통솔할 수 없다.'[14] 벤자민 러시는 타고난 능력으로 인한 구분이 유럽의 인위적 구분만큼 분명하고 보편적인 곳이 바로 새로운 미국이라고 믿었다.[15] 외국인들도 같은 의견이었다. 토머스 페인은 미국은 오직 능력의 지배만 받는다고 주장했다. 페인의 위대한 논쟁 상대 에드먼드 버크는 '미국인은 썩은 바람이 불어올 때마다 폭압의 냄새를 귀신처럼 포착한다.'라고 말했다. 영국의 급진 휘그당(Whig당: 17세기 후반 상공업 계급을 기반으로 성립한 영국 최초의 근대적 정당으로 명예혁명 이후 토리당과 대립하면서 우위를 확보하고 정당 책임내각제를 확립했다 - 편집자 주)당원이던 리처드 프라이스는 미국에서는 사회적 구분이 개인 능력에 따라 이뤄지는 만큼 모든 사회악을 뿌리뽑을 수 있을 거라며 열광했다. 드 크레브쾨르는 미국이야말로 노력이 정당한 보상을 받는 나라라고 주장했다. 정직한 노동의 대가를 기생충처럼 빨아먹는 귀족 가문, 궁정, 국왕, 주교, 교회 지배층이 없음은 물론 소수에게 권력을 몰아주는 보이지 않는 세력, 수천 명의 노동자를 고용하는 대규모 공장, 명품의 위대한 품격 따위도 존재하지 않기 때문이다.[16] 인위적 계급을 타고난 계급으로 대체하는 과감한 실험 중이던 미국은 당시 세계의 한줄기 빛이었다. 독립선언문의 핵심인 '모든 인간은 평등하게 태어났다.'라는 문구는 모든 인간이 동일한 실력과 장점을 갖고 태어나 하나같이 비슷하고 대체 가능하다는 의미가 아니다. 계급과 계층이라는 인위적 차이가 타고난 실력과 에너지로 인한 차이를 앞서면 안 된다는 뜻이다. 건국의 아버지들은 상업에 종사하는 이들이 자신만의 재능을 자유롭게 발휘하고 그 정당한 결실을 누리는 사회를 만드는 게 목표였다.[17] 헌법은 사람들이 재능을 최대한 자유롭게 발휘하도록 하고 이익집단이 소수자를 약탈할 수 없게 설계되었다. 개인의 권리가 윤곽을 드러냈고 이익집단은 상호절망의 조화로운 체계 속에서 서로 견제하며 균형을 이뤘다. 1840년 드 토크빌은 '건국의 아버지들은 사회에 걸림돌이던 귀족의 특권을 박탈한 대신 보편적 경쟁으로 향하는 문을 열었다.'라고 말했다. 이렇게 순조로운 전개에도 문제점이 있었으니 바로 미국의 흑인, 특히 노예제 문제였다. 불어오는 모든 바람에서 폭압의 냄새를 맡을 수 있었던 이들도 노예제의 악취에는 아무 반응을 보이지 않았다. 오직 능력 기준으로 사회적 구분이 이뤄져야 한다고 주장했던 이들이 무려 500만 명의 흑인을 노예로 삼은 데다 노예가 아닌 흑인들까지 인간 이하로 취급했다. 건국의 아버지 중 대다수도 미국을 지배했던 초창기 50년간 노예를 부렸다. 독립선언문에서 '모든 인간은 평등하게 태어났다.'라고 주장한 토머스 제퍼슨도 11,000에이커의 플랜테이션(Plantation: 열대·아열대 지역에서 자본과 기술을 가진 유럽·미국인이 현지인의 값싼 노동력을 이용해 쌀·고무·면화·담배·파인애플 등 특정 농산물을 대량생산하는 경영 형태 - 편집자 주) 농장과 함께 135명의 노예를 물려받았다. 이들 135명이 미국에 온 건 대다수 흑인 미국인들과 마찬가지로 타고난 능력을 계발하기 위해서가 아니라 노예로 붙잡혔기 때문이었다. 이 같은 모순으로 건국의 아버지들의 양심을 문제 삼는 목소리도 제기되었지만 정작 자신들은 모른 척 지나갔다. 모든 의제를 능력 공화국이라는 화두에 집중시키는 한편, 직접 농사를 짓고 식탁을 차리는 자들은 자신의 재능뿐만 아니라 가장 기본적인 소유권조차 부정당하는 사실도 무시했다. 이같이 건국 이래 미국에는 모순적인 두 가지 특성, 즉 고대 특권 폐지라는 위대한 실험과 잔혹한 노예제를 고수하는 사회가 명백히 혼재했다. 이번 장에서는 우선 전자를 집중적으로 다룬다. 노예제가 인류의 가장 오래된 제도에 해당한다면 전자는 새롭고 과감한 실험으로 손꼽을 수 있기 때문이다. 하지만 후자로 인해 전자가 왜곡되는 측면도 분명히 있었다. 미국인들사이에 이 같은 왜곡을 얼마나 바로잡을 수 있을지에 대한 의견이엇갈렸다. 능력 공화국이라는 미국의 이상은 노예제라는 죄악으로인해 계속 멀어질 것인가? 아니면 능력주의 사상이 지속적으로 확대되어 결국 모든 미국인이 신봉하는 신념으로 자리 잡을 것인가?이 부분은 뒤에서 더 자세히 다룬다.

타고난 귀족

•

토머스 제퍼슨(1743년~1826년)은 건국의 아버지 중 '타고난 귀족'이론을 가장 열렬히 옹호한 인물이다. 그 열정이 얼마나 대단했는지버지니아 플랜테이션 농장 소유주가 아닌 프랑스 자코뱅파(Jacobin파: 프랑스 혁명 당시 과격한 정치단체로 당통·마라·로베스피에르를 우두머리로 해급진적 공화주의를 주장하며 1791년 이래 온건한 지롱드파에 맞서 공포정치를 실시했지만 1794년 7월 테르미도르 반동에 의해 타도되었다 - 편집자 주) 일원으로 보일 정도였다. 그는 구유럽의 인위적 귀족주의가 일반 대중의 행복을 훼손하는 연합,[18] 약탈자, 기생충, 아무 쓸모없는 놈들의 집단에 불과하다고 주장했다. 또한 의존은 종속과 부패를 낳고 능력의 싹을 자르며 온갖 야심만 들끓게 한다고 〈버지니아주에 관한 기록〉에 적었다.[19] 1826년 6월 24일 마지막으로 쓴 편지에는 부당하게 획득한 특권을 비난하는 가장 인상적인 문구가 있었다. '과학의 빛이 널리 확산되면서 명백한 진실이 만천하에 드러났다. 하느님의 은총 덕분에 인류의 대다수는 등에 안장을 찬 노예로, 극소수는 부츠와 채찍을 가진 주인으로 태어났다는 게 사실이 아닌 만큼 노예제는 정당하다는 명제도 틀렸다.'[20] 하지만 제퍼슨은 결코 자코뱅파가 아니었다. 평등한 조건 구축이나 인류애 창조가 그의 목표가 아니었다는 말이다. 그보다 땅과 작위에 기반한 허울뿐인 귀족을 덕성과 능력에 따른 진정한 귀족으로 대체하기 위해 노력했다. 1813년 존 애덤스에게 쓴 편지에서 그는 두 가지 유형의 귀족이 어떻게 다른지 명확히 구분해 보여줬다.

사람 중에는 타고난 귀족이 있다는 자네의 말에 동의하네. 타고난 귀족의 기준은 덕성과 재능이지. 이전에는 귀족의 조건에 체력도 포함되었네. 하지만 화약이 발명되면서 약자도 강자와 같이 치명적인 무기로 무장한 결과, 체력은 용모, 재치, 예의를 비롯한 여러 지표와 함께 귀족을 구분하는 보조적인 기준에 불과하게 되었어. 물

10. 미국과 능력 공화국

론 부와 가문에만 토대로 하는 인위적인 귀족도 있어. 여기에 덕성과 재능까지 갖춘다면 최고 계급이겠지. 나는 타고난 귀족이야말로 사회의 교육, 신뢰, 정부를 위해 자연이 내린 가장 소중한 선물이라고 생각하네. 그리고 사실 자연이 인간을 사회적 국가의 구성원으로 창조해놓고 사회의 문제점을 해결할 덕성과 지혜를 내려주지 않았다면 그것도 모순이었을 거야. 그렇다면 타고난 귀족이 관직에 진출할 수 있는 가장 효율적인 제도를 갖춘 곳이 최고의 정부라고 할 수 있지 않을까? 인위적인 귀족은 정부에 가장 해로운 존재인 만큼 그들이 장악하는 걸 막을 방도를 마련해야 하네······ 우리의 모든 헌법조항을 감안하면 시민들에 자유선거를 보장하고 가짜 귀족과 진정한 귀족을 분리하도록 맡겨두는 게 최고의 대책이라고 생각하네.[21]

플라톤과 같이 제퍼슨에게도 진정한 귀족을 발굴하고 그들의 능력에 걸맞은 교육을 제공하는 것이야말로 국가안보 다음으로 중요한 국가의 의무였다. 그는 기회의 평등을 어느 정도 실현하지 않고서는 타고난 귀족을 육성할 수 없는데 이때 기회의 평등을 실현하려면 국가의 적극적인 개입이 필수라고 믿었다. 그리고 이 같은 신념을 실천하기 위해 고향인 버지니아주로 발길을 돌렸다. 독립선언문을 작성한 직후 그는 대륙회의(1774년 9월 북아메리카 13개 주 대표들이 창설한, 미국 독립을 위한 최고 기관으로 독립전쟁을 지휘하고 1776년 독립선언을 공포했다 - 편집자 주)를 떠나 버지니아주 의회에서 일하기 시작했고 고대와 미래의 귀족이라면 털끝 하나 남기지 않고 근절해 국가정부의 미래를 보장하겠다고 맹세했다. 이는 장자 상속제를 뿌리뽑고 교회권력을 와해시키며 무엇보다 타고난 귀족을 발굴·육성할 수 있는 위대한 체제를 창조하겠다는 뜻이었다. 제퍼슨은 모든 아이에게 기본적인 글과 숫자 교육을 제공하고 그중 가장 뛰어난 이들에게는 문법학교, 기숙학교, 대학교에 들어갈 기회를 선사할 제도를 꿈꿨다. 후한 장학금 제도 덕분에 최고의 천재들이 최고의 지위에 오르고 자산귀족은 사회를 이로운 방향으로 인도하기 위해 태어나 각 계층에 고루 분포된, 덕성과 재능을 가진 귀족에 자리를 내줄 것이다.[22] 따라서 삶의 모든 여건에 놓인 인재와 천재가 샅샅이 발굴되어 교육으로 완전히 무장한 후 부와 가문 덕분에 귀족이 된 이들과의 경쟁에서 승리하고 대중의 신뢰를 얻을 것이었다.[23] 그런데 인재라고 여겼던 이들이 지난 수 세기 동안 저지른 실수를 타고난 귀족이 반복하지 않으려면 어떡해야 하는가? 그들도 결국 자신이 밀어낸 인위적인 귀족처럼 부츠를 신고 채찍을 든 채 남의 등골이나 빼먹으며 평생을 보내지 않게 하려면? 제퍼슨은 두 가지 해답을 제시했다. 교육과 토지균분이다. 그는 무지하고 자유로운 나라에는 전무후무한 일이 생기게 되어 있다고 말했다.[24] 일반 대중이 진정한 귀족과 허울뿐인 껍데기를 구분하려면 충분한 교육을 받아야 한다. 위에서 내려오는 지혜를 수동적으로 받아들이기보다 적극적으로 능력을 계발해야 한다. 동시에 천재는 과거 엘리트가 저지른 실수 사례, 그중에서도 로마의 멸망을 연구함으로써 겸손의 중요성을 깨달아야 한다. 그다

269

음 중요한 건 대지다. 사람들이 대지를 삶의 터전 삼아 살아갈 수 있으면 현명한 통치자를 저절로 선택할 거라고 제퍼슨은 주장했다. 반면, 사람들을 폐쇄된 공간에 모아놓고 천박한 오락거리로 현혹하면 성공에 눈이 멀어 아첨과 뇌물 공세에만 주력하는 가짜 귀족을 통치자로 선택할 확률이 높다. 제퍼슨은 플라톤과 같이 국가가 껍데기와 진짜를 정확히 구별해야 한다고 강조했지만 추상적인 사고에 익숙한 도시의 철인왕이 아닌 토지에 기반한 시골 귀족이 그 같은 구별을 할 수 있다고 여겨 차별성을 보인 것이다.

오늘날 제퍼슨의 문서를 읽다 보면 타인을 버젓이 소유했던 그가 인간을 타고난 노예와 타고난 귀족 두 유형으로 어떻게 나누지 않았는지 저절로 의문이 든다. 하지만 이 같은 경향은 또 다른 건국 공신이자 능력주의자 존 애덤스(1735년~1826년)와 알렉산더 해밀턴에게서 더 두드러지게 나타났다. 존 애덤스는 타고난 귀족에 관해서라면 그의 친구이자 라이벌이자 대통령 후임인 제퍼슨에 비해서도 훨씬 복잡한 이론을 제시했다. 심지어 이해 자체가 힘든 경우도 많았는데 그가 나이가 들면서 변하기도 했고 말의 여백을 어떻게 해석하느냐에 따라 의미가 완전히 달라지는 내용에 구체적인 설명이 첨부되지 않았기 때문이다. 일을 시작하던 당시 그는 전형적인 능력주의자였다. 농부로는 성공했지만 교육은 받지 못한 부모의 아들로 태어나 보스턴에서 이름 날리던 퀸시가, 윈슬로가, 허친슨가, 챈들러가 등 상류층에 대한 경멸을 품고 있었다. 누군가를 조상의 능력 때문에 추앙하는 것은 헛되고 천박한 행위라는 이유에서였다.[25] 하버드 대학교 재학 시절 애덤스는 사회적 지위에 따른 서열은 24명 중 14위에 그쳤지만 학업성취도에서는 3위 밖으로 밀려난 적이 없었다. 변호사로 활동할 때는 후견 제도로 법관이 된 이들을 상대해야 했다.[26] 처녀작 《교회법과 봉건법에 관한 논고A Dissertation on the Canon and Feudal Law》(1765)에서 그는 세습, 세상 무서울 것 없는 특권, 하늘이 내려준 정부의 어둡고 퇴폐적인 속성을 비판했다. 그렇지 않아도 베일에 싸인 봉건군주가 사제 때문에 이 같은 특성까지 띠면서 모든 신조 중 가장 해로운 백성의 무조건적 복종과 비저항이 일어난다는 것이다.[27] 애덤스는 1774년 대륙회의, 1775년~1781년 2차 회의에서 선보인 두 번의 연설에서 인맥을 강력히 비난하며 능력에 따라 인재를 선발할 것을 촉구했다. '혁명으로 명분에 걸맞은 능력, 정신과 열정을 지닌 이들이 부, 가족, 인류가 중시해온 다른 모든 요소가 충족되는 지위에 오를 것이다.'[28] 그는 프랑스 주재 미국 대사로 근무하던 당시 발신인이 조지 3세로 알려진 편지 한 통을 받았는데 지도층 인사 중 국왕에 충성을 맹세하는 자에게는 작위를 수여한다는 내용이었다. 이에 어떻게 답했는지는 자서전에 담겨 있다. '미국의 귀족 계층! 아마도 세습귀족을 말하겠지만 세습귀족이든 타고난 귀족이든 당시 미국의 보편적인 감성에 비춰보면 이보다 더 혐오스러운 제안은 없었다.……'[29] 또한 애덤스는 능력주의 기조의 핵심인 실질적 평등과 형식적 평등의 차이를 누구보다 명확히 설명했다.

모든 인간이 동등한 권리를 갖고 태어난다는 주장은 사실이다. 모든 존재는 분명하고 도덕적이고 신성한 자신만의 권리를 갖는다. 이는 우주의 도덕적 정부만큼 의심의 여지가 없다. 하지만 과거에 수도승, 드루이드(Druid: 고대 영국 켈트 신앙의 사제 – 편집자 주), 브라만, 불후의 승려들, 프랑스 혁명의 철학자들이 그랬듯 모든 인간이 동등한 힘과 능력, 동등한 사회적 영향력, 동등한 자산과 혜택을 갖고 태어난다고 가르치는 건 명백한 사기이자 사람들의 순진함을 이용한 기만이다.[30]

애덤스는 고뇌할 수밖에 없었다. 1809년 벤자민 러시에게 쓴 편지에서 그는 세습귀족이 정치범죄를 조장한다고 설명했다.

나는 인간도 말馬과 같이 여러 종으로 나뉜다고 믿네. 자네도 곧 이런 구호를 읽게 되겠지. '오, 귀족이여! 세습귀족! 군주! 다른 모든 정치적 해악의 옹호자여!' 하지만 세상에 그런 건 존재하지 않네. 나도 이들 중 아무것도 옹호하지 않아. 국민이 의회와 치안판사를 제대로 선택할 이성과 덕성만 충분히 있다면 세계 최고의 정부가 선출될 것이네. 하지만 온갖 모순과 해악이 지배력을 행사하고 다수를 통솔하고 국가의 모든 권력을 장악하면 이성과 덕성이 이들과 결합해 삶, 자산, 남아있는 끔찍한 자유를 보장할 유일한 수단으로 세습권력을 강화한다는 게 역사적으로 입증되어 왔네.[31]

4년 후 그는 제퍼슨에게도 비슷한 의견을 제시하며 자신의 논리의 모순에 괴로워했다. '나는 미국에서 법적 특권이 세습되는 걸 최대한 반대하는 입장이네.…… 그런데 위대한 권력과 수익성이 뒤따르는 관직을 선출할 때 어쩔 수 없이 생기는 부패를 차단할 대책을 아직 찾지 못했다는 말밖에 할 수 없어.' 구세계의 허울뿐인 귀족은 끔찍한 존재임이 분명하다. 하지만 부패방지는 졸부보다 태어날 때부터 정치인으로 길러진 계층이 훨씬 나을 거라는 것도 분명한 사실이다. 애덤스는 타고난 귀족을 발굴·육성한다는 제퍼슨의 비전에 다소 회의적이었다. 천재에게 가장 필요없는 게 바로 도움과 개입이다. '나가서 처음 만나는 100명을 데리고 국가를 만들면 모두 동등한 투표권을 가질 것이네. 하지만 의도적 개입이 들어가면…… 덕성은 동일하다는 전제하에 재능으로 선발된 25명이 50개 투표권을 가질 수 있어. 그리고 내 기준에서는 이들 25명이 바로 귀족이네. 그가 출생, 자산, 용모, 언변, 과학, 학식, 술책, 교활함, 좋은 동료애 중 어떤 이유로 한 표를 더 갖게 되었든 상관없이 말이야.' 이들 타고난 귀족에 개입해야 하는 이유는 오히려 세계를 장악하는 걸 막아야 하기 때문이다. 뜻대로 하도록 놔두면 이들은 국민의 자발적인 동의와 환호 속에 모든 평등과 자유를 파괴할 것이다.[32] 애덤스는 제퍼슨의 주장에 내포된 다른 허점들도 꼬집었다. 처음에는 제퍼슨의 전반적인 취지에 동의하다가 이내 실제로 의미하는 바를 물었고 그 과정에서 향후 능력주의에 관한 논의를 지배할 우려하는 점을 지적했다. 그중에는 1958년 마이클 영이 출간한 고전에서 제기한 후 오늘날 능력 지상주의의 해악으로 손꼽히는 요소도 포함되어 있다. 애덤스는 덕성과 재능 측면에서는 타고난 귀족이 존재한다는 제퍼슨의 의견에 동의하다가 이내 재능의 의미가 무엇인지 고민했다. 열정으로 인해 재능이라는 단어가 모호하게 사용되기 시작했다고 그는 주장했다.[33] 재능이 훌륭한 자질인 건 분명하지만 아름다움처럼 도덕적으로 중립적 요소이거나 심지어 교활함이나 영악함과 같이 비난받을 만한 것일 수도 있다. 그는 '자유정부, 내 가장 위대한 덕성과 능력을 가진 이들로 구성된 집단은 국가를 빛내는 영광이다.'라는 제퍼슨의 의견에 동의했다. 그러고는 '단, 이는 헌법에 위배되지 않는 범위에서 운영될 때로 국한되며 그렇지 않을 경우, 늘 가장 위협적인 존재일 뿐이다. 아니, 국가파멸을 초래할 게 분명하다.'[34]라고 말했다. 그는 교육의 힘으로 국가의 품격을 높일 수 있다며 반겼다. 하지만 제퍼슨도 종종 시사한 바대로 지능이 덕성과 동의어는 아님을 강조했다. '단순 지능이 도덕성을 보장하는 것은 아니다. 도덕적 선악, 옳고 그름이 시계 메커니즘과 무슨 관계가 있는가? 도덕성의 필수 요소는 물리적 행복과 괴로움, 즉 기쁨과 고통, 다시 말해 양심과 더불어 도덕적 선악을 구별하는 기준이나 자질이다.'[35] 애덤스는 1810년 러시에게 보낸 편지에서 귀족 문제와 관련해 가장 비관적인 성찰을 밝혔다. 여기서 그는 타고난 귀족과 인위적 귀족의 구별을 완전히 포기하고 모든 귀족이 국가에 위협이 된다고 주장했다. '귀족은 사슬로 결박해야 할 괴물이네. 하지만 그래도 결박할 때는 다치지 않게 조심해야 하는데 그 지위에서는 가장 유용하고 필요한 동물이기 때문이네. 귀족 없이 할 수 있는 건 아무것도 없지.…… 그러니 두 줄로 묶고 우리에 가두게. 혹시 탈출하더라도 악행이 아닌 선을 행하기 위해서일 것이네.' 여기서 애덤스가 말한 우리란 귀족이 집단으로 헌법의 다른 구성 요소와 균형을 이루는 하원을 의미했다. '자유를 확립하려면 귀족의 권력을 제한하고 그들의 열정을 통제할 수단을 찾아야 하네. 여기에 가장 뛰어났던 게 로마와 영국이지.' 어릴 때 타고난 귀족을 선발해 적절히 육성하면 국가를 새로운 차원으로 끌어올릴 수 있다는 전제에 내재한 불평등, 이 냉혹한 현실에서 제퍼슨은 기회를 포착했다면 애덤스는 위협을 느꼈다. 유능하고 야심 찬 이들의 영혼을 황금우리에 가둬야 국가가 이들의 야망에 희생당하지 않을 수 있다.[36]

　건국의 아버지 중 자수성가한 인물의 이상형에 가장 가까웠던 해밀턴(1755년 또는 1757년~1804년)은 애덤스의 종잡을 수 없는 의심과는 거리가 멀었다. 애덤스의 표현에 의하면 해밀턴은 스코틀랜드 상인의 호래자식으로 노예무역의 본거지인 서인도제도에서 태어나 파탄난 가정에서 자랐고 한동안 상점 직원으로 굽실대며 생계를 이어가야 했다. 그에게 가장 큰 모욕은 출신 관련 비난이었다. 그는 수중에 돈 한 푼 없이 미국에 왔지만 재능과 의지만으로 출세를 거듭해 워싱턴 장군의 부관, 대표적인 연방주의자, 종국에는 미국 초대 재무장관에까지 올랐다. 그는 혁명은 공포를 일으키지만 자칫 익명 속에 사라지거나 운이 좋아야 발견될까 말까 한 재능과 덕성을 찬란한 빛의 영역으로 끄집어내 준다고 적었는데 자신을 염두에 둔 말이 분명하다.[37] 《연방주의자 논집Federalist Papers》에 이렇게 게재했을 때도 마찬가지다. '불리한 여건을 딛고 일어서 자신의 능력이 소속된 계층뿐만 아니라 사회 전반의 도움에 힘입은 거라고 공로를 돌릴 강인한 인물은 어디에나 존재한다. 기회의 문은 모두에게 평등하게 열려 있어야 한다.'[38] 해밀턴의 글 전반에는 재능이라는 개념이 물줄기처럼 흐르고 있다.[39] 그는 사람들이 재능을 계발하려면 자유가 주어져야 한다는 이유로 자유 추구를 정당화했다. 자신이 내세우는 경제정책의 근거로 농업과 산업, 작은 마을과 도시가 공존하듯 다양성이 보장되는 체제일수록 재능도 다양하게 성장할 수 있다고 주장했다. 자유를 억압하거나 경제를 한정시키면 사람들의 재능은 아무 쓸모 없는 것으로 전락하거나 좌절 속에 산화하고 만다. 반면, 제도적으로 자유를 보장하고 산업을 육성하면 경제부터 정치에 이르는 삶의 모든 영역에서 재능이 창의적으로 발현될 것이다. 오늘날에는 읽기 힘든 〈연방주의자 논문 (68)〉에서 그는 심지어 대통령직이 능력과 덕성 면에서 걸출한 인물들에 의해 지속적으로 점유될 가능성까지 내다봤다.[40] 해밀턴은 경제생활의 주요 목적이 상품과 서비스를 생산함으로써 사람들의 욕구를 충족시키는 것만은 아니라고 믿었다. 자신의 재능을 발견하고 아직 다듬어지지 않은 실력으로 구체적인 성과를 달성하는 데서 오는 만족감을 누리는 것도 또 하나의 목표다. 그는 사업 분야가 더 풍요롭고 다양해질수록 경제성장 이상의 수확을 올릴 거라고 주장했다. 서로 구분하는 다양한 재능과 기질이 가장 활짝 피어날 수 있기 때문이다. '하나의 공동체 안에 다양한 산업이 존재할 때 각 개인은 자신에 맞는 요소를 발견하고 타고난 에너지를 온전히 발휘할 수 있다.'[41] 인간은 끊임없이 생산성을 높이기 위해 새로운 아이디어를 제시하고 생산성 향상은 사람들을 더 자유롭게 만들어 더 많은 아이디어를 탄생시킨다. 이같이 발전이 재능을 낳고 재능이 다시 발전을 낳는 긍정적 순환 속에 인간의 재능은 융성할 수 있다. 조지 윌은 '해밀턴은 〈연방주의자 논문 70〉에서 선보인 타고난 귀족의 에너지라는 말로 가장 잘 알려져 있다. 하지만 더 근본적이고 포괄적인 그의 목표는 모든 이의 에너지였다.'[42]라고 말했다.

잭슨부터 링컨까지

건국 세대가 독립혁명 이후 수십 년간 능력주의에 관한 담론을 장악해온 것은 지극히 자연스러운 현상이었다. 위대한 사상가, 작가, 행동가였던 이들이야말로 완벽에 가까운 능력자로 미국을 기회의 사회로 처음 규정한 후 이 새로운 사회의 모든 고위직을 오직 재능의 힘만으로 장악했다.[43] 불과 한 세대에서 이렇게 재능 있는 정치인을 대거 배출한 나라가 또 있었는가? 또한 불과 200년 만에 국가 지도자가 알렉산더 해밀턴에서 도널드 트럼프로 전락한 나라는 또 어디서 찾아볼 수 있겠는가? 어쨌든 새로운 이 공화국은 무척 거대하고 활기 넘치고 개인주의적인 등 상당히 급진적이어서 능력주의를 둘러싼 담론이 중단될 겨를이 없었다. 그리고 건국 세대가 점점 노쇠하고 나라가 서쪽으로 확장되면서 논쟁은 더 다양한 각도로 확장되었다. 일각에서는 말년의 애덤스가 지적했듯 타고난 귀족이란 영국인 대신 통치권을 손에 넣길 바라는 이기적인 파벌을 위한 암호명에 지나지 않는다는 우려도 제기되었다. 반연방주의자들은 새로운 엘리트 계층에 특히 더 강한 의심의 눈길을 보냈다. 건국의 아버지들은 분명히 능력자였지만 그들도 사리사욕에 취약하고 자신들보다 열등한 집단에 맞서 영원한 지배층으로 군림하고 싶은 유혹에 흔들릴 수 있었다. 그래서 반연방주의자들은 개인주의와 평등주의라는 미국의 상반되는 두 가지 전통적 가치를 토대로 타고난 귀족이라는 발상에 의문을 제기했다. 에데누스 버크도 같은 맥락에서 신시내티협회(Society of the Cincinnati: 미국이 탄생한 미국 독립전쟁을 기념하기 위해 1783년 설립된 형제적 세습사회로 회원 자격은 주로 대륙군에서 복무한 장교의 후손으로 제한되었다 - 편집자 주)에 비판의 목소리를 높였다. 이 협회는 치밀하게 계획되고 긴밀하게 시행된 음모로 모든 걸 가진 구성원들이 상대방 것을 빼앗으면서 일어나는 자기창조적 세습질서 자체였다. 그로부터 5년 후 뉴욕에서 헌법 비준이 이뤄지던 당시 또 다른 강경 반연방주의자 멀랜튼 스미스도 같은 주장을 폈다. 능력자들은 서로 워낙 긴밀히 공조하므로 공공이익에 반하는 파벌을 구축하자는 유혹에 쉽게 넘어갈 수 있다는 지적이었다.[44]

19세기 초 정당이 등장하면서 충정 문제까지 제기되어 논쟁은 더 복잡한 양상을 띠게 되었다. 당이라는 새로운 기구는 이내 후견 기구로 자리 잡았고 부자가 되기 위해 왕과 왕비에 아첨했듯 당 지도부에 아첨하는 문화가 생겼다. 1835년 출간한 마틴 밴 뷰런 자서전에서 윌리엄 홀랜드는 화려한 재능의 소유자들은 하나같이 휘그당원이라는 불편한 진실을 잊을 것을 독자에 촉구했다. 오늘날 중요한 건 밴 뷰런이 민주당원이라는 사실뿐이다! 엽관제(호의에 보답하기 위해 정치 지지자를 공직에 임용하는 제도 - 역자 주)로 인해 공직의 여러 직위가 명석한 고관이 아닌 정당 일꾼에게 돌아갔다. 정부가 새로 임명한 이들에 대해서도 진짜 자격이 있어 임명되었는지 아니면 선거 기간 동안 대통령과의 사이에 모종의 거래가 있어 임명되었는지 의구심이 솟았다.[45] 1829년~1837년 대통령을 지낸 앤드류 잭슨(1767년~1845년)은 귀족정치에서 민중정치로 이행하는 대전환기의 한가운데 있었다. 그는 상반되는 두 가지 선입견을 통치철학으로 아우르기 위해 노력했는데 타고난 귀족에 대한 신념과 지배 파벌을 향한 의구심이 그것이었다. 특히 그는 제퍼슨의 능력 귀족주의를 계승한 후 민주주의적 특성을 가미한 덕분에 능력주의 사상을 활기 넘치는 미국에 걸맞게 수정할 수 있었다. 잭슨 대통령 재임기는 그야말로 기회의 시대였다. 국경은 서쪽으로 계속 확장되었고 산업은 융성했으며 자수성가한 사람들이 넘쳐나고 개인주의도 활개쳤다. 자수성가라는 용어는 1832년 상원회의 당시 켄터키주 상원의원 헨리 클레이가 최초로 사용했다. 잭슨은 버지니아 남부의 영주가 아닌 전혀 다른 계층에 발언권을 줬다. 무역상, 소규모 사업가, 농장 소유 가문과 지역상인, 즉 자수성가한 이들의 재능을 축복하는 한편, 북부 기득권 세력의 가식은 경멸했던 계층 말이다. 잭슨은 밴 뷰런과 의기투합해 북부 노동자, 남부 농장주, 서부 농부들을 통합함으로써 엘리트 귀족에 맞서는 새로운 정당을 만들었다. 그는 첫 선거에서 존 애덤스의 아들인 존 퀸시 애덤스에 패했지만 4년 후 그를 특권의 상징, 평생 단 하루도 정직하게 일한 적 없고 일반 대중을 경멸하는 인물로 낙인찍어 전세를 역전시켰다. 반면, 자신은 국가라는 요람에 가만히 누워 주는 대로 받아먹는 응석받이가 아닌 어릴 때부터 인생의 폭우와 유혹에 맞서 싸워온 단호한 개척자로 내세웠다. 그가 애덤스를 공격한 건 국가라는 요람에 가만히 누워 주는 대로 받아먹는 데 익숙해진 북동부 가문을 겨냥한 대규모 공격의 일환이었다. 그는 종신직을 퇴출하고 모든 공직의 채용 방식을 공개경쟁으로 전환하길 원했다. 공직은 친구나 친·인척에게 임의로 나눠주는 자산이 아니라 최대한 짧은 기간을 주기로 재분배되어야 하는 공적 신뢰다. 종신직 퇴출을 두고 애덤스가 정부를 끊임없이 반복되는 공직쟁탈전으로 몰아넣는 행위라고 불평하자 잭슨은 자유 미국을 영속시킬 수 있는 공직의 순환일 뿐이라고 대답해 맞불을 놨다.[46] 하지만 겉보기에는 아닐지 몰라도 엘리트의 통치를 보장하는 공직쟁탈전이 벌어질 수밖에 없는 건 엄연한 사실이었다. 잭슨은 공개경쟁을 훨씬 광범위한 영역으로 확대하려고 했다. '기업 인가를 정치적 특혜로 내줄 게 아니라 회사를 설립하려는 누구에게나 줄 수 있어야 하며 독점판매권도 수많은 제약 조건을 내걸지 말고 최대한 따기 쉽게 만들어야 한다. 대선후보 선출도 정당 간부끼리 결정할 게 아니라 전당대회를 열어 공개적으로 진행해야 한다.' 이같이 강력한 반엘리트주의에도 불구하고 잭슨과 그의 지지자들도 사람마다 타고난 능력이 천차만별이라는 제퍼슨의 신념만큼은 지지했다. '세상 모든 공정한 정부에서 사회적 차별은 늘 존재할 것이다. 인간의 제도하에 재능의 평등, 교육의 평등, 부의 평등은 결코 창출될 수 없다. 인간은 하늘이 내린 선물을 누리고 우수한 산업, 경제와 덕성의 열매를 만끽하는 가운데 법의 보호를 평등하게 받을 수 있을 뿐이다.'[47] 1836년 시어도어 세드윅 주니어가 이 같은 신념을 잘 표현했다. '모든 인간은 독점이나 부당한 특권의 제약을 받지 않는 완벽한 자유를 누림으로써 자신의 재능이 허용하는 최고 지위까지 오를 수 있어야 한다.'[48] 정부의 중요한 목표는 국민이 타고난 에너지를 발산할 수 있는 여건을 조성하는 한편, 성공한 자들이 인위적인 특권을 이용해 지위를 강화하고 대대로 물려주는 것을 방지하는 것이었다.

이렇게 자연스럽고 공정한 혜택에 법이 인위적인 차별을 더하고 직위, 특전, 특권을 허용하며 부유한 자를 더 부유하게, 권력자를 더 막강하게 만들어줄 때 농부, 정비공, 노동자를 포함해 시간도 없고 혜택을 확보할 수단도 없는 이들은 정부의 부당함에 문제를 제기할 권리를 갖는다. 정부는 본질적으로 사악하지 않다. 권력을 남용할 때 사악해질 뿐이다. 정부가 국민에 평등한 보호를 제공하고 혜택을 하늘에서 내리는 비와 같이 계급이나 경제적 여건과 무관하게 골고루 분배한다면 온전한 축복이 될 것이다.[49]

10. 미국과 능력 공화국

이 같은 비전에도 치명적인 약점은 있었다. 흑인과 원주민에 전혀 무관심한 건 물론 로비와 일자리 매수와 같은 정치관행을 눈감아준 것이다. 잭슨도 자신을 편애하며 후견해줄 인물을 찾아다녔지만 결국 타고난 능력만으로 성공을 일궜다고 모든 걸 정당화했다. 그의 추종자들도 소풍가면 개미가 들끓듯 정부에는 부패와 비효율성이 존재하기 마련이라며 부패가 사업의 당연한 결과인 것처럼 떠들었다.[50] 잭슨과 그의 추종자들도 개인의 능력을 가장 정확히 측정할 척도가 경제적 성공 수준이라는 발상에 동의했다. 이 같은 명제는 제퍼슨의 타고난 귀족 개념이 대세였던 농경 시대에는 명함도 못 냈지만 상업 시대에 접어들면서 당연한 가치처럼 받아들여졌다. 미국은 자수성가한 이들의 나라였고 캘빈 코튼의 말과 같이 다른 어느 사회보다 자수성가에 최적화되어 있었으며 자수성가의 징표는 돈이었다. 열심히 일해 성공한 이들에 관한 허레이쇼 앨저의 소설은 수백만 부씩 팔려나갔다. 급진적 언론인 윌리엄 로이드 게리슨은 '우리 정부 같기만 하면 부지런한 장인이 부유한 게으름뱅이보다 늘 더 큰 존경을 받을 것이다.'라고 말했다.[51] 대표적인 잭슨파 민주당원 윌리엄 가우지는 정치적 지위는 오늘 가장 높은 사람이 내일 밑바닥으로 얼마든지 추락할 수 있는 만큼 계급 구분의 영원한 기준은 자산뿐이라고 주장했다. 〈헌트의 상인 잡지Hunt's Merchants' Magazine〉 편집자 프리먼 헌트도 사회적 구분의 가장 중요한 기준은 자산이라고 주장했다. '재능, 교육, 교양 관점에서 귀족이라고 할 수 있는 자들이 각자 어느 분야에서 잘나가든 사회 전반에서 지위 등급을 측정할 수

있는 수단은 증권, 임대료 명부, 은행 계좌다.'[52]

19세기 중반 미국에서는 지역 거물들의 생애를 소개한 서적이 인기를 끌었는데 모시스 예일 비치의《부와 뉴욕시 부유층의 생애 Wealth and Biography of the Wealthy Citizens of New York City》도 그중 하나다. 이 책에서는 부자들을 자산 규모 순으로 나열하고 자산 중에서도 자기 힘으로 일군 자산은 능력에 따라 결정된다고 규정했다. 비치에 따르면 과거에는 전쟁과 정복에 뛰어난 재능을 보이는 이들이 위인이었지만 현대 미국에서 위인의 기준은 몇 채의 집을 보유하고 있는가다. 단, 누구든 이 책에 이름을 올릴 수 있다는 사실은 엄연한 축복이다. 매사추세츠의 한 사업가는 어느 기계학회에서 오늘의 노동자가 내일의 자본가라고 말했다. '누구나 자신만의 고유한 능력이 있다.…… 자신도 자본가가 될 수 있다는 사실은 길거리에서 신문을 판매하는 어린아이가 최선을 다하게 만드는 원동력이다.'[53]

잭슨 대통령 재임 당시 미국을 가장 날카롭게 분석한 건 알렉시스 드 토크빌이었다. 그는 잭슨 민주주의가 절정에 달했던 1831년 우연히 미국을 방문해 모든 이가 지리적·계급적으로 활발히 이동하는 모습을 보고 새로운 사회를 향한 실험이 진행 중이라고 규정했다. 그는 한 기고문에서 '미국에서 맨 먼저 실감하는 건 다양한 계층의 수많은 사람이 타고난 환경에서 벗어나려고 노력한다는 사실이다.'[54]라고 적었고 '모든 미국인은 신분 상승 욕구에 사로잡혀 있다.'라고도 밝혔다.[55] 우리는 이 새로운 사회에서 가혹한 예외로 존재하는 한군데 지역이 있었다고 지적해왔다. 바로 노예제를 고수한 남부다. 당시 시대상을 표현하기에는 예외라는 단어만으로는 부족하다. 노예제는 미국의 건국정신이자 분열된 나라를 하나로 통합한 평등과 기회 원칙에 정면으로 배치된다. 토크빌은 만약 미국에서 위대한 혁명이 일어난다면 그 원인은 미국 땅에 흑인이 존재한다는 사실 때문일 거라고 예상했다. '혁명은 평등이 아닌 조건의 불평등에서 시작될 것이다.'[56] 노예제는 단순히 산업화 이전 시대의 잔재가 아니었다. 산업혁명이 미국 북부와 유럽 전역을 휩쓸 때조차 인간에 대한 속박은 더 공고해지고 확대되어 흑인 노예들은 거대한 세계 면화 경제의 톱니바퀴로 전락했다.[57] 노예제 폐지를 추진했던 에이브럼 링컨은 전형적인 미국 북부 사람이었다. 오하이오강 북서부의 새로운 영토인 민주주의 계곡에서 태어나 자랐으며 불우했던 가정환경이 오히려 더 자랑거리인 자수성가형 인물이었다. 링컨은 '내 할아버지가 누구인지 궁금하지만 그분의 손자가 장차 무엇이 될지가 훨씬 더 궁금하다.'라고 말했다. 또한 미국 특허청에 잠수함 모형을 제출한 초보 발명가 겸 제작자이자 계층 간 이동성이 보장되고 기회가 열린 사회의 열렬한 신봉자이기도 했다. 링컨은 무일푼의 지혜로운 사회초년생이 한동안 노동해 번 돈으로 도구나 토지를 산 후 또 한동안 열심히 노동해 자신의 사업을 키우다가 한참 지나 직원을 고용하는 단계에 이르는 나라로 미국을 규정했다.[58] 평생 고용된 노동자라는 지위에서 꼼짝 못하는 자유인 따위는 존재하지 않는다고 주장하면서 자신의 비전을 실현하기 위해 적극적인 정책들을 지지하기도 했다. 예를 들어 정부가 무상제공한 토지에 대학을 설립하고 정착민에 토지구획을 제공하며 서부에 광대한 철로를 깔고 농업연구에 투자하는 것 등이다. 그는 헌법이 종교는 물론 인종을 초월해 존재한다고 믿었다. 1858년 스티븐 더글러스와 벌인 논쟁에서 더글러스가 '우리 아버지들이 만든 이 정부의 기반은 백인이다. 백인들이 백인과 그 후손의 영원한 번영을 위해 만든 게 바로 이 나라다.'라고 주장하자 링컨은 단호히 반박했다. '독립선언문에 열거된 타고난 모든 권리, 즉 생명권, 자유권, 행복추구권을 흑인이 누리지 못할 이유는 세상 어디에도 없다. 나는 흑인도 백인과 마찬가지로 이들 권리를 누릴 자격이 있다고 믿는다.'[59] 노예해방은 인종과 상관없이 모든 미국인에 기회의 평등을 제공하겠다는 링컨의 비전을 확장하려는 시도였다. 해방은 한 가지 측면에서 성공적이었는데 남부의 봉건제가 미국 사회의 대안적 비전이라는 인식이 완전히 퇴출되고 법 앞의 평등이 유일한 합법적인 이데올로기로 자리 잡았다는 것이다. 하지만 짐 크로 법(Jim Crow 법: 1876년에 제정된 미국 인종차별법으로 공공장소에서 흑인을 백인과 차별하는 법 - 편집자 주)이 남부인에 기회의 평등을 계속 조롱할 구실을 제공했다는 점에서 실패로 볼 수도 있었다. 노예제에 기반한 경제적 불평등은 수백만 명 흑인의 삶을 지속적으로 옭아맸고 기회의 사회라는 링컨의 비전을 실현하려는 노력은 오늘날까지 계속되고 있다.

1퍼센트의 부상

　●

　19세기 후반 잭슨 대통령 재임 당시 평등을 추구하던 미국과는 전혀 다른 미국이 탄생했다. 고립되어 있던 작은 마을들이 철도의 발달로 이어지고 시골 노동자들은 도시로 밀려들고 이민자들은 뉴욕으로 몰려왔다. 거기서 다시 전국으로 퍼져나갔다. 악덕 자본가들이 전례 없는 규모의 비즈니스 제국을 건립해 경쟁자를 굴복시키고 노동자를 대거 고용함으로써 토크빌이 칭송했던 조건의 평등은 역사의 뒤안길로 사라졌다. 그 결과, 《미국의 민주주의Democracy in America》 중에서 암울한 후반부의 가장 암울했던 예상이 현실화되었다.[60] 이렇게 새로운 미국을 창조한 악덕 자본가야말로 능력주의 정신의 구현으로 이들은 혼자만의 힘으로 적어도 민간 분야에서는 전례 없는 높은 지위까지 올라갔다. 존 D. 록펠러의 아버지는 가짜 약 판매상이자 불법 중혼자였다. 앤드류 카네기는 이민자였는데 그의 아버지도 오랫동안 일자리를 구하지 못해 고생하다가 겨우 텔레그래프 전송원이 될 수 있었다. 에드워드 헨리 해리먼은 머리를 손가락으로 톡톡 치며 처음에 가진 자본이라곤 연필과 이것뿐이었다고 즐겨 말했다.[61] 하지만 기회의 평등이 자멸을 초래하는 경우도 있었다. 이들 능력주의의 사도가 건설한 비즈니스 제국이 워낙 과도한 성공을 거두자 급기야 이들은 미국 능력주의 정신의 폐해로 지목된 것이다. 헨리 조지는 자본이 자본을 낳다 보니 출신이 변변치 못한 사람들은 갈수록 소외되고 실패한 대중의 독립성과 진취력은 완전히 쇠퇴했다고 토로했다.[62] 그는 이런 식의 집중과 배제가 계속되어 미국에도 유럽의 향기가 스며들고 있다고 덧붙일 수 있었을 것이다. 친영국 성향의 동부 해안 엘리트처럼 악덕 자본가들도 나이가 들면서 1888년 최초로 발간된 〈명사록Social Register〉에 서로 이름을 올리려고 경쟁하고 신사들의 클럽과 컨트리클럽에 가입하거나 자녀를 명문학교와 대학교에 보낸 것이다. 엘리트 학교와 대학교들은 일일 미사, 경쟁 스포츠, 고전교육이라는 영국 교육 방식을 도입해 백만장자의 자녀를 공공정신이 투철한 인물로 탈바꿈시키는 데 자긍심이 있었다. 아이비리그 대학교들도 지속적으로 장학생을 선발했다. 프랭클린 루즈벨트가 하버드 대학교에 입학한 1900년 당시 가장 많이 진학시킨 학교의 영예는 그로튼 스쿨이나 세인트폴 스쿨(18명)이 아닌 보스턴 라틴 스쿨(38명)에 돌아갔다.[63] 하지만 이들 학교도 금권정치 시대를 거치면서 부패해졌고 특권층 자녀가 앞서가는 경향은 갈수록 뚜렷해졌다. 프린스턴 대학교 총장 프랜시스 랜디 패튼은 자신의 대학교가 미국 최고의 컨트리클럽이라고 자부했으며 1905년 예일 대학교 재학생들은 이런 노래까지 만들었다. '하느님과 모든 타이탄(Titan: 하늘의 신 우라노스와 땅의 신 게Ge 사이에서 태어난 6남 6녀들로 거인 또는 그 일족을 말한다 - 편집자 주)이 싸우기 시작한 이래로 장학금을 이렇게 한 푼도 못 받은 학생들은 찾아볼 수 없었지.' 아이비리그는 고위층 자녀가 평생 친구를 만드는 배타적 클럽으로 규정되는 경우가 허다했다. 예일 대학교의 스컬 앤 본즈, 하버드 대학교의 헤이스티 푸딩그리고 귀족 중의 귀족만을 위한 프린스턴 대학교의 아이비에는 예수 그리스도보다 한 명 적은 11명만 가입할 수 있었다. 1퍼센트의 위협을 구성한 건 비단 부호뿐만이 아니었다. 잭슨 지지자들의 지적대로 오래된 가문은 언제든 왕족이 되어 통치권을 장악할 위험이 있었다. 보스턴 상류층으로 말하면 토지보다 지식에 힘입은 바가 더 큰 40여 개 가문이었는데 이들 지식귀족은 성공한 사업가의 후손이라는 점에서 영국과는 차별성을 보였다. 교육기관을 설립하고 열린 기회를 창출하는 자랑스러운 역사를 가진 것이다. 하버드 대학교는 상류층의 최고 자부심이었다. 행정기구인 하버드 법인 설립 이후 계속 장악해온 세력과 가장 유명한 학자도 모두 상류층 출신이었다. 하지만 미국 상류층은 같은 계층과 결혼해 자손을 보고 자기 이익만 추구하는 경향이 영국의 지식귀족보다 오히려 더 강했다. 그들은 열정적으로 근친상간을 행했는데 장자 상속제가 폐지된 나라에서 사촌끼리 결혼하는 건 자산을 지키는 훌륭한 수단이었다. 상류층이라는 좁은 세계 안에서 인재를 발굴했다. 보스턴 브라만이라는 용어를 처음 만든 올리버 웬들 홈스는 회고록《아침 식탁의 독재자The Autocrat of the Breakfast Table》(1858)에서 많은 부분을 인정했다. '아니, 친구들, 나는 다른 조건은 동일하다는 전제하에 가문의 전통을 물려받고 적어도 4~5세대에 걸쳐 인간적 소양이 축적된 인물을 찾는다네.'[64] 그들은 출신 가문만 입맛에 맞으면 다른 부분은 웬만하면 눈감아줬다. 실제로 윌리엄 제임스는 의대 재학 기간 대부분을 해외에서 보내 학위시험을 보러 갔을 때 불안할 수밖에 없었다. 하지만 상황은 의외로 순조롭게 돌아갔다. 의사는 응시생에게 단 한 가지 질문만 던졌고 윌리엄이 제대로 대답하자 홈스는 이렇게 말했다. '그거면 충분해! 그걸 안다면 다른 것도 다 알고 있는 게 분명해. 자, 이제 말해보게. 아버님은 안녕하신가?'[65] 제임스는 천재였지만 브라만은 늘 우대해주는 문화 때문에 결과가 항상 좋지 못했다. 능력주의 사상에 대한 또 다른 도전은 지적으로 정반대 영역에서 제기되었다. 바로 공직과 표를 맞바꾸는 식으로 미국의 민주정치를 지배했던 정치기구다. 이들 기구를 창조한 건 악덕 자본가와 비슷한 악덕 정치가로 이들은 정체성을 내세워 민족의 후원을 받는 식으로 혁신을 단행함으로써 권력과 부를 축적했다. 따라서 미국 심장부에 부패의 싹이 자랄 수밖에 없었는데 정당들은 사회 문제를 해결하기보다 하위 공직을 분배하는 데 주력한 것이다.[66] 일상 업무기관에 무능한 자들이 넘쳐났다. 풍자작가 아르테무스 워드는 불런 전투(1861년, 1862년 버지니아 불런강 일대에서 벌어진 남군과 북군의 전투로 모두 남군이 승리했다 - 편집자 주) 이후 북군이 퇴각한 건 뉴욕 관세청에 공석 세 자리가 났다는 소문 때문이었다고 조롱했다. 정부의 기본적인 기능조차 수행되지 않았고 부패의 싹은 계속 자랐다. 뉴욕에서 정부효율성 관리를 담당했던 한 조사관은 오랫동안 방치된 우편물 포대 수백 자루를 발견했는데 그중 한 자루는 수신인이 분명히 부통령이었는데도 전달되지 않고 그대로 쌓여 있었다. 투표의 대가로 공직을 받기로 한 사람이 늘어날수록 나눠줘야 할 공직도 더 많이 생겨났다. 미국은 혁명으로 마땅히 사라졌어야 할 18세기 영국 후견 제도를 민주적 버전으로 재탄생시켰다.

남은 99퍼센트의 부상

이같이 능력주의에 제기된 문제점 중 상당수는 오늘날에는 익숙하기만 하다. 부는 사회 최상위 계층에 몰리고 전문가 계층과 대중 간 격차는 갈수록 커지며 정치도 자본과 권력 논리에 휘둘려 계속 부패한다는 것이다. 하지만 도금 시대(남북전쟁이 종료된 1873년부터 불황이 시작된 1893년까지 미국 자본주의가 급속히 발전한 시기 - 역자 주)의 미국은 평등, 기회, 유동성이라는 세 가지 위대한 가치를 향한 신념을 지켜왔을 뿐만 아니라 그 같은 이상을 새 시대에 걸맞게 갱신하는 광범위한 개혁도 앞장서 이끌었다. 프레데릭 잭슨 터너는 미국 국경전진의 종료를 다룬 논문에서 미국의 서부개척이 한계에 이르렀다고 주장하는 한편, 그렇다고 미국의 확장적 특성이 완전히 끝났다고 주장하는 건 성급한 예언이라고 경고했다. 일련의 문제점 때문에 능력주의 정신을 그렇게 주장하는 것도 마찬가지일 것이다. 정치 개혁가들은 악덕 자본가들이 기회의 평등과 권력 분산이라는 두 가지 중요한 가치를 위협한다고 지적했다. 테디 루즈벨트는 미국의 새로운 귀족 계층이 위협을 제기한다고 거듭 경고했다. 하지만 그의 연설이 워낙 두서가 없고 장황한 바람에 그들이 부와 권력을 독점·세습할 수 있어 위험하다는 것인지 아니면 물려받은 자산으로 갈수록 타락할 게 뻔해 그렇다는 것인지 불분명하다. 그는 독점과 타락 두 가지 위협을 차단하기 위해 소득과 세습재산 모두에 세금을 매길 것을 제안했다. 그렇게 하면 부의 집중을 막아 지배층도 자신의 능력에만 의존하도록 만들 수 있다는 것이다. 이와 동시에 악덕 자본가들은 스스로 교화하는 데도 성공했다. 공공도서관(카네기)과 대학교(록펠러를 비롯한 수많은 자본가)와 같이 능력계발을 선도하는 여러 기관에 엄청난 재산을 기부한 것이다. 그들은 찬물로 샤워하고 팀 스포츠에 매진하며 기나긴 설교에 시달려야 하는 학교로 자녀를 보냈다. 테디 루즈벨트는 그로튼 스쿨 연설에서 새로운 책임윤리를 강조하며 '여러분은 많은 걸 누렸습니다. 따라서 우리는 여러분에게 많은 걸 기대할 권리가 있습니다.'라고 학생들에게 말했다. 악덕 자본가들이 능력주의에 기여한 최고의 공로는 위대한 기업을 일궜다는 사실 자체였다. 기업 규모가 커질수록 매일 반복되는 업무를 처리할 일손도 더 많이 필요해졌다. 그 결과, 새로운 계급이 탄생했는데 조직 내 서열 격상 여부를 기준으로 삶을 평가하는 건 같지만 국가에 헌신한 이전 관료세대와 달리 민간 분야를 위해 근무하는 전문경영자들이었다. 미국은 이 새로운 경영인들을 전문적으로 육성할 기구까지 새로 만들었는데 펜실베니아 대학교는 1881년 와튼 스쿨, 하버드 대학교는 1908년 하버드 비즈니스 스쿨을 설립한 것이다. 또한 도시 전경도 새로 다듬어 메트로폴리탄 생명보험 빌딩(1928), 뒤이어 엠파이어 스테이트 빌딩(1931)과 같은 초고층 건물까지 건설했다. 악덕 자본가가 사망할 때마다 공로가 화제가 되면서 전문직 엘리트는 더 많은 권력을 손에 쥐게 되었다. 보스턴 브라만 중 진보 인사들은 카스트제 사회로 퇴보할 위험성을 인지하고 있었다. 하버드 대학교 총장이던 찰스 엘리엇은 건국의 아버지들이 품었던 타고난 귀족

291

의 이상을 더 민주적이고 실용적인 시대에 맞게 개선하는 데 몰두했다.[67] 예를 들어 하버드 대학교에 전문학교를 설치함으로써 하버드 출신이 새로운 직군을 장악할 수 있도록 하되 이들 전문학교가 특정 기술교육이 아닌 광범위하고 자유로운 교육을 제공해야 한다고 주장했다. 1894년 12살에 빈에서 미국으로 도피한 유대인 난민 펠릭스 프랑크푸르터는 '내가 하버드 로스쿨에 품은 감정은 신앙과 같다.…… 내가 알기로 가장 민주적인 기관이기 때문이다.'라고 고백했다. 미국 최상류층이던 딘 애치슨은 하버드 로스쿨에 들어간 후에야 중요한 건 완벽성이며 엉성한 시도로는 불충분하다는 사실을 깨달았다고 말했다.[68] 컬럼비아 대학교 니콜라스 머레이 버틀러, 프린스턴 대학교 우드로 윌슨, 코넬 대학교 앤드류 딕슨 화이트, 존스홉킨스 대학교 대니얼 길먼을 포함한 학문 수장들은 인재육성 대학교를 더 민주적이면서 학위에 열광하는 이 시대에 맞춰 어떻게 재편할지 고민에 빠졌다. 길먼은 옥스퍼드와 케임브리지 대학교가 아닌 독일의 연구대학을 본보기 삼아 존스홉킨스 대학교를 혁신했다. 능력 기준으로 교수를 채용·승진시킬 뿐만 아니라 특별한 인재를 직접 발굴하는 체계도 마련하려고 했다. 우드로 윌슨은 자신이 강한 인종차별 성향임에도 프린스턴 대학교의 만찬클럽에 구현된 사회적 우월의식과 신사의 C학점 제도(특권 계층 학생은 아무리 낙제 대상이어도 C학점은 줘 승급시키는 제도 - 역자 주)에 구현된 특권 문화를 퇴출시키기 위해 애썼다. 친목회, 비밀단체, 스포츠클럽 등 학부생의 변외공연이 서커스를 집어삼켰고 본 공연의 주인공들이 낙담하고 치욕에 빠진 채 관객의 흥이나 돋게 만들어왔기 때문이다.**69** 이들 학문의 수장들은 기회의 사다리가 하위층까지 도달하도록 노력한 한편, 진취적인 교장들은 상위층으로 뻗어나가기 위해 애썼다. 미국 대도시들은 1635년 설립된 보스턴 라틴 스쿨을 본보기 삼아 최고 엘리트만 선발하는 학교들을 세웠지만 보통 근대 과목에 더 중점을 뒀다. 샌프란시스코 로웰 고등학교는 1856년에 설립되었고 1901년 매사추세츠주 우스터시에서는 뛰어난 지능의 아이들을 위한 중등교육 프로그램을 개설했다. 신시내티 월넛 힐스 지역도 1919년 선발제도를 도입했는데 이 같은 학교가 가장 밀집된 지역은 단연 뉴욕이었다. 대표적으로 맨해튼 로어 이스트 사이드의 스타이브샌트 고등학교, 포트 그린의 브루클린 테크, 더 시티 칼리지 오브 뉴욕의 타운센드 해리스 홀, 브롱크스 북서부의 브롱크스 사이언스 등을 꼽을 수 있다. 이들 학교는 거액의 자금지원을 받지는 못했다. 1919년 스타이브샌트는 급증한 수요에 부응하기 위해 이중회기를 도입했는데 전체 학생을 두 집단으로 나눠 오전과 오후에 수업했다. 학교가 이렇게 큰 성공을 거둘 수 있었던 건 학업역량이 비슷한 학생을 받아 최고의 성과를 내도록 성장시켰기 때문이다. 브롱크스 사이언스 스쿨은 설립 이래 5년 만에 노벨상 수상자를 다섯 명이나 배출했다. 1회 졸업생 로이 글라우버는 대학교에 진학하지 않고 곧장 일을 시작해 맨해튼 프로젝트에 참여했다. 타운센드 해리스 홀에서는 4년 과정을 3년 만에 마치는 학생들이 매일 나와 자동으로 시립 대학교 입학 자격을 취득했다. 역시 고무적인 능력주의의 예로 20세기 초 미국 흑인들 사이에서 일었던 자기 계발운동을 들 수 있다. 건국의 아버지를 비롯한 미국 지도부가 능력주의 공화국에서 흑인을 어떻게 배제해왔는지 우리는 똑똑히 봤다. 이 같은 배제는 경제적 파장뿐만 아니라 심리적 후유증도 낳았는데 노예제와 짐 크로 법이 미국 흑인의 주체성, 심지어 자아존중감까지 일부 파괴한 것이다. 이 같은 주체성을 개인과 집단에서 모두 재건하려는 움직임이 바로 자기 계발운동이었다. 여기서 핵심 인물은 W. E. B. 듀보이스(1886년~1963년)로 전미 흑인지위향상협회 설립 멤버이자 미국에서 가장 다작하는 흑인 작가로도 손꼽혔다. '재능 있는 1할(흑인 열 명 중 한 명꼴로 인재가 탄생한다는 속설 - 역자 주)'로 불린 핵심 사상은 흑인 교사 양성을 원했던 북부의 한 백인 박애주의자가 창안하고 듀보이스가 대중화한 것이었다.[70] 듀보이스는 흑인들이 미국에서 자신의 정당한 지위를 주장할 방법은 자기교육뿐이라고 믿었다. 그도 흑인 최초로 하버드 대학교에서 박사 학위를 땄다. 그는 자신의 연구 〈필라델피아 흑인〉을 위해 5,000명 이상을 인터뷰하는 대규모 사회조사를 실행했으며 애틀랜타 대학교에서 역사, 사회학, 경제학을 강의했다. 미국 흑인은 교육을 통해 지성을 발전시키고 인격을 단련함으로써 자부심을 갖고 학대받은 미국인이 아닌 자랑스러운 미국 흑인으로서의 문화유산을 수용할 것이다. 유명한 한 구절에서 그는 흑인들이 백인우월주의의 홍수 속에서도 자신의 피를 표백할 필요성 따위를 느끼지 않았다고 말했다. 그들은 흑인이면서도 사람들이 저주하거나 경멸하지 않는 존재나 자기 계발 기회를 박탈당하지 않는 존재가 되도록 만들고 싶었을 뿐이다.**71** 그리고 이 같은 집단갱생이 일어나려면 최고의 인재가 반드시 필요했다. 1903년 듀보이스가 집필한 〈재능 있는 1할〉은 깊이와 울림이 있는 선언으로 시작된다. '흑인은 다른 모든 인종과 마찬가지로 단연 뛰어난 인물이 구원할 것이다. 따라서 교육은 재능 있는 1할에 우선적으로 실시되어야 한다. 최고의 흑인 인재를 육성하는 데 집중할수록 흑인은 물론 다른 인종 내 최악의 인물이 끼치는 해악에서 멀어질 수 있다.' 미국 흑인사회는 흑인 열 명 중 지성과 인성 면에서 지도자 자질을 갖춘 한 명을 발굴하는 데 총력을 기울여야 한다. 그리고 실제로 발굴하면 좁은 범위의 직업교육이 아닌 고전에 기반한 자유주의 교육을 실시해야 한다. 듀보이스가 고전교육의 중요성을 거듭 강조하면서 역시 자립을 옹호했던 부커 T. 워싱턴과 격렬한 논쟁을 일으켰다. 그는 워싱턴과 달리 부를 축적할 수 있는 노동귀족을 배출하는 게 교육의 최고 목표가 아니라고 믿었다. 지도층 역할을 할 수 있는 흑인 지식귀족을 배출하는 게 더 중요하다. 그것도 정치적 소요 상황에서 흑인을 이끌 수 있고 더 광범위한 지적 지도력까지 갖춘 인물이어야 한다. 듀보이스가 나이가 들수록 전자를 더 강조했지만 말이다. 지도층이 중요하지 않은 공동체는 없지만 미국 흑인사회에서는 특히 더 중요한데 노예제로 훌륭한 전통을 빼앗긴 데다 연고도 없는 낯선 대륙에 내던져져 소외되어 왔기 때문이다. 그는 개혁이 가부장적인 상의하달식이어야 한다고 거침없이 밝혔다.

흑인 대중이 단순히 노력에 의존하는 것보다, 재능과 인격을 갖춘 귀족보다 더 빨리 성장할 방법이 있을까? 공평한 하느님의 땅에 과연 하의상달식으로 문명화를 이룬 나라가 있었는가? 단연코 아니다. 이전에도 그랬고 앞으로도 문화를 걸러내는 개혁은 상의하달식이어야 한다. 재능 있는 1할이 부상해 보존할 가치가 있는 모든 것을 자신의 범위 안으로 끌어들이는 것이 인류 진보의 역사다.

일부 진보 인사들이 인재를 찾아 미국의 소수 민족을 뒤지는 동안 다른 이들은 부지런히 엽관제(Spoils System: 공무원 임용 방식 중 하나로 지지에 대한 보답 차원에서 정치적 지지자를 채용하는 것이다. 초기 근대 민주주의 사회, 특히 미국에서 성행했다 - 편집자 주)를 폐지했다. 부패와의 전쟁으로 수백만 명은 아니더라도 수천 명의 미국인이 개혁세력으로 결집하면서 옛 엘리트 귀족과 새로운 전문가 계층, 그리고 민주당 진보세력과 공화당 개혁파가 통합했다.[72] 미국 민주주의에서 재현된 낡은 부패체계는 프랑스 영사로 임명되길 간절히 바랐지만 결국 실패한 찰스 기토가 1881년 7월 2일 워싱턴 D.C. 기차역 대기실에서 앤드류 가필드 대통령에 총을 쏴 치명상을 입히는 순간 중대한 타격을 입었다. 결국 1883년 펜들턴 공무원법(Pendleton Civil Service Act: 1883년 제정된 미국 연방정부의 공무원 임용법으로 당시 상원 공무원제도개혁위원회 위원장 펜들턴의 이름을 딴 것이다. 이 법률의 주요 내용은 1. 공무원 임용 시 정치적 중립 확보를 위한 독립기관으로서의 민사위원회 설치, 2. 공무원 임용 시 공채제도 확립, 3. 공무원의 정당 자금 제공 및 정치운동 금지 등이다 - 편집자 주)이 제정되면

서 공직위원회가 설립되고 정치시험이 폐지되고 공직자는 자신을
임명한 정당에 소득의 일정 비율을 납부해야 한다는 조항도 철폐되
었다. 대신 기본 역량을 검증할 시험이 도입되었다. 능력체계로 선
발된 공직 비율은 1883년 10.5퍼센트에서 1930년 75퍼센트까지 급
증했다.[73] 펜들턴 개혁을 주도한 자칭 베스트맨들은 지금처럼 민족
국가의 구분이 명확한 시대에는 능력주의의 중요성이 훨씬 크다고
주장했다. 〈행정학 연구〉(1883)에서 우드로 윌슨은 행정학은 모름지
기 정부의 길을 바로잡고 정부사업에서 이윤만 추구하려고 하지 않
으며 정부조직을 강화하고 부패를 척결하는 데다 의무를 완벽히 수
행하기 위해 노력할 것을 촉구했다.[74] 그는 윌리엄 코벳의 〈고위직
의 나쁜 놈들〉을 떠올리게 하는 문구로 구질서를 비난했다. '워싱턴
D.C. 정부관료들 사이에 또 다시 타락한 분위기가 감지되고 행정상
비밀이 생겨났으며 혼란과 부패가 어느 때보다 심각하다.……' 그가
보기에 미국은 정부를 제한하는 데만 너무 노력하고 활성화, 즉 편
리하고 효율적으로 체계화하는 데는 신경조차 쓰지 않았다.[75] 윌슨
과 같은 진보 인사들은 능력이 검증된 엘리트 관료를 날이 갈수록
더 강력히 요구했다. 1909년 《미국인의 삶의 약속The Promise of American
Life》을 출간하고 자신의 메시지를 지속적으로 전파하기 위해 1914년
〈뉴 리퍼블릭New Republic〉을 공동창간해 유명해진 허버트 크롤리는 플
라톤의 수호자 계급을 다시 창설할 것을 제안했다. 조지 윌에 따르
면《미국인의 삶의 약속》은 20세기 미국 정계에 가장 큰 영향을 미
친 책으로 손꼽힌다. 법률·재무 분야 전문가위원회 형태로 개설해

주지사가 법률 초안을 작성할 때 보조할 수 있게 하자는 것이다.[76] 또한 크롤리보다 훨씬 유명한 언론인 월터 립만은 열 개 정보국을 창설해 내각의 각 부서에 배치한 후 종신직에 정기안식년까지 제공받는 엘리트 팀을 꾸리고 부서와 관련된 모든 사실을 수집해 대중에게 설명하는 역할을 담당시킬 것을 제안했다.[77] 1930년대 워싱턴 D.C.로 몰려가 루즈벨트를 도와 뉴딜정책을 고안했던 지식인들은 치열한 공개시험으로 선발된 지식인이라면 민주적 선거 결과와 상관없이 정부 요직에서 더 많은 권력을 누려야 한다는 주장을 열렬히 지지했다. 그럼에도 권력집중을 경계하는 미국인들과 거만한 정부 관료들은 이 같은 엘리트중심적 능력주의가 주도권을 잡도록 놔두지 않았다. 막스 베버는 1904년 미국 투어 당시 누군가가 자신에게 이렇게 말했다고 적었다. '미국인들이 공직자로 원하는 인물은 자신을 경멸할 수 있는 사람이 아니라 자신이 경멸할 수 있는 사람이다. 당신도 그렇지 않은가?'[78] 이 같은 정신은 진보주의와 뉴딜정책을 거치며 살아남았다. 펜들턴 공무원법을 발의한 의원들은 이 법으로 관료귀족이 탄생하지는 않을 거라고 주장했다. 이 법이 고위층의 엘리트 관료가 아닌 하위직 관료에만 적용되어 최소한의 경쟁력을 입증하는 데만 활용될 것이기 때문이다.[79] 이 법안은 정당이 고위 위정자들을 후원하는 걸 전면금지하는 게 아니라 제한만 하는 게 목적이었던 만큼 정치기구의 최고 권력에 생채기 하나 내지 못했다. 허버트 크롤리를 비판한 이들은 크롤리보다 더 크롤리적이라는 문구를 만들어 그의 엘리트주의를 조롱했다.[80] 잭슨 대통령 지지자들이 엘리트중심적 능력주의를 혐오하던 경향은 하의상달식 확산을 중시하는 그들의 신념으로 인해 더 강화되었다. 유럽에서 능력주의는 옛 지배층에 대한 비판이었고 미국에서는 부패로 얼룩져가는 나라에 건국 당시의 전통을 회복하자는 호소였다. 유럽에서는 사람의 지위가 단선형 위계질서 속 서열로 규정되었지만 미국에는 상당히 다양한 위계가 존재했다. 빈 출신 사회학자 수잔 켈러의 표현대로 미국 사회는 제각각의 에이스를 가진 카드뭉치 조합이었다. 미국에는 가톨릭교도를 위한 가톨릭 대학교, 복음주의자를 위한 복음주의 대학교, 세례를 받지 않은 자들을 위한 공립대학교 등 집단별로 교육기관이 마련되어 있었다. 리먼 브라더스와 같은 유대인 은행들은 야심 찬 유대인을 고용함으로써 그들을 채용하길 거부한 브라운 브라더스 해리먼 등 전형적인 엘리트 기업에 최고의 복수를 했다. 심지어 도금 시대에도 미국의 엘리트 기업가들은 모든 면에서 유럽 귀족과 달랐는데 고귀함보다 유동성, 계급보다 성취를 중시했다.

엘리트의 행진

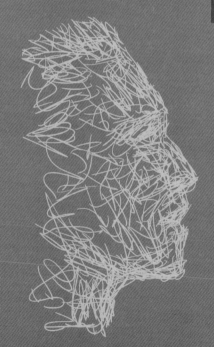

11

능력
측정

능력주의 사상은 제1, 2차 세계대전 사이 기간에 가장 눈부신 발전을 이뤘다. 능력에 관한 과학적 이론은 물론 측정기술까지 개발했다는 심리학자들이 목소리를 내면서 공공정책에까지 영향을 미치기 시작한 것이다. 덕분에 능력주의를 바라보는 관점에도 세 가지 거대한 혁신이 일어났다. 이전 사상가들은 지능을 용기나 성격과 같은 여러 자질 중 하나로 여겼다. 제퍼슨과 나폴레옹도 덕성과 재능을 이야기한 바 있다. 반면, 심리학자들은 능력을 정신적 능력으로, 정신적 능력을 지능으로 분류했고 그중 영향력이 가장 막강한 집단은 지능을 단일 자질인 전반적인 능력으로 봤다. 새뮤얼 스마일즈와 같이 자립의 가치를 설파한 이들은 개인의 노력에 주목해 능력을 설명했다. 성공한 이들은 열심히 일하고 충동을 다스리는 능력 덕분에 성공했다. 심리학자들은 지능, 따라서 능력은 타고나는 걸로 못 박았다. 평범한 능력을 타고난 이들은 아무리 열심히 노력해도 천재가 될 수 없다. 이들은 가장 야심 찬 결과물로 갈릴레오의 망원경에 버금가는 발명품을 선보였는데 이렇게 중요한 타고난 능력을 식별하고 측정할 수 있는 게 IQ 테스트였다. 능력은 타고난 지능이라고 재해석하고 타고난 지능을 IQ 테스트로 측정하려던 대담한 시도는 격렬한 반대에 부딪혔다. 지나치게 획기적인 주장일 뿐만 아니라 교육부터 군사에 이르기까지 전 분야에 혁신적인 영향을 미칠 것이기 때문이다. 교육학적 보수주의자들은 학업 능력을 알아보는 데 기존 시험만큼 정확하지 못하다는 이유로 지능 테스트를 거부했다. 교육학적 급진주의자들도 새로운 부류의 심리학자들이 능력을 계발하고 재능을 육성하는 교육의 힘을 새로운 부류의 심리학자들이 폄훼한다고 주장했다. 각계각층 사람들은 평가운동의 오만함에 반기를 들었다. 프랑스 심리학자 알베르 챌랜드는 '어느 한 사람에게 누군가 심리학자라는 구실로 다가가 몇 분 만에 그가 인류의 표본으로 적당한지 아닌지 결정하고 직업에서 성공할 가능성을 결론짓는 건 아무도 허용할 수 없다.'라고 말했다.[1] 미국의 원로 칼럼니스트 월터 랍만은 1922년 〈뉴 리퍼블릭〉에 시리즈로 게재한 기사에서 IQ 테스트를 맹공격해 훗날 이 새로운 과학을 난도질하는 모든 비판의 근거를 제공했다. 그는 지능이라는 개념이 절망적일 만큼 모호하다고 주장했다. IQ 테스트는 조악하기 그지없는 측정 막대일 뿐이다. 그런데 고정된 특성을 측정한다는 증거도 없고 인생의 성공과 기껏해야 약간의 관련만 있을 뿐이다. 그는 혹시라도 지능 테스트가 실제로 인기를 끌면 담당자들은 신권정치가 붕괴한 이후 어느 지식인도 누리지 못한 권력을 획득할 거라고 경고했다.[2] 또한 훗날 〈센추리 매거진Century Magazine〉에 실린 기사에서 누구든 삶에 적합한지 여부는 사전에 이미 결정되어 있고 이를 불과 50분 만에 판단해 분류할 수 있다는 주장의 오만함을 혐오한다고 적어 챌랜드와 의견을 같이했다. '나는 그 주장의 가식이 싫다. 과학적인 방법을 남용하는 것도 싫고 우월하다는 의식을 풍기는 것도 싫다.'[3] 계량심리학자들은 선전과 지위를 활용해 적극적으로 맞불을 놨다. 대중매체에서 자신들의 새로운 과학을 옹호할 기회가 생기면 절대로 놓치지 않았다는 점에서 선전을 잘 활용했고 정부, 특히 교육부에서 강한 권한을 가진 자리를 따냈다는 점에서 지위를 잘 활용했다는 것이다. 그들은 아이들의 머릿속에서 무슨 일이 일어나는지 밝힐 힘이 있다는 이유로 새로운 실험을 지지했다. 교사들은 아이들의 미래 발전을 예측할 권한을 가질 것이다. 검사관은 경험법칙이 아닌 정확한 측정장치를 사용할 수 있을 것이다. 이전에는 알아주는 이 하나 없이 처박혀 세월만 보낸 천재들을 사회가 발굴할 것이다. 의사들은 뒤처지는 아이를 더 인간적으로 대할 수 있게 되었고 교육부 장관부터 학교장에 이르는 다양한 정책입안자들이 자신의 성과를 진지하게 받아들여 학생 선발, 분류, 능력별 학급 편성에 IQ 테스트를 활용할 것을 설득했다.

머리 측량부터 IQ 테스트까지

초기 검사관들은 머리 크기, 모양, 그 안에 든 지능의 양과 질, 종류에 직접적인 연관이 있다고 믿었다. 스위스 개신교 목사 요한 카스파어 라바터는 사람들의 관상으로 정신적 능력을 가늠할 수 있다고 주장했다. 프란츠 요제프 갈은 초점을 관상에서 두개골 형상으로 옮겨 두상학이라고 명명한 새로운 분야를 선보였고 그의 제자 요한 카스파르 슈푸르츠하임은 다시 골상학으로 바꿨다. 갈은 감각이나 도덕적 힘 등 총 27개 정신적 기능이 두뇌의 다른 부분에 위치하며 머리의 튀어나온 부분은 각각의 힘을 느낄 수 있다고 주장했다. 19세기 가장 유명한 두뇌해부학자 폴 브로카는 두뇌의 크기와 그 안에 든 지능의 양 사이에 직접적인 연관이 있다고 주장했다. 보통 두뇌는 여성보다 남성, 평범한 사람보다 비범한 사람, 열등한 인종보다 우월한 인종이 더 컸다.[4] 이들 초기 검사관들은 적잖이 혐오적인 취미가 있었다. 두개골과 뇌를 열정적으로 수집해 뒤틀린 나치의 원조와 같이 보이게 했다. 새뮤얼 모턴은 얼토당토않은 두 가지 이론을 증명하기 위해 두개골 6천 개를 수집했다. 그중 하나는 능력을 기준으로 다양한 인종을 서열대로 줄 세울 수 있다는 것이고 다른 하나는 각 인종의 기원이 전혀 다르다는 것이었다. 갈은 방대한 양의 두개골을 수집해 유명인사 103명, 범죄자 69명, 정신질환자 67명, 병리학자 25명, 비유럽 출신 이방인 25명의 두뇌계급을 구축했다.[5] 브로카는 한 술 더 떠 7천 개의 뇌와 두개골을 수집하고 그럴듯한 이름의 상호부

검협회를 설립했는데 저명한 프랑스인들이 과학발전을 위해 자신의 머리를 기증하기로 맹세했다.[6] 사실 유명인사의 두뇌를 수집하려는 열기가 너무 뜨거워 요제프 하이든, 프란시스코 고야, 임마누엘 스베덴보리의 두개골은 결국 수집품이 되었고 베토벤의 두개골은 서로 차지하려는 난리에 수백 개 조각으로 쪼개졌다.[7] 게다가 머리 크기로 지능을 측정하려던 노력도 물거품이 되었다. 1885년 이 주제와 관련된 문헌을 검토한 인류학자 아돌프 블로치는 절망적인 결론에 이르렀다. '지능과 두개골 크기 사이에는 절대적인 연관성이 존재하지 않는다. 상당히 똑똑한 사람의 두개골이 정작 작거나 지극히 평범한 사람의 두개골이 상당히 클 때도 있기 때문이다. 그게 지금까지 알려진 바다. 또 다른 측면에서 지능이 낮다고 알려진 특정 인종 중에서도 두개골 크기나 용량이 비교적 큰 사람을 볼 수 있다.'[8] 하지만 당시에도 뇌가 큰 범죄자나 뇌가 작은 유명인사에 관한 논쟁은 비웃음을 사지는 않을지언정 의구심을 낳았다.[9] 회의론자들은 심해의 거대 생명체인 고래의 머리가 그렇게 거대한데도 왜 천재 야생동물이 아닌지 재미있다는 듯 질문을 던졌다. 브로카 추종자들은 브로카의 뇌 무게가 평균을 약간 웃도는 1,424g에 불과하다는 것을 알고 당황했다. 하지만 근대성이라는 높은 기준에서 보면 새로 등장하는 과학은 뭐든지 초기에는 헛소리처럼 들리기 마련이다. 우주를 바라보는 뉴턴의 관점도 연금술과 종교적 사상에서 비롯되었다. 일부 사상에 끔찍한 요소도 있지만 이들 초기 골상학자와 두개골 측량학자는 영적 현상에 대한 합리적 설명을 옹호하기도 했다. 1805년 갈은 물질주의자라는 이유로 로마가톨릭 교회 당국에 의해 빈에서 추방당했다. 이들은 천재나 바보가 괴상한 별종이 아니라 지속적으로 생기는 변이 형태라고 주장했다.

알프레드 비네(1857년~1911년)는 근대적 지능 테스트를 최초로 선보인 심리학자였다. 1890년대 비네의 이름이 알려진 건 일반적 인간이라는 모호한 개념을 넘어 개별 적성의 복잡성과 다양성을 고려한 개개인의 정확한 관찰에 초점을 맞춘 새로운 유형의 심리학을 주장하면서부터였다.[10] 이를 위해 그는 천재를 대상으로 구체적이고 매력적인 사례 연구를 진행했는데 엄청난 계산 능력으로 유럽 전역에 이름을 떨친 자크 이나우디를 분석하고 그의 두 딸의 정신발달을 추적해 〈지능의 실험적 연구L'Étude Expérimentale de L'intelligence〉를 내놓은 것이다. 그는 추론 테스트를 이용한 실험도 진행했다. 1904년 공교육부 장관은 비네에게 소위 비정상으로 불리는 정신장애 학생들을 평가할 수 있는 믿을 만한 대책을 요청했다. 이에 그는 조수 테오도르 사이먼과 함께 연령별로 다양한 지적 작업을 할당하되 일반적인 아이가 그 일을 해낼 수 있는 가장 어린 나이를 기준 삼아 또래의 발달 및 표준발달곡선에 비춰 평가하는 방법을 고안했다.[11]

비네-사이먼 테스트는 순식간에 인기를 얻었다. 비정상 아이들은 물론 나머지 아이들을 대상으로도 진행되면서 유럽과 미국 전역을 점령했다.[12] 독일 심리학자 윌리엄 스턴은 정신연령을 실제 연령으로 나눠 100을 곱해 소수점을 없애는 방식으로 지능지수 개념을 개발했다. 1916년 루이스 터먼은 비네-사이먼 테스트를 미국인에 적합한 방식으로 개량한 스탠포드 비네 테스트를 고안해 IQ란 하나의 숫자로 표현할 수 있는 고정수치라는 인식을 널리 퍼뜨렸다. 교육적으로 장애가 있는 아이들의 마음을 꿰뚫어보기 위해 고안된 테스트 장비는 이내 성인, 아이 할 것 없이 국민 하나의 곡선형 그래프에서 순위를 매겼다.

프랜시스 골턴과 개인 격차 연구

IQ 테스트가 단시간에 그렇게 엄청난 영향력을 미칠 수 있었던 건 프랜시스 골턴(1822년~1911년)과 그의 추종자들이 19세기 전반기 동안 개인 간 격차라는 야심 찬 이론의 지적 기반을 마련한 덕분이다. 이 이론은 IQ 테스트, 더 나아가 전반적인 대중교육 테스트에 관련된 가장 시급한 문제의 해답을 제시했다. 단순히 열심히 공부한 사람과 실제로 재능을 가진 사람을 어떻게 구분할 수 있을까? 지능 테스트가 단순히 특권층에 유리하게 작용하는지 아니면 재능을 타고난 이들에게 실제로 기회를 제공하는지 어떻게 알 수 있을까? 타고난 실력은 사람들 사이에 어떻게 분포해 있을까? 골턴은 빅토리아 시대의 전형적인 신사이자 지식인이었다. 과학자로서 제대로 된 직업을 가진 적은 없지만 통계학, 인문지리학, 세습 연구에 중대한 공헌을 했다.[13] 예를 들어 지문 채취를 고안하고 유전 대 양육과 같이 대대로 전해지는 문구를 만들기도 했다. 탐험가로서 명성을 쌓은 후 노년기에 들어서야 유전적 성질 연구를 시작했지만 한 번 심취하자 1911년 죽을 때까지 거의 강박적으로 에너지를 쏟았다. 그의 에너지 중 일부는 지식으로 설명할 수 있다. 1859년 골턴의 사촌 찰스 다윈이 《종의 기원On the Origin of Species》을 출간하면서 유전이라는 주제가 빅토리아 시대 과학계의 뜨거운 화두로 떠올랐다. 또 다른 일부는 심리학적으로 접근할 수 있다. 그는 동생을 끔찍이 생각하는 누나의 애정과 기대 속에서 케임브리지 대학교 트리니티 칼리지에 입학했고 랭글러, 심지어 시니어 랭글러 지위까지 획득할 거라는 기대를 한몸에 받았지만 압박감을 이기지 못하고 신경쇠약을 겪어 결국 학위를 하나도 따지 못했다. 이 같은 가슴 아픈 경험은 프랜시스에게 다소 이상한 방식으로 영향을 미쳤다. 이후 그가 시험을 도박과 같은 걸로 치부하며 거부한 게 아니라 오히려 사람들의 정신적 가치를 입증하는 이상적인 방식이라며 강박적으로 연구한 것이다. 그가 유전에 이렇게 에너지를 쏟은 건 순수한 우월의식에서 비롯된 측면도 있다. 그는 여러 가문에서 능력이 나타나는 양상을 추적하고 이들이 더 많은 자녀를 생산했다면 세상이 얼마나 좋아졌을지 상상하는 걸 좋아했다.[14]

골턴의 방법은 근대 과학 기준에서 보면 허술하기 짝이 없었다. 그는 자기 이론의 핵심인 타고난 능력을 지능과 인성의 결합으로 모호하게 정의했고 심지어 의미가 더 모호한 시민적 가치라는 용어와 혼용했다. 그는 저명한 영국인과 외국인의 생물학적 데이터를 연구함으로써 타고난 능력의 증거를 수집했다. 그 결과, 순환적 결론에 이를 때가 많았는데 사람들의 성과는 타고난 능력의 입증이자 타고난 능력이 그들이 이룬 성과의 근거라는 것이다.[15] 그의 주장은 우생학을 향한 열정으로 인해 왜곡되기도 했다. 1865년 자녀가 없었던 이 대학교 낙제생은 급진적인 사회개혁 전략을 제시했다. 시험으로 가장 재능 있는 남성과 여성을 선발해 웨스트민스터 사원에서 여왕이 지켜보는 가운데 결혼식을 올려준 후 5,000파운드 상금을 내려 천재 생산자로서의 삶을 시작하게 해주는 것이다. 그럼에도 골턴은 이같이 조악한 방법으로 영향력 있는 사상을 창안했다. 그중 하나는 능력이 사람들 사이에 정규분포곡선 형태로 분배된다는 것이다. 그가 문명발달의 원동력으로 여긴 천재들은 정규곡선의 맨 끝부분에 위치하며 약 1:4,000 비율로 나타난다. 또 하나는 능력은 습득되기보다 유전된다는 것이다. 골턴은 존 스튜어트 밀과 같은 철학자와 새뮤얼 스마일즈와 같은 윤리학자와 달리 능력은 단지 노력의 문제일 뿐이라는 발상에 전혀 관심이 없었다.

나는 특히 아이들이 착하게 자라도록 가르치기 위해 쓴 이야기에서 아기들은 비슷하게 태어나고 남자아이와 남자아이, 남성과 남성 간 격차를 만드는 유일한 요인은 끝없는 인내와 도덕적 노력이라고 규정하고 암시하는 걸 더 이상 참을 수 없다…… 보육원, 학교, 대학교, 직장에서 경험한 다양한 사례가 그와 상반되는 명제의 증거다.[16]

그는 '가장 똑똑한 자와 가장 멍청한 자 사이의 정신적 능력에 상당한 격차가 있어 끝을 모르고 올라가는 자와 바닥을 모르고 내려가는 자 사이의 격차라고 할 수 있다. 그리고 사회적으로 어떤 방법을 쓰든 이 명백한 사실은 결코 바꿀 수 없다.'[17]라고 주장했다. 골턴은 이 같은 사상을 구체화하는 데 평생을 바쳤다. 《유전적 천재Hereditary Genius》(1869)에서 그는 300가구에 분포된 영국 기득권층의 300여 가문에서 잘 알려진 977명 인사의 혈통을 분석했다. 그 결과, 성격은 가족 성향대로 나타나고 능력도 유전을 따른다고 믿게 되었다.[18] 또한 1870년대에는 유전 절차를 더 명확히 이해하기 위해 스위트피를 세대에 걸쳐 연구하기도 했다.[19] 1884년 그는 사우스켄싱턴 과학박물관에 인체측정학 연구소를 설립해 부모와 자녀를 포함해 9,000명을 대상으로 다양한 신체적 특징을 측정했다.[20] 이후 통계학 기술을 활용해 적절히 조정한 결과를 저서 《자연적 유전Natural Inheritance》(1889)에 게재해 거기서 진화론의 핵심 이슈인 유전된 특성이 다음 세대로 어떻게 넘어가는가에 관한 문제를 논의했다. 골턴은 이제 막 꽃피우기 시작한 인간생물학, 심리학, 통계학에 상당한 영향을 미쳤다. 1911년 런던 유니버시티 칼리지는 그의 업적을 기려 골턴 우생학 교수직을 만들었고 초대 교수로 부임한 칼 피어슨은 상관관계 이론의 돌파구를 마련하는 등 수학적 통계의 근대 원칙을 거의 혼자 힘으로 확립했다.[21] R. A. 피셔는 집단유전학의 과학적 토대를 마련했다.[22] 능력주의 이론의 발전적 관점에서 산 증인이라고 할 수 있는 인물은 젊은 육군 장교 출신 심리학자 찰스 스피어맨이었다. 스피어맨은 〈'일반 지능', 객관적 결정과 측정〉(1904)에서 시민적 가치를 구체적으로 통찰했다.[23] 건지섬에서 대규모 어린이 집단을 대상으로 실시한 정신능력 테스트 결과를 선보이며 정신의 모든 힘은 서로 관련있다는 결론에 이르렀다. 그에 따라 정신능력과 관련해 널리 알려진 수많은 명제를 거부했는데 이성은 기능에 따라 몇 가지 부류로 나뉜다거나 서로 다른 능력을 몇 가지 뛰어난 집단으로 분류할 수 있다는 것 등이다. 여기서 긍정적 상관관계의 존재가 사라졌다. 모든 IQ 테스트의 결과는 어떤 정신작용에서든 동일하게 나타나는 일반 요인(g)과 능력 유형에 따라 달라지는 특정 요인(s)으로 나뉜다.[24] 스피어맨은 자신이 심리학에 성배를 제공했다고 믿었다. 유전에 의해 고정된 정신에너지의 중심 자금, 모든 정신행동에 공통적으로 사람에 따라 다르며 과학적 정의에 따라 개방적이고 측정했을 때 전체 인구를 단일 계층으로 서열화할 수 있는 능력이다.

우생학이라는 용어는 골턴이 '좋은'이라는 뜻과 '유전'이라는 뜻의 그리스어를 합쳐 직접 만든 것으로 이 우생학이 엄청난 인기를 누렸다는 사실만으로도 골턴의 영향력을 알 수 있다. 오늘날 우생학이라는 단어를 듣고 히틀러의 인종우월주의를 떠올리지 않을 수 없다. 하지만 여기서 두 가지를 반드시 명심해야 한다. 첫 번째는 골턴과 그의 추종자들이 몰두한 건 집단의 차이가 아닌 개인 간 격차라는 사실이다. 실제로 1930년대 영국 우생학회는 나치가 골턴의 유산을 부패로 몰아넣었다고 여겨지는 부분에서 치열한 투쟁을 벌였다. 두 번째는 우생학의 신념이 좌·우파를 가리지 않고 모든 정치

스펙트럼에서 받아들여졌다는 사실이다. 사실 우파보다 좌파에서 더 큰 인기를 누렸다고 할 수 있는데 가족계획이나 국가 개입 등 진보적 발상을 추구했기 때문이다. 20세기 첫 40년간 우생학계를 대표한 학자를 꼽아보면 진보 세계에서 내로라하는 인물은 모두 해당한다. H. G. 웰스나 조지 버나드 쇼와 같은 작가, 시드니 웹과 베아트리스 웹 등의 정치운동가, 마리 스토프스와 같은 피임운동가들 말이다. 조지 버나드 쇼는 유일하게 근본적이고 가능한 사회주의는 인간의 선택적 번식의 사회화라고 믿었다.[25] 버트런드 러셀은 국가가 모든 이에게 색색의 생식허가권을 주고 서로 호환되지 않는 색의 허가권을 소지한 사람과 출산을 선택한 이들에게는 무거운 벌금을 부과할 것을 주장했다.[26] 노동당에서 가장 거침없는 주장을 폈던 지식인 중 한 명이자 가끔 존 F. 케네디의 가정교사 노릇도 했던 해롤드 라스키는 제1차 세계대전 직전 옥스퍼드 대학교 학부생 신분으로 골턴클럽을 설립했다.[27] 기나긴 삶을 좌파운동에 헌신한 J. B. S. 홀데인은 자신의 이름, 재산과 정자를 우생학에 바친 것을 자랑스럽게 여겼다. 1931년 7월 발간된 〈뉴 스테이츠먼New Statesman〉에서는 '우생학의 정당한 주장은 본질적으로 집산주의 운동의 관점과 양립할 수 있다. 반면, 부모와 가족경제라는 개인주의적 견해에 집착하는 사람들 사이에서 가장 비타협적인 반대자들을 찾을 수 있을 것이다.'[28]라고 썼다. 우생학에 가장 노골적으로 반대한 이는 자랑스러운 가톨릭 극우파 G. K. 체스터턴으로 그가 우생학을 혐오한 이유는 피임과 마찬가지로 자연의 이치에 개입하는 만큼 인간의 오만함을 나타내기 때문이다.

명성을 얻다

IQ 테스트는 1917년 제1차 세계대전에 미국이 참전하면서 위대하고도 실질적인 돌파구를 맞이했다. 육군이 루이스 터먼과 로버트 여키스를 비롯한 심리학자 집단에 무려 170만 명 이상의 군인 분류 작업을 의뢰한 것이다. 심리학자들은 즉시 두 가지 집단 테스트를 고안했는데 영어를 읽고 쓸 줄 아는 사람들을 위한 알파 테스트와 그렇지 못한 사람들을 위한 베타 테스트다. 얼마 안 가 이들은 하루 10,000명씩 검사할 수 있게 되었는데 등장한 지 얼마 안 되어 논란에 휩싸인 기술임을 감안하면 상당히 놀라운 성과다. 부대 지휘관들은 날이 갈수록 테스트 결과에 큰 관심을 보였다. 어느 군인을 데리고 있고 어느 군인을 다른 중대로 보낼지 결정하기 위해서였다. 테스트 결과, 제대 권고 7,700건과 전입 권고 28,000건이 육군 제대위원회에 전달되었다.[29] 여키스는 이 테스트로 용기나 지휘력을 직접 측정할 수는 없다고 시인했지만 이내 이 같은 자질은 지능이 뛰어난 사람들에게서 발견되는 경우가 더 많다고 덧붙였다.[30]

전쟁이 끝난 후 심리학자들은 IQ 테스트를 교육·진로지도에 활용함으로써 안정적으로 성공을 이어갔다. 터먼과 여키스는 육군에서 사용했던 테스트 방식을 학생에 맞게 개선했다. 심리기업, C. H.

스토엘팅 기업, 호튼 미플린, 세계도서 기업 등 일련의 민간기업들이 대중시장을 겨냥해 지능 테스트를 개선해 상품화까지 했다.[31] 1920년대 중반까지 IQ 테스트를 활용해 학생을 능력별로 분류한 학교는 무려 80퍼센트가 넘었다. 연방정부는 공무원들을 위해 정신력 테스트를 고안했고 대도시에서는 관료뿐만 아니라 형사를 비롯해 경찰, 운전연수생 등을 선발할 때도 이 테스트를 활용했다. '법원, 명청이 운전자 감축방안 고심'은 당시 〈뉴욕타임즈〉에 실렸던 기사 제목이다.[32] 영국군은 미군만큼 적극적으로 IQ 테스트를 수용하지는 않았지만 영국 교육학자들은 이 새로운 기술을 환영해 받아들였다. 런던 카운티 의회는 심리 테스트를 활용해 우선 뒤처진 아이들을 찾아낸 후 시험 문제를 보완했다. 오늘날 교육부에 해당하는 영국 교육위원회는 1924년 〈교육 가능한 능력을 알아보는 심리 테스트 Psychological Tests of Educable Capacity〉 보고서를 발표해 영향력을 미쳤다. IQ 테스트는 엘리트주의로 변질된 민주주의, 인간 불평등에 관한 현실주의로 줄어든 기회, 그리고 기술로 더 강력해진 과학의 조합에 이르기까지 낙관적인 시대 분위기를 보여줬다. 1912년 하버드 대학교 교육대학원의 헨리 홈스는 이 같은 분위기를 짤막한 문단에 압축해 보였다.

사회정의 운동으로서 민주주의는 '모든 아이가 공정한 기회와 자유로운 시작을 누려야 한다.'라는 링컨의 비전을 현실로 만들어야 한다. 나폴레옹에게는 민주주의의 본질이라고 여겼던 재능으로 가는 길을 열어둬야 한다. 모든 이에 기회의 평등을 제공함으로써 하버드 대학교 엘리엇 총장이 인용하길 좋아했던 루이 파스퇴르의 말대로 자신을 최대한 활용해 공공선을 실현해야 한다.[33]

미국에서 진보주의자들은 토머스 제퍼슨의 비전 속 타고난 귀족을 과학 테스트로 선발하고 국가교육 체계로 육성한 지능귀족으로 탈바꿈시켰다. 영국에서도 옛 체제에서 엘리트 영주가 갖고 있던 권력을 새로운 재능귀족으로 평화롭게 이양하는 비전이 그려졌다. IQ 테스트는 고요한 무혈혁명기구였다. 전 세계에서 실용적인 성향의 사람들은 문명의 기반이 힘에서 지능으로 넘어가고 있음을 직감했다. 미국 언론인 엘리자베스 프레이저는 '이제 아무도 체력, 젊음, 순발력만으로 할 수 있는 게 없다. 이들 요소가 빛을 발하려면 하나가 더 필요한데 바로 지능, 두뇌다.'[34]라고 말했다. IQ 테스트는 가난한 사람일수록 부유한 이들보다 자녀를 더 많이 낳기 때문에 인류가 퇴보할 수밖에 없다는 진보 사상의 우려를 사실로 입증하는 데 적극적으로 활용되었다. 군에서 실시한 IQ 테스트와 관련해 가장 널리 보고된 결과에 따르면 미군의 평균 정신연령은 13살에 불과했다. 테스트에 관한 저서 중 가장 유명한 두 권인 클라렌스 요아쿰과 로버트 여키스의 《군대 정신 테스트Army Mental Tests》(1920)와 칼 브리검의 《미국 지능 연구A Study of American Intelligence》(1923)는 두 가지 명제를 이론의 여지없이 입증했다고 주장했다. 첫째, 북유럽인이 다른 민족보다 명석하고 둘째, 걱정스러운 비율의 미국인이 의지박약이라는 것이다.

하버드 대학교 심리학자 윌리엄 맥두걸은 《미국의 민주주의는 안전한가?Is America Safe for Democracy?》(1921)에서 민주주의의 종언이 임박했다는 주장을 테스트로 뒷받침했다. 보스턴 변호사 로트롭 스토다드는 《문명에 대한 반란The Revolt Against Civilization》에서 우리 그리고 야만과 혼돈을 구별하는 부유하고 고결한 피와 그 가느다란 붉은 선이 우리가 상상했던 것보다 훨씬 가늘다는 주장을 테스트로 뒷받침했다. 1924년 미국은 이민을 제한하는 법안을 승인했고 1927년에 일어난 벅 대 벨 사건(Buck v. Bell Case: 1927년 캐리 벅과 당시 버지니아주 수용소장이자 의사였던 존 벨 간의 딴 소송으로 미국 전역에 우생학이 확산된 결정적 계기가 되었다. 캐리는 17살 때 양부모의 조카에게 강간을 당하고 딸 비비안을 출산했다. 의사들은 캐리에게 간질발작과 정신박약 진단을 내려 지적장애가 있던 친모처럼 캐리도 아이를 돌볼 능력이 없다고 판단했다. 재판은 주법원을 거쳐 연방대법원까지 갔지만 패소했고 캐리는 친모가 있던 정신질환자 수용소로 보내져 난관절제술 불임수술을 당했다. 피임이 인권에 미친 영향을 잘 보여준 사건이다 - 편집자 주)에서는 자유주의자 올리버 웬들 홈스가 '백치는 3대로 충분하다.'라고 선언한 가운데 대법원은 의지박약자를 대상으로 불임시술을 강행하라는 판결을 내렸다. 영국에서도 같은 우려가 확산되었지만 미국만큼 과격한 형태를 띠지는 않았고 국가가 불임시술을 강제하는 사태도 없었다. 지능 테스트의 핵심이 된 이상한 발상, 즉 지능귀족을 향한 꿈과 덜 떨어진 자들을 대하는 위선의 조합을 가장 잘 이해하는 방법은 표준시험을 창안한 위대한 3인방의 업적을 살펴보는 것이다. 바로 영국의 시릴 버트, IQ 학파와는 거리가 있지만 표준시험에 날개를 달아

준 루이스 터먼, 미국의 제임스 코넌트다.

시릴 버트와 11+

．

시릴 버트(1883년~1971년)는 20세기 영국에서 최고의 영향력을 미친 심리학자다. 실제 교육, 특히 선발 방식에 정신력 측정 이론을 적용하기 위해 누구보다 애썼고 1913년~1932년 런던 카운티 위원회의 수석심리학자를 역임했다. 초기에는 특수학교 진학이 필요한 아이들을 선발하다가 장학생은 물론 재능이 있든 뒤처지든 문제아든 모든 종류의 아이들을 연구하는 업무로 영역을 점점 확장했다. 제1, 2차 세계대전 사이 기간에는 교육위원회 고문으로 활동하면서 교육 체계 내의 시험, 선발 및 유아기부터 청소년기에 이르기까지 각 단계 어린이들의 교육에 관한 영향력 있는 보고서들을 발표했다. 그를 '11+ 발명가'라고 부르는 데는 오류가 있다. 11+ 시험(중등학교 진학 적성시험 - 편집자 주)은 시간이 흐르면서 진화해왔고 IQ는 물론 학업평가 등 온갖 시험에 의존해왔기 때문이다. 하지만 기회의 사다리가 뻗어나가기 시작한 1920년대 이후 꾸준히 시험을 옹호하고 1950년대 말부터 공격에 시달린 11+를 결사적으로 방어함으로써 개인의 삶을 결정짓는 시험제도를 뿌리내렸을 뿐만 아니라 선발제도도 이론적으로 뒷받침했다. 버트의 사후 업적을 두고 치열한 진실 공방이 벌어지면서 훨씬 흥미로운 인물로 떠올랐다. 비평가들은 그가 수많은 죄를 저질렀다고 비난했다. 일란성 쌍둥이 연구 결과를 조작하고 더 그럴듯하게 보이도록 공동저자를 만들어냈을 뿐만 아니라 수십 년간 직접 편집인을 지낸 〈영국 통계심리학 저널British Journal of Statistical Psychology〉에 자신이 필명으로 쓴 글을 수없이 게재했던 것이다. 그러자 그를 지지하는 자들도 가만 있지 않았다. 비슷한 주제로 섬세한 주장을 폈던 두 권을 분석한 후 너무 많은 글을 너무 빨리 써낸 것을 굳이 죄라고 하더라도 그에게 제기된 주요 혐의는 무죄라고 주장했다.[35] 또한 버트는 영국 심리학의 아버지로서 개인 연구에 국한되어 있던 영역을 엄연한 과학의 한 분야로 구축한 프랜시스 골턴을 존경해 그의 3대 주장을 보완하고 강화하는 데 일생을 바쳤다. 일반 지능은 엄연히 존재하고 별도로 측정할 수 있으며 후천적으로 습득되기보다 선천적으로 유전된다는 주장이다. 그는 1909년 발표한 초창기 과학 논문 중 하나에서 이렇게 결론지었다. '부모의 지능은…… 유전되고 개인의 지능은 측정되며 일반 지능은 분석된다. 따라서 이들을 분석하고 측정하고 확인하는 게 어느 정도 가능하지만 그 절차를 정식으로 거친 심리학자는 지금까지 거의 보지 못했다.'[36] 60년이 지나 사후 출간된 마지막 논문에서 그는 일반 지능이 모든 유형의 인지 절차에 개입한다는 가설과 일반 지능의 차이는 개인의 유전자 구성에 따라 천차만별로 나타난다는 주장이 경험적 사실과 완전히 일치하는 만큼 의문의 여지가 없음을 증명하는 데 온 힘을 쏟았다.[37] '의문의 여지가 없다.' 버트가 살아있는 동안 그의 여러 주장은 철저한 검증과 비평의 대상이 되었다. 그를 가장 통찰력 있게 비평한 이는 영국 심리학자 갓프리 톰슨이었다. 1916년 톰슨은 상관계수의 계층적 배열을 설명할 수 있는 건 우연의 법칙이라는 사실을 입증했다.[38] 일련의 가짜 지능 테스트로 얻어낸 결과를 활용해 계층 구조를 구성해보니 임의로 획득된 결과인 만큼 공통 요인이 포함될 수 없음을 밝혀낸 것이다. 이는 지능 테스트가 측정하는 게 구체적인 대상이 아니라 통계적인 관념에 불과하다는 의미다.[39] 저명한 미국 심리학자들도 g 인자의 존재에 회의적이었다. 1928년 티모시 L. 켈리는 언어와 숫자, 공간적 능력 등 강력한 집단 요인이 여러 개 존재한다고 주장했다. 1938년 시카고 대학교 루이스 리온 서스턴은 지능이 여덟 가지 주요 정신능력으로 구성된다고 주장했다. g 인자가 꼭대기에 군주처럼 군림하는 피라미드 형태가 아니라 한 건물에 여러 집이 들어찬 아파트 형태를 띤다는 것이다.[40] 버트는 전 세계가 전쟁으로 치닫던 시점에 발표된 기념비적 논문 〈이성의 구성 요소 The Factors of the Mind〉에서 이 모든 비평가들에 반론을 제기했다. 집단 인자는 존재할 수도 있지만 일반 지능이나 g 인자에 비하면 중요성이 훨씬 떨어진다는 것이다. 이 같은 주장은 난해하게 들릴지 모르지만 실질적으로 강력한 의미가 있다. 만약 g 인자가 가장 중요하다면 사람들의 능력을 한 가지 단일 기준에 따라 분류하는 게 합리적이다. 하지만 집단 인자가 더 중요하다면 예를 들어 문학에 탁월한 아이가 수학은 뒤처질 수 있는 만큼 단일 척도로 평가하는 건 틀릴 뿐만 아니라 유해하다. 게다가 집단 인자가 가장 중요하다는 이론에 따르면 사람의 능력을 분류하는 모든 노력은 헛수고에 불과하다. 스피어맨은 1904년 발표한 획기적인 논문에서 자신의 이론이 정치적으로 어떤 의미를 띠는지 무심코 밝혔다. g 인자를 가장 중요하게 꼽은 이론이 군주제와 비슷하고 집단 인자를 더 중요하게 꼽은 이론이 과두제와 비슷하다면 중요한 건 특정 인자뿐이라고 꼽은 이론은 무정부 체제에 비유할 수 있다는 것이다. 버트는 지능과 사회적 유동성의 관계를 탐구한 논란에서도 중심에 있었다. 골턴은 1901년 헉슬리에서 실시한 강연 도중 사회계급마다 가진 시민적 가치 또는 타고난 능력 수준이 달라 전문직과 고용주가 가장 높은 곳에 있다면 노동자 계층이 중간 위치, 범죄자와 빈곤층이 최하위를 차지한다고 주장했다.[41] 그리고 중간 계층으로 회귀하는 현상이 사회적 유동성을 설명하는 동시에 엄격한 한계를 설정하는 역할도 한다고 주장했다. 천재들의 자녀가 부모만큼 뛰어난 경우는 찾아보기 힘들며 종국에는 직업적 위계에 편입될 확률이 높다. 하지만 노동자 계층에서 최상층으로 신분이 급상승하는 사례는 극히 드물어 혹시 생긴다면 통계학적 변칙에 해당할 정도다.[42] 이는 대체로 상류층과 중산층의 전문직이 사회를 바라보는 관점이었다. 전반적인 사회 구조에는 견고한 자연법칙이 반영되어 있다고 볼 수 있다. 계급 서열은 지능과 열정 등 전문성 여부에 따라 결정되어 거지와 도둑이 통계학적 범위의 최하위를 차지한다. 하지만 사회는 결코 고정되어 있지 않다. 재능 있는 개인들이 늘 최고 자리를 두고 경쟁하는 만큼 지속적으로 교체되는 게 바로 엘리트다. 이 같은 주장은 부드럽게 말하면 다소 두루뭉술하다. 하지만 얼마 지나지 않아 g 인자 개념을 분석한 찰스 스피어맨,

그리고 1918년 발표한 선구적인 논문 〈멘델 유전의 가정에 관한 친족 간 상관관계〉에서 회귀에 관한 골턴의 가설을 입증한 로널드 피셔 덕분에 새 단장을 할 수 있었다.[43] 버트는 직업·능력과 관련해 스피어맨과 피셔의 이론을 정교하게 종합했다. 시민적 가치는 IQ가 되었고 회귀는 멘델 절차가 되었다. 그리고 직업적 위계의 층위 내에서 일어나는 사회적 유동성은 유전법칙 작용에 따른 결과물로 자리 잡았다. 예상대로 비평가들은 사회적 유동성에 대한 버트의 생물학 이론을 활용해 현상유지를 정당화하려고 들었다. 하지만 이는 사실상 귀족주의적 고정성이 아닌 능력주의적 유동성을 정당화하는 이론이라고 할 수 있다. 아버지의 IQ와 아들의 IQ 간의 상관관계가 0.5에 불과했다는 점을 감안하면 계급별 IQ 분포에 따라 상당한 사회적 유동성이 보장되어야 한다. 버트는 1961년 논문에서 직업과 능력 간의 연관성이 근소한 수준에 불과하다고 강조했다. 직업이 오직 지능에 따라 배분된다고 가정하면 걸맞은 직업을 가졌다고 간주할 수 있는 이의 비율은 55퍼센트에 불과하다. 그 밖에 23퍼센트는 너무 높은 지위에 있어 완벽한 직업 안내계획에 따라 더 하위층으로 끌어내려야 하는 반면, 최하위층 비숙련 노동자 중에는 전문직 중산층에서 가장 아둔한 이들보다 훨씬 명석한 이들도 존재해 인적자원의 엄청난 낭비인 동시에 기존 사회정책의 명백한 오류를 보여준다.

버트의 두 가지 핵심 사상은 현상유지에 적대적이었다. 첫 번째는 멘델 이론으로 '특정한 수의 고정된 요인들을 성적 번식으로 임의로 재조합하면 어린이 만화경 속 색색의 칩을 흔들어 만들어내는 수치만큼 무척 다양한 패턴이 후손 세대에 나타난다.'라는 내용이다. 두 번째는 평균으로의 회귀법칙이다. 버트의 신념은 옥스퍼드 대학교 재직 당시 고전주의자로서 연구했던 플라톤의 《국가》에서 비롯되었다. 국가방어 이외에 정부가 수행해야 할 가장 중요한 임무는 사회계층과 상관없이 재능 있는 아이들을 발굴해 그들의 능력에 걸맞은 교육을 제공하는 것이라는 신념이다. 차이점이라면 버트가 추구한 천재는 국가를 올바른 방향으로 인도할 '금의 인물'이 아니라는 사실이다. 물론 그들도 중요하지만 새로운 아이디어와 혁신으로 인류의 삶을 향상시킬 과학 천재야말로 현재 가장 필요한 이들이다. 그래서 전통에 뿌리를 두고 지리적으로 불평등한 등의 실질적인 단점에도 불구하고 버트는 영국 능력주의 사상이 가장 잘 구현된 체제로 11+를 제시했다. 전 국민의 IQ를 테스트한 후 사회적 특권이 아닌 선천적 능력에 따라 기회를 재분배하는 방법이다. 11+는 현상유지 옹호와 전혀 무관하게 모든 세대의 사회를 유전법칙에 따라 재조정하려는 시도였다. 또한 옛 체제를 방어하는 게 아니라 낡고 타락한 체제를 진보적이고 과학적인 새로운 체제로 대체하려는 광범위한 시도의 일환이었다.

루이스 터먼과 실리콘 밸리의 부상

루이스 터먼(1877년~1956년)과 시릴 버트는 전혀 다른 세계를 살았다. 버트가 의사의 아들로 풍족하게 성장했다면 터먼은 인디애나에서 형편이 어려운 농부의 아들로 성장했다. 또한 명문가 자제보다 공부벌레를 위한 사립학교에서 버트가 교육받았던 반면, 터먼은 공립학교에 다녔다. 그럼에도 둘은 지적 영향력과 열정 측면에서 같은 족적을 남겼다. 터먼은 '현대 심리학 창시자 중 내가 가장 존경하는 인물은 골턴이다. 모든 심리학자 중 내가 가장 좋아하는 인물은 비네인데 평생 연구의 부산물에 지나지 않는 지능 테스트 때문이 아니라 그의 독창성, 통찰력, 열린 태도, 그리고 모든 글에서 빛나는 인간으로서의 드문 매력 때문이다.'[44]라고 적었는데 이는 버트에게서도 얼마든지 나올 수 있는 말이었다. 터먼은 골턴의 연구 프로그램을 실행하기 위해 비네의 테스트를 완성하는 데 평생을 바쳤다. 미국 대중을 위해 테스트를 개선하고 평생 여러 번 개정을 단행했다. 현재는 5차 개정판이 사용 중이다. 그는 IQ는 고정된 특성이어서 숫자만으로 표현될 수 있다는 개념을 대중화했다. '허약한 자는 계속 허약하고 아둔한 자는 계속 아둔하며 평범한 자는 계속 평범하고 우월한 자는 계속 우월하다. 누군가의 특징을 이야기할 때 성격을 제외하고 IQ보다 중요한 건 없다.'[45] 그는 덕성도 버트와 공통점이 많았다. 영재 중에서도 하위층 출신 아이들에 더 많은 기회를 제공해야 한다고 믿었고 단순히 전 국민에 관한 양적 데이터를 수집하기보다 개별 주제를 심도 있게 연구했다. 반면, 단점만큼은 버트보다 더했는데 버트의 우생학에는 인종적 선입견이 없었지만 터먼은 아니었다. 버트가 다소 뒤처지고 범죄 성향이 있는 아이들을 우선적으로 연구했다면 터먼은 천재들에 초점을 맞췄다. 당시까지만 해도 연구자들은 천재를 개별적으로만 연구했다. 위대한 남성과 여성을 선정한 후 그들의 유아기까지 거슬러 올라가 천재성을 추적한 것이다. 반면, 터먼은 이제 IQ 테스트 덕분에 영재들을 선별하고 그들이 사회에 진출할 때까지 추적하며 천재의 탄생 과정을 지켜볼 수 있게 되었다고 믿었다. 영재집단을 선발한 후 흰개미들이라고 이름짓고 연구 결과를 기록해 다섯 권의 기념비적 서적 《천재의 유전자 연구 Genetic Studies of Genius》(1925~1959)를 발표했다. 《유전자 연구》는 황금시대에 진입하기 직전이던 제1, 2차 세계대전 사이 기간에 미국에서 면적이 큰 캘리포니아에 걸맞게 상당한 규모로 실시되었다. 터먼은 캘리포니아주 전역의 교사들에게서 학급에서 가장 총명한 아이들을 추천받아 IQ 테스트를 진행했다. 이후 IQ 140 미만인 아이들은 탈락시켜 총 643명의 천재를 선발했는데 그 수는 훗날 1,000명이 넘었고 처음에는 영재였던 호칭도 더 겸손하게 머리 좋은 아이들로 바꿨다. 그중 ⅔가 앵글로 색슨계 백인 신교도, 1/10이 유대인이었던 반면, 흑인이나 히스패닉은 극소수에 불과했고 중국인은 한 명도 없었다. 캘리포니아 인구, 특히 베이 에어리어를 중심으로 중국계 미국인이 그렇게 많이 거주했는데도 말이다. 터먼은 멀리 내다볼 줄 알고 사냥개와 같이 끈질긴 면이 있어 '흰개미들'과 부모들에 수십 년 분량의 질문을 퍼부었다. 1권 이후 35년 만에 출간된 5권에서는 중년이 된 영재들을 추적했는데 그중에는 심지어 참호를 지키는 군인도 있었다. 터먼의 연구에 오류가 없었다고 할 수는 없다. 영재 선발 당시 훗날 노벨 물리학상을 수상한 루이스 앨버레즈와 윌리엄 쇼클리를 제외했던 것이다. 게다가 이는 유독 IQ에 집착했던 쇼클리에게 평생 상처로 남았다. 터먼은 객관적인 연구를 위한 기본적인 규칙조차 지키지 않았는데 오히려 당당한 태도를 보여 더 큰 충격을 줬다. 연구를 돕는 여성 대학원생과 주기적으로 불륜을 저지르고 영재들을 나의 천재늘이라고 부를 만큼 떠받들어 교사와 고용주에 대한 로비까지 서슴지 않았으며 아들과 딸도 영재로 선발해 함께 연구한 것이다. 조엘 서킨이 터먼의 천재들을 연구한 후 발표한 《터먼의 아이들 Terman's Kids》(1992)에 따르면 양육이 유전에 미치는 영향은 애당초 터먼이 인정한 것보다 훨씬 큰 것으로 나타났다. 터먼은 숨은 아인슈타인을 찾기 위해 소수민족 학교까지 뒤지지는 않았다. 터먼의 연구 표본 중 최고의 성공 사례는 일본인 아버지와 미국인 어머니, 두 아들과 세 딸로 구성된 가족이었는데 미국 전 상원의원은 이들이 표본에 포함된 데 스탠퍼드 대학교에 이의를 제기했다. 이 연구는 갑자기 기이한 방향으로 전개되었다. 터먼의 열정 넘치는 지도하에 캐서린 모리스 콕스가 집필한 두 권은 이미 사망한 유명인의 IQ를 측정하는 데 전권을 할애했다. 터먼은 프랜시스 골턴에 관한 1917년 논문에서 시체를 대상으로 하는 IQ 테스트를 하나의 과학 분야로 확립했다. 골턴의 유년기 활동, 취미와 성과에 관한 보고서의 일부를 언급하며 주어진 증거를 종합해볼 때 프랜시스 골턴은 3~8세 때 IQ가 200에 가까웠다고 결론 내렸다.[46] 콕스는 1850년까지 이름을 떨친 인사 301명을 선정해 터먼의 방법으로 IQ 테스트를 실시했다. 그중

존 스튜어트 밀이 IQ 190으로 1위를 차지하며 골턴과 어깨를 나란히 했고 괴테, 라이프니츠와 그로티우스가 185로 그 뒤를 바짝 쫓았다. 볼테르도 IQ 170으로 선전했지만 뉴턴(130), 나폴레옹(135), 베토벤(135)의 IQ는 너무 낮아 이들이 만약 제1, 2차 세계대전 사이 기간에 캘리포니아에 있었더라도 '흰개미'로 선발되지 못했을 것이다.[47] 물론 기이한 측면도 있지만《천재의 유전자 연구》로 거둔 성과도 존재한다. 다른 자연현상과 마찬가지로 천재도 연구할 수 있다는 개념을 정착시킨 것이다. 또한 광기어린 천재라는 낭만적인 발상에서 시작된 만큼 영재에 꼬리표처럼 따라다니던 선입견을 뿌리뽑는 역할도 했다. 터먼은 영재들이 작고 병약하기는커녕 오히려 평균보다 키가 크고 건강하다는 사실을 발견했다. 도덕적으로 타락해 기존 체제에 적응하지 못한다는 인식과 달리 평균보다 훨씬 더 잘 적응하기도 했다. 실제로 '흰개미'들도 대조군과 비교하면 임금도 더 높고 승진도 더 잘하는 등 훨씬 성공적인 경력을 누리는 것으로 나타났다. 타고난 천재에 대한 터먼의 집착은 그의 힘겨웠던 삶에서 일부 비롯되었다. 10형제 중 한 명으로 태어난 그는 어린 시절 결핵을 앓았고 학급이 하나뿐인 작은 학교에 다녔으며 여름방학 때마다 농장에서 일했다. 한편으로는 그의 성장기에 한창 유행하던 국가효율성을 향한 열정 때문이기도 했다. 그는 '문명의 지속적인 발달 여부는 창의적인 사상가, 과학, 정치, 예술, 도덕, 종교 분야 지도자들이 일구는 진보에 달려 있다. 보통사람들은 이를 따르거나 흉내낼 수 있지만 천재는 길을 개척해야 한다.'라고 주장했다.[48] 천재는 대중적 지식으로 남의 이목을 끄는 괴짜는 아니지만 능력을 충분히 발휘할 수 없는 곳에 데려다 놓으면 부적응자나 반란군으로 얼마든지 거듭날 수 있다. 어떻게 시작했든 천재를 향한 터먼의 집착은 혁명적 결과를 초래했다. 그가 폈던 주장을 보면 누구든지 그를 실리콘밸리, 즉 현대 기술경제의 조상으로 여길 것이다. 그는 스탠퍼드 대학교를 설득해 IQ 테스트를 사상 최초로 입학지원자 선별을 위한 일부 근거로 활용했고 캘리포니아 지역 학교들이 독보적인 천재들을 위한 고급 프로그램을 도입하도록 했다. 그의 아들이자 연구 대상이던 프레데릭은 스탠퍼드가 가장 위대한 교육기관으로 거듭나는 데 공헌했는데 공학부 학장으로서 공학부를 세계 최고 수준으로 끌어올렸을 뿐만 아니라 교무처장으로서 포드재단의 지원금을 따내 스탠퍼드를 하버드에 버금가는 서부 해안 최고 대학교로 만들었다. 또한 캠퍼스 주변에 수많은 첨단기술 기업 설립도 장려했다. 그의 업적이 궁금하다면 인터넷에서 이름을 검색해보라. 아니, 무엇을 검색하든 그의 이름을 발견할 수 있을 것이다.

제임스 코넌트와 제퍼슨주의의 전통

1933년~1953년 하버드 대학교 총장을 역임한 제임스 코넌트 (1893~1978)는 그렇지 않아도 뛰어난 학문의 수장들 중 단연 걸출한 인물이었다. 능력의 본질에 관해 누구보다 깊이 고민하는 한편, 미국 최고의 교육기관 하버드 대학교에 자신의 생각을 최대한 반영하기 위해 애썼다. 그보다 앞서 총장을 지낸 찰스 엘리엇과 로렌스 로웰에 비하면 훨씬 평범한 집안 출신으로 매사추세츠주 도체스터의 한 중산층 가정에서 태어나 자라났다. 화학을 공부하고 박사 학위를 취득한 젊은 학자 치고 발표한 논문은 얼마 되지 않았지만 하버드 대학교 총장에 취임하면서 〈뉴스위크〉 표지 제목대로 미국 교육의 1인자로 등극했다. 총장 재임 초기 그는 더 많은 지원자가 하버드 대학교에 진학할 수 있도록 국가 장학금 프로그램을 개설하고 놀라운 재능을 가진 학생은 부자든 가난뱅이든 보스턴 출신이든 샌프란시스코 출신이든 누구나 하버드 대학교에서 교육받는다고 말할 수 있어야 한다고 첫 번째 보고서에 적었다.[49] 장학생 선정 기준은 리더십과 같이 모호한 자질이나 운동 실력처럼 무관한 게 아니라 학문에서 성공할 잠재력, 즉 학업적 능력이 되어야 한다고 주장했다.[50] 국가장학금에 관한 코넌트의 발언에는 자신을 육성한 옛 하버드 대학교에 대한 질책은 물론 미래 비전까지 담겨 있었다. 옛 하버드 대학교는 북동부 WASP('White Anglo-Saxon Protestant'의 약자로 앵글로색슨계 미국 신교도를 뜻하며 흔히 미국 주류 지배계급을 가리킨다 - 편집자 주) 계층 학생들, 즉 지적 능력이 별로 탁월하지 않아 학문적 존재감이 낮은 학생들을 위한 마무리 학교 성격이 강했다. 하지만 코넌트의 새로운 하버드 대학교는 출신 지역이나 계층과 상관없이 지적 능력을 기준으로 선발된 새로운 귀족 훈련소가 될 것이다. 그런데 학문에서 성공할 잠재력은 어떻게 알아볼 것인가? 코넌트는 그 답이 SAT(Scholastic Aptitude Test의 약자로 미국 대학수능시험 - 편집자 주)에 있다고 여겼다. SAT는 프린스턴 대학교 심리학자였던 칼 브리검이 개발하고 코넌트의 오른팔·왼팔이라고 할 수 있는 헨리 천시와 윌버 벤더가 채택했다. 헨리 천시는 1928년~1945년 하버드 대학교 부학장을 지내고 창립 첫해였던 1948년부터 1970년까지 교육시험 서비스 회장을 지냈으며 윌버 벤더는 1952년~1960년 하버드 대학교 입학처장이었다. SAT를 기준으로 국가장학생을 선발하기로 한 코넌트의 결단은 다른 교육기관에도 큰 영향을 미쳤다. 1937년 무려 13개 명문 대학교가 장학생 선발시험으로 활용할 SAT 유형의 시험을 개발해줄 것을 대학입학시험위원회에 요청한 것이다. 일본의 진주만 공습 일주일 후인 1941년 12월 14일 하버드대는 여러 사립대와 연합해 장학생뿐만 아니라 모든 입학생을 SAT 시험 성적으로 선발하겠다고 발표했다. 전쟁 이후 부상하던, 시험에 근거한 능력주의가 확립의 발판을 다진 것이다. 코넌트의 교육철학은 하버드 대학교와 같은 위대한 사립 대학교는 제퍼슨의 비전, 재능, 덕성의 타고난 귀족을 각계각층에서 끌어모아 공공비용으로 교육시킴으로써 공공문제를 해결해야한다는 논리로 이끌어갔다. 사회 전체에서 재능 있는 아이들을 적극적으로 찾아내야만 여러 명문 대학교가 민주주의 시대에 걸맞은 탁월성을 이어갈 수 있고 재능 있는 아이들이 잠재력을 온전히 발휘하도록 교육해야만 국가효율성도 향상시킬 수 있다. 코넌트는 이 같은 비전을 지속적으로 발표해 광범위한 논의를 일으켰다.

미국의 제2차 세계대전 참전을 놓고 논쟁이 한창이던 1940년 코넌트는 〈계급 없는 사회를 위한 교육〉의 미국이 자유사회로 살아남기 위해 교육체계 내 세습적 특권 장벽을 허물어야 한다고 생각하는 이유를 〈애틀랜틱 먼슬리Atlantic Monthly〉에 설명했다. 미국은 강대국 중 유일하게 계급이 없는 자유로운 사회다. 러시아는 계급은 없지만 자유롭지 않고 영국은 자유롭지만 계급사회이며 독일은 자유롭지도 않고 계급도 존재한다. 하지만 이 같은 독자적 특성은 날이 갈수록 위태로워졌다. 도금 시대 이후 세대교체가 이뤄질 때마다 권력과 특권의 재분배가 성공적으로 이뤄지지 못했기 때문이다. 오히려 불평등은 확대되었고 계급차별적 행위가 뿌리내렸다. 자칫 역효과를 부를 수도 있는 부의 과격한 균등화가 아닌 기회의 더 공정한 분배가 필요했다. 단, 미국이 계급지향주의와 정치적 극단주의라는 유럽의 두 가지 폐해에서 벗어나기만 하면 성실과 능력이 정당한 보상을 받는 새로운 삶이 열릴 거라고 각 세대가 믿었다면 말이다. 1945년 코넌트는 공교육과 미국 사회의 구조라는 강연에서 자신의 생각을 더 구체적으로 설명했다. 자본주의 사회는 법적 평등과 보상의 불평등이 공존하며 갈등을 일으킬 수밖에 없는 구조다. 따라서 이 갈등이 고조되어 결국 혁명이 발생하지 않도록 막는 것이 교육체계의 가장 중요한 임무 중 하나다. 코넌트는 제퍼슨의 비전에 한 가지 주장을 첨부했는데 모두 사회적 계층의 존재를 최대한 느끼지 못하는 한편, 계층을 세분화하기 위해 최선을 다해야 한다는 것이다. 유럽인들은 지위 격차를 극대화하려는 경향이 있었다. 반면, 미국인들은 보상의 불평등은 허용하면서 눈에 보이는 격차는 최소화하려고 했다는 점에서 더 현명했다. 사실 억만장자에게는 화려한 옷차림보다 남루한 행색이 권장되었다. 코넌트는 인간은 기본적으로 평등하다는 개념을 그야말로 경멸했다. '미국인들은 팀 스포츠와 관련해서만 타고난 능력의 중요성을 제대로 인식하고 있다. 그에 비해 공부에서는 절름발이를 축구선수로 만들어달라는 것과 똑같은 요구를 학교나 대학교에 해댄다.'[51] 그는 능력주의와 민주주의를 결합하는 문제는 선발로 해결할 수 있다고 주장했다. 종합고등학교를 개설하되 이들을 고유한 내부 기준으로 문법학교와 중등학교로 분류하는 것이다. 이렇게 표면적으로는 별 차이 없게 해놓으면 영국 문법학교 체계를 궁지에 몰아넣은 정치문제를 피할 수 있을 뿐만 아니라 아이들이 학교와 맞지 않으면 변경하기도 훨씬 쉬워진다. 코넌트는 말은 번지르했지만 행동은 그에 미치지 못했다. 말로는 특권을 비난하면서 실제로는 청교도 상류층과 하버드 대학교 사이의 끈을 절대로 놓지 않는 식이었다.[52] 하버드 대학교가 신입생을 선발할 때 인성, 리더십, 운동 능력도 유심히 평가해야 한다고 주장했다. 자폐 성향을 가진 책벌레들의 성지가 되는 걸 원하지 않았던 것이다. 특히 총장 취임 이후 10년이 지나도록 유대인 입학 제한조치를 철폐하지 않은 것은 최대 오점이었다.[53] 심지어 18년이 지난 1951년까지 그는 동문 94퍼센트를 받아들이면서 명석한 유대인들은 지원조차 할 수 없는 체계를 만들었다.[54] 코넌트는 온갖 방법을 동원해 하버드 대학교의 다양한 계층, 특히 WASP 계층을 만족시킨 상당히 실용적인 총장이

11. 능력 측정

었다. 굵직한 연구를 진행하려면 돈이 많이 드는 만큼 학비뿐만 아니라 기부금까지 내놓을 수 있는 거물을 많이 영입하는 게 중요하다는 사실을 정확히 꿰뚫어보고 있었다.[55] 그럼에도 능력주의가 나아갈 방향이라고 믿는 경우가 있으면 말과 행동으로 거침없이 밀어붙쳤다. 승진 아니면 퇴출 제도를 교수진에 도입하기로 한 결정도 신사들이 선수들에 자리를 내주게 만들어 운영기구의 성격을 새롭게 바꿨다. 국가장학금 제도도 미국 최고의 인재들을 하버드 대학교로 영입하는 데 크게 기여했다. 일리노이주 샴페인의 평범한 가정 출신으로 1939년 하버드 대학교에 입학한 제임스 토빈은 노벨 경제학상의 초창기 수상자가 되었다. 하버드 대학교에서 코넌트의 오른팔이었던 헨리 천시는 시험제도를 전국으로 확대하는 데 주도적 역할을 했다. 조상이 메이플라워호를 타고 미국으로 건너올 만큼 부유했던 그는 코넌트보다 상류층 출신으로 그로튼과 하버드 대학교에서 교육받았다. 능력주의로 사회정의를 실현하겠다는 그의 강한 집념은 신사다운 용모에 가려 잘 드러나지 않는 경우가 많았다. 그는 하버드 대학교를 떠나 프린스턴 대학교 인근의 안락한 캠퍼스를 기반으로 교육시험 서비스를 도입했다. 이 서비스는 두 가지 모순되는 특성을 동시에 가졌는데 대학 입학생 선발의 공공 기능을 수행하는 민간기구이자 시험 판매사업을 하는 연구기관이었던 것이다.[56] 하지만 그럼에도 미국 고등교육 체계를 장악하고 나아가 미국 사회의 핵심 제도로까지 정착시켰다.

IQ 테스트의 정치

•

대부분의 표준 테스트, 그중에서도 IQ 테스트를 지지한 지식인들은 누구보다 집요한 공격에 시달렸다. 스티븐 제이 굴드는 IQ 테스트야말로 사회적 불평등의 책임을 대자연으로 돌려 사회개혁의 정당성을 해치려는 시도라는 점에서 가장 뻔뻔한 측정법이라고 일축했다.[57] 리암 허드슨은 IQ 테스트가 인종차별주의자, 정치적 반동주의자, 엘리트주의자와 같이 일부 사람들은 열등하게 타고났다고 믿는 이들에게 무기를 제공한다고 비난했다.[58] 레온 카민은 IQ 테스트는 정치가 아닌 과학을 내세워 빈곤층을 억압하려는 수단이라고 주장했다. 이 주장은 역사의 진지한 이해에서 비롯되었다기보다 시대착오적 설교에 지나지 않는다. 복잡한 문맥을 정확히 파악한 게 아니라 이전 시대에 우리의 선입견을 적용했을 뿐이다. 하지만 지지자들이 실제로 살았던 시대에 IQ 테스트 찬성 주장을 비춰보면 상당히 다른 패턴이 나타난다. 게다가 이는 근거 없는 주장이다. 불평등의 원인을 생물학에서 찾는 게 사람들을 보수적으로 만든다거나 사회학에서 찾는 게 진보적으로 만든다고 생각할 이유는 전혀 없기 때문이다. 분별 있는 보수주의자들은 유전자 뽑기로 결정되는 생물학적 사실보다 대대로 전해지는 사회적 관습에서 불평등의 근거를 찾는 걸 선호한다. 1960년대까지 정신측정을 가장 열렬히 지지하는 이는 좌파, 가장 진지하게 비난하는 이는 우파였다. 미국 초월주의 운동의 창시자 중 한 명인 랄프 월도 에머슨은 모든 사람의 타고난 장점을 측정할 수 있는 인체계측기의 발명을 옹호했다. '나는 모든 이들을 그렇게 평가해 모든 이가 모든 성인의 무게에 익숙해지고 그가 갖고 다니면서 사용할 수 있는 권력과 함께 위치하는 걸 보고 싶다.'[59] 영국 공산당 지도부이자 〈데일리 워커The Daily Worker〉 편집인인 J. B. S. 홀데인은 인간 평등이라는 개념 자체가 희한한 교의라고 일축했다.[60] '우리는 평등하게 태어나지 않았다. 오히려 평등과 거리가 멀다. 최고의 공동체는 지위가 고정되지 않은 사회로 음악가가 될 수 있었던 사람이 건설노동자가 되고 자기 능력만으로는 종업원 정도만 되었을 사람이 기업 간부가 되기도 하는 사회다.'[61] 홀데인은 문법학교 지지자들이 제 할 일을 하지 않았다고 생각했다. '내가 보기에 가장 중요한 실험은 진짜 똑똑한 아이들만 입학할 수 있는 학교를 만드는 것이다. 18살에 대학교 졸업생 평균 수준에 도달할 수 있는 아이들 말이다.'[62]

볼셰비키 혁명 초기 러시아에서는 IQ 테스트뿐만 아니라 두개골 측정에도 전념했다. 트로츠키는 레닌이 죽어가던 1923년 당시 '레닌은 천재였다. 천재는 100년에 한 명씩 태어나는 만큼 이 세상이 경험한 천재는 단 두 명뿐이다. 바로 노동자 계층의 지도자 마르크스와 레닌이다.'라고 말했고 볼셰비키는 이를 증명하기 위해 1925년 독일 신경학자 오스카 포크트를 모스크바로 초청해 얼마 전 사망한 레닌이 왜 그렇게 뛰어났는지 연구해줄 것을 의뢰했다. 포크트는 레닌의 뇌를 30,000조각 이상으로 분해해 수개월 동안 모든 관점에서 분석한 후 레닌은 사실 정신의 선수라는 결론에 다다랐다. 포크트는 스탈린의 지지에 힘입어 미국의 한 기업가로부터 몰수한 호화 저택에 V. I. 레닌 두뇌연구협회를 설립하고 레닌을 비롯한 주요 개혁가들의 두뇌를 연구했다. 대표적인 소련 지식인들의 두뇌를 대거 수집하기도 해 현재도 운영 중이지만 외국 학자들은 열람이 금지되어 있다.[63] 반면, 수많은 보수주의자들은 정신측정을 악마적 행위로 여겼다. 스탠리 볼드윈 총리 집권 당시 교육위원회의 보수파 의장이자 영국 북부 최고의 귀족이자 제7대 노섬벌랜드 공작의 작은 아들이던 뉴캐슬의 퍼시 경은 아이들이 고정된 IQ를 물려받았다고 주장하는 심리학자들이 정해진 운명이라는 가혹한 악몽에 쉽게 희생되었다고 여겼다.[64] T. S. 엘리엇은 모든 사람을 타고난 능력에 따라 자동 분류하는 교육체계는 사회를 와해시키고 교육을 저해할 거라고 주장했다.[65] 케임브리지 임마누엘 대학교의 반동적 스승 에드워드 웰본은 IQ 테스트를 유대인의 부흥을 위해 유대인이 발명한 장치일 뿐이라고 평가절하했다.[66] 굴드와 카민의 비판이 얼마나 터무니없는지는 역사적 관점에서 IQ 테스트 지지자들을 바라보면 잘 나타난다.

20세기 전반기의 사회적 구조와 태도를 재구성해보면 IQ 테스트 운동의 진보성에 놀랄 수밖에 없다. 정신측정을 옹호한 이들은 기존 사회질서를 재건하고 지배 계층을 혈통과 전통이 아닌 능력과 성과에 기반한 계층으로 교체해야 한다고 주장한 것과 똑같았다. 반동이 이토록 개혁 형태로 나타난 건 전례가 없었다. 위대한 경제학자 조지프 슘페터는 20세기에 들어서도 유럽 사회가 고루하기 짝이 없다고 지적했다. 신성한 서품을 받은 군주와 왕정이 가장 높은 곳에 군림하고 영주귀족과 교회가 그 뒤를 받치고 있었다. 슘페터의 오스트리아에서는 14대 동안 번영한 합스부르크 가문과 직접 연관된 귀족만 최고 지위에 오를 수 있었다. 또한 제1차 세계대전 발발 이전 프랑스에서는 국가 수익의 30~35퍼센트를 생산하는 경제활동 인구의 40~45퍼센트가 영지에 고용되어 있었다. 심지어 산업화가 급속히 진행된 독일에서도 국가소득의 20퍼센트를 생산하는 인구의 40퍼센트가 소작농이었다.[67] 독일 최대 지주였던 호엔촐레른 왕자가 소유한 땅의 면적은 약 10억 1천 백만㎡에 이르렀고[68] 이에 필적할 면적을 가진 이들이 오스트리아-헝가리에는 24명 이상 있었다. 영국 영토의 상당한 면적도 영주귀족 소유였는데 이들은 적어도 제1차 세계대전으로 세금혁명이 일어날 때까지 또는 그 이상 자신의 시골 궁전에서 호화로운 생활을 영위했다. 유럽은 엘리트 이론 창시자 중 한 명인 파레토가 말한 귀족주의의 무덤과는 상당히 거리가 멀었다.

그렇다고 19세기 중반 이후 계속된 능력주의 개혁이 아무 성과가 없었다는 말은 아니다. 덕분에 옛 엘리트 계층이 능력주의의 기조에 맞춰 자신을 개혁하고 시골 학교의 천재들이 정부와 학계의 최고 지위에 오를 수 있도록 교육 기회를 확대하는 데도 발벗고 나섰으니 말이다. 단, 여기서도 두 가지를 유념해야 한다. 첫째, 능력주의 혁명이 일부에 국한되어 있었다는 사실을 감안하면 능력주의 이전의 태도도 지속되었고 둘째, 서서히 쇠퇴하기는커녕 툭하면 부활해 오히려 능력주의자들을 부패로 빠뜨리는 불씨가 되었다는 점이다. 이같이 능력주의 개혁은 진전을 이루는 것 같다가도 다시 이전으로 돌아가는 행태가 반복되었다.

옛 유럽 지배층은 국가기구는 물론 더 넓은 사회 분위기를 설정하는 데 계속 영향을 미쳤다. 새로 부상한 부르주아 계급은 기성 엘리트 계층이 하던 대로 영토를 매입하고 자녀를 고대 학교에 보내 라틴어와 그리스어를 가르쳤으며 그들만의 클럽에 가입시키기 위해 애썼다. 이 같은 경향은 독일에서 특히 두드러졌는데 얼굴에 난 상처 두 개는 지배 계층에 진입했다는 표시로 받아들여지기도 했다. 프랑스인들은 이름 가운데 드de, 독일인들은 접두사 폰von을 붙이는 걸 좋아했다. 이탈리아인들은 이름에 어머니와 할머니 이름까지 추가해 성을 3~4배 길이로 늘리곤 했다.[69] 산업혁명의 본거지 영국에서도 분위기가 비슷하게 흘러갔다. 매튜 아놀드는 앤드류 카네기에게 '공작은 두뇌나 행실과 무관하게 늘 우리 곁에 있을 수밖에 없는 직위라네. 우리는 모두 속물이지. 수백 년의 역사가 그렇게 만들었어. 이는 타고난 본능이어서 우리도 어쩔 수 없네.'라고 말했다.[70] 수많은 영국인이 소유한 토지가 없더라도 하느님의 눈에는 자신이 영주라고 여겼고 교역보다 전투를 직업으로 택해 귀족에 버금가는 평판을 누리기 위해 애썼다.[71] 수많은 기성 체계에서는 지성과 노력보다 훌륭한 인성이 여전히 더 높은 평가를 받아 '지능의 반만 쳐도 지나치게 똑똑하다.'라는 말이 얕잡아보는 말처럼 쓰였다. 에드워드 왕자의 정부였던 데이지 브룩은 왕자의 측근들이 머리도 좋고 재무도 이해하는 유대인을 받아들이는 데 어려움이 있다고 말했다. 머리가 좋은 걸 모두 좋아하지 않는다는 것이다.[72] 시릴 코널리는 이튼스쿨에서 지능을 감춰야 할 기형으로 여겨졌다. 퍼블릭스쿨에서는 훌륭한 재단사가 불룩한 배나 혹을 감출 수 있는 옷을 만들듯 지능도 잘 감춰야 한다고 가르쳤다고 말했다.[73] 코닐리와 함께 이튼스쿨에 다녔던 조지 오웰은 고집 세고 못생기고 어리석기 짝이 없다고 알려진 불독을 국가 상징으로 인정하는 영국인이 수백만 명에 이른다고 지적했다.[74]

20세기 들어서도 영국 정치는 귀족 계층의 강한 영향을 계속 받았다. 보너 로Bonar Law 총리 내각에는 귀족 출신이 여덟 명이나 되었고 볼드윈 내각에는 아홉 명, 체임벌린 내각에도 여덟 명이 있었다. 1938년 내각에는 인맥으로 이어진 관료가 아홉 명이나 되었다. 영주는 상원에도 진출할 수 있어 〈아이오란테〉에서 W. S. 길버트는 영주귀족을 영국의 기둥일 뿐만 아니라 입법의 수호자라고 불렀다. 귀족 신분으로 어린 나이에 의회에 진출하기도 쉬웠는데 실제로 윈터턴 경도 옥스퍼드 대학교를 졸업도 하기 전에 하원의원에 당선되었다. 공직에서 상당 기간 공개경쟁이라는 새로운 체계에 저항하는 외교부 직원들은 1918년까지 부임 후 첫 2년간 연 400파운드 이상의 사적 소득을 보장해야 했고 국무장관과 개인적 친분도 쌓아야 했다. 식민지부는 1931년까지 직접 후견을 받았고 이후 경쟁시험이 아닌 경쟁 인터뷰 체계를 도입했다. 능력주의에 더 충실했던 내무부는 여전히 퍼블릭스쿨 출신이 장악해 제1차 세계대전 이전에 6퍼센트에 불과하던 국가교육생이 제2차 세계대전 직전에는 29퍼센트까지 늘었다. 오랜 전통을 자랑하는 옥스퍼드와 케임브리지 대학교는 장학금을 받는 우수 학생과 나머지 일반 학생 두 부류로 나눠 관리했다. 명문가 타이틀, 학비를 지급할 자산만 있으면 어려운 입학시험을 치르지 않고도 젠틀맨 커머너(Gentleman Commoner: 옥스퍼드와 케임브리지 대학교의 특별 자비생 - 편집자 주)가 될 수 있었다. 그리고 대학교 도서관이던 보드레이언 도서관은 고사하고 칼리지 도서관 근처조차 얼씬대지 않고도 수료가 가능했다. 1930년대 중반 이같이 졸업 대신 수료에 그친 학생은 약 25퍼센트였는데 제1차 세계대전 직전 40퍼센트를 감안하면 나아진 게 분명하지만 영국이 시대적 요구에 부응하고 있다고 보기에는 무리가 있었다.[75] 능력 공화국이던 미국에도 능력주의 물결에 저항하는 강력한 세력이 존재했다. 미국에서는 잘 알려지지 않았지만 일련의 귀족집단이 여러 지역을 장악하고 있었는데 그중 노예제 폐지 이후에도 살아남은 남부 농장주들, 적절한 필라델피아인들, 샌프란시스코에 정착한 놉 힐 등이 대표적이다. 제1차 세계대전 이후 미국에서는 능력주의에 반대하는 목소리가 상당히 높아졌다. 엘리트 대학교들은 엘리트주의가 속물적이라고 비난하며 옥스퍼드와 케임브리지 대학교에 맞섰다. 반면, 아이비리그의 모범생은 못 하는 게 없는 만능 소년으로 운동에 뛰어나고 훌륭한 사교클럽에 모두 가입되어 있으며 유머감각까지 뛰어나고 타고난 지도력까지 갖췄다. 오웬 존슨의 《예일의 스토버Stover at Yale》(1912)도 대학교 내 특권층 학생들만 모은 비밀단체 '스컬 앤 본즈'의 만능 재주꾼들을 칭송한 반면, 책벌레들에는 경멸을 퍼부었다. '메인주 산골 마을에서 온 시골뜨기 우키는 한낱 먼지와 같은 존재로 학급에서

341

아는 이가 아무도 없고 앞으로도 없을 것이다.'[76] 다재다능한 인물을 선호하는 경향은 교수진에도 적용되었다. 예일 대학교 교수 휴게실은 천시 브루스터 팅커, 윌리엄 라이온 펠프스, 새뮤얼 플래그 베미스, 노먼 홈즈 피어스와 같이 가운데 이름까지 있는 성공회 교도가 장악했고 채용도 학문적 성과보다 사교성을 기준으로 이뤄졌다. 교수의 절반 이상이 예일 대학교 동문이었다.[77] 책벌레와 먼지에 대한 선입견은 1920년대 들어 앵글로 색슨계 백인 신교도 문화가 성장하면서 한층 강해졌다. F. 스콧 피츠제럴드는 프린스턴 대학교를 점심식사 후 도서관에는 들르지도 않고 곧장 차를 마시러 가는 호리호리한 청년들이 넘치는 곳으로 이상화했다. 다른 이들은 대학교 시절을 공부로 허비하는 먼지 지성인들을 혹평하며 반유대주의를 공공연히 드러냈다. 1926년 예일 대학교는 인성에 더 큰 비중을 두고 입학생을 선발하는 새로운 정책을 도입했다. 학생들이 발행하는 〈예일 데일리 뉴스〉에서는 덕분에 학교가 비정상적인 두뇌 표본으로 과부하되는 걸 막게 되었다고 칭송했는데 입학사정관들은 한술 더 떴다. 지원자들이 입학신청서와 함께 아버지 사진도 제출해야 한다고 주장한 것이다.[78] 이 같은 선입견 때문에 먼지 지성인의 전형으로 여겨진 유대인 학생들의 정원을 제한하려는 움직임이 일었다. 하버드 대학교 총장이던 로버트 로웰은 유대인 신입생 수를 줄이기 위해 1920년대 초부터 긴 싸움을 벌였다. 1930년 뉴욕 유니온 대학교는 유대인 신입생 수를 전체 신입생 수의 8~10퍼센트로 제한했는데 이 정책은 1960년대까지 계속되었다. 입학처장들은 유대인들의 전반적인 태도가 영 마음에 안 들고 교육적 관점도 협소하기 짝이 없다는 모호한 근거를 들어 오늘날 똑똑한 아시아인들을 거부하듯 명석한 유대인들을 잘라냈다. 이 같은 태도가 지배적이던 분위기는 1950년대까지 이어졌다. 1952년 입학처장 윌버 벤더는 장학금위원회에 서신을 보내 하버드 대학교가 애매한 사회주의자와 공산주의자뿐만 아니라 장발에 대한 환상을 가진 동성애자, 시인, 여러 어중이떠중이로 가득한 학교라는 오명을 뒤집어쓰면 안 된다고 경고했다.[79] 하지만 한편으로 이미 늦었다고 걱정했다. 입학허가권이 벌써 팔려 하버드 대학교가 가장 두려워했던 '먼지들만을 위한 학교……망나니와 퍼블릭스쿨 출신만 넘치는 시립 대학교', 슬프게도 혈기왕성한 사내는 찾아볼 수 없는 곳으로 이미 전락했을 수도 있다는 것이다.[80] 능력주의 사상에는 분명히 결점이 존재하고 이는 능력주의를 현실에 적용하려던 심리학자들도 마찬가지다. 하지만 그 결점은 스티븐 제이 굴드와 그의 동료들이 지적한 것과는 거리가 멀었다. 계층 간 이동이 일어나지 않아서가 아니라 일어나 문제라면 문제였고 현상유지가 아닌 개혁적 변화를 옹호해 문제였다.

12

능력주의
혁명

제2차 세계대전은 능력주의 혁명에 터보 엔진을 달아줬다. 대규모 동원이 이뤄지면서 과거에 얼마나 많은 인재가 방치되어 있었는지 여실히 드러났고 전후 복지정책이 확대되면서 일반인도 다양한 기회를 누릴 수 있게 되었다. 또한 경제의 중심이 산업에서 지식기반 분야로 옮겨가면서 지능에 대한 보상도 커졌다. 영국은 이 같은 대전환을 생생히 보여줬다. 전면전 필요성이 커지면서 계급사회의 토대에 균열이 생기기 시작했다.[1] 군대는 늙은 대령 대신 명석한 프롤레타리아 계급을 승진시킬 수밖에 없었다.[2] 각 공장은 과학경영을 도입하기 시작했고 군인들은 군사적 희생의 대가로 사회정의를 요구했다. 윌리엄 베버리지를 비롯한 정책입안자들은 일반인들이 더 이상 자신의 능력보다 시시한 곳에 채용되지 않고 상류층은 가진 능력보다 과분한 지위까지 승진하는 경우가 없도록 하겠다고 약속했다.[3] 1941년 조지 오웰은 《사자와 유니콘》에서 증권거래소는 무너지고 말이 끄는 쟁기를 트랙터가 대신하고 시골집은 아이들의 별장이 되고 이튼스쿨과 해로스쿨의 대결 구도도 잊힐 거라고 내다봤다. 심지어 해로스쿨의 자랑스러운 동문 윈스턴 처칠도 퍼블릭스쿨이 살아남으려면 능력주의 정신을 수용해야 한다는 결론을 내렸다. 전체 선발인원의 60~70퍼센트를 의무적으로 빈곤층에서 뽑아 학비를 보조해줘야 한다고 주장하면서 각 도시에서도 헤일리버리, 해로와 이튼스쿨에 보낼 유능한 청년들을 자랑스럽게 찾아나설 거라고 덧붙였다.[4] 1945년 노동당 정부 선출로 일반인의 시대가 도래하면서 영국 전역을 주름잡던 귀족의 위엄은 잠시나마 땅에 떨어지고 말았다. 1945년 5월 데니스 힐리는 노동당 회의에서 모든 국가의 상류층 인사는 이기적이고 타락했고 방탕하고 퇴폐적이라고 격분했다.[5] 귀족 계층은 날이 갈수록 꿰온 보릿자루 신세가 되었다. 일반인의 시대를 살아간다고 하기에는 너무 많은 특권을 누렸고 화려한 할리우드 시대를 산다고 하기에는 너무 단조로웠다. P. G. 우드하우스의 《지브스의 귀환Ring for Jeeves》(1953)에는 버티 우스터가 등장하지 않는데 사회개혁이 더 심각해지지 않도록 양말을 꿰매는 방법과 같은 자립을 귀족에 가르치는 학교의 교사로 떠났기 때문이다.[6] 심지어 법체계조차 모든 인간이 법 앞에 평등하다는 사상을 뒤늦게나마 인정하면서 귀족이 재판을 상원에서 동료 귀족에게서 받을 권리도 1948년 마침내 사라졌다.7 동시에 대공황기에 생겨난 교육과 과학을 신봉하는 문화가 전쟁을 거치면서 한층 강화되었다. 과학자들은 세계 최강 무기인 원자폭탄을 발명했고 보핀스는 블레츨리 파크에서 독일군 암호를 해독했다. 메이나드 케인즈는 경제불황에서 빠져나올 방법을 고안했고 학자들은 소설 《이방인과 형제들Strangers and Brothers》에서 찰스 퍼시 스노가 능력주의를 칭송하며 구축한 관직을 드나들었다. 낭만적인 옥스퍼드와 케임브리지 대학교에 안락하게 자리 잡고 우아한 산문체, 결혼과 화려한 사회의 축복을 받은 A. J. P. 테일러, A. J. 에이어, 휴 트레버-로퍼는 근사한 인텔리가 되어 옥스퍼드와 케임브리지 대학교에서 장학금을 받는 꿈을 수천 명의 학생에 불어넣어 줬다. 1944년 교육법은 기회가 보장되는 사회의 기둥으로 칭송받았다. 이 법안이 토리당의 랍 버틀러가 발의하고 노동당 정부에서 승인된 후 차후 여러 보수 정부를 거치는 동안에도 계속 보존되었다는 사실은 이 새로운 비전이 계급정치를 넘어 새로운 버츠켈리즘, 즉 합의의 정치의 필수 요소가 되었음을 강조한다. 1947년 존 파커의 《노동은 계속 전진한다Labor Marches On》와 퀸틴 호그의 《보수주의를 위한 주장The Case for Conservatism》이 펭귄출판사에서 동시에 출간된 사례를 생각해보자. 파커는 '내게 사회민주주의란 기회의 평등, 삶이라는 전장에서 불리한 여건에 내던져진 사람들에게 최소한의 수단을 보장해주는 걸 의미한다.…… 성별, 계급과 상관없이 모든 이는 능력, 기술, 에너지 이외에는 아무 제약도 받지 않는 기회를 제공

받아야 한다.'⁸라고 주장했다. 호그는 '우리 국민의 대다수는…… 평등한 기회와 사회적 안정을 원하는 한편, 산업정책에 국가의 의지가 반영되어 의식적 계획이 담겨 있길 바란다. 그리고 소득의 평등은 결코 원하지 않는다.'⁹라고 말했다. 새로운 능력주의에는 테크노크라시적(과학기술 분야 전문가들이 많은 권력을 행사하는 정치·사회 체제 - 역자 주) 요소가 분명히 존재했다. 1945년 퍼시위원회가 발간한 〈고등교육기술에 관한 보고서〉와 1946년 발로위원회의 〈과학적 인력에 관한 보고서〉에서는 대학에 진학하는 과학자와 기술자 수를 크게 늘릴 것을 권고했다. 대학보조금위원회도 '현재 이 나라가 세계에서 차지하는 지위를 유지하려면 새로운 지식연구와 적용에 뒤처지면 안 된다.'라고 주장했다.¹⁰ 1959년 찰스 퍼시 스노가 《두 문화Two Cultures》에서 과학과 인문학 간의 단절을 비판했을 때 A등급을 받은 학생의 55 퍼센트는 과학 전공생이었다.¹¹ 혁명은 자연스럽게 혁명 반대세력을 낳았고 1950년대 처칠과 맥밀런, 이든 정부와 엘리자베스 2세의 대관식을 차례로 거치면서 귀족정신은 놀라운 수준으로 부활했다. 계급문제에서 둘째 가라면 서러운 노엘 아난은 맥밀런의 장관 대부분은 옥스퍼드와 케임브리지 대학교 출신의 상류층이고 1962년 개각을 단행한 후에는 절반가량이 이튼스쿨 출신이라고 지적했다.¹² 하지만 1940년대 혁명은 복수의 형태로 1960년대에 함께 재현되었다. 문법학교 출신이던 해럴드 윌슨과 에드워드 히스가 총리직에 올랐고 토리당의 젊은 의원으로 각광받기 시작한 엘던 그리피스는 하원에서 '기술관료, 능력주의자, 샐러리맨으로 불리는 이들이야말로…… 영국 정치의 핵심이다. 좌파도 우파도 아닌 그들이 가는 길로 영국도 나아간다.'라고 연설했다.[13] 피터 쿡, 더들리 무어와 같은 풍자작가들과 〈프라이빗 아이Private Eye〉 발간인들은 자신들도 대부분 퍼블릭스쿨에서 교육받았음에도 옛 기성 체계를 신랄히 풍자했다. 1961년 해롤드 니콜슨은 '오늘날 귀족이 외교부에 입성하는 건 낙타가 바늘구멍 들어가는 것만큼 어렵다.'라고 불만을 제기했다.[14] 제2차 세계대전 이후 문법학교가 확산되면서 중산층과 노동자 계층의 영리한 자녀들이 엘리트 교육을 누릴 기회도 많아졌다. 직접보조금 학교 중 입학이 가장 까다로운 맨체스터 문법학교 수석교사 에릭 제임스는 《교육과 리더십Education and Leadership》(1951)에서 '브릭타운 중등학교 출신으로 행정관료직 또는 산업이나 상업 분야 관리직이 된 이들이야말로 거대한 사회변화를 예고하는 세력으로 유능한 엘리트 계층이 서서히 형성되어 권력도 출생이나 부가 아닌 재능을 가진 자들 손에 들어갈 것임을 보여준다.'라고 선언했다.[15] 수많은 노동운동가들도 제임스의 이 같은 견해를 기쁜 마음으로 지지했다. 1953년 노동당 회의에 참석한 리처드 크로스만은 문법학교 개혁으로 인한 결실을 어디서든 확인할 수 있었다. '참석자 대부분이 문법학교 출신 아니면 자녀를 문법학교에 보내고 있었고 1920년대 낭만적 사회주의의 영향은 거의 받지 않았다.'[16] 문법학교가 호황을 누리면서 퍼블릭스쿨은 오랫동안 위기에 시달렸고 제2차 세계대전 종전 직후 정점에 달한 능력주의의 희생양으로 전락하는 듯 보였다.[17] 1945년 윈체스터 칼리지 교장 캐논 스펜서 리슨은 운영진과 교수진에 제출한 연간보고서에서 자녀를 윈체스터에 보내는 부모 중 얼마나 많은 부모가 완전무상 또는 무상이나 다름없는 조건으로 국가에서 지원하는 교육을 받을 수 있을 때 값비싼 수업료를 내야 하는 초등학교에 계속 보낼지 의문을 제기했다. 그리고 이후 수십 년간 문법학교를 따라잡기 위해 힘든 싸움을 벌여야 했다. 1956년 토리당 의원이던 해롤드 웨브 경은 사립학교가 주립학교의 단연 환상적인 시설에 맞설 수 없을 거라고 독립학교연합에 경고했다. 1960년 이튼스쿨 교직원은 A등급 학교들의 높은 실패율과 일부 교장들의 저급한 수준을 교무처장에 규탄하는 편지에 서명했다. 1963년 내부 문서에 따르면 웨스트민스터스쿨 학생들의 영어, 생물학, 지리학, 심지어 그리스어 평균점수가 국가 평균에도 못 미친 것으로 나타났다. 1년 후 〈타임즈〉에서 75개 퍼블릭스쿨을 조사한 결과, 이튼, 해로, 차터하우스스쿨은 수업료는 높은데 교육수준은 A등급에 불과한 학교로 분류되었다. 위대한 퍼블릭스쿨들은 아무리 좋게 말해도 괴짜라고 할 수밖에 없는 이들이 운영하는 초등학교에 전적으로 의존하고 있었다. 1960년대 초 제레미 팩스만이 다녔던 초등학교는 그 같은 학교의 전형이었다. '우리 학교 교사들은 하나같이 4차원이거나 술주정뱅이 아니면 비관론자들이었다. 라틴어 선생님들은 낡아빠진 재킷에 끝부분이 다 까진 성냥만 가득한 성냥갑을 넣어다녔고 담배를 피우는 손가락 끝은 마호가니 색으로 물들어 있었다.…… 프랑스어를 가르쳤던 한 퇴역장군은 아침식사 자리에서 교장의 아내에게 마멀레이드를 전달해주지 못했다는 이유로 전교생이 보는 앞에서 해

고당했다.'**18** 교사들이 이렇게 무능하다 보니 부모들의 충성심조차 시들 수밖에 없었고 실제로 잉글랜드와 웨일즈에서 퍼블릭스쿨에 다니는 학생 비율은 1955년 6.7퍼센트에서 1978년 4.5퍼센트로 감소했다. 종전 이후 퍼블릭스쿨 교장 중 가장 훌륭하다고 손꼽힌 에릭 앤더슨은 문법학교가 남아 있었다면 퍼블릭스쿨의 60퍼센트가 문을 닫았을 것으로 추정했다.**19** 조지 오웰이 영국을 엉뚱한 사람들이 책임자 자리에 앉은 가족에 비유한 건 유명하다. 그래도 전후 영국은 문법학교 덕분에 마침내 많은 것이 제자리를 찾아가는 듯 보였다.

풍족한 사람들

•

전후 영국에서 일어난 여러 가지 현상이 전후 미국에서도 그대로 재현되었다. 미래의 제국은 이성의 제국이 될 거라던 처칠의 예언은 점점 설득력을 얻었고 미국만의 특징이 가미되었지만 복지에 중점을 둔 큰 정부가 등장했다. 무엇보다 더 공정한 전후질서를 촉구하는 목소리가 커졌다. 하지만 이렇게 비슷한 움직임도 한군데 모으면 영국과 다소 차이가 있는 결과를 냈다. 영국보다 미국에서 다양성이 더 뚜렷이 나타난 것이다. 능력주의에 기반한 교육정책들은 정부뿐만 아니라 기업과 싱크탱크의 지원까지 받았고 능력주의를 지향하는 정부개혁도 정부부처는 물론 랜드연구소를 비롯한 싱크탱크가 주도해나갔다. 영국에서 확연했던 계급주의로 인한 죄책감을 미국에서는 찾아볼 수 없었다. 물론 인종주의 때문에 더 극심했던 죄책감은 1950년대 계속 외면당하다가 1960년대 들어 결국 정치가 바뀌는 계기가 되었다. 전후 미국에서 일어난 능력주의혁명은 부당한 사회질서를 뒤엎는 것이 아니라 독립선언서와 헌법에 명시된 대로 미국인의 윤택한 삶을 보장하는 게 목표였다. 능력주의혁명의 위대한 포문을 연 건 G.I. 법안(제대군인원호법 - 편집자 주)이었다. 참전용사 중 대학등록자는 1947년에만 160만 명이 넘었는데 이는 1940년 전체 대학생과 맞먹는 수로 그중 60퍼센트 이상이 이공계 전공자였다. 전후 미국에서 과학 인재를 배출한 기구는 F. 스콧 피츠제럴드를 배출한 프린스턴 대학교에 비해서도 훨씬 크게 포장되는 경향이 있었다. 수많은 핵과학자를 배출한 로렌스 리버모어 연구소가 제2차 세계대전을 승리로 이끄는 데 크게 기여했다는 식이었다. 일부 미국인은 참전 이전 미국에 너무나 만연했던 인종적 선입견을 거부하기 시작했다. 해리 트루먼은 전 대통령에 비해 훨씬 강경한 태도로 민권수호에 나섰다. 대통령 민권위원회는 〈이들 권리를 보장하려면To Secure These Rights〉(1947)이라는 기념비적 보고서를 발표해 연방정부가 민권남용을 방지할 뿐만 아니라 보호할 의무도 있다고 주장했다. 고등교육위원회도 이에 못지않게 〈미국 민주주의를 위한 고등교육Higher Education for American Democracy〉(1947)을 발표해 유대인과 흑인 정원을 제한하는 정책이 비미국적이라고 비난하는가 하면 그레고리펙 주연의 영화 〈신사협정Gentleman's Agreement〉(1947)은 소위 신사라는 사람들의 반유대주의를 적나라하게 묘사해 오스카상을 수상했다. 캐리 맥 윌리엄스의 《특권을 위한 가면Mask for Privilege》(1948)에서는 인종적 선입견이 얼마나 광범위하게 남았는지 상세히 묘사했다. 여론조사 결과, 1952년부터 반유대주의는 눈에 띄게 줄어들기 시작했다.[20]

미국은 IQ 테스트는 물론 SAT 등 다양한 지능시험을 영국보다 훨씬 적극적으로 도입했다. 단, 11살 아이 중 영재와 평범한 학생을 구분하려던 영국과 달리 아이들을 추려내려는 목적이었다. 트루먼위원회는 육군 일반 분류시험 결과를 근거로 대학입학 정원을 확대할 것을 주장했다. 제2차 세계대전 기간에 1천만 명의 신병을 대상으로 이 시험을 실시한 결과, 49퍼센트는 14년 고등교육 과정, 32퍼센트는 대학교육까지 마칠 수 있는 두뇌를 가진 것으로 나타나 그동안 숨겨졌던 인재 풀을 발견할 수 있었다.[21] 스탠리 카플란이 비즈니스 훈련의 일환으로 시험을 치르는 제도를 개발하면서 다양한 직업학교에서도 법학전문대학원의 SAT와 LSAT(Law School Admission Test: 미국 법학대학원 입학시험 - 편집자 주)와 같은 각종 시험을 도입하게 되었다. 정책입안자들은 우월한 재능의 중요성을 강조했다. 교육정책위원회에서는 〈인재들의 교육Education of the Gifted〉(1950) 보고서를 발표해 미국인들이 경제적 자원의 상당 부분을 투자해 우월한 재능의 소유자들을 교육시킬 것을 촉구했다.[22] 조기 입학·진학 프로그램이 생기면서 영재들은 평범한 학생들과 달리 일반 고등교육의 획일적인 과정에 얽매일 필요가 사라졌다. 1955년 설립된 국립장학회는 일반 대중이 지적 탁월성을 높이 평가하는 분위기를 구축하기 위해 애썼다. 이를 위해서는 스포츠 형식을 빌리는 게 최고라는 원칙하에 장학금 획득 경쟁을 장학회장이던 존 스탈네이커의 뜻대로 '스칼라마Scholarama'라고 명명하고 최종적으로 장학금 수여식을 열어 장학증서까지 수여했다. 미국 지식인들은 제2차 세계대전 이후에 일어난 능력주의혁명을 더 강하게 추진할 것을 주장했다. 윌리엄 H. 화이트는 1956년 발간한 같은 제목의 저서에서 부적응자를 걸러내기 위해 고안된 인성 테스트 기준으로 훈련생을 선발하는 '덜 떨어진 자'로 조직원을 묘사했다. 찰스 라이트 밀스도 1956년 같은 제목의 저서에서 엘리트 권력층의 능력 부족을 비판했다.[23] 엘리트라고 하면 그로튼 스쿨, 예일 대학교와 하버드 대학교 로스쿨의 전철을 차례로 밟기 마련인 만큼 허울은 그럴듯해 보여도 똑같은 클럽에서 똑같은 초록색 옷을 입고 똑같은 일화나 주고받는 좁은 우물 안에 갇히고 만다는 것이다. 따라서 엘리트 공무원으로 구성된 행정집단을 구축함으로써 끊임없이 바뀌고 눈앞의 일을 처리하기에 급급한 미국 행정부를 오래 지킬 수 있어야 한다고 '신좌파의 미래' 아이콘 밀스가 주장했다.[24] 불굴의 개혁 성향으로 무장한 정부 고위 관료들은 미국 행정부의 심장부에 영국과 같은 엘리트 공직체계를 확립하기 위해 부단히 노력했다. 다방면에 뛰어난 능력으로 다양한 업무를 소화할 수 있는 최정예 공무원을 선발하려고 했던 것이다. 아이젠하워와 닉슨이 타고난 귀족을 선발하려는 제퍼슨 계획에 찬물을 끼얹었지만 신세대 개혁가들은 반대세력에 발목 잡히지 않을 기발한 방법을 찾아냈다. 연방정부는 무시해버리고 다시 시작하는 것이다. 이를 위해 고위 관료들은 랜드연구소와 같은 싱크탱크를 설립해 최고 인재를 등용한 후 이들을 공직체계와 상관없이 가장 시급한 현안 업무에 배치했다. 능력주의혁명의 포문을 G. I. 법안이 열었다면 상승 궤도에 올려놓은 건 1957년 10월 4일 발사된 스푸트니크호였다. 소련이 인공위성 발사에 성공하자 전후 호황에 심취해 있던 미국인들로서는 미처 고려하지 못한 가능성이 제기되기 시작했다. 바로 미국이 러시아와의 두뇌경쟁에서 뒤처지고 있다는 것이었다. 대응은 신속히 이뤄졌다. 의회는 교육 비상사태를 선포했고 그로부터 1년 후 연방정부는 국가방위교육법을 승인해 영재육성에 발벗고 나섰다. 우주 공간에서 미국의 우위를 재확보하기 위해 NASA(National Aeronautics and Space Administration: 미국 항공우주국 - 편집자 주)를 설립했으며 국립과학재단 지원금도 1년 만에 4,000만 달러에서 1억 3,400만 달러로 세 배 이상 뛰었다.[25] 뉴욕 카네기재단 이사장이자 훗날 린든 존슨 행정부에서 보건교육복지부 장관을 지낸 존 가드너는 《탁월성Excellence》 (1961)에서 기술경쟁 압박으로 인해 마침내 무게추가 교육받은 엘리트 쪽으로 기울었다고 주장했다. 당시만 해도 미국인들은 늘 평등주의를 중시해 엘리트가 부상할 기미만 보여도 싹을 잘라내는 데 여념이 없었다. 그런데 능력주의자들도 드디어 승승장구할 기회가 열렸으니 이는 자신들이 잘 결집했다기보다 과학혁신의 선봉에 섰기 때문이었다. 한때 거의 본능적인 거부감에 맞닥뜨렸던 영재들이 이제 국가안보를 보장할 요원으로 환대받게 되었다.[26] 아이비리그 대학교들은 귀족계층만 받아들이던 관행을 깨고 제임스 코넌트의 능력주의 비전에 사활을 걸었다. 하버드 대학교의 막강한 라이벌이던 예일 대학교의 변화는 특히 놀라웠다. 1950년대 중반 알프레드 휘트니 그리스월드 총장은 예일인이 미간을 잔뜩 찌푸린 고도의 전문지식인이 되는 걸 용인할 수 없다고 선언했다.[27] 1963년 그리스월드가 사망한 후 부임한 킹만 브루스터는 전혀 다른 유형의 총장이었다. 그는 롱아일랜드 사운드에서 마무리 학교를 운영할 생각은 추호도 없다고 선언하고 입학처장 아인슬리 클락의 도움으로 학생기구, 심지어 교수진까지 능력주의 기조에 맞춰 개편하기 시작했다. 이에 그로튼을 비롯한 여러 학교는 예일 대학교가 더 이상 신통치 않은 학생들을 동문가족이라는 이유만으로 받아들이지 않는 건 물론 입학 대상을 퍼블릭스쿨 학생들로 확대할 것임을 눈치챘다. 실제로 1970년 예일 대학교 신입생 중 퍼블릭스쿨 학생 비율은 1969년보다 50퍼센트나 늘었으며 그중 상당수는 미간을 잔뜩 찌푸린 지식인들이었다.[28]

프랑스의 능력주의

제2차 세계대전 이후 프랑스는 심지어 영국보다 더 처참히 망가져 있었다. 적어도 1871년부터 군사적 패배, 식민지 철수, 공개재판 등 여러 국내·외 요인이 겹쳐 암흑기가 계속되었고 나치와 비시 프랑스(제2차 세계대전 중 나치 독일 점령하의 남부 프랑스를 1940년~1944년 통치한

괴뢰정권 - 역자 주)의 치욕을 겪으며 나락으로 떨어졌다. 이윽고 프랑스는 재건의 열쇠가 기존 능력주의 전통 부활에 있으며 단, 여기에 유럽 통합과 기술혁신이라는 새 시대의 요구를 반영할 필요가 있다고 결론지었다. 프랑스가 어떻게 거듭나야 좋을지 전반적인 설계도를 그린 이는 드골 장군이었다. 그는 선조가 일군 영광을 향한 깊은 신념에 바탕해 기술혁신을 적극적으로 추진했다. 프랑스의 과거를 그리워하는 향수를 원동력 삼아 전혀 다른 미래를 구축하는 데 처칠이나 맥밀런보다 훨씬 더 큰 성공을 거뒀다. 군사개혁에 관한 패기 넘치는 청원서 〈미래의 군대Army of the Future〉에 적었듯 부단히 거듭나지 않으면 아무것도 지속될 수 없다고 믿었기 때문이다.[29] 자칭 '심오한 프랑스La France Profonde' 대표였던 그는 과학경영을 신봉했고 '프랑스에 관한 어떤 생각'이라는 시적 문구를 만들어냈으며 진보와 개혁을 가로막는 봉건성을 끔찍이 혐오했다.[30] 프랑스에는 제2차 세계대전이 끝난 1945년 30대 초반에 정부를 장악한 후 드골이 권좌에 오를 때는 물론 내려온 후에도 요직을 지킨 관료집단이 있었다. 이들 고급 공무원은 신성한 국가에 헌신하는 청렴한 공무원 문화를 확립하고 여기에 케인즈식 경제와 과학경영의 장점까지 결합시켰다. 1940년 프랑스를 패배로 이끈 경제적 취약성을 극복하려면 사회기반시설과 과학에 투자하는 방법밖에 없다는 사실을 뼛속 깊이 알아 국가주도 사업으로 사회기반시설(철도)과 신기술(원자력)에 투자하는 등 광대한 분야의 현대화를 추진했다. 또한 무정부적 시장에 모든 걸 맡기는 앵글로 색슨 자유주의자들, 그리고 봉건 시대를 그리워하는 반동주의자들에 강한 혐오감을 드러냈다. 그들 스스로 프랑스의 보수 관료에 맞서 막후 투쟁을 벌이는 현대화의 숨은 주역이라고 자부했지만 사실 공개강연과 언론 기고로 무척 공공연히 주도하고 있었다.[31] 이들 고급 공무원은 두 가지 면에서 드골에 힘을 보탰다. 첫째, 전후 재건이 진행되는 동안 기술집약적 사회기반시설의 상당 부분을 건립했고 둘째, 드골이 대통령에 취임한 1959년 이래 제5공화국의 행정기구는 물론 드골이 편애한 정부위원회와 준정부기관까지 장악했던 것이다. 이 공무원 집단의 핵심 멤버로 드골과 함께 저항운동을 벌인 미셸 드브레가 있었다. 드브레는 새 헌법 초안을 작성해 드골주의를 창시하는 데 핵심 역할을 했고 대통령에 취임한 드골의 초대 총리로 임명되었다. 하지만 그가 프랑스의 새로운 능력주의에 가장 크게 기여한 업적은 1945년 국립행정학교ENA 창설로 드골은 회고록에서 모든 것이 미셸 드브레의 두뇌와 작업에서 나왔다고 적었다.[32] ENA에 입학하려면 고난이도의 여러 과목 시험에 합격해야 했다. 지원자들은 공법, 경제, 일반 지식 시험을 치르고 유럽법과 정책, 또는 사회법과 정책 중 한 가지를 선택해 문서를 요약한 후 마지막으로 수학부터 언어에 이르는 일련의 과목 중 한 가지 시험을 치러야 했다. 여기서 최고점수를 기록한 학생들은 또 다섯 가지 구두시험을 치러야 했는데 어떤 질문이 나올지 모르는 45분간의 공개 재판도 그중 하나였다. 수호자는 이성뿐만 아니라 신체 조건도 뛰어나야 한다는 플라톤의 이상에 따라 스포츠 역량 테스트도 포함되었다. ENA는 설립 당시부터 입학 정원을 40~80명으로 한정했는데 이는 현재 1,600명인 하버드 대학교나 3,200명인 옥스퍼드 대학교에 비하면 훨씬 적다. 이렇게 선발된 소수정예 학생들은 ENA에서 또 2년간 엄청난 경쟁이 수반되는 교육과 훈련을 거친 후 학업성취도에 따라 등수가 매겨졌다. 또한 자신들이 얼마나 막중한 소명을 띠고 있는지 정신교육 훈련도 받았는데 드브레에 따르면 사기 진작도 이 훈련의 목표 중 하나였다. '정치놀음이나 특정 교리를 강요하는 건 이 학교의 사명에 포함되지 않는다. 하지만 학교는 미래의 공무원들이 국가 감각Le Sens de L'État을 익히고 행정부의 책임을 이해하며 권위를 맛보고 직무Métie에 헌신하도록 만들 책임이 있다.'33 학생들은 직위 배정을 받고 임금을 받자마자 공무원 대우를 받음과 동시에 최고 직위도 보장받았다. 최상위권 학생 15명은 거의 늘 국참사원, 재무부, 회계감사법원 세 개 행정군 중 하나를 선택해 입사했다. 프랑스 공무원은 영국 공무원보다 더 많은 이동의 자유를 누렸다. 정계와 행정부 간 이동이 가능했을 뿐만 아니라 공공부문과 민간부문 간에도 이동할 수 있었다. 프랑스인들은 이렇게 적절한 지능만 갖췄다면 관료체제 안에 갇혀 있을 게 아니라 자신에게 적합한 분야는 어디든 자유롭게 지원해야 한다고 주장함으로써 일반적 능력에 관한 노스코트와 트레블리언의 믿음을 한 단계 업그레이드시켰다. 드골이 능력주의를 새로 창조함에 따라 프랑스에는 플라톤이 말한 수호자들이 훌륭한 대통령(발레리 지스카르 데스탱, 자크 시라크, 프랑수아 올랑드, 현재의 에마뉘엘 마크롱)과 총리(레옹 파비우스, 미셸 로카르, 에두아르 발라뒤르, 알랭 쥐페, 리오넬 조스팽, 도미니크 드 빌팽), 고위 관료, 기업가 형태로 때마다 원활히 탄생했다. 1960년대 이후 들어선 모든 내각은 구성원의 ⅓~½가량이 ENA 동문이었다. 단, 사르코지 행정부는 의도적으로 다르게 구성했다. 프랑스의 새로운 능력주의에 따라 구성된 다양한 기구들은 드골이 원했던 바를 정확히 수행했다. 프랑스의 위대한 전통에 활기를 불어넣고 경직되어 있던 국가에 역동성을 부여함으로써 국가적 자부심을 회복시킨 것이다. 프랑스는 정부부처의 강력한 정책과 민간기업들의 성공에 힘입어 무려 30년간 경제성장이 지속되는 영광의 시대를 누렸다. 1945년~1955년 연평균 경제성장률은 무려 4.5퍼센트에 이르렀다.

　제2차 세계대전 이후 능력주의혁명으로 사회가 완전히 탈바꿈했던 만큼 변화를 일일이 설명하다 보면 독자들이 인내하지 못할 수도 있다. 그래서 저자는 사회적 변화를 세 가지로 나눠 말하고자 한다. 첫째, 전후 영국에서 문법학교 출신 학생들이 거둔 성공, 둘째, 미국 내 연구대학의 부상, 셋째, 기업부문에서 새로 형성된 엘리트 추앙문화다. 첫 번째에서 능력주의가 새로운 계층을 엘리트로 어떻게 등극시켰고 이것이 사회적·인간적으로 어떤 의미가 있는지 알아본다. 두 번째에서는 능력주의혁명으로 엘리트의 연구대학이 지식경제의 심장부를 차지하기까지의 과정을 보여주고 세 번째에서는 새로운 능력주의 정신 덕분에 비즈니스 부문이 어떻게 바뀌었는지 들여다본다. 이 세 가지를 모두 합치면 개혁이 얼마나 광범위하게 일어났는지 알 수 있을 것이다. 새로운 혁명정신의 영향으로 전후 사회에서 변화되지 않은 영역은 찾아볼 수 없었다고 해도 과언이 아니다.

장학금의 효용

　•

　앨런 베넷의 〈히스토리 보이즈History Boys〉는 그야말로 인생이 걸린 시험의 희망과 고통을 가장 잘 그린 희곡 중 하나다. 2004년 초연 이후 2006년 영화로 제작된 이 연극에는 셰필드의 문법학교 학생들이 주인공으로 등장하는데 A등급에서도 유난히 좋은 성적을 거둔 이들은 학교에 남아 옥스퍼드 대학교 장학금이 걸린 시험을 볼 것을 권유받는다. 가장 주축이 되는 내용은 옥스퍼드 대학교 시험관들에게 깊은 인상을 주기 위해 까다로운 과목도 열심히 공부하는 학생들의 노력이지만 부차적으로 사춘기 아이들의 자아발견과 동성애도 꽤 비중 있게 다룬다. 전반적으로 무척 감동적인 이야기로 특히 잘 알려지지 않은 문법학교를 나와 옥스퍼드 대학교 입학에 성공한 학생들에게는 더 큰 감흥을 줄 수밖에 없다. 이 작품은 실제 시대와는 잘 맞지 않는 느낌도 있다. 영국이 대처주의(Thatcherism: 1979년 총선거에서 보수당의 승리로 집권한 대처 수상이 노동당 정부가 고수해온 각종 국유화와 복지정책 등을 포기하고 민간의 자율적 경제활동을 중시하는 통화주의Monetarism에 입각한 강력한 경제개혁을 말한다. 개혁의 내용은 1. 복지용 공공지출 삭감과 세금인하, 2. 국영기업의 민영화, 3. 노동조합 활동 규제, 4. 철저한 통화정책에 입각한 인플레이션 억제, 5. 기업과 민간의 자유로운 활동 보장, 6. 외환관리의 전폐와 빅뱅을 통한 금융시장 활성화, 7. 작은 정부 실현, 8. 산학협동 중심의 교육정책, 9. 유럽통합 반대 등이다 - 편집자 주)로 양분되고 펑크록(Punk Rock: 1970년대 중반 런던과 뉴욕에서 태동한 거칠고 반항적인 록음악으로 강렬한 코드와 빠른 리듬, 과격한 픽션Fiction과 정치의식이 특징이다 - 편집자 주)에 열광하던 1983년이 배경임에도 역사 전공생들은 정작 정치를 논하지 않고 팝 음악도 듣지 않으며 국가교육 체계가 통합교육으로 바뀐 마당에 문법학교에 다니는 것을 이상하게 여기지도 않는 것이다. 하지만 이렇게 시대적 사실과 맞지 않는 이유는 단순하다. 베넷이 실제 배경으로 삼았던 시대는 자신이 리즈 모던 스쿨에 다니다가 옥스퍼드 엑시터 칼리지에서 역사 전공으로 장학금을 따낸 1940년대 후반~1950년대 초반의 영국이었다. 결국 그는 1등을 하고 전설적인 중세 사학자 브루스 맥팔레인과 함께 박사 과정을 밟은 후 발전된 런던으로 날아갔다. 베넷과 같은 문법학교 출신들은 영국 특권층이 확립한 배타적 기득권 체제에 균열을 내는 데 성공했다. 옥스퍼드와 케임브리지 대학교에서 퍼블릭스쿨 출신 입학생 비율은 1959년 55퍼센트에서 1967년 38퍼센트로 떨어졌는데 이는 전적으로 문법학교 출신 비율이 늘어 생긴 현상이다.[34] 이 두 대학교에 입학한 학생 중 장남 비율도 1950년대 약 50퍼센트에서 1960년대 후반 20퍼센트로 줄었다.[35] 애지중지 자란 귀족이 사라지자 문법학교 책벌레들이 새로 거드름 피우기 시작했다. 노엘 아난은 '문법학교 출신의 태도가 거만해지면서 퍼블릭스쿨 학생들은 불리한 입장이라는 사실을 깨달았다.'라고 회상했다. '문법학교 출신은 더 자유롭고 자신감 넘쳤으며 세상 물정에도 밝아 여학생들에게 더 인기가 많았다.'[36] 1960년대 중반 이튼스쿨에서 옥스퍼드의 코퍼스 크리스티 대학교로 진학한 윌리엄 발데그레이브도 이와 비슷한 주장을 했다. 대학교 분위기를 퍼블릭스쿨이 아닌 문법학교 출신들이 장악했다는 것이다.

> 내 친구들과 경쟁자들은 내가 다닌 랭카셔나 중부지방 문법학교,
> 윈체스터나 해로스쿨 출신일 확률이 상당히 높았다. 그들은 자신
> 만만하고 영리했으며 적어도 우리만큼 폭넓은 교양을 쌓은…… 능
> 력주의에서 말하는 새로운 인재가 급증하면서 영국은 다시 활기를
> 띠었다. 심지어 우리가 비웃은 인습타파주의자의 상당수는 알고 보
> 니 퍼블릭스쿨인 슈루즈베리나 차터하우스 출신이었다.[37]

문법학교 학생들은 퍼블릭스쿨 학생보다 심지어 더 멋있었다.
실제로 믹 재거와 존 레논도 문법학교 출신이다. 이들은 더 진지해
보이기도 했는데 케임브리지 대학교에는 프랭크 리비스와 제프리
엘턴과 같은 고귀한 학자를 숭배하는 문화가 있었다. 문법학교 출
신 작가들은 자신들의 소설에 다양한 배경의 인물을 등장시켰다.
에블린 워와 앤서니 파월만 해도 호화 응접실과 시골 저택에서 열
리는 파티부터 중부·북부의 협소한 땅콩주택에 이르기까지 다양하
게 묘사했다. 또한 문법학교 출신 과학자와 기술자야말로 기술혁명
의 불씨를 지핀 주역이었다. 문법학교 출신들은 노동당과 보수당
을 차례대로 개혁했다. 독학한 방직 화학자의 아들 해럴드 윌슨은
공립 초등학교와 위럴 문법학교를 거쳐 옥스퍼드 대학교에 입학하
는 교육의 사다리를 차근차근 밟고 올라갔으며 대학교에서 글래드
스톤 기념상을 비롯해 각종 상을 휩쓸었고 정치학, 철학, 경제학에

서 독보적인 1등을 차지하면서 도덕 철학을 제외한 모든 시험에서 A학점을 받았다는 전설까지 생겼다. 그는 대학교 졸업과 동시에 연구교수로 임명되었을 뿐만 아니라 불과 31살에 무역위원회 위원장에도 올랐다.

노동당은 1964년 총선을 흰색 실험복 차림의 14대 윌슨 씨와 고급 정장 차림의 14대 귀족 간 충돌로 묘사했다. 1963년 노동당 회의에서 윌슨은 '내세울 거라곤 귀족과의 인맥, 물려받은 자산이나 투기금융에서 나오는 권력뿐인 이들이 오늘날 영국 산업을 장악하는 것은 영주 뜨내기들이 군 간부 직위를 계속 매입하는 것만큼 구시대적이다. 심지어 크리켓 클럽조차 아마추어와 프로 구분을 없앤 이 시점에 과학과 산업 분야에서만큼은 우리가 바람둥이 세상에 마지막 남은 신사 역할을 해야 한다.'라고 주장했다.[38] 보수당은 람즈게이트의 채텀하우스 문법학교와 옥스퍼드 발리올 대학교를 나온 에드워드 히스를 단독 장학생으로 선정해 응수했다. 이렇게 천박하고 비호감인 인물을 문법학교 인재의 전형으로 오해한 거야말로 이들 정당에 문법학교가 얼마나 낯선 요소인지 보여주는 증거다. 히스는 경력을 쌓아가며 보잘것없는 자신의 배경과 발리올 대학교 장학금을 강조했고 어느 순간부터는 자신을 노동조합이 주도하는 집단주의에 대항할 자본주의적 능력주의의 대표주자로 내세웠다. 문법학교가 대성공을 거두자 영국에서 계층 간 이동성이 지나치게 많이 보장된다는 이상한 논란이 일기 시작했다. 1954년 마이클 영이 설립한 도시연구 싱크탱크인 지역사회협회 사회학자들은 노동자 공동체의 연대가 문법학교 때문에 어떻게 파멸에 이르렀는지 조사했다. 노동자 계층 지식인들은 자신에게 주어진 교육 기회를 비난함으로써 명성을 날렸다. 지방 노동자 출신으로 케임브리지 대학교에 입학한 지역사회협회 회원 데니스 마스덴은 '나는 암벽등반가의 기분을 알게 되었다.'라는 말로 장학금 수상자의 고독을 토로했다.[39] 노동자 계급 출신으로 리즈 시립학교에서 리즈 대학교를 거친 리차드 호가트는 베스트셀러가 된 저서 《교양의 효용The Uses of Literacy》(1957)에서 장학금 수상자를 뿌리가 뽑혀 불안한 이들로 묘사했다.[40] 그들은 중산층의 문법학교와 노동자 계층 가정 사이에서 갈등하는 유년기를 보내고 지역사회와 단절된 채 두 가지 말투와 성격, 가치관을 활용하는 법을 배워야 했다.

요즘 마스덴과 호가트의 저서를 읽다 보면 놀라지 않을 수 없다. 오늘날 우리도 이 같은 문제로 고뇌할 수 있었다면! 노동자 계층 아들·딸들이 사회 밑바닥에 방치되어 있는 게 아니라 계층 사다리를 너무 빨리 올라간다고 불평할 수 있었다면 얼마나 좋을까! 어떤 아쉬움이 뒤따랐든 마스덴과 호가트는 물질적·정신적 측면에서 영국 역사상 최고로 행운인 세대였다고 할 수밖에 없다. 학교와 대학교 덕분에 문명의 영광을 누리고 타고난 지능의 잠재력을 온전히 발휘할 수 있었으니 말이다. 물론 현대 기준으로 보면 그때까지도 대학교 진학생 수는 여전히 적었다. 1968년 당시 또래 학생 중 실제로 대학교에 입학하는 비율은 8퍼센트에 불과했으니 말이다. 그래도 이 비율은 꾸준히 증가했고 이렇게 운 좋은 소수 학생은 빚더미에 오르는 대신 전액 장학금을 받으며 전후 호황기를 누릴 골든 티켓을 얻었다. 대학교에 입학한 순간부터 이들은 당시 여러 교육기관을 장악한 상류층과 똑같은 대접을 받았다. 옥스퍼드와 케임브리지 대학교에서는 모든 학생이 자신을 돌봐줄 하인이 있었고 졸업 후에는 전후 풍요를 누리는 기관에서 안정적인 지위를 보장받았다. 대학교에서 가르치거나 도시를 관리하거나 병원에서 일했고 정치적 야망을 품은 이들은 의회에서 활약했다. 당시 전 세계 부국 어디서든 이렇게 골든 티켓을 얻은 아이들을 볼 수 있었다. 복지가 확대되고 경제 호황이 오면서 광부와 항만노동자의 자녀들, 특히 남자아이들이 순전히 두뇌와 노력만으로 계층 사다리를 올라갈 기회를 잡은 것이다. 1959년~1969년 이탈리아에서는 정규교육을 받는 아이 수가 두 배로 늘었고 프랑스에서는 1950년~1970년 고등학교 졸업생 수가 다섯 배나 증가했다.[41] 수많은 사회학자가 지적했듯 장학제도에 미흡한 점도 많았지만 전후 교육 기회가 확대되면서 과거와 분명히 단절된 것도 사실이다. 당시까지 문법학교와 유럽의 국립고등학교는 엘리트 지배층의 기득권을 보호하는 성격이 압도적으로 강했다. 사회적 지위를 새로 수여하기보다 강화하는 역할을 한 것이다. 하지만 전후 시대에는 노력으로 입성한 새로운 계급이 수적·문화적으로 이들 기관을 장악할 때가 많았다. 그 결과, 장학생 세대는 부모 세대와 전혀 다른 세계를 살아가게 되었고 교육을 받을 기회도 출신 배경으로 얻을 수 있었던 세계는 사라지고 지적 능력으로 획득해야 하는 세계가 열렸다.

학업 능력주의의 부상

·

클라크 커(1911년~2003년)의 《대학의 효용The Uses of the University》(1963)
만큼 전후 뜨거운 학업 열기에 담긴 낙관주의를 잘 보여주는 책도
없다. 이 책은 무엇보다 '다원대학multiversity' 개념을 소개했다는 점에
서 주목받는데 이는 대학교가 경제성장의 원동력을 제공하고 문화
적 삶의 중추적 역할을 하는 등 다양한 사회적 요구를 충족시키고
여러 선거구의 학생을 관할해야 한다는 의미였다. 커가 이 같은 개
념을 도입한 데는 마케팅적 요소도 있었다. 이 책을 집필할 당시 그
는 미국 최대이자 최고 공립 대학교인 캘리포니아 대학교 총장이었
는데 직원 수만 40,000명에 노벨상 수상자 전용 주차 공간까지 있을
만큼 엄청난 재원이 필요했다. 또한 자신의 주장을 실천하려고 노력
해 교직원들도 대학교가 맡아야 할 새로운 사회적 역할 비전에 의욕
을 불태우고 있었다. 다원대학은 연구 기반 능력주의라는 커의 이상
을 실현하는 기구였다. 이 책은 존 헨리 뉴먼의 《대학의 이념The Idea of
a University》(1852)에 가장 확실한 반론을 제기했다. 뉴먼은 100년간 선
보인 유수 산문 중 단연 최고라고 할 저서에서 대학교의 목적은 학
생을 교양 있는 신사로 거듭나게 하는 거라고 주장했다. 그러자 커
는 다소 거만한 문체로 대학교의 목표는 하나가 아닌 여러 가지이
며 그중 하나가 뛰어난 기술관료를 육성하는 거라고 반박했다. 동시
에 토머스 제퍼슨이 말하는 자연적 귀족주의에도 첨언했다. 타고난
인재를 발굴해 그에 걸맞은 기회를 제공해야 한다는 제퍼슨의 비전

에는 동의했지만 커는 타고난 귀족은 문명화된 가치를 얼마나 구현하느냐가 아니라 출간 작품의 품질을 기준으로 선발된 엄격한 전문적인 학자여야 한다고 믿었다. 그들에게는 엄청난 양의 연구를 수행할 시간과 자원, 부담스럽지 않은 정도의 교습 시간, 비위를 잘 맞추는 연구보조원, 다양한 국제회의 참석 기회와 엄선된 대학원생을 제공해야 한다. 커는 학업 엘리트주의를 향한 신념을 전혀 부끄럽게 생각하지 않았다. '위대한 대학교는 능력에 따른 엘리트주의를 추구해야 하지만 운영철학은 평등주의에 기반하고 있다. 이 같은 평등주의자들에게 엘리트의 공로를 어떻게 확인시기고 민주주의 사회에서 지능 귀족주의를 어떻게 정당화할 것인가?'[42] 이 같은 질문에 커는 최고 수준의 연구가 세상을 더 부유하고 현명하게 만들어준다는 답을 내놨다. 위대한 과학자들은 원자를 원자력으로 만들 수 있고 위대한 사회과학자들은 빈곤문제를 해결할 수 있으며 위대한 학자 겸 행정가들은 이성의 통치를 확대할 수 있기 때문이다. 커는 유명 연구대학들이 이성의 신전이 되어야 한다고 주장했지만 여기서 말한 이성은 세계와 동떨어진 순수이성이 아닌 세계에 온전히 뿌리내린 문제해결 기구였다. 학자는 단순히 세상을 이해하는 데 그치지 않고 공공선을 위해 세상을 바꾸는 역할도 해야 한다. 연구학자야말로 능력주의의 최고봉이라는 비전은 커의 자서전에 뿌리를 두고 있다. 커의 아버지는 베를린 대학교에서 석사 학위를 받았고 5개 국어를 구사했다. 커는 재학 중이던 펜실베이니아 레딩고등학교에서 IQ로 2등을 차지한 후 주변 권유로 자유예술대학교인 스와드모어 대학교에 지원했다. 입학 후에도 승승장구했는데 학교의 집중 명예 프로그램에 배정되기도 했다. 영성만큼 사회적 행동도 중시하는 퀘이커파의 교리를 수용한 덕분이었다. 커는 사회정의에 관심을 가져 서부 해안으로 옮겼다가 이내 학계로 돌아와 버클리 대학교에서 경제학 박사 학위를 받은 후 1945년 교수진에 합류했으며 완벽주의 위원이 되었다. 수많은 논문을 발표한 공로로 1958년 캘리포니아 대학교 총장에 임명되었다. 대부분의 시간을 온갖 회의에 참석하며 보낸 전형적인 학자이자 행정가였던 커는 그러고도 남는 시간은 예술사나 문학사 연구에 몰두했다. 자신만큼은 다른 수많은 동료처럼 단순 관료에 머물고 싶지 않았기 때문이다. 《대학의 효용》은 뉴먼의 작품에 비하면 훨씬 실용적인 청사진을 제시했다. 책 출간 전 수년간 커는 캘리포니아 대학교를 위한 마스터플랜을 실천하는 데 몰두했다. 마스터플랜은 동부 해안 아이비리그 대학보다 덜 세속적이면서 구시대적인 주립 대학교에 비하면 더 무게감 있는 새로운 종류의 대학교를 창출하기 위해 고안되었다. 모든 이에게 열려 있는 동시에 최첨단 과학연구를 추구하는 모순적인 기관 구현도 또 다른 목표였다. 커는 차별과 집중을 신중히 활용하면 이 모순을 해결할 수 있다고 여기고 연구에 몰두하는 캘리포니아 대학교와 교습에만 집중하는 주립 대학교를 명확히 구분했다. 또한 캘리포니아 대학교 내 위계 서열을 강화해 버클리를 최상위권에, 어바인과 산타크루즈의 새로운 두 캠퍼스를 포함한 다른 캠퍼스들은 그 밑에 둔 후 지원받은 연구자금을 소수 기관과 교수에 집중했다. 커는 당시 개혁가로서 상당히 높은 평가를 받아 제임스 코넌트 다음으로 그의 얼굴이 〈타임〉 표지를 장식하기도 했다. 클라크 커는 넓은 범위를 아우르는 비전과 엄격한 사고방식도 독보적이었다. 대부분의 학자는 전후 능력주의 혁명을 더 세속적인 시각에서 바라봤다. 스스로 전문가로 거듭나 회의에나 참석하고 안식년이나 챙기는 안락한 지위를 확보할 기회로 여긴 것이다. 학자들에게 연구보다 태도가 중요했던 시대는 이제 끝났다. 제2차 세계대전 이후 학계에 쏟아져 들어온 대규모 연구진은 박사 학위와 논문 실적으로 자신의 삶을 평가하는 전문가들이었다. 하지만 학자들이 논문 발표에 집착하면서 직업전선에 처음 진입하는 데 대학교는 날이 갈수록 중요해졌다.

비즈니스 지능

10장에서 우리는 미국의 비즈니스가 능력주의 정신을 함양하는 데 중요한 역할을 한 점에 주목했다. 철도와 같은 거대 비즈니스 부문에서 기차를 제시간에 운행하는 데 전문 중간관리인이 필요해지면서 펜실베이니아 대학교와 하버드 대학교 등 명문 대학교에서는 걸맞은 인재를 육성할 경영학교를 설립했다. 하지만 제2차 세계대전 발발 전까지만 해도 비즈니스 능력주의는 별다른 진전이 없었다. 지능을 경시하는 풍조가 재계에 만연했기 때문이다. 싱클레어 루이스의 《배빗Babbit》(1922)은 떠들썩했던 20세기 초반 미국 비즈니스계의 냉혹한 초상을 보여줬다. 작품명과 똑같은 이름의 영웅 조지 F. 배빗은 믿음직한 시민의 표상이다. 매입자의 가용자금보다 많은 금액을 받고 집을 팔아야 한다는 소명에 충실한 부동산중개인이자 독창적 사고나 지적 호기심 따위와는 거리가 먼 순응주의자인 것이다. 알람시계나 전기 토스터 등 기술의 힘을 상징하는 장비는 빠짐없이 장만하고 정치후원인 클럽 배지를 늘 달고 다니며 거주지역인 제니스에 대한 충성심은 물론 상반되는 증거가 얼마나 쏟아져 나오든 무조건 지지하겠다는 의지를 과시한다. 라이트웨이 비즈니스 대학교 소유주이자 공개연설, 비즈니스 영어, 시나리오 작문과 상법 강사까지 겸임하는 조셉 K. 펌프리와 같은 친구들도 그와 똑같은 후원인이자 순응주의자다. 이 책으로 인해 배빗이라는 단어는 중산층의 표준 가치관에 무심코 순응하는 전문직업인을 뜻하게 되었고 조지 거슈윈은 〈배빗과 브로마이드〉라는 노래를 발표했다. 배빗은 책으로 배운 사람을 경멸하고 상식을 칭송하는 수많은 미국 기업가의 전형이었다. 1924년 익명의 기업가가 미국의 한 잡지에 '내가 똑똑한 사람을 고용하지 않는 이유'라는 제목의 기고문을 썼다. 명석함에는 늘 방종과 무책임이 수반되는 만큼 차라리 우둔하고 참을성 있는 유형을 믿는 게 훨씬 안전하다는 것이다.[43] 위대한 기업가들은 대부분 어려운 가정환경에서 고등교육도 못 받고 자란 자수성가형 인물이었다. 1900년 당시 대학교 교육까지 마친 기업가는 다섯 명 중 한 명도 채 되지 않았다. 헨리 포드는 자동차 제조에는 천재였지만 외교정책과 정치에는 문외한이었다. 평론가 헨리 루이스 멘켄은 미국 기업인들이 어리석은 평범한 미국인에 불과하다고 생각했다. 경영대학원은 교역학교와 로터리클럽(Rotary Club: 사회봉사와 세계평화를 표방하는 실업가 및 전문직업인 단체로 1905년 2월 23일 시카고의 변호사 폴 P. 해리스가 친구 세 명을 불러 가진 모임이 첫 회합이었다 - 편집자 주)을 합친 것의 역할을 해 학생들은 수박 겉핥기 식으로 사업기술을 배우고 평생친구를 만들었지만 경제전환을 일으킬 만한 중요한 사상을 연구하지는 않았다. 컨설팅 회사들도 참신한 아이디어를 판매하기보다 대기업들과 지속적인 관계를 구축하는 데만 몰두했다. 맥킨지 앤 컴퍼니의 기업정신을 구축한 마빈 바우어는 맥킨지 직원들이 본분에 걸맞은 모습이어야 한다고 1963년까지 주장해 직원들은 공공장소에 나갈 때마다 모자를 썼다. 수많은 기업의 직원들은 대학교에서 수학하기보다 직업 관련 지식을 습득하는 걸 선호해 IBM, 제너럴 일렉트릭, 코닥 등 성공한 기업들은 평생고용을 보장하고 가장 유능한 직원과 소수 여성 직원을 선임해 자신들만의 훈련학교를 운영했다. 1950년대 위대한 미국 사회학자들은 사업가들을 지적 소양에 반대하는 순응주의자로 묘사했다. 《조직인Organization Man》(1956)에서 윌리엄 화이트는 조직에 적응하는 걸 무엇보다 중시하는 사람이야말로 기업가의 전형이라고 설명했다. 유쾌하고 편하게 어울릴 수 있지만 혁신적 과학자와는 거리가 먼 사람들 말이다. 그는 1장 제목을 '천재와의 싸움'이라고 붙였다.[44] 《피라미드 클라이머Pyramid Climbers》에서 밴스 패커드는 성공한 간부들을 '근사하고 멋있고 잘생기고 적응력도 뛰어나다. 에너지가 넘치고 부드럽게 말하며 과할 만큼 조직을 중시해 튀는 행동은 절대로 하지 않는 선수들이다. 심지어 승진하는 동안에도 고개를 숙이고 코를 청결하게 관리하는 발군의 능력을 보여준다.'[45] 라고 적었다. 비즈니스 세계의 관제센터는 학자들의 라운지나 연구소가 아닌 로터리클럽이자 골프클럽이었던 것이다. 비즈니스와 훈련받은 지식인의 관계가 바뀌는 징후는 제2차 세계대전 이후 청년 인재들이 쏟아져 나오면서 처음 포착되었다. 로버트 맥나마라와 텍스 손튼을 포함한 이들 고학력 공군 장교들은 종전 후 헨리 포드 2세를 설득해 일제히 일자리를 구했다. 이후 더 좋은 제품을 생산하는 대신 기업을 완전히 개조함으로써 구조에 성공했다. 자동차에 대해 아는 게 별로 없었던 만큼 긴축재정을 단행하고 관리통제를 강화한 것이다. 그리고 자동차 업계 이외 기업과 기관들에도 똑같은 전략을 활용해 손튼은 미국 최초의 대기업 리턴 인더스트리를 설립했고 맥나마라는 국방부에 들어가 베트남전에서 살상률만 높이다가 결국 세계은행으로 자리를 옮겼다.[46] 비즈니스와 훈련받은 지식인의 관계는 경영대학원과 컨설팅 회사로 인해 더 공고해졌다. 1966년 카네기재단과 포드재단은 공동발표한 보고서에서 경영대학원이 더 독창적인 연구를 진행해 대학교 내 존재 이유를 입증해야 한다고 주장했다. 이후 각 학교는 논문을 발표하지 않으면 도태된다는 신념과 함께 학계 전반에 지배적이던 스타 지식인 체계를 수용했다. 경영대학원은 특정 비즈니스에 전문성을 갖췄을 뿐만 아니라 지능 모형도 왕성하게 생산해 명성을 날리는 교수들을 탄생시켰는데 마이클 포터와 같은 전략가들과 마이클 젠슨과 같은 금융이론가들처럼 비즈니스 연구에 엄격한 경제학 논리를 도입한 이들이 그들이다. 또한 경영학 석사도 대거 배출했는데 이들은 전후 업계에 만연한 클럽 문화와 마티니를 곁들인 점심 회동에 주력하는 대신 미국 비즈니스가 바로 서는 체계를 확립하기 위해 노력했다. 이를 위해 젠슨의 제자들은 지주 가치를 추구했고 포터의 제자들은 5대 세력 모형을 시험했다. 경영컨설팅 회사에서도 똑같이 엘리트 바람이 불었다. 보스턴컨설팅그룹BCG 설립자 브루스 헨더슨은 맥킨지에 대적하려면 네트워크가 아닌 창의성에서 앞서는 수밖에 없다고 믿었다. 이를 위해 참신한 지능 모형을 다양하게 생산했는데 시장점유율이 커질수록 노하우가 축적되어 비용이 절감된다는 사실을 가르쳐준 경험곡선, 자사를 차별성 없는 하나의 큰 덩어리가 아닌 수익성을 높인 고유 비즈니스 집합체로 바라볼 것을 주문한 BCG 매트릭스 등을 들 수 있다. 이에 맥킨지는 《초우량 기업의 조건In Search of Excellence》(1982년)의 두 저자 톰 피터스와 로버트 워터먼, 《일본식 경영의 기술The Art of Japanese Management》(1981)의 저자 리처드 파스칼 등 경영계 거물을 직접 배출하는 방법으로 반격했다.[47] 비즈니스 이론의 영향력이 확장되어온 사실은 롬니 가문에서 확인할 수 있다. 대학교도 나오지 않고 23년 동안 제조업에 몸담았던 조지 롬니는 그중 8년 동안 아메리칸 모터스를 운영해 미국 자동차 산업의 국가적 영웅이 되었다. 미트 롬니는 하버드 경영대학원에서 상위 5퍼센트 이내 성적으로 졸업한 후 IQ에 집착하는 컨설팅 회사에 차례대로 취업했다. 1975년에는 BCG, 2년 후에는 베인 앤 컴퍼니에 입사했다. 결국 베인 캐피탈 CEO 자리에까지 올라 자문한 기업에 투자하는 방법으로 전략적 컨설팅과 주주가치 개혁을 결합했다. 롬니는 베인 캐피탈을 이끄는 동안 다양한 분야의 150여 개 기업을 재설계했고 향후 공화당 대선 후보와 미국 상원의원으로 입지를 다졌으며 약 2억 달러의 자산을 마련했다.[48] 새로운 능력주의는 이렇게 전후 사회의 모든 것을 변화시켰다. 학교는 이동성의 통로가 되었고 대학교는 연구기관 겸 전문 훈련학교로 거듭났으며 비즈니스는 직원들의 지능에 더 골몰하게 되었다. 이 같은 현상이 뚜렷해지자 처음에는 좌파, 이후에는 우파에서 반발도 따랐다. 학생들은 무자비한 경쟁에 질리고 노동자들은 기업의 청년 인재들에게 농락당하는 데 지쳤기 때문이다. 하지만 이 같은 반발을 들여다보기 전에 지금까지의 이야기를 여성의 관점에서 복기할 필요가 있다. 능력주의의 부상은 다른 것 못지않게 여성의 부상도 의미했기 때문이다.

13.

여성
책벌레들

Girly Swots

1947년 여름 미드랜즈 출신의 한 젊은 여성이 옥스퍼드 대학교 화학과에서 상위 2등급의 우수한 성적으로 졸업했다. 재학 당시 마가릿 로버츠는 수많은 성차별에 시달렸다. 꿈의 첨탑과 광활한 정원을 자랑하는 최고의 대학교들은 남성 전용 공간이었고 여성은 마을 언저리 비좁은 캠퍼스에서 버텨야 했다. 에드워드 히스, 데니스 힐리와 토니 벤이 열띤 토론을 펼치며 정치 경력을 쌓은 옥스퍼드 연합에도 여성은 가입할 수 없었다. 로버츠는 고소득 전문직일수록 결혼·출산과 병행하는 데 제약이 많다는 사실을 깨달았다. 결국 자신이 곧 결혼해 아이를 가질 거라는 전제하에 대학교를 갓 졸업한 젊

375

13. 여성 책벌레들

은 화학자로서 별로 관심을 가질 수 없는 직업을 선택했다. 런던 북부 의원 최종 후보 명단에 오른 로버츠는 여성에 대한 만연한 편견 때문에 간발의 차로 2위에 머물 것을 우려했다.[1] 처음 의회에 입성했을 때는 여성이 전체 의원의 3퍼센트에 불과하고 남성만 가입할 수 있는 만찬클럽에서 대부분의 결정이 이뤄지는 폐쇄적 사회를 경험했다. 여성에게 주어진 거라곤 긴 의자와 다리미판이 전부인 지하실 공간뿐이었고 각 부서가 위치한 층에는 여성 화장실조차 없었다. 그러던 1997년 블레어의 아기들을 자처하는 120명의 여성 의원이 선출되면서 여성 비율은 사상 최초로 10퍼센트를 넘었다. 하지만 로버츠는 어떤 문이든 끝까지 밀면 열린다는 사실을 깨달았고 불과 32세에 토리당 의석을 차지함으로써 최연소 의원이 되었다. 〈핀즐리 프레스Finchley Press〉는 핀즐리의 보수당이 똑똑한 여성이라는 신무기로 무장했다고 선언했다.[2] 로버츠는 빠른 속도로 진급을 거듭해 1970년 교육부 장관, 1975년 야당 대표가 되었고 1979년에는 총리에 등극했다. 대처 여사가 총리로 재직한 11년은 20세기 영국 역사에서 가장 중대한 시기로 심지어 로버츠가 개척한 급진 정책들은 전 세계로 빠르게 확산되었다. 대처 여사는 문법학교 출신으로 계층 사다리를 올라간 완벽한 사례로 장벽은 고뇌하는 게 아니라 극복하는 것이라고 굳게 믿었다. 대처는 최초로 발견된 편지에서 자신의 시험 성적을 이야기했다.[3] 뭐든지 더 나쁘게 만드는 게 정부의 역할이라고 믿는 나태한 퍼블릭스쿨 출신들을 혐오했고 일은 덜 하면서 돈은 더 달라고 시위하는 좌파에 대해서도 마찬가지였다. 내각을 구성하는 수많은 남성을 우유부단하고 찌질한 허수아비로 여긴다는 사실도 노골적으로 드러냈다. 풍자 코미디 쇼 〈스피팅 이미지Spitting Image〉에서 대처 여사가 관료들과 저녁식사를 하러 식당에 간 일화를 구성한 적이 있다. '스테이크로 하실래요, 생선으로 하실래요?'라는 종업원의 질문에 대처는 '당연히 스테이크죠.'라고 대답했다. 종업원이 이어서 '채소는 어떻게 해드릴까요?'라고 묻자 대처는 거만하게 방을 둘러보며 '모두 같은 걸로 주세요.'라고 대답했다.(채소를 의미하는 vegetable이 '무기력한 인간'이라는 뜻도 있는 데서 착안한 풍자 - 역자 주)

마가릿 대처의 성공 스토리는 꽤 특별하지만 전후 영국을 장악한 수많은 사회 주제를 담고 있기도 하다. 여성을 향한 제도적 편견의 뿌리가 워낙 깊어 마이클 영은 《능력주의의 부상》에서 여성을 집안에서 남성 인재들을 키우는 데 전념하는 존재로 그리기도 했다. 하지만 대처 세대의 여성들은 자신을 둘러싼 모든 제약이 무너지는 걸 목격했다. 최초의 여성 총리는 물론 수백여 개 직종에서 최초의 여성들이 등장해 더 젊은 여성들이 기회는 더 많고 편견은 더 적은 사회를 살아갈 길을 열어준 것이다. 여성의 사회적 지위 상승은 집단투쟁과 영웅적 정치행위 덕분에 이뤄졌다고 보는 관점이 지배적이다. 여성은 수백만 명이 결집해 투표권을 주장했다. 여성참정권 운동가들은 자신을 쇠사슬로 철로에 묶어 단식투쟁에 나섰으며 말을 타고 가는 왕족 행렬에 몸을 던지기도 했다. 하지만 그 이면에는 평등주의가 아닌 능력주의, 집단주의가 아닌 개인주의가 깔려 있었다. 외로운 여성 학자들은 자신이 남성보다 뛰어나진 않지만 남성 못지않게 유능하다는 사실을 입증하기 위해 밤을 새웠고 관료와 변호사는 공개경쟁 원칙을 여성에게도 적용했다. 제1의 성性만 누리던 사회 원칙이 제2의 성에까지 확대되면서 공개경쟁과 평등한 조건의 중요성이 강조되었고 옛 영주 엘리트 권력은 점점 지식귀족에 넘어갔다. 심리학자들은 개인 간 격차가 집단 간 격차보다 훨씬 크다는 사실을 알게 되었고 국가의 역할이 커지면서 가능한 모든 곳에서 인재를 찾는 게 합리적이고 필요해졌다.

이제 19세기 중반 자유주의자들이 공개경쟁의 기치를 내걸고 계급에 기반한 온갖 제약에 맞서 싸웠던 능력주의 혁명의 시대로 돌아가보자. 그리고 이를 여성의 관점에서 다시 들여다보자. 성별에 따른 차별이라는 고대 원칙은 능력주의 논리 앞에서 어떻게 무너졌을까?

여성의 종속

　·

맥컬리 앤 컴퍼니가 남성 직원들을 위한 공개경쟁 원칙을 부르짖고 있을 때 여성들은 현재로서는 놀라운 온갖 제약에 고통받았다. 여성은 의원으로 선출되기는커녕 투표권조차 없었다. 심지어 웨스트민스터에서 의회 토론을 구경하고 싶은 여성들은 쇠창살이 설치된 여성 전용 부스를 이용할 수밖에 없었다. 여성의 몸이 의원들의 주의를 산만하게 만든다는 이유에서였다.[4] 여성은 결혼 전에는 아버지, 결혼 후에는 남편에게 복종하며 평생 남성에 종속된 삶을 살았다. 결혼할 때는 18세기 법학자 윌리엄 블랙스톤 경이 법적 보호라고 부른 절차로 남편에게 전 재산을 넘겨야 했다.[5] '남편과 아내는 법적으로 한 사람으로서 법적 보호가 지속되는 동안 여성의 존재와 존재 사실이 중단되거나 남편의 존재에 완전히 통합된다.'라는 것이었다. 여성은 심지어 입는 옷까지 일일이 통제받았다. 중국의 전족纏足 관습과 같이 중산층 여성은 반드시 코르셋(Corset: 미용 목적으로 허리를 조이는 복대 - 편집자 주)을 착용해야 했고 일하는 여성은 제복을 입는 게 당연했다. 빅토리아 시대에 여성이라는 이유로 권리상 법적 규제를 당하지 않는 이는 빅토리아 여왕이 유일했다. 그녀는 여왕이자 군주로서 전임자인 삼촌 윌리엄 4세와 정확히 동일한 권리를 누렸지만 최고 존엄으로서도 코르셋만큼은 착용해야 했다. 이같이 2급 시민으로 분류된 여성은 하나같이 이중 잣대에 시달려야 했다. 배우자가 간통을 저지른 게 확인되면 남성은 이혼을 청구할 수 있었지만 여성은 불가능했다. 결국 남성은 웬만한 건 다 허용된 것이다. 여성은 잔혹한 처분을 당하는 경우도 많았다. 영국의 야간경비대는 1864년 전염병 예방법에 따라 여성을 멋대로 체포해 온갖 수치스러운 검사를 받게 한 후 본인의 의지와 상관없이 주립병원에 수감할 수 있었다. 여성을 이런 식으로 취급한 건 두 가지 신념에서 비롯되었다. 첫째, 분리된 영역이라는 신념으로 남성과 여성이 서로 다른 삶의 영역에서 영향력을 행사한다는 내용이다. 각 영역에는 고유의 기능과 규제가 존재한다. 여성은 살림과 육아가 중심인 사적 영역, 남성은 경쟁과 돈벌이가 가장 중요한 공적 영역을 지배한다. 삶을 견디게 만드는 게 그들의 소명이라고 토리당 한 의원이 하원에 말했다. 두 영역은 상호보완해줬다. 자아성취를 추구하는 자본주의 세계에 가정이 필수적인 무게추 역할을 한 것이다. 미국의 한 조언집《결혼한 이들에게 보내는 메시지A Voice to the Married》(1841)는 아내가 남편에게 이 냉혹한 세계의 안식처, 이기적인 세상의 안타까운 갈등에서 벗어나 휴식을 취할 수 있는 엘리시움(Elysium: 고대 그리스 종교와 철학의 특정 분파나 학파들이 오랫동안 유지해온 사후세계 개념 - 편집자 주)을 제공할 의무가 있다고 분명히 밝혔다.**6** 1854년 코번트리 팻모어가 집안의 천사라고 이름 붙인 안식처가 존재하지 않는다면 세상은 견디기 힘들 만큼 가혹해지겠지만 시장에서 싸우는 냉정한 자본가가 존재하지 않는다면 문명을 지속할 돈도 사라질 것이다. 둘째, 여성이 남성보다 연약하고 섬세해 취약한 성별이라는 발상이다. 이는 여성이 평균적으로 키도 작고 체력도 약한 신체적 조건에서 시작해 장벽만큼 높은 선입견을 쌓는다. 여성은 생리 주기라는 신체 리듬의 노예여서 그때마다 우울해지고 산만해질 수 있다. 신체는 물론 지능적으로도 남성보다 약해 셰익스피어는《햄릿》에 '약한 자여, 그대 이름은 여자이니라!'라는 대사를 넣기도 했다. 반면, 여성은 인간을 보호하기 위해 '매애'하고 우는 흰 젖양과 같이 천상의 것들에 더 가까워 끔찍한 광경을 보면 무너져 내리고 이성적 사고를 하면 금방 딴청을 피우고 만다. 여성은 아름다운 꽃과 같아 세상을 더 화사하게 만들지만 척박한 환경에서는 시들어 죽고 만다. 이 같은 신념은 여성혐오로 빠지기 쉬운 여성에 대한 남성의 무지 때문에 강화되었다. 영·미 상류층 남성의 대부분은 어딜 가든 남성뿐인 사회에서 자랐다. 남자학교를 나와 남학생뿐인 대학교에 진학하고 남성만 있는 직장에 다니면서 남는 에너지는 남성들만의 게임에 쏟고 휴식도 자기들끼리 만찬을 즐기는 것으로 대신한 것이다. 또한 이들은 케네스 그레이엄이 명저《버드나무에 부는 바람》(1908)에 적었듯 자신들의 세계에 성별의 충돌 따위가 일어나지 않는 것을 선호했다. 분리된 영역과 여성의 취약함에 관한 두 가지 신념은 여성교육도 규정했다. 상류층과 중산층 여성들은 여자학교에서 자수와 바느질 등 다양한 여성적 과업을 배웠는데 여자학교의 대부분은 새커리의《허영의 도시Vanity Fair》(1848)에 묘사된 핑커톤 양의 아카데미보다 나을 게 없었다. 여성교육을 강화해야 한다는 주장이 제기될 때마다 여성은 연약하다는 두 번째 신념이 끼어들어 자칫 여성의 두뇌가 과부하에 걸려 파멸에 이를 수 있다거나 학문에 자연스럽지 못한 관심을 가져 결혼생활에서 참된 행복을 찾지 못할 수 있다고 경고했다.《교육에서의 성; 또는 여학생들의 공정한 기회Sex in Education; or A Fair Chance for the Girls》(1873)에서 에드워드 클라크 박사는 바사르 대학교 학생 일곱 명을 연구한 후 남성과 똑같이 어려운 학업 코스를 수행한 여학생들은 신경통, 자궁질환, 히스테리, 신경계, 기타 이상 증상을 보였다고 주장했다.[7] 사회진화론이 대유행한 빅토리아 시대 후기와 에드워드 시대에는 이 두 가지 신념을 강화하는 세 번째 신념까지 등장했다. 여성이 남성보다 덜 진화한 존재라는 내용으로 그 발단은 자연계에서 다 자란 암컷이 다 자란 수컷에 미치지 못한다고 주장한 찰스 다윈의《인간의 유래》(1871)였다.《군중의 심리학》(1895) 저자 귀스타브 르 봉은 이 같은 주장에 살을 덧붙였다. '여성은 인간 진화의 가장 열등한 형태로서…… 성인, 문화인이라기보다 어린이, 야만인에 가깝다. 그들은 변덕스럽고 기복이 심하며 논리적 사고나 합리적 사고 따위는 전혀 할 줄 모른다.' 그는 조지 엘리엇과 같은 여성 천재들은 소름 끼치는 열외로 취급했다. '물론 일반 남성보다 훨씬 뛰어난 훌륭한 여성들이 분명히 존재한다. 하지만 이들은 머리가 둘 달린 고릴라와 같은 괴물과 다름없어 신경 쓸 이유가 전혀 없다.'[8] 르 봉은 자신의 주장을 입증하기 위해 여성의 머리 사이즈와 야만인과 천재의 머리 사이즈를 비교·측정했고 필요할 때마다 꺼내 쓸 수 있는 휴대용 두부측정기까지 개발했다. 결과는 자명했다. 여성의 머리가 남성의 머리보다 작고 평범한 남성의 머리가 유능한 남성의 머리보다 작으며 열등한 인종의 머리가 우월한 인종의 머리보다 작은 것으로 나타난 것이다. 그는 서로 다른 진화 압박으로 인해 남성은 더 적극적으로, 여성은 더 수동적으로 성장하면서 남녀 간 격차가 갈수록 커진다는 사실을 보여주는 고고학적 증거까지 수집했다. 사회생물학자들은 진화가 끝까지 제 역할을 할 수 있다면 이 같은 차별화 과정이 미래에 빛을 더 발할 거라고 믿었다. 생물학 대중화에 열정을 쏟은 H. G. 웰스는 '성인 백인 여성이 성인 백인 남성과 보이는 격차가 흑인 여성이나 소수민족이 동족의 남성과 보이는 격차보다 훨씬 크다.'라고 주장했다.[9] 하지만 이 같은 자연 절차에 심각한 위협 요인이 존재했으니 여성이 생물학의 독재에서 벗어나 자유로워지면 처음에는 인류의 질이 떨어지고 이후에는 교육으로 출산율이 떨어지면서 인류의 양이 줄어 결국 전체가 파멸에 이른다는 것이다. 이같이 여성의 문화적·지적 발달을 가로막는 장벽을 허무는 데 핵심 역할을 한 게 능력주의 사상이었다. 능력주의로 인해 공개경쟁이 정치의 핵심 사안으로 대두되면서 여성은 왜 그 경쟁에 끼어들 수 없는지 의문을 제기하는 목소리가 커진 것이다. 특히 신체적 힘과 용기 등의 속성보다 지적 능력의 중요성이 커지면서 여성이 남성과 정면으로 경쟁하기 한층 쉬워졌다.

미국 독립혁명 이후 미국뿐만 아니라 자유주의적 명분을 진지하게 받아들인 모든 나라에서 성 문제가 심각하게 떠올랐다. '모든 남성은 평등하게 태어났다.'라는 문구에서 여성은 왜 배제되었나? 아비가일 애덤스는 남편 존에 보낸 편지에서 새 나라를 통치하기 위해 새로운 법을 만드는 남성들이 여성을 기억할 것을 간청해 문제를 부드럽게 제기했다. 반면, 다른 여성들은 새로운 공화국이 건국 원칙을 조롱거리로 만들지 않으려면 평등 원칙을 여성에게도 확대적용하는 것 외에는 선택지가 없다고 다소 강하게 주장했다. 이에 1848년 뉴욕 세네카 폭포에서 제1차 여성권리협회 대회가 열려 독립선언문을 동일하게 반복한 여성독립선언문이 채택되었다. 이 선언문은 모든 남성과 여성이 평등하게 창조되었다는 사실은 자명하다는 단호한 명제로 시작되었다. 이어서 남성들이 절대 독재 권력을 확립하기 위해 고안한 '상처와 착취' 목록을 열거했다. 남성은 자기들끼리 만든 법에 여성이 복종할 것을 강요했고 높은 임금이 보장되는 일자리를 독점했으며 남성과 여성에게 서로 다른 도덕적 규범을 부여해 그릇된 인식을 만들었다는 것이다.[10] 독립선언문 발표 100주년이 되던 1876년 여성 지도자들은 여성이라는 이유만으로 헌법이 보장하는 권리와 의무에서 배제된 부당함을 호소하며 권리선언문을 발표했다. 여성의 권리를 옹호한 당대 문서들과 같이 이 선언문도 지극히 개인주의적 어조를 띠었다. 여성은 한 개인으로서 또 다른 개인인 남성과 동일한 권리와 능력을 가진 만큼 동일한 환경을 누릴 수 있어야 한다는 것이다. 또한 분리된 영역의 존재로서 차별당하거나 보호와 보살핌을 받는 대신 보편적 원칙에 따라 평가받아야 한다. 평등, 특히 투표권의 평등을 요구한 주장은 노예제 반대운동 덕분에 더 큰 명분을 얻었다. 노예제 반대운동으로 수천 명의 여성이 정치운동 경험을 쌓을 수 있었는데 엘리자베스 캐디 스탠턴과 수잔 B. 앤서니가 조직한 '충성스러운 전국 여성연맹'에서는 수정헌법 제13조의 노예제 폐지를 지지하는 40만 명의 서명을 확보하기도 했다. 인터넷이 생기기 전임을 감안하면 지대한 업적이라고 하지 않을 수 없다.[11] 이 연맹은 비교 열세 문제도 제기했는데 흑인 남성도 같은 인류라는 이유로 누리는 권리를 여성은 왜 누리지 못하느냐는 것이었다. 1837년 사라 그림케는 보스턴 노예제 반대 여성협회장에게 편지를 보내 남성은 노예의 주인, 여성은 노예에 비유할 수 있는 현실을 개탄했다.

역사를 돌아보면 남성은 여성을 의지에 따라 통제해왔고 여성을 수단으로 자신의 이기적 욕구, 감각적 기쁨과 편안함을 충족시켰다는 사실을 분명히 알 수 있다. 하지만 남성은 여성이 본래 도달할 수 있었던 지위에까지 오르는 걸 결코 원하지 않았다. 따라서 방법을 총동원해 여성의 이성을 훼손시키고 노예화한 후 그렇게 깊은 상처를 입고 엉망이 된 존재를 의기양양하게 바라보며 그녀가 자신보다 열등하다고 말한다.[12]

이 같은 주장에는 계급을 구분하는 시각이 분명히 담겨 있다. 남북전쟁 이후 부유하고 교육받은 앵글로 색슨의 수많은 여성은 해방된 흑인들과 새로 도착한 이민자들에게까지 적용되는 권리를 자신들만 부인당하는 사실에 격분했다. 1902년 엘리자베스 스탠턴은 교육받지 못한 사람은 성별과 상관없이 참정권을 가질 수 없고 교육받은 여성은 참정권을 갖는다는 전제하에 그에 관한 전반적인 규제를 받아들일 수 있다고 말했다. 4년 후 플로렌스 켈리는 여성참정권을 요구하는 집회에서 사람들이 열광하는 연설에는 하나같이 무식하고 타락한 남성이나 무식한 이민자들이 여성의 주인으로 등장한다고 지적했다. 이후 여성들은 이 발언을 다소 씁쓸히 습관적으로 내뱉곤 했다.[13] 초기 페미니스트들이 이같이 교육과 능력을 거듭 강조했다는 사실은 놀라울 뿐이다.

순종적 여성에서 지식인으로

・

공개경쟁과 평등한 기회라는 새로운 원칙에 따라 남녀관계가 재설정되어야 한다는 주장이 설득력을 얻는 데 크게 기여한 두 권이 있다. 메리 울스턴크래프트(1759년~1797년)의 《여성 권리의 옹호 A Vindication of the Rights of Woman》(1792)는 프랑스 혁명 이후 남성 권리가 눈부시게 발전하면서 여성 권리 문제도 자연스럽게 부각되었다고 주장했다. 울스턴크래프트는 이어진 몇 년간 존재감이 더 커진 유형의 인물이었다. 출신 배경은 다소 초라하지만 지적 재능이 뛰어나 자신이 더 나은 일을 할 수 있다고 믿은 것이다. 그녀는 여성도 남성 못지않게 유능하지만 남성이 의도적으로 교육 기회를 주지 않아 장난감이나 애완동물과 다름없는 장신구와 같은 존재로 전락했다고 말했다. '태어날 때부터 여성의 상징은 아름다움이며 마음의 형상이 외모로 드러난다고 배웠다. 마음은 금박의 새장 주위를 돌면서 어떻게 더 예쁘게 꾸밀지 고민하는 역할만 한다는 것이다.' 이를 해결할 유일한 방법은 혁명REVOLUTION뿐이다. 울스턴크래프트는 혁명을 대문자로 표시했다. 여자아이들도 남자아이들과 똑같이 학교에 가 똑같은 걸 배워야 한다. 그래야만 성인이 된 후 서로 존중할 수 있고 여성이 남성에게 육체뿐만 아니라 이성적으로도 적절한 조력자 역할을 하도록 거듭날 수 있다. 울스턴크래프트가 가장 신랄한 비난을 쏟아낸 대상은 구질서를 옹호하는 이들이 아니라 같은 급진주의자들이었다. 구질서 옹호론자들은 구제 불능이어서 포기한 지 오래고 급진주의자들은 더 분발해야 했기 때문이다. 그중 가장 요주의 인물은 루소로 그는 《에밀Émile》에서 여성은 남성의 필요와 욕구를 반영해 삶을 계획해야 한다고 주장했다. '남성에 기쁨을 주고 유용한 존재가 되며 남성의 사랑과 존중을 받을 수 있어야 한다. 남성을 어린아이처럼 키우고 어른으로서 돌봐주며 잘못은 바로잡아 주고 위로해주면서 그들의 삶을 따뜻하고 즐겁게 만들어줘야 한다.……' 1970년대 페미니스트들이 같은 급진주의자들과 벌였던 이 싸움은 지금도 전혀 다를 바 없이 펼쳐지고 있다! 존 스튜어트 밀은 1869년 《여성의 종속The Subjection of Women》(1869)에서 페미니스트의 주장을 한 차원 끌어올렸다. 남다른 중년기를 보내면서 밀은 콜리지와 드 토크빌의 영향을 받아 자신이 헌신했던 공리주의 원칙뿐만 아니라 친구의 아내 해리엇 테일러의 영향으로 가부장제에도 의문을 품게 되었다. 명석한 테일러 부인과 우정을 나누면서 여성도 남성만큼 똑똑할 수 있다고 믿게 되었고 이 우정이 결국 사랑으로 발전하면서 이혼, 가정과 결혼이라는 빅토리아 시대의 관습에도 의문을 제기했다. 경쟁사회에서 중심을 잡아줄 수 있는 존재는 가정을 지키는 아름다운 아내가 아닌 동료 지식인이라는 게 그가 내린 결론이었다. 밀은 여성에게 평등한 기회를 보장하지 않는 것은 인간으로서의 기본권을 부정하는 행위인 만큼 그 자체로 잘못일 뿐만 아니라 인류의 전반적인 진보를 가로막는다고 주장했다. '도덕과 정치에 관한 현대 운동의 원칙은 행동, 오직 행동만 존경받을 자격을 부여한다는 것이다. 누구인가가 아니라 무엇을 하는가가 추앙받을 명분을 구성한다. 권력과 권한을 손에 쥘 유일한 정당한 근거는 출생이 아닌 능력뿐이다.'[14] 진보적 사회에서 인간은 더 이상 태어날 때의 지위에 단단한 쇠사슬로 얽매이지 않는다. 이제 그 같은 구속에서 벗어나 능력을 발휘하며 승승장구할 수 있는 것이다. 이는 사회가 시민의 재능을 최대한 활용할 수 있다는 점에서 이롭고 시민의 입장에서도 신이 내린 능력을 계발할 수 있다는 점에서 이롭다. 태어날 때의 지위에 사람들을 가두면 인재의 능력을 낭비할 수밖에 없어 경제성장이 저해되고 개인도 궁핍해져 사회는 황폐해지고 만다. 선진국에서는 이렇게 보편적인 패턴으로 발전이 일어나는데 번번이 소외되는 한 가지가 있다고 밀은 주장했다. 법과 제도에 따르면 여성은 단지 여성이라는 이유만으로 평생 뭔가를 위해 경쟁하는 게 절대로 허용되지 않았다는 것이다.[15] 밀은 비슷한 처지의 흑인이나 인디언은 전혀 신경 쓰지 않았다. 여성은 자유로 규정되는 이 시대의 봉신, 봉건영주의 지배를 받는 중세 농노와 다름없다. 우리의 법체계에서 마지막 남은 구속 수단이 바로 결혼이라고 밀은 신랄히 비판했다.[16] 여성은 심지어 부부관계에도 무조건 복종을 강요받았는데 이는 여성의 의향과 상관없이 동물적 기능의 도구로 전락시키는 가장 저급한 형태의 인간 수모에 지나지 않았다.[17] 이같이 봉건적 성격의 규제들이 명맥을 유지함에 따라 남성은 자신의 능력을 부당할 정도로 과대평가하는 경향이 생겼다.

군주나 봉건영주의 자기숭배는 남성의 자기숭배와 일치한다. 특권을 타고난 인간은 자라면서 무조건 그걸 떠벌리게 되어 있다. 자신이 능력으로 직접 획득하지 않은 특권에 불편함을 느껴 더 겸손한 태도를 갖는 이들은 늘 소수, 최고의 소수에 지나지 않는다. 나머지는 자신의 힘으로 이룬 것도 아니고 순전히 운이 좋아 갖게 된 혜택에 자부심, 그것도 최악의 자부심을 과시한다.[18]

밀은 여성이 남성보다 열등하다는 발상은 두 가지 측면에서 헛소리일 뿐이라고 지적했다. 첫째, 여성이 신체적으로 남성보다 약하다는 사실이 정신적 능력과는 전혀 무관한데도 신체적 능력을 정신적 능력과 동일시하기 때문이고 둘째, 가장 탁월한 여성의 정신적 능력이 지극히 평범한 남성보다 열등하다는 터무니없는 주장에 근거하기 때문이다. 업무 능력 면에서는 여왕도 왕보다 뛰어나지는 않을지언정 뒤떨어지지도 않는다는 사실이 이미 충분히 입증되었다. 엘리자베스 1세와 후임인 제임스 1세만 비교해도 그렇지 않은가? 그런데 왜 일반 사회에는 이와 동일한 기준을 적용하지 않는가? 엄청난 고학력 직종에서 여성도 성공할 수 있는지 알아보려면 여성에게도 기회를 주고 실제로 어떻게 대처하는지 지켜보는 수밖에 없다. '남성과 여성의 타고난 특성을 알아보는 유일한 방법은 그들의 능력을 자유롭게 계발하고 활용할 기회를 부여하는 것뿐이다.' 밀은 여기서 유전과 양육의 상호작용에 기반한 주장을 폈다. 기회의 평등이 보장되면 사회가 이전에 미처 발견하지 못한 인재들을 활용하는 것 이상의 효과를 볼 수 있다. 사회적 인재를 전례 없는 수준으로 육성할 수 있는 것이다. 당대의 사회적 관습에서 여성은 연약하고 의존적인 존재, 울스턴크래프트의 표현을 빌리면 애완동물 수준에 머물 것을 강요받았다. 하지만 평등한 기회의 세계에서는 남성과 다름없이 지능을 계발하고 강인한 성격을 단련시킬 동기를 갖는다. 의존적 존재로 순응하거나 좌절할 수밖에 없었던 여성이 이제 지적으로 남성과 동등한 존재로 거듭날 것이다.[19] 밀의 주장은 종속적 여성이 사실 엄청난 재능을 갖고 있었다는 증거가 쌓이면서 더 큰 설득력을 얻었다. 수많은 여성이 사회적 편견과 낮은 교육수준을 극복하고 훌륭한 업적을 이뤘으니 문학계에서는 제인 오스틴, 메리 셸리, 조지 엘리엇, 천문학의 메리 서머빌, 앵글로 색슨어와 초기 튜턴어를 연구한 엘리자베스 엘스토브, 수학과 공학의 에이다 러브레이스, 간호학의 플로렌스 나이팅게일, 그리고 세기가 끝나갈 무렵 사회정책 분야에 등장한 베아트리스 웹 등이다. 빅토리아 시대의 문학은 재능을 발휘할 출구가 부족해 제정신을 잃어간 여성 이야기로 가득하다. 19세기 최고의 영국 소설로 손꼽히는 조지 엘리엇의 《미들마치Middlemarch》도 여성의 좌절을 다뤘다. 여주인공 도로시아 브룩은 상당히 총명한 여성으로 지역 성직자 에드워드 카사우본에 푹 빠졌다. 실제로는 어리석은 골동품 전문가에 불과한 그를 위대한 학자로 오인한 것이다. 그녀는 남편에게서 간절히 바랐던 탁 트인 벌판과 신선한 공기를 찾는 대신 텅 빈 방과 어디로도 이어지지 않을 것 같은 구불구불한 길을 발견하는 데 그쳤다. 밀은 그가 비난을 퍼부었던 가정숭배 문화에서 뜻하지 않은 지지를 받게 되었다. 가정을 지키려면 직접 적대적 사회로 뛰어들어 술집과 사창가를 필두로 하는 수많은 오염 요인과 싸우는 수밖에 없다고 주장하는 여성이 늘어난 것이다. 그리고 이들이 실제로 세상과 부딪칠수록 사회생활에도 재능이 있음이 속속 밝혀졌다. 이에 따라 처음에는 혼란스러워하던 가정운동가 중 다수가 급진 성향으로 돌아섰다. 여성은 왜 사회생활에 자신의 재능을 발휘하지 못하고 희생만 당해야 하는가? 만약 여성의 주인이라는 사람들이 늘 말하듯 여성이 기이할 만큼 도덕적인 존재라면 이 사회도 여성의 적극적인 활동으로 정화될 것이다. 금주운동가 메리 리스는 남성은 남성일 뿐이지만 여성은 슈퍼우먼이라고 주장했다.[20] 또 다른 운동가 프랜시스 윌러드도 여성참정권을 지지하며 '본능과 교육에 따라 신과 우리나라에 가장 진실한 여성은 현재 안식일과 성경이 우리나라 이교도들의 공격을 받는 투표에서 발언권을 가져야 한다.'라고 주장했다.[21] 여성참정권에 찬성한다고 선언한 최초 정당은 친여성 성향이 강했던 금주당이었다. 영국에서는 지식귀족이 처음부터 공개경쟁 도입을 추진하면서 이 같은 주장을 관철하는 데 주도적 역할을 했다. 지식귀족은 영주귀족과 동일한 규칙에 얽매이지 않았다. 지적 유산은 장남에게 상속하지 않더라도 영지 유산과 같이 줄어들지 않았고 아들을 속이지 않고도 딸에게 투자할 수 있었다. 또한 지식귀족들은 당대 형태를 구축하는 데 크게 기여한 초기의 '끼리끼리 교배' 사례에 따라 또 다른 지식귀족과 결혼했다. 따라서 이들 주변에는 영리한 남자아이뿐만 아니라 영리한 여자아이도 많았고 여자아이들은 갈수록 남자 형제를 위해 희생하거나 아기 낳는 기계로 전락하기를 거부했다. 케임브리지의 철학자 헨리 시즈윅은 솔즈베리 경(1885년~1886년, 1886년~1892년, 1895년~1902년 총리)의 조카이자 아서 밸푸어(1902년~1905년 총리)의 누나이며 자신도 케임브리지 뉴햄 칼리지의 총장이 될 만큼 유능했던 엘리너 밸푸어와 결혼했다. 저명한 정치학자이자 페이비언협회 지식인인 그레이엄 월러스는 케임브리지에서 공부한 수학자이자 엘리노어 마르크스의 친구인 아다 래드포드와 결혼했다. 심지어 아다는 매콜리가 똑똑한 남성들을 위해 그랬듯 여성들에게도 지적 계보를 제공하기 위해 17세기와 18세기의 학식 있는 여성들을 연구한 〈인텔리 여성이 탄생하기 전에Before the Bluestockings〉를 발표했다.[22] 훗날 케임브리지 대학교 학적 담당자가 된 존 네빌 케인스는 뉴햄 칼리지를 졸업한 아다 브라운과 결혼했는데 브라운은 메이나드, 마가릿과 제프리 케인스를 낳았을 뿐만 아니라 전미 여성협의회 회장에도 등극했다. 이들 지식 귀족이 여성교육 발전을 이끌었다. 노스 런던 칼리지에이트 스쿨과 첼트넘 여성학교는 둘 다 1850년대에 설립되었다. 옥스퍼드와 케임브리지 대학교는 각각 1870년대와 1880년대에 여성대학을 설립했고 이 시기에 미국에서도 웰즐리(1875), 스미스(1875), 스펠먼(1881), 브린 모어(1885), 바너드(1889)가 생겼다. 1878년 런던 대학교는 여성 졸업을 허용했고 1889년 스코틀랜드 대학교, 1904년 트리니티 칼리지 더블린이 뒤를 이었다. 한편, 버밍엄 대학교와 리버풀 대학교와 같이 새로 생긴 학교들도 남학생과 똑같은 절차로 여학생 입학을 허용했다. 여성은 자신들이 학교와 대학교에서 남성 못지않게 잘할 수 있다는 걸 보여주기로 했다. 이를 위해 늘 객관적인 태도를 견지하고 시험에서 수석을 차지함으로써 능력과 강인함을 동시에 입증하는 것보다 좋은 방법이 어디 있겠는가? 여대들은 가장 유망한 학생들이 지적 강인함을 갖추도록 최선을 다해 교육했다. 또한 학생들에게 맛있는 음식, 적당한 수면과 운동시간을 제공해 사기를 끌어올림으로써 성공한 제자들을 배출했다. 그중 케임브리지 거튼 칼리지의 샬롯 스콧은 1880년 수학에서 여덟 번째 랭글러로 인정받았고 같은 대학교의 아그나타 램지는 1887년 고전 과목 두 번째 파트 시험에서 남녀 통틀어 유일하게 1급 1부에 응시할 실력을 인정받았다.[23] 1884년 길버트와 설리번은 오페레타 〈프린세스 아이다Princess Ida〉에서 교육을 향한 여성의 뜨거운 열정을 풍자했는데 여기서 주인공 아이다는 여학교를 설립해 여성이 남성보다 우월하다고 가르쳤다. 여성 진보 역사에서 기념비적 순간 중 하나는 지식귀족을 대표하는 두 인물의 딸이 영국에서 가장 어려운 시험에 응시하던 때였다. 헨리 포셋은 당대 가장 위대한 업적 달성으로 손꼽히는 인물로 1856년 수학 부문 일곱 번째 랭글러 지위를 달성하고 같은 해 모교인 케임브리지의 트리니티 홀 평의원직에 올랐으며 2년 후 총격사건으로 양쪽 눈이 실명되었음에도 1863년 케임브리지 대학교 정치경제학 교수, 1865년 의원, 1880년 우체국 장관이 되었다. 또한 그는 일관되게 공개경쟁을 옹호한 인물 중 한 명이었다. 1869년 공직의 모든 직위를 공개경쟁으로 선발하라는 결의안을 발의했고 1880년에는 자신의 신념을 행동으로 옮겨 남성뿐만 아니라 여성도 우체국 직원에 지원할 수 있도록 했고 결혼한 여성 우체국장은 소유한 부동산을 남편 이름으로 재등록해야 한다는 오래된 의무조항을 폐지했다.[24] 1867년 그는 초기 페미니즘 운동의 선봉에 선 가문과 혼인을 맺었는데 처음에는 개척적인 의사였던 엘리자베스 개릿에게 청혼했다가 거절당하고 이어 그녀의 동생 밀리센트에게 청혼해 결혼에 골인했다. 여성권리 신장을 위해 애쓰는 오늘날의 포셋 소사이어티는 밀리센트의 이름을 딴 것이다. 포셋 부부는 수학 천재라는 사실이 입증된 외동딸 필리파가 모든 기회를 누릴 수 있게 해줬다. 케임브리지 대학교에 진학하기 전 필리파는 칼 피어슨에게서 특별 과외를 받았고 뉴햄 칼리지에서는 대학교 내 최고 강사뿐만 아니라 수학시험 역사상 최고 성적을 기록한 메리 엘렌 리켓의 도움도 받았다. 1890년 그녀는 수학 과목 첫 번째 파트에서 최고점수를 기록해 그랜드 내셔널에서 우승한 것과 다름없는 성과를 올렸다. 하지만 당시는 여성이 케임브리지대에서 공식적으로 학위를 딸 수 없었기 때문에 시니어 랭글러라는 마땅한 타이틀 대신 '시니어 랭글러보다 한 수 위'라는 다소 독특한 명예를 획득했다. 이전에 그녀를 가르쳤던 피어슨도 3위에 머물렀다. 이는 케임브리지 대학교에서 자연스럽게 센세이션을 일으켰다. 필리파가 호명되자 상원은 대혼란에 빠졌고 그녀는 의기양양하게 뉴햄에 돌아와 모닥불과 춤이 어우러진 축제에서 축시까지 헌정받았다.

코르셋의 승리를 추앙하라.

탁월한 필리파 포셋을 추앙하라.

경쟁체계의 여성 승리자여!

유체정역학, 그리고 또 다른 수학의 여왕에게

왕관을 씌우고

그녀의 이마에 월계수 화관을 둘러주어라.[25]

이 소식은 전 세계로 퍼져나갔다. 〈데일리 텔레그래프〉는 '미심 쩍고 냉혹한 세계에서 여성이 또 한 번 우월성을 입증했다. 이제 여 전사들의 공격에 마지막 남은 참호까지 무너지면서 배움의 요새 전 체가 뉴햄과 거튼의 학생들 앞에 완전히 무방비로 열리게 되었다. 학문 분야 중 여학생이 선전하지 않는 곳은 더 이상 존재하지 않는 다.'라고 타전했다. 하지만 제도적 관점에서는 여성의 승리를 선언 하기에 이른 감이 있었다. 필리파는 시니어 랭글러의 명예를 얻으면 서 임마누엘대 종신연구원에 임명되었지만 대학교 교수로서는 임 시직에 만족해야 했다.[26] 또 한 명의 지식귀족이던 버지니아 울프는 《자기만의 방 A Room of One's Own》(1929)에서 학문의 요새 내 요직을 남성 이 계속 독점하는 현상을 놀랍도록 섬세히 그려냈다. 이 책에 등장 하는 남자대학교는 수 세기 동안 금과 은이 계속 흘러들어가 생성 된 결과물이었고 여대는 단순 기숙학교에 불과했다.[27] 그럼에도 포 셋 사건은 사회의 중대 전환점이 되기에 충분했고 아무리 그렇더라 도 여성이 가장 어려운 과목에서 남성을 앞지르거나 가장 까다로운 시험에서 살아남을 만큼 정신력이 강하지는 못하다고 주장하는 건 불가능해졌다. 여대생 수는 여전히 적었고 심지어 여성 랭글러 수는 손에 꼽을 정도였지만 이들 천재 이야기는 여성의 능력을 바라보는 대중의 인식을 180° 바꿔놨다. 만화가들은 교육을 받은 여성들이 반바지 차림으로 자전거를 타거나 책과 종이가 가득한 책상에서 코에 안경을 걸친 채 공부하는 모습을 그렸다. 1894년 잡지 〈펀치Punch〉는 신여성이 종이와 잉크에만 의존해 살아간다고 조롱했다.[28] 소설가들은 거튼에서 수학한 졸업 여학생들을 상투적인 캐릭터로 그렸다. 그랜트 알렌의 《실행한 여자The Woman Who Did》(1895)에서 주인공은 거튼의 여학생이었고 맥도넬 보드킨의 여탐정 도라 마이를은 놀랍게도 케임브리지 랭글러와 의학 박사의 명예를 동시에 달성했다.[29] 지능 테스트는 여성의 지적 능력을 입증하는 가장 확실한 근거를 제공했다. 계량심리학자들은 여성은 남성보다 두뇌가 작고 본래 자녀를 돌보기 위해 태어난 만큼 남성보다 열등한 게 당연하다고 주장한 초기 사회생물학자들에 반론을 제기했다. 남녀 평균 IQ 지수에 얼마나 근소한 차이가 나든 개인 간 격차에 비하면 아무것도 아닐 만큼 개인 간 격차가 집단 간 격차보다 훨씬 중요하다는 것이다. 계량심리학자들은 주목할 만한 집단 간 격차가 존재한다고 전제할 때 여자아이가 남자아이보다 더 빠르게 성숙한다는 사실도 발견했다. 또한 가장 중요한 11+ 시험은 남학생도 여학생만큼 합격하도록 사전 조작이 필요하다고도 주장했다. 남학생이 발달은 다소 늦더라도 결국 여학생을 따라잡는 만큼 가산점을 주는 게 문제가 없다는 것이었는데 이 같은 일련의 논쟁을 감안하면 여학생을 2류 시민으로 분류하기가 더더욱 어려워졌다.

또한 여성은 빅토리아 시대판 정보혁명의 최전선에 있었다. 타자기와 전신이라는 새로운 정보처리기기가 거의 동시에 개발되면서 남성보다 임금이 저렴하고 일 처리도 더 섬세한 여성을 고용하려는 기업이 급증한 것이다. 고용주는 여성 노동자에게 남성 임금의 일부만 지급했고 결혼과 동시에 해고했다. 우습게도 타자기와 재봉틀이 너무 비슷해 고용주들이 놀라는 해프닝도 벌어졌다. 그랜트 앨런이 올리브 프랫 레이너라는 필명으로 쓴 《타자기 치는 소녀The Type-Writer Girl》(1897), 톰 갤런의 《열쇠 뒤의 소녀The Girl Behind the Keys》(1903), J. M. 배리의 단막극 《트웰브 파운드 룩The Twelve-Pound Look》(1910) 등의 작품에서 작가들은 정보혁명이 젊은 여성을 해방시킨다고 칭송했다.[30] 영국에서 전신기술을 갖춘 여성은 사상 최초로 공직에 진출할 기회를 얻었다. 매콜리와 트레블리언이 영국 정부의 심장부에 구축한 능력주의적 관료체계는 처음에는 남성 전유물이었다. 하지만 최대 정부부처이자 정보혁명의 열쇠를 쥔 우체국이 1860년대 민간 전신기업들과 그에 소속된 3,300명의 여성 노동자를 인수하면서 길이 열렸다.[31] 여성 전신기사들은 남성 기사에 비해 대부분 교육도 잘 받고 출신 배경도 좋아 더 유능한 경우가 많았다. 중앙전신국에서 여왕 개회사를 의회에 전송할 때 남녀 기사 간에 비공식적인 경쟁이 벌어지면 여성이 쉽게 이겼다.[32] 이같이 전신에서 시작된 혁명은 결국 시험논리로 완성되었다. 공무원 선발시험에서 똑똑한 여성들이 똑똑한 남성 못지않게 좋은 성적을 거두고 업무도 남성에 비해 전혀 손색없었다. 1936년 제니퍼 윌리엄스는 지원자 493명 중 3위를 차지하고 훗날 공직을 떠나 학계로 갔는데 능력주의에 관심을 가지면서 역사가로는 거의 처음으로 노스코트-트레블리언 혁명이 학문적으로 연구할 가치가 있다는 사실을 깨달았다.

'우리는 평등하다'

제1차 세계대전은 여성의 지위를 180° 바꿔놨다. 우드로 윌슨 대통령이 제1차 세계대전에서 미국의 사명은 '세계에서 민주주의를 수호하는 것이다.'라고 선언해 자신부터 여성참정권에 대한 반대 의사를 포기하면서 미국 여성은 1920년, 영국 여성은 1928년 투표권을 얻었다. 제2차 세계대전은 여성의 지위를 또 한 번 신장시키는 계기가 되었다. 미국에서 로지와 리베터는 공장에서 남성이 지배했던 지위를 꿰차 여성의 '할 수 있다' 정신을 격려하는 상징으로 자리 잡았다. 영국에서는 노동력의 80퍼센트를 차지하는 8,000여 명의 여성이 암호해독본부인 블레츨리 공원에서 암호기계를 운용하면 종전을 2년 앞당길 수 있다고 일부 역사가가 주장했다.[33] 여성 중에는 옥스퍼드와 케임브리지 대학교 교수들이 가장 똑똑한 학생들을 지목하는 전통적인 방식으로 고용되는 이들도 있었지만 다른 이들은 단시간 내에 낱말 퍼즐 맞추기라는 기발한 방법으로 고용되었다. 제2차 세계대전 이후 여성의 지위가 꾸준히 상승곡선을 그린 건 아니었다. 1940년대 후반~1950년대 참전용사들의 귀환과 함께 아기가 대거 탄생하면서 가정으로 복귀해야 했던 것이다. 여성의 사회 재진입은 서서히 조심스럽게 이뤄졌다. 《파워 엘리트_The Power Elite_》(1956)에서 찰스 라이트 밀스는 기업과 군대 내 엘리트 계층에 여성이 부재하다는 사실을 언급조차 하지 않았다. 그저 당연시했던 것이다. 케네디의 뉴 프런티어 내각에는 여성 관료가 단 한 명도 없었고 1960년대 초반에는 여성 상원의원이 두 명뿐이었는데 그나마 한 명은 남편으로부터 직위를 물려받은 것이었다. 프린스턴, 예일, 하버드 대학교를 통틀어 정규직 여교수는 하버드 대학교에 단 한 명뿐이었다. 여성은 존재감을 키워갈수록 강한 반발에 부딪혔다. 일상적인 성차별에도 시달려야 했는데 이는 1960년대 광고업계 임원들이 등장하는 TV 드라마 〈매드맨〉에 여실히 드러났다. 1969년 하버드 대학교 신입 학장이던 F. 스키디 폰 스타드는 심지어 이런 발언까지 했다.

> 여대인 세븐 시스터즈 출신으로 성격도 밝고 교육도 잘 받았지만 다소 아둔한 주부들을 보면서 하버드 대학교에서 남녀 성비가 바뀐다는 사실을 생각하면 솔직히 몸서리쳐진다…… 간단히 말해 가까운 미래에 고학력 여성이 우리 사회에 놀라운 기여를 할 거라고 나는 생각하지 않는다. 개인적으로 여성이 더 이상 결혼·출산하지 않는 일은 없을 거라고 생각하는데 실제로 그렇다면 여성은 현재의 역할에서 실패할 수밖에 없다[34]

반대 목소리를 높인 건 남성뿐만이 아니었다. 당대 가장 유능한 공화당 여성 의원이던 필리스 슐래플리도 여성의 권리를 헌법에 명시하기 위한 평등권 수정안에 반대하는 운동을 이끌어 성공을 거뒀다. 가정주부가 불리해진다는 이유에서였다. 하지만 여성의 지위가 상승하는 기세는 놀라울 만큼 거셌다. 1980년대부터 남성보다 더 많은 여성이 학사 학위를 취득하고 선거에서 투표권을 행사했다. 2020년 무렵 미국과 영국 내 전문직 인력, 제너럴 모터스, IBM, 펩시코, 록히드 마틴, 듀폰 등 대기업 최고위직 여성 비율이 절반을 넘은 것이다. 오늘날 남성 인력보다 여성 인력을 채용하려는 기업이 많다고 해도 과언이 아니다. 미국 노동통계국에 따르면 향후 수년간 가장 빠른 성장이 예상되는 15개 직업군 중 열 개 군에서 여성인력 비율이 ⅔를 넘는다.

위대한 가속

1950년대 이후 여성이 가파른 지위 상승을 계속할 수 있었던 건 강력한 정치적·경제적 힘이 작용한 덕분이었다. 제조업이 쇠퇴하고 지식·서비스 경제가 부상하면서 남녀 간 경쟁 여건이 동등해지거나 심지어 여성에 유리한 면이 나타났다. 진공청소기, 세탁기 등 생활가전 덕분에 여성이 집안일을 하는 시간이 줄고 피임약을 비롯한 피임기술의 발달로 출산 시기를 조절하게 되면서 자기계발 개혁이 일어났다. 이제 여성도 시간과 노력을 들여 기술을 습득할 명분이 충분해진 것이다. 특히 계획에 없던 아기가 생겨 대학교나 법학대학원을 그만둬야 하는 경우가 급격히 줄어 배우기 힘들고 숙련되기까지 더 오랜 시간이 걸리는 기술에도 도전할 수 있게 되었다. 또한 냉전 구도로 인해 서구 세계는 여성의 지능을 더 많이 활용할 필요가 생겼다. 1957년 아이젠하워 대통령의 과학·공학위원회는 여성은 공학과 과학 분야에 부적합하다는 오랜 선입견을 비판했다.[35] 1년 후 의회는 연방법안 최초로 남녀가 교육에서 동등한 지원을 받아야 한다고 명시한 국가방위교육법을 승인했다. 페미니즘이 미국 연방정부를 등에 업은 가운데 다른 정부도 이 같은 흐름에 동조했다. 1961년 존 F. 케네디 대통령은 여성지위위원회를 승인했고 3년 후 의회는 1964년 민권법이 규정한 다른 형태의 차별에 성차별을 추가했다. 한편, 루스 베이더 긴즈버그와 같은 유능한 변호사들은 성차별이 미국 헌법이 규정한 보호조항에 위배된다고 재차 강조했다. 이 같은 전방위 압박 속에 점점 많은 기관이 여성의 기회를 가로막는 장벽을 철폐할 수밖에 없음을 느꼈고 그 틈을 타 여성들이 사회로 대거 쏟아져 나왔다. 능력주의 논리는 날이 갈수록 설득력을 얻었다. 1970년대 여러 명문 대학교와 칼리지의 경쟁 학교도 여학생 입학을 허용했는데 자신들만 남학교로 남으면 시장점유율을 잃을 수밖에 없다는 현실적 결론에 이르렀다. 미국에서 프린스턴 대학교를 필두로 여학생 입학을 금지한 여러 대학교는 남녀공학을 선택한 다른 명문 대학교보다 생산율(입학 지원을 합격으로 연결하는 능력 - 역자 주)이 급격히 떨어지는 현상을 경험했다.[36] 반면, 남녀공학 학교들은 남학생과 여학생 통틀어 최고의 인재만 선발한 만큼 평균성적이 급상승하는 결과가 나타났다. 결국 옥스퍼드와 케임브리지 대학교에서 남학생만 받던 여러 칼리지들은 다른 남학교에 선수를 뺏길 수 없다는 생각에 일제히 여학생 입학을 허용했다. '여학생을 선발하는 학교가 남학교를 압도한다.'라는 유행어가 나돌았는데[37] 가장 큰 피해를 본 기관은 아이러니하게도 필리파 포셋이 나온 뉴맨과 마거릿 대처가 나온 서머빌 대학교와 같은 여학교였다. 수십 년간 여성교육 확대에 앞장서 왔는데 정작 역사도 더 길고 교육환경도 더 좋은 기존 남학교가 장벽을 허물자 최고의 여학생들을 빼앗아간 것이다. 고등교육 확대와 함께 여성이 취업할 확률이 남성보다 높아지면서 고용시장에서 여성의 가치가 높아졌고 여성의 롤 모델도 전업주부에서 성공적인 전문직 여성으로 180° 바뀌었다. 특히 고학력 여성은 출산 후에도 일을 계속할 확률이 다른 여성보다 높았다. 1963년 미국에서 대졸 여성의 62퍼센트가 일하는 것으로 나타나 고졸 여성보다 16퍼센트나 높았다. 2014년에는 대학교육을 받은 미국 여성의 80퍼센트가 노동에 종사한 반면, 고졸 여성의 67퍼센트, 비고졸 여성의 47퍼센트가 노동에 종사했다. 또한 여성들은 수익성이 더 좋은 과목을 대학교에서 공부하는 경향이 강해 1966년 대졸 여학생의 40퍼센트가 교육학을 전공하고 2퍼센트만 경영학을 공부했는데 현재는 각각 12퍼센트와 50퍼센트로 역전되었다.

능력주의 vs 가족

1950년대 이후 부유한 국가에서 여성의 지위가 꾸준히 상승한 건 지난 50년간 가장 괄목할 만한 개혁이었다. 무엇보다 변화 범위가 워낙 넓어 놀라웠는데 한때 남성에 의존하며 살 수밖에 없던 수백만 명의 여성 스스로 경제력을 쥔 것이다. 또한 인간의 가장 내밀한 정체성에 영향을 미친 변화로 여성뿐만 아니라 남성도 반겼다는 점도 인상적이다. 가히 혁명이라고 부를 만한 사회 변화 중 이렇게 부드럽게 받아들여진 경우는 전례가 없었다. 하지만 가장 호의적으로 진행된 개혁에도 실망과 대가가 따르기 마련이었다. 이번에도 실제 성과가 처음 포부에 미치지 못해 중간관리직을 남성이 독점하고 그보다 윗선은 꿈도 꾸기 어려운 현실을 직업에서 지위 상승을 꾀한 여성들은 실감할 수밖에 없었다. 〈포춘Fortune〉 선정 500대 기업 대표 중 여성은 5퍼센트에 그쳤고 FTSE('Financial Times Stock Exchange'의 약자로 MSCI와 함께 벤치마크 지수의 양대 산맥을 이룬다. FTSE 지수는 선진시장, 선진신흥시장, 신흥시장, 프런티어시장 네 개로 분류된다 - 편집자 주) 100대 기업 중에는 2퍼센트에 불과했다. 사회적 협약 내용은 급변하는 경제를 따라가지 못했다. 수많은 여성이 일과 육아 중 하나를 선택해야 했고 기업에서 남성 못지않은 대우를 받을 수 있는 사람은 자녀가 없는 여성뿐이었다. 맞벌이 가정이 급증하면서 아이들이 그로 인한 고충을 고스란히 감당할 수밖에 없었고 심지어 부유층 부모들도 빡빡한 업무 스케줄 때문에 자녀와 보낼 시간이 너무 없는 현실에 좌절했다.

이 같은 상황에서 빈곤층 부모는 더 큰 박탈감에 시달려야 했다. 전체 생활비 중 육아비가 상당했고 보모는 적절한 자격을 갖추지 못한 경우가 많았다. 또한 여성의 권리 강화가 불평등을 조장하는 요인으로 작용하기도 했다. 성공한 여성은 성공한 남성과 결혼하고 그렇지 못한 여성은 비슷하게 별 볼 일 없는 남성과 결혼한 것이다. 결국 앞으로 논의할 능력주의에 대한 두 가지 거대한 반발에 여권 신장이 일조했다고 할 수밖에 없다. 첫째, 사회구조적 원인으로 여성이 합당한 기회를 누리지 못한다는 우려가 1960년대 좌파 정치를 이끌었고 둘째, 고소득 부부의 고공행진으로 2010년대 우파가 능력주의에 반기를 든 포퓰리즘 봉기가 일어났기 때문이다.

5부

부

능력주의의 위기

The Aristocracy of Talent

14

능력주의에 반대하다: 좌파의 반란

지금까지 우리는 능력주의 혁명을 주로 좌파가 주도하는 모습을 봐왔다. 노동자 계층에 기회를 선사하고 과학적 방법에 근거해 사회적 지위를 분배하며 남학생뿐만 아니라 여학생에게도 기회의 문을 확장하길 원한 건 모두 좌파 정당이었다. 하지만 1930년대부터 좌파는 자신들이 배출한 엘리트에 등을 돌리기 시작했다. 반능력주의 혁명은 세 가지 갈래로 일어났는데 첫째, 개인의 능력을 정확히 측정하는 게 가능하다는 발상에 학자들이 의문을 제기했고 둘째, 능력주의에 과연 가치가 있는지 공공 지식인들이 문제를 제기했으며 셋째, 진보주의자들이 능력주의 대신 평등과 공동체의 가치를 추구한 것이다. 여러 경제 강국에서는 능력주의에 반란이 일면서 사회정책에 큰 변화가 일어났다. 영국은 문법학교를 폐지하고 혼합능력교육을 도입했으며 미국도 차별철폐 조치와 명문 중·고교 철폐운동을 시작했다. 유럽 여러 국가는 한 발 더 나아가 입학시험 제도를 도입했다.

능력 측정 분석

능력주의 검증은 1930년대 학계에서 시작되었다. 이 같은 검증을 처음 수행한 이들은 오늘날 관점에서는 부적합해 보였는데 생물학이 개인의 운명을 결정한다고 믿은 사회생물학자, 그리고 인구의 유전적 우수성에 몰두한 우생학자였다. 이후 얼마 지나지 않아 더 친숙한 인물들이 합류했다. 사회가 기회를 어떤 방식으로 제한하는지 연구한 사회학자들, 그리고 지적 엘리트 선발이 일상생활 기조에 어떤 영향을 미치는지 연구한 공공 지식인이 그들이다. 이들은 검증 결과를 다소 난해한 학문 용어로 말했지만 실질적으로 상당한 영향을 미쳐 시릴 버트, 루이스 터먼과 같은 심리학자들이 대중의 외면을 받았고 적어도 11+를 비롯한 고교입학 선발제도가 폐지 수순을 밟는 계기가 되었다. 가장 신랄한 비판을 내놓은 건 놀랍게도 영국의 우생학 운동을 이끄는 인물들이었다. 특히 제1차 세계대전 이후 외상 후 스트레스 장애인 전투신경증 연구를 개척하고 1931년 우생학회 총장에 임명된 C. P. 블라케가 핵심 주동자였는데 그는 프랜시스 골턴의 유산이 알맹이 없는 반동적 통설로 전락하지 않도록 혼신의 노력을 다했다. 피임기술을 이용해 인구의 질을 향상시키기 위해 애썼던 골턴의 방식에 동의했지만 환경에 따라 접할 기회가 달라진다는 믿음 등 새로운 지식이 등장하면서 우생학도 개선될 필요가 있다고 믿었다. 무엇보다 그는 영국 우생학에서 나치의 인종과학을 분리하고 싶어했는데[1] 생물학자, 사회생물학자, 의학 연구가 등 광범위한 분야에서 뜻이 같은 이들을 발견할 수 있었다.

영국에서 가장 저명한 생물학자 중 한 명이자 사회주의자였던 랜슬롯 호그벤은 IQ 테스트를 지지하는 과학자들에게 특히 거슬리는 존재였다. 1930년 자연과학과 사회과학 간 격차를 해소하기 위해 새로 설립된 런던경제학교 사회생물학 부장에 임명된 그는 이내 온갖 게릴라 공격을 쏟아냈다.[2] 향후 수십 년간 지능 테스트에 끈질기게 따라붙을 비판 중 대부분을 제기한 것이다. 예를 들어 IQ 테스트에는 유전적 요인뿐만 아니라 자궁 환경, 가정환경, 음식, 햇빛, 수면, 운동의 양과 질, 가족의 사회적 전통, 취학 전 학업 지연 기간 등 환경적 요인도 반영된다. 그는 특히 직업군마다 평균 IQ가 다르다는 발상을 무력화했는데 각기 살아가는 여건 자체가 다르다는 이유에서였다.

인간 사회는 형편없이 관리되는 실험실에 비유할 수 있다. 서로 다른 품종의 쥐들이 여러 실험용기에 가족 단위로 갇혀 있는데 각기 창문에서 떨어진 거리나 배급받는 먹이 양도 천차만별이다. 심지어 같은 용기에 갇힌 쥐들도 먹이를 다 함께 먹는 게 불가능해 결국 서로 더 많이 먹거나 조금밖에 못 먹는 현상이 벌어질 수밖에 없다.[3]

복지국가 이론의 대표적 사상가로 역시 런던 대학교 사회과학부에 몸담은 리처드 티트머스도 이 같은 주장에 동조했다. 그는 무엇보다 부유층과 빈곤층 간 건강·영양 불평등에 주목했는데 지능이 유전된다는 사실을 명백히 보여주는 결정적 증거는 존재하지 않는 반면, 비타민과 미네랄의 지속적인 부족이 지능에 해로운 영향을 미친다는 데는 의심의 여지가 없다고 주장한 것이다. '아둔하거나 지능이 떨어지는 것으로 분류된 수많은 아이는 비타민A가 부족한 것으로 기록되어야 한다.'[4] 지적 우둔함에 관한 유전학 연구의 대표적인 영국인 전문가 라이오넬 펜로즈는 단순히 지능 테스트[5]뿐만 아니라 지능 테스트 운동의 위대한 수호신이라고 할 수 있는 종형곡선에도 비난을 퍼부었다. 그는 일반 지능에 수없이 다양한 유형이 있듯 뒤떨어지는 지능도 천차만별이라고 주장했다. 게다가 더 심각한 결함의 경우, 지능 정규분포상에 나타나야 하는 것보다 실제로는 훨씬 빈번한만큼 비교적 아둔한 이보다 그 수가 적다고 결론내릴 수 없다.[6] 심지어 그는 각 종의 변이가 장기 생존에 유리하다는 다윈주의적 진실을 우생학자들이 무시했다고 비난하기도 했다. '학문적으로 뒤처지는 수많은 이들의 유전자도 지적 능력이 뛰어난 이들의 유전자 못지않게 장기적 관점에서 인류에 공헌할 것이다.[7] 런던 대학교 골턴 우생학 교수로 임명되었을 때 그 직함에 몸서리친 펜로즈는 뒤늦은 감이 있었지만 1963년 골턴 인간유전학 교수로 명칭을 바꿨다.

　제2차 세계대전이 끝나고 뒤숭숭하던 시기 영국 공산당은 IQ 테스트에 대한 반론이자 향후 좌파 사상을 지배할 수많은 주장을 제기했다. 교육 사안에서 당 대변인 역할을 했던 브라이언 사이먼은 여러 비판적 책과 기고문에서 1944년 교육법이 선별교육으로 인해 기회의 도구에서 억압의 수단으로 전락하고 있다고 주장했다. 어느 부유한 맨체스터 사업가의 아들로 태어나 케임브리지 트리니티 칼리지에서 수학한 그는 IQ 테스트를 실시하는 진짜 이유는 교육이 아닌 경제라고 지적했다. 제국주의 출현과 함께 등장한 IQ 테스트[8]가 노동자 계층에 불리하게 작용하는 극도로 반동적인 성격의 사회정책, 특히 교육정책에 명백한 과학적 토대를 제공했다는 것이다.[9] 그는 변증법적 유물론 법칙에 정통한 엘리트 심리학자와 교육학자가 비주류 학교를 점령할 미래를 기대했다. 하지만 전후 시기 지능측정에 단연 가장 중요한 비판을 제기한 건 사회학자로 이들은 제2차 세계대전 이후 지적으로 엄청난 추앙을 받았을 뿐만 아니라 일자리도 사상 유례없이 넘쳤다.[10] 대체로 한 가지 대주제에 몰두해 있었는데 바로 복지국가가 영국의 계급 구성에 미치는 영향이다. 애당초 설계자들이 바란 대로 기회의 평등을 가져올까? 아니면 값비싼 대가를 치르고 실망만 남기게 될까? 사회학자들은 연구를 진행할수록 더 깊은 고민에 빠졌다. 《사회계층과 교육 기회Social Class and Educational Opportunity》(1956)에서 장 플라우드, A. H. 할세이와 F. M. 마틴은 1944년 교육법이 두 지역 문법학교 내 사회적 구성에 미친 영향을 구체적으로 조사했다. 그 결과, 문법학교에서 중산층 자녀가 압도적인 비율인 것으로 나타났는데 교육법 덕분에 학비를 낼 필요가 없어졌기 때문이다. 노동자 계층 자녀의 절대적 수도 급증했지만 상대적으로 합격률이 워낙 낮아 빛이 바래고 말았다. 사회학자들은 과거의 입학생 선발 기준이던 경제적 요소가 가족 규모, 노동자 계층 가정 내 교육 전통의 부재 등 더 미묘한 요소들로 대체되는 점에 주목했다. 관련 분야 학자들도 비슷한 결론을 도출했다. 런던 경제학교 의학연구팀장이던 제임스 W. B. 더글러스는 《가정과 학교The Home and the School》(1964)과 《우리의 모든 미래All Our Future》(1968, J. M. 로스와 H. R. 심슨 공저)에서 노동자 계층 자녀 중 어린 시절에는 IQ가 높게 나왔다가 자라면서 점점 낮아지는 교육적 낭비가 일어나는 원인이 무엇인지 환경·건강 요소를 연구했다.[11] 이 모든 연구 결과는 분야를 막론하고 똑같았다. 교육 체계가 전례없이 확대되었음에도 불리한 환경의 아이들에게 돌아가는 기회가 이전보다 나아진 게 없다는 것이었다. 노동자 계층 학생과 비교해 중산층 학생이 지속적으로 누려온 교육적 우위도 여전했다. 교육은 사회계급을 결정짓는 기준으로 작용하는 대신 사회적 불평등에서 기인하는 차별을 강화하는 역할만 했다.

비슷한 시기 미국에서는 관련 논란이 영국보다 훨씬 거칠게 벌어졌는데 미국의 우생학 운동이 더 극단적인 형태를 띤 게 그 원인 중 하나였다. 실제로 1927년 올리버 웬들 홈스 대법원 판사가 '벅 대 벨' 사건 판결을 내리면서 쏟아낸 가혹한 말들('정박아는 3대로 충분하다.') 때문에 미국인 수백 명이 강제 불임시술을 받았다. 또한 미국 내 인종갈등 문제가 워낙 심각한 것도 원인이었는데 IQ 테스트를 지지하는 수많은 이가 흑인이 국가시험에서 고전하는 것만 봐도 그들이 끔찍한 환경의 희생양이 아니라 유전적으로 열등하다는 사실을 보여준다며 반색했다. IQ 테스트에 가장 날카로운 비판을 쏟아낸 건 문화인류학자였다. 미국 인류학의 아버지로 유명한 프란츠 보아스 컬럼비아 대학교 교수는 여러 민족집단 간 평균 IQ지수에 격차가 생기는 건 유전보다 양육의 영향이 크다고 강력히 주장했다.[12] 그는 심지어 머리 크기를 측정하고 두개골을 해부하는 일련의 연구로 두개골의 크기와 모양이 건강이나 영양 등 환경적 요소에 따라 얼마든지 달라질 수 있음을 입증했다. 보아스의 제자이자 남부 학교 내 인종분리정책을 불법이라고 판결한 1954년 브라운 대학교 교육위원회 사건의 핵심 증인 오토 클라인버그는 북부 흑인의 평균 IQ가 남부 흑인의 평균 IQ보다 높다는 사실을 입증하면서 그 원인은 교육 기회 격차로 설명할 수밖에 없다고 주장했다.[13] 1930년 이 모든 증거를 접한 칼 브리검은 유럽의 인종 간 생물학적 서열이 북유럽 게르만 인종, 알프스 인종, 지중해 인종 순으로 존재한다고 주장한 자신의 1923년 논문 〈미국 지성 연구〉를 전격 철회했다.[14] 보아스의 또 다른 제자이자 저서 《사모아의 청소년Coming of Age in Samoa》(1928), 《3대 원시사회의 성과 기질Sex and Temperament in Three Primitive Societies》(1935) 속 다양한 연구로 20세기 최고의 유명 지성인 반열에 오른 마거릿 미드는 '상반되는 문화적 여건에 정확히 상반되게 반응하는 인간을 보면 본성 자체가 거의 믿을 수 없을 만큼 유연하다는 결론을 내릴 수밖에 없다.'라고 주장하기까지 했다.[15] 하지만 교육 선발·분류를 위한 IQ 테스트에 대해서만큼은 미국 내 반발이 영국보다 훨씬 덜했다. 영국에서 불안의 원인이던 11+ 시험이 미국에는 아예 존재하지 않았을 뿐만 아니라 고교에서 대학교로 진학하는 학생 비율도 미국이 영국보다 훨씬 높았다. 제2차 세계대전 발발 당시 대학교에 등록하는 18~21세 학생 비율이 14.6퍼센트인 반면, 영국은 3.6퍼센트, 독일은 3.9퍼센트, 프랑스는 2.6퍼센트에 그쳤다. 또한 미국은 전통적으로 계층을 분리해온 유럽보다 두 번째 기회를 제공하는 데 훨씬 관대했다. 영국인들이 IQ 테스트로 자녀를 상류층 문법학교에 보낼지 중등학교에 보낼지 일생일대의 결정을 내렸다면 미국인들은 두 번째 기회에 집중했다.[16] 미국인들은 영국 사회학자들의 주장에 대부분 동의했는데 특히 전후에 기회가 확대되었음에도 중산층 자녀들이 노동자 계층 자녀들을 계속 능가한 데는 양육의 역할이 크다고 강조했다. 1940년대~1950년대 시카고 대학교 W. 로이드 워너와 같은 사회학자들은 계층 간 이동성의 궁극적인 원인이 사회적 힘에 있다고 주장했다. 워너는 교육 체계를 아이들을 분류·추적해 결국 평생 발목을 잡는 거대하고 복잡한 기계에 비유하면서 이 기계는 몰아(자기를 잊은 상태 - 편집자 주)의 재능 계발이 아닌 담당관의 선입견에 따라 운영된다고 주장했다. 그 예로 노동자 계층의 자녀가 라틴어를 공부하는 게 눈에 띄면 중산층 교사들은 즉시 그들을 직업훈련 수업에 투입한다. 지금까지 대부분의 사회학자는 계층 간 이동성 논의를 능력주의 틀 안에서 진행해왔다. 가정환경에 따라 IQ가 달라진다고 강조하고 선진국 사회의 노동자 계층 내 수많은 인재가 그대로 방치되고 있다고 주장한 것이다. 하지만 능력주의의 부작용도 인정했다. 개인마다 서로 다른 능력을 타고난 만큼 공정한 사회라면 각자의 능력을 발굴해주고 그에 필요한 기회도 선사해야 한다. 장 플라우드는 교육적 성과의 격차가 타고난 재능의 격차만큼만 벌어지도록 하는 게 교육의 근본 과제라고 모두의 의견을 대변해 말했다.

> 학생 중 매번 남들보다 앞서는 이가 있어도 사회적 지위라는 허구의 격차가 아닌 타고난 서열에 따라 불평등을 겪는 건 바람직하다. 이 같은 목표가 이상에 불과하고 사실상 영원히 이뤄질 수 없더라도 상관없다. 중요한 건 우리가 이 같은 명제에 따라 정책을 이끌어가고 최대한 실현할 수 있게 적극적으로 노력해야 한다는 사실이다.[17]

사회학자들은 학생들을 걸러내 분류하는 11+의 본질적 특성보다 순간의 실수로 학생들의 인생을 망칠 수 있는 가혹함과 갑작스러움에 반대를 표명했다. 그들이 원한 건 폭력적이고 가끔 제멋대로인 능력주의가 아닌 인간적이고 효율적인 능력주의였다. 호레이스 만 본드, 찰스 존슨, 하워드 헤일 롱과 J. 세인트클레어 프라이스 등 대표적인 흑인 사회학자들도 집단 격차에 대한 칼 브리검의 논리를 설득력 있게 반박함으로써 능력주의를 둘러싼 보편적 선입견을 인정했다. 이들은 유전이 양육 못지않게 중요하다고 굳게 믿었다. 그래서 빈민가에서 성장한 흑인 중에도 명석한 학생이 있고 부유한 동네에서 자란 백인 중에도 아둔한 이가 있는 것이다. 또한 이들은 IQ 테스트가 인종분리정책과 할당제 등 개인 간 격차의 중요성을 완전히 무시하는 제도로부터 흑인을 보호하는 수단으로 여겼다. 본드는 '우리가 용납할 수 없는 건 지능 테스트가 아니다. 이는 오히려 금세기 방법론의 근본적 발달을 상징한다고 볼 수 있다. 과학조사관으로서 우리가 문제를 제기하는 건 IQ 테스트의 결과를 해석하는 특정 방식뿐이다.'라고 지적했다.[18] 하지만 1950년대 후반부터 능력주의 사상 자체에 등을 돌리는 지식인이 늘어갔다. 능력주의의 문제점은 훌륭한 개념을 잘못 실행해 나타나는 게 아니라 능력주의 개념 자체가 잘못되었다는 결론에 이른 것이다. 능력주의는 거짓된 신이었다. 유토피아로 가장한 디스토피아이자 공정을 가장한 부당 사회에 지나지 않았다. 능력주의 사상에 대한 반란은 각기 사회학, 탐사 저널리즘, 철학이라는 서로 다른 지적 전통의 산물로 등장했지만 합치면 강력한 반론을 구축한 세 권을 살펴봄으로써 편리하게 알아볼 수 있다.

능력주의 사상에 대한 반론

마이클 영(1915년~2002년)은 1958년 출간한 책에서 능력주의라는 용어를 처음 사용했다.[19] 수많은 독자는 이 책을 능력주의 사상에 대한 찬가로 여겼다. 결국 영은 폐쇄적 계급사회의 장벽을 허물고 인재에 기회를 준 공로를 자화자찬하는 노동당의 대표적인 지식인이자 1945년 《노동 선언》 공동저자이자 나아가 수많은 좌파 싱크탱크와 압력단체를 설립한 인물 아닌가? 영은 이렇게 천재인 동시에 괴짜였다. 신사 관료가 아닌 평범한 시민의 관점에서 세계를 바라보길 좋아했고 점진적 사회주의 유산에 갈수록 더 큰 환멸을 느끼고 있었다. 그는 잡지 〈어느 것?which?〉의 공동발행자로 소비자운동에도 영감을 줬다. 실제로 《능력주의의 부상》은 능력주의 관행뿐만 아니라 능력주의 사상 자체에 대한 전면적인 공격이었다.[20] 이 책은 기이하고 중간중간 혼란스럽게 구성되어 있다. 2034년 한 대학원생이 능력주의 사회의 부상을 설명하기 위해 쓴 논문으로 설정되어 대부분 1854년의 노스코트-트레블리언 보고서, 1944년 버틀러 교육법(버틀러가 의회에 제출한 〈교육개조 백서〉를 기초로 제정된 영국의 교육법. 1943년 버틀러는 이 백서에서 '우리나라의 운명은 우리나라의 교육에 달려 있다.'라고 전제하고 교육의 기회균등이라는 새로운 원칙을 선언했다. 이 교육법은 〈교육개조 백서〉를 구체화해 1944년 상원과 하원을 통과했다 - 편집자 주) 등 능력주의에 돌파구를 제공한 역사적인 사건을 다루고 있다. 책 속 논문 작성 시점이 능력주의에 대한 반발이 커지는 시기이고 저자인 대학원생의 사망으로 끝나는 만큼 미래학도 일부 포함되어 있다. 이 모든 설정의 목표는 한 가지 명백한 주장을 펴기 위해서였다. 즉, 능력주의는 평등을 중시하는 진짜 사회주의적 이상과 정반대되는 사상이라는 것이다. 사회주의의 핵심부에 경쟁과 불평등을 이식해 기회의 평등 대신 결과의 평등, 경제적 효율성 대신 사회적 연민을 추구하기 때문이다. 영은 노동당이 창조한 능력주의에 거침없는 비난을 퍼부었다. 능력주의는 다수의 지속적인 계층 하락을 담보로 극소수가 신분 상승을 이룬다. 지배층은 노동자 계층 내 최고의 인재를 마음대로 발탁해 입지를 공고히 다지는 반면, 노동자 계층은 타고난 지도자를 빼앗기는 만큼 갈수록 취약해질 수밖에 없다. 심리적 관점에서 능력주의는 승자와 패자 모두 황폐하게 만든다. 지배자는 운 좋게 좋은 집안에 태어나서가 아니라 오직 능력이 뛰어나 현재의 지위를 달성했다는 오만에 빠지고 하위 계층은 결국 자신이 못나 실패한 거라고 자책하기 때문이다. 영은 이렇게 끔찍한 인식 때문에 무능한 사람들이 무기력한 절망에 빠질 수밖에 없고 실제로 그런 사람들은 책임을 사회에 돌릴 기지조차 없어 자신을 탓하고 원망하며 망가진다고 느꼈다. 그래서 이 책은 무능한 다수가 독선적 엘리트에 반기를 드는 반능력주의의 봄이 도래하는 것으로 반전되어 끝난다.

《능력주의의 부상》은 여론을 완전히 뒤집어놨다. 1950년대 후반 영과 같은 대부분의 사회주의자는 영국에 비난의 목소리를 높였다. 해럴드 맥밀런 총리를 필두로 소수의 이튼학교 출신이 이끌어가고 있었기 때문이다. 영은 영국이 능력주의를 지나치게 신봉한다고 비판했다. 영의 동료 사회학자들은 대부분 IQ 테스트가 타고난 능력이 아닌 문화적 우위를 측정하는 만큼 정확성이 떨어진다고 우려한 반면, 영은 테스트가 너무 정확하다고 걱정했다. 그럴수록 지배층이 노동자 계층 내 재능 있는 학생을 발굴해 채갈 수 있기 때문이다. 이같이 기존 여론과 논조가 180° 다르다 보니 영은 저서를 출간해줄 출판사를 찾는 데 무척 애를 먹었다. 무려 11군데 출판사에서 거절당하던 중에 우연히 노스웨일즈의 한 해변에서 템스 앤 허드슨이라는 출판사를 설립한 옛 친구 월터 노이라트를 만나 겨우 출간할수 있었다.[21] 저서에 대한 평도 엇갈렸다. 교육계의 거장 에릭 애슈비 경은 영의 통찰에 감탄을 금치 못했다.

> 영 박사는 후기 플라톤주의에 관한 훌륭한 작품을 완성했다. 기술적 발명과 같이 사회적 발명이 어떻게 발명가의 발등을 찍을 수 있는지 보여줬다. 실제로 DDT가 축복이자 저주가 아닌 단순한 저주에 불과하다는 사실이 밝혀진 지 얼마 안 되지 않았는가? 영 박사는 교육법도 축복이자 저주가 아니라는 사실을 깨달았다. 교육법은 영국의 지성을 구하는 대신 영혼을 파괴할 것이다.[22]

하지만 다른 많은 비평가는 책을 이해하지 못하거나 졸작으로 치부했다. 옥스퍼드 대학교 사회학자 앨런 폭스는 '자신의 미래에 악몽과 같은 비전을 투영하다니…… 과연 우리 사회와 같은 곳이 또 있었는가?'라고 의문을 제기했다. 〈이코노미스트〉도 독설을 퍼붓기는 마찬가지였다.[23] 그럼에도 이 책은 펠리컨 에디션이 잇따라 출간되며 베스트셀러에 등극했고 1960년대 들어 사람들이 핵심 주장을 인정하기 시작해 인기는 더 커져갔다. 《능력주의 부상》과 악몽과 같은 비전은 선발교육의 장점에 대한 좌파의 논쟁에 일조했다. 페이비언 협회의 《새로운 페이비언적 연구New Fabian Essays》(1952)는 여러 노동당 명사가 헌사를 보냈을 뿐만 아니라 옛 점진적 사회주의자들이 단호한 능력주의자였다는 점에서 흥미로운 사례를 제공한다. 리처드 크로스만은 클레멘트 애틀리가 창조한 경영사회가 사회주의 사상에 대한 배신이자 독단적 엘리트가 효율성을 내세워 수동적이고 소외된 시민을 조종하는 만큼 사실상 전체주의로 규정했다.

> 내각이 기존 공직체계로 세력을 행사하는 게 사회주의라는 인식이 생겨났다. 일반 시민들은 이전과 다름없이 성실히 살아가지만 고위층에서 선사하고 다른 이들에게서 갈취한 혜택은 오직 일부만 누린다. 따라서 초기 사회주의는 주로 반사회주의적 관리인과 중립적인 공무원이 시행했다.[24]

새로운 점진적 사회주의자들은 관리주의와 능력주의를 한 묶음으로 여겼다. 능력에 따라 지위를 분배하면 효율성을 확보할 수 있는 대신 분열과 소외가 일어난다. 특히 패배자들은 아무리 체제를 탓해도 줄지 않는 자괴감에 빠진다.[25] 선발교육은 계층 내 분노를 축적하고 엘리트 계층의 고립을 초래했다.[26] 부와 권력이 최대한 공정하고 효율적으로 분배되더라도 불평등을 일으킬 수밖에 없어 반감을 키웠다.[27] 또한 새로운 점진적 사회주의자들은 선발교육이 지나치게 효율적이라는 마이클 영의 주장에 동조했다. 로이 젠킨스는 노동자 계층의 영리한 아이들이 몇 세대 전에 태어났다면 베빈스와 같이 효율성이 커지기 이전의 선발교육 제도 덕분에 중산층 지식인으로 거듭나면서 기회의 사회가 선사하는 안락함과 자기만족을 온전히 누렸을 거라고 경고했다. 노조운동은 얼마 지나지 않아 부와 권력의 기존 분배 구도에 도전할 능력을 갖춘 인재가 없어 발을 구를 것이다.[28] 앤서니 크로스랜드는 《사회주의의 미래The Future of Socialism》(1956)에서 비슷한 의견을 제시했다. 11+ 제도가 부당할 뿐만 아니라 기회의 평등도 결과의 평등과 달리 사회주의 운동에 도움이 될 게 없는 목표라고 주장한 것이다. 기회의 평등 자체가 목표가 되면 불안하고 치열한 경쟁이 촉진되고 한 명의 고립된 엘리트가 또 다른 엘리트로 대체될 뿐이며 실패한 이들은 더 이상 체제를 탓할 수 없는 만큼 완전한 열등감에 빠진다. 또한 타고난 지도자들이 노동운동에서 차출되어 결국 노조는 남은 무관심한 구성원들이 이끌고 노동당은 이튼학교 출신이 이끌 확률이 커진다. 그는 저서 《보수당의 적The Conservative Enemy》에서 '사회주의자들이 평등한 기회를 특출한 능력으로 사회에 발탁되어 타고난 계층에서 탈출한 극소수만 오를 수 있는 좁은 사다리에 비유하는 건 자본주의자들이 반동적으로 말하는 협의의 해석에 동조하는 것이다.'라고 덧붙였다.[29]

두 번째 책 데이비드 할버스탬의 《최고의 인재들The Best and the Brightest》은 《능력주의의 부상》보다 훨씬 어려운 시대가 배경으로 설정되어 있었다. 베트남전 당시 미국은 18세 청소년들이 군대에 동원될까 봐 두려움에 떨고 반전운동이 전국을 뒤덮은 데다 지구 초강대국이 무기도 변변치 않은 국가의 반란에 수모를 당하기 직전이었다. 이 책의 핵심 주장은 베트남전이 민주당에서 포장한 것과 같이 공화당 얼간이들의 작품이 아니라 민주당 지식인, 특히 존 F. 케네디의 최측근인 하버드 대학교 출신들의 작품이라는 것이다. 베트남전은 군인이 아닌 교수의 전쟁이었다. 베트남전을 낳은 건 능력주의의 화신이라고 해도 과언이 아닌 맥조지 번디로 그는 그로튼스쿨 재학당시 1등을 놓치지 않으면서 교내 신문과 토론클럽을 운영했고 예일 대학교 입학시험에서는 사상 최초로 세 과목 만점을 받았으며 하버드 대학교 연구원 사회에서는 우리가 봐왔듯 플라톤을 연구했다. 제2차 세계대전 당시 정보장교로 복무하고 하버드 칼리지의 최연소 학장으로서 하버드 대학교를 능력기반 대학교로 탈바꿈하는 데 헌신했으며 케네디와 존슨 대통령의 국가안보보좌관을 역임했다. 탁월한 지적 재능에 아이비리그 출신이라는 타이틀까지 겸비해 동아시아 내 미국 외교정책 방향을 바꿔놨는데 미국이 재빨리 행동하지 않으면 베트남이 아시아 국가 최초로 공산화되어 도미노 효과를 일으킬 거라고 주장한 것이다. 번디는 정책입안자 중 최고 지성을 갖췄다고 평가받는 그룹 내에서도 핵심 인물이었다. 할버스탬은 '베트남전을 관통하는 핵심 주제가 있다면 그들의 추종자와 부하를 하나로 묶는 뭔가가 존재한다면 그것은 순수한 지식과 합리성이 무엇이든 해답을 제시하고 해결할 수 있다는 믿음이다.'라고 지적했다. 심지어 사우스웨스트 텍사스 주립대학교 출신으로 깐깐하기 그지없는 린든 존슨조차 케네디 내각의 엄청난 지성에 매료되고 말았다. 부통령으로서 첫 국무회의에 참석해 깊은 감명을 받은 그가 친구이자 멘토인 샘 레이번 하원의장에게 열변을 토하자 레이번은 이렇게 답했다. '음…… 린든, 자네 말대로 그들이 하는 말마다 지성이 흘러넘쳤겠지만 나는 그중 한 명이 단 한 번이라도 보안관에 출마했다면 훨씬 호감이 생길 것 같네.'[30] 결국 레이번의 말이 맞았던 것으로 판명되었다. 주입된 지식이 아닌 상식이 조금만 갖춰졌더라도 세계 반대편에서 공산주의를 상대로 전쟁을 벌이는 게 얼마나 무모한지 짐작할 수 있었을 것이다. 베트콩이 베트남 민족주의의 거대한 힘을 끌어낼 수 있고 자신의 앞마당을 지키는 게릴라 전사들이 조국에서 수천 마일 떨어진 곳에서 싸우는 외국인 투사들을 능가할 수 있으며 민주주의 국가에서 허용하지 않는 방법을 동원하지 않은 채 아무것도 잃을 게 없는 이들을 무찌르는 건 불가능하다는 것 정도는 판단할 수 있었을 거라는 얘기다. 국방부 관료들은 일반적인 상식에 거듭 호소했지만 지식인들은 자신의 화려한 지성과 대통령과의 개인적 친분을 무기로 그들을 제압했고 현실이 그들의 생각대로 진행되지 않을 때는 군대가 더 노력해야 한다고 주장할 뿐이었다. 할버스탬 덕분에 최고의 인재들이라는 용어에는 이제 분노와 조롱이 담기게 되었다. 할버스탬이 《최고의 인재들》에서 능력주의가 최고의 효율성을 달성한다는, 능력주의의 핵심 주장을 공격했다면 존 롤스는 《정의론A Theory of Justice》(1971)에서 능력주의가 정의를 실현한다는 주장을 공격했다. 하버드 대학교 철학과 교수이자 당대 가장 영향력 있는 지식인 중 한 명이었던 롤스는 분배적 정의에 능력이 개입할 수 없도록 금지하길 바랐다. 그는 부나 권한의 불평등은 그것이 사회의

14. 능력주의에 반대하다: 좌파의 반란

모든 구성원 특히 그중 가장 소수 인원에게 이로울 때만 정당화될 수 있다고 주장했다. 이는 사람들이 자신의 특정 재능, 계급이나 성별을 고려하지 않은 채 공정한 사회가 무엇인지 고민해야 한다는 무지의 베일을 활용해 확립된 원칙이다. 롤스는 심지어 계급 간 격차가 적절히 보상된 기회의 공정한 평등제도조차 공정한 사회를 만들지 못할 거라고 주장했다. 높은 IQ라는 축복을 받아 성공한 이들은 부유한 부모라는 축복 덕분에 성공한 이들보다 성공을 누릴 자격이 없었다. 재능 격차는 계급 격차만큼 도덕적이지 못하기 때문이다. 롤스는 자신의 이론을 인용해 '타고난 재능과 주어진 사회 환경으로부터 정치적·경제적 특권을 획득하기 위한 게임 패의 기능을 박탈하는 게 정의다.'라고 주장했다.[31] 롤스의 제약에 따르면 IQ는 물론 노력도 게임 패가 될 수 없다. 열심히 노력하는 성향도 유전되는 만큼 노력하는 자가 늘 엄청난 보상을 누릴 자격이 있는 건 아니기 때문이다. 롤스는 그렇다고 커트 보니것의 단편 〈해리슨 버저론Harrison Bergeron〉에서와 같이 운이 좋아 재능을 가진 이들이 정교한 방해공작에 시달리거나 만화 〈인크레더블Incredibles〉에서와 같이 자신의 능력을 비밀에 부치는 등 의도적으로 저지되어야 한다고 결론짓지는 않았다. 대신 승자들은 누진세와 같은 방법으로 운이 덜한 사람과 상금을 나눌 것을 주장했다. 롤스는 이 같은 접근법을 격차 원칙이라고 명명했는데 이는 개별적으로 분배된 재능을 일종의 국유화된 산업과 같이 공동자산으로 규정하고 거기서 얻는 혜택은 무엇이든 공유해야 한다는 합의를 의미했다. 누구든 자연적 혜택을 받은 이들은 그렇지 못한 이들이 처한 상황을 개선했을 때만 주어진 행운을 누릴 수 있었다.

《정의론》은 정치사상의 이정표였다. 철학자들은 마치 중세 학자들이 토머스 아퀴나스의 작품을 대하고 철학과 학생들이 철학적 추론에 위대한 지적 돌파구를 제공한 플라톤의 '기게스의 반지', 롤스의 '무지의 베일'을 배울 때처럼 이 책에 접근했다. 물론 무지의 베일이 세상을 새로운 방식으로 바라보게 해주는 강력한 장치였다는 점에서 그게 당연했다. 《정의론》은 여러 면에서 놀랍도록 급진적인 책이다. 롤스는 노력과 개인의 성취를 맹신했던 미국의 오랜 신념과 결별했다. 잭슨의 독점 반대 캠페인부터 동등한 임금과 보상을 요구한 페미니즘 운동을 아우르는 미국 급진주의의 핵심 주제는 공정한 분배였다. 이 같은 신념은 존 롤스와 같은 뉴잉글랜드 출신 인물들에게서 특히 강하게 불타올랐다. 반면, 롤스는 기회를 확대하는 것보다 불평등을 줄이는 데 더 큰 관심을 보였다. 하지만 오늘날처럼 인종차별 금지를 요구하는 목소리가 《정의론》에 담겨 있지는 않다. 책 집필 당시 미국이 민권운동 열기에 휩싸이면서 보스턴을 포함한 여러 대도시에서 시민봉기가 일어났음에도 인종갈등 언급은 전혀 등장하지 않은 것이다. 이 책들은 학계와 사교계 이외 영역에 큰 반향을 일으켰다. 영은 단연 가장 복잡한 영향력을 미쳤다. 노동당의 수많은 정치인은 그의 주장을 정확히 이해했지만 정작 핵심 인물인 토니 블레어는 곡해해 들었다. 새로운 노동당이 최고의 성공을 누릴 때 영은 〈가디언〉 기고문에서 심지어 노동당 대표를 비난하고 서둘러 자신의 주장을 실행에 옮길 것을 주장했다.[32]《최고의 인재들》은 36주 동안《뉴욕타임즈》베스트셀러 순위권을 지켰고 베트남전 반전시위를 벌이다가 민주당 지지자가 된 청년운동가 세대 전체에 영향을 미쳤다. 또한 이 책은 의외의 사람들에 놀라운 영향력을 미쳤다. 도널드 트럼프의 수석전략가이자 세계 우파 포퓰리스트의 영웅 중 한 명인 스티브 배넌이 2017년 2월 이 책을 읽는 모습이 목격된 것이다.[33]《정의론》은 철학 분야뿐만 아니라 전 세계 로스쿨, 그중에서도 미국 고위 법관을 대거 배출한 하버드 대학교 로스쿨에서 필독서로 떠올랐다. 반면, 현재 대법원에서 유리한 지위를 점한 보수적 배심원들은 롤스의 사상을 완강히 거부했다.[34] 특히 안토닌 스칼리아는 스포츠 경쟁이 본질적으로 상당히 불평등한 결과를 낳을 수밖에 없다는 이유로 스포츠에 비유해 이야기하기를 좋아했다.

평등과 지역사회 vs 능력

•

능력주의에 대한 비판은 지식인에게 늘 로망이던 두 가지 개념을 차용하면서 순식간에 대세로 떠올랐다. 기회의 평등이 아닌 결과의 평등이라는 측면에서 바로 평등과 지역사회다. 평등주의에 관한 주장은 두 가지 형태로 나타난다. 개인 간 격차의 본질을 강조하는 사실적 주장과 평등사회를 지향하는 규범적 주장이다. 이들 주장은 서로 강화하는 특성이 있는데 대부분 유전보다 양육으로 개인 간 격차가 생긴다고 믿는 이들도 사회가 더 평등해야 한다고 믿기 때문이다. 자연 상태의 인간은 평등하다는 개념은 존 애덤스와 같이 타고난 능력 차이를 입증하는 확실한 증거를 목격한 이들에게 회의만 불러 일으켰다. 또한 이 개념은 1859년 찰스 다윈이 저서 《종의 기원》에서 인간을 자연세계의 일원으로 분류함으로써 인류의 자연적 변화에 관한 과학적 연구가 촉진되어 이론상 완전히 뒤집혔다. 그런데 1960년대 들어 피터 버거와 토머스 루크먼이 지칭한 현실의 사회적 구성에 따라 교육 실패부터 범죄에 이르는 모든 현상이 초래된다고 사회학자들이 주장하면서 인간의 본성을 백지로 바라보는 이론이 부활했다.[35] 영국의 대표적인 교사육성 기관인 런던 교육연구소의 교육사회학 교수 바실 번스타인은 구술시험 결과, 노동자 계층 자녀가 중산층 자녀에 뒤처지는 것으로 나타났는데 이는 중산층 자녀가 평소 정교한 언어체계를 누리는 반면, 노동자 계층 자녀는 제한된 언어체계에만 노출되기 때문이다.[36] 노동자들은 서로의 삶에 깊이 관여하는 만큼 말의 억양이나 강세를 살짝 바꾸거나 몸짓만 사용해도 의미 전달이 가능하다. 반면, 중산층은 서로 거리가 멀어 훨씬 추상적인 언어를 사용하는 경향이 있다. 프랑스에서 피에르 부르디외는 문화자본 개념을 고안해 교육 격차를 설명했다. 특권층은 문화자본 덕분에 정부, 기업, 고용시장에서 고위직까지 오르는 반면, 빈곤층은 사회 밑바닥을 지키는 게 당연하다고 설득해 지위를 강화한다. 부르디외에게 교육의 실제 기능은 사회 생산력을 향상시키거나 기회에 걸맞은 능력을 육성하는 게 아니다. 승자는 승리할 자격이 있

고 패자도 패할 수밖에 없는 이유가 있다고 설득하는 것이다.[37]

이 같은 사실적 주장은 규범적 주장에 의해 강화되었다. 1960년대 이래 좌파는 기회를 공평하게 제공함으로써 불평등을 초래하는 게 사회정의라는 발상을 날이 갈수록 거부하는 한편, 정반대의 발상을 수용했다. 가난한 사람에게 더 많은 돈을 지급하고 부자에게는 세금을 부과하며 출신 배경에 따라 건강, 안전, 자부심까지 달라지는 세계를 무너뜨림으로써 금전적 보상 격차를 줄이는 게 사회정의라고 인식한 것이다. 능력주의에 반기를 드는 평등주의 혁명은 교육경쟁에서 중산층 아이들이 빈곤층 아이들보다 계속 더 잘할 뿐만 아니라 국가에서 제공하는 혜택도 중산층 아이들이 더 잘 챙긴다는 증거가 쌓여 현실 자각이 커져 일어났다.[38] 결국 사회정의를 실현하는 유일한 방법은 평등을 더 적극적인 개념으로 규정하고 가난과 불이익의 원인을 제거하는 것뿐이라는 결론에 이르렀다. 평등주의 혁명이 일어날 수 있었던 배경에는 문화적 혁명도 존재한다. 1960년대 세습된 위계질서에 도전하고 자신만의 뭔가를 갖는 게 가장 중시되었다. 기존 질서가 세상에서 가장 자연스러워 보이고 이를 뒤집으려면 엄청난 비용이 들더라도 말이다. 영국 정신분석학자 로널드 랭은 정신분열증이 비이성적 사회에 대한 이성적 반응이라고 주장해 유명해졌다. 켄 키지의 《뻐꾸기 둥지 위로 날아간 새One Flew over the Cuckoo's Nest》(1962)에서는 정신병원 운영자들이야말로 그들이 감금하는 이들보다 더 제정신이 아니고 위험하다고 주장했다. 미셸 푸코는 이성의 지배에 대한 계몽주의의 믿음을 뒤집으려는 시대정신을 형상화한 책들을 연달아 발표했다. 그에게 근대성이란 동성애자나 비순응주의자와 같은 집단을 소외시키고 나아가 인간의 정신 자체를 제어하는 체제·제도를 발명하는 것과 동의어였기 때문이다. 평등주의 혁명이 일어난 두 번째 이유는 공동체성이었다. 능력주의의 핵심인 개인주의는 공동체를 세분화해 각 구성원을 황폐하게 만든다. 공동체 관점에서 능력주의를 비판한 초기 비평가들은 현재의 실용적 계산법보다 과거의 이상적 공동체에서 영감을 얻은 보수주의자였다. 부자는 그의 성에, 빈자는 부자의 성문에 있어야 하듯 자신이 있어야 할 곳을 모두 알지만 상호의무로 서로 행복하게 종속된 중세 시대가 그들에게는 가장 이상적인 사회였다. 보수주의자들은 이렇게 행복한 시대가 끝난 두 가지 원인으로 계몽주의와 시장자본주의를 꼽았다. 계몽운동 때문에 인간이 신에게서 멀어졌고 자본주의로 인해 돈이 사회의 핵심을 차지했기 때문이다. 그 결과, 공통 목표가 개인 이기주의의 저돌적 기세에 산화되었고 에드먼드 버크는 '기사도의 시대는 끝났다.'라고 토로했다. 궤변가, 경제학자, 계산기를 두드리는 사람들이 성공하면서 유럽에서 찬란히 타오르던 영광의 불빛이 영원히 꺼졌다.[39] 톨스토이와 도스토예프스키는 도덕적으로 스스로 알아서 할 수밖에 없는 길을 가다 보면 지옥에 떨어질 거라고 지적했다. 자칭 왕당파이자 앵글로인이자 가톨릭 신자이자 고전주의자인 T. S. 엘리엇은 능력주의가 사회를 와해시키고 교육의 질을 떨어뜨리는 확실한 방법이라고 비난했다. 또한 좌파는 공산주의 계열의 강력한 여러 분파를 자랑했다. 윌리엄 모리스는 이전 공동체를 재건함으로써 갈수록 심각해지는 소외 문제를 해결하고 이전 방식을 다시 취해 추한 상태의 모든 문제를 해결하고 싶어했다. 그는 '동료애는 천국이요 동료애 결핍은 지옥이다.'라고 즐겨 말했다.[40] 길드 사회주의자들은 사람들이 타인과의 차이점에 집착하기보다 자신의 정체성을 공동체에 맞게 동화시킬 것을 주장했다.[41] 리처드 토니는 점진적 사회주의자들을 공격하면서 사회주의 사회는 현명한 지킴이가 이끄는 순하고 발육이 잘된 동물 무리가 아니라 책임감과 동료애를 갖고 공동목표를 향해 나아가는 남녀 공동체라고 주장했다.[42] 낭만적 사회주의자들은 사회를 효율성 극대화를 위한 도구가 아닌 유기적 전체로 다뤄야 한다는 낭만적 보수주의자의 의견에 늘 동조해왔다. 하지만 이들의 비전은 두 가지 측면에서 중대한 차이를 보였다. 사회주의자들은 보수주의자와 달리 이후 소외된 다른 집단지식 엘리트가 아닌 노동자 계층을 믿었고 공산주의의 과거를 되살려야 하는 게 아니라 공산주의의 미래를 창조해야 한다고 믿었다. 그리고 이를 위해 억압받는 집단을 도구적 합리화의 지배에서 해방시켜야 하는 건 물론이고 이보다 더 중요한 것은 서로 다른 원칙에 입각해 미래를 창조하는 것이다. 제2차 세계대전 이후 좌파 공산주의자들은 다소 막연했던 그들의 철학을 구체적인 정책으로 빚어내는 데 성공했다. 종합교육을 도입하고 선발교육 제도를 폐지한 것이다. 11+는 효율성을 내세워 지역사회를 분열시키고 노동자 계층의 장학생을 그들의 가족에게서 분리한 해체철학의 전형이었다. 1954년 마이클 영과 피터 윌모트가 베스널 그린에 설립한 싱크탱크인 공동체연구협회[43]는 유기적인 공동체와 세분화되는 국가 간 긴장을 다룬 다수 책을 출간해 베스트셀러에 올렸다. 《이스트 런던의 가족과 친족Family and Kinship in East London》(1957)에서는 베스널 그린 지역의 노동자 계층을 확대가족의 틀 안에서 강한 사회성과 상호원조 윤리를 바탕으로 긴밀히 연결된 공동체로 규정하고 전통적 유대를 파괴하는 대신 사회적 혜택을 제공하는 복지국가와 기나긴 싸움을 벌여왔다고 주장했다.[44] 또한 협회는 문법학교가 기회를 선사하는 게 아니라 혼란만 가중시킨다고 봤다. 중산층의 이질적인 가치관을 심어주기 때문에 노동자 계층 자녀들은 이웃과의 경쟁을 거부하고 문법학교에 진학하는 학생들에게는 강력한 제재를 부과함으로써 방어적으로 대응할 수밖에 없다는 것이다. 《학생들의 전통과 언어The Lore and Language of School Children》(1959)에서 이오나와 피터 오피는 문법학교를 민달팽이의 악취를 풍기는 문법 벌레, 더러운 협잡꾼, 문법학교의 오물, 문법학교의 사기꾼, 더러운 멍청이라고 부르며 맹비난했다.[45] 이 같은 공산주의적 주장은 미국 좌파 내에서 훨씬 강도 높게 오갔다. 찰스 라이트 밀스는 신좌파라는 용어를 만들었을 뿐만 아니라 신좌파가 소외 문제에 주목할 것을 기대했다. 그는 '이 시대에 불안과 병폐가 만연하는 근본적인 이유가 있다. 우리의 정치·경제, 가족생활과 종교 등 인간 존재의 사실상 모든 영역에서 18세기~19세기를 지배했던 확실성은 무너지거나 파괴된 반면, 우리가 살아가고 또 살아가야 하는 새로운 일상을 규제하거나 정당화할 명분은 아직 자리 잡지 못한 것이다.' 이 같은 고뇌는 우리 시대의 전형적인 존재인 화이

14. 능력주의에 반대하다: 좌파의 반란

트칼라 노동자에게서 특히 극심하게 나타난다. '이들이 안정을 되찾기 위해서는 반드시 어딘가에 소속되어야 하는데 온전히 그들이 소유할 수 있는 공동체나 조직은 존재하지 않는다.'[46]라고 주장했다. 1960년대 신좌파는 정치의 심장부에 공동체를 향한 열망을 구축했다. 언론의 자유운동에 불을 지핀 버클리 대학생 마리오 사비오는 클라크 커의 거대 대학교가 비인간적이라고 지적하며 '체계운용 방식 자체가 너무 혐오스럽고 역겨워 구성원이 되는 게 도저히 불가능할 때가 있다.'라고 비난했다.[47] 노동자 계층은 클라크 커의 능력주의적 다원대학에 대해서도 비슷한 반응을 보였다. 커는 지식의 경계를 확장할 수 있는 세계적 학자들을 지원하는 게 중요하다고 강조했지만 사비오는 버클리 대학교가 학생들을 거대한 관료체계의 톱니바퀴쯤으로 여겨 단기간에 갈아치운다고 비난했다. 1962년 미시간 대학생으로 반전운동에 참여하면서 급진성을 띤 톰 헤이든이 주로 집필하고 '민주사회를 위한 학생'에서 발간한 포트 휴런 선언은 소외를 비판한 가장 중요한 문서 중 하나였다. 유려한 부분도 있지만 대부분 제멋대로 논리를 편 25,000 단어의 이 선언문은 그래도 참여민주주의와 더 큰 소속감을 향한 공산주의적 갈망이 통합되어 있었다. 이 선언문은 '그나마 안락한 환경 속에서 성장해 지금은 대학교에 몸담은 이 세대는 우리가 물려받은 세상을 불편하게 바라본다.…… 우리가 불가능을 추구하는 거라면 상상할 수 없는 결과를 피할 수 있도록 부디 알려주기 바란다.'[48]라고 적혀 있다. 좌파는 집단권익 향상에 헌신함으로써 평등과 공동체에 대한 커지는 우려를 정치적으로 풀어냈다. 특히 인종차별과 성차별 해결에 주력했는데 둘 다 개인의 잠재력을 온전히 펼치는 데 장애물이었기 때문이다. 1963년 마틴 루터 킹은 '나는 꿈이 있습니다.'로 시작한 연설에서 사람들이 피부색이 아닌 각자의 내면으로 평가받을 것을 주장했다. 루스 베이더 긴즈버그는 남성 판사로만 구성된 대법원에서 미국 시민 자유연맹을 대표해 '나는 내가 여자라는 이유로 선처를 바라지 않는다. 내가 남성 교우들에게 요구하는 건 우리 목을 조르는 발을 치워 달라는 것뿐이다.'라고 말했다.[49] 하지만 소수집단을 다른 이들과 똑같이 대우하는 건 어떻게 하는 것인가? 수 세기 동안 흑인들은 노예제를 포함해 온갖 불이익을 당해왔는데 피부색을 무시하는 것만으로 충분할까? 여성은 계속 육아라는 엄청난 부담을 떠안고 있는데 블라인드 채용만으로 해결될까? 급진주의자들은 노예제 등 온갖 차별 대상이 된 이들이 겪어야 했던 능력주의적 논리에 의문을 제기하면서 성별, 인종, 성적 취향으로 인한 차별이 총체적으로 잘못된 만큼 총체적 해결책이 필요하다고 주장했다. 급진적인 작품들은 집단 정체성과 집단 해결책 둘 다 중요하다고 강조했다. 로빈 모건의 《자매애는 강하다Sisterhood is Powerful》, 저메인 그리어의 《여성, 거세당하다The Female Eunuch》, 케이트 밀럿의 《성 정치학Sexual Politics》(일괄 1970) 등 2차 페미니즘 문학, 제임스 볼드윈의 《단지 흑인이라서, 다른 이유는 없다The Fire Next Time》(1963), 스토클리 카마이클과 찰스 V. 해밀턴의 《블랙 파워: 미국 해방의 정치학Black Power: The Politics of Liberation in America》(1967)과 같은 흑인문학, 그리고 고어 비달의 소설들과 《퀴어의 정치학The

Politics of Being Queer》과 같은 동성애자 권리 문학 등이 그들이다. 카마이클과 해밀턴은 《블랙 파워》에서 '흑인의 고난은 개인이 아닌 집단의 일원이라는 이유로 주어진 것이다. 따라서 흑인 해방은 집단행동으로 달성할 수 있다.'라고 주장했다. 1968년 캐롤 허니쉬도 〈개인적인 것이 정치적인 것이다The Personal is Political〉라는 기고문에서 똑같은 논리를 폈는데 '현재 개인적 해결은 존재하지 않는다. 집단해결을 위한 집단행동이 있을 뿐이다.'라고 지적했다.⁵⁰ 대학교들은 기존 분야에 새로운 방식으로 접근하는 데 그치지 않고 새로운 학문 분야를 구축함으로써 급진적인 사상 중 상당수를 제도화했다. 1969년 샌프란시스코 주립대학교 역사상 최초로 흑인학과가 개설되었고 1970년에는 샌디에이고 주립대학교에 최초로 여성학과가 생겼다. 이들 학과는 이후 치카노(멕시코계 미국인 - 역자 주)학, 성적 취향, 젠더학과 함께 미국 전역을 휩쓸었다. 또한 운동가들은 소외된 집단의 공동이익을 강조함으로써 현재 교차성intersectionality(신분, 인종, 성별, 장애 등의 차별 유형이 별개로 존재하는 것이 아니라 서로 결합해 영향을 미친다는 것 - 역자 주)이라는 이론의 기초를 닦았다. 1965년 케이시 헤이든과 메리 킹은 인종적 카스트 제도와 성적 카스트 제도를 동일한 것으로 봤다. 1969년 백인인 굿맨은 자신의 에세이를 '나의 동성애적 욕구로 인해 나는 검둥이와 다름없는 존재가 되었다.'⁵¹라는 말로 시작했다. 흑표당원이던 휴이 뉴턴은 1970년 작성한 공개편지에서 흑인 혁명가들과 여성·동성애자 해방운동이 대연정을 구축할 것을 주장했다.

버클리에 위치한 캘리포니아 대학교 페미니즘 이론가 캐서린 맥

키넌은 집단권리뿐만 아니라 집단인식도 향상되어야 한다고 주장했다. '백인 남성에게 평등이란 그 남성 자신과 동등한지 여부로 판단된다. 이는 중립적이기는커녕 인종·성차별적 기준이다. 하지만 당신자신이 속한 문화나 성별의 일원임을 당당히 인정한다면…… 당신의 문화적 다양성이 그들의 문화와 동등한 방식으로 수용되고 인정되어야 한다고 분명히 주장한다면 평등에 대한 도전으로 여겨질 리없다.'[52]

사상의 결과

．

능력주의에 대한 반란으로 실질적으로 일어난 변화 중 하나는 1960년대~1970년대 영국에서 문법학교가 폐지된 것이다. 노동당이 11+의 조악함을 개선할 초기 방편으로 통합교육을 수용하면서 해롤드 윌슨은 통합교육을 모두를 위한 문법학교라고 그럴듯하게 포장했다. 앤서니 크로스랜드는 미국 고등학교의 저급한 학업 수준을 영국이 따라가지 않으려면 능력에 따른 세분화가 필수라고 주장했다.[53] 하지만 노동당은 시간이 갈수록 평등주의를 점점 더 추구했다. 1965년 교육부 장관에 임명된 크로스랜드는 문법학교를 완강히 반대하는 한편, 진보주의 교육을 열렬히 지지했다. 그는 아내 수잔에게 '죽기 전에 꼭 헤야 할 일은 잉글랜드, 웨일즈, 북아일랜드에 있는 문법학교를 모조리 폐쇄하는 거야.'라고 말하기도 했다.[54] 그는 마이클 영, 장 플라우드, A. H. 핼시와 같은 저명한 사회학자들의 영향을 상당히 많이 받았는데 특히 핼시는 크로스랜드의 방종한 성격을 탐탁잖게 여겼음에도 교육부 고문직 제안을 수락했다. '술고래에 바람둥이라⋯⋯ 술, 담배, 여자, 심지어 오페라까지 지나치게 탐했다.'55 진보적인 교육학자들은 11살에 인재를 선발하는 게 아니라 실력에 따라 후보군을 좁혀가는 것으로 목표를 수정했다. 시험으로 각 학생에 걸맞은 학교로 분류하는 게 미덥지 않다면 시험 결과에 따라 각자 분야로 분류하는 건 어떻게 가능하겠는가? 그리고 능력이 타고나는 게 아니라 주어진 환경의 결과라면 누가 능력에 따라 분류하기를 원하겠는가?56 통합학교는 또 다른 문법학교나 노동자 훈련 캠프가 아닌 평등한 기구로 자리매김해야 한다. 한편, 노동당 엘리트들은 심지어 문법학교보다 영국의 계급화를 더 부추긴 퍼블릭스쿨을 외면했다. 《사회주의의 미래》에서 크로스랜드는 퍼블릭스쿨에는 손도 안 댄 채 문법학교만 폐지하는 건 터무니없다고 주장했고57 휴 게이츠컬도 열렬한 지지를 표했다.58 하지만 훗날 그는 퍼블릭스쿨을 주정부에 귀속시켜 학비를 댈 여력이 없는 가정의 똑똑한 학생들에게 장학금을 제공하는 방안을 거부했는데 영 박사의 무서운 능력주의자들이 결국 배신할 게 분명했기 때문이었다.59 그리고 1965년~1967년 교육과학부 장관으로 자신이 터무니없다고 비난한 문법학교 폐지를 단행했다. 거기에는 여러 가지 이유가 있었다. 노동당은 자기 돈으로 자녀를 교육하려는 사람들을 방해해 논란에 휩싸이고 싶지 않았다. 교육부도 퍼블릭스쿨의 수백만 명 학생을 주 교육체계로 흡수하는

데 필요한 천문학적 비용이 걱정이었고 윌슨 정부는 문법학교 폐지를 둘러싼 논란에 대처하느라 여력이 없었다. 퍼블릭스쿨 학부모들은 자신은 혜택도 못 보는 자리를 위해 세금을 내야 했다. 이유가 무엇이든 문법학교 폐지는 15장에서 살펴보겠지만 엄청난 분열을 불렀다. 노동당은 중산층은 물론 노동자 계층에도 미약하나마 기회의 사다리로 작용했던 일련의 엘리트 학교를 효율적으로 무너뜨렸고 그에 비해 훨씬 부유한 부모들의 입맛에 맞는 엘리트 학교는 건드리지도 않았다. 퍼블릭스쿨 출신의 엘리트가 영국 사회를 독점하는 걸 막을 수 있었던 유일한 엘리트 계층이 사라진 것이다.

미국의 여정

미국은 영국과 비슷한 경로를 밟았다. 정책입안자들이 처음에는 노골적인 인종차별을 비롯해 계층 간 이동성을 가로막는 공식적인 장벽을 제거하는 데 주력하다가 결국 더 급진적인 태도를 취한 것이다. 하지만 영국과 다른 양상을 보인 데도 여러 가지 이유가 있는데 미국의 교육체계가 영국의 교육체계보다 훨씬 분권화되어 있는 것도 그중 하나였다. 미국 교육 분야의 전체 예산 중 교육부 지원은 6퍼센트에 불과했고 기타 학교 재정은 지역재산세로 충당해 예산 불균형이 상당히 심각했다. 또한 미국 법원의 권한이 영국보다 훨씬 강했다. 미국 전역의 협회와 시민들이 대법원 판결을 행동지침으로 삼은 결과, 공공정책을 실현 방법의 관점이 아닌 추상적 법 원칙의 관점에서 논쟁하는 경향이 있었다. 교육 기회의 평등이 과연 무엇을 의미하는가에 관한 논란도 대부분 정책 세미나가 아닌 법정에서 일어났다.

1963년 케네디 대통령 암살사건 이후 린든 존슨 대통령은 위대한 사회를 건설한다는 미명하에 미국의 수많은 사회 문제를 해결하기 위해 팔을 걷고 나섰다. 위대한 사회 건설 프로그램은 철저히 능력주의를 지향했다. 사실 위대한 사회라는 문구 자체도 에드워드 시대 점진적 사회주의를 추구한 대표적인 인물인 그레이엄 월러스에게서 빌려온 것이다. 린든 존슨 대통령은 민권과 선거권을 보장한 민권법(1964)과 선거권법(1965)으로 노골적인 차별 문제와 구조적인 불평등을 해결하려고 노력했다. 1861년 2월 22일 에이브럼 링컨 대통령은 필라델피아 독립기념관 연설에서 독립선언문에 기재된 평등의 원칙 덕분에 조만간 모두 어깨를 짓누르는 무게에서 벗어나 평등한 기회를 누릴 거라는 희망이 생겼다고 선언했다.[60] 린든 존슨 대통령은 링컨이 말한 '조만간'이 드디어 왔다고 믿었다. 1965년 6월 4일 기념비적인 하워드 대학교 연설에서 '자유로는 충분하지 않다. 수년간 쇠사슬에 묶여 있던 사람을 풀어준 후 레이스 출발선에 데려가 이제 다른 이들과 얼마든지 경쟁해도 좋다고 말한다고 순식간에 공정한 사람이 될 수 있는 건 아니다. 따라서 기회의 문을 열어주는 것만으로는 충분하지 않다. 우리 시민 모두 그 문을 통과할 능력을 갖추고 있어야 한다.'라고 선언했다. 당시 노동부 차관이던 대니얼 패트릭 모이니한은 이 같은 비전을 더 구체적으로 제시했다. '경주에서 특정 집단 구성원 대부분이 앞서 나가고 나머지는 뒤처지는 결과가 나타난다면 모든 개인이 똑같은 조건에서 출발하는 것만으로는 충분하지 않다.' 미국의 가장 고질적인 문제 해결에 누구보다 낙관적이던 린든 존슨 대통령을 포함해 모두 예상했던 것보다 훨씬 어려웠다. 위대한 사회가 도래할 거라는 낙관주의는 암살, 인종폭동, 캠퍼스 농성과 폭력시위의 불길에 사라져버렸다. 1960년대 후반 미국의 여러 도시를 뒤덮은 폭동은 백인들을 충격에 빠뜨렸다. 당시 《U.S.뉴스 & 월드 리포트》는 '다음은 내전?'이라는 질문을 던졌다. 1968년 2월 29일 발표된 후 오토 커너 의장의 이름을 따 커너 보고서로 알려진 '시민 불복종에 관한 정부 보고서'는 미국이 흑인과 백인 두 사회로 분열되고 있다고 결론내렸다. 이렇게 미국 사회가 분열에 빠진 책임은 온전히 미국 백인들에 있다고 보고서는 주장했다. '백인 미국인들은 절대로 이해하지 못했지만 흑인 미국인들이 결코 잊지 못하는 한 가지 사실은 백인 사회가 흑인 빈민가와 깊은 관련이 있다는 사실이다. 백인들의 제도 때문에 흑인 빈민가가 생겼고 백인들의 제도 때문에 지속되어 왔으며 백인 사회가 묵인해왔다.' 소위 콜먼 보고서는 미국에서 가장 오래된 문제를 해결하기 위해 노력한 린든 존슨 대통령의 비전에 처음으로 논리적인 반론을 제기했다. 1966년 사회학자 제임스 콜먼이 4천 개 학교의 거의 60만 명 학생을 대상으로 교육비 내역을 조사한 것이다. 그 결과, 콜먼은 학교 시설, 커리큘럼, 교사 경력을 평가했을 때 백인이 다수인 학교와 흑인이 다수인 학교 간에 별 차이가 없다는 결론에 이르러 다른 모든 이는 물론 자신도 놀랐다. 학생들의 실력에는 분명히 큰 격차가 존재하는데 이 부분이 학교 예산만으로 설명되지 않은 것이다. 시험 성적에 영향을 미치는 것이 입증된 한 가지 요소는 가정의 경제적 여건뿐이었다. 이 같은 결론은 돈을 들여 신의의 사회개혁을 단행하면 문제가 해결되리라고 믿었던 미국에 충격을 던졌다. 물리적 시설을 개선한다고 소수집단의 빈곤 문제가 해결되는 건 아니지 않은가? 이를 위해서는 사회구조적 문제로 더 깊숙이 들어가야 한다. 좌파의 주장대로 미국에 만연한 보상의 불평등을 해결하거나 우파, 특히 네오콘으로 알려진 민주당 출신 의원들의 새로운 학파가 주장했듯 노예제로 파괴된 흑인 가족구조 문제를 분석해야 한다. 이 보고서의 내용은 너무 충격적이어서 존슨 행정부는 아예 발표하지 않는 방안까지 고민하다가 결국 차선책으로 독립기념일을 하루 앞둔 금요일에 발표했다. 미국이 인종 간 격차를 해결하기 위해 실시했던 모든 방식은 상상보다 훨씬 큰 좌절을 안겼다. 그중 가장 야심 찬 시도는 적극적인 우대조치로 과거의 불공정과 현재의 불평등을 보상하기 위해 흑인을 비롯한 소수민족 구성원이대학교나 특정 기업에 지원할 때 특혜를 제공한 것이다. 덕분에 각 대학교와 기업 내 소수민족 비율이 올라가면서 미국 엘리트의 표상이 달라졌다. 하지만 사회 전체에 긴장감이 감돌았는데 일부 민족집단은 다른 잣대를 적용받는다는 사실에 미국 시민 대다수가 지속적인 반대를 표한 것이다. 게다가 법원도 수년 동안 적극적인 우대조치 범위를 좁혀갔다.

1978년 캘리포니아 주립대학교 대 바키 사건(백인인 앨런 바키는 입학이 허가된 학생들의 평균치보다 점수가 높았음에도 캘리포니아 주립대학교 데이비스 의대에 지원했다가 소수인종을 배려한 특례입학제도 때문에 불합격했다. 바키는 백인 학생에 대한 역차별이라며 소송을 냈고 주법원에서 승소하자 대학교측은 연방대법원에 항소했다. 다수 의견 대 소수 의견은 5:4로 근소하게 갈렸는데 파월 대법관은 다양한 인종이 캠퍼스의 다양성을 늘린다며 적법하다는 논리를 폈다. 단, 특정 인종의 비율을 정해놓은 할당제는 위헌임을 선언해 데이비스 의대의 정책이 위법이라고 판시했다 - 편집자 주) 당시 대법원은 입학 허가 때 인종적 요소에 특혜를 주는 걸 허용하되 반드시 인종할당제 이외 방식이 적용되어야 한다고 판결했다. 1996년 호프우드 대 텍사스주 사건 등 다른 판결은 소수인종 우대를 더 어렵게 만들었다. 적극적인 우대조치도 아쉬운 점이 많았다. 본래는 소수민족 학생 문제를 해결하기 위한 광범위한 프로그램의 일부로 멘토링이나 코칭과 같이 지속적으로 활용되어야 함에도 단순히 형식적 절차로 여기는 대학교가 많아 일단 입학만 시키면 후속 조치는 전혀 없이 학생 혼자 학교생활에 대처하도록 내버려둔 것이다. 적극적인 우대조치는 처음에는 특정 문제를 해결하는 단기 방편으로 도입되었고 대법원 판사였던 산드라 데이 오코너도 언젠가는 더 이상 필요없는 날이 온다는 전제하에 지지를 표했다. 하지만 또 다시 형식적인 절차로 변질되면서 최근의 이민자들과 같이 노예제에 희생된 적도 없는 온갖 집단에 무차별적으로 적용되었다. 역시 인종 통합을 위해 도입된 버스통학제는 적극적인 우대조치보다도 인기가 없었다. 버스통학제로 인한 가장 격렬한 싸움은

14. 능력주의에 반대하다: 좌파의 반란

민주당의 텃밭인 보스턴에서 벌어졌다. 하버드 대학교 로스쿨 출신으로 케네디 일가의 절친이었던 아서 개리티 판사는 아일랜드 이주자가 많은 사우스 보스턴 고교와 흑인 빈민가에 위치한 록스베리 고교의 통합을 결정했다. 그 결과, 흑인과 백인이 대립하고 노동자 계층과 고위 관료가 반목하면서 소요사태가 벌어졌다. 주경찰이 동원되고 학부모들은 서로 주먹질했다. 백인들이 학교를 떠나면서 사우스 보스턴 고교에 남은 불과 400명의 학생은 경찰 병력 500명의 감시를 받았다.[61] 결국 인종 간 적대감이 심해졌는데 버스통학제가 다른 인종을 바라보는 시각에 장기적으로 미친 영향 연구에 따르면 절망적이게도 이 연구에서 제시된 통합 환경에서는 인종 정체성과 인종의식이 오히려 고취되었고 인종분리를 도모한 사상이 인기를 누렸으며 실제로 다른 인종을 접할 기회는 줄었다.[62] 또한 계급적 적대감도 심해졌는데 개리티 판사는 부촌인 웰즐리에 살아 자녀가 아무 영향도 받지 않았고 진압 병력을 파견한 마이클 두카키스 매사추세츠 주지사도 부촌인 브룩라인에 살았다. 이는 지배층이 다른 모든 학생에게는 통합 원칙을 적용하면서 자기 자녀만 예외로 두는 부당한 사례가 분명했다. 버스통학제로 대혼란이 벌어졌지만 교육적으로 나아진 건 전혀 없었다. 1974년 록스베리 고교와 사우스 보스턴 고교는 보스턴에서 최악의 성적을 기록했고 10년 후 성적은 더 떨어졌다. 논란이 된 인종차별의 마지막 해결책은 엘리트 학교를 해체하는 것이었다. 19세기 말~20세기 초 미국 내 여러 대도시에 선발고교가 설립되었고 이들은 가난한 이민자 가정의 똑똑한 자녀에게 최고의 기회를 선사한다고 칭송받았다. 1948년 브롱크스 과학고를 졸업한 진 리히텐슈타인은 1978년《뉴욕타임즈》인터뷰에서 '지금은 순진한 생각이라고 하겠지만 당시 교사와 학부모들은 과학이야말로 아메리칸 드림의 실현이자 능력주의의 구현이라고 생각했다.······ 제도권에 수용된 이들은 아무리 수입이 적고 출신이 미천해도 얼마든지 열린 미래를 누릴 수 있었다. 중요한 건 성적뿐이었다.'라고 설명했다. 1960년대 들어 분위기가 급변했는데 각 학교에 입학하는 흑인 수가 너무 적다는 교육행정관들의 지적이 시발점이었다. 그래서 리히텐슈타인이 순진했다고 말한 것이다. 비평가들은 대부분 2시간 30분간 진행된 표준시험 결과대로 입학생을 선발하는 학교를 비난하고 대신 선발 범위를 출신 배경과 인종 등으로 확대할 것을 주장했다. 1975년 연방판사는 보스턴 라틴학교에 인종할당제 실시를 명령했다. 1983년 또 다른 연방판사는 샌프란시스코 로웰고교에 아시아인이 너무 많다고 지적하며 인종별로 입학 기준을 다르게 마련하라는 판결을 내렸다. 운동가들은 뉴욕의 엘리트 고교를 해체하고 시험이 입학 여부에 영향을 미치지 못하도록 부단히 노력했다. 보통 10:1의 경쟁률을 기록한 이들 고교가 인기가 있고 동문 중에 노벨상 수상자가 아홉 명에 성공한 학자와 사업가가 수두룩할 만큼 성공을 거뒀고 재학생의 사회적 배경을 고려하면 계층도 다양했는데 말이다. 스타이브센트 학교 학생의 ⅓은 급식을 무료나 할인된 가격에 지급받을 수 있었다. 엘리트 학교를 반대하는 운동은 오늘날까지 계속되고 있다. 뉴욕시장 빌 디블라지오는 엘리트 학교를 상대로 계속 게릴라전을 벌여왔다. 샌프란시스코 학교위원회는 시험 결과를 조정하는 것만으로는 충분한 성과를 거둘 수 없다며 로웰고교가 시험을 전면 폐지하고 추첨으로 신입생을 선발하는 방안을 추진했다. 이후 격렬한 논쟁이 벌어졌는데 시위대가 학교에 흑인학생이 너무 적다고 비난했다면 옹호론자들은 피부색에 개의치 않는 능력주의를 실천했다고 칭송했다. 참고로 전교생의 절반 이상이 아시아계다.

선한 의도의 저주

전후 황금기가 퇴색하면서 능력주의라는 꿈이 매력을 잃은 데는 그럴 만한 이유가 있었다. 복지국가는 기회의 평등을 온전히 실현할 대책 마련에 실패했는데 그 대표적인 사례가 미국의 인종문제였다. 복지국가는 심지어 11+ 정책을 강행한 영국 정부와 같이 무관심하고 오만한 태도를 보이는 경우도 많았다. 한편, 집단 불의에 시달린 소수민족들은 집단 배상을 위해 자연스럽게 똘똘 뭉쳤다. 그럼에도 능력주의에 대한 반란은 지나치게 근시안적이고 임의적인 방식으로 일어났다. 불평등의 깊은 뿌리는 뽑힐 줄 몰랐고 정책입안자들이 주립 엘리트 학교를 폐지하려고 애쓰는 동안에도 사립 엘리트 학교는 번창했다. 그리고 참여형 공동체를 만들려던 급진적인 욕구는 한낱 꿈으로 판명되었다. 15장에서는 능력주의에 반기를 든 좌파혁명이 얼마나 엄청난 역풍을 일으켰는지 살펴본다.

15.

능력주의의
부패

　1960년대~1970년대 평등주의를 향한 열기가 식자 1980년대 ~1990년대에는 자본주의의 황금기가 도래했다. 친시장 혁명이 일어나면서 새로운 엘리트 계층이 탄생했는데 이들은 신계급(어빙 크리스톨), 창의적 계급(리처드 플로리다), 부르주아 보헤미안(데이비드 브룩스), 어디에나 있는 이(데이비드 굿하트), 브라만(토머스 피케티), 다보스맨(새뮤얼 헌팅턴), 인지적 엘리트(출처 다수) 등 수많은 별칭을 얻었다. 이들 새로운 엘리트 계층은 자신들을 해외 방문이 잦은 능력주의 정신의 현신으로 여겼다. 게다가 이전에 능력주의를 신봉했던 계층보다 수적으로도 훨씬 많았는데 높은 IQ를 요구하는 업무가 공공부문과 민간부문에서 모두 급증했으며 심지어 대학교는 더 빠르게 확대되어 새 시장에 학업적 인재를 과잉공급했다. 이들은 돈을 대하는 태도도 전혀 달랐다. 옛 엘리트 계층은 자신을 전문 엘리트로 인식해 돈을 혐오했지만 새로운 엘리트는 돈을 성공의 척도로 여겼다. 이들 새로운 엘리트 계층을 구축한 건 세 가지 강력한 힘이었다. 이전 부유층이 능력주의를 수용했다면 이들은 능력과 돈을 모두 갖춘 새로운 부유층으로 자녀를 위해 교육적 특권을 매입하는 묘수를 썼다. 엘리트의 세계화로 재화와 정보, 무엇보다 돈의 흐름이 급증하면서 전 세계가 하나로 묶였다. 또한 계층 간 이동성이 전반적으로 쇠퇴하면서 빈곤층 자녀가 상류층에 편입하기는 더 어려워졌다. 중세 역사가들은 중세 후기 봉건제도를 더 순수했던 초기 봉건제도와 구분하기 위해 불량 봉건제도라는 명칭을 사용하기도 했는데[1] 1980년대에는 겉보기에는 능력주의이지만 포괄적이고 역동적인 특성을 부여하는 계층 간 이동성이 결여된 불량 능력주의가 실제로 탄생했다고 해도 과언이 아니다.

능력과 돈의 결합

·

1980년 이후 수십 년간 능력주의와 금권정치의 결합이 일어났다. 능력주의 덕분에 새로 엘리트로 등극한 이들은 자신의 특권을 다음 세대에 물려주기 위해 자녀를 사립학교에 보내거나 최고 주립학교가 있는 외곽으로 이사했다. 한편, 기존 부유층도 능력주의자들을 모방해 학업 성과를 한층 중시하기 시작했고 그 결과, 사회적 폐쇄가 일어났다. 이제 미국 내 38개 엘리트 대학교에는 하위 60퍼센트 학생보다 상위 1퍼센트 학생이 더 많고 하버드 대학교 학부모의 평균 연봉은 45만 달러에 이른다. 영국 옥스퍼드와 케임브리지 대학교 신입생의 절반 이상은 전체 인구의 7퍼센트만 다닐 수 있는 사립학교 출신이다. 기회의 문을 열고 계층 간 이동성을 촉진하기 위해 창조된 능력주의가 오히려 사회적 정체와 세습된 특권을 공고히 다지는 구실로 변질된 것이다. 새로운 부유층은 금융, 법, 기업공학, 기술과 같이 높은 IQ를 요구하는 분야 출신이 대부분이다. 2014년 조사 결과, 40세 미만 억만장자 중 가장 많은 40퍼센트가 기술 분야 종사자였고 16퍼센트 비율로 2위를 차지한 이들은 호텔·소매업 종사자였다.[2] IQ가 높은 부류의 사람들은 산업 공정에 숫자의 냉정한 원칙을 적용하는 기지를 발휘함으로써 제조업과 같은 구식 산업에도 혁신을 일으켰다. 새로운 부유층은 순수지능에 높은 가치를 부여했다. 풍부한 아이디어를 공유하는 걸 좋아해 매년 겨울마다 스위스 다보스에서 세계 경제포럼 회의를 열고 여름에는 콜로라도주 아스펜에서 아이디어 페스티벌을 개최하며 1년 내내 다양한 TED 회의를 열기도 한다. 계절의 변화를 옛 부유층은 경마나 보트 경주로 기념했다면 이들은 회의 개최로 기념한다. 또한 이들은 토머스 프리드먼과 데이비드 브룩스와 같은 위대한 사상가를 절친으로 꼽고 〈포린 어페어스〉와 〈뉴요커〉 등 정치색이 짙은 잡지를 정기구독한다. 〈태틀러〉보다 〈이코노미스트〉와 같은 잡지를 많이 보는 것이다. 벤처자본가로 페이팔 창립자이자 페이스북의 최초 투자자 중 한 명인 피터 틸은 전 세계 도발적인 지식인들을 샌프란시스코로 모셔와 함께 저녁식사를 하며 그의 최신 저서를 논의하는 걸 즐긴다. 그도 훌륭한 책이라고 할 수 있는 《세로 투 원Zero to One》을 직접 집필했다.[3] 마크 저커버그는 온라인 북클럽을 운영하고 링크드인 설립자 리드 호프먼은 젊은 시절 공공 지식인을 꿈꿨는데 지금도 옥스퍼드 대학교에서 철학을 공부하던 시절의 추억에 잠기곤 한다. 전 구글 회장 에릭 슈미트는 수많은 책을 집필했을 뿐만 아니라 아이디어를 나누는 회의에 빠짐없이 참석하는 걸로 유명하다. 실리콘밸리에서 사용하는 단어를 익살스럽게 정의해놓은 사전에서는 사상적 지도자를 무직 부자로 규정한다.[4] 매년 여름 빌 게이츠는 권장도서 목록을 발간하고 가장 트렌디한 기업들은 자사만의 아이디어 회의를 개최한다. 매년 구글은 캠프나 지성의 만남을 열어 억만장자와 사상가를 초빙하는데 2019년 기후변화를 주제로 회의가 열렸을 때 참가자들은 정시에 도착하기 위해 114대의 전용기와 슈퍼요트를 동원해 해당 주제에 대한 진심을 보여줬다. 한편, 기존 부유층은 능력주의적 가치를 수용했다. 버티 우스터가 책 한 권 제대로 독파하지 않고 술집에 살다시피 하며 이튼스쿨과 옥스퍼드 대학교를 졸업하는 게 가능했던 시대는 끝났다. 기존 명문가 자녀들은 이제 어린 시절부터 온갖 시험을 치르고 경쟁에서 뒤지지 않는 방법을 배운다. INSEAD(프랑스 퐁텐블로에 소재한 세계적 명성의 경영전문대학원 중 하나로 《파이낸셜타임스》 경영대학원 순위에서 2021년 1위로 선정되었다 - 편집자 주)와 IMD(스위스 국제경영개발원 - 편집자 주)와 같은 경영대학원은 유럽의 새로운 최종 학력 타이틀이자 결혼시장으로 각광받았고 2019년 구글 캠프에서는 맨발로 기후변화 강연을 한 해리 왕자가 최고의 화제였다. 어디든 경쟁이 치열해지면서 엘리트 기관은 시험에 더 집착하게 되었다.

50년 전 미국 최고 명문대들은 지원자의 30퍼센트를 선발하고 학업에는 재능이 없을지언정 운동능력이나 사교술이 뛰어난 학생을 위한 자리도 마련했다. 반면, 현재 이들 대학교가 받는 학생은 지원자의 10퍼센트도 채 되지 않고 스탠퍼드 대학교는 4퍼센트도 되지 않는다. '행복한 하위 50퍼센트' 같은 건 까마득한 옛날얘기에 불과하다.[5] 심지어 오늘날의 능력주의는 돈으로 점철되어 있다. 돈이 많을수록 중요한 시험을 모두 통과하도록 훈련받아 핵심 학위를 딸 확률도 높아진다. 게다가 오늘날의 능력주의는 친족 간 결혼부터 정실인사에 이르기까지 옛 귀족제도의 배타적 관습을 상당수 그대로 빌려왔다. 토머스 피케티가 현 세계를 초능력주의적이라고 규정한 건 지나친 낙관주의에 지나지 않으며 능력주의와 금권주의의 불안한 결합을 뜻하는 금권능력주의라고 부르는 게 더 정확할 것이다. 1980년 이후 수십 년간 변질되어온 영국 퍼블릭스쿨만큼 능력과 돈의 결합을 잘 보여주는 사례도 없다. 앞에서 우리는 퍼블릭스쿨이 1945년 이후 30년간 과거를 답습하며 문법학교와의 경쟁에서도 살아남지 못하면서 능력주의 혁명의 희생양으로 전락하는 과정을 살

퍼봤다. 그런데 이렇게 한때 쇠락하던 기관들은 오늘날 영국 기득권 계층의 자녀와 새로운 국제 엘리트의 자녀를 동시에 받으면서 잘 나가는 인재 양성소로 거듭났다. 퍼블릭스쿨을 나와 대학교에 진학하는 학생 비율은 1979년 48퍼센트에서 오늘날 90.1퍼센트로 급증했다. 물론 대학교 수 자체가 늘었지만 말이다. 또한 영국 퍼블릭스쿨 위원의 ⅓ 이상이 외국인이다. 2014년 홍콩과 중국 출신이 9,085명에 달했다. 퍼블릭스쿨은 전 세계에 진출해 카자흐스탄(헤일리버리), 두바이(렙튼), 방콕(해로우) 등지에 캠퍼스를 설립했다. 덜위치는 중국에 세 개, 한국과 싱가포르에 각각 한 개의 캠퍼스를 갖고 있고 퍼블릭스쿨 중 최고 인기를 자랑하는 웨스트민스터는 향후 10년간 중국에만 여섯 개 지점을 설립해 영국보다 20배나 많은 학생을 교육시킬 계획이다.[6] 학업성취도 면에서 퍼블릭스쿨은 주립학교를 압도적으로 능가했다. 영국 내 A등급 중 전 과목 A와 A⁺를 받은 학생의 절반은 전체 학생의 7퍼센트를 차지하는 사립학교 출신이다. 사립학교 네 군데, 그리고 선발 기준이 까다로운 여섯 번째 형태의 학교 한 군데에서 옥스퍼드와 케임브리지 대학교에 보내는 학생 수가 2천 개 다른 고교에서 보낸 학생 수보다 많다. 한 연구는 5년간 옥스퍼드와 케임브리지 대학교에 입학시킨 학생 수를 기준으로 학교 순위를 매겼다. 그 결과, 30위권 중 27개가 사립학교였고 50위권 중에서는 43개, 100위권 중에서는 78개가 사립학교였다. 최고 순위를 차지한 건 웨스트민스터로 합격률 50퍼센트를 자랑했다. 사립학교 출신 학생은 100개가 넘는 대학교 중 상위 20개 대학교를 모아놓은 러

5부. 능력주의의 위기

셀 그룹 중 한 군데에 합격할 확률이 국가 평균보다 다섯 배 높았다. 대학에 입학하고 좋은 직업을 구하는 데 퍼블릭스쿨 출신은 단순히 학문 분야를 넘어 대중의 사랑을 받는 분야에서도 두각을 보였다. 2019년 럭비 국가대표팀의 37퍼센트, 잉글랜드 크리켓팀의 43퍼센트가 사립학교 출신이었고7 조정, 승마, 사이클 등 값비싼 장비가 필수인 스포츠에서 사립학교 출신의 선전이 특히 두드러졌다. 이튼학교 출신인 한 선수는 1992년 이후 모든 올림픽의 앉아서 하는 종목에서 메달을 따냈다. 영국에서 유명세를 자랑하는 배우 중 상당수(데이미언 루이스, 에디 레드메인, 도미닉 레이서, 톰 히들스턴)가 이튼스쿨 출신이며 베네딕트 컴버배치 정도만 해로우스쿨 출신으로 다양성이 약간 가미되었다. 퍼블릭스쿨의 변화는 과학자와 여학생 교육이 얼마나 달라졌는지를 보면 더 실감난다. 한때 이들 학교는 과학자와 학문에 관심이 많은 여학생을 괴짜로 취급했다. 하지만 오늘날에는 두 부류 모두 탁월하게 육성하고 있다. 2011년 A등급 학생 중 퍼블릭스쿨 출신이 14.3퍼센트였는데 심화 수학의 A+등급 중에는 41.9퍼센트, 물리학은 36.6퍼센트, 화학은 33.7퍼센트, 생물학은 32.8퍼센트를 차지했다. 퍼블릭스쿨 출신 여학생의 90퍼센트 이상이 대학교에 진학한다. 퍼블릭스쿨이 이렇게 대성공을 거둔 건 돈과 훌륭한 경영이 합쳐진 결과물이었다. 이들은 1980년대 이후 수업료를 세 배 올려 기자와 성직자와 같이 퍼블릭스쿨 유형에 해당하는 수많은 가족을 걸러낸 만민, 은행가, CEO, 기업인의 자녀는 끝없이 받았다. 또한 이들은 최고 교사를 채용하고 최고 시설을 제공하기 위해 과감한 투자를 했다. 이튼스쿨과 말보로 학교는 올림픽 경기장 규모에 맞먹는 수영장, 최신 실험실, 전문가가 사용할 만한 극장, 고관 교사와 학습장애 전문가까지 갖췄다. 코로나 팬데믹이 계속되는 동안 여러 퍼블릭스쿨은 35,000파운드를 호가하는 테스트 기계를 매입해 학생들이 평소처럼 엘리트 준비에 매진하게 했다. 퍼블릭스쿨은 이 같은 자원을 일부 동원해 교육체제와 줄다리기하기도 한다. 난독증과 기타 학습장애가 있는 이곳 학생들은 주립학교 학생들보다 시험 시간을 더 길게 받는다. 이들은 시험 성적에 문제를 제기하는 데도 거리낌 없고 어수룩한 사람은 1단계에서 탈락하기 마련인 미국 등 해외 대학교에 지원하는 데도 조언을 아끼지 않는다. 2017년 스코틀랜드 자격위원회 발표에 따르면 국가시험에서 학생들이 받은 점수에 이의를 제기하는 비율은 사립학교가 세 배 높았다. 이 같은 돈과 능력의 결합은 가난한 아이들을 교육시키는 동시에 자선기관으로서 면세 혜택을 누리기 위해 설립된 기관의 임무가 왜곡되었음을 보여준다. 2019년 독립학교위원회는 사립학교 학생 중 수업료를 전액 지원받는 학생은 1퍼센트에 불과하고 절반 이상 지원받는 학생도 겨우 4퍼센트라고 보고했다.[8] 학생과 학부모는 치열한 경쟁심리에 사로잡혀 있으며 웨스트민스터 교장이던 존 래가 말했듯 톰 브라운의 학창 시절이 톰 브라운의 포르쉐 시절로 대체되었다. 학생들이 결국 빨간 포르쉐와 프랑스 남부에 집을 사기 위해 좋은 점수를 받고 좋은 계약을 따내는 데 혈안이 되어 있다는 것이다.[9]

계층별 짝짓기

돈과 능력의 결합은 인류의 가장 원초적인 두 가지 본능, 즉 우리 같은 사람과 결혼하려는 성향(계층별 짝짓기)과 자녀에게 최고를 선사하고 싶은 욕구로 추진되어 왔다. 아마도 우리는 왕자와 결혼하는 신데렐라 이야기를 자녀에게 계속 읽어주겠지만 정작 대학졸업생은 다른 대학교 졸업생과 결혼하고 고교 중퇴생은 다른 고교 중퇴생과 결혼하는 게 현실이다. 온실과도 같은 기숙형 대학교에 젊은 청년들을 대거 모아두면 끼리끼리 짝지을 확률이 높다. 설사 그렇지 않더라도 잃어버린 시간을 보상할 수 있는 엘리트들의 연애 사이트가 존재한다. 아이비리그 학생을 위한 짝찾기 사이트 더 리그the League는 엘리트를 위한 틴더Tinder라는 별칭으로 알려져 있다. 페이스북도 처음에는 하버드생만을 위한 데이트 사이트로 시작했다가 나중에 아이비리그 학생들로 범위를 넓혔다. 학사 출신 여성과 결혼하는 학사 남성 비율은 1960년~2005년 25퍼센트에서 48퍼센트로 두 배 늘었고 이후 상대방의 학력을 쉽게 찾아볼 수 있는 데이트 어플이 등장해 이 같은 변화 속도는 더 빨라졌다.[10]

지난 수십 년간 엘리트 대학교와 칼리지가 남녀공학으로 바뀌고 사회적으로 성공을 거두는 여성이 늘면서 권력을 가진 인재 부부 비율도 몇 배나 늘었다. 미국의 경우, 수십 년 만에 처음 탄생한 민주당 빌 클린턴과 힐러리 클린턴 부부는 예일 대학교에서 만났고 영국 신노동당 최고의 커플 에드 볼스와 이베트 쿠퍼는 옥스퍼드 대학교에서 함께 PPE(철학, 정치, 경제 대학 과정 - 편집자 주)를 읽다가 연인으로 발전했다. 전 프랑스 대통령 프랑수아 올랑드는 사회당 지도부에 출마했을 당시 그에게 도전장을 낸 세골렌 루아얄과 장기 연애 중이었다. 부부는 물론 자녀까지 발리올 대학교 출신이 수두룩한 옥스퍼드 발리올 대학교 연례 기록을 보면 '모든 직업의 나무 꼭대기에서 발리올 대학교 출신 남성의 통나무집을 발견할 것'이라는 옛 격언은 발리올 대학교 출신 여성과 아기까지 포함하는 범위로 고쳐야 한다. 계층별 짝짓기는 불평등을 확대생산하는 수단으로 작용했다. 변호사 부부는 매장관리자 부부보다 훨씬 부유할 수밖에 없다. 또한 이는 소수 억만장자가 성층권 어딘가에 살고 있다는 사실보다 사회의 전반적인 기조에 훨씬 더 큰 영향을 미쳤다. 미국의 한 학술연구 보고서에 따르면 1960년 결혼한 고졸 부부는 평균 가계소득의 103퍼센트를 벌었지만 2005년 비슷한 여건의 부부는 평균 소득의 83퍼센트를 버는 데 그쳤다. 반면, 부부 양쪽이 석사 학위까지 마친 가구는 평균 가계소득 대비 1960년에는 176퍼센트를 벌었지만 2005년에는 219퍼센트를 번 것으로 나타났다. 계층과 상관없이 사람들이 배우자를 선택한다면 전반적인 불평등 수준은 1960년과 거의 비슷해질 것이다.[11] 계층별 짝짓기는 지리적으로 끼리끼리 모여사는 경향으로도 강화된다. 최고 부유층은 늘 팜비치와 같이 햇빛이 잘 들고 바람피우기 좋은 지역에 모여 살았다. 최근 수십 년간 신흥 고학력 인사들은 런던, 파리, 뉴욕, 샌프란시스코 등 소수 고학력 도시 중에서도 런던 이슬링턴, 뉴욕 맨해튼과 브루클린, 캘리포니아 북부 팔로 알토 등 소수 부촌에 모여들기 시작했다. 현재 이들 도시 집 값은 너무 올라 중산층 가족이 떠나는 추세다. 한때 노동자 도시로서 긍지가 높았던 샌프란시스코는 디지털 업계 백만장자와 아날로그 방식의 거지들이 공존하는 도시로 변했다. IQ가 높은 남녀가 결혼하면 자녀 공동경작이라는 합동 프로젝트에 착수한다.[12] 이 같은 경향은 불평등이 단연 극심한 미국 등 선진국에서 가장 두드러지는데 이들의 자녀는 세 살 무렵 평균 1,116개 단어를 습득하는 반면, 노동자 계층의 자녀는 749개 빈곤층 자녀는 525개를 습득한다. 부모가 전문직인 자녀는 네 살 무렵 4천 500만 개 단어를 듣지만 노동자 계층의 자녀는 2천 600만 개, 빈곤층 자녀는 1천 300만 개에 그친다.[13] 이후로도 엘리트 부모는 자신의 IQ, 돈, 인맥을 총동원해 자녀에게 최고의 교육을 시킨다. 공직에 종사한다면 학교기금 덕분에 퍼블릭스쿨이 버젓이 사립학교 기능을 하는 부촌으로 이사할 것이다. 켄터키 바버빌 독립학군의 학생당 투자비용이 8,000달러인 반면, 뉴욕 스카스데일 유니온 자유학군은 27,000달러에 달한다. 그리고 필요하면 시도 때도 없이 모금을 진행한다. 학교 모금활동은 미국에서 지극히 자연스러운 일상인 만큼 인기 TV 시리즈 〈빅 리틀 라이즈Big Little Lies〉는 주니어 스쿨의 초호화 모금행사에서 벌어진 살인사건을 중심으로 전개된다. 연봉 20만 달러 이상의 부모 중 ¼이 현재 자녀를 사립학교에 보내고 있는데 영국보다 상당히 높은 수준이며 한때 공통학교가 미국을 점령했던 걸 감안하면 괄목할 발전이다. 입학 자격을 두고 부자들 사이에 벌어지는 경쟁은 얼마든지 악랄할 수 있으며 유치원에서부터 시작된다. 뉴욕시에 위치한 어린이집 필드스톤의 연간 수업료는 5만 달러에 달하지만 지원생의 5퍼센트만 입학 가능하다.[14] 교육 컨설팅업체 PEAS의 제니퍼 브로조스트는 부모들이 유치원 8~10군데에 지원하고 그중 가장 보내고 싶은 세 곳에는 연애편지도 써가며 원장에게 좋은 인상을 남길 방법을 열심히 연구하도록 조언한다.[15] 고故 크리스토퍼 히친스는 살면서 가장 골치아팠던 일 중 하나는 친구들을 위해 워싱턴에서 가장 인기 많은 유치원에 추천서를 써주는 거라고 말했다. 자녀를 어떻게 도와줘야 할지 부모들의 걱정이 너무 크다 보니 최근 '헬리콥터 부모' 문제를 다룬 책들도 다양하게 나와 있다. 헬리콥터 부모는 자녀를 피아노 레슨부터 대수학 캠프, 코딩클럽 학원 등에 실어 나르며 깨어있는 모든 시간의 가치를 극대화하기 위해 자녀를 쥐어짜고 숙제까지 부모가 직접 해준다. 미국의 대부분 학교는 부모가 자녀의 출석 사항과 성적 등을 확인할 수 있는 학부모 포털 사이트도 개설해놨다. 헬리콥터 육아는 심지어 장성한 자녀에게까지 적용된다. 영국 대학교들은 학교 여는 날 부모들이 너무 많이 와 입학 희망생들이 들어올 공간이 없다고 불만을 토로한다. 미국 학부모 중에는 학생 기숙사에서 자녀와 함께 자다가 발각되기도 했다. 심지어 석사 과정에 지원한 자녀를 위해 면접시험에 동행하는 부모도 넘치는데 취업 면접시험 때도 마찬가지다. 헬리콥터 육아에서 한 단계 발전한 게 호랑이 육아다. 예일 대학교 법대 교수 에이미 추아는 2011년 자전적 이야기가 담긴 《타이거 마더Battle Hymn of the Tiger Mother》를 출간해 화제를 모았는데《월스트리트 저널》에서 요약한 그녀의 논지는 다음과 같다.

> 중국인 학부모의 자녀들이 전형적인 성공을 거두는 비결을 궁금해하는 이들이 많은데 나는 알려줄 수 있다. 직접 경험했으니까. 내가 소피아와 루이자 두 딸에게 절대로 허락하지 않은 건 다른 곳에서 자고 오기, 놀이 약속 잡기, 학예회 참석하기, 학예회에 참석 못했다고 불평하기, TV 시청이나 컴퓨터 게임하기, 방과 후 활동 직접 선택하기, A 이하 점수 받지 않기, 체육과 드라마를 제외한 모든 과목에서 1등 놓치기, 피아노나 바이올린을 제외한 다른 악기 연주하기, 피아노나 바이올린 연주하지 않기 등이다.[16]

추아의 책은 같은 학부모 사이에서 당혹감과 우려를 낳았지만 사실 그녀의 방식은 엘리트 부모의 육아를 논리적 극단으로 가져간 것일 뿐이다. 부유한 부모들은 미국에서 아이비 위스퍼러라는 전문가를 고용해 유리한 지위를 점하기도 한다. 전문가가 자녀의 입학시험 대비를 책임지는 건 물론 입학 지원 에세이 작성도 도와주는 것이다. 버지니아 페어팩스에 위치한 독립교육컨설턴트협회IECA의 집계에 따르면 미국에서 학생들의 엘리트 대학교 입학을 도와주는 전문 인력만 8,000명이 넘으며 입학사정관이나 입학상담 전문가가 부업인 이도 수천 명이다. 아이비 코치라는 컨설팅 업체는 5년간 입학 지도를 전담하는 풀 서비스 패키지를 150만 달러에 제공하고 있다. 이 패키지에서는 우선 8학년부터 명문대에 입학하기 위해 어떤 수업을 들고 어떤 과외활동을 해야 하는지 선택해주고 이후에는 SAT를 비롯해 표준시험 합격을 위한 고강도 코칭에 들어가며 입학 지원 에세이 편집은 물론 그 같은 개인지원서를 세심히 수정하면서 학생 자신이 확실히 기억하게 해준다. 구몬과 카플란과 같이 개인교사와 컨설턴트를 제공하는 전국 규모의 체인업체는 입학 준비 기술을 과학으로 승화시키기 위해 노력 중이다. 부유한 부모 중에는 자신이 선택한 대학교에 자녀를 입학시키려는 의지가 너무 강해 부정행위도 서슴지 않는다. 2018년 FBI는 작전명 '바시티 블루스'라는 수사를 시작했다. 이를 통해 상당한 수완의 입학 전문상담가 윌리엄 '릭' 싱어가 2011년~2018년 부와 권력을 가진 부모의 자녀를 스탠퍼드와 예일 대학교와 같은 엘리트 대학교에 편법으로 입학시킴으로써 무려 2,500만 달러를 벌어들인 사실을 밝혀냈다. 싱어의 고객 중에는 미국 드라마 〈위기의 주부들〉의 배우 펠리시티 허프만, 국제 로펌 공동의장 고든 카플란, 실리콘밸리 사모펀드 투자자이자 윤리적 투자를 추구하는 윌리엄 맥글래샨이 포함되어 있었다. 싱어는 입학시험 감독관에 뇌물을 줘 점수를 조작하거나 학습장애 진단서를 날조하는 등의 수법을 썼다. 또한 학생이 관심이나 적성이 전혀 없는 운동경기를 하는 사진을 꾸미고 경기기록을 조작해 운동관계자들이 그 허위기록을 받아들이게 속였다. 검찰에 따르면 카플란은 딸아이에게 학습장애가 있다는 허위진단서를 작성하고 75,000달러를 지급해 입학시험 점수를 부풀렸으며 배우이자 프로듀서인 로리 로클린은 미성년 유명인사이자 인스타그램 인플루언서인 딸들이 남캘리포니아 대학교 조정팀 선수로 기용되도록 50만 달러를 줬다. 두 딸 중 한 명은 심지어 자신이 조정하는 모습의 사진을 포토샵으로 위조했다.[17] 한 고객과의 통화기록에서 싱어는 엘리트 대학교에 들어가는 문이 세 개 있다고 주장했다. 첫 번째는 정문인데 자신의 힘으로 들어가는 것이며 이 문이 생기기까지의 여정이 바로 이 책의 주제였다. 두 번째는 뒷문으로 수십억 달러를 기부하고 입학하는 것이다. 싱어는 백만장자들도 수십억 달러 자산가의 자녀가 누리는 특권을 자녀에게 선사할 수 있는 옆문을 발견했다고 주장해 사기극에 평등주의적 색채를 가미했다. 돈을 주고 시험성적을 조작하는 것이다. 싱어의 사기극은 미국 사회를 분노케 했다. 하지만 진짜 수치는 결국 사법처리된 사건 자체가 아니라 부유층에게 유리하게 고착된 교육 체계의 현실이다. 논평가들은 아이비리그 대학교들이 부끄러운 줄도 모르고 졸업생의 자녀나 유산에 적극적인 우대조치를 하고 있다고 지적했다. 엘리트 대학교는 동문 자녀의 입학 비율이 일반 지원자의 여섯 배 이상이고 매년 하버드 대학교 입학생의 약 ⅓은 하버드 대학교 동문의 친·인척이다. 하지만 부유층을 위한 적극적인 우대조치는 이 밖에도 다양하다. 싱어 스캔들에서 드러났듯 운동선수로 가장하는 방법도 널리 쓰여 뉴잉글랜드 윌리엄스의 한 대학교 학과마다 운동선수 비율이 ⅓에 달한다. 엘리트 대학교들은 고전적인 운동 종목뿐만 아니라 조정, 골프, 라크로스와 같은 이국적인 종목의 선수 학생도 주기적으로 선발한다. 버지니아 대학교에는 폴로선수 장학 제도가 있어 외곽 지역 학생이 대거 기용된다. 수많은 명문대는 악의를 제도적으로 구현했다고 할 만큼 부유한 유명인사의 자녀를 입학시키기 위해 온갖 수단을 동원한다. 하버드 대학교에는 Z 목록이 존재하는데 1년간 입학이 유예된 학생들을 입학시키는 것으로 대부분 부유한 졸업생의 자녀가 선발된다. 듀크 대학교 입학사정관은 스티븐 스필버그 의붓딸의 면접을 실시하기 위해 그의 집을 직접 방문했다. 프린스턴 대학교는 부시 대통령의 조카이자 유명 패션모델 로렌 부시가 입학 지원 기한을 한 달이나 어겼음에도 입학을 허가했다. 트럼프의 사돈은 아들 재러드 쿠슈너가 하버드 대학교에 지원할 때 250만 달러를 지급한 것으로 알려졌는데 덕분에 쿠슈너는 중위권 성적으로도 능력주의의 성전에 들어갔다. 자칭 촌뜨기 억만장자 도널드 트럼프는 두 자녀 도널드 주니어와 이방카의 모교인 펜실베이니아 대학교 와튼스쿨에 수년간 150만 달러를 기부했을 것이다.[18] 부유한 집안의 자녀들은 값비싼 입학비용뿐만 아니라 온갖 특혜도 누렸다. 부유한 부모나 운동 재능이 아닌 자신의 능력만으로 명문대에 선발되는 비율은 40퍼센트에 불과하다.[19] 온갖 역경을 이기고 명문대에 입학한 학생들, 즉 제퍼슨이 말한 진정한 귀족은 온갖 특권과 인맥을 활용해 그 자리에 온 학생들의 몸종 노릇을 하기 십상이다.[20] 한 학생은 동료 학생의 배설물을 마주해야 했다. '가장 역겨운 건 화장실을 뒤덮은 배설물이었어요. 치우기 힘들었죠. 바닥에 뭔가가 너무 많아 그들이 벗어놓은 속옷까지 치워야 했어요. 도대체 그 안에 어떻게 들어가 볼일을 봤는지 이해가 안 가요.'[21] 또 다른 학생은 사용하고 벗어놓은 콘돔의 바다를 만났다. '어떤 방은 바닥 전체가 사용한 콘돔으로 뒤덮여 있었어요. 라크로스팀 소행이었죠. 끔찍했지만 사람들이 타인을 얼마나 멸시할 수 있는지 뼈저리게 느꼈죠.'22 명문대에서는 이 같은 부유층 우대제도와 더불어 특정 부류의 일반인, 특히 아시아계 미국인에 대한 선입견까지 활개를 쳤다. 라크로스 선수라는 사실이 미덕이었던 것과 마찬가지로 지나치게 노력하는 건 죄악으로 여겨졌다. 《뉴욕타임즈》의 교육 전문기자 자크 스타인버그는 저서 《게이트키퍼The Gatekeepers》(2002)에서 코네티컷주 미들타운에 위치한 명문 인문대학 웨슬리언의 입학제도를 연구해 흥미롭지만 분노할 수밖에 없는 사실을 폭로했다. 스타인버그에 따르면 그곳 입학사정관들은 영향력과 인맥을 중시하는 건 물론 자신의 사상적·민족적 선입견도 그대로 반영해 학생을 선발한다. 중국인 이주 지원자 티파니 왕은 영어가 모국어가 아님에도 SAT 점수가 전체 평균보다 100점이나 높았다. 게다가 전국 우수 장학생 프로그램 준우승자로 전미 고교생 상위 0.5퍼센트에 드는 인재였다. 하지만 입학사정관은 티파니를 불합격시켰고 훗날 티파니가 사형 반대운동에 얼마나 공을 들였는지 알고 있었다면 지원하지 않았을 거라고 밝혔다.23 학자들은 무엇보다 공정을 중시하는 원칙대로 이 같은 편애와 후견 제도에 반대하리라 예상할 것이다. 하지만 그들은 놀랍도록 침묵을 지켰는데 그들 자신이 전문관료들에 입학을 자신의 학위 과정에 집중하고 그들 자신도 백그라운드 제도의 혜택을 봤기 때문이다. 그들은 자신이 교수로 재직 중인 학교에 자녀가 입학하면 등록금 면제 혜택을 받았을 뿐만 아니라 입학 허가도 훨씬 쉽게 따낼 수 있었다.

2003년 보스턴 대학교는 무려 900만 달러 비용을 감수하며 교수진의 자녀 91퍼센트를 받아들였다. 노트르담 대학교도 SAT 평균 점수가 현저히 낮음에도 교직원 자녀의 70퍼센트를 받아들였고 그에 비해 자기 힘으로 입학한 지원자는 19퍼센트에 불과했다. 컨설팅업체, 투자은행, 대형 로펌과 같은 엘리트 기업도 그들만의 특혜를 이어갔다. 노스웨스턴 대학교 켈로그 경영대학원의 로렌 리베라는 연구에서 엘리트 기업이 지적 인재뿐만 아니라 특권층을 채용하기 위해 온갖 방법을 동원한다고 보고했다.[24] 그들은 여가시간에 테니스를 치거나 스키장에 가는 등 상류층 활동을 하는 이들을 선호한다. 객관적인 시험보다 적합성 등의 주관적 요소를 중시하며 근사하게 차려입고 세련된 언어를 구사하는 좋은 녀석 여부를 평가하는 구식 기준이 대부분이다. 이 같은 경향은 리베라가 인터뷰한 한 컨설턴트의 말에 완벽히 포착되었다. '우리는 하버드나 예일 대학교 학생을 선호하지만 거기서 학점 높은 공대생들은 아시다시피 친구도 없고 커다란 안경을 쓰고 온종일 교과서만 파고드는 스타일이에요. 그런 학생은 입사할 가능성이 없죠…… 저는 우리 회사가 엘리트 사교클럽 같다고 늘 말해요.'[25]

새로운 정실인사

새로운 능력주의는 현대판 정실인사로 인해 한층 심하게 훼손되었다. 새로운 정실인사는 이전보다 훨씬 정교해 과거와 같이 정계 최고위직을 자녀에게 즉시 상속하거나 공직을 친척에게 물려주는 것은 불가능하다. 부시 왕조는 작센코부르크 왕조와 달라 존경받을 만한 자격을 갖춰야 했고 실제로 조지 W. 부시는 예일과 하버드 대학교 경영대학원을 모두 다녔다. 하지만 주요 가문에서 인맥을 확보해 고위 관직을 지속적으로 점유하는 경우도 수두룩하다. 이들은 오른쪽 귀에 뭐라고 속삭이기만 하면 음주운전 혐의를 삭제하고 절묘한 순간에 가진 힘을 발휘한다. 가족 특권은 정계에서 특히 부당하게 사용되는데 민주주의 사회의 정치인은 자신이 속한 파벌이 아닌 일반 시민을 대변해야 하기 때문이다. 미국 정치가 소수 엘리트 가문에 좌지우지되는 경향은 놀랄 만큼 심하다. 부시나 클린턴 가문의 인물은 1980년~2004년에 열린 모든 대선에 출마했고 왕조의 영향력이 갈수록 강해진다는 증거도 존재한다. 2000년 대선은 대표적인 정치인의 두 아들이 출마한 최초의 선거이자 1912년 이후 열린 대선 중 두 후보 모두 아이비리그 출신인 최초의 선거였다. 조지 W. 부시는 1824년 이후 대통령 아들로서는 처음으로 백악관에 입성했다. 부친과 같은 공화당 후보로 대통령이 된 것도 처음이었다. 도널드 트럼프는 백악관 핵심 직위를 딸 이방카와 사위 재러드 쿠슈너를 비롯한 가까운 가족에 맡겼다. 젭 부시의 장남 조지 P. 부시는 텍사스 일반 토지사무소 이사로서 이미 대중의 지지를 얻었고 공화당에서도 입지가 높아지는 중이다. 'P'는 그의 할아버지이자 미 상원의원이던 프레스콧에서 따온 것이다. 부시와 클린턴 가문의 사례는 정실인사가 판치는 정계에서 거대한 빙산의 일각일 뿐이다. 뉴욕 주지사이자 마리오의 아들 앤드류 쿠오모 전 캘리포니아 주지사이자 역시 캘리포니아 주지사를 지낸 팻의 아들 제리 브라운, 그리고 캐롤라인 케네디를 포함해 케네디가의 수많은 정치인을 생각해보라. 2012년 공화당 대선후보였던 밋 롬니는 미시간주 주지사이자 대선에 출마했던 조지 롬니의 아들이었다. 호혜적 정실인사는 이제 의회 관행으로 자리 잡아 의원들은 서로 친구 자녀의 일자리를 구해주는 데 여념이 없다. 헌터 바이든은 부친의 유명세를 이용해 동부 유럽을 중심으로 다양한 위원회의 위원직을 꿰찼다. '의원직은 기본적으로 가족 구성원 모두의 수입원 역할을 한다.'라고 워싱턴 '책임과 윤리를 추구하는 시민들'의 멜라니 슬로안은 말한다. '재능만으로 살아갈 수 있는 사람도 있지만 인맥까지 더해지면 훨씬 좋은 결과를 얻을 수 있다. 둘 중 하나만 가질 수 있다면 인맥을 선택해야 할 것이다.' 새로운 정실인사 체제는 이전과 별로 다르지 않은 문제점을 노출했다. 정실인사로 고위직을 꿰찬 사람들은 자신만 모르는 특권의 벽에 둘러싸여 그들이 통치해야 하는 사람들과 완전히 단절되었다. 2000년 백악관을 떠날 당시 클린턴 여사는 진지한 태도로 자신과 남편이 이제 가난해졌다고 말했는데 초부유층 세계에 워낙 익숙해져 가난의 의미를 까맣게 잊었던 게 분명하다. 하지만 새로운 정실인사 체제는 한 가지 중요한 측면에서 이전보다도 못했다. 전임자들은 갖고 있던 죄책감마저 잃은 것이다. 짐 하이타워가 조지 H. W. 부시를 겨냥해 '그는 애당초 3루에서 태어났으면서 자신이 직접 3루타를 친 줄로 안다.'라고 조롱한 건 사실 정실인사의 혜택을 누린 대다수에게 해당하는 말이다. 실제로 그들은 자신이 똑똑해 그 정도 학력을 갖췄다고 믿기 때문이다. 새로운 정실인사 체제는 귀족주의의 인맥을 민주주의와 능력주의가 공존하는 시대에 걸맞게 재창조했다. 왕가 일원으로 태어나면 명문대에 입학하고 유명 기업이나 싱크탱크에 입사하며 기성 정치인 밑에서 일할 확률이 높아진다. 또한 그때까지는 부모님 곁에서 무료봉사나 하며 놀고 먹을 수 있다. 이는 경제성장은 둔화하고 임대료는 천정부지로 치솟는 세상에서 특히 중요한 사실이다. 또한 이들은 귀족주의 인맥을 세계화 시대에 걸맞게 재창조했다. 금권능력주의자 심지어 가짜 능력주의자들은 자신이 속한 계층 내에서만 서로 어울리고 결혼함으로써 더 넓은 사회와 단절되고 있기 때문이다. 게다가 국제기관에서 국제적 경력을 쌓는 것도 단절을 심화시킨다. 영국 노동당 의원직을 버리고 뉴욕에 가 국제 구조위원회 회장을 하며 엄청난 보수를 받는 데이비드 밀리밴드는 일전에 아름다운 풍광을 자랑하는 아스펜 사진을 트위터에 올리며 난민 문제를 토론하기에 완벽한 장소라고 말했다.

코스모스 클럽

●

능력에 따라 선발되고 가맹기관으로 연결된 글로벌 엘리트의 개념은 수 세기 동안 최고 인재들이 꿈꿔온 것이다. 세실 로즈는 영어권 국가에서 가장 장래가 촉망받는 인재를 옥스퍼드 대학교에 입학시키기 위해 로즈 장학제도를 만들었다. 데이비드 록펠러는 지치지 않고 일하면서 빌더버그 그룹과 삼극위원회와 같은 국제 조직을 지원하거나 설립했다. 심지어 칼 슈밥은 한술 더 떠 세계경제포럼WEF을 창립했다. WEF는 스위스 다보스에서 열리는 정기 대축제로 매년 1월 1,300여 명의 인사가 모여 국제적 인맥을 쌓고 자신을 홍보한다. 하지만 이는 WEF의 부차적 행사에 지나지 않는다. 제네바에 본부를 둔 WEF는 보고서를 발간하고 글로벌 리더를 선발하며 더 작은 규모의 다양한 국제회의를 주관한다. 슈밥은 타이밍을 아주 기막히게 잡았다. 매년 겨울 다보스를 방문하는 1,300명의 남녀는 세계적 명성을 자랑하는 계층의 대표적인 인물들이다. 끊임없이 해외를 방문하면서 국제공항 비즈니스 클래스 라운지를 드나들고 인맥을 구축하고 경영서를 탐독하면서 세계를 더 작은 곳으로 통합하는 국제 기업과 기관의 임원진이다. 국제 엘리트 중에서도 단연 야망이 큰 부류는 국내 기관을 운영하는 데 만족하지 못하고 세계 무대를 갈망한다. 자기 분야에서 계급 피라미드를 올라갈수록 각국 동료와의 교류가 늘면서 전 세계를 아우르는 계층을 구축하는데 이때 공통 조건은 특정 성과와 두터운 인맥이다. 같은 대학교나 경영대학원을 나오고 같은 기업뿐만 아니라 자선단체와 예술조직 등의 위원회 회원으로 활동하면 되는 것이다. 심지어 거래체결이나 투자유치 때도 이 같은 전제조건을 충족시켜야 한다. 글로벌 능력주의의 가장 중요한 원동력은 글로벌 기업이다. 1980년부터 글로벌 금융위기가 닥칠 때까지 세계화의 황금기 동안 선두 기업들은 처음에는 많은 나라에 자회사를 설립하고 그다음에는 통합운영을 위해 노력함으로써 세계화를 열정적으로 받아들였다. 오늘날에도 대부분 더 신중한 태도를 보이지만 세계화에 계속 나서고 있다. 세계화 시대의 거장들은 중소기업이 국경 없는 세상을 100퍼센트 활용하는 방법을 배우면서 국제 경쟁에서 규모의 소멸이 일어날 걸로 믿었다. 하지만 현실은 정반대였다. 세계 최대 글로벌 기업들이 세계 경제 지배력을 더 공고히 다진 것이다. 유엔 무역개발회의UNCTAD가 매년 발표하는 세계 최고 다국적 기업 목록에 따르면 대기업이야말로 1990년대 중반 이후 매출과 고용 등의 지표에서 기록적인 성장세를 보였다. 계열사부터 외부 하청업체에 이르기까지 수백 개 파트너가 참여하는 공급망을 구축함으로써 엄청난 효율성을 달성한 것이다.[26] 이들 글로벌 대기업은 능력주의 체제에 따른 광범위한 절차를 밟아 인재를 선발하고 세계적 네트워크의 직업을 제공함으로써 국제 지도층 양성에 상당한 투자를 했다. 독일 화학용품업체 헨켈의 임원이 되려면 적어도 두 개 국가에 거주한 경험이 있어야 한다. 스위스 식품업체 네슬레의 경영위원회에는 8개국 임원이 소속되어 있고 프록터 앤 갬블은 고위 간부들이 세계 각국에서 혹독한 시련을 안긴다. 경영 컨설턴트업체가 국제 능력주의 체제를 이끈다고 해도 과언이 아니다. 맥킨지는 고위 관리직을 포함해 매년 500명의 신입사원을 고용하기 위해 50,000명의 이력서를 심사하고 수만 명의 면접을 실시한다. 그리고 상당한 시간을 투자해 신입사원들에 경영언어와 기술을 전수한다.

컨설턴트 업체들은 직원들이 여러 나라와 산업 분야에서 일할 수 있도록 배치해 일반 기업 간부보다 훨씬 다양한 경험을 쌓게 해준다. 또한 직위 이동이나 단기 전출, 특별회의 참석을 위한 출장 등의 기회를 계속 만들어 직원들이 지속적으로 이동하게 해준다. 물론 코로나 때문에 그 횟수가 급감했지만 말이다. 그 결과, 컨설턴트 출신 인사들이 현대 비즈니스 분야의 정상을 차지한 채 프리메이슨과 비슷한 엘리트 계층을 구축하기 시작했고 전 세계를 누비는 삶을 성공의 전제조건으로 간주했다. 또한 이들은 미친 듯 바빠 신입 컨설턴트는 업계 이외 사람들을 거의 만나지 못하는 만큼 이동 후에도 유대를 지속할 수 있는 건 업체사람들뿐이다. 맥킨지는 이렇게 비공식적 관계만으로 부족한 경우를 대비해 연락처와 함께 동문 주소록을 제공한다. 자사 직원들이 세계 어디에 있든 연락을 취할 수 있게 한 것이다. 맥킨지 출신 5,000여 명 인사는 다수의 세계 최고 기업을 운영하며 강력한 국제 네트워크를 구축하고 있다. 경영대학원은 국제 능력주의 체제 훈련소라고 할 수 있다. 과거에 옥스퍼드와 케임브리지 대학교는 영국 역사와 문학, 또는 독특한 영국식 분석철학을 가르치면서 국가적 엘리트를 선발해 훈련시켰다. 오늘날 경영대학원에서는 공급망 관리와 세계화를 가르치면서 국제적 엘리트를 선발해 훈련시킨다. 하버드 대학교 경영대학원은 학생들이 여러 신흥국에 머물 것을 요구하고 INSEAD는 세계를 위한 경영대학원을 자처하며 프랑스 퐁텐블로뿐만 아니라 싱가포르와 아부다비에도 캠퍼스를 두고 있다. 자기들이야말로 세계 최초의 정당한 글로벌 경영대학이라고 자랑하는 듀크 대학교 푸쿠아 경영대학원은 6개국에 캠퍼스가 있다. 모든 일류 경영대학원은 졸업생들이 경력을 쌓는 동안 서로 계속 연락할 수 있게 한다. 세계화로 인해 능력주의의 최고 장점과 최대 단점 모두 더 강화되는 현상이 나타났다. 이전 세대 엘리트들은 자산 대부분을 부동산에 묶어놔 특정 지역을 벗어나지 못하는 경우가 많았다. 반면, 오늘날 세계적인 인재들은 자신의 정보력과 전문성 덕분에 현재의 지위를 일군 만큼 어디에도 속하지 않는다. 그들은 특정 지역보다 세계 전역에 충실하고 감정보다 손익을 중시한다. 또한 특정 부분의 건전성보다 전체 시스템의 원활한 운영에 훨씬 관심이 많다. 유럽연합, 유엔과 같은 초국가적 기구를 좋아하고 민족국가에 대해서는 걱정을 금치 못하는데 기껏해야 원시 시대의 잔재일 뿐이며 최악의 경우, 민족주의를 내세워 횡포를 부릴 수 있기 때문이다. 세계화는 승자의 상금을 몇 배로 증식시킬 뿐만 아니라 국제 기업에 세금 혜택을 제공함으로써 승자독식 체제를 강화한다. 기업들은 외국기업을 매입해 허울뿐인 본부를 옮기고 납세액을 최소화한다. 게다가 브랜드, 지적자산, 업계 서비스 등의 무형자산을 이용하는 계열사에 요금도 부과한다. 얼마 전까지만 해도 조세피난처를 광범위하게 이용하는 건 횡령을 일삼는 기업들뿐이었는데 이제 구글과 같은 대기업들도 적극적으로 활용하고 있다. 구글은 더블 아이리시로 알려진 기법에 따라 2007년~2009년 미국 이외 국가에서 올린 수익을 아일랜드와 네덜란드를 통해 버뮤다로 송금함으로써 실효세율 2.4퍼센트를 달성했다. 이같이 글로벌 엘리트가 모여 세금을 가장 적게 내는 방법을 고민한 결과, 현재 세계 외국인 직접 투자의 약 30퍼센트가 납세 의무를 피했다.[27]

벌어지는 격차

능력과 돈의 결합이 특히 더 위험한 이유는 하필 능력과 민주주의가 결별할 때에 맞춰 일어나고 있기 때문이다. 지난 수십 년간 계층 이동의 원동력은 힘을 발휘하지 못했다. 미국 도심의 공립학교는 사회 문제로 무너졌고 영국의 종합학교는 이전의 문법학교만큼 장학생을 배출하지 못했다. 대학교 진학에 간신히 성공한 노동자 계층 자녀들도 석사 학위, 인턴십, 해외 연수 등 돈과 인맥은 물론 부동산값이 금값인 시대에 무료로 머물 곳이 없으면 취득하기 힘든 조건들에 직면하면서 계층의 사다리를 오르기가 더 힘들어졌다. 장학생 선발이 아닌 지구력이 신분 상승을 가져올수록 이미 가진 게 많은 이들만 더 많은 걸 누리게 되었다.[28] 문화의 강력한 힘도 사회를 서로 다른 방향으로 끌어당겨 쪼개놨다. 가족의 가치와 관련해 금권능력주의의 엘리트들이 보수적으로 변해간 반면, 노동자 계층은 더 자유분방해졌다. 이 같은 문화적 분열이 다음 세대에 어떤 결과를 가져올지는 미국이 가장 여실히 보여준다. 미국의 분열이 가장 심각할 뿐만 아니라 미국 사회학자들이 당파를 초월해 이 문제의 심각성을 제대로 인식하고 있기 때문이다. 가족을 구축하는 형태에서 미국인은 계획이 있는 자와 없는 자 두 부류로 나뉜다.[29] 전자는 결혼한 이후 아기를 갖고 임신과 출산을 위해 취업하고 돈을 모을 계획부터 세우는 등 신중히 인생 계획을 짠다. 후자는 일찌감치 아기를 갖고 굳이 결혼은 하지 않으며 직업을 바꾸듯 연인도 갈아 치운다. 지적 엘리트와 다른 사람들의 교육 격차는 출생 격차이기도 하다. 미국 내 결혼한 부모 밑에서 태어난 아이 비율은 1980년 77퍼센트에서 2011년 65퍼센트로 떨어진 반면, 미혼모에게서 태어난 아이 비율은 1969년 10퍼센트에서 오늘날 41퍼센트로 증가했다. 하지만 이 증가분은 저학력층에 집중되어 있다. 대학교 졸업 후 출산한 여성 중 미혼은 10퍼센트에 불과한데 고졸 여성에서는 60퍼센트에 달했다. 계획에 없던 출산을 한 젊은 미혼 여성 중에는 빈곤층이 중산층 이상보다 여섯 배나 많았다. 편부모 비율은 그 나라의 계층 간 이동성 정체를 보여주는 가장 중요한 지표라고 할 수 있다. 이혼 격차도 마찬가지다. 1960년대~1970년대를 거치면서 이혼율은 전 세계적으로 급증했다. 1970년~1974년 사이 초혼한 여성 중 10년 이내 이혼한 비율은 학사 학위 이상 소지자는 24.3퍼센트였지만 다른 이들은 33.7퍼센트였다. 1970년대 이후 고학력자 이혼율은 급감했는데도 저학력자 이혼율은 떨어질 줄 몰랐다. 1990년~1994년 사이 초혼하고 10년 이내 이혼한 여성 중 대졸자는 16.7퍼센트에 불과해 20년 전보다 30퍼센트나 줄어든 반면, 고교도 졸업하지 않은 여성의 경우는 35.7퍼센트로 20년 전보다 6퍼센트 늘었다.[30] 건강지표도 사회 양극화를 여실히 보여준다. 엘리트 계층의 기대수명은 계속 늘고 있는데 노동자 계층의 기대수명은 정체되어 있거나 심지어 줄고 있다. 게다가 가난을 견디지 못해 자살하거나 알코올 중독이나 약물로 사망하는 극단적인 죽음도 늘고 있다.[31] 미국인의 비만율은 부유층보다 빈곤층이 높으며 빈곤층은 당뇨와 심장질환 등 비만으로 인한 질병을 앓을 확률도 높다. 탄탄한 신체는 건강은 물론 사회적 지위도 나타낸다. 건강한 어른이 건강한 아이를 낳듯 건강하지 않은 어른이 건강하지 않은 아이를 낳을 확률이 높은 건 얼마든지 예상 가능한 사실이다. 이 같은 격차는 인종 간에도 나타날 수밖에 없다. 흑인 가정의 소득은 백인 가정의 60퍼센트에 불과하며 흑인 아이 중 빈곤층 비율은 30퍼센트가 넘어 가난한 백인 아이보다 세 배나 많다. 2001년에 태어난 남성 중 범죄를 저지를 확률은 흑인이 세 명 중 한 명꼴로 예상되는 반면, 백인은 17명 중 한 명꼴이다. 흑인 아기 열 명 중 일곱 명은 미혼모에게서 태어나는데 이는 교육·경제적 요소를 통제하더라도 다른 어느 민족보다 높은 수치이며 부모는 아기 출생 후 5년 이내에 헤어질 가능성이 압도적으로 높다. 흑인 아이들은 혈중 납 수치가 높을 확률이 세 배 더 높으며 그 결과, 성인이 된 후 낮은 IQ와 폭력 성향을 가질 수 있다. 그리고 흑인 아이는 천식을 앓을 확률이 백인 아이보다 1.5배 더 높다.[32] 그럼에도 백인이 무조건 특권을 누린다는 이야기는 모든 걸 지나치게 단순화시킨다. 계층 간 격차는 미국 백인 사회 내에서도 갈수록 커지고 있으며 가난한 백인은 부유한 백인보다 가난한 흑인과의 공통점이 더 많다. J. D. 밴스는 켄터키와 오하이오에서 자란 유년기를 담은 자서전《힐빌리의 노래

5부. 능력주의의 위기

Hillbilly Elegy》(2016)에서 많은 백인이 다른 이들보다 뒤처지는 현실을 통찰력 있게 그려냈다. 어린 시절 밴스는 명석하고 언변도 뛰어났지만 학교에서는 실패를 거듭했다. 약물중독 어머니가 부적절한 남성들을 애인으로 삼아 그는 끊임없이 불안에 시달렸고 '형제자매가 있는가?'와 같은 간단한 질문에도 답하기 힘들어 학업에 집중할 수도 없었다. 질문의 대답은 '복잡하다.'였다.³³ 어머니가 툭하면 약물에 취해 있거나 남자친구와 싸우는 바람에 숙제하기도 힘들었고 보는 사람마다 그를 밑바닥 인생으로 규정해 꿈을 꿀 수도 없었다. 인생은 그저 임시직과 가벼운 만남의 연속이고 남자로 살아간다는 건 맥주를 마시고 여성과 고함치며 싸운다는 의미였다. 그리고 이 지긋지긋한 촌뜨기 동네를 벗어난 이는 아무도 없었다.³⁴ '끊임없는 이사와 계속되는 싸움, 새로 만나 사랑하는 법을 배우고 또 잊어야 했던 수많은 사람들…… 평균 이하였던 내 학교가 아니라 이들이야말로 기회를 가로막는 진정한 장벽이었다.'³⁵ 밴스는 유치원에서 낙제한 적이 있는데 그가 너무 난폭하게 행동해 담임교사가 사직까지 고려했다는 이유에서였다.³⁶ 고교 1학년 때도 성적을 D와 F로 도배한 데다 출석까지 불량해 또 한 번 낙제할 뻔했고 성장기 내내 패스트푸드를 주식삼아 비만이 된 건 물론 약물과 술에까지 손댔다. 혼돈은 혼돈을 낳고 재앙은 재앙을 낳았다. 살아남아야 한다는 절박함이 학교생활을 잘하고 싶은 욕망을 압도했다. 이 어린 건달은 조부모의 지원, 군대에서의 활약, 타고난 재능이라는 세 가지 부기에 힘입어 미국 내 능력주의 최고의 산실이라는 예일 대학교 로스쿨을 졸업할 수

있었다. 하지만 수백만 명의 미국 젊은이는 가족이라는 안전망이 무너지면서 지성과 영혼이 모두 병들어 애당초 기대하는 것도 없고 성과도 내지 못하는 늪에 빠져 있다. 능력주의로 인해 격차가 벌어지는 현상은 스페인, 그리스, 독일, 스칸디나비아 등 유럽 전역에서 목격할 수 있다. 그중에서도 미국과 가장 가까운 사례는 같은 앵글로색슨족 국가인 영국이다. 가난한 가정의 아이일수록 연이은 불이익에 시달린다. 저소득층에서 취학 전 아동의 절반가량은 편부모와 사는데 이 같은 문제는 백인 노동자 계층에서 특히 두드러진다.[37] 직업교육 체계가 제대로 갖춰지지 않았고 이를 지원할 자금도 부족해 기술적 자질을 갖춘 영국 성인은 열 명 중 한 명뿐으로 독일의 다섯 명 중 한 명과 대비된다. 절망의 죽음 수치를 10만 명당으로 환산하면 1990년대 초 30명에서 2020년 50명으로 급증했다. 이 같은 문제는 지역 격차, 인종 격차로 인해 더 심각해진다. 예를 들어 1인당 교통비는 런던 시민이 맨체스터 시민보다 두 배나 많고 대학 진학 비율은 백인 학생이 29.5퍼센트, 흑인 학생은 41.2퍼센트, 아시아계 학생은 46.7퍼센트, 중국인 학생은 66.3퍼센트에 이른다. 능력주의로 인해 벌어지는 격차는 안정된 다문화 가정 엘리트(특히 런던)와 사회적 와해를 겪는 백인 노동자 계층(특히 북부) 간 격차로 자리잡고 있다. 그리고 이는 인종주의적 포퓰리즘으로 가는 지름길이라고 할 것이다. 대런 맥가비는 밴스가 자국민인 미국인에 대해 쓴 것과 거의 같은 방식으로 영국인에 관한 연대기를 썼다. 글래스고 남부 주택가 폴록에서 약물과 알코올에 중독된 미혼모에게서 태어난 맥가비는 밴스보다 훨씬 이례적인 성공 사례를 기록했다. 해군과 예일 대학교가 아니라 로키라는 예명으로 랩과 저널리즘을 선택하고 한동안 스코틀랜드 경찰의 폭력근절위원회에 상주하며 래퍼로 활동했다. 그의 책 《가난 사파리Poverty Safari》(2017)에는 밴스의 화두가 상당수 그대로 등장한다. 교육적 성공의 가장 큰 위협은 물론 그 자체로도 문제이지만 물리적 빈곤이 아니라 제 기능을 못 하는 가족이며 그중에서도 최악은 끊임없이 부적절한 남성과 엮이는 여성으로 인해 만들어진다. 인지적 엘리트와 빈곤층 사이의 분열이 사회를 갈라놓고 있는데 이는 비단 빈곤층이 분노하고 소외감을 느끼기 때문일 뿐만 아니라 그들을 돌봐야 할 공직자들이 그들의 삶과 너무 단절되어 있기 때문이기도 하다. 《가난 사파리》는 일반인이 당연시하는 것들을 가난한 이들이 어떻게 박탈당하는지 기록한다. 빈곤층은 언제든지 폭력이나 이상행동을 당할 수 있다는 두려움에 시달린다. 소음에도 늘 노출되어 있는데 매일 자신들끼리 투닥이는 소음뿐만 아니라 종이처럼 얇은 벽 때문에 이웃이 다투고 화장실 물을 내리고 TV를 시청하고 시끄러운 음악을 들으며 성관계하는 소리까지 들어야 한다.[38] 그들은 친구들을 편하게 집으로 초대할 수도 없다. 하루는 맥가비가 친구 두 명을 집에 데려왔는데 가재도구가 모두 앞마당에 소각되어 있었다.[39] 이럴 때 그들의 대처법은 다양하다. 고통을 잊기 위해 알코올, 마약, 정크푸드 등을 탐하고 권위 있는 인사들을 조롱하며 조직에 가담해 온갖 폭력을 휘두른다. 맥가비에 따르면 교육적 실패와 폭력 급증은 서로 관계가 있다. 사람들은 자신이 충분히 똑똑하지

15. 능력주의의 부패

않을까 봐 애당초 실패한 인생을 살지만 실패한다는 건 그들이 학교에서 쫓겨났음을 뜻한다. 뒤처지는 영국에서 사람들의 더 나은 본성을 장려하는 기관은 극소수다. 공공도서관은 온갖 소음과 끊임없는 소비의 압력에서도 벗어나게 해주는 곳으로 스스로 성장하고 싶은 이들이 만날 장소를 제공한다. 열악한 교육, 적은 기회와 높은 수준의 스트레스가 가장 큰 특징인 지역사회에서 도서관은 사람들이 대학교를 마치고 취업하는 등 계층 간 이동성을 취득하는 원동력이다. 새로운 기술을 익히고 정보를 검색할 인터넷과 책을 이용할 수 있고 각종 복지혜택과 보조금을 받기 위한 지원서 작성에 도움을 받을 수도 있다.[40] 하지만 이런 기관들이 현재 공무원 감축뿐만 아니라 도박장부터 값싼 술을 판매하는 코너숍에 이르기까지 내면의 악마가 깨어나도록 자극하는 수많은 위협에 시달린다. 능력주의를 지향하는 영국의 엘리트 계층과 나머지 영국인 간의 연결고리도 갈수록 약해지고 있다. 계층 간 이동성 재구축에서 문제는 교육 기회라는 사다리 칸들이 상당수 상실되었고 노동자 계층의 자립과 자기계발 문화가 급격히 줄고 아예 사라진 부분도 있다는 것이다.

깨진 약속

•

허버트 크롤리는 고전으로 꼽히는 저서 《미국인의 삶의 약속The Promise of American Life》(1909)에서 '민주주의는 정치적·경제적·사회적으로 군주제나 귀족제도 못지않은 차별을 인정해야 하지만 이 같은 차별이 과도한 인내를 요구하는 경향을 보일 때마다 동의를 철회해야 한다.'라고 주장했다. 능력주의 엘리트와 힘겨운 대중 간 격차가 벌어지고 사회 밑바닥에 간힌 이들이 증가하는 가운데 민주주의는 크롤리가 예상한 대로 흘러가 결국 동의를 철회했다.

16. _____

능력주의에 반대하다:
우파의 봉기

Against Meritocracy: The Revolt on the Right

금권능력주의 엘리트에 대한 반란은 2020년대 들어 국제정치 지형을 바꿨다. 2016년 6월 23일 영국인들은 52퍼센트 대 48퍼센트 근소한 차이로 EU 탈퇴를 선택해 기득권을 송두리째 흔들었다. 그로부터 5개월이 지난 11월 8일 미국인들은 심지어 미국에서 가장 노련한 정치인 중 한 명인 힐러리 클린턴을 제치고 공직생활 경력이 전무한 돈키호테형 부동산 재벌 도널드 트럼프를 대통령으로 선출함으로써 훨씬 더 큰 지각변동을 일으켰다. 클린턴 여사는 트럼프가 대통령 출마를 선언했을 때 농담으로 생각했지만 결국 농담과 같은 일이 벌어졌다고 자서전에서 밝혔다.[1] 헝가리와 폴란드에서 유권자들은 기술

권력자 대신 혈육과 조국을 중시하는 민족주의자를 선택했고 멕시코와 브라질에서는 트럼프와 같이 카리스마 있는 지도자를 선택했다. 이탈리아에서는 혼란스러운 선거로 인해 우익 포퓰리즘을 추종하는 노던 리그와 반체제 오성운동의 연립정부가 구성되었다. 스웨덴, 덴마크, 독일 등 안정의 대명사로 통하는 국가에서도 반체제 포퓰리즘 정당들이 버젓이 의회에 입성했다. 빌프레도 파레토는 마키아벨리와 같이 통치자를 두 가지 유형으로 분류했는데 지능으로 규정되는 여우형과 힘으로 규정되는 사자형이다. 그리고 2010년대는 사자의 10년이었다. 이 같은 정치적 혼란의 원인은 수없이 많았다. 수도에 대한 지방 도시의 반란, 상관에 대한 노동자의 반란, 보헤미안에 대한 전통주의자(특히 노인들)의 반란, 부당거래하는 기득권에 대한 소외계층의 반란, 이민자에 대한 자국민의 반란, 그리고 데이비드 굿하트의 표현대로 늘 이동 중인 '어디에나'에 대한 특정 장소에 뿌리를 두고 있다고 느끼는 '어딘가'의 반란 등이다. 이 모든 반란은 제 역할을 했지만 더 큰 반란으로 빛을 발하지는 못했다. 바로 엘리트에 대한 대중의 반란, 지식노동자에 대한 육체노동자의 반란, 능력주의 승자에 대한 패자의 반란이다. 마이클 영의 능력주의에 대한 봉기가 그의 예상보다 10년 일찍 일어난 것이다. 포퓰리즘 부상을 이끄는 단체들은 이질적이고 때로는 충돌하는 물질적 이익이 있다. 노동자, 부동산중개인, 구세대 제조업자와 같은 메인스트리트 사업가들과 1960년대 대학교 학장 이전에 성년이 된 나이든 유권자 등으로 구성된 영국인은 브렉시트가 주택단지와 토지단지 연합으로 추진되었다고 농담한다. 그러나 그들은 공통적인 인지적 관심이 있다. 능력주의 엘리트에 대한 공동의 반대와 그것의 세계주의적 가치와 유형적인 기술과 전통적 가치보다 지적 성취를 특권하는 습관에 의해 결합된다. 민주주의의 분열은 학위에 따른 분열로 고착되어 가는 중이다. 영국의 EU 탈퇴 여부를 묻는 국민투표에서 탈퇴를 선택한 이는 대학교 학위 소지자의 35퍼센트에 그친 반면, 그렇지 않은 이들 중에서는 72퍼센트에 달했다.[2] 미국 대선의 경우, 비대졸자 사이에서는 도널드 트럼프가 36퍼센트 격차로 이긴 반면, 대졸자 사이에서는 힐러리 클린턴이 17퍼센트 격차로 이겼다. 주요 정당의 첫 여성 대통령 후보는 학위 없이 백인 여성을 27점 차로 따돌렸다. 일반 여종업원들은 유리천장 깨기가 더 많은 여성을 포춘 선정 500대 기업의 이사회에 앉히는 것을 의미한다면 별로 신경쓰지 않는 것으로 나타났다. 브렉시트 투표가 영국 여론조사 기관들에 큰 충격을 안긴 것은 투표장에서 모습을 감춘 지 오래된 저학력자들의 투표율이 급증하면서 그 같은 결과가 나타났기 때문이다. 실제로 투표율 증가폭도 저학력자가 많은 지역(8.4포인트)이 중위권 대학교 졸업자가 많은 지역(6.6포인트)보다 높았다. 1979년~2019년 비컨헤드 지역 노동당 의원이던 프랭크 필드는 이전에는 투표하는 모습을 보여준 적이 없는 이들이 이번에는 투표하기 위해 줄을 섰다고 말했다. 대부분 EU 잔류에 투표한 고학력 전문직 종사자와 대부분 EU 탈퇴에 투표한 저학력자의 참여 격차는 2015년 총선 당시 39퍼센트였지만 2016년 국민투표에서는 20퍼센트로 줄었다.[3] 그 같은 격차가 줄지 않았다면 영국은 여전히 EU에 속해 있을 것이고 수년 간의 정치적 혼란은 피할 수 있었을 것이다. 지역별 투표 결과를 보여주는 지도는 지역별 교육 수준을 보여주는 지도와 날이 갈수록 똑같아지고 있다. 영국의 경우, 런던과 같은 지식집약적 도시와 옥스퍼드, 케임브리지와 같은 대학도시에서는 EU 잔류를 선택한 이들이 큰 표차로 승리한 반면, EU 탈퇴를 선택한 이들은 지방과 소도시에서 승리했다. 미국의 경우, 해안, 도시, 대학가 등 대학교 밀집지역에서 민주당이 승리하는 반면, 사람들이 레스토랑 대신 대형 마트에 가는 지역에서는 공화당이 승리를 거둔다. 이 같은 격차는 트럼프 시대에 더 커졌다. 2012년 오바마는 미국에서 교육 수준이 가장 높은 50개 카운티에서 17퍼센트 차이로 이겼고 2016년 클린턴은 26퍼센트 차이로 이겼다. 교육 수준이 가장 낮은 지역에서 2012년 및 롬니는 10퍼센트 차이로 이긴 반면, 2016년 트럼프는 거의 31퍼센트 차이로 이겼다. 공화당 유권자의 약 60퍼센트가 대학교가 국가에 악영향을 미친다고 믿는다.[4]

영국에서도 능력주의자와 일반 대중의 충돌은 런던과 지방의 충돌과 같은 형국으로 나타난다. 런던은 250여 개 해외은행을 포함한 금융업과 BBC 등 최고의 영향력을 자랑하는 문화기관 소재지이자 대학교가 가장 많은 도시다. 고도로 중앙집권적이고 침략적인 영국 정부의 본거지이며 옥스퍼드와 케임브리지는 기차로 1시간 거리에 불과하다. EU에 대한 영국의 반란은 브뤼셀에 대한 반란일 뿐만 아니라 런던과 런던에 거주하는 엘리드 계층이 지지해온 친세계화 정책에 대한 반란이기도 했다. EU 탈퇴 캠페인을 설계한 도미닉 커밍스는 영국의 유로EURO 가입과 북동부 지역의회 설립에 반대하는 캠페인을 벌이는 등 북부 정치 조직인으로 경력을 시작한 인물이다. 2019년 총선 당시 보수당이 노동당으로부터 북부 의석을 빼앗을 수 있었던 건 브렉시트 실행을 공약으로 내건 덕분이었다. 이제 각 정당이 어떤 캠페인을 벌이는지 살펴보자. 미국 공화당은 인지적 엘리트에 대한 적대감을 선전하는 반면, 민주당 후보들은 자신들의 지적 능력을 내세운다. 이 같은 경향은 트럼프가 정계에 진출하기 훨씬 전부터 시작되었다. 조지 W. 부시와 앨 고어는 교육 수준이 비슷했다. 사실 부시가 고어보다 SAT 점수가 높았지만 영어에 유난히 약한 가족 내력 덕분에 자신의 이미지를 텍사스 촌놈으로 구축하는 데 성공했다. 반면, 고어는 자신의 지적 성과를 내세울 수밖에 없었다. 도널드 트럼프는 자신이 천문학적 수준의 IQ를 가졌다고 강조하는 한편, 책 따위는 읽어본 적이 없음을 자인했다. 자신의 능력이 노력의 산물이 아닌 타고난 것임을 보여주고 싶었던 것이다. 힐러리 클린턴은 여담으로 트럼프 지지자 중 절반 이상은 개탄스러운 수준의 사람들이라고 말해 자신의 선거운동을 파멸로 몰아넣었다. 반면, 트럼프는 '나는 교육받지 못한 이들을 사랑한다. 내가 그들을 대변한다.'라고 선포하는가 하면 2016년 11월 9일 승리 연설에서도 '우리나라에서 잊힌 남녀가 더 이상 잊히는 일은 없을 것이다.'라고 선언했다. 2020년 조 바이든이 트럼프를 악마로 취급하기 그토록 힘들었던 이유 중 하나는 트럼프가 아이비리그 대신 델라웨어 대학교를 나온 미국의 진정한 노동자 계층 출신이라는 사실이었다.

능력주의자에 대한 반란은 미국과 영국을 시작으로 빠르게 확산되면서 정계를 개편하고 있다. 제2차 세계대전 이후 정치적 분열은 주로 계층과 국가 개입에 대한 입장에 따라 나타났다. 좌파 정당들은 노동계층 특히 노동조합을 지지했고 경제를 안정시키고 부를 재분배하기 위해 국가가 더 많이 개입하길 원했다. 우익 정당들은 시대의 흐름에 따르되 국가의 개입이나 부의 재분배에는 소극적이었다. 하지만 이 같은 경향은 빠르게 변화했는데 갈수록 분열은 계층이 아닌 교육 수준에 따라, 경제활동 수단이 아닌 능력주의 체계 내 지위에 따라 일어나고 있다. 이는 거대한 능력주의 체계가 소득뿐만 아니라 지위까지 결정한다는 방증이다.

이 혁명은 또한 대중과 정치 엘리트의 관계를 재편성하고 있는데 여기서 정치 엘리트란 정치인뿐만 아니라 정치인의 결정을 좌우하는 고위 관료와 이를 보도하는 언론사까지 포함한다. 브렉시트 투표 당시 정계 전체, 즉 정부를 시작으로 주요 정당과 여론을 형성하는 계층의 대다수, 교황, 미국 대통령, EU 정상들과 회원국 등 강력한 힘을 가진 세력은 EU 잔류에 투표할 것을 촉구했다. 미국에서는 민주당은 물론 공화당 내에서도 트럼프에 희망이 없다고 믿었다. 트럼프가 당선된 이후에도 수많은 이가 타협하지 않은 채 트럼프 절대 반대 세력을 구축했고 2020년 조 바이든 당선을 위해 뛰었다. 이탈리아에서는 오성운동 정당의 수장인 베페 그릴로가 라 까스따la casta, 즉 정치 계급제를 강력히 비판했고 프랑스의 마린 르펜도 이기적인 EU 과두정치를 비판했다. 영국의 나이절 패라지는 공격 대상을 EU

에서 정치계급으로 바꿨다. 막후 세력의 교묘한 술책에 영합하는 포퓰리스트가 갈수록 늘고 있는 것이다.

포퓰리즘 우파 세력은 종전 우파와 전혀 다른 정체성을 갖고 있다. 사회주의적 전복에 맞서 기존 질서를 지키는 게 아니라 대부분의 기득권 세력이 포함되는, 교육받은 엘리트에 맞서 대중을 대변한다고 여기는 것이다. 트럼프가 침묵하는 다수 패라지가 국민의 군대 르펜이 잊힌 프랑스를 이야기하는 건 바로 이 때문이다. 능력주의자와 대중의 반목은 기자들이 대부분 인지적 엘리트 출신이지만 정작 자신의 선입견에는 무지한 경우가 많아 신뢰할 수 없는 증인이라는 사실 때문에 훨씬 복잡해진다. 중앙 일간지들은 지역뉴스 보도로 경력을 시작한 지역 일간지 출신 인력을 채용해왔다. 영국에서 가장 뛰어난 칼럼니스트 중 한 명인 프랭크 존슨은 16살에 학교를 그만두고 배로인퍼니스에 위치한 〈노스웨스트 이브닝 메일〉에서 사무원으로 경력을 시작했다. 최고 인터뷰어 중 한 명인 존 험프리스도 존슨보다 빠른 15살에 학교를 떠나 〈페나스 타임즈〉 기자가 되었다. 하지만 저널리즘은 이제 온갖 학위를 섭렵한 이들의 직업이 되었고 전 세계 어디에 있든 런던의 일자리를 얻는 게 가능해졌다.

이 같은 인지적 선입견은 영국 내 타블로이드 신문사, 미국 내 폭스뉴스라는 메가폰의 존재로 인해 더 강화되었다. 하지만 이들이야말로 자신이 속한 계층의 배신자나 마찬가지다. 언론 계층과 포퓰리즘 유권자의 격차는 너무 커 영국 국민투표에서 EU 탈퇴가 확정되고 미국에서 트럼프가 당선되자 기자단은 당혹감을 감추지 못했다.

심지어 울음을 터뜨리는 이들도 있었다. 저자를 포함해 영국 내 권위자의 대다수는 EU 잔류 결정을 기대했다. 프린스턴 선거 컨소시엄 이사는 선거 일주일 전 트럼프가 240석 이상 선거인단을 획득하면 벌레를 먹겠다는 공약까지 내걸었다.[1] 하지만 안타깝게도 그가 정말 벌레를 먹었는지는 확인되지 않았다.

포퓰리즘 지도자들이 언론사의 글로벌 사상에 반기를 든 것은 그렇게 해야만 표심을 잡을 수 있다고 생각해서뿐만 아니라 저널리스트들의 이념적 동질성으로 왜곡된 기사가 쏟아지면서 상처받았기 때문이기도 하다. 보리스 존슨은 2017년 토리당 회의에서 〈파이낸셜타임스〉와 〈이코노미스트〉가 브렉시트를 부정적으로 보도한 것을 비난했고 독일 포퓰리스트들은 거짓말하는 언론을 거듭 지탄했다. 미국 블로거들도 한물 간 언론을 일상적으로 비난했지만 적에 도발하는 데 트럼프만큼 노련한 이는 없었다. 그는 언론이 가짜 뉴스를 생산한다고 비난했을 뿐만 아니라 저널리스트들의 파업을 강요하고 자신의 지지자들에게는 그들을 우리에 갇힌 동물처럼 미끼로 유혹하도록 부추겼다. 포퓰리스트들은 전투를 이끌 지도자로 예상 밖의 인물들을 선택해 혼란을 가중시켰다. 트럼프는 맨해튼 골든타워의 펜트하우스에 살고 플로리다 컨트리클럽에 밥먹듯 드나드는 억만장자다. 상속받은 재산으로 사립학교만 나온 후 와튼 경영대학원까지 진학했다. 폭스뉴스에서 숀 해니티 다음으로 열렬히 트럼프를 지지하는 터커 칼슨은 외교관의 아들이자 스완슨사가 인스턴트식품으로 벌어들인 돈을 상속받은 여성의 의붓아들이다. 브렉시

485

트 찬성을 끌어내기 위해 누구보다 많이 노력한 보수 정치인 보리스 존슨은 이튼스쿨의 킹스 스콜라(장학생의 일종 – 역자 주)였으며 고전을 전공한 옥스퍼드 발리올 대학교에서는 브라켄베리 스콜라로 선정되었다. 세례명이 알렉산더 보리스 드 페펠 존슨인 그는 뉴욕에서 태어나 브뤼셀에서 성장했으며 영국 정계와 언론계에서 가장 유력한 가문에 속해 있다. 2019년 선거 당시 토리당의 승리를 주도하고 그해 11월 상사와의 관계가 틀어질 때까지 다우닝가를 지배했던 도미닉 커밍스는 옥스퍼드 대학교에서 고대사와 현대사를 전공했으며 영국 기득권층이 능력을 충분히 중시하지 않는다고 우려하는 지식 엘리트주의자다. 기득권층이 고대사와 현대사 같은 과목을 전공한 박학다식한 사람들만 많이 고용해 정작 수학자와 과학자는 부족하다는 것이다! 그는 영국을 능력주의적 기술지배 사회로 탈바꿈시켜야 한다고 온순하게 말한다. 하지만 트럼프는 패자의 영혼을 가진 승자다. 혼자 괜한 자격지심에 시달리고 잘난 체하는 자유주의자의 허세에 민감하게 반응하며 치즈버거로 끼니를 때우면서 케이블 뉴스를 시청하고 분노에 들끓는다. 보리스 존슨은 엘리트 코스를 밟았음에도 행실은 건달이나 다름없어 포퓰리스트들의 추종을 받는다. 툭하면 불륜을 저지르고 혼외 자녀를 두는가 하면 약속을 지키지 않는 경우도 부지기수다. 커밍스는 수도권 기득권층에 크게 분노해 북부지역을 지혜의 보고로 제시한다. 여기서 대중의 반란은 마이클 영이《능력주의의 부상》에서 펼쳐 보인 각본을 또 한 번 따르고 있다. 영은 능력을 중시하는 엘리트 계층의 일부가 기득권층과 결별하고 분노한 포퓰리스트 편에 설 것으로 예측했다. 심지어 탈당파 지도자 중 일부가 옥스퍼드 발리올 대학교 출신이라는 사실까지 예상했다. 그가 틀리게 예상한 것은 포퓰리스트들이 좌파에서 나올 거라는 것으로 오늘날 실제로 대부분 우파 출신이다.

노란 재킷 vs 국제 시찰

인지적 엘리트에 대한 보수파의 분노는 수십 년간 고조되어 왔다. 영국의 이녹 파월은 높은 이민율, 단기 수익을 위해 기꺼이 영국의 정체성을 포기하는 엘리트 계층 등 EU의 문제점들을 지적하며 브렉시트를 예상했다.[2] 미국의 과격 우파는 동부 해안을 떼어내 대서양으로 떠내려 보내고 싶어할 만큼 엘리트라면 치를 떨었다. 배리 골드워터가 1964년 대선 후보로 나섰을 당시 로널드 레이건은 '머나면 수도에 있는 지적 엘리트 한 명이 우리 삶을 위한 계획을 우리보다 더 잘 세울 수 있다.'라는 발상을 비난하며 전국을 누볐다. 리처드 닉슨은 미국의 핵심 가치를 배신한 여성 지식인들을 비난했고 그의 부통령 스피로 애그뉴는 윌리엄 사피어, 팻 뷰캐넌 등 유창한 연설문 작가들의 도움으로 부정적으로 지껄이는 부호nattering nabobs of negativism, 우유부단한 겁쟁이pusillanimous pussyfooters, 대책 없이 히스테리만 부리는 염려증 환자hopeless hysterical hypochondriacs 등 두음법에 입각한 공격을 폈다.[3]

16. 능력주의에 반대하다: 우파의 봉기

1995년 역사학자 크리스토퍼 래쉬는 《엘리트의 반란과 민주주의의 배신The Revolt of the Elites and the Betrayal of Democracy》을 출간해 미국 엘리트들이 향후 문제를 일으킬 수밖에 없다고 주장했다. 엘리트 계층은 애국주의 대신 세계주의를 옹호하고 시민사회 대신 세계시민주의를 수용하는 등 스스로 조잡한 미국주의라고 여기는 가치에 반발해 민주주의를 배반하고 중산층과 충돌할 수밖에 없는 길을 걷고 있다는 것이다. 이로부터 3년 후 한결같이 진보의 길을 걸어온 철학자 리처드 로티는 미래 비전을 제시했다. '균열이 생길 수밖에 없다. 도심 유권자들은 이 체제가 실패했다고 결론짓고 표를 던질 강력한 인물을 찾기 시작할 것이다. 일단 선출되면 독선적 관료, 까다로운 변호사, 과도한 보수를 챙기는 채권판매원, 포스트모더니즘 교수들에 더이상 결정권이 없다고 기꺼이 확신을 줄 수 있는 인물 말이다.'4

오늘날의 정세를 구축한 인지적 엘리트를 향한 반란에 타당성을 부여한 것으로 두 가지 사건을 들 수 있다. 이들은 엘리트가 가진 권위의 토대, 즉 탁월한 지능과 전문성으로 대중보다 합리적 판단을 내릴 수 있다는 전제를 여지없이 무너뜨렸다.

그중 첫 번째는 이라크전, 그리고 재앙과 다름없는 여파다. 이라크전은 포퓰리스트들을 도발하기에 충분했는데 민주당보다 상식적인 애국주의 정당을 자처한 공화당의 발상이었기 때문이다. 더 구체적으로 말하면 민주당원으로 시작했다. 수십 년에 걸쳐 점점 우파로 전향한 신보수주의 엘리트의 발상이었다. 폴 울포위츠는 국방부 2인자였고 빌 크리스톨은 백악관이 가장 좋아하는 잡지 〈위클리

스탠더드〉의 편집인이자 케이블 뉴스 네트워크의 정보 창구로 공화당의 공공 지식인이나 다름없었다. 이라크 침공 최대 명분을 제공한 것도 이들이었는데 사담 후세인이 대량 살상무기를 갖고 있고 알카에다를 포함한 테러단체와 연관되어 있으며 미국은 개입주의 외교를 추구할 의무가 있다는 논리였다.

미국의 이라크 침공은 전쟁반대론자들이 우려해온 모든 것을 현실로 만드는 참담한 결과를 낳았다. 대량살상 무기는 끝내 발견되지 않았고 탈바트당 정책은 무정부 상태를 낳았다. 침공 반대세력은 상당히 완강했고 이라크 민주화운동은 사담 후세인이 난폭할지언정 효과적으로 억제해온 민족 갈등을 부추겼다. 이라크전 패배로 영국에서는 중도주의자 토니 블레어의 명성이 땅에 떨어졌고 별 볼일 없던 제레미 코빈이 노동당 지도자로 거듭났다. 미국에서는 민주 좌파와 민족주의적 우파 모두 체면을 세울 수 있게 되었고 버니 샌더스의 선거운동이 활기를 띠었으며 힐러리 클린턴은 난감해지고 트럼프 지지자들은 기세등등해졌다. 온갖 실책에도 불구하고 신보수주의자들은 공화당 내 엘리트주의와 세계주의의 기수임이 분명했다. 이들이 몰락하면서 반엘리트주의와 토착주의가 부상했고 트럼프는 '우리는 더 이상 승리하지 않는다.'라며 실패를 비난한 건 물론 미국이 국익 이외의 것을 추구해야 한다는 발상에 적대감을 표시했다.

두 번째는 금융위기였다. 세계화에 찬성하는 이들은 금융자유화가 모두에게 이익을 가져다준다고 주장했다. 은행가들이 과도하게 부자가 될 수도 있겠지만 다른 이들도 모두 잘살게 되며 일련의 혼란이 촉발되더라도 중앙은행가들이 개입하면 얼마든지 수습 가능하다는 것이었다. 하지만 금융위기는 이 같은 주장들을 산산조각냈다. 은행가들은 위기관리에 실패해 수십억 달러 가치의 자산을 공중분해시켰다. 심지어 세계 경제가 무너져가는 와중에도 자신들은 계속 부유해졌다. AIG 임원들은 파산 방지를 위한 부담을 오롯이 시민들이 져야 함에도 불구하고 성과금을 받겠다고 주장했다. 영국 통계청은 심지어 코로나가 발생하기 이전에도 2020년대 중반까지 평균 생활수준이 금융위기 이전 수준에 미치지 못할 것으로 전망했다.

이라크전과 금융위기는 둘 다 더 큰 맥락에 해당하는 사례로 볼 수 있다. 대중의 삶에 지대한 영향을 미치는 사안들을 전문가들이 자신있게 분석하고 완전히 잘못된 결론을 내리는 것이다. 2003년 내무부 보고서는 중부·동부유럽에서 유입되는 이민자가 연간 5,000~13,000명에 달한다고 결론지었는데 이는 블레어 정부가 동유럽인 이민에 제동을 걸지 않겠다고 결정한 근거가 되었다. 2013년 통계청은 실제 이민자 수를 50,000명으로 추산했고 2014년 당시 영국에 거주하는 중부·동부유럽 출신 노동자 수는 150만 명에 달했다.[5]

기업의 잇따른 붕괴와 스캔들은 순수지성을 숭배하는 문화에 의문을 제기했다. 헤지펀드사 롱텀 캐피털 매니지먼트는 노벨상을 수상한 마이런 스콜스와 로버트 머튼 등 탁월한 지능의 힘을 입증하는 완벽한 사례가 될 예정이었다. 하지만 1998년 너무나 치명적인 실수로 연방준비제도이사회의 구제를 받을 수밖에 없었다. 엔론은 학급에서 가장 똑똑한 사람들이 운영한다는 사실을 과시하는 걸로 유명했다. 엔론의 대표적인 설계자 중 한 명인 제프 스킬링은 하버드 대학교 경영대학원과 맥킨지라는 현대 능력주의의 위대한 두 엔진이 빚어낸 결과물이었다. 맥킨지는 10여 년간 경영전략을 컨설팅해 엔론을 별 볼 일 없는 천연가스관 기업에서 거대 무역기업으로 변모시키는 데 성공했다. 엔론은 세계 최고 수준의 경영대학원에서 250명의 경영학 석사를 고용해 그들을 극도로 세분화되고 고도로 전문화된 새로운 종류의 석유기업가로 만들기 위해 노력했다. 하지만 2001년 말 결국 파산 신청하는 지경에 이르렀고 스킬링과 몇몇 고위 임원은 수감되는 처지가 되고 말았다.[6]

기업친화적이던 부시 행정부는 기업부문을 더 규제하기 위해 2002년 사베인스 옥슬리 개혁안을 승인했지만 스캔들은 계속되었다. 2012년에는 리보 스캔들이 터지면서 은행가들이 주택담보 대출자들을 상대로 자신들의 주머니를 채우기 위해 런던 은행간 금리를 일상적으로 조작해온 사실이 들통났다. 한때 존엄성의 대명사였던 투자은행 골드만삭스도 같은 해 일부 고객을 호구 취급한 혐의를 받았다. 전 직원 그레그 스미스가 어리숙한 고객을 무는 건 최고의 상이었다고 폭로한 것이다. '월가에서 가장 빨리 돈버는 방법은 가장 복잡한 제품을 가져와 가장 단순한 고객에게 파는 것이었다.'[7]

엘리트가 지배한 다른 분야도 부패하기는 마찬가지였다. 2010년 영국 의회의 비용 스캔들은 의원들이 비용을 사적으로 운용해 호화로운 생활을 유지하고 있음을 보여줬다. 실제로 한 의원은 자신의 저택을 둘러싼 수로 청소비용까지 청구했다. 2011년 전화 해킹 스캔들은 일부 언론인이 살해된 여학생 밀리 다울러의 전화를 해킹하는 등 기본적인 윤리수칙조차 서슴없이 위반했음을 보여줬다. 그중에는 〈뉴스 오브 더 월드〉 전 편집자로 데이비드 캐머런의 통신담당 이사였던 앤디 쿨슨도 포함되어 있었다. 이 모든 스캔들에는 한 가지 공통점이 있었는데 소위 명석하고 출중한 인맥을 자랑하는 이들이 이익에 눈이 멀어 체제 조작을 서슴지 않았다는 사실이다.

분노의 뿌리

인지적 엘리트에 대한 반란의 힘은 의심할 여지가 없다. 잘난 체하는 인간을 향한 증오는 계급적 분노를 포함해 모든 형태의 분노를 압도했다. 문화적 포퓰리즘이 경제적 포퓰리즘을 능가했다. 포퓰리즘의 분노를 자산 엘리트에게 겨냥하려던 제레미 코빈은 이제 뒷전으로 밀려난 반면, 능력주의 엘리트에 겨냥한 보리스 존슨은 영국 정계를 접수했다. 이 같은 분노는 어디서 비롯된 것일까?

가장 분명한 건 소외감이다. 최근 역사를 이해하는 방법은 커피를 사기 위해 선 줄을 생각해보는 것이다. 아침에 일을 시작하기 전 커피 한 잔이 간절해 스타벅스로 가는데 요가복 차림의 한 젊은이가 끼어들어 일반 우유 대신 아몬드 우유를 넣고 휘핑크림은 넣지 않고 샷을 추가한 라떼 20잔을 주문한다. 그리고 뒤돌아서서 당신이 누구보다 성차별적이고 인종차별적인 불량배라고 말하기 전에 자신이 어떤 특권을 누리고 있는지부터 살펴보라고 일장 연설을 늘어놓는다. 영국의 EU 국민투표를 다룬 그레이엄 제임스의 TV 영화 〈브렉시트: 치열한 전쟁Brexit: Uncivil War〉(2019)에서 가장 흥미로운 장면 중 하나는 입장을 정하지 못한 한 유권자가 동일한 의견의 집단을 인터뷰하던 도중 감정적으로 무너지는 모습이었다. 그녀는 EU 잔류를 주장하는 이들의 이야기를 듣다가 결국 폭발하고 말았다. 국제무대에서 활약하는 그들이 거드름 피우며 그녀가 EU 탈퇴를 고민하는 건 인종차별주의자이기 때문이라는 식으로 비아냥댄 것이다. '지난 몇 년은 더럽게 끔찍했어요! 허구한 날 듣는 이야기라곤 '닥쳐! 그 얘기는 하지 마! 그 얘기는 꺼내지도 말라고! 정말 지긋지긋해! 내가 아무것도 아니고 가진 것도 없다는 자괴감에 빠지는 데 질렸어. 아무것도 모르고 아무것도 아닌 것처럼 사는 데 지쳤다고!'였어요.'

능력주의자들은 조금이라도 중요한 기관은 빠짐없이 장악했고 자신들의 세계관에 동의하지 않는 이들은 무심코 밀어내기도 했다. 19세기 중반 아둔한 귀족으로부터 공직체계 통제권을 가로챈 능력주의자들을 원망하는 이는 거의 없을 것이다. 현대 국가를 통치하는 데는 두뇌와 규율 둘 다 필요하니 말이다. 하지만 최근의 능력주의 혁명은 더 문제가 되는 분야에까지 진출하고 있다. 기업은 본래 사람들이 학력보다 실질적인 성공을 통해 밑바닥에서 신분 상승할 수 있는 수단을 제공해왔지만 이제 경영학 석사학위에 맥킨지 경력까지 갖춘 이들이 장악하는 경향이 강해지고 있다. 저널리즘도 지방이나 노동계층, 심지어 학사 출신조차 찾아볼 수 없어지고 있다. 그리고 이 중에서도 가장 치명적인 건 정치와 능력주의의 결합이다.

민주정치의 정수는 사회적 지위, IQ, 교육 수준과 상관없이 누구에게나 열려 있다는 사실이다. 19세기 말~20세기 초에 일어난 위대한 민주혁명은 재산, 가문, 교육 수준에 따라 세워진 장벽을 일거에 허물고 평등을 내세웠다. 위대한 좌파 정당들은 노동자들을 의회에 입성시켜 명성을 얻었고 노동당의 본래 명칭은 노동대표위원회였다. 제2차 세계대전 이전 노동당 의원의 대부분은 노조의 지원을 받아온 육체노동자들이었다. 1924년 최초로 들어선 노동당 정부에는 전직 청구서 담당직원(램지 맥도널드), 전직 방적공(J. R. 클라인스), 전직 주조공장 노동자(아더 헨더슨), 전직 기관사(J. H. 토머스)가 포함되어 있었다. 토머스는 감탄하며 '어제의 기관사가 오늘의 국무장관이 될 수 있는 헌법은 훌륭한 헌법이다.'라고 적었다.[8] 어니스트 베빈은 11살에 학교를 그만두고 농장에서 일하다가 주방보조, 식료품점 심부름꾼, 승합차 운전기사 보조, 트램 안내원, 짐마차꾼을 거쳐 29살에 부두·선창·강변·일반 노동조합에 가입했다. 1945년 노동당 정부 부총리였던 허버트 모리슨은 심부름꾼과 매장 보조점원으로 시작해 런던 카운티 의회 최고 지위에까지 올랐다. 이제 서구 전역에서는 노동자의 의회 입성을 가로막던 과거의 장벽이 학력이라는 새로운 장벽으로 교체되었고 전 세계 노동자 계층이 감탄할 만한 위대한 헌법도 줄었다. 오늘날 노동당 의원 중 육체노동자 출신은 3퍼센트에 불과하며 유일한 광부 출신인 패트릭 맥로플린 의원은 보수당 소속이다.

지금 우리는 학위 민주주의 또는 정치 능력주의의 탄생을 목격하고 있다.[9] 유럽 여러 국가에서는 의원의 80퍼센트 이상이 학사 학위 소지자이며 가장 최근 입각한 의원들은 100퍼센트에 육박한다. 2013년 출범한 앙겔라 메르켈의 3기 내각에서는 장관 15명 중 14명이 석사 학위, 아홉 명이 박사 학위를 소지했고 일곱 명은 대학교에 재직 중이었으며 두 명은 정계 입문 전 정교수를 역임했다.[10] 이 같은 학위 소지자 편중 문제는 일반 유권자들이 접할 일 없는 다자기구에서 더 두드러져 유럽의회 의원MEP의 ¼ 이상이 박사 학위 소지자다. 의회에서 여성과 소수민족 비율이 더디게 증가한다는 우려는 오래 전부터 꾸준히 제기되어 왔다. 이에 비해 노동계층 출신 의원이 감소하고 있다는 사실은 거의 언급조차 되지 않는다.

의회는 교육 특권이 점령한 사례 중 빙산의 일각에 불과하다. 각 정당은 대중 회원조직이 아닌 학위소지자가 지배하는 전문기구로 변모하고 있다. 노동당은 코빈이 대표로 있을 당시 당원이 50만 명으로 늘었지만 1950년대에 비하면 소수에 불과하다. 대부분의 NGO는 이제 자원봉사자가 아니라 전문가가 운영한다. 학위소지자는 비소지자에 비해 청원에 서명하고 보이콧을 촉구하는 등의 정치활동에 참여할 확률이 높다. 심지어 노동자 계층의 보루라고 할 노동조합마저 지식노동자들이 점령하고 있다. 영국에서 노동조합원의 대부분은 고학력 60대 여성이다. 이는 정치 의제에 중요한 영향을 미치는데 대학교에 진학하시 않은 70퍼센트는 대학교에 진학한 30퍼센트와 중요한 게 다르기 때문이다. 이들은 범죄를 강력히 다스리고 이민자는 덜 받고 복지 축소는 중단해야 한다고 호소하는 반면, 난민의 고충 따위에는 신경조차 쓰지 않는다.[11]

포퓰리즘 혁명을 한마디로 요약하면 관심을 가져달라는 호소다. 저소득층이 능력주의자의 옷깃을 잡아당기며 '내 말 좀 들어줘. 나도 할 말이 있어.'라고 애원하는 것이다.[12]

두 번째 문제는 거만함이다. 엘리트 기관은 그곳에 소속된 이들의 자존감을 높여주는 데 전문가다. 골드만삭스는 지구상 최고의 엘리트가 모인 직장사회임을 자처하고 하버드 대학교도 자칭 세계에서 가장 야심 찬 학자들의 안식처다.[13] 예일 대학교 법학대학원장도 졸업생들을 지구상 가장 탁월한 법대 졸업생이라고 치켜 세운다.[14] 자아가 어지간히 강하지 않으면 이 모든 찬사 속에서 자아도취에 빠진 속물이 되고 만다. 실제로 포퓰리스트들은 엘리트들이 상상할 수 있는 모든 방식으로 자신을 무시했다는 불만을 가장 많이 제기했다. 로라 잉그레이엄 같은 보수 언론인은 엘리트의 거만함이 불러일으키는 분노를 능숙히 다뤄 많은 추종자를 얻었고 실제로 《셧업 앤 싱: 할리우드, 정계와 언론계 엘리트는 미국을 어떻게 전복시키는가Shut Up and Sing: How Elites from Hollywood, Politics and the Media are Subverting America》(2006)에서 이를 완벽히 포착했다. '그들은 우리가 어리석다고 생각하고 애국심이 어리석다고 생각한다. 우리가 교회에 가는 것도 어리석고 국기를 게양하는 것도 어리석으며 대가족을 형성하는 것도 어리석다고 생각한다. 그들은 우리의 거주지가 어리석고 SUV 차량이 어리석으며 총을 소지하는 게 어리석다고 생각한다. 미국의 선과 건국 원칙에

대한 우리의 변치 않는 믿음이 어리석다고 생각한다.'

놀랍게도 수많은 인지적 엘리트들은 교육 수준이 낮은 대중에 대한 경멸을 서슴없이 표현해왔다. 프랑스에서 마크롱 당의 대표인 질 르 장드르는 인터뷰에서 정부가 국민에게 정책을 설명할 때 지나치게 지적이고 미묘하며 기술적이었을 거라고 말했다.[15] 영국 〈파이낸셜타임스〉 칼럼니스트 자난 가네쉬는 자유주의를 추구하는 런던 시민들이 다른 대도시 시민들과 마찬가지로 '낙오자를 바라보며…… 시체에 결박당한 느낌을 받는다.'라고 적었다.[16] 미국의 국제관계학 교수이자 빌 클린턴 행정부 일원이었던 데이비드 로스코프는 트럼프 지지자들에 대해 '그들은 이해하지 못하는 것으로부터 위협받고 있는데 사실 그들은 거의 모든 것을 이해하지 못한다.'라고 설명했다. 심야 프로그램 코미디언들은 미국 노동계층이 절망의 죽음과 약물남용으로 피폐해질 때조차 그들을 웃음거리로 만들었다.

영국의 브렉시트 투표로 인해 수많은 진보주의자들은 민주주의의 미덕을 잊고 말았다. 《이기적 유전자The Selfish Gene》(1976)의 저자 리처드 도킨스는 '상당히 복잡하고 정교한 역사적 결정의 책임을 자격 없는 얼간이들에게 떠넘기는 건 부당하다.'라고 말했다. 〈옵저버Observer〉 칼럼니스트 닉 코헨은 브렉시트 캠페인을 아무것도 모르면서 마음은 굳게 닫은 채 입만 나불거리는 운동이라고 묘사했다.[17] 전 보수당 의원이자 〈타임〉 칼럼니스트 매튜 패리스는 EU 탈퇴에 대거 표를 던진 해변 마을 클랙튼을 쓴 글에서 '이곳은 목발을 짚은 영국이다. 운동복과 운동화 차림의 영국이고 문신으로 가득 찬 영국이며 우리의 모든 과거인 영국이다.…… 나는 우리가 힘겹게 살아가는 사람들과 클랙튼 같은 곳의 욕구를 무시해야 한다고 주장하는 게 아니다. 솔직히 말해 그들의 의견을 무시해야 한다고 주장하는 것이다.'라고 선언했다.[18]

이로 인한 분노는 엘리트 계층의 빈번한 사적 거래로 더 악화되었는데 가장 극단적인 사례가 세계 금융위기였다. 호황기에는 필사적으로 자본주의 교리를 설파하던 은행가들은 도움이 급해지자 갑자기 국가 개입의 미덕을 깨달았다. 코비드19 위기에서도 같은 상황이 반복되었는데 리처드 브랜슨과 같은 모험적 세계주의자들이 국가 원조의 미덕을 깨달은 것이다. 의견이 대립되는 이민 문제도 마찬가지다. 인지적 엘리트 계층은 이민을 받아들여야 한다는 믿음이야말로 그들이 계몽된 계층이라는 반증이라고 생각했지만 (왕립국제문제연구소가 실시한 영국 여론조사에 따르면 이민을 찬성한 비율은 엘리트 계층에서 57퍼센트인 반면, 일반 대중 전체는 25퍼센트에 불과했다.) 여기에는 물질적 이익도 걸려 있었다. 그들에게 이민은 자녀들을 돌봐줄 값싼 유모, 술집과 음식점의 값싼 노동자를 의미했던 것이다. 반면, 육체노동자에게는 이민이 성과급 없이 더 적은 임금을 받고도 그들의 일을 대신할 수 있는 인력을 뜻할 수 있다. 능력주의자들이 밀집한 글로벌 도시에서는 형편없는 임금, 장시간 근무와 혼잡한 생활여건을 기꺼이 감수하는 이민자들이 서비스직을 장악했다.[19]

인지적 엘리트 계층은 숙제를 채점하는 데 능숙하다. 금융서비스 규제 담당자는 대부분 금융서비스업에 종사한 경험이 있었다. 기업 고위 간부는 서로의 이사회에 주둔하며 서로의 임금을 결정하고 고위 정치인들도 손쉽게 민간부문에 진출해 최근 그들이 규제한 산업에서 돈을 긁어모은다. 전직 영국 재무장관 조지 오스본은 블랙록에서 한 달에 나흘 일한 대가로 65만 파운드를 받는다. 전직 부총리닉 클레그 경은 페이스북의 글로벌 이슈 및 커뮤니케이션 팀장으로 일한다. 래리 서머스 전 미국 재무장관의 비서실장으로 경력을 시작한 페이스북 COO(Chief Operations Officer: 최고운영책임자 - 편집자 주) 셰릴 샌드버그는 전 세계에서 우리 서비스를 이용하는 사람들에 대한 책임을 깊이 통감하는 닉 경이 임명된 사실을 축하했다.

새로운 화약고

·

포퓰리즘이 부상하면서 정치의 충돌 지점은 '누가 무엇을 얻는가'라는 순수하고 단순한 경제 문제에서 '어떤 종류의 사람이 무엇을 얻는가'라는 경제와 지위의 교차점으로 바뀌었다. 포퓰리스트들은 임금 수준도 높고 안정적인 민간부문 일자리부터 공공부문 종신직에 이르기까지 좋은 일자리는 모두 인지적 엘리트가 통제권을 장악한 데 분노했다. 게다가 이는 엘리트 계층이 지위 서열 통제권까지 장악했음을 의미했다. 자신의 물질적 보상을 늘리는 동시에 정신적 보상까지 늘릴 수 있게 된 것이다.

가장 중요한 충돌 지점은 국가정체성 문제다. 전 세계 포퓰리즘은 초국가적 엘리트의 이익과 문화에 맞서 국가의 이익과 문화를 우선시하길 원하는 민족주의자가 주도한다. 대중이 능력주의자들을 싫어하는 가장 큰 이유는 그들이 너무 부유하기 때문이 아니라 애국심이 부족하기 때문이다. 여론조사에 의하면 공화당원 열 명 중 일곱 명은 버락 오바마가 미국 태생이라는 사실을 믿지 않았다. 전 공화당 하원의장 뉴트 깅리치는 심지어 버락 오바마가 최초의 반미 대통령이라고까지 주장했다. 반면, 능력주의자들은 전 세계를 무대로 살아간다. 디지털 노마드(digital nomad: 첨단 디지털 장비를 갖추고 여러 나라를 다니며 일하는 21세기형 노동자 - 편집자 주)인 그들은 해외에서 공부하고 일하며 매일 전 세계 동료들과 어울린다. 외국의 명절을 지내며 다른 민족의 전통음식을 먹는 데 자부심을 느끼기도 한다. 그중 가장 성공한 이들은 거주지가 두 군데 이상이며 그들에게 민족주의란 보통 편협하다는 수식어와 함께 쓰인다.

포퓰리스트의 위대한 반란 두 건은 모두 국가 문제에서 비롯되었다. 2016년 영국 국민투표에서 EU 탈퇴 세력이 승리할 수 있었던 건 외국 관료들과 세계화 추세에서 통제권을 되찾겠다는 약속 때문이었다. 2016년 대선 당시 도널드 트럼프는 경쟁 후보뿐만 아니라 공화당 전임 대통령과도 다르게 세계적 이익보다 미국의 국익을 거듭 강조했다. 그는 '우리의 계획과 상대방 계획의 가장 중요한 차이는 우리는 미국을 첫 번째로 둘 거라는 사실입니다. 세계주의가 아닌 미국주의가 우리의 신조가 될 것입니다.'라고 말했다. 2016년 그의 마지막 선거광고는 헤지펀드 억만장자 조지 소로스, 재닛 옐런 연방준비제도이사회 의장, 로이드 블랭크페인 골드만삭스 회장의 모습을 보여주며 다음과 같은 트럼프의 의견을 소개했다. '국제적 권력 구조야말로…… 우리 노동계층, 우리나라의 자산을 빼앗아 소수 기업과 정치기구의 손에 쥐어준 경제적 결정에 책임이 있습니다.'

두 번째 충돌 지점은 전문성이다. 미국에서는 트럼프가 전문가들을 민주당 추종 세력으로 몰아 전문가들의 분노를 샀다. 영국에서는 2016년 6월 21일 마이클 고브가 '영국에는 전문가들이 이미 차고 넘친다.'라고 말해 지식인들의 분노를 샀다. 훗날 그는 공무원과 유명 법조인 비판에 앞장섰는데 하나같이 런던에 기반한 엘리트로 자신의 지능이나 경력과 상관없이 대도시적 관점에서 세계를 바라본다는 이유에서였다.

포퓰리즘의 미래

·

코비드19로 인해 트럼프의 재선 가능성은 완전히 사라졌다. 호황을 누리던 미국 경제가 침체되었을 뿐만 아니라 그의 무능이 여실히 드러났기 때문이다. 트럼프는 의학 전문가들의 조언을 무시했고 급기야 수석 의학고문 앤서니 파우치까지 해고했다. 세계 기구들을 배제하고 세계보건기구에서도 탈퇴했다. 코로나와 관련해 2020년 1월 22일 '완전히 통제되었다', 2월 2일 '거의 봉쇄되었다', 2월 27일 '사라질 수밖에 없다', 3월 12일 '사라질 것이다' 등 과장된 발언만 쏟아냈고 이번 사태가 그의 재선을 막기 위해 숨은 권력이 만들어낸 사기극이라는 뉘앙스까지 풍기고 다녔다. 심지어 4월 24일에는 사람들에게 표백제를 주사할 것을 제안했다.

반면, 보리스 존슨 정부는 코비드19 위기 동안 전문가들을 다시 껴안았다. 존슨은 의료 최고책임자 크리스 위티와 최고 과학고문 패트릭 밸런스 경 등 의학 전문가들을 항상 양쪽에 세운 채 공개석상에 올랐고 자신이 확진되어 응급실에 실려갔을 때 목숨을 구해 준 의료진을 극찬했다. 장관들도 특정 결정을 내릴 때는 습관적으로 과학을 언급했다. 영국의 초과사망률이 유럽에서 가장 높은 수준이었음에도 최악의 위기 동안 존슨 정부 지지율은 노동당을 앞질렀다.

하지만 그렇다고 코로나가 포퓰리즘에 종말을 고하고 능력주의 엘리트에 다시 힘을 실어줬다고 결론짓는 건 실수다. 이번 장에서 살펴본 단절은 여전히 그대로다. 높은 교육 수준의 유권자들이 트럼프에 훨씬 강력히 반대표를 던져도 교육 수준이 낮은 유권자들이 트럼프 연합의 핵심층을 계속 구성하는 것이다. 전국 출구조사에 따르면 학사 학위가 없는 백인의 67퍼센트가 트럼프에게 투표한 반면, 바이든을 찍은 백인은 33퍼센트에 불과했다. 트럼프는 흑인 유권자의 12퍼센트, 라틴계 유권자의 32퍼센트로부터 지지를 받아 진보주의자들을 놀라게 했는데 이것도 학사 학위가 없는 이들에게 그가 가진 강점 때문이었다.[20] 보수당에서 브렉시트를 지지한 우파는 봉쇄 정책은 실수요 마스크 착용 의무도 정부의 크나큰 부당한 횡포 사례로 기록될 거라며 과학을 지속적으로 비난했다. 브렉시트 이후에도 보수당은 중산층보다 노동계층 정당을 계속 지향했다. 2019년 12월 서베이션 여론조사에 따르면 학위소지자 중 노동당 지지자가 50퍼센트인 반면, 보수당 지지자는 28퍼센트에 불과했으며 학위가 없는 이들 중에는 30퍼센트가 노동당을 지지한 반면, 보수당 지지자는 45퍼센트에 달했다.

트럼프가 대통령으로 재임하는 동안 좌파는 1960년대 말 이후로 본 적 없는 수준까지 과격해졌다. 버니 샌더스가 민주당 예비선거에 입후보하는가 하면 알렉산드리아 오카시오-코르테즈 등 젊은 급진파가 의회 민주당의 기조를 잡으려고 시도한 것이다. 2020년 5월 25일 백인 경찰관 데릭 쇼빈이 비무장 흑인 조지 플로이드를 살해하자 대도시를 비롯해 미국 전역에서 분노의 폭동이 일어났고 '흑인의 생명은 소중하다' 운동이 미국에서 가장 강력한 세력으로 자리 잡았다. 이 운동은 미국의 인종차별 문제가 린든 존슨이 위대한 사회운동을 시작했을 때와 비교해 나아진 게 전혀 없으며 오히려 악화된 측면도 있다고 지적했다. 흑인과 백인간 빈부격차와 소득격차 모두 1968년과 같아 흑인 가정의 소득은 여전히 백인 가정의 60퍼센트에 불과하다. 흑인 수감률도 1960년 이후 세 배 이상 증가했다. 이렇게 민권운동 시대의 정책이 실패했음이 분명한데 왜 바꾸지 않는 것인가?

'흑인의 생명은 소중하다' 운동으로 수천 명이 거리로 나섰을 뿐만 아니라 이저마 올루오와 이브람 X. 켄디 같은 흑인 지식인 집단, 백인 특권, 백인 취약성, 무의식적 선입견 같은 새로운 정치용어도

널리 알려졌다. 이 지식인들은 보수적 포퓰리스트와 마찬가지로 능력주의 사상에 적대적이었다. 대신 현실의 사회적 건설을 강조하고 집단의 권리와 경험에 몰두하는 등 1960년대 열기 속에 등장한 여러 사상을 빌려 썼다. 그리고 이들에 권력을 부여하는 데 집중했다.

새로운 급진주의자들은 절차적 정의에 관해 추상적 논의를 할 시간이 부족했다. 그들에게는 모든 집단에 적용할 수 있는 객관적 기준이 없었다. 백인의 권력이나 흑인의 저항을 반영하는 사회구조가 전부였다. 서로 다른 인종 간에 순수한 거래 따위는 존재하지 않았다. 의식적 선입견과 무의식적 선입견 둘 다 작용하는 권력놀음만 있을 뿐이다. 인종차별주의는 피부색에 대한 편견이 아니라고 《반인종주의자가 되는 법》에서 켄디는 주장한다. 인종은 근본적으로 권력 정체성이고 인종차별주의는 백인의 권력을 보존하는 집단 시스템이다. 능력주의 사상처럼 반인종차별주의라고 명확히 밝히지 않은 것은 무엇이든 사실상 인종차별주의다.

이 철학은 필연적으로 두 가지 결론에 이른다. 첫째, 인종에 구애받지 않는 사회라는 마틴 루터 킹의 사상은 말도 안 된다는 것이다. 피부색에 연연하지 않는다고 주장하는 사람들도 인종차별 관행이 뿌리깊은 사회적 맥락 속에서 행동한다. 그뿐만 아니라 미묘한 공격으로 모습을 드러내는 온갖 선입견의 영향을 받기도 한다. 결국 피부색을 보지 않는다고 세상을 있는 그대로 본다고 할 수는 없다. 둘째, 능력주의는 백인 권력을 정당화하고 영속시키기 위해 고안된 환상에 불과하다는 것이다. 백인들은 노예제의 유산과 착취를 통해 흑인보다 더 좋은 기회를 얻었을 뿐만 아니라 객관적이라고 하지만 권력으로 왜곡될 수밖에 없는 기준의 혜택까지 누렸다. 흑인은 백인의 이익을 위해 고안된 커리큘럼을 공부할 것을 강요받고 백인의 권력을 정당화하고 확장하도록 설계된 기준에 따라 평가받는다. 흑인의 실패는 체제 안에 의도적으로 내장되어 있는 것이다.

학계, 특히 인문학부와 행정관 집단에서는 이 같은 발상 중 상당수를 '흑인의 생명은 소중하다' 운동이 일어나기 전부터 분명히 인식하고 있었다. 로스앤젤레스의 캘리포니아 대학교는 공식 지침서를 통해 '나는 당신의 피부색을 보지 않습니다.', '세상의 인종은 단하나, 인류뿐입니다.', '나는 인종을 믿지 않습니다.'와 같은 말을 하는 것조차 미묘한 인종 공격으로 규정했다. 위스콘신 스티븐스 포인트 대학교는 인종을 인정하고 싶지 않다는 뉘앙스가 담긴 말은 문제가 된다고 직원들에게 조언했다. 미주리 대학교의 포괄적 용어 지침은 피부색에 연연하지 않는다는 개념은 자칫 인종정체성이 자기 정체성의 중요한 부분을 차지하는 이들을 부인할 수 있다고 선언했다. 또한 이 사상들은 지식집약적인 IT산업과 언론부문을 필두로 기업에도 침투하기 시작했다.[21]

'흑인의 생명은 소중하다' 운동은 순식간에 학계에서 사회 다른 분야로까지 확산되었다. 기업은 흑인을 더 많이 채용하기 위해 애썼을 뿐만 아니라 모든 직원에 백인의 취약성과 무의식적 선입견을 연구할 것을 요청했다. 〈뉴욕타임즈〉는 '흑인BLACK'이라는 단어를 대문자로 쓰기 시작했고 소수민족 기사도 크게 늘렸다. 〈워싱턴 포스

16. 능력주의에 반대하다: 우파의 봉기

트〉는 '흑인'은 물론 '백인WHITE'도 대문자로 썼다. 국립흑인역사박물관에서는 시간엄수, 공손함, 권위 존중, 과학적 사고, 합리성 등이 흑인 문화보다 백인 문화에서 더 높은 평가를 받는다고 주장하는 그래픽을 전시했다. 따라서 이 같은 자질을 보상하는 것은 인종차별주의다.

우파에서는 포퓰리즘, 좌파에서는 정체성 정치가 동시에 부상하는 오늘날의 현실은 분명히 위태롭다. 이렇게 되면 흑인은 과거의 부당함을 지적하는데 적어도 빈곤층에 속하는 백인들은 임금정체로 절망만 커진 지난 30년이 지옥이었다고 호소하는 등 인종분열은 더 심해질 수밖에 없다. 정치는 빨간 부족과 파란 부족이 서로 극악무도한 죄(인종차별주의나 반미주의)를 저질렀다고 비난하다가 결국 더 이상 관여하지 않는 부족적 양상을 띠고 있다. 그리고 미국이 문화적으로 강한 힘을 가졌고 언제나 미래사회에 먼저 도달해왔음을 감안하면 이 같은 문제가 전 세계적으로 빠르게 확산될 것임을 알 수 있다. 집단의 권리나 평등주의가 아닌 능력주의 사상이야말로 우리가 진보하는 가장 좋은 방법이라는 게 이 책의 핵심 메시지다. 즉, 사람들을 집단 구성원이 아닌 개인으로 대하고 기회와 일자리를 능력과 성과에 따라 분배하며 사상과 재능의 자유로운 교류를 가로막는 장벽을 제거해야 한다. 이것이 우리가 이 책을 시작할 때 살펴봤던 우선권, 서열, 지위의 세계에서 인류가 벗어나도록 도와준 철학이다. 그리고 GI 법안부터 1944년 교육법에 이르기까지 정의의 여러 위대한 돌파구를 이끌어온 철학이기도 하다. 하지만 능력주의 혁명이 결코 충분히 이뤄지지 않았다는 사실도 인정해야 한다. 이는 능력주의자들이 샴페인을 너무 빨리 터뜨렸기 때문이기도 하지만 능력주의에 특정 형태의 불평등이 일어날 수밖에 없는 구멍이 존재하기 때문이기도 하다. 결론에서는 좌우 양쪽에서 증가하는 불만에 대처하기 위해 능력주의를 어떻게 혁신해야 할지 살펴본다. 하지만 그전에 서구의 고뇌와 무관한 지역에서는 능력주의 사상이 어떻게 발전해왔는지부터 살펴보자.

아시아,
능력주의를 재발견하다

싱가포르는 능력주의에 가장 근접한 국가다. 서구인의 눈에 이 도시국가는 은과 동의 사람들을 주재하며 그들의 고층건물에 자리 잡은 현명한 보호자들의 카스트와 함께 플라톤 공화국의 첨단 버전처럼 보인다. 동양인의 눈에 그것은 유교 만다린 국가의 첨단 버전처럼 보인다. 수많은 싱가포르 학생에게 그것은 거대한 시험 공장처럼 보인다. 싱가포르 국립대학교와 난양 공과대에서 학생들은 정규분포 곡선에 따라 사당을 세웠고 종형곡선의 신이라고 이름붙여 음식과 촛불을 정기적으로 바쳤다. 국립대학교는 학생들이 전자적으로 기도하도록 벨 커브 신을 위한 웹사이트와 페이스북, 트위터 계정까지 마련했다. '학생으로서 우리는 종형곡선의 신이라는 전지전능하고 이해할 수 없는 힘의 대상이다.'라고 딜런 이순용이 BBC에 말했다.[1]

싱가포르 경제 모델은 단순하지만 대담한 두 가지 아이디어에 근거한다. 즉, 좋은 정부는 경제발전에 필수적이고 좋은 사람들은 좋은 정부에 필수적이라는 것이다. 싱가포르 사람들은 최고의 사람들을 선택하고 나머지를 지배하고 그들을 훈련시키는 데 상당한 자원을 쏟아붓고 있는데 이것은 우리가 이 책의 많은 다른 맥락에서 만난 아이디어다.[2] 그들은 재능있는 젊은이를 일찍 발견해 엘리트에게 황금 사다리를 제공한다. 선택받은 사람들은 보통 미국에서 유학할 충분한 장학금을 받는다. 이 장학금은 돈이 아닌 일정한 수의 공무원으로 상환되어야 한다. 싱가포르는 맥킨지, 골드만삭스와 같은 세계 최고 기업들에서 공공부문 일자리의 급여를 벤치마킹하는데 젊은 장관과 상임비서는 연간 160만 달러를 벌고 총리는 310만 달러를 벌 수 있다. 이 같은 임금 수준은 장관들이 현대 기준으로 거액을 받은 빅토리아 시대 영국의 그것과 상당히 비슷하다. 그들은 서구와 같이 유능하고 야심 찬 사람들이 민간부문보다 공공 서비스에 더 많이 종사할 가능성이 있음을 뜻한다. 리콴유는 토머스 제퍼슨과 능력주의 사상의 철학자 왕이라는 칭호를 놓고 경쟁한다. 리콴유는 모범적인 장학금 수상자였다. 그는 싱가포르가 영국 식민지이던 1940년 싱가포르 최고의 학교 자격증 성적을 얻었고 케임브리지의 피츠윌리엄 칼리지에서 장학금을 받았고 법학 2관왕으로 졸업했다. 리콴유 대통령에게 지적 능력은 세상에서 가장 소중한 상품이었고 모든 인간은 평등하게 태어나고 공공이익에 평등하게 기여할 수 있다는 생각은 가장 위험한 환상이었다. 중요한 소수의 정신력을 이용해야만 한 국가, 특히 싱가포르의 슬리퍼들이 국가적 위대함을 이룰 수 있었다. 그는 '내가 천재에 가까운 사람들과 평균 이상의 사람들이 무엇을 할 것인가에 계속 몰두한다면 미안하다. 하지만 나는 그들이 궁극적으로 다가올 일의 형태를 결정할 거라고 확신한다.'라고 말했다. 갈튼과 같은 천재에 대한 리콴유의 믿음은 논리적 결론에 이르렀다. 1983년 그는 엘리트 남성이 고학력 여성을 아내로 선택할 것을 제안하면서 대혼 논쟁을 촉발시켰다. 그의 아내는 그와 같은 반 친구였고 영어와 경제학 몇 가지 논문에서 그를 이겼다. 그는 결혼정보회사 사회개발부를 설립해 졸업생들이 만나 짝짓기하고 부화하기를 희망하며 고학력 여성이 자녀 서너 명을 낳도록 장려하는 대학원생 어머니 제도를 도입했다. 1994년 그는 J. S. 밀의 가변적 프랜차이즈 생각을 되살렸을 때 큰 민주주의 논쟁을 일으켰다. 분명한 미래 지분을 가진 중년 남성은 단순히 자신의 야생 귀리를 뿌리는 데만 열중하는 젊은 낭비꾼이나 건강이 나빠지는 데만 초점을 맞춘 은퇴자보다 더 많은 표를 얻어야 한다. 리콴유 대통령은 유교적 용어로 능력주의적 비전을 자주 제시했다. 그는 현명하고 자비로운 통치로 국민의 신뢰와 존경을 받는 자가 이끄는 정부의 중요성을 강조했다. 1987년 그는 '지난 30년간 싱가포르를 성공시킨 원동력 중 하나는 국민 대다수가 유교의 기본 개념인 개인보다 사회복지의 중요성을 중시했다는 것이다.'라고 말했다. 또한 그는 아시아의 경제 기적이 훌륭한 경제관리만큼 유교적 가치의 승리를 상징한다고 주장했다. 1994년 그는 '여러분이 학문, 근면, 미래의 이익을 위한 현재의 즐거움의 절약과 지연에 큰 가치를 두지 않는 문화를 가졌다면 그 진행은 훨씬 느려질 것이다.'라고 말했다. 국가에 대한 그의 모든 선입견에도 불구하고 리콴유는 싱가포르 개발 모델의 중심에 가족을 뒀다. 노약자를 돌보는 것은 국가 혼자 하는 일이 아니라 국가가 지지·보완하는 가족의 의무였다. 그는 서구가 유교적 규율이 부족해 자신을 파괴할 거라고 믿었는데 서구의 치솟는 복지예산(특히 노인복지)은 교육에서 투자를 전환시키는 반면, 즉각적인 만족에 대한 중독은 절약과 자기수양을 약화시켰다. 그는 사람들이 부모님을 복지국가가 지불한 청구서인 양로원에 버려 그들의 삶을 영위할 수 있다는 생각에 경멸감이 불타올랐다. 또한 동료 지도자들에게 많은 신흥국, 특히 아프리카에서 만연했던 개인적 부정부패를 경고했다. 그는 '먼저 우리는 모범을 보여야 했다.'라고 총리로서 자신의 시간을 언급하면서 '우리는 부패하지 않을 뿐만 아니라 검소하고 경제적이며 방만한 스타일로 여행하지 않는다. 낭비, 호화로운 접대, 큰 사무실이 없고 그들이 본받은 대로 분위기를 조성했다.'[3]라고 말했다.

유교 국가 싱가포르는 두 가지 다른 능력주의 전통을 따랐다. 첫 번째는 영국 케임브리지 전통으로 토머스 바빙턴 매컬레이와 존 메이나드 케인스와 같은 지적 귀족에게 구체화되었다. 리콴유는 케임브리지에서 온 자신의 더블 퍼스트(Double First: 대학 졸업시험의 두 과목

511

최고득점(자) - 편집자 주)를 자랑스러워하며 장남 리셴룽을 포함한 다른 칸타브리아 영재들의 업적에 대한 백과사전적 지식이 있었다. 두 번째는 맥킨지의 전통이다. 공공부문과 민간부문을 오가며 일생을 보내는 싱가포르 통치자들은 위대한 경영 컨설턴트가 만들어내는 경영 아이디어에 숙성되어 있다. 여기에는 강력한 기술관료적 요소가 있다. 즉, 엘리트들은 모든 문제를 현명한 사회공학자들이 해결해야 할 기술적 문제로 본다. 또한 마녀-의사적 요소도 있다. 즉, 엘리트들은 경영상 유행어와 최근 비즈니스 명언에 도취되어 있다. 만다린은 그들이 한때 절묘한 시를 반복했던 것과 같은 충실한 경건함으로 추악한 맥킨지 공식을 반복한다. 싱가포르 교육 시스템은 리콴유 대통령의 엘리트 비전의 결실이다. 교사들은 학급에서 상위 ⅓에 들어야 한다. 핀란드와 한국은 교육 순위에서도 우수하다. 또한 그들은 적어도 4~6년 동안 가르치겠다고 약속하는 대가로 전액 장학금과 교육부에서 정책에 관해 일하는 안식년 등 하이 플라이어(High Flier: 우수한 인재 - 편집자 주)를 그 직업으로 끌어들이기 위해 모든 종류의 특전이 제공된다.[4] 교장은 30대에 임용되는 경우가 많고 급여도 서양식보다 훨씬 많다. 선택과 스트리밍(Streaming: 능력별 학급 편성 - 편집자 주)은 일상적이다. 초등학교 졸업시험은 어느 중학교에 다닐지, 어느 학교에 들어갈지를 결정한다. 중학교 졸업시험은 어느 6년제 대학교에 갈지를 결정한다. 학교들은 시험 성적에 대해 큰 소란을 피우는 경향이 있는데 수상자들을 위한 의식을 치르고 금박을 입힌 글씨로 장학금 수상자들의 이름을 새긴다. 도시국가는 능력 범위의 맨 위에 있는 아이들을 식별하는 데 큰 관심이 있다. 모든 아이는 여덟 살, 아홉 살에 수학, 영어, 추리가 평가된다. 상위 1퍼센트는 아홉 개 초등학교에서 12세까지 운영되는 영재교육 프로그램으로 전환된다. 그런 다음 영재교육 프로그램을 제공하는 특정 중학교에 갈 것인지 선택할 수 있다. 선발된 이들 자녀에게는 일부 과목의 추가 수업, 일부 고급 수업 배치, 독학 온라인 과정에의 접근 등이 포함된 개인맞춤형 교육계획이 주어진다.[5] 이 시스템의 꼭대기에는 래플스 칼리지가 있다. 1823년 리콴유를 포함한 대부분의 싱가포르 엘리트의 모교인 스탬퍼드 래플스에 의해 설립된 래플스는 세계에서 가장 성공적인 장학금 공장일 것이다. 래플스 대부분의 학생은 고급 수학을 네 개 A급 과목 중 하나로 수강하며 단 8퍼센트만 인문학을 전공한다. 매년 래플스에서 해외 대학교로 진학하는 학생의 약 절반이 정부 서비스로 대학교에서 받는 교육을 갚기 위해 채권에 서명한다. 래플스는 싱가포르 밖에서 온 수백 명의 똑똑한 아이들에 장학금도 준다. 싱가포르는 능력주의의 장점뿐만 아니라 많은 단점도 보여준다. 석회화에는 문제가 있는데 같은 성씨가 이 씨 가족부터 시작해 최고 장학금 수상자와 공직자 명단에 올라간다는 것이다. 오만함에도 문제가 있다. 전직 고위 공무원 응암 통 다우는 엘리트 계층의 오만함의 특정 브랜드가 슬금슬금 다가오는 것을 눈치챘다. '어떤 공무원은 황제의 명령을 받은 것처럼 행동한다. 우리는 우리를 어린 리콴유리고 생각한다. 우리는 유능하고 똑똑한 사람들의 횡포다.'라고 하원의원의 딸인 한 젊은 블로거가 자랑스럽게 썼다. '당신이 충분히 뛰어나지 않다면 인생은 실패할 거예요. 원래 그런 거죠.……
제발 똑똑하고 무신경한 내 눈에 띄지 말아 주세요.'⁶ 이 글이 블로
그에 게재된 후 후폭풍이 일자 이 여학생의 아버지는 잔혹한 진실을
받아들이지 못하는 사람들도 있다는 말로 대응했다.⁷ 교육에 그렇
게 많은 투자를 하는 사회를 위해 싱가포르는 소설, 그림, 음악을 제
작하는 것은 고사하고 새로운 아이디어를 창출하는 기록은 평범하
다. 싱가포르는 지적 창의력보다 어느 엘리트 기관에 다녔는지, 어
떤 장학금을 탔는지가 더 중요한 지적 우월성의 국가다. 순응은 독
창성보다 중요하다. 그것은 능력주의와 거슬리고 다소 까다로운 권
위주의를 결합한다. 국가는 사람들에게 그들이 살 수 있는 장소 심
지어 오줌싸는 방법까지 알려준다. 종종 법치주의는 법원에 대한 정
부의 영향력을 감안하면 자의적으로 보일 수 있다. 주정부도 시민
들을 주시하며 반대 의견을 즉시 단속한다. 싱가포르 택시기사는
이 저자에게 거리에 경찰이 이렇게 적은 이유로 '싱가포르에서는 우
리 모두가 경찰이다.'라고 말했다. 하지만 신흥 세계 대부분의 가난
한 사람들은 싱가포르의 경제적 성공을 경험하기 위해 이 같은 불편
을 기꺼이 감수할 것이다. 작은 늪지대는 인적자본 투자 덕분에 세
계에서 가장 높은 생활 수준을 누린다. 민족적 잡동사니는 깨끗하고
효율적인 상태로 만들어졌다. 능력주의에 열광하는 싱가포르는 능
력주의의 단점에 대해서도 뭔가 하려고 노력 중이다. 정부는 동정적
능력주의와 '우수는 봉우리가 많은 산'이라는 구호를 내걸고 결집 중
이다. 엘리트들은 특히 미용과 같은 노동집약적 서비스 분야에서 직

업교육의 위상을 높이기 위해 노력 중이다. 종종 개발경제학자들은 덴마크로 가기를 말하는데 그것은 성공적인 현대 경제창조를 의미한다. 인구 규모는 덴마크와 비슷하지만 독립국으로 60년 역사를 가진 싱가포르는 1인당 국민소득이 덴마크보다 높고 평균 수명은 2년 반 더 길다. 싱가포르의 능력주의 실험은 그 자체로 놀랍다. 도시국가는 그 아이디어를 어느 나라보다 멀리 가져갔고 경제발전 촉진 가능성을 보여줬기 때문이다. 하지만 싱가포르는 세계 최대 부상국 중국의 모델을 제공해 훨씬 더 중요하다.

붉은 능력주의

싱가포르는 리콴유 대통령 덕분에 1965년 말레이시아에서 분리된 이후 능력주의에 대한 헌신으로 일관해왔다. 대조적으로 공산주의 중국은 히스테리적 적대감에서 열정적 지지로 바뀌었다. 1966년 ~1976년 그가 사망할 때까지 마오쩌둥의 문화대혁명은 캄보디아 크메르 루즈 정권과 경쟁하면서 세계에서 가장 급진적이고 피에 굶주린 평등주의 실험 중 하나였다. 당국은 공산주의자들과 전문가들의 대결 구도를 구축했다. 대학교들은 시험을 폐지하고 군대는 대열을 폐지했다. 홍위병들은 권위있는 사람들을 모욕했고 교수들은 밭을 갈고 상사들은 생신라인에서 일할 것을 강요했다.[8] 평등에 대한 그들의 욕망이 너무 강해 심지어 경쟁적인 스포츠와 트로피 매니아를 비난했다.[9] 중국은 집단(회색일수록)을 숭배하고 개인주의를 부르주아적 일탈이라고 비난했다.[10] 수천만 명이 죽고 살아남은 자들의 삶도 망가졌으며 국가는 여러모로 붕괴했다. 오늘날 중국은 트로피 매니아의 땅이다. 학교에서 1등을 차지하고 기업가로서 돈을 벌고 회사 지위를 높이는 등의 출세를 모든 중국인이 꿈꾼다. 그리고 출세하는 것이 다음 사람보다 더 열심히 노력하고 더 현명하게 생각하는 것을 의미할 수 있음을 모두 안다. 중국은 싱가포르를 따라 실력주의 교육 시스템을 생산하기 위해 노력해왔다. 아이들은 최상위 중학교에 입학할 목적으로 최고의 보육원에 들어가기 위해 경쟁한다. 그래서 최상위 대학교에 들어갈 수 있다. 시험은 앞서가려는 경쟁을 규제한다. 이 같은 시험 중 가장 중요한 시험들, 즉 18살에 치르는 대학입학시험Gaokao은 많은 면에서 구식 만다린 시험의 부활이다. 매년 900만 명 이상의 학생이 이 시험을 치르고 중국인들은 그것을 통나무로 강을 건너는 10,000마리 말에 비유할 정도로 경쟁이 치열하다.[11] 시험은 까다롭다. 이틀 동안 9시간이 걸리는 시험지들은 만다린어, 영어, 수학, 과학, 예술에 대한 학생들의 지식을 시험한다. 시험 성적에 따라 대학교에 들어갈 수 있는지, 어느 대학교에 들어갈지, 무슨 과목을 공부할 수 있는지가 결정된다. 입학할 대학교는 어떤 직업을 갖고 임금은 얼마나 받을 수 있는지를 결정한다. 부정행위를 막기 위해 2015년 허난성에서는 스마트폰에서 나오는 무선 신호를 확인할 드론을 시험장 위로 날렸다.[12] 자동차 경적을 울리지 않을 만큼 경건한 분위기에서 시험을 치른다.[13]

중국 호랑이 엄마들은 아기가 자궁에 있을 때부터 국내든 해외든 자녀의 미래 대학교 진학 준비를 시작한다. 최근 수십 년간 미국에서 가장 많이 팔린 책 중 하나는 《하버드 걸Harvard Girl》(2000)인데 이 책에서 어머니 류 웨이화가 딸을 아이비리그에 보내기 위해 사용한 치료법을 상세히 설명하고 있다. 이 요법은 자녀가 태어나기 전부터 시작되는데 산모는 자신을 아프게 하는 고영양식을 억지로 먹는다. 류 웨이화는 딸이 두 살이 되기 전부터 당나라 시 암기법을 가르쳤다. 어린 신동이 초등학교에 다닐 때 상황은 더 어려워졌다. 어머니는 딸의 학습 집중을 연마시키기 위해 딸을 시끄러운 환경에 데려갔고 지구력 향상을 위해 15분간 각얼음을 손에 쥘 것을 강요했다.[14] 이 같은 방식을 따르는 부모가 이외에도 많다는 증거를 전국에서 찾아볼 수 있다. 영아용 조제분유는 무기로서의 기억력에 초점을 맞추고 다른 하나는 정보 보유력과 창의력 강화, 다차원적 지능 생산에 초점을 맞춘 브레인 파워 부스터로 포장된다. 맥도날드 웹사이트는 곱셈과 언어학습용 해피 코스를 제공하는 로널드 교수가 운영한다.[15] 장난감회사 마텔이 상하이 시내에 스파와 칵테일 바가 있는 6층짜리 바비 메가 스토어를 열었을 때 중국 학부모들이 바비의 나쁜 공부 습관을 탐탁지 않게 여긴다는 것을 알게 되었다.[16] 그 증거는 심지어 아이들의 코에서도 발견된다. 근시로 여겨지는 16~18세 비율은 1970년 ⅓ 미만에서 오늘날 거의 4/5로 증가했고 문제는 더 심각해지고 있다. 초등학생의 40퍼센트가 근시다. 2000년 이 문제는 집중적으로 공부시킬 가능성이 큰 고소득 가정에서 두드러진다.[17]

더 일반적으로 이전에 집단주의였던 중국은 이제 경쟁적인 개인주의 정신으로 포화된 상태다. 관영 언론매체는 새뮤얼 스마일즈를 연상시키는 자조주의를 설교한다. '자신을 믿으세요. 경쟁을 받아들이세요! 당신만의 길로 불타오르세요!' 차이나 모바일은 '나의 영역, 나의 결정'이라는 슬로건으로 젊은이들에게 핸드폰 서비스를 판매한다. 나이든 중국인들은 현재 세대를 '나 세대'라고 한다. 기성세대는 우리의 직장 단위, 젊은 세대는 자신을 가리킨다.

정치적 능력주의

또한 공산당은 정치적 능력주의를 홍보하려고 한다고 주장한다. 즉, 선거에서 얻는 득표보다 재능에 기초해 지도자를 선발해 승진시키는 것이 목표인 정치 시스템이다. 공산당은 이것을 민주주의에 대한 서구의 믿음에 대한 직접적인 도전으로 제시하는데 당의 관점에서 보면 포퓰리즘 지도자들과 잘못 생각하는 국민의 투표로 파괴되는 것을 시험받고 있다. 수많은 당 지식인의 관점에서 정치적 능력주의는 단지 개발도상국에서 권력을 배분하는 효율적인 방법이 아니다. 역사는 자유주의와 민주주의의 승리를 향해 나아간다는 서구의 소중한 견해에 대한 도전이다. 당은 능력과 투지에 기초해 최고 직위가 사람들에게 돌아가도록 하는 시스템을 구축했다고 주장한다. 정상으로 가는 길은 멀고 험하다. 즉, 중앙당 학교에서 빛나고 지방을 운영하는 행정 기개를 증명해야 하며 국영기업을 점점 더 운영함으로써 사업 기개도 증명해야 한다. 기업이 아닌 국민 전체를 대상으로 인적자원 전문 당 조직부가 단계마다 성과를 모니터링한다. 도지사들은 경제성장을 촉진하거나 빈곤을 근절하는 여러 조치가 성공했다는 평가를 받고 목표를 달성하지 못하면 등급은 급속히 강등된다.[18] 대학교 총장들은 학생수업 활성화나 학업성취도 향상에 성공했다는 평가를 받는다.[19] 리위안차오 중국 공산당 중앙위원회 조직부장은 당 서기장 선출에 사용된 과정을 자세히 설명했다.

첫째, 은퇴 간부를 포함한 공천 과정이 있었다. 많은 후보 지명을 받은 사람들은 다음 단계로 넘어갈 수 있었다. 다음으로 훌륭한 사무총장이 되는 방법에 관한 질문을 포함한 시험이 있었다. 열 명 이상이 시험을 치렀고 그 명단은 다섯 명으로 좁혀졌다. 과정이 공정하다는 것을 증명하기 위해 시험지를 복도에 놔둬 모두 결과를 판단하도록 했다. 이어서 장·차관, 대학 교수로 구성된 면접위원단 구두시험이 있었다. 투명성과 공정성을 확보하기 위해 총무비서관으로 근무하는 일반 간부들이 방 안의 전 과정을 감독할 수 있었다. 최고점수를 받은 후보 세 명이 다음 단계 대상자로 선정되었다. 그 후 인사부는 감찰반을 이끌고 덕을 중시해 후보자의 성과와 덕을 관찰했다. 두 명이 다음 단계 대상자로 추천되었다. 최종 결정은 각각 투표한 장관 12명으로 구성된 위원회가 했고 후보자가 성공하려면 최소 8표를 얻어야 했다. 필요한 득표수가 처음에 확보되지 않으면

당은 학업성취도를 바탕으로 당원증을 배포하기도 했다. 2009년 《파이낸셜타임스》 기자 리처드 맥그리거는 중국의 MIT에 해당하는 칭화 대학교에서 학생 세 명과 나눈 대화를 회상한다. 그들은 당원이 되는 것은 탁월함의 상징이며 당원이면 공직 기회를 더 많이 얻을 수 있고 당내 직위는 학교와 대학 모두에서 최고 학생에게 주어지는 상으로 제시되었다고 보고했다.[21] 공장과 농장을 대학교와 사무실로 보낸다. 또한 당국은 공무원 선발시험을 이용한다. 공공관료에는 정치인뿐만 아니라 공무원도 포함된다. 중국에서는 둘 사이에 엄격한 구분이나 전통이 없기 때문이다. 공무원 시험에 합격해야만 공무원 생활을 시작할 수 있다. 승진할수록 점점 더 어려운 시험을 연속으로 치러야 한다. 이 같은 공개시험은 지식 전문성 테스트라기보다 IQ 테스트에 가깝다. 능력주의에 대한 지지가 항상 전폭적인 것은 아니다. 결국 그 당은 공로당이 아닌 공산당이다. 마르크스와 엥겔스는 '각자 능력과 필요에 따라'라는 평등주의 원칙을 믿었지만 그럼에도 불구하고 그것은 입지를 굳히고 있다. 당 지도부는 정치적 능력주의를 위한 적절한 중국 이름이 있는데 바로 보호자 담론이다.[22] 이 담론은 두 가지 위대한 전통, 즉 중국 역사에 깊은 뿌리를 둔 것과 더 최근의 것이다. 2002년~2012년 후진타오 공산당은 공자를 공식적으로 포용하기 시작했고 학교에서는 유교의 가르침을 의무화하고 독일 괴테학원을 모델로 공자학원을 전 세계에 설립했다.

시진핑은 불교, 도교와 함께 유교를 중국인이 되는 것을 정의하는 전통문화 중 하나로 정의하면서 포용력을 높였다. 공식적인 유교 홍보에는 2008년 베이징올림픽에서 공자의 말을 인용하는 것, 홍콩 액션배우 주윤발 주연의 2010년 장편 영화를 후원하는 것, 공산당 학교에서 유교 고전을 가르치는 것, 공자 고향에 있는 공자연구소에 자금을 지원하는 것 등이 포함된다. 정기적으로 세계공자회의를 개최하는 산둥성 취푸시 의회는 학교 교과서에 유교 시와 격언을 포함한 상자를 의무화하고 전 세계 공자학원에 상당한 자원을 쏟아붓는다. 공자는 점점 더 물질주의화되어 가는 사회에 윤리적 모델을 제공할 뿐만 아니라 중국에서 그의 평판이 어떻든 전 세계 나머지 지역에서 대량학살 괴물로 인식되는 마오쩌둥보다 더 매력적인 얼굴을 보여줘야 한다.

더 최근에 추가된 것은 공학에 대한 믿음이다. 20세기 초 제국주의 국가 붕괴 이후 정책입안자들은 중국의 골화된 유교 전통이 중국을 서구 강대국들의 손에 굴욕으로 몰아넣었고 오직 기술자들만 중국의 운명을 되돌릴 수 있다는 이유로 기술자에 집착했다. 오늘날 기술자가 나라를 운영한다. 2002년~2007년 후진타오의 정치국 상무위원 아홉 명 전원이 기술자였고 2007년~2012년에는 한 명을 제외하고 모두 기술자였다. 오늘날 그 비율은 더 낮지만 정말 중요한 인물인 시진핑은 칭화 대학교에서 화학공학을 공부했다. 이 같은 기술자들은 사회문제를 공학적 문제로 바라본다. 정책입안자들은 자격을 갖춘 기술자들이 자격이 없는 근로자들에게 질문해야 하는 것보다 더 이상 국민의 생각을 물어볼 필요가 없다.

정치 능력주의의 한계

•

동양에서 떠오르는 붉은 능력주의의 이 비전에는 얼마나 많은 진실이 있는가? 이 같은 생각은 중국뿐만 아니라 최근 민주주의의 어려움을 고려해 해외에서 상당한 관심을 끌고 있다. 중국 푸단 대학교 장웨이웨이는 세계는 능력주의 리더십과 대중 선거에 바탕을 둔 두 가지 정치 모델로 돌아가며 중국 모델이 이길 수도 있다고 주장했다.[23] 싱가포르 리콴유 공공정책대학 전 학장 키쇼어 마부바니는 중국의 제도가 중국이 생산할 수 있는 최고의 지도자들을 만들어냈다[24]고 말했다. 니콜라스 버그루엔과 네이선 가델스는 동양의 능력주의가 서구 민주주의와 그것의 단기적 집착에 대한 가치 있는 균형이라고 주장했다.[25] 이 같은 사고방식은 이론가에게만 국한되지 않는다. 임란 칸 파키스탄 총리는 중국 공산당이 모든 재능을 선별하고 최고 자리에 올렸다고 칭찬했다. 그는 '그것은 능력주의에 바탕을 둔 시스템이다.'라고 말했다.[26] 하지만 중국이 정치적 능력주의를 창출한다는 생각은 2018년 시진핑 주석이 자신의 임기를 종신이나 최소한 그가 원하는 기간으로 정했을 때 심각한 타격을 받았다. 이전에는 10년마다 중국 지도부가 바뀌어야 한다고 주장함으로써 은퇴하지 않는 노령화된 지도자가 이끄는 독재국가의 가장 큰 문제를 해결했다고 주장할 수 있었다. 지금 중국은 능력주의라기보다 봉건주의로 보인다. 이 변화의 전체 비용은 아직 밝혀지지 않았지만 긍정적으로 예상되지는 않는다. 시진핑 주석은 러시아 블라디미르 푸틴과 같이 그의 나이에도 권력을 유지할 것이고 정실주의는 더 깊이 뿌리내릴 것이다. 떠오르는 스타들은 좌절하고 아첨꾼들은 창궐할 것이다. 지도부는 늙어가고 연락은 점점 더 끊기면서 성장하고 교육받은 중국 중산층이 안절부절 못할 거라고 쉽게 상상할 수 있다. 시진핑 주석은 혁명과 함께 부모와 조부모가 권력을 잡은 이후 줄곧 결혼해온 붉은 왕자와 공주 집단의 가장 높은 계급이다. 이 왕족들은 모든 종류의 차별과 편애로 가득 찬 체제 위에 앉아 있다. 부유한 부모들은 자녀를 시험 준비에 뛰어난 엘리트 피더 스쿨에 입학시키기 위해 인맥을 활용한다.[27] 공산당 대부분의 고위 인사는 남성이다. 신장 위구르족, 티벳 지역의 티벳인과 같은 소수민족은 피더 민족과 같은 취급을 받는다. 게다가 중국 사회 곳곳에 만연한 부정부패는 사람들을 놀라게 한다. 2014년 당국은 중앙군사위원회 부위원장이 약 562평(1,858 제곱미터) 넓이의 집 지하실 전체를 1톤이 넘는 다양한 액면가의 현금으로 비축한 것을 적발했다.[28] 2012년 상하이의 자산을 조사한 후란 보고서에 따르면 전국인민대표대회와 중국인민협상회의의 가장 부유한 대표 83명이 2,500억 달러(322조 원) 이상의 순자산을 보유한 것으로 추산했다.[29] 권력과 돈의 결합은 국가의 효율성을 싱가포르보다 훨씬 낮은 수준으로 떨어뜨렸다. 세계은행의 글로벌 거버넌스 지표는 지속적으로 중국을 정부효과의 60번째 백분위, 법치주의의 40

번째 백분위 안에 올려놨다. 또한 권력과 돈의 역학은 세계에서 가장 불평등한 사회를 만드는 데 일조했다. 한 연구에서 상위 1퍼센트 중국인이 중국 전체 자산의 ⅓을 소유한 사실을 밝혀냈다.[30] 또 다른 연구는 베이징이 뉴욕보다 억만장자가 더 많은 것으로 계산했다. 중국 지니계수(0은 완전 평등, 1은 완전 불평등을 의미하는 표준 척도 - 역자 주)의 공식 추정치는 2018년 0.48로 경제협력개발기구OECD 어느 곳보다 높으며 비공식 추정치도 많다. 일부 학자들은 0.5가 넘으면 사회적 불안정을 예고하는 것으로 간주한다.[31] 증가하는 경제적 불평등과 부정부패의 결합은 기회 사회로서의 중국의 미래에 심각한 의문을 던진다. 1990년대 성년이 된 행운의 세대는 주목할 만한 특권을 쌓은 후 연결과 부패의 조합으로 위상을 강화하기 시작했다. 부모들은 자녀를 일류 학교에 입학시키기 위해 후원금을 낸다. 베이징에서는 국민 기본 월급의 두 배가 넘는 16,000달러까지 받을 수 있다.[32] 구직자들은 혁명 이전의 프랑스와 빅토리아 시대의 자유주의 개혁 이전의 영국에서 그랬듯 결국 일자리를 위해 돈을 낸다. 일자리 비용 지불이 큰 문제가 되어 2012년 언어에 대한 국가 권위인 현대 중국어 사전은 '정부 홍보물을 사기 위해'라는 단어를 추가했다. 이것은 엘리트가 상상하는 정치적 능력주의와는 매우 거리가 멀다. 하지만 중국을 또 다른 절도 있는 정권으로 치부하기 전에 두 가지를 기억해야 한다. 첫째, 모든 불완전성에도 불구하고 중국은 주목할 만한 현대화 시기를 주도했다는 것이다. 미국은 2세기 동안의 경제발전을 겨우 50년 만에 몰아넣었음에도 미국을 하나로 묶었고 미국을 뒤돌아보게 하는 공항, 도로, 교량 등의 인프라 네트워크를 구축했다. 둘째, 중국의 교육 시스템이 놀라운 결과를 내고 있다는 것이다. 중국은 불완전하지만 웹브스의 용량 잡는 기계 버전을 만들었다. 중국의 교육 이동성에 관한 최대 규모의 연구에 따르면 중국의 엘리트 대학교들은 가장 부유한 5퍼센트 학생에게 자리의 절반을 주는 미국의 엘리트 대학교보다 블루칼라 노동자의 자녀를 더 잘 모집하고 있다.[33] 중국의 세계 상위권 대학교들은 세계 최고 대학교들과 경쟁하는 법을 배우고 있다. 그것은 확실히 능력주의적이지 않다. 하지만 부정부패와 정실주의에 빠진 모든 것에도 불구하고 중국은 능력주의 사상을 사용해 놀라운 성장기를 이끌고 생활 수준 면에서 다른 아시아 호랑이들 사이에서 입지를 다지고 있다.

주류 아시아

•

싱가포르는 능력주의를 수용하는 아시아 국가의 가장 두드러진 예이고 중국이 가장 중요하고 국가들이 더 까다로운 도전을 해결하기 위해 그들의 정부를 재설계하려고 하거나 국가를 활성화하려고 할 때 또는 인적자본 계발을 위해 교육체계를 되살리려고 할 때 세계에서 가장 역동적인 지역에서 비슷한 발전을 찾아볼 수 있을 것이다. 지난 30년 동안 아시아 많은 국가는 공무원 채용에서 능력주의 원칙을 점점 더 강조해왔다.[34] 각국 정부는 후원과 부패의 낡은 제도를 타파하고 우수한 자격을 갖춘 인재를 모집하고 현대화를 선도할 엘리트 계층 공무원을 양성하는 것의 중요성을 강조한다. 아시아 국가들은 영국의 빠른 흐름에 버금가는 엘리트 공무원 카스트를 만들기 위해 열심히 노력 중이다. 한국은 고위공무원단, 싱가포르는 행정공무원단, 태국은 높은 잠재력을 가진 인재들을 보유하고 있다. 말레이시아는 재능군단과 말레이시아 행정현대화 및 경영계획팀을 갖고 있으며 싱가포르에 이어 가장 똑똑한 젊은이들에게 보세 장학금을 제공하고 있다. 이 장학금은 정부가 몇 년 동안 정부의 대가로 그들의 교육비용을 지불한다. 또한 그들은 세 명의 맥킨지 컨설턴트인 에드 마이클스, 헬렌 핸드필드-존스, 베스 액셀로드(2001)의 책에서 큰 영향을 받았다. 하지만 그들은 높은 보수, 유연한 직업 구조, 고양된 분위기로 민간부문과 경쟁하기 위해 고군분투 중이다. 아시아 각국 정부는 시험 제단에서 계속 예배를 드리고 있다. 눈에 띄는 수의 정부들은 초급 공무원 채용을 위해서뿐만 아니라 위계질서를 강화하고 외부에서 중간경력자를 데려오기 위해서도 시험을 이용한다. 하지만 최근 이 같은 문화는 일부 빛을 잃고 있다. 문제가 선별적으로 유출되었고 시험 면접 부분에서 친구 관계가 더 높은 점수를 받았다는 증거가 나왔으며 한 조사에 따르면 한국인과 대만인 중 35퍼센트만 채용이 공로로 이뤄진다고 믿고 있다.[35] 게다가 시험으로 선발하는 것과 우수한 인재를 모집하는 것 사이에는 긴장감이 있다. 대부분의 국가는 민간부문으로의 고등비행사 유입을 막기 위해 객관식 시험 이상으로 채용 폭을 확대하기 위해 노력 중이다. 즉, 학업성취도와 업무 경험에 더 큰 관심을 기울이고 전문가들이 시험을 면제하고 심지어 그들이 맥킨지 직원으로 전환되기 전에 특정 채용 후보자들을 목표로 삼기도 한다.

책상 뒤의 호랑이들

아시아를 여행하다 보면 뜨거운 교육열에 충격을 받는다. 인도에서는 시험에서 1등한 아이를 1인자라고 부르고 신문에 사진까지 싣는 등 어린이 록스타 취급을 한다. 베트남에서는 일요일 아침 8시에 깔끔한 제복 차림의 아이들이 성큼성큼 학교에 간다. 일본에서는 시험 다음 날 학생들의 시험지가 신문에 게재되어 시민들이 자세히 볼 수 있다. 홍콩의 한 신문에는 척추만곡(척추가 활 모양으로 휘는 증상 - 편집자 주)이 유행하는 이유는 아이들이 거대한 책더미를 집에 가져오는 나쁜 습관 때문이라고 비난하는 소아과 의사의 편지가 실려 있다. 모든 리그별 교육성과표를 살펴보면 동아시아 국가들이 상위권에 포진해 있다. 이 문화는 시험 매니아로 가득 차 있다. 부모들은 자녀의 시험 대박을 기도하기 위해 학교 담 밖에서 야영까지 한다. 미역국을 먹는 것은 힘들게 얻은 지식을 잃는 것을 의미하므로 수험생들은 미역국을 피한다. 일본은 초코바 킷캣의 일본어 이름 키토 카토kitto katto가 확실한 승리라는 뜻의 키토 가즈kitto katsu처럼 들린다는 이유로 시험에서 행운의 부적처럼 광고한다. 한국에서 탈무드는 인지발달에 도움이 된다는 이유로 깜짝 베스트셀러가 되었다. 이스라엘의 인기 뉴스 사이트 와이네트Ynet에 따르면 이스라엘 가정보다 많은 한국 가정에서 이 책 복사본을 소장하고 있고 임산부들은 태어나지도 않은 태아의 인지발달을 위해 오디오 버전을 듣는다.[36] 아시아 지역의 성공은 공적자금을 쏟아부은 결과가 아니다. 일본과 같은 부유한 국가에서도 학교는 서구 학교에 비해 초라하고 설비는 부실해 보이고 학급당 학생 수는 위협적일 만큼 많다. 한국 학교들은 비용절감을 위해 특별한 기술을 가진 학부모를 초대해 일주일에 몇 가지 수업을 한다. 일본 학교들은 학생에게 급식, 청소와 같은 사소한 작업을 시켜 간접비를 줄이고 도덕적 교훈을 준다. 일부 국가에서는 학교 건물보다 학교가 더 많아 한 학교는 오전에, 다른 학교는 오후에 건물을 사용한다.

아시아 지역의 성공은 교육적 성공에 과도한 가치를 두는 문화의 결과다. 시험 결과를 중시하는 문화 때문에 교육체계의 양대 산맥이 구축되었는데 하나는 번창하는 과외산업이고 또 하나는 특히 수학이나 만다린어처럼 어려운 과목에 가정교사를 채용할 만큼 경제적 여유가 넉넉한 가정이다. 한국 영화 〈기생충〉에서 부잣집에 입성하는 첫 번째 기생충은 과외 선생님이다. 입시학원은 어디에나 있다. 즉, 아이들은 지식 보충을 위해 입시학원에 몰린다. 이 학교들을 교육적인 공장이라고 치부하기는 쉽지만 어떤 학교들은 실제로 매우 혁신적이며 진단 테스트, 예측 테스트와 같은 영리한 도구를 실험하고 성공한 교사들에 상당한 보너스를 지급한다. 적어도 그들은 사회가 교육에 투자하는 자원 양을 늘린다. 아시아 실력주의에 대한 표준적인 비판은 주입식 교육을 위해 진짜 교육을 희생한다는 명백한 주입식 학교에 대한 비판이다. 교사들은 오리에게 강제로 먹이를 줘 그들의 비난의 어린 시절을 파괴하고 그 자체를 위해 그들의 지식에서의 진정한 즐거움을 빼앗는다. 사실 입시학원과 마찬가지로 현실은 더 흥미롭다. PISA(경제협력개발기구에서 만 15세 학생을 대상으로 3년마다 시행하는 국제학업성취도 평가시험 - 편집자 주) 시험과 함께 학생들에게 주어진 설문지는 싱가포르, 상하이, 일본 학생들이 영국, 미국, 핀란드 학생들보다 학교생활을 더 즐기고 지금 공부하는 과목에 관심이 더 있다고 보고했다.[37] 아시아인들은 마이클 영의 능력주의 공식의 절반인 노력에 대한 믿음에서 서구인들을 능가하는 것 같다. 동·서양 학습 방식의 비교 연구인 〈동·서양 학습의 문화적 기반 Cultural Foundations of Learning: East and West〉(2012)에서 진 리는 아시아 아이들이 서양 아이들보다 회복력이 더 뛰어나다고 지적했다. 즉, 그들은 어려운 도전에 직면했을 때 더 오래 인내할 뿐만 아니라 종종 도전과제를 찾기 위해 그들의 길을 떠난다는 것이다. 어려움은 노력을 자극하는 것이지 포기의 명분이 아니다.[38] 그녀는 이것을 유교적 전통과 연관짓는다. 공자는 미덕으로 가는 길은 지식을 통한 자기계발을 포함한다고 주장했다. 즉, 학문의 본체에 숙달되고 어려운 문제를 해결하기 위해 열심히 일하는 것은 사람이 되기 위한 근본적인 부분이다. 도덕적인 유교인들은 단지 노력의 결과보다 노력 자체에 자부심을 갖는다. 아시아는 점점 더 많은 사람이 두 가지 모두에 회의적인 상황에서 마이클 영의 장점 공식의 두 가지 요소인 IQ와 노력에 계속 초점을 맞추고 있다. 이 책이 옳고 능력주의가 현대성을 만드는 핵심 요인이었다면 이제 미래는 서양보다 동양에서 형성되고 있음을 암시한다.

능력주의의 갱신

•

현대 사회에서 능력주의 사상은 인종과 성별에 따른 차별을 없애고 사회 밑바닥부터 꼭대기까지 기회의 사다리를 쌓았으며 지지부진한 기관들에 지성과 에너지를 불어넣었다. 이제 모든 선진국에서 인종과 성별에 따른 차별은 불법이다. 대부분의 서구 대학교와 신흥국의 많은 대학교에서 절반 이상을 여성이 차지한다. 자메이카와 인도 혈통의 여성인 카말라 해리스는 미국 부통령으로 버락 오바마를 따라 대통령 집무실로 갈 수도 있다. 능력주의 발상이 없었다

531

면 그중 아무것도 가능하지 않았을 것이다. 능력주의는 현대성의 핵심인 효율성과 공정성, 다른 한편으로 도덕적 평등과 사회적 차별성 사이의 두 가지 큰 긴장을 조정하는 대안보다 더 잘하기 때문에 성공한다. 그것은 구직 지원자들의 역량을 심사한다. 고도로 훈련된 과학자들이 백신을 개발하고 고도로 훈련된 다른 과학자들이 백신을 시험하고 규제하기 때문에 백신은 우리를 중독시키기보다 우리의 생명을 구한다. 하지만 동시에 능력주의는 모든 사람에게 그들의 이름을 분류 모자에 넣을 기회를 준다.

골든 티켓

자유민주주의와 번영은 긴밀한 관계라는 안일한 생각은 중국과 다른 권위주의적 현대주의자들의 출현으로 신용을 잃지는 않더라도 손상되었다. 하지만 전 세계를 둘러보면 능력주의가 번영으로 가는 황금 티켓임을 알 수 있다.[1] 세계 능력주의의 모범이 될 싱가포르는 낙후된 늪에서 옛 식민지 주인보다 더 높은 생활 수준과 더 긴 기대수명을 가진, 세계에서 가장 부유한 국가 중 하나로 변모했다. 스칸디나비아 국가들은 대부분 교육, 좋은 정부, 그리고 공산주의 겉치레하에서 경쟁에 전념하므로 번영과 생산성의 국제 리그 테이블에서 그들의 위치를 유지하고 있다.[2] 이와 대조적으로 능력주의에 저항해온 국가들은 침체되거나 성장한계에 부딪혔다. 족

벌주의와 클라이언텔리즘(Clientelism: 두목과 부하의 관계에 의존하는 사회
- 편집자 주)의 대명사 그리스는 수십 년간 고군분투해왔다. 네포티즘
(Nepotism: 자기 친척에게 관직·지위·명예 등을 부여하는 친족 중용주의. 족벌정치
라고도 한다 - 편집자 주)의 본고장인 이탈리아는 프랑스, 독일과 같이
전후 호황을 누렸지만 1990년대 중반 이후 침체를 겪고 있다. 반공
주의 문화와 높은 생활 수준을 결합하는 데 성공한 소수 국가는 국
민의 독창성보다 지리적 사고에 의존하는 산유국들이다. 그들이 습
관을 바꾸지 않는다면 다가오는 포스트 오일 시대에 분명히 가난으
로 돌아갈 것이다. 많은 국가 간 조사는 이 같은 인상을 심화시킨다.
OECD는 높은 사회적 유동성이 경제성장을 촉진한다는 것을 여러
번 입증했다.[3] 세계은행과 국제투명성기구는 부정부패가 장기적 번
영에 해를 끼친다는 것을 보여줬다. 10년 전 스탠퍼드 대학교 니콜
라스 블룸과 런던 경제학교 존 반 리넨은 경영관행 데이터를 수집했
다. 34개국 만 천 개 기업이 진정한 경영관리서를 만들었다. 공개경
쟁으로 전문경영인을 영입하는 것을 선호하는 국가가 인맥으로 아
마추어 경영인을 영입하는 것을 선호하는 국가보다 경제성장률이
높다는 것을 보여줬다. 전체 경영 점수는 미국이 가장 높고 독일과
일본이 그 뒤를 따르고 있다. 포르투갈, 그리스와 같은 부유한 후진
국들과 인도와 같은 거대 신흥시장 국가들은 비생산적이어서 부실
하게 관리되는 기업들의 긴 꼬리를 갖고 있다.[4]

　　최근 두 가지 연구가 특히 시사하는 점은 다음과 같다. 시카고 대
학교 부스 경영대학원 네 명의 경제학자는 재능분포에 비춰 1960년

~2010년 미국의 1인당 GDP 성장을 조사했는데 성장의 약 1/5이 인재할당 개선, 특히 고도로 숙련된 직업의 새로운 인재 풀pool 개방으로 설명될 수 있다고 주장했다. 1960년 미국 의사와 변호사의 94퍼센트가 백인 남성이었지만 2010년에는 60퍼센트까지 줄었다.[5] 그것은 더 생산적이고 더 정의로운 사회를 만든다. 캘리포니아 대학교 브루노 펠레그리노와 부스스쿨의 루이지 징갈레스는 세계경제포럼 고위 관리직에 대한 전문가 의견조사 데이터를 바탕으로 국가의 능력주의 수준을 측정했다.[6] 세계경제포럼은 다음과 같은 질문을 던진다. '고위 관리자들은 가족 관계, 성과, 역량에 따라 채용되는가?', '고위 관리자들은 권한을 후배에게 위임할 용의가 있는가?' 그리고 '관리자들은 생산성에 따라 보상받고 승진하는가?' 또한 저자들은 한 국가의 기업 분야 능력주의 수준이 더 넓은 사회에서의 능력주의 수준(정부의 질, 고용법의 경직성, 사법 결정의 질, 흑인 경제 규모, 첨단기술 분야의 활력)과 관련 있다고 주장한다. 그들은 세계 선진국 순위를 대략 그들의 성취도 점수로 매긴다. 스웨덴이 맨 위에 있고 이탈리아가 맨 아래에 있다. 더 일반적으로 북유럽 국가들은 미국, 일본과 맨 위에 밀집해 있고 남유럽 국가들은 맨 아래에 놓여 있다. 저자들은 능력주의 점수가 높은 나라들이 이탈리아와 같이 점수가 낮은 나라들보다 신기술로부터 훨씬 더 많은 보너스를 누렸음을 보여준다. 이탈리아의 충성도 기반 경영 방식은 1995년 이전 수십 년간 생산성 향상에 부정적인 영향을 미치지 않았다. 하지만 IT 혁명이 일어났을 때 충성도 기반 경영은 이탈리아의 생산성 향상을 13~16퍼센트 감소

시켰다. 이는 IT 혁명과 함께 능력주의 배당이 증가하고 있음을 시사한다. 능력주의는 장기적으로 경제성장의 비법이 아니라 더 강력해지는 비밀 소스다. 기관 연구는 국가 간 연구와 같은 방향을 가리킨다. 독립적인 중앙은행은 정부와 유권자에게 신세지는 것보다 인플레이션 통제에 더 성공적이다.[7] 기술관료위원회가 임명한 독립적인 판사들은 그들의 판단이 훨씬 더 일관되고 뒤집힐 가능성이 훨씬 적다는 점에서 유권자가 선출한 당파적 판사들보다 더 건전한 판단을 내린다.[8] 공기업은 가족회사가 전문관리자를 채용하는 예방조치를 취하지 않는 한 일상적으로 가족회사를 능가한다.[9] 능력주의의 미덕을 측정하는 좋은 방법은 그것을 제거하면 어떻게 되는지 살펴보는 것이다. 뉴욕시립 대학교는 프롤레타리아 계급의 하버드 대학교라는 평가를 받을 만했는데 그들 중 많은 수가 이민자의 자손인 수천 명의 가난한 청소년을 의사, 변호사, 학자로, 졸업생 아홉 명을 노벨상 수상자로 만들었다. 제2차 세계대전을 앞두고 도시 학생들은 대니얼 벨, 네이선 글레이저, 시드니 훅, 어빙 크리스톨, 어빙 하우와 같은 미국의 지적 삶을 형성하기 위해 나아간 많은 사람을 포함했다. 이후 1970년 대학교는 도시의 고졸자 누구나 입학할 수 있는 개방형 접근 제도를 도입했다. 그 결과, 학생 수 폭증과 학업 수준 붕괴를 동시에 초래했다. 1978년까지 이 대학교에 입학한 세 명중 두 명은 세 개의 'R's[10] 중퇴율이 급증했다. 재능 있는 학자들은 떠났다. 시위와 점령은 다반사가 되었다. 1994년 베노 슈미트가 이끄는 태스크포스는 이 대학교를 모루빈드와 쇠락의 소용돌이 속에 있다고 선언했다. 1999년 이 대학교가 실험 실패로 공개입학을 포기한 후에야 회복되기 시작했다.

재능을 진지하게 받아들이기

●

능력주의 생각에 대한 가장 강력한 반대는 재능 있는 사람들이 재능을 가질 자격이 없다는 것이다. 존 롤스는 사람들이 운좋게 지적이고 성실하게 태어난 데 상을 주는 것은 불공평하다고 주장했는데 이는 마이클 샌델이 《공정하다는 착각The Tyranny of Merit》에서 공리주의적으로 주장한 바다. 하지만 굳이 노력하지 않아도 스스로 만족스러울 만큼 특정 주제나 기술을 습득할 수 있는 이들은 거의 존재하지 않았다. 심지어 어린 모차르트도 연습이 필요했다. 하지만 지식이 발달할수록 최고가 되려면 가장 위대한 천재들조차 밀턴의 말대로 '빛을 거부하고 고단한 나날을 살아가야 한다. 타고난 능력을 실질적인 전문지식으로 바꾸려면 자아부정(우리는 긴장을 풀고 싶을 때 훈련해야 한다), 투자(우리는 능력을 배양하는 데 시간과 돈을 소비해야 한다), 위험 감수(인재가 마모되거나 시장가치를 잃거나 실현되지 못할 수 있다)와 특성의 남다른 조합이 필요한 것이다. 단순히 감당할 수 있는 수준이 아니다. 사람들이 자기희생과 위험을 감수하는 과정에 참여하도록 유도하려면 평균 이상의 보상이 필요하다. 우수한 인재에게 주어지는 보상을 줄이고 사회 전체에 이용 가능한 인재의 양을 줄인다. 롤스는 사람들이 최대치의 능력을 발휘하도록 동기를 부여하는 데 칭찬의 중요성을 인정하지 않았다. 롤스 지지자들은 우사인 볼트의 단거리 달리기나 시몬 바일스의 체조경기와 같은 스포츠 성공의 놀라운 예에 대해 어깨를 으쓱하고 모든 것이 유전이나 운의 문제라고 선언하는 반응을 보일 수 있다. 즉, 볼트는 빠르게 달리는 능력을 물려받았고 바일스는 타고난 체조선수다. 하지만 이것은 사실로서 잘못된 것만이 아니다. 운동적인 성취가 강한 유전적 요소가 있더라도 근면, 훈련, 노력도 한몫한다. 그것은 역효과도 낳는다. 즉, 최고치의 운동능력을 발휘하도록 동기부여를 하는 것 중 하나는 자신을 극한까지 밀어붙이는 선수들의 능력에 놀란 관중의 함성이다. 박수는 타고난 능력뿐만 아니라 타고난 능력을 세계를 무찌르는 퍼포먼스로 바꾸는 초인적인 노력에 대한 것이다. 더 일반적으로 롤스는 원시적 능력을 사회적 상품으로 바꾸는 데 시장 인센티브의 중요성을 무시한다. 시장 인센티브는 두 가지 기능을 수행한다. 즉, 사람들이 그들의 선물을 시장성 있는 재능으로 바꾸는 데 시간을 바치도록 격려하고 그들의 재능이 사회적 이익을 생산할 수 있는 영역으로 안내한다. 테뉴어 형태의 고용 안정은 학자들에게 전문지식 습득에 투자할 동기를 부여할 수 있다. 스타트업의 황금 점유율 측면에서 큰 성과를 거두면 젊은 기업가가 세상을 바꾸는 알고리즘을 개발하는 데 전념할 동기를 줄 수 있다. 임원의 높은 연봉은 많은 직원이 차기 CEO가 되기 위해 피땀흘려 노력하도록 유도할 수 있다.

능력주의는 시장과 마찬가지로 정교한 정보수집 과정이다.

GCSE와 A등급, 대학 기말고사, 직무시험 등 다양한 유형의 지적 경쟁은 모든 경제자원 중 가장 중요한 인적 능력 정보를 밝히는 데 도움이 된다.[12] 물론 이를 밝혀내는 과정이 완벽한 것은 아니다. 일부 학교는 학생들에게 시험 잘치는 기술만 가르치고 재능 있는 학생들은 시험 압박 속에서 무너지기도 한다. 하지만 아무리 좋은 학교라도 암퇘지의 귀를 비단 주머니로 바꾸는 데 돈을 쓰는 데는 한계가 있다. 숙련된 시험관들, 특히 명석한 학생들을 찾는 학자들은 광택과 능력을 구별하는 능력에 자부심을 느낀다. 또한 표준화된 테스트는 원시 능력과 단순한 훈련을 구별하는 데 도움이 될 수 있다. 교과목 위주 시험은 표준화된 시험으로 보완될 수 있으며 특히 학교에서 빠를수록 좋다. 또한 능력주의는 시장의 귀중한 보충물이다. 즉, 시장은 인간의 선호 정보를 제공하는 반면, 시험은 인간의 능력 정보를 제공한다. 개인은 동료를 어떻게 평가하는가를 포함해 자신의 강점과 약점을 파악한다. 학교는 누가 고급교육 혜택을 받을지, 어느 대학교가 그들의 손에 닿는지 촉을 느낀다. 그리고 정부는 마음대로 할 수 있는 지적 자원이 무엇인지 촉을 느낀다. 제2차 세계대전 이후 대량 실험의 가장 놀라운 결과 중 하나는 정부가 얼마나 많은 인재가 낭비되는지 알게 된 것이다. 소수의 사람, 특히 노동자 계급에서 대학교에 갈 기회가 있었기 때문이다. 하지만 능력주의를 위한 가장 강력한 주장은 경제적이라기보다 도덕적이다. 인간을 단순한 살덩이와 구별하는 것은 노력과 헌신으로 갈고 닦은 재능과 능력을 우리가 갖고 있다는 사실이다. 우리 모두 동등한 도덕적 아종족이라는 것과 우리가 영리하거나 유용하기 때문이 아니라 인간이기 때문에 투표나 언론 자유에 대한 많은 권리를 갖고 있다는 것은 분명한 사실이다. 반면, 사람들은 자신의 운명의 주인이자 자신의 영혼의 대장이다. 그들은 상황의 몰락과 우연의 충돌에 맞서 싸워 자신을 꾸민다.[13] 사람들을 단지 평등한 원자나 상황의 희생자로 취급하는 것은 그들을 유아화하고 어쩌면 인간성을 잃게 만든다. 역설적으로 사람들을 도덕적 평등으로 대우하는 것은 또한 그들을 도덕적 대리인으로 대우하는 것을 수반하는데 그들은 도덕적 대리인을 행사함으로써 사회적으로 불평등해질 수 있다. 능력주의는 이 모순을 이해하는 이상적인 방법이다. 사람들이 재능을 발견해 개발하도록 격려함으로써 무엇이 그들을 인간으로 만드는지 깨닫고 계발하도록 격려한다. 그 같은 재능에 기초해 사람들에 보상함으로써 그것은 그들이 마땅히 받아야 할 존경심을 갖고 꿈꾸고 운명을 기꺼이 받아들이는 동시에 사회 전체를 풍요롭게 만들 수 있는 자치적 개인으로 대한다. '능력주의를 위한 윤리적 정당성은 사람들이 유전자와 양육의 보상을 받아야 하는 것이 아니다.'라고 피터 손더스는 말한다. '그것은 재능 있는 사람들이 시장에서 다른 사람들이 요구하는 것에 능력을 연마하도록 유도될 때 모든 사람이 혜택을 받는다는 것이다.'[14] 후원과 연결의 구세계가 모든 사람을 비하한다는 데 이의를 제기할 사람은 거의 없을 것이다. 후원자를 우주의 주인으로 취급하는 것뿐만 아니라 구직자를 독특한 재능을 가진 독특한 개인으로 취급하기보다 교환할 수 있는 고객으로 취급하는 것이 관련된다. 평등주의자와 공산주의자가 생각하는 새로운 세계는 거의 같은 일을 한다. 즉, 사람들을 서로 바꿀 수 있는 원자로 취급함으로써 기관들을 그들이 원하는 대로 보상을 제공할 수 있는 전능한 후원자로 바꾼다. 능력주의의 도덕적 미덕의 생생한 증거는 이민으로 제공된다. 갤럽조사에 의하면 세계 성인 인구의 15퍼센트인 7억 5천만 명이 그들이 사는 곳에서 이민가고 싶어한다. 가장 인기 있는 국가는 모두 미국이 1위이고 캐나다, 독일, 프랑스, 호주, 영국이 그 뒤를 잇는데 모두 광범위한 능력주의 국가들이다. 도망친 나라들은 모두 반공 국가들이다. 사실 에메리는 여론조사 기관들에게 그들이 떠난 이유가 족벌주의와 부정부패에서 탈출하는 거라고 반복적으로 말했다.[15] 전문직 종사자들은 자격조건 덕분에 국제 노동시장과 지역 노동시장에 모두 접근할 수 있어 이민에 특히 열성을 보인다. 아이비리그 대학교, 세계은행과 같은 세계적 기관들은 그리스나 이탈리아 성 씨들로 가득 찼다. 능력 있는 사람들은 남에게 의존하기보다 자신의 삶을 만들고 싶어하기 때문이다. 루이지 징갈레스가 대표적인 경우다. 그는 이탈리아에서 학술적 직업을 가질 유일한 기회는 수십 년간 그의 가방(운임수입 배서)을 들고 다니는 것 같았기 때문에 미국으로 떠났지만 교수가 그에게 호의를 베풀지 낭비할지는 여전히 모른다. 반면, 미국에서는 그가 출판물과 가르침을 바탕으로 승진할 거라는 것을 알고 있었다.[16]

역공

서론에서는 능력주의에 대한 현재의 몇 가지 비판을 논의했다. 이 같은 비판은 다른 방향에서 오고 종종 모순된다. 우리는 능력주의가 너무 보수적이고 파괴적이며 인지적 엘리트들이 깊이 뿌리박고 끔찍하게 불안정하다는 것을 배운다. 이 같은 비판들은 이상하게도 시기적절하다. 도널드 트럼프의 대통령직은 정부의 능력주의 원칙을 약화시키는 위험을 강조했다. 트럼프는 현대에 볼 수 없는 규모로 행정부 내 권력층에 친척과 친지를 임명했고 심지어 딸 이방카가 G7 정상회의에 자기 대신 참석하는 것을 허락했다. 고위직을 공석으로 남겨두거나 정치적 임명자에게 일자리를 주거나 전문성을 폄훼함으로써 집행부를 공동화했다. 그의 대통령 임기 동안 1,000명 이상의 과학자가 환경보호청, 농무부, 다른 부서들을 떠났다.[17] 트럼프에게 중요한 것은 그것이 친족, 이념, 정치적 의존으로 만들어졌든 아니든 전문적인 능력이 아닌 절대적인 개인적 충성이었다. 전 세계 민족분쟁의 생존은 민족에 집착하는 위험을 보여준다. 민족 선을 따라 발칸반도의 분열, 힌두교도와 모디의 인도에서의 모든 사람 사이에 증가하는 긴장, 동남아의 중국인부터 아프리카의 인도인에 이르기까지 전 세계 성공적인 소수 민족에 대한 박해를 생각해보라. 미국의 사회정의 운동은 세계에서 증오와 가장 오래된 부당함으로 놀고 있다. 게다가 중국의 부상은 서방이 현재의 경제와 지정학적 위치를 보존하기 위해 더 열심히 싸워야 한다는 것을 의미하는데 그것은 중국이 교육 경쟁과 정부의 엄격한 성과 조치를 강조하는 동시에 능력주의 원칙을 희석시키는 것이다. 이상하게도 이 비판은 어느 정도 진실이 담겨 있어 설득력 있다. 대부분의 세계에서의 불평등은 편안함을 주기에는 너무 높다. 시험은 횡포처럼 보일 수 있다. 인지적 엘리트들은 참을 수 없을 정도로 우쭐거린다. 능력주의가 늘 상향 이동 기회를 제공하는 능력에 자부심이 있지만 지난 40년간 진입 장벽은 더 높아졌다. 예일 대학교 출신 학자 윌리엄 데레지비치의 말에 의하면 '우리의 새로운 다인종, 성 중립적 능력주의가 우리 자신을 유전시키는 방법을 알아냈다.'[18] 예상대로 서구 사회의 증가하는 부분들이 소외되고 고통스러워졌다. 특히 두 가지 비판은 지속적으로 고려할 가치가 있다. 이 두 가지 비평은 때때로 충돌한다. 또한 그들은 상당히 다른 반응을 요구한다. 하지만 능력주의 사상의 미래는 그들을 다루는 사회의 능력에 달려 있다.

첫 번째 비판은 능력주의 사상이 아직도 현실과 매우 동떨어져 있다는 것이다. 전후의 두드러졌던 특징인 능력주의 혁명은 충분히 진행되지 않았다. 특권층은 레거시 입학(Legacy Admission: 동문이나 부유한 기부자, 대학기금에 관해 참견할 수 있을 만큼 큰 권력을 가진 입법자들의 자녀가 입학 사정에서 특별한 위치를 차지하는 제도 - 편집자 주)과 같은 공식적인 이점에서부터 일찍 지원하거나 특정 스포츠를 하는 사람들을 위한 럭키 브레이크와 같은 더 비공식적인 장점까지 모든 종류의 이점을 보존했다. 그리고 1980년대부터 혁명은 공로가 돈을 벌고 돈이 교육을 구매하면서 자신을 소모하기 시작했다. 두 번째 비판은 정반대 방

능력주의의 두 얼굴

향에서 온다. 순수한 형태의 능력주의는 인류가 감당하기에는 너무 많다는 것이다. 루소는 이 점을 최초로 주장한 인물 중 한 명이었다. 1755년 그는 평판, 명예, 선호에 대한 보편적인 욕망이 재능과 강점을 비교하려는 모든 것을 소비하는 욕망으로 이어진다고 주장했다. 사회가 경쟁원리를 보편화하기 위해 더 많은 일을 할수록 그것은 더 많은 열정을 증가시키고 모든 종류의 많은 재난에 대한 경쟁자들의 덩어리를 설정한다. 이 광란은 인간들 사이에서 가장 좋은 것, 즉 우리의 영웅들과 철학자들에 책임이 있을 수 있지만 또한 그것은 최악의 것, 즉 소수의 좋은 것들에 대해 많은 나쁜 말을 하는 데 책임이 있다. 가장 나쁜 것은 경쟁은 거의 늘 우리를 우리 밖에 있게 한다는 것이다.[19] 존 애덤스에서 맥스 웨버, T. S. 엘리엇, 반문화의 예언자들, 다른 사람들은 쥐 경쟁의 사회적·심리적 결과를 걱정해왔다.[20] 이 같은 문제들 중 첫 번째 답은 더 많은 능력주의다. 즉, 부자들을 위한 공식적인 이점을 제거하는 동시에 선천적인 능력과 단순한 배움을 구별하는 더 나은 방법을 개발하는 노력을 배가할 필요가 있다. 두 번째 답은 더 현명한 능력주의다. 즉, 경쟁원리를 문명화하고 지도할 필요가 있다. 또한 능력주의 경쟁의 승자들이 더 넓은 사회에 대한 더 많은 책임감을 갖고 패자들이 존엄성과 자기충족에 대한 대안적인 길을 갖고 있는지 확인할 필요가 있다. 더 많은 능력주의를 위한 사례부터 시작해 더 현명한 능력주의를 위한 사례로 넘어가자.

왜 최고가 아닌가?

•

더 많은 능력주의를 위한 가장 분명한 사례는 미국의 엘리트 대학교들과 다양성, 포용성에 대한 많은 따뜻한 말에도 불구하고 그들의 오래된 속물적 관행에 매달리는 습관에 의해 제공된다. 몇몇 아시아계 미국인 학생들이 하버드 대학교를 상대로 제기한 소송에서 발견된 증거에 근거한 최근 연구는 하버드 대학교의 대부분 부유한 백인 학생 중 43퍼센트 이상이 학장의 특별 관심 목록에 있는 유산이거나 운동선수이거나 교수진의 자녀여서 특혜를 받은 사실을 밝혀냈다. 이 같은 특권 있는 백인 지원자에 대한 지원은 긍정적인 행동으로 아프리카계 미국인들에게 제공되는 지원만큼 크며 그들 중 ¾이 엄격한 능력주의 기준을 고수했다면 거절당했을 것이다. 비슷한 관행을 아이비리그에서 흔히 볼 수 있다.[21] 당신은 구식 편애를 없앨 때 여전히 어려운 문제에 직면한다. 즉, 기회의 사다리가 그렇게 많이 사라졌을 때 일반 국민 중에서 재능 있는 아이들을 어떻게 발굴할 것인가? 그리고 일단 아이들을 발굴하면 그들에 최고의 기회를 어떻게 줄 수 있을까? 정답은 1960년대까지 능력주의 운동의 핵심이던 두 가지 생각을 되살리는 것이다. 바로 IQ 테스트와 학문적 선택이다. 이 같은 생각은 역사적으로 사회적 이동성 수준을 높이고 소외된 지역사회에서 재능을 발견하려는 약속과 관련 있었다. 시드니 웹은 엘리트에게 재능을 보충하기 위해 사회 최하층에 있는 운전축을 말했다. 이 진보적 비전은 교육정책의 핵심으로 돌아갈 필요가 있다. 학문적으로 선택된 학교들은 똑똑하지만 소외된 아이들에게 엘리트 계층으로 올라가는 에스컬레이터를 제공하는 데 인상적인 기록을 갖고 있다. 영국 최고의 문법학교는 맨체스터(맨체스터 문법학교)와 버밍험(킹 에드워드 6세 문법학교)과 같은 지방 도시의 인재를 발굴하고 이튼과 윈체스터 못지않은 교육을 제공하기 위해 설립되었다. 그들은 설립자의 의도를 존중했다. 뉴욕의 엘리트 대학교들은 가난한 아이들, 특히 이민온 아이들에게 엘리트 대학교로 가는 높은 길과 전문적인 성공을 제공하는 동등한 좋은 기록을 갖고 있었다. 선발형 학교는 비선발형 학교보다 더 성공적이다. 교육변혁 사업을 하기 때문이다. 그들은 이웃보다 가장 성공한 동창들로부터 그들의 성격을 취한다. 그들은 명확한 목표를 추구하고 그것을 최대한으로 늘리며 제도적 기억과 격려로 열심히 노력한다면 무엇을 성취할 수 있는지 상기시켜줌으로써 학생들의 삶을 변화시킨다. 하지만 학교들은 현재의 교양보다 미래의 약속에 기초해 학생들을 어떻게 선발할 수 있을까? 성취도 시험은 뒤돌아보고 잘 자라고 잘 교육받은 아이들에게 선택권을 주는 것이다. 또한 기러기와 같이 어릴 때 지식을 배불리 너무 많이 먹은 아이들은 종종 여생 동안 아무것도 못한다. 미래의 희망을 발견하는 가장 좋은 방법은 학교 성적이나 인간 전체보다 원초적 능력을 시험하는 것이다. 그리고 원시적 능력을 테스트하는 가장 좋은 방법은 다양한 종류의 표준화된 테스트를 사용하는 것이다. 그 같은 시험은 수험생들이 일련의 추상적인 과제를 수행하도록 함으로써 문화의 겉치레를 읽고 원시적인 두뇌 파워를 드러내는 데 도움이 된다. 이 주장에 대한 일반적인 비판은 연습함으로써 IQ 테스트의 성과를 향상시킬 수 있고 연습하고 있을 가능성이 있는 아이들은 전문가의 도움을 받을 수 있는 부유한 아이들이다. 사실 연구는 여러분이 얼마나 더 잘할 수 있는지에 대해 엄격한 제한이 있다는 것을 암시한다.

2006년 대규모 연구 분석 결과, SAT 코치는 1,600점 만점에 50점을 향상시켰고[22] 더 최근 결과에 따르면 20점이 향상된 것으로 나타났다. 이 수치 중 중요하지 않은 건 없지만 둘 다 풍요와 관련된 장점과 비교하면 작고 추론이 아닌 지식 테스트에서는 훨씬 작다.[23] 따라서 IQ 테스트는 잘 가르친 사람들을 선호하는 학업 테스트나 교사평가, 또는 인근 학교와 같은 방법보다 사회적 편향성이 덜하다. 영국에서 선발학교와 IQ 테스트 이야기는 11+에 대한 열띤 논쟁을 부르는데 좌파는 11+가 전국적으로 이용 가능한 학교 수에 따라 달라지는 거친 합격·불합격 구분선을 기반으로 사람들을 양과 염소로 나눴고 아이들에게 평생 해를 끼쳤다고 주장한다. 이 과정에서 실패했고 일찌감치 인식되어 인생을 바꿀 기회를 준 총명한 서민 자녀에게 독특한 기회를 줬다는 제대로 된 반박이 나왔다. 양쪽 주장 모두 일리가 있다. 선발은 분명히 조잡했지만 당신이 그것의 오른쪽에 있었다면 성공으로 가는 에스컬레이터에 있었다. 앞으로 나아가는 가장 좋은 방법은 과거의 성공과 실패 모두에서 배우는 것이다. 11살에 제멋대로 분열시키는 국가체제를 또 만들면 안 된다. 대신 기술학교부터 예술학교까지 다양한 유형의 학교를 갖고 있지만 학문적으로 선택된 학교를 위한 공간을 만드는 매우 다양한 학교 시스템을 만들라. 영국 정부는 이를 위한 자료를 학교, 학원과 함께 이미 제공했다. 브램턴 매너 아카데미는 런던에서 가장 가난한 자치구 중 하나인 뉴햄에 있으며 소수 민족 출신 학생 대다수와 다섯 명 중 한 명은 무상급식을 받을 자격이 있다. 그럼에도 2021년 옥스브리지 대학교는 이튼스쿨(48명)보다 더 많은 자리를 차지했다. 여섯 번째 형태는 A급 지원자들이 관련 과목에서 GCSE에서 최고 점수를 받을 것으로 예상하면서 매우 선별적이다. 또한 모든 학생이 교복을 입어야 하고 옥스브리지 대학교 입학시험과 광범위한 과외활동을 위한 집중 코칭을 제공하며 합격자 이름을 금색 글씨로 기록하는 등 엄격한 학업 분위기를 조성한다. 정부는 IQ 테스트에 기초해 11살에 학원들이 학생을 선발하도록 허가해 혁명을 더 밀어붙일 수 있다. 또한 사립학교는 부모들이 그 같은 사치를 부릴 여유가 없는 아이들에게 그들의 일부 자리를 할당할 것을 요구받을 수 있다. 절반은 이튼, 윈체스터, 말버러와 같은 부유한 학교에게 분명히 좋은 출발점으로 들린다. 사립학교는 영국의 가난한 아이들을 버리고 그들의 자리를 국제적 엘리트의 자녀로 채움으로써 자선 지위를 남용해왔다. 가난한 학자들을 교육시키려는 본래의 목적을 기꺼이 재개하지 않는다면 그들은 그들의 자선 지위를 잃어야 한다. 다시 말하는데 그 가난한 학자들은 구식 지식 테스트뿐만 아니라 IQ 테스트의 도움으로 선발될 수 있었나. 이를 달성하는 방법은 IQ와 사회적 필요성의 조합에 기초해 수여되는 전액지원 국가장학금 제도를 만드는 것이다. 그것은 아이들이 어느 학교에서든 공부할 수 있도록 하는 것이다. 초등학교는 재능 있는 사람을 찾기 위해 이웃을 뒤지며 장학금 수상자를 발굴·배출하기 위해 경쟁할 것이다. 사립학교를 포함한 중·고교는 돈이 부족한 똑똑한 아이들을 데려오기 때문에 그들을 유치하기 위해 경쟁할 것이다. 그 같은 장학금 제도는 부유한 가정이 아닌 상당수 숨은 아인슈타인이 어린 나이에 대학 과정 교육에 선택되도록 보장해 현재 우리 사회의 석회화 문제를 해결하는 데 도움이 될 것이다. 그리고 유망한 아이들을 식별하는 인센티브를 학교에 줘 인재낭비를 줄일 것이다. 국가유공자들도 공공부문에서 일정 기간 일하는데 동의한 대가로 대학 무상교육을 받을 수 있다. 이것은 공공부문이 우수한 젊은 신병을 정기적으로 공급함으로써 고위험군, 특히 정보기술 분야의 고위험군을 채용할 때 증가하는 문제를 해결할 것이다. 또한 공공서비스와 지적 우수성 사이의 희미한 연결고리를 고칠 것이다. 토머스 제퍼슨은 1779년~1781년 버지니아 주지사 재직 당시 이 같은 제도의 청사진을 제시했는데 영연방은 자연귀족을 자비로 교육시키고 기숙학교와 대학교에 공적 설립자로 보내야 했지만 정부 사무실에서 복무하도록 의무화함으로써 투자금을 회수해야 했다.[24] 싱가포르는 장학금 수상자에게 국가를 위해 일해 빚을 갚는 것을 의무화하고 있다. 공공서비스 유행이 지난 서양에서 그 생각을 다시 더 널리 소개하는 것은 가치가 있다. IQ 테스트와 교육 선택에 관한 이 모든 이야기는 불가피하게 감정적인 의문을 던진다. IQ 테스트는 인종주의자가 아닌가? 입시나 SAT와 같은 어려운 시험은 비정하지 않은가? 찰스 디킨스는 《어려운 시절Hard Times》(1854)에서 인간 본성의 어떤 소포라도 무게를 두고 측정할 준비가 된 그래드그라인드 씨의 형태로 시험 문화를 풍자했다. 이 실험체제는 그래드그라인드 씨의 복귀를 의미하지 않을까? 모든 아동의 지능을 저울질하는 더 많은 정치적 능력주의가 더 많은 교육 능력주의와 함께 가야한다는 주장을 펴기 전에 저자는 이 두 가지 질문을 살펴본다.

종형곡선의 끝자락

1994년 리처드 헌스타인과 찰스 머레이는 《종형곡선: 미국 생활에서의 지능 및 계급 구조The Bell Curve: Intelligence and Class Structure in American Life》라는, 논란이 매우 컸던 책을 출간했다.[25] 모든 면에서 이 책은 능력주의 사상에 해를 끼쳤지만 두 가지는 두드러진다. 진정한 능력주의 사회가 필연적으로 카스트 사회로 계산될 거라고 주장한 것이다. 흑인의 평균 IQ는 백인의 평균 IQ보다 10~15점 낮다고 가정했다. 이 두 주장 모두 이 책의 기초가 될 거라고 추정되는 심리측정 과학을 잘못 나타내고 있다. 11장에서 살펴봤듯 정신분석학, 프랜시스 골튼과 그 이후부터 항상 어두운 결론을 끌어낸 사람들이 있다는 것은 분명한 사실이다. 하지만 정보검사자들, 특히 영국에서 지배적인 전통은 항상 더 진보적이고 낙관적이었다. 정보검사자들은 사회적 이동성, 취학 전 교육, 정신장애자와 사회적 약자에 대한 더 계몽된 치료를 옹호해왔다. 유전자가 인간의 본성을 형상화한다는 생각을 혐오스럽게 여기는 반종형곡선 보수주의자가 많았듯 자연적인 불평등이 더 진보적인 사회정책을 요구한다고 믿는 종형곡선 자유주의자도 많았다.[26] 결국 능력주의가 정적 사회를 이끌 거라고 헌스타인과 머레이가 암시하는 것은 잘못이다. 그들은 자연-양성 논쟁에서 흔한 실수를 반복한다. 자연이 양육보다 더 보수적인 힘이라고 가정한다. 진실은 그 반대다. 가장 큰 파괴자는 양육보다 자연이다. 유전자 재조합으로 염색체의 예측할 수 없는 춤과 평균으로의 회귀(키가 큰 사람은 더 작은 아이를, 키가 작은 사람은 더 큰 아이를 갖는 경향)라는 통계적 현상 때문에 부모는 자녀가 꼭 자신과 같을 거라고 장담할 수 없다.[27] 두 가지 이유로 종형곡선이 개인 차이보다 집단에 초점을 맞추는 것은 잘못이다. 첫째, 집단의 차이는 환경의 차이로 쉽게 설명할 수 있다는 것이다. 헌스타인과 머레이는 환경이 IQ 차이의 20~60퍼센트를 차지한다는 것을 인정하지만 환경의 차이가 테스트 결과의 평균적인 차이를 설명할 수 있다는 사실을 인정하지 않는다. 평균적으로 아프리카계 미국인은 백인보다 훨씬 더 가난한 동네에 산다. 둘째, 집단 차이가 개인 차이보다 훨씬 작다는 것이다. 헌스타인과 머레이는 다양한 모집단 평균 사이의 작은 차이에 초점을 맞춘다. 하지만 IQ 테스트로 밝혀진 가장 놀라운 사실은 인구 내 큰 차이다. 중요한 차이는 집단 간에 보고되는 차이보다 개인 간 차이다. 불행히도 종형곡선의 시끄러운 논쟁은 중요한 과학적 발전으로부터 대중의 관심을 분산시켰는데 그것은 자연이 개인의 능력을 형성하는 역할에 대해 전문가 사이에서 증가하는 공감대다. 행동유전학 연구의 선구자 로버트 플로민은 지능이나 우울증과 같은 심리적 차이는 약 50퍼센트 유전된다고 주장했다. 그리고 체중과 같은 일부 생리학적 차이는 70퍼센트 유전된다고 주장했다.[28] 쌍둥이 연구와 입양 연구는 오랫동안 이 방향을 가리켰는데 실제로 미네소타 연구라고 한다. 분리된 쌍둥이의 IQ의 특별한 유사성을 감안하면 100쌍의 일란성 쌍둥이가 떨어져 자란다는 것은 더 높은 유전성을 가리키는 것으로 보인다.[29] 또 다른 증거도 있다. 인간 게놈(Genome: 한 생물체가 가진 모든 유전정보로 유전체라고도 한다. 일부 바이러스의 RNA를 제외하고 모든 생물은 DNA로 유전정보를 구성하고 있기 때문에 일반적으로 DNA로 구성된 유전정보를 지칭한다. 1920년 독일 함부르크 대학교 식물학자 빙클러가 처음 만든 용어다 - 편집자 주) 배열은 인간 차이의 실제 유전적 기초를 탐지할 수 있게 해줬다. 이것은 지방 유전자, 중독 유전자, 명석한 유전자 등 이것저것의 속성을 위한 단일 유전자가 있음을 의미하는 것이 아니라 수천 개의 작은 차이(다원적 점수)를 모아 심리적 성향을 예측할 수 있음을 의미한다. IQ 질문은 우리에게 IQ 테스트와 다른 표준화된 테스트에 이르게 한다.

차가운 머리와 따뜻한 가슴

표준화된 시험에 반대하는 일반적인 주장은 그래드그라인드와 같이 아이들을 숫자로 줄인다는 것이다. IQ 테스트에서 그들의 성과보다 전체 아이를 고려하면 어떨까? 그리고 교사들 다음으로 아이를 가장 잘 아는 부모들은 더 큰 목소리를 내는 것을 왜 허락하지 않는가? 이것은 표면적으로는 매력적이지만 사실 전체론적 평가는 차가운 숫자보다 계급적 편견에 훨씬 개방적이다. 미국 작가이자 자칭 마르크스주의자인 프레디 드보어는 종종 사회정의의 언어로 옷을 입지만 전체적인 개인 평가는 본질적으로 가난한 사람에게 편향되어 있다고 지적했다.

> 요트팀 선장, 로봇클럽 회장, 남반구에서 집짓기에 여름을 보낸 학생은 비슷한 활동을 할 수 있는 자원이 없던 가난한 학생보다 더 전설적으로 가치 있게 보일 것이다. 가난한 학생과 부유한 학생 중 누가 더 인기 있는 바이올린 연주자가 되거나 고급 잡지에서 여름 인턴십을 마칠 것 같은가? 에세이는 시험 점수보다 코칭으로 더 쉽게 향상되고 등록금이 비싼 사립학교 교사들은 공립학교 동료보다 과장된 추천서를 써야 한다는 압박감을 느낄 가능성이 크다.[30]

남부에서 자란 아프리카계 미국인 작가 토머스 채터턴 윌리엄스도 SAT에 찬성하는 비슷한 주장을 폈다. 전통적인 교육적 측정이 잠재력을 발휘할 기회를 그에게 결코 주지 않았을 거라고 그는 말한다. 설령 그가 완벽한 GPA(Grade Point Average: 학부 성적(평균 평점). 대학교 4년간 얻은 성적 - 편집자 주)를 달성했더라도 그는 완벽한 GPA와 많은 과외활동과 고급 배치 과정이 있는 사교육을 받은 아이와 같이 결코 좋아보이지는 않았을 것이다. 대조적으로 SAT는 그를 빛냈다. 그는 자신의 SAT를 기초로 조지타운 대학교와 뉴욕 대학교에 합격했을 뿐만 아니라 그 제도가 그에게 유리하게 고정되었기 때문이 아니라 자신의 장점 덕분에 거기 들어갔음을 알았다. SAT는 자신의 환경을 개선해야 하는 사람들의 생명줄이다.[31] 교육 선택에 대한 가장 일반적인 반대는 그것이 너무 강경하다는 것이다. 선택이 국민을 성공과 실패로 나눌 뿐이라면 진실의 척도가 있다. 하지만 선택이 차별화를 의미한다면 훨씬 더 행복한 결과를 얻을 수 있다. 이상적인 교육 시스템에서 아이들의 능력은 그들의 도전과 일치한다. 즉, 성적이 낮은 학생이 뒤처지고 선생님이 높은 비행에 집중하거나 성적이 좋은 학생이 놀도록 내버려두면 아무도 아무것도 얻지 못한다. 선발은 초대형 학교의 문제를 피하는 도전과 능력을 일치시키는 방법일 뿐이다. 두 번째 기회라는 명분으로 차별화를 최대한 미루는 현대 패션은 상당한 숨은 비용이 따른다. 시간은 비용이 많이 드는 자원이다. 교육이 점점 더 많은 자격을 얻기 위한 지구력 경쟁이 될수록 돈은 더 중요하다. 부유한 아이들은 대학교에서 더 오랫동안 놀 여유가 있다. 그들은 인턴십을 위해 부모님의 친구 네트워크를 이용할 수 있다. 그들이 적절한 직업을 찾을 때까지 대도시 부모로부터 종종 무료 하숙에 의존한다. 또한 트랜스젠더를 없애기 위한 모든 잔인성에도 불구하고 오래된 장학금 제도는 가난한 아이들이 대학교에 가도록 돈을 냈고 결국 전문직업을 갖게 해줬다. 때로는 실제로 단단한 머리가 너그러운 마음을 가졌다는 것이 밝혀지기도 한다.

정치적 능력주의

•

서구는 1인 1표 약속을 자랑스러워한다. 하지만 실제로 헌법 제정자들은 순수한 민주주의가 너무 변덕스럽다는 이유로 거의 늘 민주주의와 능력주의를 혼합해왔다. 미국 건국의 아버지들은 민주적인 하원을 온갖 구속으로 울타리쳤다. 상원의원들은 대중의 의견과 거리를 더 두기 위해 의회보다 6년 동안 선출되었다. 제퍼슨은 상원을 커피가 식도록 부을 수 있는 그릇에 비유했다. 대법관은 평생 임명되어 헌법과 정의 정신 이외의 영향을 받지 않도록 했다. 많은 국가는 정책 형성에서 지혜와 경험을 주기 위해 제2의 회의소를 사용한다. 유럽연합은 특히 나치즘을 겪은 쓰라린 경험 때문에 조잡한 다수주의를 의심하고 있다. 유럽위원회는 유럽의회보다 강력하다. 회원국이 되려면 사형·고문과 같은 특정 정책을 포기해야 한다. 유럽법은 유권자가 무시할 수 없는, 개인의 다양한 권리를 규정하고 있다. 자격 있는 다수결 투표 시스템은 여러분이 일을 완수하는 데 많은 다수가 필요함을 뜻한다. 여러분은 국민 절반 이상 다수를 합칠 수는 없다.

최근 수년간 민주주의 정신은 능력주의를 희생시키면서 발전해왔다. 미국은 투표 계획으로 직접민주주의를 점점 더 많이 활용하고 있다. 당 지도부는 당원에 권력을 이양했다. 2016년 도널드 트럼프는 공화당 대통령 후보 지명을 받지 못했을 것이다. 영국은 스코틀랜드 독립과 EU 가입 찬반을 묻는 두 번의 국민투표로 운명이 결정되는 것을 허용했고 의원들로부터 당 지도부의 선택을 당원에게 넘겨줬다. 심지어 유럽연합도 의회에 더 많은 권력을 주고 있다. 이 같은 추세를 뒤집을 수 있는 강력한 사례가 있다. 2016년 EU 탈퇴 국민투표는 영국의 가장 중요한 무역 상대국과의 관계에 대한 복잡한 질문들을 이진법으로 줄였다. 그 결과, 국가를 분열시켰고 영국 정치를 장기간 위기로 몰아넣었으며 대부분의 경제학자에 따르면 잠재성장률을 떨어뜨렸다. 보리스 존슨과 특히 도널드 트럼프와 같은 카리스마적 포퓰리스트도 자기 나라 정부의 질에 큰 타격을 입혔다. 앙겔라메르켈은 카리스마보다 전문성과 끈기에 의존하므로 코로나 사태를어느 쪽보다 훨씬 잘 관리했다. 경제학자 가렛 존스는 민주주의가 좀덜하는 것이 더 나은 민주주의라고 강력히 주장했다. 그는 1인 1표를 얻으려는 노력은 이득과 비용 둘 다 가져왔고 21세기 비용이 상당히 크다는 것을 입증할 충분한 자료가 있다고 말했다.[32] 민주주의는 유권자가 자신의 케이크를 갖고 낮은 세금과 높은 소비 형태로 그것을 먹고 싶어하므로 예산균형을 잡는 것을 어렵게 할 수 있다. 스웨덴이 연금제도를 탄탄한 토대 위에 올려놓는 데 성공한 것은 정치인들이 독립적인 전문가들에게 장기적인 연금개혁 계획 제시를 요구하고 그 결과를 준수하기로 합의한 덕분이다. 공화당은 증세를 거부하고 민주당은 복리후생이나 정년 조정을 거부하는 등 민주적으로 선출된 정치인들이 그 개선 방안에 합의하지 못해 미국 사회보장 제도가 흔들리는 것이다. 정치 능력주의는 남녀 엘리트만으로 구성된 하원을 만들거나 교육을 받은 이에게 더 많은 투표권을 부여하는 등의 황당한 정책을 도입하지 않고도 얼마든지 강화할 수 있다. 리콴유조차 퇴임 이후인 1994년에서야 수정된 프랜차이즈 아이디어를 제시했다.[33] 가장 좋은 발전 방법은 민주주의 기관을 능력주의 기관으로, 민주주의 체제를 능력주의 체제로 보완하는 것이다. 중국을 필두로 중앙은행의 독립성이 보장되지 않는 국가들은 이제 달라져야 한다. 정부는 웬만하면 국민투표는 피하는 게 좋지만 부득이한 경우, 광범위한 변화를 승인하는 데 상당히 엄격한 기준을 도입해야 한다. 데이비드 캐머런이 브렉시트 국민투표에서 압도적 다수를 요구했거나 2단계 절차를 도입했다면 영국 역사는 현재와 전혀 달라졌을 것이다. 정당들은 그들의 당원들로부터 통제권을 빼앗아 단지 이념운동가의 의견이 아닌 넓은 선거구를 고려해야 하는 대표들에게 돌려줘야 한다. 영국 노동당이 지도자를 선출할 때 당원들에게 최종발언권을 주지 않았다면 제레미 코빈의 실패한 지도력 악몽에서 벗어나 오늘날에도 권력을 잡고 있었을 것이다. 미국은 일상적인 정치의 급박함에서 벗어나 자국의 권리문제를 해결할 계획을 세울 현명한 남녀를 찾을 때 스웨덴 사례를 배워야 한다. 이들 중 어느 것도 민주주의의 기본 원칙을 위협할 필요는 없다. 궁극적인 주권이 국민에 계속 있다는 사실을 모두 분명히 인식하는 한 그 같은 조치들은 좋은 정부를 늘림으로써 민주주의 원칙을 강화할 수 있을 뿐이다. 역사적으로 언론은 신뢰할 수 있는 정보와 그것에 입각한 논평을 제공함으로써 민주주의에 능력주의를 보완하는 중요한 역할을 해왔다. 물론 이것이 모든 언론에 해당하지는 않는다. 영국 타블로이드 신문의 경우, 루드야드 키플링이 말한 책임 없는 권력, 역사를 관통한 창녀의 특권을 행사하는 데 열중해온 것이다. 하지만 민주주의 체제가 제 기능을 하도록 감시하는 데는 부족함이 없었다. 일간지의 책임을 다하는 신문사들은 정보력을 갖춘 저널리스트를 고용하고 독립적인 전문가의 기고문을 실으며 정부에 책임을 묻는 데 자부심이 있다. 영업이익이 중요한 오늘날의 현실은 이를 더 어렵게 만든다. 지난 15년간 미국 일간지의 ¼ 이상이 폐간되었다.[34] 신문사들은 대부분 해외 특파원 규모를 줄였고 케이블 뉴스 채널은 뉴스 보도보다 당파성을 부추기는 데 더 혈안이 되어 있다. 페이스북과 트위터 등 거대 인터넷 기업들은 아무리 기이한 관점이나 근거 없는 주장이라도 원한다면 누구나 게재할 수 있는 플랫폼을 제공해 브랜드를 구축했고 누가 봐도 터무니없는 콘텐츠에 대해서만 경고 조치를 하는 데 마지못해 동의했을 뿐이다. 따라서 합리적인 정보에 입각한 여론을 구축하는 데 양날의 검이 될 수밖에 없는데 훌륭한 일간지 기업을 유지할 수 있는 광고주를 모조리 낚아채가고 어불성설 주장을 확산시키는 것이다. 대니얼 패트릭 모이니한은 '사람들은 고유한 의견을 가질 수 있지만 고유한 사실을 가질 수는 없다.'라고 말했다. 하지만 케이블 뉴스와 인터넷 덕분에 수많은 미국인이 각자 고유한 사실을 가졌다고 느낄 뿐만 아니라 자신에게 특화된 뉴스 공급원까지 갖게 되었다. 이 같은 문제는 자기정화적 특성을 띤다. 가짜 뉴스와 클릭을 유도하는 미끼에 지친 고학력 대중이 《파이낸셜 타임스》, 《월스트리트 저널》, 〈애틀랜틱〉, 〈이코노미스트〉 등 수준 높은 글로벌 언론사를 선택하는 것이다. 이들 언론사는 많은 독자를 확보할수록 뛰어난 저널리스트, 팩트 체커, 데이터 수집가를 고용할 수 있다. 그럼에도 시장에는 정부의 개입이 필요하다. 면허납부자가 비용을 낸 BBC는 영국에서 객관적인 뉴스의 원천으로만 기능하지는 않는다. 소규모 뉴스조직에 정보를 제공하고 객관적인 보도의 모델 역할을 함으로써 일반적으로 뉴스 공급에 긍정적인 영향을 미친다. 케이블 뉴스 채널을 보유한 미국의 각 주는 영국과 같이 강력한 규제를 가해야 한다고 주장함으로써 〈스카이 채널〉이 〈폭스뉴스〉와 같은 저급한 채널로 전락하는 것을 막고 균형 잡힌 뉴스를 보도할 것을 요구했다. 다른 뉴스 공급원에게서 콘텐츠를 훔쳐와 입지를 구축한 측면이 있는 인터넷 플랫폼에 대해 정부는 수익의 일부를 세금으로 거둬 다른 공공언론사에 지급하거나 재정적 어려움을 겪는 신문사에 보조금 명목으로 지원할 수 있다.

지금까지 저자는 역설적인 주장을 폈다. 능력주의가 일으킨 불만의 해결 방법이 능력주의를 강화하는 길이라는 것이다. 선발교육도 적절한 심사 기준대로 이뤄진다면 엘리트가 자기 잇속 챙기기에 급급한 파벌로 고착되는 것을 막을 수 있다. 능력주의 정치를 실현하는 척도는 정치제도를 강화하지만 거기서 비롯된 모순이 현실을 이 지경으로 만들었다. 이제 능력주의 체제에 시동을 걸었으니 더

능력주의의 두 얼굴

현명하게 운영하는 다양한 아이디어를 살펴보자.

긍정적 차별

14장에서 저자는 린든 존슨 대통령이 하워드 대학교에서 선보인 기념비적 연설을 언급했다. 수년간 쇠사슬에 묶여 있던 사람들을 데려와 레이스 출발선에 세우고 출발하라고 무작정 권총을 쏠 수는 없다고 선언한 연설 말이다. 이들이 레이스에 대비할 수 있도록 하려면 적극적인 우대조치를 해줘야 한다. 고전적 자유주의자들은 적극적인 우대조치가 본래 제거해야 할 인종적 분류를 오히려 강화한다면서 늘 불만이었지만 존슨의 논리에서 벗어나기는 어렵다. 개인 능력 때문이 아니라 특정 집단의 일원으로 태어났다고 남들보다 한참 뒤처지는 사람이 있다면 기회의 평등 달성은 어렵다는 것이다. 집단적 부당함에는 집단적 해결책이 때때로 필요하다. 적극적인 우대조치를 옹호하는 주장은 린든 존슨이 하워드 대학교에서 언급한 흑인과 관련해 가장 큰 설득력이 있다. 노예제는 바로 피부색 때문에 특정 민족이 짊어져야 했던 사회악이었다. 특히 미국에 노예로 끌려온 아프리카계 미국인을 비롯해 국제 노예무역의 영향을 받은 모든 흑인이 감내해야 했다. 짐 크로우 법은 국가가 인정한 차별을 영속시켰고 폐지된 지 한참 후에도 흑인은 법과 관습의 영향으로 남부뿐만 아니라 북부에서도 흑인지역에 따로 살았다. 노예제와 인종분리정책의 유산 때문에 흑인 미국인은 백인 미국인보다 60퍼센트 더 적게 벌고 모아놓은 돈도 훨씬 적었다. 여러 세대에 걸쳐 집단박해에 시달린 다른 민족도 적극적인 우대조치가 필요한 근거로 작용한다. 여기에는 분명히 다른 소수 민족도 포함되는데 유럽 식민지였던 지역 원주민도 그중 하나다. 하지만 모든 민족이 특별대우 자격을 똑같이 갖는 것은 아니다. 최근 이민자의 경우, 수용국에서 이미 시민권을 선사함으로써 삶의 질을 올려줬는데 왜 또 기회를 줘야 하는가? 여기에는 보상해야 할 집단박해도 존재하지 않는다. 단지 피부색 때문에 일부 백인 집단을 고려 대상에서 제외하면 안 된다. 중요한 건 피부색이 아닌 집단박해이기 때문이다. 영국에서 백인 노동자 계층의 자녀들은 흑인 노동자 계층의 자녀들보다 대학진학률이 낮은데 백인 소년들은 특히 형편없다. 미국 내 최악의 빈곤층 중 일부는 J. D 밴스가 상당히 적나라하게 기록했듯 백인이 대부분인 애팔래치아 지역에 집중되어 있다. 그 목적이 집단적 불이익을 보상함으로써 경쟁의 장을 평준화하는 거라면 적극적인 우대조치가 인종에만 적용될 이유는 없다. 빌 클린턴은 적극적인 우대조치가 종료되는 게 아니라 혁신되어야 한다고 끊임없이 말했지만 혁신의 정확한 의미를 말하지는 못했다. 그것을 고치는 가장 좋은 방법은 강조점을 수치 목표에서 풍부한 교육으로 전환하는 것이다. 수치 목표는 고등교육 기관의 최악의 본능에 영합한다. 즉, 그들은 프로젝트에 영혼을 쏟아부을 필요 없이 미덕을 계량화할 수 있는 추구에 참여할 수 있다. 하지만 수치 목표는 인기가 없고 비생산적이다. 대다수 미국인은 찬

성 행동에 반대하며 2020년 투표에서 캘리포니아 주민의 과반수가 반대표를 던졌다.[35]

　2012년 듀크 대학교 연구원 세 명의 연구 결과, 듀크 대학교 흑인 신입생의 76퍼센트 이상이 자연과학이나 경제학을 전공할 의향이 있지만 절반 이상은 학업 과정에서 전공을 바꿔 흑인 남학생 중 35퍼센트만 과학이나 경제학 학위를 취득했다.[36] 백인 학생의 8퍼센트만 옥스퍼드의 레이디 마가릿 홀이 그들의 약속에 근거해 불우한 아이들을 모집한 후 그들의 과목과 일반적인 학업 기술에서 모두 추가적인 가르침을 받을 충분한 기금을 제공해야 한다고 훨씬 더 나은 문제해결책을 제시했다. 설립 학생들은 다른 학부생, 대학원생들과 함께 대학교에서 생활하며 학계에 편입된다.[37] 이것은 반드시 그 연령대의 소수에게만 적용될 수 있는 그 문제의 값비싼 치료법이다. 전체적으로 가난한 사람을 돕는 가장 좋은 방법은 유아교육이다. 여러 연구에 따르면 취학 전 아동은 학업뿐만 아니라 사회적 기술, 경청, 계획, 자제력 등 모든 종류의 학습에서 보조를 맞춘다. 오하이오 주립대학교 아리야 안사리가 이끄는 가난하지만 인종적으로 혼합된 학교지역 연구는 유치원에 입학할 때 선행학교에 다닌 적이 있는 아이들이 학습에 참여하지 않은 아이들보다 8개월가량 앞서고 듣기, 계획, 자기통제 기술에서 5개월가량 앞선다는 사실을 알아냈다.[38] 노벨상 수상자 제임스 헤크먼의 또 다른 연구에 의하면 취학 전 교육은 50여 년 후에도 계속 성과를 거둔다.[39]

　취학 전 교육은 여전히 불공평하게 이뤄진다. 2019년 미국의 4세 아동 중 34퍼센트만 취학 전 교육을 받은 반면, 캐나다는 60퍼센트, 유럽은 90퍼센트가 받았다. 이 부분에서 후진국(특히 미국)을 선진국 수준으로 끌어올리는 것은 기회의 평등을 향한 큰 전진이 될 것이다. 많으면 많을수록 좋다. 기회의 평등을 보장하는 가장 좋은 방법은 빈곤층을 대상으로 우선 교육지역을 선정해 정부가 가장 어린 아이들에게 교육자원을 집중하는 것이다. 교육정책의 바깥세상을 살펴볼 필요가 있다. 주택개혁은 풍성한 결과를 낳을지도 모른다. 상당한 비용이 드는 도시에서 아파트 건립을 어렵게 하는 구역제 규정을 약화시키면 가난한 사람이 일자리와 좋은 학교가 더 풍부한 지역으로 이주하기가 더 쉬워질 것이다. 이미 부유한 사람들이 집을 살 수 있도록 돕는 주택담보대출 이자 세액공제를 폐지하면 정부가 재무부에 더 많은 압력을 가하지 않고 가난한 사람을 위한 주택 프로그램 규모를 늘리게 될 것이다.[40] 신기술에 상상력을 조금만 더해도 삶의 기회를 균등하게 할 수 있다. 제2차 세계대전 기간 블레츨리 공원은 십자 말과 다른 퍼즐을 풀 수 있는 사람들을 모집함으로써 여성의 개발되지 않은 재능을 발굴하는 인상적인 역할을 했다. 구글, 페이스북과 같은 배타적인 글로벌 기업으로 이뤄진 엘리트 사이버 보안단체인 이스라엘 방위군 8200부대는 그들이 대학교에 방해가 될 거라고 예상하지 않고 그 부대 졸업생을 고용하기 위해 경쟁하는 데 오늘날에도 비슷한 일을 하고 있다. 이 부대는 학교 공부에는 별 관심이 없지만 놀라운 성적을 낼 수 있는 뛰어난 젊은이들을 발굴할 기대감에 비디오 게임에서 아이들의 성과를 관찰한다. 로드아일랜드주 프로비던스는 매일 부모들이 말하는 단어 수 기록장치를 착용시킨 후 말을 더 잘하는 방법을 자녀에게 정기적으로 조언해줌으로써 더 가난한 아기들과 부유한 아기들의 단어 격차를 해소하는 성공적인 방법을 개발했다. 〈리즈닝 마인드Reasoning Mind〉, 〈드림박스Dream Box〉와 같은 몇몇 기업은 아이들의 개별 성과 데이터를 수집한 후 맞춤형 교육을 자동으로 제공하는 적응형 또는 개인화된 학습기계를 생산한다. 계층 간 이동성을 높이는 방법으로 계층고착 문제를 해결하더라도 또 다른 문제가 악화될 위험이 있다. 바로 성공한 이들의 오만이다. 이 문제를 해결하기 위해 우리는 새로운 공적 의무감으로 무장하고 성공한 이들을 교화시킬 필요가 있다.

능력주의의 재무장

•

인지적 엘리트 계층의 승리는 능력주의 사상의 사기가 저하된 것과 시기적으로 일치한다. 성공한 이들은 자신의 뛰어난 능력과 노력의 정당한 보상이라는 관점에서 성공을 바라봤다.[41] 그들은 어제의 엘리트들(아버지에게서 상속받거나 가난한 이들을 착취한 재산을 임대해 돈을 버는 사람들)과 그들 자신(어려운 문제를 해결해 세계 발전에 기여한 유능한 이들)을 명확히 구분한다. 이들의 신념은 '당신은 소중하니까'라는 〈로레알〉 광고 문구만큼이나 거슬린다. 능력을 이런 식으로 바라보는 관점은 사기를 떨어뜨리고 실제로 해롭다. 올리버 골드스미스의 《황량한 마을The Deserted Village》(1770)에서 가장 유명한 대사는 오늘날의 금권 능력주의 시대에 많은 걸 시사한다. '땅을 더럽히고 병폐를 재촉해 먹잇감이 되고 재산이 축적되고 사람이 썩는 곳.' 너무나 많은 이가 인지적 엘리트 계층을 전문성을 갖춘 문제해결사가 아닌 무능한 부당거래자로 여긴다. 금융업자들은 자신의 이익을 위해 금융체계를 조작하고 기술학자들은 감시자본주의를 구축한다. 정치인들은 공공서비스를 이용해 수백만 달러를 번다. 엘리트의 많은 구성원은 성공을 향한 사기가 저하된 시각으로 고통받고 있다. 하버드 대학교 경영대학원 클레이튼 크리스텐슨 교수는 이혼하거나 실패하거나 수감된 제자가 너무 많은 걸 제임스 알워스, 카렌 딜런과 함께 우려하다가 《당신의 인생을 어떻게 평가할 것인가?How Will You Measure Your Life?》를 공동집필하면서 사업가들이 기본적인 도덕성을 더 강조할 것을 촉구했다. 이 문제를 다루는 가장 좋은 방법은 능력주의 사상을 거부하는 것이 아니라 그것의 풍부한 역사를 되돌아보는 것이다. 저자가 이 책에서 설명한 능력주의 혁명은 기술권력 혁명만큼 도덕적인 것이었다. 능력주의 개념은 낡은 지배계급을 더 나은 것으로 대체하고 싶어하는 개혁가들에게 구질서에 대한 도덕적 비판과 행동강령을 제공했다. 영국의 엘리트들은 도덕적 분노의 전조가 아니어서 총을 쏘지 않고도 구시대 부패를 해체하는 데 성공했다. 그들은 악령과 강직을 악마로 만들었다. 그들은 옥스브리지 돈들의 깊은 화분과 부족한 학식을 비웃었다. 그들은 공무원과 국회의원이 더 높은 수준의 개인적 행위에 부응할 것을 강요했다. 그들은 귀족에게 리더십은 그들의 출생 때문에 행사한 권리가 아니라 공동의 이익을 위해 행사한 책임이라고 말했다. 18세기와 19세기 초 귀족사회가 그랬듯 국가를 약탈 대상으로 취급할 수 없다고 주장했다. 그것은 야만이다. 당신은 자신의 사유지를 소유하고 정부가 알아서 하도록 내버려둘 수 없다. 그건 무책임한 행위이며 당신은 고결한 보호자가 되어야 한다. 의석을 얻거나 공무원직을 얻거나 공공의 이익을 위해 봉사한다. 찰스 킹슬리는 고요한 도덕혁명이 1850년까지 영국 상류층을 변화시켰다고 생각했다. '영국 상류층의 태도는 고귀한 변화를 겪었다. 세상에 귀족제도는 존재하지 않고 내가 아는 한 그렇게 명예롭게 회개하고 회개를 위해 열매를 가져온 사람은 없다. 의무가 무엇인지 유쾌하게 물은 후 그것을 할 수 있다.'42 개혁가들은 상업적 성공으로 넘쳐나 19세기 중반부터 지역정치와 국가정치로 밀려들기 시작한 사업가들에게 같은 엄격한 메시지를 보냈다. 그 시대의 문학은 정치를 사회적 사다리를 오르는 방법 또는 더 나쁜 것은 자기 주머니를 채우는 방법으로 취급한 이기적인 사업가에 대한 설교로 가득하다. 글래드스톤은 1860년대~1870년대 포괄적 정치의 위험을 수없이 연설했다. 로버트 로우는 민주주의에 입각한 금권정치의 위험성을 경고했다. 신문들은 가장 가치 있는 정부를 가장 부유한 정부로 격하시키려는 도착자들에 대해 천둥과 같은 소리를 냈다.42 트롤로페는 자신을 발전시키기 위해 정치에 입문한 저속한 아우구스투스 멜모테와 의무감에서 그렇게 한 귀족 옴니엄 공작을 비교했다. 의무는 빅토리아 시대 도덕 어휘의 키워드였다. 중기 빅토리아 시대 사람들은 엄격하지만 고무적인 이 용어를 옛 귀족층과 떠오르는 포괄적 정치를 설득하기 위해 자신과 노력보다 국가를 우선시하도록 했다. 교육자들은 플라톤과 성경이 의무의 중요성에 동의한다는 것을 알게 되었다. 보수파와 자유파, 지식인과 군인, 성공회와 불순응파는 자신보다 의무를 우선시하는 찬양을 부를 때 그들의 차이점을 제쳐뒀다. 빅토리아 여왕은 글래드스톤이 공직생활에서의 의무를 구체화했듯 왕위에 대한 의무를 상징했다. 능력주의가 다시 번성하려면 오늘날에도 비슷한 도덕적 부흥이 필요하다. 이것은 현대 용어로 불의의 문제를 해결하는 것을 의미한다. 즉, 우리는 사회정의 운동이 때때로 어떤 것에 가해진다는 것을 인식할 필요가 있다. 하지만 그것은 또한 그들을 19세기 능력주의자와 같은 용어로 다루는 것을 의미한다. 우리는 능력주의 사상의 창시자를 읽음으로써 먼 길을 갈 수 있다. 사유재산과 결혼을 폐지하려는 플라톤의 생각은 분명히 억지이지만 그럼에도 그는 1950년대~1960년대 급성장하는 능력주의를 금권정치로 변화시킨 두 가지 문제를 지적했다. 데이비드 캐머런이 로비에서 시도했듯 정치인들은 은퇴할 때 자신의 둥지를 틀려고 한다. 렉스 그린실Lex Greensill을 대표하고 자녀를 발전시킬 방법을 찾는 엘리트의 독창성을 대표한다. 오늘날 앙시엥 레짐은 초국가적인 엘리트들이 이 같은 관행에 통달하고 국내단체와 국제단체를 가족을 위한 야외 구호 시스템으로 취급하는 냄새가 난다. 세계 기관들이 정당한 비난에 시달리는 것을 막으려면 이에 대한 장벽을 시급히 세워야 한다. 엘리트들의 교육을 다시 도덕화해야 한다는 주장은 서구보다 중국에서 훨씬 강하다. 가

능력주의의 두 얼굴

난하게 살아온 사람들이 새로운 부를 누리는, 이해할 수 있는 즐거움은 종종 추잡함과 부패로 전락한다. 중국 엘리트들은 앞 장에서 봤듯 유교적 전통을 되살려 국가교육 커리큘럼으로 치밀하게 짜넣어 이 문제를 다루기 시작했다. 또한 일부 부모가 중국 전통의상을 입고 유교 교재를 배우고 유교적 의식에 따라 그들의 행동을 조직하는 베이징의 시하이 공자학원과 같은 특별한 서원에 아이들을 보내는 것을 허용하고 있다. 나렌드라 모디가 인도에서 힌두교 종교 주제를 부활시켰듯 여기에 문화적 민족주의가 묻어 있다면 그 밖의 것도 존재한다. 그것은 중국이 건달 국가가 되지 않으려면 고대 전통을 받아들여야 한다는 감각이 신유교로 알려진 지식인 집단은 중국의 시민생활 개선문제의 해답은 능력주의 엘리트의 1차적 일이 기술적 문제를 해결하는 것이 아니라 문명을 보존하고 풍요롭게 하는 것이라는 공자의 통찰력을 되찾는 데 있다고 주장한다.

직업교육 강화하기

•

능력주의라는 이름을 부여한 사람은 지위가 낮더라도 소득이나 계층만큼 중요하다는 것을 이해했다. 능력주의 인종에서 패배자들은 높은 IQ 유형보다 적은 임금을 받기 때문이 아니라 그들이 사회의 가치가 덜한 구성원으로 취급받기 때문에 평가절하되었다고 느낀다. 좌·우익 모두 능력주의에 대한 현재의 불안의 중심에 지위가 있다. 포퓰리스트들은 인지적 엘리트들이 자신을 무시한다고 비난한다. 부모들은 소수의 시험 결과에 근거해 자녀들이 높은 지위의 직업을 거부당할까 봐 걱정한다. 이 문제는 특히 엘리트들이 소수의 학문적 기관에 심취해 있고 직업교육이 후유증으로 취급되는 영국과 미국에서 두드러진다. 영국의 직업교육 시스템은 자금이 부족한 대학교와 끊임없이 변화하는 자격조건의 산실이다. 미국은 전체 직업교육 시스템보다 엄청나게 많이 기부받은 엘리트 대학교에 보조금을 지급하는 데 훨씬 더 많은 돈을 쓴다. 그럼에도 이 모든 것이 능력주의 자체의 문제라고 생각하는 것은 잘못이다. 그것은 다른 능력과 적성에 맞는 다른 유형의 교육을 만드는 것보다 모든 참가자에게 엘리트 기관을 개방하는 데 초점을 맞춘 정책의 문제다. 독일어를 쓰는 세계는 엘리트 제도에 대한 불안과 포퓰리스트 사이의 분노 측면에서 직업교육에 명예로운 자리를 줘 능력주의에 대한 현재의 불만을 상당 부분 피했다. 독일 젊은이의 ¼ 이상이 기술학교에 다니고 절반은 학교를 떠날 때 견습생 제도를 경험한다. 견습생으로 시간을 보낸 후 대학교에 진학하는 것은 흔한 일이다.

한때 미국과 독일은 실용교육에 무게를 뒀다. 1862년과 1890년 미국에서 설립된 토지인가 대학은 의도적으로 과학, 공학, 농업과 같은 실용적인 과목에 초점을 맞췄다. MIT와 같은 공과대학은 실용 예술 분야에서 엘리트 대학교와 경쟁하기 위해 설계되었다. 영국 대도시들은 새로운 노동자 계층을 위해 직업학교와 산업대학을 설립했다. 설탕 상인이자 자선가이자 보수당 왕조의 시인인 퀸틴 호그는

1838년에 설립되었지만 부패한 왕립 공과대학을 부활시켰고 학생이 7,000명에 달하는 기술교육 중심지로 만들었다.**44** 그리고 버밍험 대학교의 핵심인 메이슨 사이언스 칼리지에서 야금을 공부했다. 레드브릭 대학교들은 옥스퍼드와 케임브리지 대학교의 모방으로 변모하기보다 실용적인 과목을 가르치는 틈새시장을 개척하기 위해 노력했다. 1944년의 획기적인 교육법은 문법학교와 중등학교뿐만 아니라 기술학교까지 세 가지 유형의 학교를 계획했다. 한때 영국의 고등교육은 전통적인 대학교와 더 실용적인 폴리테크닉이라는 두 가지 유형의 기관을 포함했다. 하지만 최근 수십 년간 두 나라는 직업교육보다 학술교육을 훨씬 선호해왔고 따라서 차별화에 의한 선택보다 제거에 의한 선택을 선호했다. 정부는 젊은이의 절반 이상을 대학교에 보내는 경쟁에 돌입했다. 이제 대학교는 흔한 학사 학위를 보충하기 위해 더 높은 학위를 제공해 돈을 벌 수 있음을 깨달았다. 아카데믹 리그 테이블은 기관들이 학문적인 슈퍼스타들과 그들이 데려온 학생들을 끌어들이는 데 초점을 맞추도록 격려했다. 교육 능력주의에 대한 현재의 불만을 해결하는 가장 좋은 방법은 엘리트 기관의 입학제도를 손보는 것이 아니라 직업교육을 업그레이드하는 것이라고 2019년 발간된 '직업교육의 미래에 대한 아우가르 보고서'가 주장했다.**45** 직업교육 업그레이드는 창조 그 이상을 의미한다. 대학교와 고등교육대학교 간에 자원을 더 공평하게 분배하는 것이 급선무이지만 말이다. 그것은 성공의 전동적인 모델을 재고하는 것을 의미한다. 정책입안자들은 수동작업과 직업기술이 두뇌작업과 학술교육보다 상태 계층에서 낮은 위치를 차지한다는 종종 무의식적인 가정에서 벗어날 필요가 있다. 빅토리아 시대 위대한 노동의 존엄성 옹호자 중 한 명인 존 러스킨은 사회가 손, 머리, 심장, 즉 학문뿐만 아니라 장인정신과 동정심에도 동등한 가치를 둬야 한다고 주장했다. 데이비드 굿하트는 《머리 손 가슴: 21세기의 존엄과 지위를 위한 투쟁Head Hand Heart: The Struggle for Dignity and Status in the 21st Century》(2020)에서 이 주장을 설득력 있게 확장하고 업데이트했다.

교육의 차별화는 존중의 평등으로 균형을 맞출 필요가 있다. 학교와 여론 형성자들은 기술 자격에 대한 오명을 쓰거나 무시하는 것을 멈춰야 한다. BBC는 A등급뿐만 아니라 기술자격 결과를 보고함으로써 좋은 출발을 했다. 교사들은 러스킨이 말한 '남자가 만든 재료'에 따라 그들의 가르침을 조정하면서 모든 아이를 같은 학문적 틀에 몰아넣는 것을 멈춰야 한다. 정책입안자들은 인지 능력으로 표시된 한 개의 좁은 사다리가 아니라 성공을 위한 여러 사다리의 관점에서 생각해야 한다. 10장에서 저자는 수잔 켈러의 말을 인용해 19세기 미국은 모든 세트에 에이스가 포함된 덕분에 성공적이었다고 말했다. 반면, 유럽은 에이스와 세트가 하나뿐인 경향이 있었다. 우리는 더 많은 세트가 필요하다. 존경의 평등은 말처럼 그림의 떡이 아니다. 1956년 그가 《공로정치의 부상》을 출간하기 2년 전 마이클 영은 피터 윌모트와 함께 오늘날 염두에 둘 만한 기사를 썼다. 그들은 육체노동자들은 직업 엘리트들과 근본적으로 다른 신분 계층 개념을 발전시켜 생산적인 노동자들을 상위에 배치시키고 비생산적인 사무직 근로자들을 하위에 배치시켰다고 지적했다.**46** 한 남자가 '나는 건축업자들을 맨 위에 앉혔다.'라고 그들에게 말했다. '그들은 집을 짓는데 오늘날 무엇보다 필요한 건 집이다. 건축업자들은 실제로 일하고 있는데 옛날 직업의 모든 사람이 그렇지는 않다. 그들이 하는 모든 것은 펜을 밀고 책을 보는 것이다.'**47** 정책입안자들은 종종 국민의 상식을 따라야 한다. 모든 사람이 능력주의의 결점 또는 실제로 미덕에 관한 책을 쓰는 사람들과 같은 학구적 상을 강조하는 것은 아니다. 은행가와 언론인 등 수많은 인지적 엘리트들은 많은 이의 멸시를 받는 반면, 돌봄직업 구성원들은 존경을 받는다. 보호자를 위한 박수 운동에 필적하는 은행가들의 박수 운동은 없다. 대부분 가족을 부양하고 친구들과 어울리고 존경할 만한 생활을 하는 더 심오한 자존감과 자기충족의 원천을 갖고 있다. 또한 현대 사회는 성공의 새로운 길을 계획할 때 엄청나게 창의적이다. 부의 증가는 사회가 더 넓은 범위의 재능에 보상할 수 있음을 의미한다. 미국 제2대 대통령 존 애덤스는 '나는 내 아들들이 수학과 철학을 공부할 자유를 갖도록 정치와 전쟁을 공부해야 한다.'라고 썼다. 그리고 그들은 자녀들이 그림, 시, 음악, 건축, 조각상, 태피스트리(Tapestry: 여러 가지 색실로 그림을 짜넣은 직물로 벽걸이나 가리개 등 실내 장식품으로 쓴다 - 편집자 주), 도자기를 공부할 수 있도록 그 과목들을 공부해야 한다.**48** 양봉, 제빵, 요가 교습도 마찬가지다. 오늘날 스포츠 스타들과 연예인들은 수백만 달러를 벌 수 있다. 요리부터 와인 시음까지 모든 종류의 재능에 대한 충분한 보상도 있다. 때때로 당신이 그것으로 생계를 유지할 수 없을 만큼 재주가 없어 보인다. 맷 스토니는 핫도그 먹기 세계 챔피언으로 1년에 20만 달러 이상을 버는데 10분 안에 60개 이상을 먹을 수 있다.

베니스의 죽음

능력을 향상시키는 체계를 더 효율적으로 구축하고 인지적 엘리트 계층의 도덕성을 회복하며 직업교육을 향상시키는 것, 이 모든 것이 세계가 너무 많은 긴급한 문제에 직면한 시점에서 엄청난 개혁 목록에 추가된다. 능력주의 붕괴는 더디다. 엘리트 대학교들은 일류 교육을 계속 제공하고 있다. 금권 엘리트들은 능력주의의 일부 요소를 보존한다. 상향 이동의 길은 완전히 봉쇄되지 않았다. 보건서비스 상태와 같이 더 분명히 긴급한 문제에 집중하는 데 왜 시간을 빼앗는가? 정답은 느린 붕괴가 속도를 내고 이를 해결하지 않으면 급속한 붕괴가 발생할 수 있으며 능력주의 정신만큼 필수적인 것의 붕괴는 전체 문명을 파멸시킬 수 있기 때문이다. 서양이 능력주의 정신 되살리기를 시작하지 않는다면 미래 예견감각을 위해 우리는 결론적으로 유럽에서 가장 아름다운 도시 중 하나로 눈길을 돌릴 수 있다. 천연자원 면에서 베니스는 불운하게도 보통 우유와 꿀이 풍부한 땅에서 곤충이 득실거리는 늪이 배경이다. 하지만 중세 초기 베니스는 재능에 대한 특이한 개방성 덕분에 유럽에서 가장 부유한 도시였다. 도시국가는 세습통치자가 아닌 현인협의회가 선택한 도제(직업에 필요한 지식, 기능을 배우기 위해 스승 밑에서 일하는 직공 - 편집자 주)에 의해 통치되었다. 계층 간 이동성은 활발했다. 하버드 대학교 경제학자 다론 아제모을루와 제임스 로빈슨은 960년, 971년, 982년의 정부문서 기록 중 각각 69퍼센트, 81퍼센트, 65퍼센트의 새로운 이름을 구성했다고 계산했다.[49] 기관들은 더 포괄적이 되었다. 엘리트들은 세계에서 가장 화려한 건물의 일부를 짓고 가장 찬란한 그 예술품의 일부를 후원하기 위해 경쟁했다.[50] 하지만 경쟁은 어렵고 불확실성은 방향을 잃게 한다. 12세기 후반과 13세기 초 가장 영향력 있는 가문들은 자기 자녀에게 유리하도록 시스템을 조작했다. 그리고 1315년 그들은 사회질서를 그대로 유지하려는 베니스 귀족 가문의 공식 목록인《금서 Book of Gold》(Libro d'Oro)를 출간함으로써 사회의 최고 위치에 영원히 고정시키는 데 성공했다. 베니스 사람들은 이것을《라 세라타(폐쇄)》라고 불렀다. 라 세라타는 세계에서 가장 성공적인 도시국가 베니스의 종말을 고했다. 자기만족적인 과두정치는 기회를 사재기하고 혁신을 억누르기 위해 권력을 사용했다. 표창은 금지되었다. 무역은 국가가 장악했다. 새로 온 사람들은 추방되거나 강등되었다. 도시는 활기를 잃었다. 1500년까지 도시의 인구는 1330년보다 적었다. 1851년 존 러스킨이 그의 웅장한《베니스의 돌》첫 권을 출간했을 때 그것은 쇠퇴의 대명사였다. '바다 모래 위에 있는 유령, 너무 약하고 너무 조용해 우리는 그녀의 사랑스러움을 제외하면 모두 사라졌고 우리는 석호의 신기루에서 희미하게 비치는 것을 봤을 것이다.'[51]

오늘날 선진국들은 슬로우모션 버전의 라 세라타를 생산할 위험에 처해 있다. 위대한 대학우등생들은 특권층 아이들의 이름을 기록한 금 서적의 현대판이 되고 있다. 엘리트들은 더 넓은 사회와의 접촉을 잃어가고 있다. 경제는 침체하고 정치적 불안은 가중되고 있다. 공동의 목적의식도 희미해지고 있다. 서방은 과거에 능력주의 정신을 점화하거나 재점화하는 데 성공했고 그 정신을 좁은 개인적 이익보다 공익을 위해 사용했다. 이것은 정부가 공개경쟁으로 되살아난 19세기 중반 영국과 미국에서, 삶의 약속이 도금된 시대에서 구출된 19세기 후반 미국에서, 그리고 새로운 교육 기회가 증가했던 제2차 세계대전의 여파로 일어났다. 서방이 베니스의 슬픈 운명에 굴하지 않고 세계 패권이 무자비한 중국에 넘어가지 않게 하려면 다시 그렇게 시작해야 할 때다.

이 책을 집필하면서 쌓은 수많은 빚을 인정할 기회가 주어져 기쁘다. 저자가 직업적으로 30년 이상 몸담은 고향 〈이코노미스트〉는 능력주의의 과거, 현재, 미래를 생각해볼 수 있는 이상적인 자리를 마련해줬다. 특히 몇몇 동료는 전문지식을 빌려줬다. 로지 블라우, 롭 기포드, 데이비드 레니는 중국 관련 전문지식을 나눠줬다. 혹시 저자가 그들의 충고에 귀기울이지 않은 적이 있다면 사과한다. 소피 페더는 프랑스 역사, 정치, 그리고 실제로 철자에 대한 나의 기본적인 오류 중 일부를 수정해줬다. 샨 스마일리는 우선권, 학위, 장소의 세계에 대한 타의 추종을 불허하는 지식을 공유하며 사실, 해석,

계보의 당혹스러운 오류를 잡아냈다. 패트릭 포울리스는 비즈니스에 관한 일련의 질문에 답해줬다. 레이첼 호우드, 이드리스 칼룬, 스티븐 메이지는 미국측 참고자료를 제공했다. 존 프라이도스는 초기 초고를 읽고 많은 도움이 되는 제안을 했다. 사브리나 발레돈, 케트나 파텔, 파니 파파지오르지우는 틀림없이 도움이 되었고 이해심이 많았다. 안드레아 부르게스는 나의 일과 뚜렷한 관계가 없음에도 런던 도서관에서 끊임없이 책을 공급했다. 특히 편집장 자니 민튼 베도스가 저자의 책 쓰는 습관을 흐뭇하게 바라봐준 데 감사하게 생각한다. 몇몇 학자는 특히 중요한 집필 단계에서 아이디어, 정보, 일반적인 영감을 제공해줬다. 바로 시카고 대학교 부스스쿨의 루이지 징갈레스, 조지 메이슨 대학교의 타일러 코웬, 가렛 존스, 알렉스 타바록, 미국 가톨릭 대학교의 제리 뮬러다. 마이클 샌델은 친절하게도 많은 실수를 지적해줬고 키스 호프에게도 많은 빚을 졌다. 수년 전 그는 영국의 지적 귀족 토머스 배빙턴 매콜리와 IQ 테스트 사이의 흥미로운 연관성을 경고해줬고 그의 학문적 헌신에 저자는 가장 큰 빚을 졌다.

몇 년 전 저자는 능력주의의 일반적인 역사의 가능성을 보고 점프할 때마다 박차를 가하고 잘못된 방향으로 갈 때마다 고삐를 조여 책을 완성하도록 이끌어준 스튜어트 프로핏에게 대단히 감사한다. 그야말로 편집자의 이상이라고 할 수 있다. 펭귄 랜덤하우스의 스튜어트 팀, 특히 앨리스 스키너, 사라 데이, 리처드 듀지드, 아나벨 헉슬리에게 감사한다. 스티븐 라이언은 교정과 팩트 체크의 엄청난 과업을 수행했다. 늘 그렇듯 저자는 에이전트인 앤드류 와일리와 그의 동료 사라 찰팬트와 제임스 풀런에게서 많은 도움을 받았다. 저자는 아내 아멜리아와 딸 엘라와 도라에게 그 누구보다 큰 빚을 졌는데 그들이 이 주제에 대한 저자의 선입견을 견뎌줬을 뿐만 아니라 능력보다 훨씬 더 중요한 것이 있음을 보여줬기 때문이다. 아멜리아는 자신이 재능 있는 편집자이자 매의 눈을 가진 교정자임을 다시 입증했다. 나머지 모든 오류는 전적으로 저자의 책임이다.

들어가며

1   Both quoted in Michael J. Sandel, *The Tyranny of Merit: What's become of the Common Good* (London, Allen Lane, 2020), pp. 65–7, 79

2   See, for example, Tony Blair, *New Britain: My Vision of a Young Country* (London, Fourth Estate, 1996), p. 19

3   David Cameron, Conservative Party Conference Speech, 2012

4   David Lipsey, 'The Meritocracy Myth', *New Statesman*, 26 February 2016

5   Nikki Graf, 'Most Americans Say Colleges Should Not Consider Race or Ethnicity in Admissions', Pew Research Center, Fact Tank, 25 February 2019

6   https://www.chinadaily.com.cn/china/19thcpcnationalcongress/2017-11/04/content_34115212.htm

7   Sandel, *The Tyranny of Merit*, p. 107

8   Ibid., p. 84

9   Gregory Zuckerman, *The Man Who Solved the Market: How Jim Simons Launched the Quant Revolution* (New York, Portfolio, 2019)

10 'America's New Aristocracy', *Economist*, 22 January 2015

11 Peter Saunders, *Social Mobility Myths* (London, Civitas, 2010), p. 69

12 Alice Sullivan et al., 'The Path from Social Origins to Top Jobs: Social Reproduction via Education', *British Journal of Sociology* 69 (3) (2018), pp. 782–4

13 Abdel Abdellaoui et al., 'Genetic Correlates of Social Stratification in Great Britain', *Nature Human Behaviour*, 21 October 2019; 'Will Ye Nae Come Back Again: Migrants from Coalfields Take More than Just Their Talent with Them', *Economist*, 24 October 2019

14 Emma Duncan, 'Special Report: Private Education', *Economist*, 13 April 2019, p. 6

15 Jody-Lan Castle, 'Top 10 Exam Rituals from Stressed Students across Asia', BBC News, 3 March 2016

16 Tomas Chamorro-Premuzik, 'Ace the Assessment', *Harvard Business Review*, July–August 2015

17 See, for example, Robin DiAngelo, *White Fragility: Why It's So Hard for White People to Talk about Racism* (London, Allen Lane, 2018), p. 9

18 Ibid., pp. 40–43

19 Ibram X Kendi, *How to be an Antiracist* (London, The Bodley Head, 2019), p. 101

20 Ibid., p. 102; Wayne Au, 'Hiding behind High-Stakes Testing: Meritocracy, Objectivity and Inequality in US Education', *International Education Journal: Comparative Perspectives* 12 (2) (2013), pp. 7–19. For a sense of how deeply

these ideas have penetrated the educational bureaucracy, see the blog by Alison Collins, the Board of Education Commissioner of the San Francisco United School District, particularly 'So, What's Wrong with Merit-Based Enrollment', https://sfpsmom.com/so-whats-wrong-with-merit-based-enrollment/

21 McKay Coppins, 'The Bow-Tied Bard of Populism', *Atlantic*, 23 February 2017

22 Daniel Markovits, *The Meritocracy Trap: The Tyranny of Just Deserts* (New York, Penguin Press, 2019), p. ix

23 David Brooks, 'Why Our Elites Stink', *The New York Times*, 12 July 2012

24 Steven Pearlstein, 'It's Time to Abandon the Cruelty of Meritocracy', *Guardian*, 13 October 2018; cf. Joel Kotkin, 'How Liberals are the New Autocrats', *Daily Beast*, 1 January 2016

25 The Sutton Trust, 'Access to Advantage', 7 December 2018

26 Raj Chetty et al., 'Mobility Report Cards: The Role of Colleges in Intergenerational Mobility', National Bureau of Economic Research, July 2017

27 Neil Bhutta et al., 'Disparities in Wealth by Race and Ethnicity in the 2019 Survey of Consumer Finances, FEDS Notes, 28 September 2020

28 In David Mamet's screenplay, the motivational speaker is Alec Baldwin.

29 Sandel, *The Tyranny of Merit*, pp. 184–8. Ron Unz made a similar case for a lottery, from a conservative perspective, in 'The Myth of American Meritocracy: How Corrupt are Ivy League Admissions?', *American Conservative*, December 2012

30 I have examined the history of IQ testing in England in some detail in *Measuring the Mind: Education and Psychology in England c. 1860–1990* (Cambridge, Cambridge University Press, 1994)

31 Alexis de Tocqueville, *Democracy in America*, trans. George Lawrence, ed. J. P.

능력주의의 두 얼굴

Mayer (New York, Anchor Books, 1969), pp. 457–8

32   Christine Korsgaard, *Self-Constitution: Agency, Identity and Integrity* (Oxford, Oxford University Press, 2009); Ulrich Beck and Elisabeth Beck-Gernsheim, *Individualization: Institutionalized Individualism and Its Social and Political Consequences* (London, Sage, 2002)

33   The 10th Earl's descendant, Jamie Niedpath, now the 13th Earl, taught Bill Clinton at University College, Oxford

34   James J. Sheehan, *German History 1770–1866* (Oxford, Clarendon Press, 1989), p. 507

35   Roy Porter, *English Society in the Eighteenth Century* (London, Allen Lane, 1982), p. 29

36   Quoted in ibid., p. 82

37   Walter Bagehot, *The English Constitution* (1867; Fontana edition with an introduction by Richard Crossman, 1963), p. 126

38   Quoted in Jerome Karabel, *The Chosen: The Hidden History of Admission and Exclusion at Harvard, Yale and Princeton* (New York, Houghton Mifflin, 2005), p. 30

39   Markovits, *The Meritocracy Trap*, p. 10; Shaila Dewan and Robert Gebeloff, 'Among the Wealthiest 1 Percent Many Variations', *The New York Times*, 14 January 2012

40   Schumpeter, 'Here Comes SuperBoss', *Economist*, 16 December 2015

41   J. S. Mill, *The Subjection of Women* (University of Oxford Text Archive), p. 104

42   Jonathan Rose, *The Intellectual Life of the British Working Classes* (London, Yale University Press, 2001), p. 61

43   J. R. Pole, *The Pursuit of Equality in American History* (Berkeley and London, University of California Press, 1978), p. 220

44   George C. M. Birdwood, *Competition and the Indian Civil Service* (London,

1872), p. 17. 'For my part,' he argued, 'I would give a boy very heavy marks for an illustrious father' (p. 16)

45 W. H. Mallock, *Aristocracy and Evolution: A Study of the Rights, the Origin and the Social Functions of the Wealthier Classes* (London, Adam and Charles Black, 1898), pp. 334–9

46 Karl Mannheim, 'Conservative Thought', in his *Essays on Sociology and Social Psychology*, ed. Paul Kecskemeti (London, Routledge & Kegan Paul, 1953), p. 107

47 Michael J. Sandel, *The Tyranny of Merit: What's become of the Common Good* (London, Allen Lane, 2020), pp. 27–9

48 Thomas Mann, *Buddenbrooks* (Penguin Books, Harmondsworth, 1957), p. 107

49 de Tocqueville, *Democracy in America*, p. 10

50 Joseph F. Kett, *Merit: The History of a Founding Ideal from the American Revolution to the Twenty-First Century* (Ithaca, NY, Cornell University Press, 2013), p. 15

51 Quoted in Joel Kotkin, *The New Class Conflict* (Candor, NY, Telos Press Publishing, 2014), p. 1

52 Matthew Goodwin and Oliver Heath, 'Brexit Vote Explained: Poverty, Low Skills and Lack of Opportunities', Joseph Rowntree Foundation, August 2016

53 Matthew Goodwin's analysis of the US Census. County ranking based on 2018 educational data

1. 호모 하이어아키쿠스

1 David Herlihy, 'Three Patterns of Social Mobility in Medieval History', *Journal of Interdisciplinary History*, 3 (4) (Spring 1973), p. 623

2 David Priestland, *Merchant, Soldier, Sage: A New History of Power* (London, Allen Lane, 2012), pp. 3–8

3 Gail Bossenga, 'Estates, Orders and Corps', in William Doyle (ed.), *The Oxford Handbook of the Ancien Régime* (Oxford, Oxford University Press, 2012), p. 146

4 E. M. W. Tillyard, *The Elizabethan World Picture* (London, Chatto and Windus, 1943), p. 23

5 Ibid., p. 19

6 Keith Thomas, *The Ends of Life: Roads to Fulfilment in Early Modern England* (Oxford, Oxford University Press, 2009), p. 56; Michael Howard, *War in European History* (Oxford, Oxford University Press, 2009 edn), p. 4

7 Howard, *War in European History*, p. 4

8 T. H. Hollingsworth, 'A Demographic Study of the British Ducal Families', *Population Studies* 11 (1) (1957), pp. 4–2

9 *Divers Crabtree Lectures, Expressing the Several Languages that Shrews Read to their Husbands* (London, 1639). Quoted in D. E. Underdown, 'The Taming of the Scold: The Enforcement of Patriarchal Authority in Early Modern England', in John Fletcher and Anthony Stevenson (eds.), *Order and Disorder in Early Modern England* (Cambridge, Cambridge University Press, 1987), p. 118

10 Lawrence Stone, *The Crisis of the Aristocracy, 1558–1641* (Oxford, Clarendon Press, 1965), pp. 34–5

11 William Doyle, *The Old European Order 1660–1800* (Oxford, Oxford University Press, 1978), p. 86

12 Quoted in Daniel J. Boorstin, *The Americans: The Colonial Experience* (New York, Vintage Books, 1958), pp. 99–100

13 David Cannadine, *The Decline and Fall of the British Aristocracy* (New Haven, Yale University Press, 1990), p. 694

14 Roy Porter, *English Society in the Eighteenth Century* (London, Allen Lane, 1982), p. 71

15 John Galsworthy, *The Country House* (London, William Heinemann, 1927), p. 177

16 David Gilmour, *Curzon* (London, John Murray, 1994), p. 2

17 Doyle, *The Old European Order*, p. 85

18 Quoted in Lewis Namier, *England in the Age of the American Revolution* (London, Macmillan, 1930

19 Stone, *The Crisis of the Aristocracy*, p. 22

20 Anthony Trollope, *The Prime Minister* (Oxford, Oxford University Press, 2011), pp. 35–40

21 Stone, *The Crisis of the Aristocracy*, p. 28

22 Douglas Allen, *The Institutional Revolution: Measurement and the Economic Emergence of the Modern World* (Chicago, University of Chicago Press, 2012), p. 41

23 Stone, *The Crisis of the Aristocracy*, p. 33

24 Hilde de Ridder-Symoens, 'Rich Men, Poor Men: Social Stratification and Social Representation at the University (13th–16th Centuries)', in Wim Blockmans and Antheun Janse (eds.), *Showing Status: Representation of Social Positions in the Late Middle Ages* (Turnhout, Belgium, Brepols, 1999), p. 173

25 Harold Silver, *The Concept of Popular Education* (London, Methuen, 1965), p. 23

26 Chris Bryant, *Entitled: A Critical History of the British Aristocracy* (London, Transworld, 2017), p. 125

27 William Casey King, *Ambition, A History: From Vice to Virtue* (New Haven, Yale University Press, 2013), p. 27

28 Ibid., p. 4

29 Ibid., p. 4, Burton quoting first St Ambrose and then St Bernard

2. 가문의 힘

1 Both quoted in Jeroen Duindam, *Dynasties: A Global History of Power, 1300–*

1800 (Cambridge, Cambridge University Press, 2016)

William Doyle, *The Oxford History of the French Revolution 1660–1800* (Oxford, Oxford University Press, 1989), p. 28

Ibid., p. 43

F. Pollock and F. W. Maitland, *History of English Law before the Time of Edward I, 2 Vols.* (first published, 1895; Indianapolis, Liberty Fund, 2010 edn), Vol. 1, p. 208

Philip Mansel, *King of the World: The Life of Louis XIV* (London, Allen Lane, 2020), p. 213

Ibid., pp. 230–54

Adrian Tinniswood, *Behind the Throne: A Domestic History of the Royal Household* (London, Jonathan Cape, 2018), p. 66

Ibid., p. 67

Mansel, *King of the World*, p. 213

Robert Bartlett, *Blood Royal: Dynastic Politics in Medieval Europe* (Cambridge, Cambridge University Press, 2020), p. 61

Ibid., p. 72

Hilary Mantel, 'Royal Bodies', *London Review of Books*, 21 February 2013

Paul Webster, 'Size Did Matter to Marie-Antoinette', *Guardian*, 4 August 2002

Ibid.; Simone Bertière, *The Indomitable Marie-Antoinette* (Paris, Édi☐tions de Fallois, 2014)

Bartlett, *Blood Royal*, p. 433

Ibid., pp. 109–10

Ibid., p. 111

Ibid., p. 14

Ibid., p. 52

주석

20 Ibid., p. 3

21 Ibid., p. 48

22 J. M. Roberts and Odd Arne Westad, *The History of the World* (6th edn, New York, Oxford University Press, 2013), p. 602

23 Lewis Namier, *Vanished Supremacies: Essays on Europe and History, 1812–1918* (New York, Harper Torchbook, 1963), p. 113

24 R. J. W. Evans, *The Making of the Habsburg Monarchy, 1550–1700* (New York, Oxford University Press, 1979), p. 442

25 Walter Bagehot, *The English Constitution* (1867; Fontana edition with introduction by Richard Crossman, 1963), p. 110

26 Martyn Rady, *The Habsburgs: The Rise and Fall of a World Power* (London, Allen Lane, 2020), pp. 64, 72

27 Ibid., p. 94

28 Gonzalo Alvarez et al., 'The Role of Inbreeding in the Extinction of a European Royal Dynasty', *PLOS One*, 4 (4) (April 2009)

3. 친족 등용, 후견 및 매관 제도

1 Adam Bellow, *In Praise of Nepotism: A Natural History* (New York, Doubleday, 2003), pp. 17, 191. This section relies heavily on this pathbreaking book

2 Ibid., pp. 191, 196

3 Ibid., p. 52

4 Ibid., pp. 141–59

5 Adrian Wooldridge, 'To Have and to Hold: Special Report, Family Companies', *Economist*, 18 April 2015

6 Philip Mansel, *King of the World: The Life of Louis XIV* (London, Allen Lane, 2019), pp. 238–9

7 Ibid., pp. 241–50

8 Tolstoy, *War and Peace*, trans. and with an introduction by Rosemary Edmonds (London, Penguin, 1978), pp. 17–18

9 Lewis Namier, *England in the Age of the American Revolution* (London, Macmillan, 1930), p. 9

10 Richard Pares, *King George III and the Politicians* (Oxford, Clarendon Press, 1953), p. 14

11 Quoted in Harold Perkin, *The Origins of Modern English Society 1780–1880* (London, Routledge and Kegan Paul, 1969), p. 45

12 Adrian Tinniswood, *Behind the Throne: A Domestic History of the Royal Household* (London, Jonathan Cape, 2018), p. 151

13 Peter G. Richards, *Patronage in British Government* (London, George Allen & Unwin, 1963), p. 23

14 Duncan Campbell-Smith, *Masters of the Post: The Authorized History of the Royal Mail* (London, Allen Lane, 2011), p. 43

15 Quoted in Douglas W. Allen, *The Institutional Revolution: Measurement and the Economic Emergence of the Modern World* (Chicago and London, University of Chicago Press, 2012), p. 146

16 Ibid., p. 149

17 Diarmaid MacCulloch, *Thomas Cromwell: A Life* (London, Allen Lane, 2018), p. 168

18 Mansel, *King of the World*, pp. 241–50

19 Allen, *The Institutional Revolution*, p. 56

20 Ibid., pp. 1–2

21 Quoted in ibid., p. 173

22 Ibid., pp. 1–21

23 Blenheim Palace cost about $60 million in 2012's money.

24 Allen, *The Institutional Revolution*, pp. 146–71

25 Ibid., p. 14

26 Sir Robert Harry Inglis, *Reform: Substance of the Speech Delivered 1 March, 1831* (London, Hatchard and Son), p. 45

27 Roy Porter, *English Society in the Eighteenth Century* (London, Allen Lane, 1982), p. 128

4. 플라톤과 철인왕

1 Cf. A. N. Whitehead, *Process and Reality* (New York, Free Press, 1979), p. 39

2 Melissa Lane, *Plato's Progeny: How Plato and Socrates Still Captivate the Modern Mind* (London, Duckworth, 2001), p. 132

3 Plato, *Republic*, Bk 3, 415

4 Anthony Gottlieb, *The Dream of Reason: A History of Philosophy from the Greeks to the Renaissance* (New York, W. W. Norton and Company, 2000), p. 184

5 Ibid., p. 188

6 Plato, *Republic*, Bk 5, 465

7 Bagehot, 'What Would Plato Make of Boris Johnson?', *Economist*, 22 June 2019

8 Alan Ryan, *On Politics: A New History of Political Philosophy*, 2 Vols. (London, Allen Lane, 2012), p. 32

9 Aristotle, *Politics*, trans T. A. Sinclair (London, Penguin, 1962), p. 65

10 Simon Blackburn, *Plato's Republic: A Biography* (New York, Atlantic Books, 2006), p. 9. *The Republic* continues to sell well in the Penguin Classics edition

11 Aldous Huxley, *Brave New World and Brave New World Revisited* (HarperCollins, 2004), Chapter 2

능력주의의 두 얼굴

12 J. S. Mill, *Dissertations and Discussions* (London, 1867), Vol. 2, p. 283

13 H. C. G. Matthew, 'Gladstone, William Ewart', *Dictionary of National Biography*, Vol. 22, p. 390, col. 2.

14 Andrew Hill, *Ruskinland: How John Ruskin Shapes Our World* (London, Pallas Athene, 2019), p. 15

15 Leslie Stephen, 'Jowett's Life', *Studies of a Biographer*, Vol. 2 (Cambridge, Cambridge University Press, 2012 edn), pp. 123–59

16 Lane, *Plato's Progeny*, p. 101

17 Peter Hinchliff and John Prest, 'Jowett, Benjamin', *Dictionary of National Biography*, Vol. 30, p. 760

18 Anthony Kearney, 'Hardy and Jowett: Fact and Fiction in *Jude the Obscure*', *Thomas Hardy Journal* 20 (3) (October 2004), pp. 118–23

19 Michael Howard, 'All Souls and "The Round Table"', in S. J. D. Green and Peregrine Horden (eds.), *All Souls and the Wider World: Statesmen, Scholars and Adventurers, c. 1850–1950* (Oxford, Oxford University Press, 2011), pp. 155–66

20 Geoffrey Kabaservice, *The Guardians: Kingman Brewster, His Circle, and the Rise of the Liberal Establishment* (New York, Henry Holt and Company, 2004), p. 33

5. 중국과 시험국가

1 This story is told in Mary Laven, *Mission to China: Matteo Ricci and the Jesuit Encounter with the East* (London, Faber and Faber, 2011)

2 Ibid., p. 134

3 James Hankins, *Virtue Politics: Soulcraft and Statecraft in Renaissance Italy* (Cambridge, Mass., Belknap Press of Harvard University Press, 2019), p. 496

4 Ritchie Robertson, *The Enlightenment: The Pursuit of Happiness, 1680–1790* (London, Allen Lane, 2020), p. 621

5　William T. Rowe, *China's Last Empire: The Great Qing* (Cambridge, Mass., Belknap Press of Harvard University Press, 2009), p. 45

6　Laven, *Mission to China*, pp. 132–3

7　Rowe, *China's Last Empire*, p. 47

8　Hankins, *Virtue Politics*, pp. 498–9

9　Michael Schuman, *Confucius and the World He Created* (New York, Basic Books, 2015), p. xiv

10　Mark Edward Lewis, *China's Cosmopolitan Empire: The Tang Dynasty* (Cambridge, Mass., Belknap Press of Harvard University Press, 2009), pp. 202–3

11　Ibid., p. 204

12　Ibid., pp. 101–4

13　The ever-assiduous Têng Ssü-yu lists these in his 'Chinese Influence on the Western Examination System', *Harvard Journal of Asiatic Studies*, 7 (4) (Sept. 1943), pp. 308–12

14　Ibid., p. 279

15　Ibid., p. 281

16　Robertson, *The Enlightenment*, p. 624

17　Têng, 'Chinese Influence on the Western Examination System', p. 288

18　Ibid., p. 299

19　Robertson, *The Enlightenment*, p. 625

20　E. Backhouse and J. O. P. Bland, *Annals and Memoirs of the Court of Peking* (Boston, Houghton Mifflin, 1914), p. 322

6. 선택받은 사람들

1　George Gilder, *The Israel Test* (New York, Richard Vigilante Books, 2009), p. 33

2　David Brooks, 'The Tel Aviv Cluster', *The New York Times*, 12 January 2010

3   Yuri Slezkine, *The Jewish Century* (Princeton, Princeton University Press, 2004), p. 225

4   Ibid., p. 52

5   Ibid., p. 53

6   Thorstein Veblen, 'The Intellectual Pre-eminence of Jews in Modern Europe', *Political Science Quarterly* 34 (1) (March 1919), p. 39

7   Hans Eysenck, *Know Your Own IQ* (London, Penguin, 1962) and *Check Your Own IQ* (London, Penguin, 1966); Nathan Glazer, *Affirmative Discrimination: Ethnic Inequality and Public Policy* (Cambridge, Mass., Harvard University Press, 1987)

8   Slezkine, *The Jewish Century*, p. 1

9   Paul Johnson, *A History of the Jews* (London, Weidenfeld Nicolson, 1987), p. 287

10   Ibid., p. 190

11   Norman Lebrecht, *Genius and Anxiety: How Jews Changed the World 1847–1947* (London, Oneworld, 2019), p. 186

12   Werner Sombart, *The Jews and Modern Capitalism* (London, T. Fisher Unwin, 1913), p. 261. First published in 1911 in German.

13   Johnson, *A History of the Jews*, p. 399

14   Bret Stephens, 'The Secrets of Jewish Genius', *The New York Times*, 27 December 2019

15   Quoted in Slezkine, *The Jewish Century*, p. 124

16   The classic statement of this position is Sombart, *The Jews and Modern Capitalism*

17   Lebrecht, *Genius and Anxiety*, p. 5

18   Marcus Arkin, *Aspects of Jewish Economic History* (Philadelphia, Jewish Publication Society of America, 1975). Cited in Jennifer Senior, 'Are Jews Smarter?', *New York*, 14 October 2005

19   Maristella Botticini and Zvi Eckstein, *The Chosen Few: How Education Shaped*

Jewish History, 70–1492 (Princeton, Princeton University Press, 2012)

20 Ibid., pp. 59–60

21 Ibid., p. 7

22 Johnson, *A History of the Jews*, pp. 340–431

23 Lebrecht, *Genius and Anxiety*, p. 3

24 R. Qamar et al., 'Y-Chromosomal DNA Variation in Pakistan', *American Journal of Human Genetics 70* (5) (2002), pp 1107–24

7. 황금 사다리

1 The concept of sponsored social mobility was invented by Ralph Turner. See Ralph H. Turner, 'Modes of Social Ascent through Education: Sponsored and Contest Mobility', in Reinhard Bendix and Seymour Martin Lipset (eds.), *Class, Status, and Power: Social Stratification in Comparative Perspective* (New York, The Free Press, 1966), pp. 449–58

2 David Herlihy, 'Three Patterns of Social Mobility in Medieval History', *Journal of Interdisciplinary History 3* (4) (Spring 1973), pp. 635–6

3 Tom Holland, *Dominion: The Making of the Western Mind* (London, Little, Brown, 2019), p. 123

4 Larry Siedentop, *Inventing the Individual: The Origins of Western Liberalism* (London, Allen Lane, 2014), esp. pp. 51–10

5 Herlihy, 'Three Patterns of Social Mobility', p. 624

6 Hilde de Ridder-Symoens, 'Rich Men, Poor Men: Social Stratification and Social Representation at the University (13th–16th Centuries)', in Wim Blockmans and Antheun Janse (eds.), *Showing Status: Representation of Social Positions in the Late Middle Ages* (Turnhout, Belgium, Brepols, 1999), pp. 162, 173

7 Francis Green and David Kynaston, *Engines of Privilege: Britain's Private*

School Problem (London, Bloomsbury, 2019), p. 1

8   Daron Acemoglu and James Robinson, *Why Nations Fail* (New York, Crown, 2012), pp. 152–6; Chrystia Freeland, *Plutocrats: The Rise of the New Global Super-Rich and the Fall of Everyone Else* (London, Allen Lane, 2012), pp. 277–9

9   Robert Bartlett, *Blood Royal: Dynastic Politics in Medieval Europe* (Cambridge, Cambridge University Press, 2020), pp. 414–16

10   Ibid., pp. 416–19

11   James Hankins, *Virtue Politics: Soulcraft and Statecraft in Renaissance Italy* (Cambridge, Mass., Belknap Press of Harvard University Press, 2019), pp. 39–40

12   Ibid., p. 40

13   Isaiah Berlin, 'The Originality of Machiavelli', in Isaiah Berlin, *The Proper Study of Mankind: An Anthology of Essays* (New York, Farrar, Straus and Giroux, 1997), pp. 269–325

14   Philip Bobbitt, *The Garments of Court and Palace: Machiavelli and the World that He Made* (London, Atlantic Books, 2013), p. 77. Bobbitt's book is the clearest thing I've read on a notoriously opaq

15   Ibid., pp. 81–2, 111–12

16   Machiavelli, *Discourses*, Book 3, Chapter 9. Quoted in ibid, p. 81

17   Bobbitt, *The Garments of Court and Palace*, pp. 123–4

18   Keith Thomas, *The Ends of Life: Roads to Fulfilment in Early Modern England* (Oxford, Oxford University Press, 2009), p. 46

19   Anthony Grafton and Lisa Jardine, *From Humanism to the Humanities: Education and the Liberal Arts in Fifteenth- and Sixteenth-Century Europe* (Cambridge, Mass., Harvard University Press, 1986), p. 141

20   See my essay on Erasmus, *Economist*, 19 December 2020

21   Jacques Barzun, *From Dawn to Decadence: 500 Years of Western Cultural Life,*

1500 to the Present (New York, HarperCollins, 2000), p. 21

22 Ibid., p. 42

23 Mary Laven, *Mission to China: Matteo Ricci and the Jesuit Encounter with the East* (London, Faber and Faber, 2011), pp. 135–6

8. 유럽, 그리고 재능에 따른 채용

1 Rafe Blaufarb, *The French Army 1750–1820: Careers, Talent, Merit* (Manchester and New York, Manchester University Press, 2002), p. 109

2 Darrin M. McMahon, *Divine Fury: A History of Genius* (New York, Basic Books, 2013), p. 109

3 William Doyle, *Aristocracy and Its Enemies in the Age of Revolution* (Oxford, Oxford University Press, 2009), p. 151

4 John Carson, *The Measure of Merit: Talents, Intelligence, and Inequality in the French and American Republics, 1750–1940* (Princeton and Oxford, Princeton University Press, 2007), pp. 18–19. The relevant Condillac text is *Treatise on Sensations* (1754)

5 Carson, *The Measure of Merit*, pp. 22–6

6 Helvétius, *Essays on the Mind*. Quoted in Carson, *The Measure of Merit*, p. 23

7 Carson, *The Measure of Merit*, pp. 24–5

8 Ibid., p. 25

9 Ibid., p. 24. The quotation is from John Adams's letter to Thomas Jefferson of 13 July 1813

10 Ibid., pp. 28–9

11 Theodore Zeldin, *France 1848–1945: Volume 1: Ambition, Love and Politics* (Oxford, Oxford University Press, 1973), p. 428

12 McMahon, *Divine Fury*, p. 96

13 Ritchie Robertson, *The Enlightenment: The Pursuit of Happiness 1680–1790* (London, Allen Lane, 2020), pp. 486–9

14 Jay M. Smith, *The Culture of Merit: Nobility, Royal Service and the Making of Absolute Monarchy in France 1600–1789* (Ann Arbor, University of Michigan Press, 1996), p. 240

15 Albion W. Small, *The Cameralists: The Pioneers of German Social Polity* (Chicago: University of Chicago Press, 1909); Andre Wakefield, *The Disordered Police State: German Cameralism as Science and Practice* (Chicago: University of Chicago Press, 2009).

16 Anthony J. La Vopa, *Grace, Talent, and Merit: Poor Students, Clerical Careers, and Professional Ideology in Eighteenth-Century Germany* (Cambridge, Cambridge University Press, 1988), p. 172

17 Ritchie Robertson, *The Enlightenment*, pp. 667–8

18 S. E. Finer, *The History of Government from the Earliest Times: Volume III: Empires, Monarchies and the Modern State* (Oxford, Oxford University Press, 1999), p. 1431

19 Geoffrey Parker, *The Military Revolution: Military Innovation and the Rise of the West, 1500–1800* (Cambridge, Cambridge University Press, 1988).

20 Philip Mansell, *King of the World: The Life of Louis XIV* (London, Allen Lane, 2019), p. 275

21 Blaufarb, *The French Army*, p. 1

22 Smith, *The Culture of Merit*, p. 233

23 Roderick Cavaliero, *Genius, Power and Magic: A Cultural History of Germany from Goethe to Wagner* (London, I. B. Tauris, 2013), p. 30

24 Tim Blanning, *Frederick the Great: King of Prussia* (London, Allen Lane, 2015), p. 402

25 James J. Sheehan, *German History, 1770–1866* (Oxford, Clarendon Press, 1989), pp. 68–9

26 Blanning, *Frederick the Great*, pp. 267, 407

27 Hans Rosenbert, *Bureaucracy, Aristocracy and Autocracy: The Prussian Experience 1660–1815* (Cambridge, Mass., Harvard University Press 1958)

28 T. C. W. Blanning, *Joseph II* (London, Longman, 1994); Robert A. Kann, *A History of the Habsburg Empire, 1526–1918* (Berkeley, University of California Press, 1974), pp. 183–7; Saul K. Padover, *The Revolutionary Emperor: Joseph the Second* (New York, Robert O. Ballou, 1934). For parallel developments in Prussia, see Christopher Clark, *Iron Kingdom: The Rise and Downfall of Prussia, 1600–1947* (London, Allen Lane, 2006), pp. 312–44

29 Evgenii V. Anisimov, *The Reforms of Peter the Great: Progress through Coercion in Russia* (Armonk, NY, and London, M. E. Sharpe, 1993), pp. 188–90

30 Tibor Szamuely, *The Russian Tradition* (London, Fontana, 1989)

31 Samuel P. Huntington, *The Clash of Civilisations and the Remaking of the World Order* (New York, Simon and Schuster, 1996), p. 141

32 Jeroen Duindam, *Dynasties: A Global History of Power, 1300–1800* (Cambridge, Cambridge University Press, 2016), pp. 253–4

33 Isabel de Madariaga, *Russia in the Age of Catherine the Great* (London, Weidenfeld & Nicolson, 1981), p. 79. Quoted in Finer, *The History of Government*, Vol. III, p. 1419

34 Carson, *The Measure of Merit*, p. 79

35 Janet Polasky, *Revolutions without Borders: The Call to Liberty in the Atlantic World* (New Haven, Yale University Press, 2015), p. 44

36 Blaufarb, *The French Army*, p. 164

37 Ezra N. Suleiman, *Elites in French Society: The Politics of Survival* (Princeton,

Princeton University Press, 1978), p. 19

38 Sheehan, *German History*, p. 429

39 Suleiman, *Elites in French Society*, p. 41

40 Theodore Zeldin, *France 1848–1945: Volume Two: Intellect, Taste and Anxiety* (Oxford, Clarendon Press, 1977), p. 151

41 Ibid., p. 150

42 Ibid., pp. 268–9

43 Carson, *The Measure of Merit*, p. 66

44 Zeldin, *France 1848–1945*, Vol. Two, p. 334

45 Ibid., p. 340

46 Ibid., p. 200

47 Ibid., pp. 269–71

48 Ibid., p. 310

49 Suleiman, *Elites in French Society*, p. 34

50 Zeldin, *France 1848–1945*, p. 339

51 Ibid., p. 271

52 Suleiman, *Elites in French Society*, p. 37

53 Alan Ryan, *On Politics: A New History of Political Philosophy*, 2 Vols. (London, Allen Lane, 2012), Vol. 2, pp. 647–51

54 S. J. D. Green, 'Émile Durkheim on Human Talents and Two Traditions of Social Justice', *British Journal of Sociology* 40 (1) (March 1989), pp. 97–117

55 Émile Durkheim, *The Division of Labour in Society* (London, Macmillan, 1933), pp. 375–7

56 Green, 'Émile Durkheim on Human Talents'

57 Carl von Clausewitz, *On War*, ed. and trans. Michael Howard and Peter Paret (Princeton, 1976), pp. 154–5

58 Sheehan, *German History*, p. 252

59 Ibid., p. 309

60 H. H. Gerth and C. Wright Mills, *From Max Weber: Essays in Sociology* (London, Routledge and Kegan Paul, 1970), pp. 240–42

61 La Vopa, *Grace, Talent, and Merit*, p. 172

62 Percy Bysshe Shelley, *A Defence of Poetry* (1821)

63 McMahon, *Divine Fury*, p. 115

64 Jacques Barzun, *From Dawn to Decadence: 500 Years of Western Cultural Life, 1500 to the Present* (New York, HarperCoollins, 2000), p. 470

65 Ibid., p. 484

66 Friedrich Nietzsche, *The Twilight of the Idols*, Section 44

67 Eric Hobsbawm, *The Age of Revolution: 1789–1848* (London, Weidenfeld & Nicolson, 1962), p. 184

68 Ibid., p. 196

69 Thomas Mann, *Buddenbrooks* (Harmondsworth, Penguin Books, 1957), p. 107

9. 영국과 지식 귀족

1 G. E. Aylmer, *The State's Servants: The Civil Service of the English Republic, 1649–1660* (London, Routledge and Kegan Paul, 1973), pp. 61–2

2 John Milton, 'The Ready and Easy Way to Establish a Free Commonwealth', in Stephen Orgel and Jonathan Goldberg (eds.), *John Milton: A Critical Edition of the Major Works* (Oxford, Oxford University Press, 1991), p. 336

3 Leslie Stephen, *The English Utilitarians, 3 Vols.* (London, Duckworth and Co., 1900), Vol. p. 59

4 Thomas Paine, *Common Sense* (first pub. 1776), p. 23

5 Thomas Paine, *Rights of Man* (first pub. 1791; ECCO-TCP: Eighteenth Century

Collections Online, University of Oxford), p. 69

6   Paine, *Common Sense*, p. 23

7   Paine, *Rights of Man*, p. 71

8   Paine, *Common Sense*, p. 26

9   Paine, *Rights of Man*, p. 72

10 See Owen Jones, *The Establishment: And How They Get Away with It* (London, Allen Lane, 2014) for one attempt to do this

11 John Wade, *The Extraordinary Black Book* (1832 edn), pp. 212, 480

12 Quoted in Douglas W. Allen, *The Institutional Revolution: Measurement and the Economic Emergence of the Modern World* (Chicago and London, University of Chicago Press, 2012), p. 44

13 Jonathan Rose, *The Intellectual Life of the British Working Classes* (London, Yale University Press, 2001), pp. 16, 117

14 Adam Smith, *The Wealth of Nations*, 2 Vols. (first pub. 1776), Vol. 1 p. 270

15 Michael Sadler, *Essays on Examinations* (London, Macmillan, 1936) p. 53

16 Joseph F. Kett, *Merit: The History of a Founding Ideal from the American Revolution to the Twenty-First Century* (Ithaca, NY, Cornell University Press, 2013), pp. 84–5. Kett wrongly argues that William Gladstone was educated at Cambridge

17 Quoted in Simon Heffer, *High Minds: The Victorians and the Birth of Modern Britain* (London, Windmill Books, 2014), p. 471

18 Noel Annan, 'The Intellectual Aristocracy', in J. H. Plumb (ed.), *Studies in Social History: A Tribute to G. M. Trevelyan* (London, Longmans, Green, 1955), pp. 241–87. See also Noel Annan's *Leslie Stephen: His Thought and Character in Relation to His Time* (New York, McGraw Hill, 1955)

19 Zareer Masani, *Macaulay: Britain's Liberal Imperialist* (London, The Bodley Head,

599

주석

2013), pp. 1–18

20 Macaulay also has vigorous supporters in India. Zareer Masani dedicates *Macaulay: Britain's Liberal Imperialist* to 'my history teachers in Bombay who were proud to be Macaulay's children'

21 Keith Hope, 'The Political Conception of Merit' (unpublished MS in Nuffield College library), emphasizes Macaulay's role in the development of the meritocratic idea. See also Gillian Sutherland, *Ability, Merit and Measurement: Mental Testing and English Education 1880–1940* (Oxford, Clarendon Press, 1984), pp. 97–111

22 *Macaulay Report on the Indian Civil Service*, November 1854. As reprinted in Fulton Committee, *The Civil Service: Volume I: Report of the Committee, 1966–69* [Fulton Report] London, HMSO, 1968), Appendix B, p. 122

23 Thomas Babington Macaulay, '[Government of India] A Speech Delivered in the House of Commons on the 10th of July, 1833', in *The Works of Lord Macaulay*, 12 Vols.(London, Longmans, Green, 1898), Vol. XI, pp. 572–3

24 *Macaulay Report*, p. 123

25 Macaulay, '[Government of India]', p. 572

26 *Macaulay Report*, p. 127

27 '*The Northcote–Trevelyan Report on the Organisation of the Permanent Civil Service*, 23 November, 1853. As reprinted in the Fulton Report, Their picture of the existing system was, of course, exaggerated. Several departments had already instituted examinations and promotion by merit. See 'Competitive Examination and the Civil Service', *Quarterly Review* 133 (265) (1872), p. 243, and Edward Hughes, 'Civil Service Reform 1853–5', History 27 (June 1942), pp. 55–7

28 Northcote–Trevelyan Report, p. 109

29 Ibid., p. 111

능력주의의 두 얼굴

30 Ibid., p. 112

31 Ibid., p. 114

32 'Sir Charles Trevelyan's Reply to Remarks by Capt. H. H. O'Brien, R.A., on Sir Stafford Northcote's and Sir Charles Trevelyan's Report upon the Reorganisation of the Civil Service'. As reprinted in Hughes, 'Sir Charles Trevelyan and Civil Service Reform 1853–5', *English Historical Review* 64 (January 1949), p. 72 col. b; Trevelyan to Delane (editor of *The Times*), ibid., p. 85; J. Donald Kingsley, *Representative Bureaucracy: An Interpretation of the British Civil Service* (Yellow Springs, Ohio, Antioch Press, 1944), p. 69

33 Cf. Trevelyan, *The Purchase System in the British Army* (2nd edn, 1867), pp. 2–3

34 Trevelyan's belief in prizes was so strong that, during the Irish Famine, he wanted to give prizes to the crews who caught the most fish or stayed out longest at night. Jenifer Hart, 'Sir Charles Trevelyan at the Treasury', *English Historical Review* 75 (January 1960), p. 10

35 Cf. Trevelyan's letter of 15 January. Quoted in Hart, 'Sir Charles Trevelyan at the Treasury', p. 99. However, Trevelyan was himself a nepotist, thinking that his own exertions justified the appointment of his relations and connections. See ibid., pp. 97–8

36 Trevelyan, 'Thoughts on Patronage', quoted in Hughes, 'Sir Charles Trevelyan and Civil Service Reform', p. 70

37 John Stuart Mill, 'Reform of the Civil Service' (1854), in *The Collected Works of John Stuart Mill: Volume 18: Essays on Politics and Society*, Part I, ed. John M. Robson (Toronto, University of Toronto Press, 1977), p. 207. For the circumstances surrounding Mill's paper, see the Textual Introduction, p. lxxx

38 *Macaulay Report*, p. 120

39 Simon Green, 'Archbishop Frederick Temple on Meritocracy, Liberal

Education and the Idea of a Clerisy', in Michael Bentley (ed.), *Public and Private Doctrine: Essays in British History Presented to Maurice Cowling* (Cambridge, Cambridge University Press, 1993), pp. 149–67

40 *Oxford University Commission, Report of Her Majesty's Commissioners Appointed to Inquire into the State, Discipline, Studies, and Revenues of the University and Colleges of Oxford* (London, HMSO, 1852), p. 149

41 Edwin Chadwick, *A Lecture on the Economical, Social, Educational and Political Importance of Open Competitive Examinations, for Admission to the Public Service* (London, Knight and Co., 1857), p. 31

42 *Oxford University Commission, Report* (1852), p. 150

43 Green, 'Archbishop Frederick Temple on Meritocracy', p. 156

44 *Oxford University Commission, Report* (1852), p. 152

45 *Cambridge University Commission, Report of Her Majesty's Commissioners Appointed to Inquire into the State, Discipline, Studies and Revenues of the University and Colleges of Cambridge* (London, HMSO, 1852), p. 156

46 Ibid., p. 202

47 Heffer, *High Minds*, p. 499

48 Ibid., p. 490

49 Anthony Trollope, *The Three Clerks* (London, R. Bentley, 1874), p. 126

50 Quoted in Hughes, 'Sir Charles Trevelyan and Civil Service Reform', p. 63

51 Edmund Fawcett, *Liberalism: The Life of an Idea* (Princeton, Princeton University Press, 2014), p. 83

52 Ibid., p. 73

53 James Grant, *Bagehot: The Life and Times of the Greatest Victorian* (New York, Norton, 2019), p. 231

54 David Marquand, *Britain since 1918: The Strange Career of British Democracy*

능력주의의 두 얼굴

(London, Weidenfeld & Nicolson, 2008), p. 29

55 Mathew Arnold, *Culture and Anarchy: An Essay in Political and Social Criticism* (New York, Macmillan and Company, 1883) p. 85

56 Karl Pearson, *National Life from the Standpoint of Science* (London, A. and C. Black, 1905), p. 54

57 Quoted in Bernard M. Allen, *Sir Robert Morant: A Great Public Servant* (London, Macmillan, 1934), p. 126

58 Report of the Schools Inquiry Commission (Taunton), *Parliamentary Papers 1867–8, Vol. 1*, General Report (London, HMSO, 1868), p. 27

59 Ibid., p. 92

60 Ibid., p. 96

61 Ibid., p. 95

62 Ibid., p. 595

63 Ibid., p. 158

64 *Report of the Royal Commission of Secondary Education* (Bryce), p. 167

65 Ibid., p. 171

66 Ibid., p. 221

67 Ibid., p. 224

68 Ibid., p. 305

69 *Report of the Departmental Committee on Scholarships, Free Places and Maintenance Allowances* (Hilton Young), Parliamentary Papers 1920, p. 19

70 Ibid., p. 25

71 Sheldon Rothblatt, *The Revolution of the Dons: Cambridge and Society in Victorian England* (New York, Basic Books, 1968), pp. 81–2

72 Ernest Barker, *Age and Youth: Memories of Three Universities and Father of the Man* (Oxford, Oxford University Press, 1953), p. 296

73 Willard Wolfe, *From Radicalism to Socialism: Men and Ideas in the Formation of Fabian Socialist Doctrines 1881–1889* (New Haven, Yale University Press, 1975), p. 9. For a latter-day assertion of this creed, see A. J. P. Taylor, 'The Thing', *The Twentieth Century* 162 (968) (October 1957), esp. p. 29

74 G. Bernard Shaw, 'The Transition to Social Democracy', in G. Bernard Shaw (ed.), *Fabian Essays in Socialism* (London, Fabian Society, 1889), p. 18

75 Norman and Jeanne MacKenzie (eds.), *The Diary of Beatrice Webb: Volume 1: 1873–1892* (London, Virago, 1982); Bertrand Russell, *Autobiography: Volume 1: 1872–1914* (London, Little, Brown and Company, 1967), p. 74

76 See, for example, Sidney and Beatrice Webb, *The Decay of Capitalist Civilisation* (London, Fabian Society and George Allen and Unwin, 1923), pp. 18, 20–21, 30–32, 184

77 S. Webb, 'Secondary Education', in E. J. T. Brennan (ed.), *Education for National Efficiency: The Contribution of Sidney and Beatrice Webb* (London, Athlone Press, 1975), p. 132

78 Ibid., p. 116

79 S. Webb, 'London University: Policy and Forecast', in Brennan (ed.), *Education for National Efficiency*, p. 160

80 Webb, 'London University', p. 142

81 H. G. Wells, *The New Machiavelli* (London, Bodley Head, 1911)

82 Douglas Jay, *The Socialist Case* (London, Faber and Faber, 1947), p. 258

83 Rose, *The Intellectual Life of the British Working Classes*, p. 42

84 Ibid., p. 237

85 Ibid., p. 44

86 Bernard Donoghue and G. W. Jones, *Herbert Morrison: Portrait of a Politician* (London, Littlehampton Book Services, 1973)

능력주의의 두 얼굴

87 Alan Bullock, *Ernest Bevin: Foreign Secretary 1945–51* (London, William Heinemann, 1960), p.

88 Rose, *The Intellectual Life of the British Working Classes*, p. 423

89 John Campbell, *Nye Bevan and the Mirage of British Socialism* (London, Weidenfeld & Nicolson, 1987),

90 Ibid., p. 68

10. 미국과 능력 공화국

1 Myron Magnet, *The Founders at Home: The Building of America, 1735–1817* (New York, W. W. Norton, 2014), p. 17

2 Ibid., p. 193

3 Mark Twain, *The Adventures of Huckleberry Finn* (New York, Charles L. Webster, 1884), Chapter 23

4 Gordon S. Wood, *The American Revolution: A History* (New York, Modern Library, 2002), p. 9

5 Joseph I. Kett, *Merit: The History of a Founding Ideal from the American Revolution to the Twenty-First Century* (Ithaca, NY, Cornell University Press, 2013), p. 39

6 J. R. Pole, *The Pursuit of Equality in American History* (Berkeley and Los Angeles, University of California Press, 1978), p. 26

7 Ibid., p. 29

8 Both quoted in Adam Bellow, *In Praise of Nepotism: A Natural History* (New York, Doubleday, 2003), p. 267

9 Samuel P. Huntington, *Who are We? The Challenges to America's National Identity* (New York, Simon and Schuster, 2004), p. 63

10 Ibid., p. 64

11　Louis Hartz, *The Liberal Tradition in America: An Interpretation of American Political Thought since the Revolution* (New York, Harcourt Brace, 1955)

12　Jill Lepore, *These Truths: A History of the United States* (New York, W. W. Norton and Company, 2018), pp. 78–79

13　Kett, *Merit*, p. 15

14　Wood, *The American Revolution*, p. 100

15　Pole, *The Pursuit of Equality in American History*, p. 147

16　Kett, *Merit*, p. 19

17　Richard Hofstadter, *The American Political Tradition – and the Men Who Made It* (New York, 1948), p. 12

18　Adrienne Koch and William Peden (eds.), *The Life and Selected Writings of Thomas Jefferson* (New York, Random House, The Modern Library, 1944), p. 633

19　Ibid., p. 280

20　Ibid., pp. 729–80

21　Ibid., pp. 632–3; Thomas Jefferson, letter to John Adams, 28 October 1813

22　Koch and Peden (eds.), *Life and Selected Writings of Thomas Jefferson*, pp. 38–9

23　Thomas Jefferson, letter to John Adams, 28 October 1813

24　Quoted in William Egginton, *The Splintering of the American Mind: Identity Politics, Inequality and Community on Today's College Campuses* (New York, Bloomsbury, 2018), p. 186

25　Bellow, *In Praise of Nepotism*, p. 273

26　Ibid., p. 294

27　Pole, *The Pursuit of Equality in American History*, p. 47

28　Kett, *Merit*, p. 25

29　Pole, *The Pursuit of Equality in American History*, p. 47

30　From John Adams to John Taylor, 19 April 1814, National Archives: Founders

능력주의의 두 얼굴

Online, https://founders.archives.gov/documents/Adams/99-02-02-6282 (modernized)

31 From John Adams to Benjamin Rush, 25 October 1809, National Archives: Founders Online, https://founders.archives.gov/documents/Adams/99-02-02-5454 (modernized)

32 John Adams, *A Defence of the Constitutions of Government of the United States of America* (1787), Letter XXXI, archive.org/details/defenceofcons00adam/page/182/mode/2up

33 Ibid.

34 Adams, *A Defence of the Constitutions*, Letter XXV, pp. 116–17

35 John Adams, Letter to John Taylor, 5 March 1815

36 From John Adams to Benjamin Rush, 27 December 1810, National Archives: Founders Online, https://founders.archives.gov/documents/Adams/99-02-02-5585

37 Magnet, *The Founders at Home*, p. 272

38 The Federalist, No. 36 [8 January 1788] National Archives: Founders Online, https://founders.archives.gov/documents/Hamilton/01-04-02-0193

39 Magnet, *The Founders at Home*, p. 12

40 The Federalist No. 68 [12 March 1788], National Archives: Founders Online, https://founders.archives.gov/documents/Hamilton/01-04-02-0218

41 Alexander Hamilton's *Final Version of the Report on the Subject of Manufactures* [5 December 1791], https://founders.archives.gov/documents/Hamilton/01-10-02-0001-0007

42 George F. Will, *The Conservative Sensibility* (New York, Hachette Books, 2019), p. 234

43 Kett, *Merit*, p. 35

44 Ibid., pp. 35–6

45 Ibid., pp. 63–4

46 Bellow, *In Praise of Nepotism*, p. 337

47 Michael J. Sandel, *Democracy's Discontent: America in Search of a Public Philosophy* (Cambridge, Mass., Belknap Press of Harvard University Press, 1996), p. 156

48 Kett, *Merit*, p. 98

49 Andrew Jackson's Bank Veto, 10 July 1832, University of Virginia, Miller Center, Presidential Speeches, https://millercenter.org/the-presidency/presidential-speeches/july-10-1832-bank-veto

50 Walter Russell Mead, *Special Providence: American Foreign Policy and How It Changed the World* (New York, Alfred Knopf, 2001), p. 238

51 Pole, *The Pursuit of Equality in American History* (2nd rev.edn. 1993), p. 157

52 Kett, *Merit*, p. 95

53 Frederic Lincoln, 'An Address to the Massachusetts Charitable Mechanic Association' (2 October 1845), p. 20

54 Alexis de Tocqueville, *Democracy in America*, 2 Vols. (New York, Knopf, 1996), Vol. 2, p. 243

55 Ibid.

56 Ibid., p. 256

57 Sven Beckert, *Empire of Cotton: A New History of Global Capitalism* (London, Allen Lane, 2014); Alan Greenspan and Adrian Wooldridge, *Capitalism in America: A History* (New York, Penguin Press, 2018), pp. 73–9

58 Address before the Wisconsin State Agricultural Society, Milwaukee, Wisconsin, 30 September 1859, http://www.abrahamlincolnonline.org/lincoln/speeches/fair.htm

59 Lepore, *These Truths*, p. 701

능력주의의 두 얼굴

60 Pole, *The Pursuit of Equality in American History*, p. 254

61 Walter Isaacson and Evan Thomas, *The Wise Men: Six Friends and the World They Made* (New York, Simon and Schuster, 1986), p. 40

62 Pole, *The Pursuit of Equality in American History*, p. 264

63 Jerome Karabel, *The Chosen: The Hidden History of Admission and Exclusion at Harvard, Yale and Princeton* (New York, Houghton Mifflin, 2005), p. 13

64 Bellow, *In Praise of Nepotism*, p. 320

65 Ibid., p. 323

66 Francis Fukuyama, *Political Order and Political Decay: From the French Revolution to the Present* (London, Profile Books, 2015), p. 144

67 Kett, *Merit*, pp. 117–18

68 Isaacson and Thomas, *The Wise Men*, p. 87

69 Kett, *Merit*, p. 174

70 W. E. B. DuBois, 'The Talented Tenth', in Booker T. Washington et al., *The Negro Problem: A Series of Articles by Representative American Negroes of Today* (New York, James Potter Co., 1903)

71 W. E. B. Du Bois, 'Strivings of the Negro People', *Atlantic*, August, 1897, https://www.theatlantic.com/magazine/archive/1897/08/strivings-of-the-negro-people/305446/

72 Fukuyama, *Political Order and Political Decay*, p. 156

73 Kett, *Merit*, p. 201

74 Ibid., p. 193

75 Fukuyama, *Political Order and Political Decay*, p. 152

76 Kett, Merit, p. 194; Will, *The Conservative Sensibility*, p. 41

77 Lepore, *These Truths*, p. 206

78 Kett, *Merit*, p. 196

79 Ibid.

80 Will, *The Conservative Sensibility*, p. 41

11. 능력 측정

1 John Carson, *The Measure of Merit: Talents, Intelligence, and Inequality in the French and American Republics, 1750–1940* (Princeton and Oxford, Princeton University Press, 2007), p. 241

2 Nicholas Lemann, *The Big Test: The Secret History of the American Meritocracy* (New York, Farrar, Straus and Giroux, 1999), p. 69. It is notable that Lippmann exempted Cyril Burt from his strictures on IQ testing.

3 Carson, *The Measure of Merit*, p. 249

4 Darrin M. McMahon, *Divine Fury: A History of Genius* (New York, Basic Books, 2013), p. 161

5 Ibid., p. 157

6 See Jennifer Michael Hecht, *The End of the Soul: Scientific Modernity, Atheism and Anthropology in France* (New York, Columbia University Press, 2003)

7 McMahon, *Divine Fury*, p. 158

8 Carson, *The Measure of Merit*, p. 103.

9 Stephen Jay Gould, *The Mismeasure of Man* (revised and expanded edition, New York, W. W. Norton & Company, 1996), pp. 124–7

10 Carson, *The Measure of Merit*, p. 132

11 A. Binet and T. Simon, *The Development of Intelligence in Children*, trans. E. S. Kite (Baltimore, Williams & Wilkins, 1916), and *A Method of Measuring the Development of the Intelligence of Young Children*, trans. C. H. Town (Lincoln, Ill., The Couries Company, 1912)

12 R. M. Yerkes, J. W. Bridges and R. S. Hardwick, *A Point Scale for Measuring*

Mental Ability (Baltimore, Warwick & York, 1915); L. M. Terman, *The Measurement of Intelligence* (Boston, Houghton Mifflin, 1916); L. M. Terman, G. Lyman, G. Ordahl, L. E. Ordahl, N. Galbreath and W. Talbert, *The Stanford Revision and Extension of the Binet-Simon Scale for Measuring Intelligence* (Baltimore, Warwick & York, 1917); W. H. Winch, 'Binet's Mental Tests: What They are, and What We Can Do with Them', *Child-Study* 6–8 (1913–15); C. Burt, 'The Measurement of Intelligence by the Binet Tests', *Eugenics Review* 6 (1914), pp. 36–50, 140–52. For an annotated bibliography of the literature on the Binet–Simon scale before 1914, see S. C. Kohs, 'The Binet-Simon Measuring Scale for Intelligence', *Journal of Educational Psychology* 5 (1914), pp. 215–24, 279–90, 335–46

13 On Galton, see Karl Pearson, *The Life, Letters and Labours of Francis Galton*: Vol. 1 (Cambridge, Cambridge University Press, 1914), Vol. 2 (1924), Vols. 3A and 3B (1930); Francis Galton, *Memories of My Life* (London, Methuen, 1908); D. W. Forrest, *Francis Galton: The Life and Work of a Victorian Genius* (London, Paul Elek, 1974); and Daniel J. Kevles, *In the Name of Eugenics: Genetics and the Uses of Human Heredity* (New York, Alfred A. Knopf, 1985), pp. 3–19. A vivid pen-portrait appears in Beatrice Webb, *My Apprenticeship* (London, Longmans, Green, 1926), pp. 134–5

14 Cyril Burt, 'Francis Galton and His Contributions to Psychology', *British Journal of Statistical Psychology* 15 (1) (1962), p. 14, n. 1

15 Francis Galton, *Hereditary Genius* (London, Macmillan, 1869), pp. 37–8

16 Ibid., p. 14

17 Ibid., p. 26

18 Ibid., p. 5

19 Francis Galton, 'Typical Laws of Heredity', Proceedings of the Royal Institution 8 (1877), pp. 282–301

20 See, for example, Francis Galton, 'The Anthropometric Laboratory', *Fortnightly Review*, new series, 31 (1882), pp. 332–8

21 Joanne Woiak, 'Karl Pearson', *Dictionary of National Biography*, Vol. 43, pp. 331–5

22 Hamish G. Spencer, 'Sir Ronald Aylmer Fisher', *Dictionary of National Biography*, Vol. 19, pp. 714–17

23 C. Spearman, "General Intelligence", Objectively Determined and Measured', *American Journal of Psychology* 15 (2) (1904), pp. 201–92

24 C. Spearman, *The Abilities of Man: Their Nature and Measurement* (London, Macmillan, 1927)

25 George Bernard Shaw, *Man and Superman* (Westminster, A. Constable, 1903), p. 219

26 Nicholas Griffin (ed.), *The Selected Letters of Bertrand Russell, Volume 1: The Private Years* (1884–1914) (Boston, Mass., Houghton Mifflin, 1992), pp. 126–8

27 Granville Eastwood, *Harold Laski* (Bristol, Mowbray, 1977), p. 4

28 'Sterilisation of Defectives', *New Statesman*, 25 July 1931, pp. 102–3

29 Carson, *The Measure of Merit*, p. 218

30 Clarence Yoakum and Robert Yerkes, *Army Mental Tests* (New York, Henry Holt, 1920), pp. 22–3

31 Joseph F. Kett, *Merit: The History of a Founding Ideal from the American Revolution to the Twenty-First Century* (Ithaca, NY, Cornell University Press, 2013), p. 129

32 Carson, *The Measure of Merit*, p. 256

33 Ibid., p. 229

34 Ibid., p. 255

35 Ronald Fletcher, *Science, Ideology and the Media: The Cyril Burt Scandal* (New Brunswick, Transaction, 1991) and Robert B. Joynson, *The Burt Affair* (London,

능력주의의 두 얼굴

Routledge, 1989). I have discussed the scandal in some detail in *Measuring the Mind* (Cambridge, Cambridge University Press, 2010), pp. 340–58

36 Cyril Burt, 'Experimental Tests of General Intelligence', *British Journal of Psychology* 3 (1909), p. 176

37 Cyril Burt, 'Inheritance of General Intelligence', *American Psychology* 27 (1972), p. 188

38 Godfrey H. Thomson, 'A Hierarchy without a General Factor', *British Journal of Psychology* (8) (1916), pp. 271–81

39 Godfrey H. Thomson, *The Factorial Analysis of Human Ability*, (4th edn, London, University of London Press, 1950), p. 303

40 L. L. Thurstone, *Primary Mental Abilities* (Chicago, Chicago University Press, 1938). Cf. William Stephenson, 'Tetrad-differences for NonVerbal Subtests', *Journal of Educational Psychology* 22 (1931), pp. 167–85; W. P. Alexander, 'Intelligence, Concrete and Abstract', *British Journal of Psychology Monograph Supplement* 19 (1935); A. A. H. El Koussy, 'The Visual Perception of Space', ibid., 20 (1935)

41 Francis Galton, 'The Possible Improvement of the Human Breed under Existing Conditions of Law and Sentiment', reprinted in Francis Galton, *Essays in Eugenics* (London, Eugenics Education Society 1909)

42 Ibid., pp. 3–17

43 R. A. Fisher, 'The Correlation between Relatives on the Supposition of Mendelian Inheritance', *Transactions of the Royal Society of Edinburgh* M. 52 (1918), pp. 399–433

44 'Autobiography of Lewis M. Terman', in Carl Murchison (ed.), *History of Psychology in Autobiography, Volume 2* (Worcester, Mass., Clark University Press, 1930), pp. 297–331, https://psychclassics.yorku.ca/Terman/murchison.htm

45 Carson, *The Measure of Merit*, p. 188

46 Lewis M. Terman, 'The Intelligence Quotient of Francis Galton in Childhood', *American Journal of Psychology 28* (1917), pp. 209–15

47 Lewis M. Terman (ed.), *Genetic Studies of Genius, Volume 2* (Palo Alto, CA, Stanford University Press, 1925). The IQ estimates of the 301 geniuses are summarized in Table 12A, 'Individual IQ Ratings of Young Geniuses'.

48 Lewis M. Terman (ed.), *Genetic Studies of Genius, Volume 1* (Palo Alto, CA, Stanford University Press, 1925), pp. 1–2

49 Jerome Karabel, *The Chosen: The Hidden History of Admission and Exclusion at Harvard, Yale and Princeton* (NY, Houghton Mifflin, 2005), p. 139

50 Ibid., p. 140

51 Ibid., p. 163

52 Ibid., pp. 166–99

53 Ibid., pp. 172–3

54 Ibid., p. 174

55 Ibid., p. 174

56 Lemann, *The Big Test*, p. 83

57 Gould, *The Mismeasure of Man*, esp. pp. 234–321

58 Liam Hudson's foreword to Leon Kamin, *The Science and Politics of IQ* (Hanondsworth, Penguin, 1977), p. ii

59 Lemann, *The Big Test*, p. 45

60 J. B. S. Haldane, 'The Inequality of Man' in his *The Inequality of Man and Other Essays* (London, Chatto and Windus, 1932), p. 12

61 J. B. S. Haldane, 'Biology and Statesmanship', in John R. Baker and J. B. S. Haldane, *Biology in Everyday Life* (London, George Allen and Unwin, 1933), p. 117

62 Haldane, 'The Inequality of Man', p. 22

63 McMahon, *Divine Fury*, pp. 201–2

64 Eustace Percy, *Some Memories* (London, Eyre and Spottiswood, 1958), p. 106

65 T. S. Eliot, *Notes towards the Definition of Culture* (1948; London, Faber and Faber, 1979), p. 101

66 Liam Hudson, *The Cult of the Fact* (London, Jonathan Cape, 1976), p. 47

67 Arno J. Mayer, *The Persistence of the Old Regime: Europe to the Great War* (London, Verso, 2010), p. 23

68 Ibid., p. 26

69 Ibid., p. 82

70 Andrew Carnegie, *Autobiography* (London, Constable, 1920), p. 301

71 George Orwell, *The Road to Wigan Pier* (London, Left Book Club Edittion, Victor Gollancz, 1937), p. 153

72 Simon Heffer, *The Age of Decadence: Britain 1880 to 1914* (London, Random House, 2017), p. 95. In fact, Edward VII broke the Courtly would by becoming friends with quite a few Jews, such as Sir Ernest Cassell

73 Cyril Connolly, *Enemies of Promise and Other Essays* (New York, 1960), p. 221. See also Bertrand Russell, *Education and the Social Order* (London, George Allen & Unwin, 1932), p. 81

74 Sonia Orwell and Ian Angus (eds.), *The Collected Essays, Journalism and Letters of George Orwell, Volume 3: As I Please, 1943–1945* (London, Secker and Warburg, 1968), p.6

75 Joseph A. Soares, *The Decline of Privilege: The Modernization of Oxford University* (Stanford, Stanford University Press, 1999), p. 32

76 Lemann, *The Big Test*, p. 143

77 Karabel, *The Chosen*, p. 322

78 Ibid., p. 115

79 Ibid., pp. 191–2

80   Ibid., p. 205

12. 능력주의 혁명

1   See Angus Calder, *The People's War: Britain 1939–1945* (London, Pimlico, 1992), esp. pp. 351–7, 457–77, 545–6; Paul Addison, *The Road to 1945: British Politics and the Second World War* (London, Pimlico, 1994), esp. pp. 270–78

2   Addison, *The Road to 1945*, pp. 129–30

3   William Beveridge, *The Pillars of Security* (London, Allen and Unwin, 1943), p. 84

4   Francis Green and David Kynaston, *Engines of Privilege: Britain's Private School Problem* (London, Bloomsbury, 2019), p. 32

5   David Cannadine, *The Decline and Fall of the British Aristocracy* (New Haven, Yale University Press, 1990), p. 608

6   Ibid., p. 639

7   Trial by peers is featured in two films, *Clouds of Witness* (adapted for TV from the 1926 novel by Dorothy L. Sayers) and *Kind Hearts and Coronet* (1949)

8   Dean Blackburn, *Penguin Books and Political Change: Britain's Meritocratic Moment 1937–1988* (Manchester, Manchester University Press, 2020), p. 109

9   Ibid., p. 112

10   Peter Mandler, *The Crisis of the Meritocracy* (Oxford, Oxford University Press, 2020), p. 75

11   Ibid., PP. 156–7

12   Noel Annan, *Our Age: Portrait of a Generation* (London, Random House, 1991), p. 403

13   Blackburn, *Penguin Books and Political Change*, p. 118

14   Cannadine, *The Decline and Fall of the British Aristocracy*, p. 670

15   Eric James, *Education and Leadership* (London, Harrap, 1951), p. 38

능력주의의 두 얼굴

16 Mandler, *The Crisis of the Meritocracy*, p. 56

17 Guy Ortolano, *The Two Cultures: Science, Literature and Cultural Politics in Postwar Britain* (Cambridge, Cambridge University Press, 2011), pp. 16–18

18 Green and Kynaston, *Engines of Privilege*, p. 84

19 Ibid., p. 88

20 Jerome Karabel, *The Chosen: The Hidden History of Admission and Exclusion at Harvard, Yale and Princeton* (New York, Houghton Mifflin, 2005), p. 195

21 Joseph F. Kett, *Merit: The History of a Founding Ideal from the American Revolution to the Twenty-first Century* (Ithaca, NY, Cornell University Press, 2019), p. 234

22 Karabel, *The Chosen*, p. 164

23 C. Wright Mills, *The Power Elite* (New York, Oxford University Press, 1956), p. 361

24 Ibid., p. 231

25 Karabel, *The Chosen*, p. 263

26 John W. Gardner, *Excellence: Can We be Equal and Excellent Too?* (New York, Harper and Bros., 1961), p. 115

27 Daniel Markovits, *The Meritocracy Trap: The Tyranny of Just Deserts* (New York, Penguin Press, 2019), p. 112

28 Ibid., p. 113

29 Tony Judt, *Postwar: A History of Europe since 1945* (London, William Heinemann, 2005), p. 290

30 Julian Jackson, *A Certain Idea of France: The Life of Charles de Gaulle* (London, Allen Lane, 2018), pp. 645–50

31 Ibid., p. 639

32 Ibid., p. 377

33 Ezra N. Suleiman, *Elites in French Society: The Politics of Survival* (Princeton,

Princeton University Press, 1978), p. 41

34 Green and Kynaston, *Engines of Privilege*, pp. 85–6

35 Joseph A. Soares, *The Decline of Privilege: The Modernization of Oxford University* (Stanford, Stanford University Press, 1999), p. 9

36 Annan, *Our Age*, p. 9

37 William Waldegrave, *A Different Kind of Weather: A Memoir* (London, Constable, 2015), pp. 69–70. Waldegrave also notes that he needed his dinner jacket far more at Harvard than at Oxford

38 Harold Wilson, *Purpose in Politics* (London, Weidenfeld & Nicolson, 1964), p. 298

39 Quoted in Jonathan Rose, *The Intellectual Life of the British Working Classes* (London, Yale University Press, 2001), p. 89

40 Richard Hoggart, *The Uses of Literacy: Aspects of Working-Class Life with Special Reference to Publications and Entertainments* (1957; Harmondsworth, Pelican, 1959), p. 291. For his recollections of school and university, see his *A Local Habitation (Life and Times, Volume I: 1918–40)* (Oxford, Oxford University Press, 1989), pp. 156–220

41 Judt, *Postwar*, p. 391

42 Nicholas Lemann, *The Big Test: The Secret History of the American Meritocracy* (New York, Farrar, Strauss and Giroux , 1999), p. 139

43 Richard Hofstadter, *Anti-Intellectualism in American Life* (New York, Alfred Knopf, 1979), p. 256

44 William H. Whyte, *The Organisation Man* (1956; Harmondsworth, Penguin, 1960), pp. 190–201

45 Vance Packard, *The Pyramid Climbers* (1962; Harmondsworth, Penguin, 1965), p. 273

46 John A. Byrne, *The Whiz Kids: Ten Founding Fathers of American Business – and the Legacy They Left Us* (New York, Currency Doubleday, 1993)

47 See John Micklethwait and Adrian Wooldridge, *The Witch Doctors: Making Sense of the Management Gurus* (New York, Times Books, 1996), esp. pp. 3–23, 43–63 and 79–95

48 Schumpeter, 'Romney the Revolutionary', *Economist*, 14 January 2012

13. 여성 책벌레들

1 Charles Moore, *Margaret Thatcher: The Authorized Biography: Volume One: Not for Turning* (London, Allen Lane, 2013), p. 134

2 Ibid., p. 136

3 Ibid., p. 22

4 Rachel Reeves, *Women of Westminster: The MPs Who Changed Politics* (London, I. B. Tauris, 201

5 Sir William Blackstone, *Commentaries on the Laws of England* (Oxford, Clarendon Press, 1766), p. 433

6 Jill Lepore, *These Truths: A History of the United States* (New York, W. W. Norton, 2018), p. 196

7 Deondra Rose, *Citizens by Degree: Higher Education Policy and the Changing Gender Dynamics of American Citizenship* (Oxford, Oxford University Press, 2018), pp. 27–8

8 Quoted in Stephen Jay Gould, 'Women's Brains', https://faculty.washington.edu/lynnhank/wbgould.pdf

9 G. R. Searle, *A New England? Peace and War, 1886–1918* (Oxford, Clarendon Press, 2004), p. 79

10 J. R. Pole, *The Pursuit of Equality in American History* (2nd revised and expanded edn, Berkeley, University of California Press, 1993), p. 386

11 Ibid., p. 387

12 Ibid., p. 381

13 Ibid., p. 391

14 J. S. Mill, *The Subjection of Women* (University of Oxford Text Archive), p. 104

15 Ibid., p. 27

16 Ibid., p. 101

17 Quoted and discussed in Phyllis Rose, *Parallel Lives: Five Victorian Marriages* (London, Daunt Books, 2020), p. 106

18 Mill, *The Subjection of Women*, p. 103

19 Ibid., p. 119

20 Lepore, *These Truths*, p. 339; Jill Lepore, *The Secret History of Wonder Woman* (New York: Knopf, 2014), passim

21 Richard White, *The Republic for Which It Stands: The United States during Reconstruction and the Gilded Age, 1865–1896* (Oxford, Oxford University Press, 2017), p. 553

22 Ada Wallas, *Before the Bluestockings* (London, George Allen and Unwin, 1929). The publishers remind us, in brackets on the title page, that Ada Wallas is Mrs Graham Wallas

23 Gillian Sutherland, *Faith, Duty and the Power of Mind: The Cloughs and Their Circle 1820–1960* (Cambridge, Cambridge University Press, 2006), pp. 107, 123

24 Duncan Campbell-Smith, *Masters of the Post: The Authorized History of the Royal Mail* (London, Allen Lane, 2011), p. 187

25 Sutherland, *Faith, Duty and the Power of Mind*, p. 125

26 Jenifer Glynn, *The Pioneering Garretts: Breaking the Barriers for Women* (London, Hambledon Continuum, 2008), p. 181

27 https://victorianpersistence.files.wordpress.com/2013/03/a-room-of-ones-own-virginia-woolf-1929.pdf

능력주의의 두 얼굴

28 Sheila Rowbotham, *Dreamers of a New Day: Women Who Invented the Twentieth Century* (London, Verso, 2010), p. 2

29 Gillian Sutherland, *In Search of the New Woman: Middle-Class Women and Work in Britain, 1870–1914* (Cambridge, Cambridge University Press, 2015), pp. 4–5

30 Ibid., pp. 100–101

31 Michael Coolican, *No Tradesmen and No Women: The Origins of the British Civil Service* (London, Biteback Publishing, 2018), pp. 136–7

32 Campbell-Smith, *Masters of the Post*, p. 241

33 Richard Holmes was a prominent advocate of this view.

34 Jerome Karabel, *The Chosen: The Hidden History of Admission and Exclusion at Harvard, Yale and Princeton* (New York, Houghton Mifflin, 2005), p. 444

35 Ibid., p. 411

36 Ibid., p. 428

37 Carol Dyhouse, *Students: A Gendered History* (London, Routledge, 2006), p. 130

14. 능력주의에 반대하다: 좌파의 반란

1 Daniel J. Kevles, *In the Name of Eugenics* (New York, Alfred A. Knopf, 1985), p.164; R. A. Soloway, *Demography and Degeneration: Eugenics and the Declining Birthrate in Twentieth-Century Britain* (Chapel Hill, University of North Carolina Press, 1990), pp.195–203

2 Lancelot Hogben, 'Introduction to Part I. Prolegomena to Political Arithmetic', in Lancelot Hogben(ed.), *Political Arithmetic: A Symposium of Population Studies* (London, Allen and Unwin, 1938), pp.13–46

3 Lancelot Hogben, 'The Limits of Applicability of Correlation Technique in Human Genetics', *Journal of Genetics* 27 (1933), p.393

4 Richard Titmuss, *Poverty and Population: A Factual Study of Contemporary*

Social Waste (London, Macmillan and Co., 1938), pp.40-42

5   L. S. Penrose, *Heredity and Environment in Human Affairs* (Convocation Lecture of the National Children's Home) (London: National Children's Home, 1955), p.18. Penrose's son, Roger, shared the 2020 Nobel Prize in physics (the other half was jointly won by Reinhard Gerzel and Andrea Ghez)

6   L. S. Penrose, *The Biology of Mental Defect* (London, Sidgwick and Jackson, 1949)

7   Ibid., p.240

8   Brian Simon, *Intelligence, Psychology and Education: A Marxist Critique* (London, Lawrence and Wishart, 1971

9   Ibid., p.237

10   A. H. Halsey, 'Provincials and Professionals: The British Post-War Sociologists', *European Journal of Sociology* 23 (1982), pp.150-75

11   J. W. B. Douglas, *The Home and the School* (1984, London, Panther, 1972), pp.89–97

12   Franz Boas, *The Mind of Primitive Man* (New York, Macmillan, 1911), passim

13   Otto Klineberg, 'An Experimental Study of Speed and Other Factors in "Racial" Differences', *Archives of Psychology* 93 (1928); Otto Klineberg, *Negro Intelligence and Selective Migration* (New York, Columbia University Press, 1935)

14   C. Brigham, 'Intelligence Tests of Immigrant Groups', *Psychological Review* 37 (1930), pp.158–65

15   Margaret Mead, *Sex and Temperament in Three Primitive Societies* (New York, William Morrow and Company, 1935), p.280

16   The classic analysis of this difference is Ralph H. Turner, 'Modes of Social Ascent through Education: Sponsored and Contest Mobility', in Reinhard Bendix and Seymour Martin Lipset(eds.), *Class, Status, and Power: Social Stratification in Comparative Perspective* (New York, Free Press, 1966), pp.449–58

17   J. E. Floud, 'Social Class Factors in Educational Achievement', in A. H.

능력주의의 두 얼굴

Halsey(ed.), *Ability and Educational Opportunity* (Paris: OECD, 1961), p.93

18 John Carson, *The Measure of Merit: Talents, Intelligence, and Inequality in the French and American Republics, 1750–1940* (Princeton and Oxford, Princeton University Press, 2007), pp.261–2

19 Michael Young, *The Rise of the Meritocracy, 1870–2033: An Essay on Education and Equality* (1958; London, Thames and Hudson, 1961)

20 This was not the first science fiction to satirize scientifically selected mandarins. See also Gerald Heard, *Doppelgangers* (1947), C. H. Sission, *An Asiatic Romance* (1953) and David Karp, One (1953)

21 Claire Donovan, 'The Chequered Career of a Cryptic Concept', in Geoff Dench(ed.), *The Rise and Rise of Meritocracy* (Oxford, Blackwell Publishing, 2006), p.62

22 Paul Barker, 'A Tract for the Times', in ibid., p.37

23 Ibid., pp.36–44

24 R. H. S. Crossman, 'Towards a Philosophy of Socialism', in R. H. S. Crossman(ed.), *New Fabian Essays* (London, Turnstile Press, 1952), pp.28–9. See also G. D. H. Cole, *Fabian Socialism* (London, Allen and Unwin, 1943), p. v

25 W. T. Rodgers, *About Equality* (London, Fabian Society, 1954), p.1

26 C. A. R. Crosland, 'The Transition from Capitalism', in Crossman(ed.), *New Fabian Essays*, p.65

27 Margaret Cole, 'Education and Social Democracy', in ibid., p.109

28 Roy Jenkins, 'Equality', in ibid., pp.85–6

29 Anthony Crosland, *The Conservative Enemy* (London, Cape, 1962), pp.173–4

30 David Halberstam, *The Best and the Brightest* (New York, Random House, 1972), pp.41, 44

31 John Rawls, *A Theory of Justice* (Cambridge, Mass., Harvard University Press, 1971),

p.15

32　Michael Young, 'Down with Meritocracy', *Guardian*, 29 June 2001

33　Marc Tracy, 'Steve Bannon's Book Club', *The New York Times*, 4 February 2017

34　Michael Anthony Lawrence, 'Justice-as-Fairness as Judicial Guiding Principle: Remembering John Rawls and the Warren Court', *Brooklyn Law Review* 82 (2) (2016), https://brooklynworks.brooklaw.edu/blr/vol81/iss2/5/, argues that the Warren Court adopted many of Rawls's basic principles *before* he wrote his book.

35　Peter L. Berger and Thomas Luckman, *The Social Construction of Reality. A Treatise in the Sociology of Knowledge* (Garden City, NY, Anchor Books, 1966). Berger bitterly regretted writing this book in his later years.

36　Basil Bernstein, 'A Socio-Linguistic Approach to Socialization: With Some Reference to Educability', in his *Class, Codes and Control, Volume I: Theoretical Studies towards a Sociology of Language* (London, Routledge and Kegan Paul, 1971), p.151

37　Pierre Bourdieu and Jean-Claude Passeron, *Reproduction in Education, Society and Culture* (London, SAGE Publications, 1990)

38　For a convenient summary of this evidence, see Julian Le Grand, *The Strategy of Equality: Redistribution and the Social Services* (London, Routledge, 1982)

39　Edmund Burke, *Reflections on the Revolution in France and Other Writings*, edited and introduced by Jesse Norman (New York, Everyman Library, 2015), p.490

40　William Morris, *News from Nowhere or An Epoch at Rest. Being Some Chapters from a Utopian Romance* (London, Reeves & Turner, 1891), p.99

41　Arthur J. Penty, *Towards a Christian Sociology* (1923), p.183

42　R. H. Tawney, 'British Socialism Today', *Socialist Commentary*, June 1952.

능력주의의 두 얼굴

Reprinted in R. H. Tawney, *The Radical Tradition* (Harmondsworth, Pelican, 1966), p.176

43 Michael Young and Peter Willmott, 'Institute of Community Studies, Bethnal Green', *Sociological Review* 9 (2) (1961), pp.203–13; and Peter Willmott, 'The Institute of Community Studies', in Martin Bulmer(ed.), *Essays on the History of British Sociological Research* (Cambridge, Cambridge University Press, 1985), pp.137–50

44 Michael Young and Peter Willmott, *Family and Kinship in East London* (London, Routledge and Kegan Paul, 1957)

45 David Kynaston, *Modernity Britain: A Shake of the Dice, 1959–62* (London, Bloomsbury, 2014), p.5

46 C. Wright Mills, *White Collar: The American Middle Classes* (New York, Oxford University Press, 1951), p. xvi

47 https://ushistoryscene.com/article/free-speech-movement/

48 http://www2.iath.virginia.edu/sixties/HTML_docs/Resources/Primary/Manifestos/SDS_Port_Huron.html; Sam Roberts, 'The Port Huron Statement at Fifty', *The New York Times*, 3 March 2012

49 Jill Lepore, *These Truths: A History of the United States* (New York, W. W. Norton & Company, 2018), p.652

50 Quoted in William Egginton, *The Splintering of the American Mind* (New York, Bloomsbury, 2018), p.26

51 Paul Goodman, 'The Politics of being Queer', in Taylor Stoehr(ed.), *Nature Heals: The Psychological Essays of Paul Goodman* (New York: Free Life Editions, 1977), p.216

52 Catharine A. MacKinnon, 'Whose Culture?', in *Feminism Unmodified: Discourses on Life and Law* (Cambridge, Mass., Harvard University Press, 1987),

p.65. Quoted in David Frum, *How We Got Here: The 1970s: The Decade that Brought You Modern Life – for Better or Worse* (New York, Basic Books, 2000), p.274

53 Anthony Crosland, *The Future of Socialism* (London, Jonathan Cape, 1956), p.272

54 Susan Crosland, *Tony Crosland* (London, Coronet Books, 1983), p.148

55 A. H. Halsey, Obituary, *Daily Telegraph*, 17 October 2014

56 Brian Jackson, *Streaming: An Educational System in Miniature* (London, Routledge and Kegan Paul, 1964), pp.20-21

57 Crosland, *The Future of Socialism*, p.261

58 Philip M. Williams, *Hugh Gaitskell: A Political Biography* (London, Jonathan Cape, 1979), p.783

59 Crosland, *Conservative Enemy*, p.181

60 Marion Mills Miller(ed.), *Great Debates in American History, Volume VI* (New York, Current Literature Publishing Company, 1913), p.13

61 Frum, *How We Got Here*, p.259

62 Ibid., p.262

15. 능력주의의 부패

1 Michael Hicks, *Bastard Feudalism* (London, Longman, 1995)

2 Darrell M. West, *Billionaires: Reflections on the Upper Crust* (Washington, D.C, Brookings Institution Press, 2014), p.126

3 Peter Thiel, with Blake Masters, *Zero to One: Notes on Startups, or How to Build the Future* (London, Virgin Books, 2014)

4 Julia Carrie Wong and Matthew Cantor, 'How to Speak Silicon Valley: 53 Essential Tech-Bro Terms Explained', *Guardian*, 27 June 2019

5 Daniel Markovits, *The Meritocracy Trap: The Tyranny of Just Deserts* (New York, Penguin Press, 2019), p.114

6   Emma Duncan, 'Special Report: Private Education', *Economist*, 13 April 2019, p.3

7   The Sutton Trust, 'Elitist Britain 2019: The Educational Backgrounds of Britain's Leading People', p.5

8   Ibid., p.12

9   Francis Green and David Kynaston, *Engines of Privilege: Britain's Private School Problem* (London, Bloomsbury, 2019), p.96

10 'America's New Aristocracy', *Economist*, 22 January 2015; 'How the Internet Has Changed Dating', *Economist*, 18 August 2018

11 Jeremy Greenwood et al., 'Marry Your Like: Assortative Mating and Income Inequality' (NBER Working Paper No. 1989)

12 A. Lareau, *Unequal Childhoods* (Berkeley, University of California Press, 2003)

13 Betty Hart and Todd R. Risley, 'The Early Catastrophe: The 30 Million Word Gap by Age 3', *American Educator* 1 (1) (spring 2003), pp.4–9

14 Markovits, *The Meritocracy Trap*, p.122

15 'America's New Aristocracy'

16 Amy Chua, 'Why Chinese Mothers are Superior', *Wall Street Journal*, 8 January 2011

17 Jennifer Medina, Katie Benner and Kate Taylor, 'Actresses, Business Leaders and Other Wealthy Parents Charged in US College Entry Fraud', *The New York Times*, 12 March 2019

18 Luis Ferré-Sadurní, 'Donald Trump May Have Donated over $1.4 million to Penn', *Daily Pennsylvanian*, 3 November 2016

19 Daniel Golden, *The Price of Admission: How America's Ruling Class Buys Its Way into Elite Colleges – and Who Gets Left Outside the Gates* (New York, Three Rivers Press, 2007)

20 Anthony Abraham Jack, *The Privileged Poor: How Elite Colleges are Failing Disadvantaged Students* (Cambridge, Mass., Harvard University Press, 2019), *passim*

21 Ibid., p.149

22 Ibid., p.151

23 Jacques Steinberg, *The Gatekeepers: Inside the Admissions Process of a Premier College* (New York, Viking, 2002), pp.124–36, 219–20

24 Lauren A. Rivera, *Pedigree: How Elite Students Get Elite Jobs* (Princeton, Princeton University Press, 2015)

25 Ibid., p.94

26 Adrian Wooldridge, 'Special Report: The Rise of the Superstars', *Economist*, 15 September 2016

27 Ibid., subsection on 'the dark arts'

28 Ralph H. Turner, 'Modes of Social Ascent through Education', in Reinhard Bendix and Seymour Martin Lipset(eds.), *Class, Status, and Power*, pp.449–59

29 Isabel V. Sawhill, *Generation Unbound: Drifting into Sex and Parenthood without Marriage* (Washington, D.C, Brookings Institution Press, 2014)

30 These numbers are all taken from ibid. See also Isabel V. Sawhill, 'Beyond Marriage', *The New York Times*, 13 September 2014

31 Anne Case and Angus Deaton, *Deaths of Despair and the Future of Capitalism* (Princeton, Princeton University Press, 2020)

32 'Race in America: Staying Apart', *Economist*, 11 July 2020, pp.14–16

33 J. D. Vance, *Hillbilly Elegy: A Memoir of a Family and Culture in Crisis* (New York, Harper, 2016), p.81

34 Ibid., p.89

35 Ibid., p.127

36 Ibid., p.95

37 David Goodhart, *The Road to Somewhere: The New Tribes Shaping British Politics* (London, Penguin, 2017), p.202; Office of National Statistics Estimated number of Parents in Families with Dependent Children by Ethnic Group of the Parent, UK, 2016', 12 October 2017

38 Darren McGarvey, *Poverty Safari: Understanding the Anger of Britain's Underclass* (Edinburgh, Luath Press, 2017), p.155

39 Ibid., p.62

40 Ibid., p.154

16. 능력주의에 반대하다: 우파의 봉기

1 Hillary Rodham Clinton, *What Happened* (New York, Simon & Schuster, 2017)

2 Geoffrey Evans and Anand Menon, *Brexit and British Politics* (Cambridge, Polity Press, 2017), p.84

3 Ibid., pp.81–2

4 Daniel Markovits, *The Meritocracy Trap: The Tyranny of Just Deserts* (New York, Penguin Press, 2019), p. xvii

5 Ibid., p.67

6 Bagehot, 'The Shadow of Enoch Powell Looms Ever-Larger over Britain', *Economist*, 6 April 2017

7 I have told this story in John Micklethwait and Adrian Wooldridge, *The Right Nation: Conservative Power in America* (New York, Penguin Press, 1994), pp.27–131

8 Richard Rorty, *Achieving Our Country* (Cambridge, Mass., Harvard University Press, 1998). The *New York Times* reviewer, Christopher Lehmann-Haupt, decided to take issue with precisely this passage

9 Evans and Menon, *Brexit and British Politics*, p.15

10 Adrian Wooldridge, *Masters of Management: How the Business Gurus and*

Their Ideas Have Changed the World – for Better and for Worse (New York, HarperCollins, 2011), pp.10–11

11 Simon Goodley, 'Goldman Sachs "Muppet" Trader Says Unsophisticated Clients Targeted', *Guardian*, 22 October 2012

12 David Marquand, *Britain since 1918: The Strange Career of British Democracy* (London, Weidenfeld & Nicolson, 2008), p.39

13 Mark Bovens and Anchrit Wille, *Diploma Democracy: The Rise of Political Meritocracy* (Oxford, Oxford University Press, 2017)

14 Ibid., p.3

15 Ibid., p.6

16 Roger Eatwell and Matthew Goodwin, *National Populism: The Revolt against Liberal Democracy* (London, Pelican, 2018), p.31

17 Markovits, *The Meritocracy Trap*, p. xi

18 Ibid., p.8. Mr Markovits agrees with the dean. 'An elite degree therefore represents relentlessly demanding, ambitious and successful training. And no prior elite has ever been as capable or as industrious as the meritocratic elite that such training produces. None comes close.'

19 Tony Cross, 'Is the French Government Too Intelligent', Radio France Internationale, 20 December 2018

20 Janan Ganesh, 'Europe Could See More Catalonias', *Financial Times*, 23 October 2017

21 Nick Cohen, 'Vote Leave Campaign Poisonous', *Observer*, 19 June 2016

17. 아시아, 능력주의를 재발견하다

1 Jody-Lan Castle, 'Top 10 Exam Rituals from Stressed Students across Asia', BBC News, 3 March 2016

2   Graham Allison and Robert D. Blackwill, with Ali Wyne, *Lee Kuan Yew: The Grand Master's Insights on China, the United States and the World* (Cambridge, Mass., MIT Press, 2013), p.32

3   Michael Schuman, Confucius and the World He Created (New York, Basic Books, 2015), pp.184–5

4   Lucy Grehan, *Cleverlands: The Secrets behind the Success of the World's Education Superpowers* (London, Unbound, 2016), p.136

5   Maggie Fergusson, 'The Curse of Genius', *1843*, June/July 2019

6   Daniel A. Bell, *The China Model: Political Meritocracy and the Limits of Democracy* (Princeton, Princeton University Press, 2015), p.126

7   Grehan, *Cleverlands*, p.128

8   See, for example, Jung Chang and Jon Halliday, *Mao: The Untold Story* (London, Jonathan Cape, 2005), pp.534–40, 566

9   Evan Osnos, *Age of Ambition: Chasing Fortune, Truth and Faith in the New China* (London, The Bodley Head, 2014), p.39

10 Ibid., p.39

11 Ibid., p.66

12 Grehan, *Cleverlands*, p.164

13 'The Class Ceiling', *Economist*, 2 June 2016

14 Osnos, *Age of Ambition*, p.65

15 Tom Doctoroff, *What Chinese Want: Culture, Communism and China's Modern Consumer* (New York, Palgrave Macmillan, 2012), pp.105, 127

16 Osnos, *Age of Ambition*, p.39

17 'Losing Focus', *Economist*, 11 November 2014

18 Nicolas Berggruen and Nathan Gardels, *Intelligent Governance for the 21st Century: A Middle Way between West and East* (Cambridge, Polity Press, 2013), p.45

19 Ann Lee, *What the US Can Learn from China: An Open-Minded Guide to Treating Our Greatest Competitor as Our Greatest Teacher* (San Francisco: Berrett-Koehler Publishers, 2012), p.62

20 Daniel A. Bell, 'Political Meritocracy is a Good Thing: The Case of China', *HuffPost*, 21 October 2012

21 Richard McGregor, *The Party: The Secret World of China's Communist Rulers* (New York, HarperCollins, 2010), p.31

22 Daniel A. Bell, *The China Model* (Princeton, Princeton University Press, 2015), p.138. But see also Andrew J. Nathan, 'Beijing Bull: The Bogus China Model', *National Interest*, 22 October 2015

23 Zhang Weiwei, 'Meritocracy versus Democracy', *The New York Times*, 9 November 2012

24 'Embarrassed Meritocrats', *Economist*, 27 October 2012

25 Berggruen and Gardels, *Intelligent Government for the 21st Century*, p.9

26 Mumtaz Alvi, 'It's a System Based on Meritocracy: Imran Fancies Chinese Model', *News International*, 1 November 2020

27 'The Class Ceiling'

28 Branko Milanovic', *Capitalism, Alone: The Future of the System that Rules the World* (Cambridge, Mass., Belknap Press of Harvard University Press, 2019), pp.108–9

29 Osnos, *Age of Ambition*, p.258

30 Rosie Blau, 'The New Class War: Special Report, Chinese Society', Economist, 9 July 2016

31 Timothy Beardson, *Stumbling Giant: The Threats to China's Future* (New Haven, Yale University Press, 2013), p.157

32 Osnos, *The Age of Ambition*, p.252

33 Chen Liang and James Lee, 'Silent Revolution: The Social Origins of Peking

능력주의의 두 얼굴

University and Sochow University Undergraduates, 1952–2002'; I was sent a slide show based on this paper, which appeared in Chinese.

34 Ora-orn Poocharoen and Alex Brillantes, 'Meritocracy in Asia Pacific: Status, Issues and Challenges', *Review of Public Personnel Administration*, 33 (2) (2013) pp.140–63

35 Ibid., p.150

36 Ross Arbes, 'How the Talmud became a Best-Seller in South Korea', *New Yorker*, 23 June 2015

37 Grehan, *Cleverlands*, pp.265–6

38 Ibid., p.15

결론

1 John Gerring, Philip Bond, William T. Barndt and Carola Moreno, 'Democracy and Economic Growth: A Historical Perspective', *World Politics* 57 (3) (2005), pp.323–64; James Kanagasooriam, 'A Brave New World?' 15 April 2020, https://medium.com/@jameskanagasooriam/a-brave-new□world-563c05e34f3d

2 Adrian Wooldridge, 'Northern Lights: Special Report, The Nordic Countries', *Economist*, 31 January 2013

3 OECD, 'A Family Affair: Intergenerational Social Mobility across OECD Countries',https://www.oecd.org/economy/public-finance/chapter%205%20 gfg%202010.pdf

4 Nicholas Bloom and John Van Reenen, 'Measuring and Explaining Management Practices across Firms and Countries', *Quarterly Journal of Economics* 122 (4) (2007), pp.1351–408; Nicholas Bloom, Raffaella Sadun and John Van Reneen, 'The Organization of Firms across Countries', *Quarterly*

Journal of Economics 127 (4) (2012), pp.1663–705; Schumpeter, 'Measuring Management', *Economist*, 18 January 2014

5 Chang-Tai Hsieh et al., 'The Allocation of Talent and US Economic Growth', *Econometrica* 87 (5) (September 2019), pp.1439–474

6 Bruno Pellegrino and Luigi Zingales, 'Diagnosing the Italian Disease', https://faculty.chicagobooth.edu/-/media/faculty/luigi-zingales/research/pellegrinozingalesdiagnosingtheitaliandisease512019.pdf. I am most grateful to Professor Zingales for sending me this paper

7 Alberto Alesina and Lawrence H. Summers, 'Central Bank Independence and Macroeconomic Performance: Some Comparative Evidence', *Journal of Money, Credit and Banking* 25 (2) (1993), pp.151–62

8 Garett Jones, *10% Less Democracy: Why You Should Trust Elites a Little More and the Masses a Little Less* (Stanford, Stanford University Press, 2020), pp.78–17

9 Randall Mock et al., 'Management Ownership and Market Valuation: An Empirical Analysis', *Journal of Financial Economics* 20, (January–March 1988), pp.293–315; Nicholas Bloom, Raffaella Sadun and John van Reneen, 'Family Firms Need Professional Management', *Harvard Business Review*, 25 March 2011, https://hbr.org/2011/03/family-firmsneed-professional

10 Edward B. Fiske, 'After Eight Years of Open Admissions City College Still Debates Effect', *The New York Times*, 19 June 1978

11 Fredrik deBoer, *The Cult of Smart: How Our Broken Education System Perpetuates Social Injustice* (New York, All Points Books, 2020), also makes the same case from a Marxist perspective. For another example of the application of Rawls-style reasoning see Gordon Marshall and Adam Swift, 'Merit and Mobility: A Reply to Peter Saunders', *Sociology* 30 (2) (1996)

12 S. J. D. Green, 'Competitive Equality of Opportunity: A Defense', *Ethics* 100 (2)

능력주의의 두 얼굴

(October 1989), pp.5–32, esp. pp.20–21

13 William Ernest Henley, 'Invictus', was written in 1875 and first published in 1888

14 Peter Saunders, 'Meritocracy and Popular Legitimacy', in Geoff Dench(ed.), *The Rise and Rise of Meritocracy* (Oxford, Blackwell Publishing, 2006), p.192

15 https://news.gallup.com/poll/245255/750-million-worldwide-migrate.aspx; Evangelia Marinakou et al., 'The Brain Drain Phenomenon in Higher Education in Greece: Attitudes and Opinions on the Decision to Immigrate', https://repository.uwl.ac.uk/id/eprint/1542/

16 Luigi Zingales, *A Capitalism for the People: Recapturing the Lost Genius of American Prosperity* (New York, Basic Books, 2012)

17 George Packer, 'The President is Winning His War on American Institutions', *Atlantic*, April 2020

18 William Deresiewicz, *Excellent Sheep: The Miseducation of the American Elite and the Way to a Meaningful Life* (New York, Free Press, 2015), p.210

19 Victor Gourevitch(ed.), *Rousseau: The Discourses and Other Early Political Writings* (Cambridge, Cambridge University Press, 1997), p.184

20 H. H. Gerth and C. Wright Mills(eds.), *From Max Weber: Essays in Sociology* (New York, Oxford University Press, 1958), p.240; T. S. Eliot, 'Education in a Christian Society'(1940), in his *The Idea of a Christian Society and Other Writings*, with an introduction by David Edwards (London, Faber and Faber, 1982), p.146; T. S. Eliot, *Notes towards the Definition of Culture* (1948; London, Faber and Faber, 1979), p.101

21 Peter Arcidiacono et al., 'Legacy and Athlete Preferences at Harvard', 22 December 2020, http://public.econ.duke.edu/~psarcidi/legacyathlete.pdf; 'A Judge Finds There is Nothing Wrong with Harvard Admissions', *Economist*,

5 October 2019. Allison Borroughs, the judge in the case, argued, amazingly, that giving less weight to athletics would mean that 'Harvard would be far less competitive in Ivy League inter-collegiate sports, which would adversely impact Harvard and the student experience.'

22　John P. Hausknecht et al., 'Retesting in Selection: A Meta-Analysis of Practice Effects for Tests of Cognitive Ability', Cornell University Digital Commons, 1 June 20

23　Brian S. Connelly et al., 'Balancing Treatment and Control Groups in Quasi-Experiments: An Introduction to Propensity Scoring', *Personnel Psychology* 66 (2) (2013), pp.407–42

24　Thomas Jefferson, 'Notes on Virginia', in Adrienne Koch and William Peden(eds.), *The Life and Selected Writings of Thomas Jefferson* (New York, The Modern Library, 1944), esp. pp.263, 265

25　Richard J. Herrnstein and Charles Murray, *The Bell Curve: Intelligence and Class Structure in American Life* (New York, The Free Press, 1994). See also Richard Herrnstein, 'IQ', *Atlantic* 228 (3) (September 1971); Richard Herrnstein, *IQ in the Meritocracy* (London, Allen Lane, 1973)

26　Adrian Wooldridge, 'Bell Curve Liberals: How the Left Betrayed IQ', *New Republic*, 27 February 1995

27　R. A. Fisher, 'The Correlation between Relatives on the Supposition of Mendelian Inheritance', *Transactions of the Royal Society of Edinburgh* 52 (1918), pp.399–433

28　Robert Plomin, *Blueprint: How DNA Makes Us Who We Are* (London, Allen Lane, 2018). See also Steven Pinker, *The Blank Slate: The Modern Denial of Human Nature* (London, Allen Lane, 2002) and Judith Rich Harris, *The Nurture Assumption* (London, Bloomsbury, 1999)

29 Thomas J. Bouchard Jr et al., 'Sources of Human Psychological Differences: The Minnesota Study of Twins Reared Apart', *Science* 250 (4978) (12 October 1990), pp.223–8

30 Freddie DeBoer, 'The Progressive Case for the SAT', *Jacobin*, 30 March 2018

31 Shannon Watkins, 'Goodbye Meritocracy, Hello... What?', https://www.jamesgmartin.center/2020/04/goodbye-meritocracy-hellowhat/

32 Jones, *10% Less Democracy*. For connected arguments see Bryan Caplan, *The Myth of the Rational Voter: Why Democracies Choose Bad Policies* (Princeton, Princeton University Press, 2007)

33 Fareed Zakaria, 'Culture is Destiny: A Conversation with Lee Kuan Yew', *Foreign Affairs* 73 (2) (March–April 1994), pp.109–26

34 https://www.usnewsdeserts.com/reports/news-deserts-and-ghost-newspapers-will-local-news-survive/the-news-landscape-in-2020-transformed-and-diminished/

35 Nikki Graf, 'Most Americans Say Colleges Should Not Consider Race or Ethnicity in Admissions', Pew Research Center: Fact Tank, 25 February 2019\

36 Peter Arcidiacono, Esteban M. Aucejo and Ken Spenner, 'What Happens after Enrollment?: An Analysis of the Time Path of Racial Differences in GPA and Major Choice', *IZA Journal of Labor Economics* 1, Article no. 5 (October 2012)

37 https://www.lmh.ox.ac.uk/prospective-students/foundation-year

38 Arya Ansari, 'The Persistence of Preschool Effects from Early Childhood through Adolescence', *Journal of Educational Psychology* 110 (7) (October 2018), pp.952–73

39 https://heckmanequation.org/resource/research-summary-lifecycle-benefits-influential-early-childhood-program/

40 'Race in America: Staying Apart', *Economist*, 11 July 2020, pp.14–16

41 Michael J. Sandel, *The Tyranny of Merit: What's become of the Common Good* (London, Allen Lane, 2020), p.60

42 Charles Kingsley, *Alton Locke* (London, Chapman and Hall, 1850), p.62

43 Jonathan Parry, '1867 and the Rule of Wealth', *Parliamentary History*, 36 (1) (2017), pp.46–63

44 Ethel M. Wood, *The Polytechnic and Its Founder Quintin Hogg* (London, Nisbet, 1932)

45 Department for Education, *Independent Panel Report to the Review of Post-18 Education and Funding* (London, HMSO, 2019)

46 Michael Young and Peter Willmott, 'Social Grading by Manual Workers', *British Journal of Sociology* 7 (4) (1956), pp.337–45

47 Ibid., p.342

48 John Adams to Abigail Adams, 12 May 1780

49 Daron Acemoglu and James Robinson, *Why Nations Fail* (New York, Crown, 2012), pp.152–6; Chrystia Freeland, *Plutocrats: The Rise of the New Global Super-Rich and the Fall of Everyone Else* (London, Allen Lane, 2012), pp.277–9

50 Acemoglu and Robinson, *Why Nations Fail*, p.153

51 John Ruskin, *The Stones of Venice, 3 Vols.* (1851–3; New York, National Library Association, 2001), Vol. 1, p.1

능력주의의 두 얼굴

초판 1쇄 인쇄 2022년 12월 26일
초판 1쇄 발행 2023년 1월 4일

지은이 에이드리언 울드리지
옮긴이 이정민
펴낸이 고영성

책임편집 박유진 디자인 강지은 저작권 주민숙

펴낸곳 주식회사 상상스퀘어
출판등록 2021년 4월 29일 제2021-000079호
주소 경기도 성남시 분당구 성남대로 52, 그랜드프라자 604호
전화 070-8666-3322
팩스 02-6499-3031
이메일 publication@sangsangsquare.com
홈페이지 www.sangsangsquare.com

ISBN 979-11-92389-09-7 (03300)